Magdalene L. Frettlöh

Theologie des Segens

Biblische und dogmatische Wahrnehmungen

Gütersloher Verlagshaus

Bibliografische Information Der Deutschen Bibliothek

Die Deutsche Bibliothek verzeichnet diese Publikation in der Deutschen Nationalbibliografie; detaillierte bibliografische Daten sind im Internet über http://dnb.ddb.de abrufbar.

Reinhard Henrich gewidmet

ISBN 3-579-05217-9
5. Auflage, 1. Auflage der Sonderausgabe 2005
© Chr. Kaiser/Gütersloher Verlagshaus GmbH, Gütersloh 1998

Das Werk einschließlich aller seiner Teile ist urheberrechtlich geschützt. Jede Verwertung außerhalb der engen Grenzen des Urheberrechtsgesetzes ist ohne Zustimmung des Verlages unzulässig und strafbar. Das gilt insbesondere für Vervielfältigungen, Übersetzungen, Mikroverfilmungen und die Einspeicherung und Verarbeitung in elektronischen Systemen.

Umschlaggestaltung: Init GmbH, Bielefeld, unter Verwendung des Gemäldes »Jakobs Segen« von Rembrandt Harmensz van Rijn (1656)
© der Bildvorlage: akg-images
Satz: SatzWeise, Föhren
Druck und Bindung: Těšinská Tiskárna AG, Český Těšin
Printed in Czech Republic

www.gtvh.de

Inhalt

Dank 11

Einleitung 15

1. Wachsende Segensbedürftigkeit als Herausforderung theologischer Reflexion auf das Segensthema 15
2. Überlegungen zu Intention, Methode und Aufbau der Arbeit . . . 30

Teil A
Biblische Segenstheologien und die Segensvergessenheit der Dogmatik

I. Grundzüge biblisch-theologischer Arbeiten zum Segen 43
1. C. Westermanns Entwurf einer biblischen Segenstheologie 45
1.1 Die Unterscheidung zwischen dem rettenden und dem segnenden Handeln Gottes 46
1.2 Die Geschichte des biblischen Segensverständnisses 55
2. Die soziale Funktion des Segens (W. Schottroff und J. Scharbert) 62

Exkurs:
Sigmund Mowinckels kultisches Segensverständnis 65

II. Die Marginalisierung des Segensthemas in der gegenwärtigen Dogmatik 73
1. Das Segensschweigen der Dogmatik 73
2. Biblische Segensmotive unter dogmatischem Vorurteil 76
3. Die Wiederentdeckung des Segens als dogmatisches Thema bei F.-W. Marquardt 84

Teil B
Im Gespräch mit dem Segensverständnis der dogmatischen Tradition

I.	*Martin Luther*	91
1.	Das christologisch-soteriologische Verständnis des Segens	92
1.1	Gen 22,18 als Schlüssel zu Luthers Segensverständnis	93
1.2	Die Identität von Segen und Evangelium nach Gen 22,18	96
1.3	Christus als Fluch und Segensmittler nach Gal 3,6-14	100
2.	Die segenstheologischen Unterscheidungen	104
2.1	Vorüberlegung: der Segen Christi als Abrahamsegen	105
2.2	Die ursprüngliche Bedeutung des Segens: Fruchtbarkeit und Mehrung	107
2.3	Zeitlicher und ewiger Segen	108
2.4	Göttliches Tatwort des Segens und menschlicher Segenswunsch	111
2.5	Segen und Kreuz: Gottes Segenswirken sub contrario	114
2.6	Segnen statt Fluchen: die ethische Dimension des Segens	116
3.	Die Wiederentdeckung des aaronitischen Segens als gottesdienstlicher Schlußsegen	119
3.1	Die trinitätstheologische Deutung von Num 6,24-27	120
3.2	Der Segen im Gottesdienst und im Alltag der Welt	123
4.	Zum Problem des Antijudaismus in Luthers Segensverständnis	125
4.1	Vom christologischen Segensbegriff zur antijüdischen Polemik	126
4.2	Der Fall Esau(s) und die Enterbung Israels	130
II.	*Johannes Calvin*	134
1.	Die erwählungs- und bundestheologische Begründung des göttlichen Segenshandelns	136
1.1	Einige Grundlinien und -probleme der Prädestinationslehre Calvins	136
1.2	Der ewige Grund des Segens: die Erwählung des einen Gottesvolkes aus Juden und Heiden in Jesus Christus	143
1.3	Der geschichtliche Ursprung des Segens: der ungekündigte Abrahambund und seine Verheißungen	147
1.4	Konsequente Entschärfung bedingter Segensverheißungen	155

2. Das vorsehungstheologische Verständnis der irdischen
   Segensgaben und ihr Verweis auf die Bundestreue Gottes 158
2.1 Die irdischen Segensgüter als sichtbarer Ausdruck der providentia
   Dei 159
2.2 Die irdischen Segensgüter als Unterpfand der Bundestreue Gottes 162
2.2.1 Die irdischen Segensgüter als Ausdruck der Bundestreue Gottes . . 163
2.2.2 Die irdischen Segensgüter als Vorgeschmack auf die himmlische
   Herrlichkeit und als deren Unterpfand 164
2.2.3 Die irdischen Segensgüter und die Erwählungsgewißheit –
   das Problem des Syllogismus practicus 168
2.3 Der Gebrauch der Segensgüter zur Verherrlichung Gottes 169
2.3.1 Die Bitte um Gottes Segen –
   Eingeständnis der Segensbedürftigkeit 171
2.3.2 Der Dank für den Segen –
   Ermöglichung eines verantwortlichen Gebrauchs der Segensgüter 173

3. Die menschliche Vermittlung des göttlichen Segens 174
3.1 Die Segensvermittlung durch bevollmächtigte Amtsträger 175
3.1.1 Das Segensamt der Erzväter 177
3.1.2 Die priesterlichen Segnungen im Alten Bund als Schattenbilder
   des Christussegens 181
3.1.3 Der aaronitische Priestersegen nach Num 6, 22-27 183
3.2 Fürbitte, Gruß und Glückwunsch als gegenseitiger Segensdienst
   aller Christen 186

III. Dietrich Bonhoeffer 189

1. Alttestamentlich vom Segen reden 192

2. Segen als Bejahung und »Inanspruchnahme des irdischen Lebens
   für Gott« 195

3. Segnen als menschen(un)mögliche Mitarbeit an der Schöpfung . . 198

4. Segen als Erlaubnis zu unbekümmertem Lebensglück und als
   Ermächtigung zu solidarischem Mitleiden 200

5. Segen als gemeinschaftsstiftende Lebensmacht angesichts
   von Trennung und Tod 208

IV. Karl Barth 215

1. Das Verständnis des Schöpfungssegens in der Zuordnung
   von Schöpfung und Bund 216
1.1 Der Schöpfungssegen als Präfiguration des Bundes 217

1.2	Die gesegneten Tiere als Bundeszeugen in der Schöpfungsgemeinschaft	220
1.3	Der Schöpfungssegen als Inbegriff der Vorsehung Gottes	226
2.	Die Bedeutung menschlicher Segenspraxis im Kontext der christologisch begründeten Zeitlehre Barths	229
2.1	Die universal-anthropologische Frage nach dem Woher des Lebens	230
2.2	Die alttestamentliche Antwort: die Segensverheißung an Abraham und ihre Wiederholung in menschlichen Segensakten	233
2.3	Die neutestamentliche Antwort: das inkarnierte Segenswort Jesus Christus und die Taufe	235
3.	Begründung und Kritik der christologischen Aufhebung israelitisch-jüdischer Segenspraxis	240
3.1	Zur fehlenden Bezeugung des göttlichen Schöpfungssegens im menschlichen Segenshandeln	243
3.2	Zur Aufhebung der alttestamentlichen Segnungen in die einmalige Taufe	249
3.3	Zum Verhältnis von Kirche und Israel in Barths Segensverständnis	260

Teil C
Grundlinien einer biblischen und dogmatischen Theologie des Segens

I.	*Mitgesegnet mit Israel*	271
1.	Partikularität und Universalität des Segens in Gen 12,1-4a	273
1.1	Abraham – als Gesegneter Segensparadigma und/oder Segensmittler für die Völker?	275
1.1.1	Die Position G. v. Rads: Abraham/Israel – gesegnet um der Völker willen	276
1.1.2	Die Gegenposition E. Blums: Segen für Israel, nicht für die Völker	279
1.1.3	Argumente für eine Überwindung der Alternative	283
1.2	Universalität in der Partikularität – Gottes Segen als Abrahamsegen	289
1.2.1	Die Ambivalenz autonomen Lebens »jenseits von Eden«: Segen und Fluch in der Urgeschichte	289
1.2.2	Abraham/Israel segnen – das theologische Kriterium für die Teilhabe der Völker an Gottes Segen	293

1.2.3 Gebotene Segensexistenz – wider die Bestreitung einer aktiven Rolle Abrahams/Israels in der Segensgeschichte Gottes mit den Völkern 300

2. Die Teilhabe der Völker am Abrahamsegen: nicht »aus Werken des Gesetzes«, sondern »durch die Treue Jesu Christi« 303
2.1 Das galatische Konfliktthema: Die Bewährung der neuen Identität von HeidenchristInnen als ErbInnen Abrahams 304
2.2 Stellvertretende Fluchübernahme und inklusiver Toragehorsam Jesu Christi................................. 306

Exkurs:
Segen im Hiobbuch 308

2.3 An Jesus Christus glauben: als mit Abraham Gesegnete in den Weisungen der Tora leben...................... 317
2.4 Die Treue zu Jesus Christus als Segen für Abraham/Israel 320
2.5 Die befreite Tora – Gewährung und Bewahrung von Segen und Leben 325

Exkurs:
Gesegnetsein verpflichtet – die bedingten Segensankündigungen des Deuteronomiums................................... 326

2.6 Mitgesegnetsein mit Abraham: Neuschöpfung und Hinzuerwählung der Völker 335

3. Die »Rechtfertigung aus Glauben« als Mitgesegnetsein mit Israel (Zusammenfassung) 340

II. »Ich will dich segnen ..., und du werde ein Segen!« 346
1. Gottes Seg(n)en als biblisches Grundmotiv seiner Weltimmanenz 352
1.1 Der Schöpfungssegen: Beginn der göttlichen Erhaltung und Ursprung der Freiheitsgeschichte der Geschöpfe 353
1.1.1 Die Segnung der Wassertiere und Vögel – Begabung mit Lebenskraft zur Wahrnehmung und Entfaltung ihrer Geschöpflichkeit .. 354
1.1.2 Die Segnung der Menschen – Ermächtigung zu menschlicher Herrschaft 358
1.1.3 Die Segnung des siebten Tages – Gottes Ewigkeit in der Zeit der Schöpfung 367
1.2 Das Mitsein Gottes im Segen: concursus und gubernatio Dei auf dem Weg zu einem Leben in Genüge 372

2. Menschliches Segnen als cooperatio Dei zur Bewahrung und
Vollendung der Schöpfung 378
2.1 Wenn Menschen einander (und ihre übrigen Mitgeschöpfe)
segnen 379
2.2 Wenn Menschen Gott segnen 384
2.2.1 Die B^{e}racha als intensives Gotteslob – oder: von der Menschlichkeit
des Menschen 387
2.2.2 Die B^{e}racha als »Lizenzempfang« – oder: vom Genuß des Heiligen
ohne Lebensgefahr 390
2.2.3 Die B^{e}racha als menschliche Mitarbeit an der Erlösung – oder:
von der eschatologischen Einheit und Allmacht Gottes 392

Literatur 404

Bibelstellenregister 424

Personenregister 433

Dank

»Manchmal«, sagte sie, »komme ich nur zum Gottesdienst, um am Ende mit dem Segen nach Hause gehen zu können. Wie ein warmer Mantel umhüllen und beschützen mich die Worte vom leuchtenden Angesicht Gottes außerhalb der Kirchenmauern. Und in der letzten Zeit kommt es schon einmal vor, daß ich meinen Enkelkindern einen Segenswunsch mit auf den Schulweg gebe oder über dem frischen Brot ein Segensgebet spreche, bevor ich es anschneide ...«

Sätze wie diese gaben den Anstoß für eine mehrjährige wissenschaftliche Beschäftigung mit dem Segen. Deshalb steht am Anfang dieses Vorwortes der Dank an die Frauen (und auch einige Männer) in der evangelischen Kirchengemeinde Bielefeld-Heepen, die mich als Vikarin und Pastorin an ihren Segenserfahrungen teilhaben ließen, mit mir immer wieder biblische Segenstexte lasen und auf vielfältige Weise fortschrieben. Sie haben mich mit einer wachsenden Segensbedürftigkeit menschlicher Lebenssituationen konfrontiert und zur theologischen Rechenschaft über die Bedeutung des Seg(n)ens herausgefordert. Wenn sich der vorliegende Entwurf einer Segenstheologie auch einer unmittelbaren praktischen Verwertbarkeit verweigert, so möchte er doch wieder zurückwirken auf die Praxis, aus der er erwachsen ist.

Bernd-Heiner Röger verdanke ich die Anregung, das Segensthema zum Gegenstand einer systematisch-theologischen Dissertation zu machen. Sein Beharren auf der dogmatischen Relevanz des Segens war für mich ein unverzichtbares Gegengewicht zum »Segensschweigen« der gegenwärtigen Dogmatik. Prof. Dr. Christian Link hat mit der von ihm so gern zitierten Sorglosigkeit der »Lilien auf dem Felde« das Entstehen dieser Promotion begleitet. Für das mir darin erwiesene große Vertrauen danke ich ihm ebenso wie für sein pointiertes Referat, das von einer intrinsischen und empathischen Lektüre meiner Arbeit zeugt, wie sie keineswegs selbstverständlich ist. Prof. Dr. Jürgen Ebach hat nicht nur gern die Mühen des Korreferates auf sich genommen. Sein waches Interesse an meiner »Inszenierung« eines gleichermaßen exegetisch-dogmatischen wie dogmatisch-exegetischen Gesprächs über den Segen hat mich immer wieder darin bestärkt, biblische Theologie als Aufgabe der Dogmatik wahrzunehmen. Wenn es mir gelungen ist, auch im exegetischen Bereich grundständig zu argumentieren, dann verdanke ich dies vor allem den beiden Lehrjahren als Vikarassistentin bei Prof. Dr. Frank Crüsemann an der Kirchlichen Hochschule Bethel. Seine Arbeiten zur Tora haben entscheidende Weichen zum Verständnis der Rechtfertigung als »Mitgesegnetwerden mit Israel« gestellt. Daß mir darüberhinaus die Dogmatik von Prof. Dr. Friedrich-Wilhelm Marquardt zu einer Fundgrube aufregender und verwegen-wegweisender Entdeckungen geworden ist, läßt sich nur schwer übersehen.

Im nicht selten einsamen Geschäft wissenschaftlicher Qualifizierung erfahre ich je länger je mehr die Gesprächspartnerschaft mit Holger Domas als unverdientes Geschenk. Seine leidenschaftliche theologische Sachlichkeit, sein gründliches Wissen und sein treffsicheres Urteil haben meine Argumentation bereichert und geschärft und mich vor so manchem Holzweg bewahrt. Besonders in der Konzeptionsphase der Arbeit haben Berner KollegInnen und StudentInnen mich mit zündenden Ideen inspiriert und mich auf einschlägige Literatur aufmerksam gemacht; namentlich möchte ich dafür Dr. Annette Wilke, Sabine Müller, Dr. Thomas Naumann, Dr. Hans Peter Lichtenberger und Andrea M. Bianca danken.

Die vorliegende Untersuchung wurde im Wintersemester 1997/98 an der Evangelisch-theologischen Fakultät der Ruhr-Universität Bochum als Dissertation angenommen. Für den Druck wurden die lateinischen Luther-Zitate aus der Weimarer Ausgabe sowie die lateinischen und französischen Calvin-Zitate aus dem Corpus Reformatorum verdeutscht. Jürgen Hädrich danke ich für wiederholtes sorgfältiges Korrekturlesen, zahlreiche stilistische Verbesserungsvorschläge und die Mitarbeit am Register.

Bei der Axel-Springer-Stiftung/Berlin und ihrem Vorsitzenden, Herrn Ernst Cramer, bedanke ich mich für die großzügige Finanzierung der Drucklegung; auch die Evangelische Kirche von Westfalen und die Evangelische Kirche der Union haben durch Zuschüsse die Veröffentlichung unterstützt. Herrn Diedrich Steen und den übrigen MitarbeiterInnen des Gütersloher Verlagshauses/ Chr. Kaiser danke ich für die freundliche Betreuung der Drucklegung und die angenehme Zusammenarbeit.

Die Widmung dieses Buches ist ein kleiner Dank an den, der mich seit vielen Jahren in der ihm eigenen unaufdringlichen Weise darin unterstützt, verstehen zu wollen, was ich glaube. Er hat in mir die Lust geweckt auf das Abenteuer, Gott (nach) zu denken.

Bochum, im November 1997   *Magdalene L. Frettlöh*

Zur Sonderausgabe

In der Sache habe ich in dieser *Sonderausgabe* meiner »Theologie des Segens« nichts Neues zu sagen, obwohl ihr inzwischen, auch von mir selbst, sehr viel nachgesagt worden ist. Wollte ich den vielfältigen Resonanzen, die dieses Buch seit seinem Erscheinen gefunden hat, und überhaupt der großen Aufmerksamkeit auf das Segensthema (nicht allein) in Theologie und Kirche auch nur annähernd gerecht werden, bedürfte es eines gesonderten zweiten Bandes.

So nutze ich die Gelegenheit der Neuauflage, um zumindest meine schamlose Freude über das anhaltende Interesse an meinem Erstlingswerk und meinen Dank für die zahlreichen LeserInnenstimmen, die mich bis heute erreicht haben, zum Ausdruck zu bringen. Dass eine wissenschaftliche Qualifikationsarbeit nach ihrem Erscheinen in die fünfte Auflage geht und nicht längst »vom Markt« genommen wurde, ist alles andere als selbstverständlich. Dafür danke ich nicht zuletzt Diedrich Steen, mit dem zusammenzuarbeiten nach wie vor ein Vergnügen ist, sowie Tanja Scheifele und den übrigen MitarbeiterInnen des Gütersloher Verlagshauses.

»Alles hat seine Zeit.« Entsprechend gab es auch einen Kairos für die »Theologie des Segens«, der ihr diese unerwartet breite Aufnahme bescherte. Angesichts der immer deutlicher artikulierten Segensbedürftigkeit lag die »theologische Wiederentdeckung des Segens«, zu der dieses Buch beitragen konnte, in der Luft. Dass wissenschaftliche Theologie zum *Nachgeben* herausgefordert ist, wenn ihr von der einfachen Gottesrede in Kirche und Gesellschaft ein Thema zum Bedenken *vorgegeben* wird, hat sich selten so deutlich gezeigt wie im Blick auf den Segen. Was kann universitärer Theologie Besseres geschehen, als dass sie *gefragt* ist! Und was kann einer Doktorarbeit Erfreulicheres widerfahren, als dass sie auch außerhalb der Universität gelesen und diskutiert wird, erkenntnisbildend und handlungsorientierend wirkt und das Interesse nach einem tieferen Verstehen des von ihr bedachten Themas und ihrer Thesen weckt. Dass eine Schrift, die gelehrt und für die Fachzunft lehrreich sein soll, auch der Erbauung ihrer LeserInnen dienen kann, das haben mich manche Briefe, E-Mails und Gespräche in Seminaren und bei Vorträgen wissen lassen.

So freue ich mich insbesondere an den *Grenzüberschreitungen*, die dieses Buch provoziert hat und die als solche hier kritisch, dort zustimmend, aber allemal sensibel wahrgenommen worden sind. Schon an der schlichten Beobachtung, dass es in den Bibliotheken unterschiedlichen theologischen Abteilungen (vom Alten Testament bis zur Praktischen Theologie) zugeordnet ist, zeigt sich, dass es herkömmliche Disziplinengrenzen passiert und *innertheologisch* in seiner biblischen Grundlegung, systematisch-theologischen Reflexion und praktisch-theologischen Perspektivierung auf *Interdisziplinarität* angelegt ist. Dass an verschiedenen Fachbereichen in den letzten Jahren eigens fächerübergreifende Seminare zu diesem Buch abgehalten wurden und dass so mancher Student und so manche Vikarin im Rahmen ihrer Examensvorbereitungen auf es zurückgegriffen haben, gehört wesentlich zu seiner Rezeptionsgeschichte.

Ausdrücklich willkommen geheißen wurde diese so ganz und gar protestantische Arbeit *katholischerseits*, »in ökumenischer Offenheit« mit Sympathie und Empathie erörtert und vielerorts als ein Segen für die eigene, doch so viel reichere katholische Segenspraxis aufgenommen. Hier nicht Eulen nach Athen getragen zu haben, ist »ein Geschenk der besonderen Art«[1], das sich bei zahlreichen Einladungen zu Vorträgen in der anregenden und kontroversen Gesprächskultur ökumenischer Foren fortsetzte.

Dass LeserInnen in dieser Segenstheologie ein sprechendes Beispiel dafür se-

---

1. Gotthard Fuchs, Du sollst ein Segen sein. Über eine vergessene Theologie, in: Christ in der Gegenwart. Katholische Wochenzeitschrift 52 (2000), 222.

hen, »welche Vertiefung und Bereicherung christliche Theologie erfährt, wenn sie sich ernsthaft und lernbereit auf den Weg der Erneuerung des Verhältnisses von Juden und Christen macht«[2], findet seine Bestätigung darin, dass Christenmenschen ihre Segenserfahrungen verstärkt im Horizont des »Mitgesegnetseins mit Israel« verorten und dass die christlicherseits bisher so befremdliche Grundgestalt jüdischer Segenspraxis, nämlich unsererseits Gott zu segnen, liturgisch aufgegriffen und eingeübt wird. In diesen Zusammenhang gehört auch, dass die tolerative Verdeutschung von Gen 12,3b »In dir werden *sich segnen lassen* alle Familien des Erdbodens« die Anerkennung von BibelwissenschaftlerInnen gefunden hat.

Wenn dieses nicht explizit *genderperspektiviert* ausgerichtete Segensbuch dennoch »als höchst relevant für die feministische Theologie«[3] erachtet, in vielen Fraueninitiativen und -gruppen gelesen wird – die Frauenseelsorge der Deutschen Bischofskonferenz hat es gerade zum »Buch des Monats« gewählt – und mancher kirchlichen Frauenzeitschrift Diskussionsstoff bietet, dann ist es wieder dort angekommen, von wo es seinen Anfang genommen hat.

Die neue Covergestaltung der preisgünstigen Sonderausgabe verdankt sich nicht nur den ökonomischen Interessen des Gütersloher Verlagshauses. Dass der Segen nunmehr ins *Bild*, nämlich in Rembrandts »Der Segen Jakobs« (1656) gesetzt ist, bringt einige der zentralen Inhalte dieser Theologie auf die Titelseite: Der geöffnete Vorhang gibt den Blick frei auf eine der Urszenen biblischer Segensgeschichte. Der sterbende Jakob gibt »das Zeitliche segnend« seine von Gott empfangene Lebenskraft und seine mit Gott »geschriebene« Lebensgeschichte an die (über-)nächste Generationen weiter (Gen 48).[4] In der Gestalt der Ägypterin Asnath, der Mutter Ephraims und Manasses, tritt nicht nur eine Frau in diese patriarchale Szene ein, sondern nehmen zugleich nichtjüdische Menschen an der Segensgeschichte Gottes mit Israel teil. Dass Rembrandt dieses Bild im Jahr seines totalen finanziellen Ruins malte, verweist auf die trotzigtröstende Widerstandskraft, den Protestcharakter des Segens. Die Segenshandlung Jakobs ist die einzige Lichtquelle dieses von innen leuchtenden Bildes.

So wünsche ich auch Ihnen, den Leserinnen und Lesern der fünften Auflage, dass für Sie ein erhellender Segen drinnen sei im Text- und Bildraum dieser Segenstheologie, dass sie Ihr Wissen um die Bedeutung des Seg(n)ens mehre und Ihren Blick für die eigene Segenspraxis schärfe. Denn Gesegnete sollen wissen, was ihnen geschenkt ist, Segnende, was sie tun und lassen, Segensbedürftige, worauf sie hoffen dürfen.

Bochum, im Februar 2005 *Magdalene L. Frettlöh*

2. Marion Obitz, Wider das Segensschweigen, in: ZGP 17/2 (1999), 57-58, 57.
3. Silvia Schroer, Segen im Alltag, in: Zeitschrift Reformatio 48 (1999), 187-189, 189.
4. Vgl. Magdalene L. Frettlöh, »Das Zeitliche segnen«. Die Bedeutung des Seg(n)ens als *rite des passage* angesichts des Todes, in: Ars moriendi – die Kunst des (gesegneten) Sterbens (Arnoldhainer Texte 128), hg. von Andrea Braunberger-Myers/Kurt W. Schmidt, Frankfurt a. M. 2004, 41-65.

Einleitung

1. Wachsende Segensbedürftigkeit als Herausforderung theologischer Reflexion auf das Segensthema

»Die Dogmatik hat zum Segen nichts mehr zu sagen.«[1] Dieses ebenso lapidare wie treffende Urteil U. Manns über das dogmatische (Des-)Interesse am Segensthema markiert den Ausgangspunkt der folgenden Erwägungen zu *biblischen* und *dogmatischen* Motiven einer *Theologie des Segens*. Im anhaltenden Segensschweigen[2] der Dogmatik manifestiert sich eine allgemeine *theologische Marginalisierung* der Segens-(und Fluch-)Thematik, die gegenwärtig in krassem Widerspruch zur wachsenden *Segensbedürftigkeit* und einem ausdrücklichen Verlangen nach dem (nicht nur kirchlichen) Zuspruch von Segen in den verschiedensten Lebenssituationen steht. Das neu wahrgenommene Angewiesensein auf »die Grundgeste des Christentums und des Judentums«[3] hat eine nahezu unüberschaubare Fülle von *Gebrauchsliteratur* hervorgebracht: Sie reicht von Illustrierungen biblischer Segensgeschichten und -worte[4] über (kommentierte) Sammlungen alter sowie um- und neuformulierter Segenswünsche, -lieder und -tänze[5], bis hin zu Materialheften und Werkstattberichten mit der Dokumentation von Segensgottesdiensten[6]. Im Evangelischen Gesangbuch ergänzen zahlreiche neue Segenslieder und -gebete die ohnehin bereits

1. *U. Mann,* Wunder, 92.
2. Wenn ich vom Segens*schweigen* der Dogmatik spreche, dann bedeutet dies nicht, daß der Segen und die Segenshandlungen überhaupt keine Erwähnung in der Dogmatik finden. Gemeint ist vielmehr, daß ihnen keine erkennbare systematisch-theologische Relevanz zukommt, daß sie keinen eigenständigen dogmatischen Ort haben und für die Entfaltung der klassischen theologischen Themen keine Rolle spielen – von wenigen Ausnahmen, insbesondere vom Dogmatik-Projekt F.-W. Marquardts, abgesehen (vgl. unten Teil A, II.2-3).
3. *F. Steffensky,* Segnen, 5.
4. *S. Jasch (Hg.),* Geschichten vom Segen.
5. Hier sind zunächst die Sammlungen irischer (und keltischer) Segenstexte zu nennen: *E. de Waal,* Celtic Songs; *A. Carmichael,* Kreuz; *H. C. Artmann,* Schlüssel; *M. Wester,* Leben weitergeben; *ders.,* Einübung ins Glück; *H. Multhaupt,* Wind; *ders.,* Strohsack; *W. Poeplau (Hg.),* Keltische Segenssprüche; *ders. (Hg.),* Irische Segenssprüche; *J. Zink,* Lieder und Segensworte.
Sammlungen von Segenstexten aus verschiedenen Zeiten und Kontexten bieten: *I. Kiefel (Hg.),* Sonne und Wind; *M. Schmeisser (Hg.),* Güte; *ders./F. Fichtl (Hg.),* Licht; *ders./M. und A. Pfeffer (Hg.),* Seele; *J. Zink,* Leben; *O. Haußecker (Hg.),* Segenswünsche.
6. *B. Müller (Hg.),* Segensworte; *Kommission für Gottesdienstgestaltung der Evang.-reformierten Landeskirche des Kantons Zürich (Hg.),* Werkstatt Gottesdienst; *U. Seidel,* Erfahrungen.

vielfältigen Segensmotive der älteren Kirchenlieder.[7] Die Erinnerung an frühere Segenstraditionen, das Schreiben eigener Segenstexte und die Erprobung neuer Segensrituale haben ihren Sitz im Leben nicht zuletzt in Veranstaltungen kirchlicher Frauenarbeit und in feministisch-liturgischen Workshops.[8] Segnungsgottesdienste und Vorträge über die Bedeutung des Seg(n)ens haben ihren Ort auf dem Deutschen Evangelischen Kirchentag und auf regionalen Kirchentreffen gefunden.[9]

Konnte C. Westermann noch 1968 die theologische Bedeutungslosigkeit des Segensthemas daran festmachen, »daß es niemals in der Kirchengeschichte einen Streit um den Segen gegeben hat«[10], so haben inzwischen heftige Auseinandersetzungen über sogenannte *umstrittene Anlässe* für kirchliche Segnungen, allen voran die Segnung von homosexuellen Partnerschaften, den Segen zu einem *öffentlichen Thema* gemacht und in jüngster Zeit kirch(enamt)liche Verlautbarungen auf den Plan gerufen, die sich um theologische Kriterien und praktische Empfehlungen für eine biblisch verantwortete kirchliche Segenspraxis bemühen.[11]

---

7. Vgl. zu den Segensliedern bes. eg 163.170.171.174.348.457.575.607; zu den Segensgebeten bes. 992-1002; daneben auch aus dem gemeinsamen Teil: eg 13,2; 64,1; 66,8; 71,5; 84,5; 86,3; 94,4; 120; 133,11; 135,4; 140,1.2.5; 146,5; 152,1; 203,5; 205,1; 211,4; 214,3; 224,3; 228,3; 239,1.2; 240,1; 241,6; 245,5; 250,5; 252,1.2.4.7.9; 280,1.3; 281,3; 282,3; 283,2; 294,4; 300,3; 311,2; 316,4; 317,4; 326,5; 330,5; 331,9; 347,4; 350,5; 351,7; 352,1; 358,4; 361,4; 369,7; 374,3; 382,1; 389,4; 395,2; 406,5; 415,4; 423,4; 438,5.6; 443,6; 446,9; 447,3; 449,4.6; 451,5; 468,1.4; 471,1; 475,6; 481,1; 485,6; 489,1; 494,2-4; 496,1; 497,1; 500,2; 502,4; 503,13; 505,1.3-4; 506,3; 508,2; 512,1.4; 513,4.5; 514,4; 517,12.
Die Ausgabe für die Evangelisch-Lutherischen Kirchen in Bayern und Thüringen enthält darüberhinaus eine theologische Reflexion über den Segen (1541-1545).
8. Vgl. *J. Walton*, Segnen; *H. Strack (Hg.)*, Schatz, 12 f.51-61.145-155; *J. Manecke (Hg.)*, Frauen; 3. Werkstatt Feministische Liturgie; *H. Strack*, Herberge; *H. Strack/C. Freking (Hg.)*, Segen; *C. Peikert-Flaspöhler*, Neubeginn; *H. Rosenstock/H. Köhler*, Freundin, 135-150; *S. Fritsch*, Was mich beseelt, 89-95; Feministisch gelesen 2, 270-272.
Auch die Arbeiten zu feministischer Spiritualität enthalten in ihren liturgischen Beispielen neue Segenstexte und -rituale (vgl. etwa *R. Radford Ruether*, Frauenkirche, 115 ff.; Feministische Liturgien, 83 ff.).
Hinzuweisen ist in diesem Zusammenhang auch auf die zahlreichen Segenstexte im jährlichen »Frauenkirchenkalender« des Magdalena Verlags (seit 1996 Hanna Strack Verlag), Zorneding (hg. von Brigitte Enzner-Probst und Hanna Strack).
9. Vgl. *B. v. Issendorf*, Segen, 18 f.; Die Erde bewahren, 193 ff.; *J. Zink*, Sinn und Gestalt; *P. Lapide*, Segen im Judentum.
10. Segen in der Bibel, 7; vgl. *ders.*, Segen, 243 f.
11. Hier ist vor allem der *theologische Grundsatztext* der evangelischen Kirchen der Arnoldshainer Konferenz: »Gottes Segen und die Segenshandlungen der Kirche« zu nennen, der mit seiner Befürwortung der Segnung homosexueller Lebensgemeinschaften ausschließlich im Rahmen der individuellen Seelsorge (bei gleichzeitiger Ablehnung von entsprechenden gottesdienstlichen Segenshandlungen in Analogie zur Trauung) leidenschaftliche Diskussionen ausgelöst hat; vgl. dazu: *J. Schmidt*, Partnerschaft; die Orientierungshilfe des Rates der EKD: »Homosexualität und Kirche«; zur kirchlichen Debatte um die Segenshandlungen für gleichgeschlechtliche Paare vgl. außerdem das Diskussionspapier der EKiR zu »Sexualität und Lebensformen sowie Trauung und Segnung«; die Begründung, die Pfr.

Gegenüber dem vielfältigen Gebrauch von (nicht selten wortinflationären) Segenstexten und der (Wieder-)Entdeckung von zahlreichen Schwellen- und Alltagssituationen als Segensorte ist das (systematisch-)theologische Nachdenken darüber, was Segen ist, was wir tun, wenn wir segnen, und was uns widerfährt, wenn wir gesegnet werden, vernachlässigt worden. Die zunehmende Aufmerksamkeit für den Segen in biblisch- und praktisch-theologischen Arbeiten, in erster Linie im Zusammenhang der kirchlichen Kasualpraxis[12], kann nicht darüber hinwegtäuschen, daß bis heute nicht nur für die Dogmatik immer noch gilt, was C. Westermann in seiner inzwischen zum Klassiker gewordenen kleinen Studie »Der Segen in der Bibel und im Handeln der Kirche« festgestellt hat: »Die Frage nach dem Segen liegt abseits der begangenen Straßen der theologischen Forschung.«[13] So bezeichnet C. Barben-Müller Segen und Fluch als »theologisch wenig beachtete(.) Weisen religiöser Interaktion«[14], spricht H.-P. Müller vom Segen als einem »halb vergessene(n) Thema«[15] und beklagt U. Körtner, daß »der Segen und das Segnen in die theologische Bedeutungslosigkeit abgedrängt worden« sind und »zu den theologischen Verlegenheiten« gehören.[16] C. Eyselein erinnert in seiner Arbeit über die kirchlichen Einweihungshandlungen, die ein »in der evangelischen Theologie permanent marginalisiertes Thema« darstellen, an weitreichende theologische Defizite »bis in

---

Klaus Bäumlin, Bern, für die erste Segnung eines homosexuellen Paares in der Schweiz gibt: »›Segensfeier für schwules Paar ist auch Zeichen der Wiedergutmachung‹, sagt Klaus Bäumlin«, in: Der Bund, 8. Juli 1995, 9; K. Söderblom, Kirchlicher Segen; R. Jarchow, Segen befreit; einen wegweisenden Beitrag zum biblisch-theologischen Verständnis des Segens in diesem Diskussionszusammenhang bietet R. Stuhlmann, Trauung und Segnung, bes. 499 ff.
Zu den umstrittenen Anlässen zählt das Votum der Arnoldshainer Konferenz außerdem die Einzelsegnung im Gottesdienst bzw. die Veranstaltung besonderer Segnungs- und Salbungsgottesdienste (15 f.64-66.78.80-83), die Segnung von Kindern (16 f.66-68.83-85; vgl. zur Kindersegnung: Evangelische Kirche im Rheinland (Hg.), Landessynode 1993, 81-93), die Segnung von eheähnlichen Lebensgemeinschaften (17 f.68-70), die Segnung von Gegenständen oder kirchlichen Einrichtungen (19 f.72 f.78 f.85-91; eine umfassende theologische Interpretation der Einweihungshandlungen als einer Gruppe der *Realbenediktionen* gibt C. Eyselein in seiner Erlanger Dissertation (vgl. Einweihungshandlungen), und die Segnung von Tieren (20 f.74.91 f.; zur Tiersegnung vgl. E. Kamprad, Tiergottesdienst; W. Glade, Segnung von Tieren).

12. Kasualien sind nicht nur nach theologischem Verständnis, sondern gerade auch aus der Perspektive der Gemeindeglieder in ihrem Kern Segenshandlungen. W. Gräb hat aus der Beobachtung, daß »Segen (...) jenes Wort religiöser Sprache (ist), das im Zusammenhang der Amtshandlungen den am stärksten umgangssprachlich besetzten Bedeutungswert hat«, geschlossen, daß der Segen für die »Rechtfertigung von Lebensgeschichten« genau jenes »Mehr« an Zuspruch und Anerkennung, Hilfe, Begleitung und Trost markiert, das sich die Betroffenen nicht selber sagen können. Der Segen verkörpert die Unverfügbarkeit, das extra nos der Rechtfertigung (Rechtfertigung, 33).
13. C. Westermann, Segen in der Bibel, 7.
14. C. Barben-Müller, Segen und Fluch, 351.
15. H.-P. Müller, Segen im Alten Testament, 1.
16. U. H. J. Körtner, Totensegnung, 175.

die exegetische, historische und systematische theologische Forschung über den Segen hinein«.[17] Und R. Albertz gibt grundsätzlich zu bedenken: »Es könnte ja sein, daß der Wirklichkeitsverlust christlichen Glaubens und christlicher Gottesdienste (...) etwas damit zu tun hat, daß dem Segen Gottes nur wenig Aufmerksamkeit geschenkt und er nur selten als eigenständiges Thema begriffen wird.« Anstatt »das Reden vom Segen als überholt und die Segenshandlungen als theologisch bedenklich aufzugeben«, geht es ihm darum, »theologische Klärung darüber zu erreichen, wie wir als Christen verantwortlich mit ihm (dem Segen, M. F.) umgehen« können.[18]

Als mögliche Gründe für die bisherige (protestantisch-)theologische Vernachlässigung des Segensthemas legen sich mir die folgenden nahe[19]:

1. Häufig wird die *Schöpfungsvergessenheit* der Theologie als eine der wichtigsten Ursachen für die Randstellung des Segens genannt, gilt doch der Segen als »Schöpfungsphänomen«[20] und wird theologisch – wenn überhaupt – im Bereich der Schöpfungslehre verortet und als Moment des schöpferischen Handelns Gottes verstanden.[21] Erst ein geschärftes Bewußtsein für die Zerstörung des ökologischen Gleichgewichts und für die selbstproduzierte Gefährdung des Lebens sowie die Einsicht von Theologie und Kirche in ihre Mitschuld an den ökologischen Krisen und Katastrophen wie in ihre Verantwortung für die Bewahrung der Schöpfung, die Schöpfungsgemeinschaft und den Schöpfungsfrieden aller Lebewesen vermag die theologische Aufmerksamkeit auch auf den Segen zu lenken.[22] Präziser scheint es mir allerdings zu sein, das theologische Segensschweigen damit zu begründen, daß seit der Neuzeit die Theologie ihre Zuständigkeit für den Bereich der *Natur* nicht wahrgenommen hat, sondern sie an die Naturwissenschaften delegierte bzw. sie sich von ihnen abnehmen ließ[23]. Denn im Schöpfungssegen wird natürliches Dasein bejaht und anerkannt, gutgeheißen und gerechtfertigt, so daß sich vom Segnen gleichsam als einer »Rechtfertigung des Natürlichen«[24] sprechen läßt.

---

17. *C. Eyselein*, Einweihungshandlungen, 2 f.
18. *R. Albertz*, Segen Gottes, 86.
19. Die hier angeführten Überlegungen, die im Rahmen der Einleitung zwangsläufig thetisch bleiben und gleichzeitig manche späteren Beobachtungen vorwegnehmen, werden im Verlauf der Arbeit entfaltet; vgl. die zahlreichen Vorverweise.
20. *C. Barben-Müller*, Segen und Fluch, 353 f., vgl. 363-365.
21. Vgl. *C. Westermann*, Theologie, dazu unten Teil A, I.1; sowie *C. Eyselein*, Einweihungshandlungen, bes. 209 ff.; *G. Müller-Fahrenholz*, Erwecke die Welt, bes. 35 ff.; außerdem unten Teil B, I.2.2; III.2; IV. 1.1-3; Teil C, II.1.1.
22. In den neueren Schöpfungstheologien (vgl. etwa *D. Sölle*, Lieben und arbeiten; *J. Moltmann*, Ökologische Schöpfungslehre; *C. Link*, Schöpfung; *G. Altner* (Hg.), Ökologische Theologie) hat das Segensthema gleichwohl noch keine nennenswerte Berücksichtigung gefunden.
23. Vgl. *C. Link*, Schöpfung, 334 ff.455 ff.; ders., Erfahrung der Welt, 108 ff.; unten Teil A, I.1.1.
24. Zur Vorstellung der »Schöpfung als Rechtfertigung« (allerdings ohne ausdrückliche Bezugnahme auf den Schöpfungssegen) vgl. *K. Barth*, KD III/1, § 42.3; zur theologischen

Unterwegs zu einer »Theologie der Natur« bemühen sich anthropologische Neuansätze, auch durch feministisch-theologische Impulse[25] angeregt, um eine Überwindung des Leib-Seele-Dualismus, rücken die *Leiblichkeit* des Menschen ins Zentrum und schenken der *Sinnlichkeit* des Daseins neue Beachtung. Zielt das Segnen als »das älteste Sakrament«[26] darauf, die göttliche Nähe und Zuwendung leib- und sinnenhaft erfahrbar zu machen, so kann mit Recht gefragt werden, »ob unser theologischer Widerstand gegen die Spendung des Segens nicht vielleicht etwas zu tun haben könnte mit unserer Leibfeindlichkeit«[27]. Gegenüber einer einseitigen Konzentration auf das gesprochene und gehörte Wort nimmt der Segen als Einheit von *Wort und Geste*[28] ernst, daß Gott Mensch und das Wort *Fleisch* geworden ist und setzt Zeichen der Präsenz Gottes in irdischen Verhältnissen. Im Segnen wird die Leiblichkeit des Glaubens praktisch.

2. Die Erfahrungsdefizite, die in der theologischen Marginalisierung des Seg(n)ens zutagetreten, beziehen sich aber nicht nur auf den Bereich des natürlichen Lebens, auf seine Leiblichkeit und Sinnlichkeit, sondern auch auf die *Alltäglichkeit*, die Routine des Daseins. Diese für die Wirklichkeit Gottes transparent zu machen, gelingt Theologie und Kirche gegenwärtig nur selten. Doch wie der gottesdienstliche Schlußsegen als Schwellenritus die Gegenwart und das Mitsein Gottes für das Leben außerhalb der Kirchenmauern zuspricht oder verheißt[29], so wird mit dem Segnen überhaupt Gott ins (alltägliche) Leben gezogen. Im Aufbrechen eines engen Kanons von kirchlichen Segenshandlungen (traditionell die Sakramente und Kasualien) werden nicht nur immer mehr biographische Wendepunkte, Übergänge und Neuanfänge als Segensorte wahrgenommen, sondern auch ganz elementare Lebensvorgänge mit Segensbitten und -wünschen, Segensworten und -grüßen begleitet. Segnungen bringen den Alltag, seine Sorgen und Freuden, Hoffnungen und Nöte mit Gott zusammen, lassen Erfahrungen vom Aufwachen am Morgen bis zum Schlafengehen am Abend zu *Gottes*erfahrungen werden. Sie bezeugen den Zuspruch Gottes für alle unsere Lebensbereiche. Die Alltagsbezogenheit des Segens zeigt sich gerade auch in der Erinnerung daran, daß ursprünglich jeder Gruß ein Segen war[30].

3. Als häufigste Begründung für die protestantische Zurückhaltung gegenüber dem Seg(n)en begegnet die Intention, einem sog. *magischen* Mißverständnis des Segens zu wehren, das vor allem mit dessen leiblicher Dimension und der Körpersprache der Segensgesten in Verbindung gebracht wird. Zurückge-

---

Rehabilitierung des Natürlichen *D. Bonhoeffer*, Ethik, 163-217; zur Interpretation des Schöpfungssegens die Vorverweise in Anm. 20.
25. Vgl. *E. Moltmann-Wendel*, Gott und Körper; *dies.*, Mein Körper.
26. *C. Westermann*, Genesis II, 536.
27. *B. v. Issendorf*, Wiederentdeckung, 17; vgl. auch *D. Stollberg*, Sinnlichkeit.
28. Vgl. dazu bes. *F. Steffensky*, Segnen; *H. Strack/C. Freking*, Segen; zur Geschichte der Segensgesten vgl. *E. Schürer von Witzleben*, Segensgeste.
29. Vgl. *B. J. Diebner*, Segen; *M. Josuttis*, Weg, 309-314.
30. Vgl. unten Teil A, I.2; sowie den liturgiegeschichtlichen Überblick bei *K. Frör*, Salutationen, 570-592.

wiesen wird damit der Versuch, die (scheinbar) automatische Wirkung des Segens in den Griff zu bekommen bzw. mittels des Segens den Segensempfänger zu beeinflussen, ihn – im wahrsten Sinne des Wortes – manipulieren und sich seiner bemächtigen zu wollen.

Mit C. Barben-Müller halte ich »die Verwendung der Kategorie des ›Magischen‹ in diesem Zusammenhang für wenig erhellend; sie hat meist bloß apologetischen oder polemischen Charakter und bleibt analytisch wertlos«[31], dient sie doch der Abgrenzung des eigenen theologischen Segensbegriffs von dem sog. primitiver Religionen, der von einer Kraftübertragung durch körperliche Berührung und der Selbstwirksamkeit von Segenssprüchen geprägt sei. Dieser Abwehrhaltung liegt fast durchgängig ein undefiniertes, aber eindeutig negativ besetztes Magieverständnis zugrunde. Auf ein Verstehen des fremden Denkens (und der befremdenden Praxis) wird dabei a priori verzichtet. Es wird als primitives bzw. falsches Bewußtsein abgetan. Wo überhaupt argumentiert wird, folgt man meist einem *evolutionistischen* Erklärungsmodell: Mögen sich in den ältesten Segensmotiven der hebräischen Bibel noch Reste eines magischen Verständnisses finden, in der christlichen Segenspraxis gelten sie als überwunden. Seltener wird nach der *Funktion* magischer Worte und Handlungen gefragt. Erst recht hat die Spannung zwischen Magie, Religion und Wissenschaft in der theologischen Beschäftigung mit dem Segensthema noch nicht – wie es z. B. bereits in der Ethnologie der Fall ist – dazu geführt, das Magieverständnis sog. primitiver Völker gemäß deren *Selbst*beschreibungen zu rezipieren und infolgedessen die Perspektive umzukehren: anstelle von Fremdzuschreibungen das eigene Wirklichkeitsverständnis und die Universalisierung seiner Axiome infragestellen zu lassen.[32]

C. Barben-Müller schlägt vor, eher von »Automatismus« oder »Manipulation« zu sprechen, und warnt zugleich davor, diese Gefahren einseitig den Segens*gesten* und *-gebärden* zuzuschreiben, als seien Segens*worte* grundsätzlich eher gefeit gegen solchen Mißbrauch.

Neben der berechtigten Kritik am unreflektierten Magievorwurf darf allerdings nicht übersehen werden, daß dieser auf den Zusammenhang von *Segen und Macht* aufmerksam machen kann[33], der gerade kirchlicherseits nicht selten tabuisiert wird. Nicht nur die Überzeugung, daß es sich beim Segnen um Vermittlung von *Lebenskraft*, um einen Akt der *Ermächtigung* zu gelingendem Leben handelt[34], wie auch immer dies noch näher zu beschreiben sein wird, sondern auch die Fragen, wer (gegenüber wem) zum Segnen *bevollmächtigt*

---

31. Segen und Fluch, 365.
32. Solange in den Religionswissenschaften und in der Theologie diese Arbeit am Magiebegriff nicht geleistet worden ist, sollte in segenstheologischen Arbeiten auf seine Verwendung verzichtet werden. Für eine erste grundlegende Information verweise ich hier auf den von *H. G. Kippenberg* und *B. Luchesi* herausgegebenen stw-Diskussionsband »Magie«, insbesondere die Einleitung von *H. G. Kippenberg* (Kontroverse).
33. Vgl. dazu bes. das »Concilium«-Themenheft »Macht der Segnung – Segnung der Macht« (insbesondere *M. Collins,* Macht der Segnung; *J. Pohier/F. Dolto,* Machteinfluß des Segens; *J. Walton,* Segnen); *M. Josuttis,* Petrus.
34. Vgl. unten Teil A, I.1-2; Teil C, II.1.1.

oder *ermächtigt* ist, unter welchen Voraussetzungen der Segen *wirkmächtig* ist, wer oder was die *Macht des Segens* hindern und hemmen kann, worin die *Heilkraft* des Segens besteht, bis hin zu Entscheidungen darüber, wem Segen zu gewähren und wem er vorzuenthalten ist, deuten auf diesen Zusammenhang hin. Die Einsicht, daß es beim Segnen um den Umgang mit (göttlicher) Lebensmacht geht, schärft insbesondere die Aufmerksamkeit für die Körpersprache beim Segnen und Gesegnetwerden, aber auch für den (liturgischen) Sprechakt des Segens[35] und läßt praktische Theologen fordern, das Segnen als ein »Hand-Werk« und eine Kunst zu erlernen.[36]

4. Eng verbunden mit der Sorge um einen manipulierenden Mißbrauch des Segens ist der Vorwurf, daß Segnungen häufig als *kultische Weihehandlungen* mißverstanden würden: Wenn sich mit dem Segen die Vorstellung verbindet, daß gesegnete Menschen und Dinge in dem Sinne heilig sind, daß sie ihren profanen, kreatürlichen Status verloren haben, aus ihren weltlichen Bezügen herausgenommen worden sind und eine Dignität erlangt haben, die sie unantastbar macht, dann steht die Segenspraxis in der Gefahr, zum Götzendienst zu werden.[37] Sie vergöttlicht geschöpfliches Leben, überhöht weltliche Phänomene und hebt damit den heilsamen Unterschied von Gott und Welt, von Gott und Mensch auf. Daß sich ein so verstandener Segen besonders dazu eignet, Unrechtsverhältnisse zu verschleiern, Spannungen zu harmonisieren, statt Kritik und Auseinandersetzungen zu ermöglichen, Herrschaft und Gewalt als gottgewollt zu sanktionieren, unerträgliche Zustände zu beschönigen etc., zeigen Fahnenweihen und Waffensegnungen nicht weniger als ein kirchlicher Trausegen, mit dem die Institution der bürgerlichen Ehe gerettet werden soll, oder ein Taufsegen, der die reale Situation von Kindern in unserer Gesellschaft längst aus den Augen verloren hat. Die vermeintliche Heiligung des Gesegneten dient dabei in Wirklichkeit der »Absegnung« des Vorfindlichen. Erfahrungen mit entsprechendem Mißbrauch des Segens, die die protestantische Zurückhaltung gegenüber dem Seg(n)en auf den ersten Blick begründet erscheinen lassen, fordern zum theologischen Nachdenken darüber heraus, welche Wirkung der Segen auf die betreffenden Menschen und Dinge hat, vor allem in welchem Verhältnis er zu ihrer Geschöpflichkeit und Weltlichkeit steht. Daß sich mit der theologischen Wiederentdeckung des Segensthemas, insbesondere mit der Be-

---

35. Zum Gegenstand linguistischer und sprechakttheoretischer Untersuchungen ist besonders der aaronitische Segen mit seinen Rahmenversen (Num 6,22f.24-26.27) gemacht worden (vgl. *B. J. Diebner, Segen; R. Wonneberger, Segen*).
36. »Zur Kunst des Segnens gehört (...) nicht nur die Interpretation der Segensformeln, wie sie die herkömmliche Theologie durch die Auslegung biblischer und liturgischer Texte unternimmt. Die Kunst des Segnens muß auch die anderen Aspekte bedenken, die Disposition der handelnden und empfangenden Personen, ihre körperlichen Gesten und Stellungen, die kommunikativen Kanäle und die körperlichen Rezeptionsbereiche, durch die Segenskraft vermittelt wird« (*M. Josuttis, Petrus*, 198; vgl. insgesamt 196-201; *ders., Weg*, 309-314; *D. Stollberg, Liturgische Praxis*).
37. Vgl. *C. Barben-Müller, Segen und Fluch*, 366f.

rücksichtigung jüdischer Segenspraxis, die Einsicht verbindet, daß der Segen »gerade einen lebensvollen Zugang zu den Phänomenen als *irdischen* Phänomenen«[38] ermöglicht, sie also gerade nicht entweltlicht und vergöttlicht, sondern die Weltlichkeit der Welt und die Geschöpflichkeit irdischen Lebens ernst- und in ihrer eigenen, von Gott unterschiedenen Würde wahrnimmt, sei hier zunächst nur angedeutet.[39]

5. Die Segensvergessenheit der Theologie hat darüberhinaus zu tun mit der christlichen Tabuisierung des Fluches (und der Rache). Vorausgesetzt, es gibt eine notwendige Komplementarität von Segen und Fluch – »Fluch und Segen sind die zwei Seiten der einen Sprachgeste: Ausdruck der Ohnmacht vor Unabänderlichem und Appell der Ohnmächtigen zur Abwendung des Übermächtigen.«[40] –, dann führt die fehlende theologische Auseinandersetzung mit dem Fluch(en) dazu, auch den Segen verkümmern zu lassen. Zutreffend hat K.-P. Jörns diagnostiziert,

»daß der Segen ›dumm‹ (vgl. Mt 5,13) wird und also nicht mehr segnen kann, wenn seine Kehrseite, der Fluch, nicht mitgedacht und mitgesagt werden darf. Fluch zeigt als Kehrseite von Segen nicht nur Grenzen an, sondern hilft auch, in unseren irdischen Bezügen das Wesen von Segen zu begreifen und seine Wohltat annehmen und preisen zu können.«[41]

Nicht nur *menschliches* Fluchen wird mit Texten wie Lk 6,28; Röm 12,14; 1 Petr 3,9; 1 Kor 4,12 abgewiesen; auch als eine Möglichkeit *Gottes* zur Identifizierung, Verurteilung und Entmachtung lebenswidriger und -zerstörender Mächte und Gewalten wird der Fluch nicht mehr wahrgenommen. Seine Verdrängung aus dem Gottesbild hängt zusammen mit der Verniedlichung Gottes zum ausschließlich »lieben Gott«. Wenn aber die »dunklen Seiten« Gottes ausgeklammert werden, dann hat dies einerseits zur Folge, daß wir die heillosen Erfahrungen unseres Lebens kaum noch mit der Wirklichkeit Gottes in Verbindung bringen (können)[42]; zugleich geht aber auch eine tiefere Wahrnehmung für Beglückendes und Lebensförderliches und seine Transparenz auf Gott hin verloren. Auf den Zusammenhang von Segen und Fluch bezogen: »Erst dann werden wir um das Recht der Gnade, um den Segen, wissen und bitten, wenn wir das Recht des Fluches Gottes gegen unser Tun und unsere Geschichte *mit in unser Gottesverhältnis hineinlassen.*«[43]

Oft ist es eine kurzschlüssige, verzerrende und polemisch gegen das Juden-

---

38. A.a.O., 366; vgl. die Artikel in *J. Baumgartner (Hg.)*, Gläubiger Umgang, bes. *D. Wiederkehr*, Segnungen.
39. Vgl. ausführlich unten Teil C, II.1.1.
40. *S. Wyss*, Fluchen, 15.
41. Segen, 261.
42. Demgegenüber entfalten W. Dietrich und C. Link in ihrem Buch »Die dunklen Seiten Gottes« die Grundthese: »Kein Bereich unserer Wirklichkeit muß und darf von Gott getrennt werden« (a.a.O., 14).
43. *K.-P. Jörns*, Segen, 262.

tum gerichtete Lektüre von Gal 3, 1-14, die Gesetz und Fluch grundsätzlich miteinander identifiziert und die paulinische Überzeugung von der Durchbrechung der Fluchwirklichkeit in Kreuzestod und Auferweckung Jesu Christi zum Anlaß nimmt, das *Ende* des Gesetzes wie des Fluches zu proklamieren.[44] Dem antijüdischen Stereotyp vom Gott der Rache im Alten gegenüber dem Gott der Liebe im Neuen Testament korrespondiert die Vorstellung von der endgültigen Überwindung des Fluches durch den Segen im Christusgeschehen, mit dem das (vermeintliche!) Gleichgewicht zwischen Segen und Fluch durchbrochen sei. Die Notwendigkeit, zwischen heillosem und heilvollem Fluchen, zwischen dem Fluch im Mund der Ohnmächtigen und der Mächtigen, zwischen dem Fluch als Befreiungs- und Herrschaftsinstrument, dem Fluch im Dienst des Lebens und des Todes zu unterscheiden oder gar den Fluch *als* Segen zu begreifen[45], erübrigt sich dann zwangsläufig. Mehr noch: Liegt gerade in der Identifikation des Lebensmindernden, -bedrohenden und -zerstörenden als *Fluch*wirklichkeit die Einsicht, daß die Verhältnisse, so wie sie sind, nicht gottgewollt und schöpfungsgemäß, daß sie nicht die einzige Wirklichkeit sind, dann führt das christliche Reden vom überwundenen Fluch nicht selten dazu, sich mit dem status quo zu arrangieren oder ihn gar als gottgegeben hinzunehmen. Mit dem Verzicht auf die Kategorie des Fluches geht auch seine kritische Funktion verloren.

6. Protestantischerseits mag die Segensthematik auch darum auf theologische Bedenken stoßen, weil sie die Vorstellung von der *Alleinwirksamkeit* Gottes fragwürdig macht. Schon im konventionellen Gebrauch des Segensbegriffs steht das Bekenntnis: »An Gottes Segen ist alles gelegen.« neben der Alltagsweisheit: »Sich regen bringt Segen.«[46] Sprechen aus ersterem ein grundsätzliches und umfassendes Angewiesensein auf die Zuwendung göttlicher Lebenskraft und die Einsicht, daß menschliche Anstrengung und Mühe keineswegs Gelingen und Erfolg eines Unternehmens garantieren können, so geht zwar auch letztere davon aus, daß Segen nicht gemacht werden kann, daß es aber doch zugleich eine menschliche Wegbereitung[47] für, eine menschliche Mitarbeit

---

44. Vgl. dagegen ausführlich unten Teil C, I.2, bes. I.2.2.
45. Vgl. zu diesem differenzierten Verständnis des Fluche(n)s *S. Wyss*, Fluchen; *C. Barben-Müller*, Segen und Fluch, 356-360, sowie unten Teil B, I.2.6.
46. Stellt für C. Westermann schon die bloße Tatsache, daß Segen »eines der wenigen Wörter (ist), die aus der Sprache der Bibel oder der kultisch-sakralen Sprache noch in die Sprache unseres Alltags reichen« (Segen in der Bibel, 7), eine Herausforderung zur biblisch-theologischen Beschäftigung mit dem Segensthema dar, so scheint ein genauerer Blick auf die Verwendung des Segensbegriffs in der Alltagsprache auch deshalb geboten, weil grundsätzlich »die Sprache der Fachwissenschaften (…) auf der Umgangssprache aufruht« (M. *Frank*, Text, 125). Wenn ich in dieser Arbeit umgangssprachliche Wendungen, Alltagsweisheiten und Floskeln zum Segen heranziehe, liegt dies nicht zuletzt auch daran, daß sich – wie schon dieses erste Beispiel verdeutlicht – an ihnen wichtige theologische Momente des Segensverständnisses wahrnehmen lassen.
47. Vgl. etwa die auf einer oberbayrischen Kunstkarte gefundene Bauernweisheit: »Gut den Boden vorbereiten, dann segnen ihn die Jahreszeiten!«

an Gottes Segenshandeln gibt, daß der Segen Gottes also keineswegs die menschliche Aktivität obsolet macht. Mit der Erneuerung der (protestantischen) Segenspraxis und ihrer Ausweitung über die traditionellen kirchlichen Segenshandlungen hinaus erfährt die menschliche Vermittlung des (göttlichen) Segens eine unübersehbare Aufwertung. Dies verstärkt bei manchen die Sorge, daß menschliches Segnen in Konkurrenz zum göttlichen treten könne, daß gar über dem Segnen als zwischenmenschlichem Geschehen Gott als eigentliche Quelle und als Geber des Segens vergessen werde. Und die Feststellung der meisten religionsgeschichtlichen Arbeiten zum Segensthema, daß das ursprünglich *anthropologische* Phänomen des Segens erst *sekundär theologisiert* worden sei, hat solche Befürchtungen zusätzlich genährt. Vollends hat die neue Aufmerksamkeit für die jüdische B^{e}rachot-Praxis und damit für ein bisher meist verdrängtes biblisches Segensmotiv, nämlich daß Menschen – Gott segnend – den empfangenen Segen an Gott zurückgeben können, zur Etikettierung mit polemischen Schlagworten wie »Synergismus« oder »(Semi-)Pelagianismus« geführt.

Daß hinsichtlich des Segnens menschliches und göttliches Handeln auf ein und denselben Begriff gebracht werden, impliziert aber keineswegs zwangsläufig eine *Konkurrenz* zwischen Gott und Mensch noch eine *Identität* zwischen göttlichem und menschlichem Wirken, sondern fordert zu einer differenzierten Verhältnisbestimmung heraus.[48] Biblisch-theologisch erinnern vor allem die Rahmenverse des aaronitischen Priestersegens an diese Aufgabe, denn sie weisen – zusammen mit dem Wortlaut dieses Segens – den Segensakt als *Einheit* von göttlichem und menschlichem Segnen auf, ohne daß das eine im anderen aufgeht.[49] Traditionell ist es – um auf die mögliche dogmatische Verortung des menschlichen Segnens hinzuweisen – die Lehre von der *cooperatio Dei*, in der über Einheit und Differenz von göttlichem und menschlichem Handeln reflektiert wird. Wo diese im Kontext des locus »de providentia« zur Sprache kommt, deutet sich damit zugleich eine systematisch-theologische Zuweisung des göttlichen Segenswirkens zur Lehre von der *Erhaltung* der Schöpfung und der *Fürsorge* Gottes für seine Geschöpfe an.[50]

7. Die theologische Marginalisierung des Segens und die verkümmerte Segenspraxis im Protestantismus lassen sich auch als Folge *konfessioneller Abgrenzungen* verstehen: Eignet sich grundsätzlich »die Segenserfahrung als Gotteserfahrung in elementaren Lebensbezügen (...) schlecht zur Abgrenzung gegenüber anderen Glaubensweisen«[51] und bietet sich der Segen als ein universales religiöses Phänomen kaum zur Bestimmung *christlicher* Identität gegenüber anderen Religionen an, so gilt dies nicht weniger für die Wahrnehmung

---

48. Vgl. dazu unten Teil B, I.2.4; II.3; Teil C, I.1.2.2-3 und 2.5; II.2.
49. Zur Auslegung des aaronitischen Segens vgl. unten Teil B, I.3.1; II.3.1.3; Teil C, II.1.2.
50. Zur Begründung und Entfaltung dieser Verortung von göttlichem und menschlichem Segnen s. unten Teil B, II.2; III.2-3; IV. 1.3; Teil C, II.
51. C. *Barben-Müller*, Segen und Fluch, 367.

des spezifisch Protestantischen innerhalb der christlichen Kirchen. Mehr noch: Angesichts der großen Bedeutung von Segnungen und Weihehandlungen in der katholischen Frömmigkeit galt bisher die protestantische Beschränkung des Segnens auf wenige gottesdienstliche Anlässe einerseits und auf die *Personal*benediktionen bei (fast völliger) Ablehnung von *Real*benediktionen andererseits als wichtiges und sinnfälliges Unterscheidungsmerkmal gegenüber dem Katholizismus, so daß darüberhinausgehende Segenshandlungen, insbesondere das Segnen von Gegenständen, als »katholisch« ausgegrenzt wurden. Inzwischen tragen Erfahrungen im interreligiösen Dialog und Anstöße aus der Ökumene zur Wiederbelebung protestantischer Segenspraxis und zur theologischen Neubewertung des Seg(n)ens bei. Vor allem aber haben Veränderungen in der katholischen Segenspraxis und -theologie, wie sie das 1978 veröffentlichte deutschsprachige »Benediktionale« dokumentiert, zum Abbau konfessioneller Barrieren geführt. Äußerlich sichtbar wird dies schon daran, daß die Vorschläge des »Benediktionale« für Segensfeiern zu den verschiedensten Anlässen inzwischen auch in evangelische Gemeinden Eingang gefunden haben.[52]

Mit der Studienausgabe des deutschsprachigen »Benediktionale« folgten die Liturgischen Institute in Trier, Salzburg und Zürich dem Auftrag des Zweiten Vatikanischen Konzils, die Sakramentalien zu überarbeiten, »und zwar im Sinn des obersten Grundsatzes von der bewußten und tätigen Teilnahme der Gläubigen und im Hinblick auf die Erfordernisse unserer Zeit«[53]. Damit *reagierten* sie zugleich auf das neu erwachte Bedürfnis nach gegenwartsrelevanten und alltagsbezogenen Segenshandlungen für den kirchlichen, familiären und öffentlichen Bereich, das bereits zu privat veröffentlichten Sammlungen geführt hatte.[54] Den Grundsätzen der liturgischen Reformbemühungen des Zweiten Vatikanums konnten weder das Segensverständnis des Rituale Romanum (1614) noch seine liturgischen Formulare genügen; beides war inzwischen von der kirchlichen und privaten Segenspraxis überholt worden. Den Herausgebern des Benediktionale stellte sich somit eine dreifache Aufgabe: grundsätzliche theologische Überlegungen zur Bedeutung des Segens und Segnungen verbunden mit der Formulierung pastoralliturgischer Grundsätze für die Segenspraxis; die Auflistung von erwünschten und theologisch zu verantwortenden Segenshandlungen und die Ausarbeitung entsprechender liturgischer Modelle.[55]

---

52. Für den Bereich der Realbenediktionen vgl. *C. Eyselein*, Einweihungshandlungen, bes. 5-42.111-208.273 f.; zur evangelischen Reaktion auf das »Benediktionale« auch *F. Schulz*, Segnungen; *H.-C. Schmidt-Lauber*, Segnungsfeiern.
53. Benediktionale, 4.
54. Vgl. *A. Läpple (Hg.)*, Volksrituale II; *Bischöfliches Seelsorgeamt Regensburg (Hg.)*, Segnungen – Weihen; *Liturgische Kommission der Diözese Rottenburg (Hg.)*, Segnungen; *P. Wollmann*, Segnungen; *G. Langgärtner*, Sakramentalien. Nach der Veröffentlichung des »Benediktionale« erschienen auf katholischer Seite u. a. folgende Segensbücher: *R. Fischer-Wollpert*, Segnungen; *H. Jung*, Gottes sanfte Hände; *J. Griesbeck*, Glück; *E. J. Heck*, Segen; vgl. dazu *J. Baumgartner*, Liturgische Gestaltung, 128 ff.
55. Dem entspricht der Aufbau des Benediktionale: Auf eine »pastorale Einführung« (9-22), die über das erneuerte Segensverständnis und seine Auswirkungen auf die Gestaltung der Segensfeiern orientiert, folgen zunächst Vorschläge für »Segnungen im Leben der Pfarr-

Fragt man danach, worin die ökumenische Konsensfähigkeit des Segensverständnisses des »Benediktionale« und seiner Entwürfe für Segensfeiern besteht und wodurch es zu einer Annäherung zwischen katholischer und evangelischer Segenspraxis kommt, lassen sich drei Prinzipien nennen, die Gestalt und Inhalt der Segnungen prägen[56]: ihre Konzeption als Feiern einer Gemeinschaft mit deren aktiver Beteiligung[57]; eine stärkere Berücksichtigung biblischer Texte; ein neues Verständnis der *Real*benediktionen, wonach sich das Segensgebet nicht auf die Gegenstände selbst, sondern auf die Menschen, die sie gebrauchen, beziehen soll. Alle drei Grundsätze dienen der Vermeidung eines – auch hier magisch genannten[58] – Mißverständnisses und Mißbrauchs der Segnungen und führen zu folgender Definition: »Segnungen sind Zeichenhandlungen der Kirche, in denen Gott für seine Gaben gepriesen und sein Heil auf den Menschen herabgerufen wird.«[59]

Spiegelt diese erneuerte katholische Segenspraxis mit ihren theologischen und pastoralliturgischen Grundentscheidungen die Berücksichtigung reformatorischer Motive, etwa der *Schriftgemäßheit* theologischer Aussagen und kirchlicher Handlungen oder des *PriesterInnentums aller Gläubigen*, wider

gemeinde« (unterschieden nach »Segnungen im Laufe des Kirchenjahres«, Nr. 1-14; »Segnungen bei besonderen Anlässen«, Nr. 15-38; »Segnung religiöser Zeichen«, Nr. 39-50), dann für »Segnungen im Leben der Familie« (Nr. 51-60) sowie »Segnungen im Leben der Öffentlichkeit« (unterschieden nach Vorschlägen für »Öffentliche und soziale Einrichtungen«, Nr. 61-68; »Arbeit und Beruf«, Nr. 69-80; »Bildungseinrichtungen«, Nr. 81-85; »Verkehrseinrichtungen«, Nr. 86-94; »Freizeit, Sport, Tourismus«, Nr. 95-98) und schließlich einem Liturgievorschlag für eine »allgemeine Segnung« (Nr. 99). Ein Anhang enthält weitere liturgische Texte und Hinweise.
Entsprechend gliedert sich das informative und instruktive »Werkbuch zum Benediktionale« (*A. Heinz/H. Rennings (Hg.), Heute segnen*): Nach einem ersten, allgemeinen Teil, der Beiträge zur »theologischen Grundlegung« (15-93) und zu »grundsätzliche(n) Fragen der Leitung und der Gestaltung« von Segensfeiern (94-150) enthält, folgt ein zweiter, speziellerer Teil mit theologischen Reflexionen und praktischen Vorschlägen zu »Segnungen im Kreislauf des Jahres« (153-258), »Segnungen auf den Wegen des Menschenlebens« (259-333) und »Segnungen bei verschiedenen Anlässen« (334-383).
56. Vgl. *H. Hollerweger*, Benediktionale, 350-352; *ders.*, Buch der Segnungen; *ders.*, Segen, bes. 252 ff.; *R. Schwarzenberger*, Segensbuch; *T. Maas-Ewerd*, Muttersprachliches Benediktionale; *P. Wollmann*, Benediktionale.
57. Vgl. dazu *T. Maas-Ewerd*, Feiern der Gemeinde.
58. Gegenüber der protestantischerseits weitgehend unreflektierten Abgrenzung von »magischen Resten« in Segensverständnis und -praxis finden sich in der katholischen Literatur zum »Benediktionale« weit ausführlichere Überlegungen zum »magischen« Segensbegriff und -gebrauch (vgl. bes. *G. Langgärtner*, Magie oder Gottesdienst; *D. Wiederkehr*, Segnungen, bes. 34-36). Zwar liegt auch diesen Überlegungen grundsätzlich ein polemischer Magiebegriff zugrunde; die Abwehr einer manipulierenden und berechnenden Handhabung des Segens führt aber gerade nicht zu seiner kirchlichen und theologischen Marginalisierung, sondern steht im Dienst einer Segenspraxis, die Segnungen gleichsam definitionsmäßig als »gläubigen Umgang mit der Welt« (vgl. die Artikel in *J. Baumgartner (Hg.)*, Gläubiger Umgang) und als »einzigartige Bejahung der Schöpfungswirklichkeit« (*H. Hollerweger*, Benediktionale, 361) versteht.
59. *H. Hollerweger*, Benediktionale, 357.

und läßt sie protestantische Nüchternheit und Kühle[60] spüren, so lädt sie umgekehrt die evangelischen Kirchen dazu ein, ihrer liturgischen Verarmung entgegenzuwirken, die Sinnlichkeit des Glaubens wiederzuentdecken und in der Wahrnehmung einer bunten Vielfalt von Anlässen zum Segen Gottesdienst und Alltagsleben enger zu verknüpfen. Ob das »Benediktionale« zu einer *wechselseitigen* Bereicherung evangelischer und katholischer Segenspraxis führen kann, hängt nun vor allem an seiner Rezeption im protestantischen Raum, die noch weitgehend aussteht. Die Dürftigkeit des vom Theologischen Ausschuß der Arnoldshainer Konferenz verfaßten Votums »Gottes Segen und die Segenshandlungen der Kirche« gründet auch darin, daß die – überhaupt nur mit wenigen Sätzen erwähnte – theologische und liturgische Erneuerung katholischer Segnungen nicht als Anregung an evangelische Segenstheologie und -praxis, sondern als einseitige Anpassung an das reformatorische, genauer noch: an Luthers Segensverständnis registriert wird.[61] Die Praxis in manchen Gemeinden eilt auch hier der theologischen Reflexion und den landeskirchlichen Empfehlungen voraus.

Anders als die Segnungen des »Benediktionale« spielen der Segen und die Segenshandlungen im gottesdienstlichen Geschehen der Ostkirchen[62] für die protestantische Wiederentdeckung des Seg(n)ens (noch) keine Rolle.[63]

8. Diente bisher die Marginalisierung des Seg(n)ens im evangelischen Bereich als *Schibboleth* gegenüber katholischer Frömmigkeit, so drückt sich in ihr – angesichts der zentralen Bedeutung der Benediktionen im Judentum – nicht weniger die *Israelvergessenheit* protestantischer Theologie und Kirche, ihre Entfremdung gegenüber dem jüdischen Ursprung, ihre fehlende Wahrnehmung einer *zwei*fachen Auslegungsgeschichte der hebräischen Bibel und ihre Unkenntnis (gegenwärtiger) jüdischer Spiritualität aus.[64] Denn der Segen gilt als »der grundlegendste Akt des jüdischen Kultes«, »die wichtigste Form des Inbeziehungtretens mit dem Bereich des Heiligen«[65], indem er die beiden Pole jüdischer Existenz miteinander verbindet: die menschliche *Abhängigkeit* von der vorlaufenden Gnade Gottes und die Würdigung von Menschen als BundespartnerInnen Gottes sowie ihre *Freiheit* Gott gegenüber. Die B^erachot-Praxis ist

---

60. Vgl. das Plädoyer F. Steffenskys für eine bilder- und gestenstürmerische protestantische Leidenschaft beim Segnen: »Ich vermute, daß wir die Kühle – nicht die Rigidität – des Protestantismus brauchen gegen die neue überbordende Bilderlust, Bauchfreudigkeit, Ritualsehnsucht, Mythenfreudigkeit und Symbolversessenheit – gegen die neue Argumenten- und Rationalitätsfeindlichkeit« (Segnen, 11).
61. Gottes Segen und die Segenshandlungen der Kirche, 52.79.
62. Vgl. F. v. Lilienfeld, ΕΥΛΟΓΙΑ.
63. Zur Berücksichtigung der Realbenediktionen in den Ostkirchen vgl. C. *Eyselein*, Einweihungshandlungen, 164-173; zu den Gemeinsamkeiten orthodoxer und katholischer Benediktionen s. *J. Hennig*, Segnungen.
64. Dies mag auch die mangelnde Rezeption der orthodoxen Segenspraxis mitbegründen, ist doch »die Grundstruktur der israelisch-jüdischen *beraka* im orthodoxen Gottesdienst erhalten« (F. v. *Lilienfeld*, ΕΥΛΟΓΙΑ, 14).
65. L. A. *Hoffman*, Jüdische Spiritualität, 204f.

faktisch zum Synonym für den jüdischen Gottesdienst geworden. Die wichtigsten Werke rabbinischer Literatur: Mischna, Tosefta, Jerusalemer und Babylonischer Talmud beginnen jeweils mit dem Traktat »Berakhot«. Als literarische Gattung stellt die B^{e}racha die Grundform des jüdischen Gebets[66], dessen »Kern und Blüte«[67], dar. Nach einem Wort Rabbi Meirs ist es geboten, täglich hundert Segenssprüche zu beten.[68] Analog den hundert Füßen des Offenbarungszeltes in der Wüste (vgl. Ex 26,15-25) sind – so interpretiert Elie Munk – »die täglichen hundert Berachoth (...) die tragenden Stützen des Heiligtums unseres Lebens«[69].

Als rabbinische Weiterentwicklung des biblischen, vor allem in den Psalmen begegnenden Motivs des Gottsegnens[70] setzt sich die B^{e}racha in ihrer literarischen Kurzform aus zwei Elementen zusammen, aus der festen Benediktionseröffnungsformel »ברוך אתה יי«, meist stereotyp erweitert durch die Apposition »אלהינו מלך העולם«, und einer variablen Fortsetzung dieser Formel, die – oft als Relativsatz konstruiert – den jeweils konkreten Anlaß der Benediktion angibt.[71] So lautet beispielsweise die B^{e}racha beim Händewaschen am Morgen[72]:

»Gesegnet bist du, Adonaj, unser Gott, König der Welt,
der du uns durch deine Gebote geheiligt und uns befohlen hast, die Hände zu waschen.«

Dieses Beispiel veranschaulicht, wie mit der B^{e}racha die Selbstverständlichkeit einer alltäglichen, zur Routine gewordenen Handlung unterlaufen und diese zum Anlaß genommen wird, Gott zu segnen, d.h. ihn als die Quelle des Segens anzuerkennen und in Anspruch zu nehmen. Die Anlässe für die B^{e}rachot teilt L. A. Hoffman in vier Kategorien ein[73]: »1. der Segen bei der Erfüllung von Geboten«; »2. der Segen zur Markierung des Zeitablaufes«; »3. der Segen als Begleitelement bestimmter, freiwilliger Akte des Menschen«; »4. der Segen bei gewissen nicht gewollten Ereignissen«.[74]

Von der jüdischen B^{e}rachot-Spiritualität läßt sich lernen, daß Gottes Segen erst dort zu seinem Ziel gelangt, wo er im Segnen Gottes (Gen.obj.) *über* den Din-

---

66. Vgl. I. Elbogen, Gottesdienst, 4f.241; J. Heinemann, Prayer, bes. 77-103.
67. E. Munk, Welt der Gebete I, 20.
68. Vgl. bMen 43b; yBer 9,5,14d; tBer 6,31.
69. Welt der Gebete I, 22.
70. Vgl. für das qal pt.pass. von ברך: Ps 18,47; 28,6; 31,22; 41,14; 66,20; 68,20.36; 72,18; 89,53; 106,48; 119,12; 124,6; 135,21; 144,1; für ברך pi.: Ps 16,7; 26,12; 34,2; 63,5; 66,8; 68,27; 96,2; 100,4; 103,1.2.20-22; 104,1.35; 115,18; 134,1.2; 135,19-20; 145,1.2.10.21; für das pu'al pt. von ברך: Ps 113,2.
71. Zur Form(geschichte) der B^{e}racha vgl. M. Schlüter, Formular; J. Heinemann, Prayer, 77-103; J.-P. Audet, Bénédiction; E. J. Bickerman, Bénédiction; W. S. Towner, Modulation; P. Schäfer, Benediktionen.
72. Zu den Segenssprüchen am Morgen vgl. E. Munk, Welt der Gebete I, 23 ff.; Sidur, 3 ff.; T. Arndt, Morgenbenediktionen.
73. Er erweitert und konkretisiert damit die herkömmliche Dreiteilung (vgl. E. Munk, Welt der Gebete I, 20 f.).
74. Jüdische Spiritualität, 199.

gen, anderen Menschen sowie alltäglichen und ungewöhnlichen Ereignissen zu Gott selbst zurückströmt, und daß Menschen in keinem anderen Tun intensiver ihre Menschlichkeit bestätigen und betätigen als darin, daß sie Gottes Segenswirken zu einem *reziproken* Geschehen werden lassen.[75] Protestantische Segenstheologie und -praxis hat sich bisher nicht nur mit ihrer Selbstabschließung gegenüber jüdischen Traditionen und jüdischem Leben um diese Einsicht gebracht, sondern auch mit der – von dogmatischen Vorurteilen belasteten – Übersetzung des Gott geltenden ברך und εὐλογεῖν als (bloßes) Loben, Preisen, Danken, Rühmen den Blick für die Wechselseitigkeit des Segnens zwischen Gott und Mensch verstellen lassen. Die Rezeption jüdischer B^erachot-Traditionen gehört auf katholischer wie auf evangelischer Seite erst seit wenigen Jahren zu den Inhalten des mühsamen Gesprächs zwischen Juden und Christen in Deutschland.[76] R. Stuhlmann hat kürzlich in seinem Diskussionsbeitrag zu »Trauung und Segnung« gezeigt, welche weiterführenden systematisch- und praktisch-theologischen Impulse für die gegenwärtigen Auseinandersetzungen über kirchliche Segenshandlungen aus der Orientierung am jüdisch-rabbinischen Segensverständnis ausgehen können.[77] Was die praktische Anknüpfung an jüdische Benediktionen betrifft, so kommt auch hier den neuen Segenstexten und -ritualen in der feministischen Spiritualität eine wichtige Rolle zu.[78] Das feministisch-theologische Interesse für jüdische Benediktionen[79] und deren Rezeption in Frauenliturgien hängt grundsätzlich mit ihrer Alltagsbezogenheit zusammen und wird dadurch besonders motiviert, daß diejenigen feministisch-theologischen Reformbestrebungen innerhalb des Judentums, die notwendige Veränderungen mit der Treue zur Tradition verbinden, nicht selten bei der B^erachot-Spiritualität (und ihrem einseitig männlichen Gottesbild) ansetzen[80], denn »prayer was even more effective than story in impressing

---

75. Vgl. ausführlich unten Teil C, II.2.2.
76. Wichtige Weichenstellungen für eine christliche B^erachot-Theologie finden sich vor allem in der an der Bochumer katholisch-theologischen Fakultät entstandenen Dissertation von Julie Kirchberg: »Theologie in der Anrede als Weg zur Verständigung zwischen Juden und Christen« (1988), im Dogmatik-Projekt Friedrich-Wilhelm Marquardts (vgl. unten Teil A, II.3) und in den Arbeiten des Leipziger Alttestamentlers und Judaisten Timotheus Arndt (vgl. *ders.*, Morgenbenediktionen; Wurzel; dazu unten Teil A, I.2).
Die jüdische B^erachot-Praxis wurde aber auch schon früher in katholischen Arbeiten zu den Benediktionen, bes. ihrer (form-)geschichtlichen Entwicklung, berücksichtigt (vgl. *J. Baumgartner*, Segnungen, 59ff.; *J. Hennig*, Heiligung; *ders.*, Benedictio; *T. J. Talley*, Berakah; auf evangelischer Seite vgl. *F. Schulz*, Wurzeln).
77. S. Segnung und Trauung, bes. 492ff.
78. Vgl. etwa die jüdischen Motive in den Ritualen der nordamerikanischen Frauenkirche(n) nach *R. Radford Ruether*, Frauenkirche, 115ff. Nicht unproblematisch ist dabei das synkretistische Nebeneinander von z.B. jüdischen, christlichen und (neu)heidnischen Elementen (zur Darstellung und Kritik des Synkretismus innerhalb des religiösen und theologischen Feminismus vgl. *J. C. Janowski*, Synkretismusphänomen).
79. Vgl. z.B. *I. Rüdlin*, Segen; *D. G. May*, Segen, 42-45.
80. Vgl. *J. Plaskow*, Sinai, bes. 169ff., und die dort genannte Literatur. Zur (liturgischen) Erneuerung der jüdischen Benediktionen s. auch *L. A. Hoffman*, Blessings.

God's personality on me. Through story, God came dramatically alive, but through prayer, he became an intimate part of my live.«[81]

So hilfreich und bereichernd die Wahrnehmung des rabbinischen Segensverständnisses und der jüdischen Segenstraditionen auch ist, so steht sie doch bei unmittelbarer Aneignung in der Gefahr, das Fremde, dessen man beim Lesen etwa des Talmud-Traktats »Berakhot« sofort ansichtig wird, zu überspringen. Nicht die christliche Nachahmung rabbinischer B^e rachot-Praxis scheint mir deshalb geboten, sondern die theologische Wiederentdeckung des alt- und neutestamentlichen Motivs des Gottsegnens im Licht seiner jüdischen Weiterentwicklung, wobei dogmatisch vor allem die Frage interessiert, welches Gottes- und Menschenbild sich mit der Überzeugung verbindet, daß Menschen Gott segnen können und sollen.

Mit diesen möglichen Gründen für die Marginalisierung des Segensthemas deutet sich an, daß protestantische Theologie und Kirche dort, wo sie sich dem Seg(n)en stellen, beginnen, ihre Schöpfungs- und Naturvergessenheit zu überwinden und ihren Erfahrungsdefiziten zu begegnen, die Leiblichkeit und Sinnlichkeit des geschöpflichen Lebens nicht länger auszublenden, Alltagsgeschichten theologisch ernster zu nehmen und den weltlichen Phänomenen ihre eigene, »profane« Würde zuzugestehen; daß sie aufhören, vor der Wirkmacht des Wortes und der Ausdruckskraft der Gebärde zurückzuschrecken und an einem Verständnis der Allmacht und Alleinwirksamkeit Gottes festzuhalten, das menschliche Mitwirkung minimiert oder ganz ausschließt; daß sie Gott nicht mehr auf die lichten und beglückenden Erfahrungen reduzieren, sondern alle Lebensbereiche und -erfahrungen mit ihm in Verbindung bringen; daß sie sich anstelle konfessioneller Abgrenzung der Bereicherung durch andere Konfessionen und Religionen öffnen und insbesondere jüdischer Spiritualität ansichtig werden, die auf gemeinsamem biblischen Mutterboden gedeiht.

2. Überlegungen zu Intention, Methode und Aufbau der Arbeit

Die genannten Gründe für die Marginalisierung des Seg(n)ens im Protestantismus haben nicht nur die *Aktualität* und *Dringlichkeit* theologischer Reflexion auf das Segensthema und dessen *ökumenische Relevanz* unterstrichen, sondern zugleich eine Fülle von Motiven, die im folgenden zu Bausteinen einer biblisch-orientierten Segenstheologie werden können, zur Sprache gebracht und wichtige Hinweise auf den *dogmatischen Ort* des Segens gegeben. So sehr aber die

---

81. M. *Falk,* New Blessings, 39.

wachsende und inzwischen von immer mehr Menschen nachdrücklich artikulierte Segensbedürftigkeit den aktuellen *Anlaß* für die nachstehenden Ausführungen abgibt, ihren *Entdeckungs-* und ihren *Begründungs*zusammenhang können evangelische Segenstheologie und -praxis hier m. E. nicht finden, wollen sie nicht nur einer (unkritischen) Befriedigung solcher Bedürfnisse das Wort reden. Gerade wenn sie Theologie im Horizont der Herausforderungen und auf der Höhe ihrer Zeit sein will, kann auch eine Theologie des Segens heute nicht darin aufgehen, *zeitgemäße* Theologie zu sein, sondern hat sich in kritischer *Zeitgenossenschaft* als aktuelle, lebendige und konkrete Theologie zu erweisen. Denn »erst in der Kritik erhält die Zeitgenossenschaft ihre besondere Kontur«, und »in der Unzeitgemäßheit kann sich die besondere Verbindung des Zeitgenossen mit seiner Zeit zeigen«[82]. Nicht nur Maßstab und Norm einer solchen Zeitgenossenschaft erhält eine solche Segenstheologie in der Orientierung am *biblischen Kanon*. In der Auslegung biblischer Segenstexte kommt sie – allemal angesichts der Segensvergessenheit gegenwärtiger Dogmatik[83] – allererst auf ihre Gedanken und gewinnt Verbindlichkeit. Biblische Segensmotive fungieren deshalb im folgenden keineswegs nur als Prüfstein und Fundament systematisch-theologischer Aussagen zum Segen, aus ihnen erwachsen vielmehr die entscheidenden Impulse für eine dogmatische Wiederentdeckung des Segensthemas:

Die Wahrnehmung eines Ereignisses oder einer Person als Widerfahrnis von Segen hängt offenbar mit dem Eingeständnis von Mangel und Bedürftigkeit zusammen, dem Mangel an gelingendem, sinn(en)vollem, erfülltem Leben, dem Bedürftigsein nach Beachtung und Bejahung, Anerkennung und Förderung.[84] Doch ob uns etwas fehlt und was uns wirklich fehlt, erkennen wir allererst im Licht dessen, was uns verheißen ist oder uns bereits geschenkt war, aber von uns verspielt wurde. M. a. W.: Sich als bedürftig zu fühlen, setzt eine *Differenzerfahrung* voraus. Das Segensmotiv im Schöpfungsbericht von Gen 1 läßt uns nicht weniger als die Segensankündigungen in den prophetischen Visionen einer eschatologischen Friedenszeit erkennen, daß die Verhältnisse, wie sie hier und heute sind, weder die ganze noch die gottgewollte Wirklichkeit sind. Nicht aus der *Negativität* unserer Lebensminderungen, sondern aus der *Positivität* der Zusagen Gottes läßt sich begründet zwischen Segen und Fluch unterscheiden, lassen sich Kennzeichen eines gesegneten Lebens benennen und Kriterien für eine Segenspraxis entwickeln, mit der das göttliche Segnen ver*antwort*et werden kann.

---

82. M. Weinrich, Zeitgenossenschaft, 140 f.
83. Vgl. unten Teil A, II.1-2.
84. Umgekehrt wird für den, der satt ist und (mehr als) genug hat, die *Fülle*, die der Segen mit sich bringt, zum *Überfluß* und bewirkt *Überdruß*, was sich auch an der (meist nicht eindeutigen) euphemistischen Verwendung des Segensbegriffs in der Alltagssprache zeigen läßt: So kann der Ausruf »Was für ein Segen!« – je nach Klangfärbung – sowohl von dankbarem Staunen (z.B. über das rechtzeitige, hilfreiche Eintreffen einer Freundin: »Was für ein Segen, daß du gerade kommst!«) als auch von Übersättigung zeugen (z.B. angesichts tonnenschwerer Tomatenhalden, die zur Vernichtung bestimmt sind, damit der Überschuß nicht die Preise »kaputtmacht«).

Die vorliegende Arbeit erhebt weder den Anspruch, eine Segenstheologie als geschlossenen dogmatischen Entwurf vorzulegen, noch begnügt sie sich damit, bloße Vorarbeiten für eine solche zu leisten, etwa in Gestalt einer biblisch- und systematisch-theologischen Materialsammlung und -aufbereitung. Ihre Intention ist es vielmehr, das Segensschweigen der neueren Dogmatiken zu durchbrechen, die systematisch-theologische Relevanz der vielfältigen biblischen Segensmotive beider Testamente für die gegenwärtigen kirchlichen und theologischen Diskussionen um den Segen aufzuzeigen, der hermeneutischen Frage nach der angemessenen christlichen Rezeption alttestamentlicher und jüdischer Segenstraditionen nachzugehen, zu entfalten, was Segen ist, welche Wirkung Segnungen für Segnende und Gesegnete haben und wie sich Gottes Seg(n)en und menschliches Segenshandeln zueinander verhalten, sich um eine dogmatische Verortung des Segens im »Kanon« der klassischen Loci zu bemühen – und so zur (systematisch-)theologischen Wiederentdeckung des Segensthemas beizutragen.

Methodisch ist damit ein Verhältnis von *Exegese und Dogmatik* vorausgesetzt, das die neuzeitliche *Unterscheidung* von Biblischer und Systematischer Theologie nicht hintergehen möchte, aber die Zuständigkeit für Beiträge zu einer gesamtbiblischen Theologie nicht allein den ExegetInnen überläßt, sondern diese auch (und vor allem) als systematisch-theologische Aufgabe begreift.[85] Deshalb wird im folgenden versucht, der Einbahnstraße von der Exegese zur Dogmatik oder – gegenwärtig häufiger noch – dem Verzicht der Dogmatik auf *biblische Begründung* ihrer Aussagen und der Marginalisierung der Frage nach den *theologischen* Aussagen eines biblischen Textes in der Exegese eine *wechselseitige Bereicherung* und *kritische Bezugnahme* beider Disziplinen aufeinander entgegenzusetzen.

Die elementare Spannung zwischen biblischer Exegese und Dogmatik in diesem Sinne für die *Exegese* fruchtbar zu machen, hat jüngst H. Weder versucht, indem er nach der Bedeutung der dogmatischen Methode für die exegetische Arbeit gefragt und diese unter drei Gesichtspunkten diskutiert hat[86]: nämlich 1. der dogmatischen Konzentration auf die *Lehre* (statt auf die bloße Wiederholung biblischer Texte, kirchlicher Bekenntnisse und Dogmen), welche die Exegese dazu anhält, nicht nur die Produktion eines Bibeltextes zu erforschen, sondern dessen eigenes (theologisches) Gewicht wahrzunehmen und dabei

---

85. Probleme und Chancen Biblischer Theologie werden bisher fast ausschließlich unter BibelwissenschaftlerInnen diskutiert, während die Systematische Theologie erst langsam ihre biblisch-theologische Aufgabe entdeckt (vgl. als Überblick über den gegenwärtigen Diskussionsstand die exegetischen und hermeneutischen Beiträge in *C. Dohmen/T. Söding (Hg.), Eine Bibel – zwei Testamente*; eine Ausnahme stellt das »Jahrbuch für Biblische Theologie« (JBTh) dar, in dem seit 1986 – disziplinenübergreifend – Artikel zu zentralen biblisch-theologischen Themen veröffentlicht werden); unter den systematischen Theologen ist es vor allem F. Mildenberger, der die Zuständigkeit der Dogmatik für eine gesamtbiblische Theologie fordert (vgl. Biblische Theologie) und diese Forderung in seinem eigenen Dogmatik-Projekt einzulösen versucht (vgl. Biblische Dogmatik I, bes. 31 ff., 227 ff.).
86. Vgl. Exegese und Dogmatik (Seitenzahlen im Text).

zu einer »nachdenkliche(n) Exegese« zu werden, die sich durch die *Reflexivität* der dogmatischen Methode herausfordern läßt und »ihren Stoff nicht bloß inventarisiert, sondern ihm nachdenkt, auch hinsichtlich seiner theologischen, anthropologischen, ontologischen Implikationen« (118); 2. der Erörterung einzelner Lehrstücke in ihrem *systematischen Zusammenhang* (mit der sie sich um die Darstellung der *Einheit* Gottes und der Theologie bemüht), die die Exegese an den biblischen *Kanon* als den ihr vorgegebenen Zusammenhang verweist – unter der Voraussetzung, »daß gerade der Kanon eine Sachkritik ermöglicht, welche die Wahrheitsfrage an die Sache selbst stellt, und nicht bloß zum Anwalt moderner Bedürfnisse gegenüber biblischen Texten wird« (124); 3. dem Moment der *Geltung*, d. h. der Verbindlichkeit dogmatischer Aussagen in je ihrer Gegenwart, wodurch die Exegese im Interesse einer *gegenwärtigen Begegnung* mit den biblischen Texten davor bewahrt wird, die historische Beschreibung der Ursprungssituation mit der gegenwartsbezogenen Auslegung des Textes zu verwechseln. Der Zeitbezug dogmatischen Denkens kann die Exegese zu einer Interpretation anleiten, »die eine Verantwortung für ihre eigene Zeit übernimmt und an der theologischen Aufgabe, das Gültige aufzuspüren, partizipiert« (129), ohne daß sie dabei die Fremdheit des Textes überspringt, gegenwärtige Fragen in den Text hinein-, statt an ihn heranträgt, und ihre dogmenkritische Funktion verliert.

Fragt man – angeregt durch diese Überlegungen – nun umgekehrt danach, was in der wechselseitigen kritischen Bezogenheit beider Disziplinen aufeinander die Dogmatik ihrerseits von einer Exegese, die sich vom dogmatischen Denken herausfordern läßt, lernen kann, so kommt zunächst jeweils die Ambivalenz der drei genannten Grundzüge dogmatischer Arbeit in den Blick:
1. Als *Lehre* steht sie in der Gefahr, sich von ihren materialen Grundlagen zu lösen, sich gegenüber den historischen Einzelphänomenen zu verselbständigen und den Bezug zu konkreten Lebenserfahrungen zu verlieren.[87] Dies kann, muß aber nicht notwendig mit ihrer Tendenz zur Theoretisierung und Abstraktion, mit der ihr wesensmäßigen Anstrengung des Begriffs zusammenhängen. Häufiger wurzelt diese Fehlentwicklung im mangelnden Rückbezug auf die biblischen Traditionen, der seinerseits mit der Selbstabschließung der Exegese gegenüber der Dogmatik korrespondiert. Eine Exegese dagegen, deren Aufmerksamkeit nicht nur dem historischen Entstehungsprozeß der Texte, sondern auch ihrer »Sache« gilt, kann dem drohenden Erfahrungs- und Evidenzverlust der Dogmatik begegnen und sie mit den Lebenserfahrungen konfrontieren, die im biblischen Kanon als Gotteserfahrungen ihren je eigenen schriftlichen Ausdruck gefunden haben und denen sie sich wie jede andere theologische Disziplin verdankt. Indem die Exegese die Dogmatik einer Vielfalt biblischer Traditionen, die auf unterschiedliche Weise den Glauben ins Leben ziehen, ansichtig werden

---

87. Um nur zwei Beispiele zu nennen: Inwieweit reflektiert die Inkarnationslehre darauf, daß Gott im jüdischen Menschen Jesus von Nazareth »Fleisch« geworden ist? Oder: Ist die Rechtfertigungslehre für die historische Einsicht transparent, daß Paulus bei ihrer Entfaltung leidenschaftlich von dem Problem bewegt war, wie nichtjüdische Menschen, die außerhalb des Geltungsbereichs der Tora leben, Töchter und Söhne des Gottes Israels werden können?

läßt, verhindert sie es, daß sich die Dogmatik als Lehre selbst an die Stelle ihres Gegenstandes setzt.

2. Die *systematische Darstellung* kann zum Systemzwang verkommen, der sich mit Spannungen und Widersprüchen zwischen Einzelaussagen nicht hermeneutisch reflektiert und sachkritisch verantwortungsvoll auseinandersetzt, sondern diese unter dem Diktat eines *konstruierten*, vor- und übergeordneten Zusammenhangs nivelliert oder sogar negiert und dabei eine Dogmatik hervorbringt, die bestenfalls richtig und – langweilig ist. Eine Exegese, die es nicht bei der Interpretation von Einzeltexten als selbständigen Einheiten beläßt, sondern sich als kontextuelle, kanonische Exegese am vorgegebenen (und eben nicht selbst hergestellten) Zusammenhang des Kanons orientiert, kann dagegen die Dogmatik dazu bringen, sich selbst zu überraschen, indem sie sie auf einen Erkenntnisweg vom Besonderen zum Allgemeinen führt. Dieser vermag die Würde und das Eigengewicht der biblischen Einzelmotive im systematisch-theologischen Gesamtzusammenhang zu bewahren und zu bewähren, ihre spannungsvolle (und manchmal auch widersprüchliche) Einheit nicht als Störung, sondern als Bereicherung wahrzunehmen. Von den konkreten, systemsperrigen Aussagen biblischer Texte können (scheinbare) dogmatische Selbstverständlichkeiten infragegestellt und erstarrte Lehrsätze verflüssigt werden.

3. In ihrer *Zeitbezogenheit* kann die Dogmatik der Anpassung an den Zeitgeist erliegen und versucht sein, die Vergangenheit zu verdrängen oder zu überwältigen, die Tradition zu beherrschen oder an die Gegenwart zu verraten. Eine Exegese, die sich nicht mit dem Verstehen der Texte in ihrer Entstehungszeit begnügt, sondern ein Verhältnis zu deren Zukunft gewonnen hat und in jeder neuen Auslegung die mögliche Wahrnehmung weiterer Wahrheitsmomente zu erkennen vermag, kann ihrerseits die Dogmatik daran erinnern, in ihrer je neuen Aktualität ihre Grundlegung im biblischen Kanon und damit das ihr vorgegebene und doch zugleich unverfügbare Wort nicht zu vergessen. Von einer Exegese, für die gerade »die historische Wahrnehmung von Texten (...) als solche die Einstellung auf das Wort (ist), das sich das menschliche Subjekt nicht selbst sagen kann, weil es schon gesagt ist«[88], wird die Dogmatik herausgefordert, ihrer Vereinnahmung durch den Zeitgeist dadurch zu wehren, daß sie sich zu ihrem Angewiesensein auf den biblischen Kanon bekennt.

Die Überzeugung, daß es heute wieder an der Zeit ist, die *Einheit* der theologischen Disziplinen in ihrer Unterschiedenheit zu betonen, teile ich mit F. Mildenberger ebenso wie seine Aufgabenbestimmung wissenschaftlicher Theologie als – diese Einheit stiftender – Dienst an der »einfachen Gottesrede«, genauer: als deren »kritische Begleitung«[89]. In diesem Sinne stehen die folgen-

---

88. Differenzierend fügt H. Weder hinzu: »Unverfügbarkeit gibt es ja nicht bloß im Modus des Entzugs, unverfügbar sind nicht bloß Dinge, die wir nicht haben, unverfügbar ist dem menschlichen Subjekt gerade auch das, was ihm gegeben ist, ohne von ihm produziert worden zu sein« (132).

89. Zur Unterscheidung von wissenschaftlicher Theologie und »einfacher Gottesrede« vgl. F. *Mildenberger*, Biblische Dogmatik 1, 11-30; zu seinem programmatischen Entwurf einer

den Kapitel im Dienst gegenwärtiger Segenspraxis, ohne daß sie sich aber sogleich auf eine *unmittelbare Anwendung* hin verzwecken ließen. Es geht mehr um die Frage nach dem *Sinn* als nach dem *Nutzen* biblischer Segenstraditionen, auch wenn beides nicht unbedingt zu trennen ist. Die Praktische Theologie wird nicht von der ihr eigenen Aufgabe entlastet, über das Praktisch-werden-Können biblischer und dogmatischer Segenstheologien unter den Bedingungen der gegenwärtigen Segensbedürftigkeit zu reflektieren. Von Mildenbergers Durchführung seines Programms einer »Biblischen Dogmatik« unterscheiden sich meine Ausführungen allerdings dadurch, daß sie nicht »die Perspektive der Dogmatik für das Erfassen der biblischen Texte maßgeblich«[90] sein lassen, sondern aus *biblischer Perspektive*, genauer: von der Auslegung biblischer Segenstexte her, systematisch-theologische Grundentscheidungen zur Bedeutung des Seg(n)ens treffen und eine Segenstheologie in Grundzügen entwerfen. In Übereinstimmung mit aktuellen hermeneutisch-methodischen Entwicklungen in der biblischen Exegese[91] und im religionspädagogischen Umgang mit der Bibel, wie ihn vor allem die Arbeiten I. Baldermanns dokumentieren[92], bemühe ich mich um eine *kanonische* Interpretation der biblischen Texte, die die Aktualität des reformatorischen Schriftprinzips, des »sola scriptura« im Sinne der hermeneutischen Grundsätze von der »claritas scripturae« und der »scriptura sui ipsius interpres« unterstreicht: d. h. ich gehe von der *kanonischen Endgestalt* der Texte und nicht von einer historisch-kritisch erst zu rekonstruierenden ursprünglichen Textbasis aus, die den Status einer – mehr oder weniger wahrscheinlichen – Hypothese nicht abstreifen kann.

Mit dem Perspektivenwechsel gegenüber F. Mildenbergers biblisch-dogmatischer Arbeitsweise wird aber keineswegs (nur) die Not der gegenwärtigen dogmatischen Ausgrenzung der Segensthematik zur Tugend eines Rückgriffs auf biblische Segenstexte gemacht. Indem ich vielmehr das Schriftprinzip nicht als *dogmatisches*, sondern als *didaktisches* verstehe[93] – in dem Sinne, daß Menschen in der Bibel eine Sprache für elementare Lebenserfahrungen finden, denen sie sonst sprachlos ausgeliefert sind, und in der Begegnung mit biblischen Texten dazu angeleitet werden, neue Erfahrungen mit ihrer Erfahrung[94], eben auch mit ihrem Bedürfnis nach Segen, zu machen –, ermöglicht und begründet es allererst kritische Rückfragen an verfestigte dogmatische Traditionen, und

---

»Biblischen Dogmatik« und der darin enthaltenen Berücksichtigung biblischer Segenstraditionen s. ausführlich unten Teil A, II.2.
90. *F. Mildenberger*, Biblische Dogmatik 1, 11.
91. Wegbereiter gegenwärtiger Bemühungen um eine kanonische Exegese und eine – interdisziplinäre – Biblische Theologie ist der nordamerikanische Alttestamentler B. S. Childs (vgl. etwa Introduction; Biblical Theology; Biblische Theologie).
92. Vgl. zum bibelhermeneutischen und didaktischen Ansatz *I. Baldermanns*, Einführung in die Bibel; Didaktischer Zugang; Verhältnis; zur Anwendung auf die Verwendung der Psalmen im Unterricht: Weinen; Psalmen.
93. Vgl. *I. Baldermann*, Didaktischer Zugang.
94. Vgl. *G. Ebeling*, Schrift und Erfahrung, bes. 114.

sei es – wie in diesem Fall – die dogmatische Marginalisierung des Seg(n)ens, die ja keineswegs vor dogmatischen Vorurteilen in der kirchlichen Segenspraxis schützt, sondern diese umgekehrt unausgesprochen zementiert.

Der Ausgangspunkt bei den biblischen Segenstraditionen kann aber nicht davon absehen, daß wir *keinen unmittelbaren Zugang* zu den Texten haben, nicht nur weil sie uns aufgrund ihrer historischen Abständigkeit in mancher Hinsicht *fremd* sind, sondern auch, weil sie uns immer schon angereichert durch eine vielfältige Auslegungs- und Wirkungsgeschichte, in welcher sie verstanden *und* mißverstanden wurden, begegnen und deshalb oft sehr *vertraut* erscheinen. Erkennt man – mit J. Ebach – die Aufgabe der Exegese darin, »fremde biblische Texte so genau anzuschauen, daß sie ein wenig näher rücken, und nah scheinende biblische Texte so genau anzuschauen, daß sie ein wenig fremder werden«[95], dann ist dies auch für biblische Segenstexte nötig, denn die einen, etwa der aaronitische Priestersegen (Num 6, 24-26), die Segensverheißung an Abraham (Gen 12, 1-3), der Segenskampf Jakobs am Jabbok (Gen 32, 23-32) oder die Kindersegnung Jesu (Mk 10, 13-16 par), gehören vor allem aufgrund ihres kirchlichen Gebrauchs zu den bekanntesten biblischen Perikopen, während andere, z. B. die bedingten Segensverheißungen des Deuteronomiums (Dtn 14, 29; 15, 10.18; 16, 15; 23, 20 f.; 24, 19 u. ö.), das Segnen Gottes (Gen.obj.) in den Psalmen (Ps 18, 47; 28, 6; 31, 22; 41, 14 u. ö.), oder die paulinische Deutung des Kreuzestodes und der Auferweckung Jesu als Akt der Vermittlung des Abrahamsegens an nichtjüdische Menschen (Gal 3, 13 f.), sich keiner besonderen theologischen und kirchlichen Aufmerksamkeit erfreuen.

Es ist das Verdienst der *auslegungs-* und *wirkungsgeschichtlich* orientierten Exegese, Licht in diese unterschiedliche Gewichtung biblischer Traditionen zu bringen, indem sie den AuslegerInnen die Vorgeschichte ihres eigenen Vorverständnisses erhellt und die Gegenwartsrelevanz biblischer Texte aufzeigt, ohne die historische Distanz naiv zu überspringen und die Texte »zu bloßem Belegmaterial für das immer schon Gewußte oder zur Legitimation für das immer schon Gewollte (…) verkommen«[96] zu lassen. Anstatt die Bibeltexte jeder neuen Gegenwart *gleichzeitig* zu machen, entdeckt sie die ihnen inhärente Kraft, sich je in neuen Situationen als aktuell zu erweisen. Indem eine solche Interpretation dem Ausleger verdeutlicht, »1. wer er im Gegenüber zu den Texten ist, und 2. wer er im Gegenüber zu den Texten sein könnte«[97], läßt sie ihn erkennen, was er den Texten verdankt und daß – wie U. Luz in Anspielung auf Röm 11, 18b formuliert – »nicht er die Texte trägt, sondern die Texte ihn«[98]. Indem die wirkungsgeschichtliche Exegese für jeden Text eine Vielfalt von Auslegungs- und Applikationsmöglichkeiten entdeckt, erinnert sie daran, daß es keinen eindeutigen Textsinn gibt, daß vielmehr jedem Text ein mehrdeutiges Sinnpotential einwohnt; sie rückt aktuelle exegetische Bemühungen in den Kontext früherer Auslegungen und »Verwirklichungen« der Texte ein; die je eigene Interpretation kann durch deren Reichtum vor Einseitigkeiten und Engführungen

---

95. Prediger 3 auslegen, 98.
96. Ebd.
97. U. Luz, Matthäus I/1, 79; vgl. ders., Wirkungsgeschichtliche Exegese.
98. Wirkungsgeschichtliche Exegese, 32.

bewahrt werden; zugleich leitet sie dazu an, aus den *Folgen* verschiedener Auslegungen zu lernen und so etwas wie eine »Ethik des Lesens«[99] zu entwickeln.

Aus allen diesen Gründen nimmt die vorliegende Arbeit einen doppelten Anlauf, bevor sie in ihrem dritten Abschnitt »Grundlinien einer biblischen und dogmatischen Theologie des Segens« (Teil C) nachzeichnet und auszieht: Nach der einleitenden Darstellung des neu erwachten öffentlichen Interesses am Segen sowie an alten und neuen Segenshandlungen und der Erhebung möglicher Gründe für die kirchliche und theologische Zurückhaltung gegenüber dem Seg(n)en im Protestantismus (Einleitung, Kapitel 1) konfrontiert der erste Teil sechs neuere Dogmatik-Entwürfe[100] (Teil A, II) mit den systematisch-theologisch bedeutsamen Ergebnissen exegetischer Arbeiten zum Segen (Teil A, I), vor allem mit den Grundentscheidungen der Segenstheologie C. Westermanns – mit dem Resultat, daß sich die gegenwärtige Systematische Theologie von den biblisch-theologischen Erkenntnissen zum Seg(n)en noch kaum zu einer eigenen Berücksichtigung der Segensthematik hat bewegen lassen, daß in ihr vielmehr die protestantische Marginalisierung des Seg(n)ens besonders hartnäckig anhält.

Gleichwohl läßt sich C. Westermanns Feststellung, »in der gesamten Theologiegeschichte (… habe) sich kaum jemals einer ernsthaft für den Segen interessiert«[101], (zumindest in dieser Verallgemeinerung) nicht aufrechthalten. Das macht die exemplarische Beschäftigung mit dem Segensverständnis Luthers, Calvins, Bonhoeffers und Barths[102] im zweiten Teil (B, I-IV) der Arbeit überdeutlich. Denn so unterschiedlich bei ihnen auch jeweils der methodische und sachliche Zugang zum Segensthema, der Raum, den es einnimmt, und die Be-

---

99. Diesen Begriff verdanke ich meiner Kollegin Ulrike Bail, die insbesondere im Umgang mit Gewalttexten der Bibel für eine »Ethik des Lesens« plädiert, die die möglichen Folgen jeder Lektüre mitberücksichtigt und so eine leserInnenorientierte Hermeneutik vor Beliebigkeit und Willkür schützt.
100. Die Auswahl beschränkt sich auf einige der jüngeren und jüngsten deutschsprachigen evangelischen Dogmatiken bzw. dogmatischen Lehrbücher, Systematischen Theologien und Glaubenslehren. Sie berücksichtigt Entwürfe, die sich schon in ihren Prolegomena, in den Vorentscheidungen über ihren Erkenntnisweg, ihrer Bestimmung der Aufgabe der Dogmatik, ihrem Verständnis der Theologie als Wissenschaft, ihrem Schrift- und Zeitbezug so gründlich voneinander unterscheiden, daß sie einen repräsentativen Überblick über die gegenwärtige dogmatische Erörterung des Segensthemas ermöglichen.
101. Segen, 243.
102. Die Auswahl lehnt sich – mit Ausnahme der Berücksichtigung Bonhoeffers – an die Struktur des »Handbuches Systematischer Theologie« (HST) an. Im HST-Band 17 untersucht U. Mann unter dem Titel »Das Wunderbare« die Themen »Wunder«, »Segen (und Fluch)« und »Engel (auch Dämonen)« bei den Reformatoren Luther, Melanchthon und Calvin sowie bei W. Elert, P. Althaus, P. Tillich, K. Barth und O. Weber. Der Behandlung der Segens- und Fluchthematik widmet er dabei insgesamt nicht mehr als knapp 15 Seiten (vgl. im einzelnen unten die Einleitungen zu Teil B, I-II und IV). Der Klage über den Bedeutungsverlust des Segens in der Dogmatik hat U. Mann selbst nur eine völlig unzulängliche und m. E. die Positionen nicht selten (konfessionell) verzeichnende Erörterung des Segensverständnisses der genannten Theologen entgegenzusetzen. Für die von ihm

deutung, die ihm zukommt, seine (systematisch)-theologische Verortung sowie die Konsequenzen, die aus ihm für kirchliche, öffentliche und private Segenshandlungen erwachsen, sein mögen, seine Erörterung führt in jedem der Entwürfe zur Begegnung mit deren *entscheidenden dogmatischen und hermeneutischen Weichenstellungen* und verknüpft sich mit ihren *theologischen Grundanliegen*:

So lernen wir bei M. Luther ein – aufgrund seiner biblisch-hermeneutischen Konzentration auf einen christologischen Literalsinn (»Was Christum treibet«) – gerade an alttestamentlichen Texten entdecktes christologisch-soteriologisches, kreuzes- und rechtfertigungstheologisches Grundverständnis des Segens kennen und werden anhand der zahlreichen biblischen Segensmotive mit der Kunst des rechten Unterscheidens, etwa zwischen göttlichem Segensstatwort und menschlichem Segenswunsch, zwischen zeitlichem und ewigem Segen, vertraut gemacht, wie sie für Luther wesensmäßig zur theologischen Existenz gehört.

Calvins Segensverständnis führt uns ins Zentrum seiner Prädestinationslehre und in die bundestheologische Verhältnisbestimmung der beiden Testamente – mit deutlichen Verweisungszusammenhängen zur Providenzlehre. Entsprechend dem Schwerpunkt der Genfer Reformation auf einer Erneuerung der Gestalt der Kirche tritt bei Calvin – anders als bei Luther – die Frage nach der institutionellen Vermittlung des Segens, nach dem Segensamt, in den Vordergrund.

Bei Bonhoeffer ist die Reflexion über den Segen, die sich auf seine späten Schriften konzentriert, aufs engste mit seiner eigenen Lebenssituation verknüpft, mit der Beteiligung am Widerstand gegen Hitler und der Haft, und steht infolgedessen mit dem wichtigsten Thema seiner letzten Lebensjahre, dem Gedanken der mündigen Welt, welcher der Welt gerade in ihrer Profanität die Treue hält und sie als solche für Gott in Anspruch nimmt, in Verbindung.

Die Christozentrik der Kirchlichen Dogmatik Barths führt segenstheologisch zu einem ambivalenten Ergebnis: Einerseits entfaltet Barth bei der (christologischen) Auslegung des Schöpfungsberichts von Gen 1 – unter dem Vorzeichen seiner Zuordnung von Schöpfung und Bund – ein eindrucksvolles vorsehungstheologisches Verständnis des Segens, welches das göttliche Segnen zum Grund und Inbegriff der Fürsorge Gottes für seine Geschöpfe erklärt, die diese allererst zu einem eigenständigen Leben ermächtigt; andererseits führt bei ihm die Überzeugung, daß die – in Israel in einer wiederholten Segens-

geforderte »religiös und theologisch notwendige Neubelebung« (Das Wunderbare, 92 f.) des Seg(n)ens liefert seine Arbeit darum keinen konstruktiven Beitrag.
Die Beschäftigung mit den segenstheologischen Motiven in den Schriften D. Bonhoeffers hat keineswegs nur den formalen Grund, neben K. Barth noch einen zweiten Theologen des 20. Jahrhunderts zur Sprache kommen zu lassen. Ausschlaggebend für diese Entscheidung war vielmehr die Tatsache, daß einerseits die wenigen Fragmente Bonhoeffers zum Segen nicht nur zu den theologisch reflektiertesten, sondern auch zu den zutiefst erfahrungsbezogenen Äußerungen zur Sache gehören, daß hier also die Verschränkung von Theologie und Biographie mit Händen zu greifen und ein der gegenwärtigen Situation vergleichbares Bedürftigsein nach Segen wahrzunehmen ist; daß andererseits – im Vergleich zu K. Barth – deutlich werden sollte, wie unterschiedlich theologische Zeitgenossen die biblisch- und systematisch-theologische Bedeutung des Seg(n)ens erfahren, erörtern und beurteilen.

praxis aktualisierte, identitätsstiftende – Segensverheißung an Abraham in Kreuzestod und Auferweckung Jesu erfüllt ist, zu der Folgerung, daß es in der christlichen Gemeinde keiner Segenshandlungen mehr bedürfe.

Im Licht dieser Entdeckungen wird die Vernachlässigung der Segensthematik in gegenwärtigen dogmatischen Entwürfen um so frag-würdiger. Die Darstellung und Würdigung der segenstheologischen Aussagen Luthers und Calvins, Bonhoeffers und Barths dient aber nicht allein und nicht primär dem Nachweis, daß es sich beim Seg(n)en nicht nur um ein *jetzt dringliches*, sondern auch um ein *bleibend wichtiges* Thema theologischer Reflexion (sowie kirchlichen Handelns und individueller Glaubenspraxis) handelt und daß die Dogmatik keineswegs immer schon zum Segen geschwiegen hat. Im Gefälle der Überlegungen zur auslegungs- und wirkungsgeschichtlichen Exegese kann die Auseinandersetzung mit dem Segensverständnis wirkmächtiger theologischer Entwürfe, die darin übereinstimmen, daß sie auf je ihre Weise die Wahrheit biblischer Texte für ihre Gegenwart zur Sprache bringen wollen, zunächst die eigene Interpretation der biblischen Segenstraditionen bereichern und profilieren, wie K. Barth in seiner Auslegung von Phil 2, 4 schlicht und zutreffend zugleich formuliert hat – »Erst indem ich das des Andern sehe, sehe ich selbst wirklich. An fremden Gedanken lerne ich eigene Gedanken denken.«[103] Darüberhinaus erlaubt sie Aufschlüsse darüber, unter welchen Herausforderungen welche biblischen Segenstexte für die theologische Lehre und die kirchliche Praxis aktuell und wegweisend geworden sind, während andere aus denselben Gründen verdrängt wurden. Drittens mahnt die Einsicht in folgenreiche Fehlentscheidungen der Tradition – ich nenne vorweg nur die antijüdische Polemik in den segenstheologischen Äußerungen Luthers, die theologischen und seelsorgerlichen Abgründe der Lehre von der doppelten Prädestination bei Calvin oder Barths These von der Aufhebung der alttestamentlich-jüdischen Segenshandlungen in die christliche Taufe – christliche Segenstheologien zur Revision insbesondere ihrer israeltheologischen Aussagen.

Dessen eingedenk reflektiere ich im ersten von zwei Abschnitten meines eigenen Versuchs, Grundzüge einer biblisch orientierten und dogmatisch entfalteten Segenstheologie zu zeichnen, über die Voraussetzungen, unter denen sich ChristInnen aus der Völkerwelt auf die Israel gegebenen Segensverheißungen berufen und sich die Segenstraditionen des jüdischen Volkes aneignen können. Unter der programmatischen Überschrift »Mitgesegnet mit Israel« (Teil C, I) stellt dieser Abschnitt theologisch und hermeneutisch das Zentrum der Arbeit dar. Es mag kein Zufall sein, daß das, was zunächst nur als Vergewisserung über den Erkenntnisweg gedacht war, inhaltlich – mit dem Brückenschlag von Gen 12, 1-3 zu Gal 3, 1-14 – zu einer segens- und toratheologischen Neuinterpretation von *Kreuzestod und Auferstehung* Jesu Christi und infolgedessen zu einer israeltheologischen Neubestimmung der Lehre von der *Rechtfertigung* – und

---

103. Philipperbrief, 53; vgl. auch Barths Einleitung zu seiner Göttinger Calvin-Vorlesung (Theologie Calvins, 1-14).

damit ins Zentrum christlicher Identität – führt: Die Treue Jesu Christi, die er dem in der Tora offenbarten Willen Gottes erweist, macht ihn als Abrahamsohn zum Mittler des Israel verheißenen und geschenkten Segens an die Menschen aus der Völkerwelt. Die Rechtfertigung der Gottlosen ereignet sich als Partizipation am Abrahamsegen. In der Treue zu Jesus Christus, welche nicht nur dem Vertrauen Jesu in Gott selbst entspricht, sondern auch Ausdruck einer segnenden Zuwendung zu Israel ist, nehmen ChristInnen ihre Gerechtsprechung wahr, bestätigen und betätigen sie.

Diese segenstheologische Profilierung des Christusgeschehens versteht sich zugleich als Erweiterung und Vertiefung der aktuellen Diskussion um das Verhältnis von Israel und Kirche.

Der zweite Abschnitt (Teil C, II) bemüht sich um die angemessene Verhältnisbestimmung zwischen göttlichem und menschlichem Segenshandeln, indem er das göttliche Segnen als Ursprung und Inbegriff der providentia Dei, der Fürsorge des Schöpfers für seine Geschöpfe, und das menschliche Segnen als ein wesentliches Motiv der – traditionell im Zusammenhang der Vorsehungslehre erörterten – cooperatio Dei, der Mitarbeit des Menschen am Wirken Gottes, verortet, begründet und entfaltet. Der Schwerpunkt wird dabei auf der Beantwortung der Frage liegen, welche Bedeutung das – als Bezeugung und Ver*antwort*ung des göttlichen Segenswirkens verstandene – menschliche Segnen zunächst für die segnenden Menschen, dann für die gesegneten Mitgeschöpfe und schließlich für Gott selbst hat. Meine Arbeit gelangt dort zu ihrem (vorläufigen) Abschluß, wo sie der Doppeldeutigkeit der Rede von »Gottes Segen«, nämlich als Segen, mit dem Gott seine Geschöpfe segnet, und als Segen, den die Menschen – ihrerseits Gott segnend – Gott als Ursprung und Quelle jedes Segens zurückgeben, wo sie Gottes als Geber und Empfänger des Segens ansichtig geworden ist und dies systematisch-theologisch bedacht hat. Das biblisch-jüdische Motiv des Gottsegnens dogmatisch entfaltend, stellen die folgenden Überlegungen – das sei hier vorweggenommen – in ihrer Spitze einen Beitrag zur gegenwärtigen Diskussion um die Frage nach der *Allmacht* und *Ohnmacht Gottes* dar – unter der Voraussetzung, daß das göttliche Segnen etwas mit der *Ermächtigung* zu eigenständigem geschöpflichen Leben zu tun hat und daß es im menschlichen Gottsegnen um die *Entsprechung* zu diesem göttlichen Segenshandeln an seinen Geschöpfen geht. Die Entfaltung des Segens als Motiv der Fürsorge Gottes und der menschlichen cooperatio Dei führt nicht nur zu einer sachgemäßen systematisch-theologischen Rezeption biblischer Segenstraditionen, sondern auch zu einer Revision der traditionellen Providenzlehre: Ergebnisse aus Teil C, I aufnehmend, wird manches dafür sprechen, sie eher *pneumatologisch* als *schöpfungstheologisch* zu verorten und zur Präsenz und Weltimmanenz Gottes im Geist ins Verhältnis zu setzen.

Zu ihrem (wiederum vorläufigen) Ziel kommt die vorliegende Arbeit dort, wo sie – im Sinne dessen, daß sie Dienst an der »einfachen Gottesrede« sein möchte – ihre LeserInnen zum Gottsegnen bewegt.

Teil A

Biblische Segenstheologien und die Segensvergessenheit der Dogmatik

I. Grundzüge biblisch-theologischer Arbeiten zum Segen

Grob skizziert lassen sich in den biblisch-theologischen Arbeiten zu ברך/ברכה[1] zwei Grundbedeutungen unterscheiden: Unter Heranziehung entsprechender Wortbildungen in anderen semitischen Sprachen[2] und in Übereinstimmung mit dem landläufigen Verständnis[3] wird Segnen zumeist als Begabung mit »heilschaffender Kraft«[4] verstanden. Segen gilt dabei – wie F. Horst emphatisch formuliert – als

»Lebensmacht, Lebenssteigerung, Lebensüberhöhung. Segen ist Ausstrahlung von Macht und Kraft. (...) Segen ist Fruchtbarkeit, naturhafte Fruchtbarkeit. (...) Segen ist Leben und Gedeihen. Segen ist gesteigerte Lebensdauer. (...) Segen ist Lebensenergie. (...) Segen ist Lebensglück, das Gelingen in allem Tun (...) Segen ist der Lebenserfolg, der ganze Zustand des Unversehrt- und Ungefährdetseins, der Ruhe und Sicherheit, des Glücks und des Heils.«[5]

Weitergegeben wird solcher Segen ursprünglich durch selbstwirksame Handlungen, die Kontaktgesten und indikativische Segensformeln miteinander verknüpfen. Wo dieser Segensbegriff theologisiert wird, bringt man ihn mit Gottes *Schöpferhandeln* in Verbindung. Als göttliches Segenswirken bedarf er keiner ausdrücklichen (menschlichen) Vermittlung (vgl. den Schöpfungssegen in Gen

1. Wenn ich mich im folgenden für das biblisch-theologische Verständnis des Seg(n)ens vorrangig auf die hebräische Bibel beziehe, dann orientiert sich diese Entscheidung nicht nur daran, daß das Segensmotiv dort viel häufiger als im Neuen Testament begegnet (zur Statistik vgl. *C. A. Keller/G. Wehmeier*, ברך, 353f.; *H. Patsch*, εὐλογέω, 198f.; *H.-G. Link*, Segen, 1120. 1124) und ihm darum auch in der Forschung größeres Gewicht zukommt, sondern liegt in der Sache selbst begründet: Die Bedeutung von εὐλογεῖν und εὐλογία im Neuen Testament läßt sich nur vom Segensverständnis und der Segenspraxis Israels her erschließen; entsprechend gehen auch (fast) alle Arbeiten zu εὐλογεῖν/εὐλογία vom alttestamentlichen Befund aus; m. W. gibt es nur eine einzige Monographie zum Segen im Neuen Testament, die diese Kontinuität im biblischen Segensbegriff bestreitet (vgl. *W. Schenk*, Segen).
2. Zur Etymologie von ברך und entsprechenden Wortbildungen in anderen semitischen Sprachen vgl. neben den Wörterbüchern bes. *G. Wehmeier*, Segen, 8-66; *J. Scharbert*, ברך, 811-814; *C. A. Keller/G. Wehmeier*, ברך, 353-355; *B. Landsberger*, Wort.
3. Vgl. etwa die Redewendung: »Es regnet, Gott segnet.«, den Glückwunsch: »Viel Glück und viel Segen auf all' deinen Wegen!«, den Kinderreim: »Heile, heile Segen, drei Tag Regen, drei Tag Sonnenschein, und alles wird wieder gut sein.«, auch Wortverbindungen wie »Erntesegen«, »Kindersegen«, »Medaillensegen«, die Rede vom »gesegneten Appetit«, »gesegneten Schlaf«, »gesegneten Alter« oder den Wunsch einer »gesegneten Mahlzeit«.
4. *C. A. Keller/G. Wehmeier*, ברך, 355.
5. Segen und Segenshandlungen, 194; vgl. auch *S. Mowinckel*, Segen und Fluch, 5ff.; *J. Pedersen*, Israel, 182ff.; *L. Brun*, Segen und Fluch, 6ff.

43

1, 22.28), kann aber in Segensworten und -riten zugesprochen, erbeten, gewünscht und verheißen werden.

Die zweite Grundbedeutung geht von einer *sozialen* Funktion des Segnens aus: Segen ist demnach das Gemeinschaft stiftende, Solidarität bekundende, Anerkennung ausdrückende *Wort*. Der ursprüngliche Sitz im Leben ist die *Grußsituation*.[6] Hier wird ברך als performativer *Sprechakt* im Sinne der griechischen und lateinischen Übersetzungen (εὐ-λογεῖν/bene-dicere) verstanden und mit »gut reden«, »rühmen«, »loben«, »preisen«, »danken« etc. verdeutscht. Wo dieses »gute Wort«, das ursprünglich als »ein magisch-selbstwirksam(es ...), machtgeladenes Wort, das selbst schafft, was es zuspricht«[7], aufgefaßt wurde, auf das Wirken einer Gottheit bezogen wird, wandelt sich der Segens*zuspruch* zum Segens*wunsch* und zur Segens*bitte*: Die Gesegneten und ihr Tun und Ergehen werden der Zuwendung (eines) Gottes anheimgestellt.

Die Grundbedeutung von ברכה/ברך läßt sich also im Spannungsfeld von »gutem Wort« und »heilvoller Kraft« ansiedeln[8]. Eine Vermittlung zwischen beidem wird meistens darin gesehen, daß die Konkretionen der letzteren, also Wachsen und Gedeihen, Gelingen und Glück, Erfolg und Wohlstand, Gesundheit und Frieden etc. zum Inhalt von Gruß und Glückwunsch, von Lob und Dank werden:

»Im Nomen und im Verb ברך (gehen) Segenswort und glückbringende Kraft eine unauflösliche Bedeutungseinheit ein, und (...) der bârûk (ist) der in Worten gepriesene und der nach Ausweis des Erfolgs (...) von segensspendenden Kräften Erfüllte zugleich.«[9]

»Indem sich ein Mensch für einen anderen, dem er begegnet oder den er verabschiedet, bei Gott zum Fürbitter für dessen Segen macht, bekundet er seine Solidarität und stiftet Gemeinschaft mit ihm. Angesichts der ständigen Bedrohtheit des Lebens, die gerade bei der Begegnung und beim Abschied zu Bewußtsein kommt, ist die Fürbitte, daß Gott die Lebenskraft des anderen stärken und bewahren möge, die entscheidende Bekundung gegenseitiger Anteilnahme und Solidarität.«[10]

Es besteht in der Forschung weitgehend Konsens darüber, daß es sich beim Segnen ursprünglich um ein zwischenmenschliches, nichttheologisches, nichtkultisches und – wenn man die Grußsituation als primären Sitz im Leben voraussetzt – alltägliches Geschehen handelt, das erst sekundär göttlichem Wirken zugeordnet wurde[11] und in den Kult[12] eingewandert ist.

Anstelle eines allgemeinen Forschungsüberblicks über biblisch-theologische

6. Vgl. *W. Schottroff,* Fluchspruch, 195; *T. Arndt,* Wurzel, 53 f.; *J. Pedersen,* Israel, bes. 202 ff.
7. *W. Schottroff,* Fluchspruch, 164.
8. Vgl. *T. Arndt,* Wurzel, 49-51.
9. *J. Scharbert,* ברך, 837.
10. *R. Albertz,* Segen Gottes, 91 f.
11. Anders etwa *J. Scharbert,* »Fluchen« und »Segnen«, 21-24; *ders.,* ברך, 836 f.; *E. J. Bickerman,* Bénédiction, 526 f.
12. Zur Beheimatung des Seg(n)ens im kultischen Bereich und zum Verständnis des Kultes als Ort der Segenssteigerung vgl. *S. Mowinckel,* Segen und Fluch, 13 ff.; dazu unten Abschnitt 2 (Exkurs).

Arbeiten zum Seg(n)en möchte ich im folgenden zunächst den gegenwärtig wohl wirkungsvollsten Entwurf, die Segenstheologie Claus Westermanns, als Beispiel für das erstgenannte Segensverständnis in ihren Grundzügen darstellen und beurteilen (I.1). Von einer genuin sozialen Funktion des Segens gehen demgegenüber vor allem W. Schottroff[13] und J. Scharbert[14] aus – in Arbeiten, die sich formgeschichtlich mit der Herkunft und Entwicklung der ברוך-Formel (im Gegenüber zur ארור-Formel) befassen. Ihre Positionen sollen in einem zweiten Schritt knapp umrissen werden (I.2).[15]

1. C. Westermanns Entwurf einer biblischen Segenstheologie

Noch bevor evangelische Theologie und Kirche durch das neu erwachte Interesse an (kirchlichen) Segenshandlungen zur eigenen Reflexion über die Segensthematik genötigt wurden, hat Claus Westermann 1968 mit seiner Studie »Der Segen in der Bibel und im Handeln der Kirche« entscheidend zur (biblisch-)theologischen Wiederentdeckung des Seg(n)ens beigetragen. Vor allem seine grundsätzliche Differenzierung zwischen Gottes *rettendem* und *segnendem* Handeln, seine Zuordnung des Segens zur Schöpfung und seine Sicht einer Entwicklung des biblischen Segensbegriffs haben das theologische Bemühen um den Segen so tief geprägt, daß es seither kaum eine exegetische oder praktisch-theologische Untersuchung, kaum einen lexikalischen Überblick oder eine kirchliche Verlautbarung zu Segen und Segenshandlungen gibt, die nicht die Handschrift der Westermannschen »Segenstheologie«[16] trägt.[17] Von wenigen Einwänden abgesehen[18], gehören die Grundentscheidungen seines Entwurfs

---

13. Vgl. Fluchspruch.
14. Vgl. Solidarität; »Fluchen« und »Segnen«; ברך; Segen.
15. Ich beschränke mich dabei auf die wichtigsten biblisch-theologischen Ergebnisse ihrer Untersuchungen und ziehe Detailbeobachtungen zur Herkunft und formgeschichtlichen Entwicklung der Segensformel nur dort heran, wo sie für deren theologisches Verständnis unverzichtbar sind.
16. Zum Begriff s. *C. Westermann*, Segen in der Bibel, 33 (Seitenzahlen im Text).
17. Um nur einige Beispiele zu nennen: *R. Albertz*, Segen Gottes; *G. Liedke*, Gott segnet; *D. Vetter*, Jahwes Mit-Sein; *C. Eyselein*, Einweihungshandlungen, bes. 45 ff.; Gottes Segen und die Segenshandlungen der Kirche, 30 ff.; *H.-G. Link*, Segen, 1120 ff.; *U. H. J. Körtner*, Totensegnung, bes. 186 f.; *J. Fangmeier*, Segen; *R. Kaczynski*, Benediktionen, 247-251.
18. Sie beziehen sich vor allem auf die Unterscheidung von Segnen und Retten; vgl. etwa *H. D. Preuß*, Theologie, 206 f.; *F. J. Helfmeyer*, Segen und Erwählung; *K. Berge*, Rettung und Segen; *C. Eyselein*, Einweihungshandlungen, 55; *T. Müller*, Gottesdienst, 82-84; *F. Mildenberger*, Biblische Dogmatik 2,106; 3,243 (dazu unten II.1); *G. Lukken*, Benedicere, 5-11; *J. Scharbert*, ברך, 839-841.

bis heute zu den unhinterfragten Essentials eines biblisch orientierten evangelischen Segensverständnisses.

Nicht nur die immense Wirkungsgeschichte der segenstheologischen Arbeiten Westermanns[19], sondern vor allem ihre weitreichenden systematisch-theologischen Implikationen machen eine kurze Darstellung und Würdigung seines Entwurfs zu Beginn einer biblisch begründeten dogmatischen Beschäftigung mit dem Segensthema sinnvoll und nötig.

1.1 Die Unterscheidung zwischen dem rettenden und dem segnenden Handeln Gottes

C. Westermann nimmt Anstoß an der *einlinigen soteriologischen* Rede vom Handeln Gottes, an der Konzentration auf den *rettenden* Gott, dessen Wirken im kirchlichen und theologischen Reden auf den unklaren und verschwommenen Begriff des »Heils« gebracht worden sei, insbesondere in so bedeutungsschweren Wortverbindungen wie Heilsgeschichte, Heilsglaube, Heilsgewißheit etc. Die unkritische und diffuse Identifikation der *Rettungstaten* Gottes als *Heil* verwische die Differenz zwischen dem Akt der Rettung und dem durch sie heraufgeführten Zustand des Heilseins und führe zu einem Bedeutungswandel im Heilsbegriff, der »ursprünglich nichts mit dem Wortfeld der Verben des Rettens, Erlösens, Befreiens zu tun« habe, sondern »das rein zuständliche Heilsein, Gesundsein, Intaktsein« (10 f.) bezeichne. Der Einschärfung dieser Differenz zwischen *Akt* und *Sein* und der Wiedergewinnung der ursprünglich *zuständlichen* Heilsdimension im Handeln Gottes dient Westermanns strikte Unterscheidung zwischen dem rettenden und dem segnenden Wirken Gottes als den »beiden Weisen des dem Menschen zugewandten Handelns Gottes«, die »nicht auf einen Begriff gebracht werden« (11) können:

Gegenüber dem besonderen, augenblickshaften, als Ereignis erfahrenen Retten Gottes vollzieht sich das Segnen als »ein stilles, stetiges, unmerklich fließendes Handeln Gottes, das nicht in Augenblicken, nicht in Daten festzuhalten ist. Der Segen verwirklicht sich in einem allmählichen Prozeß, wie in dem des Wachsens und Reifens und Abnehmens.«[20]

Mit dieser Differenzierung zwischen einem *kontinuierlichen* Segenshandeln und einem *kontingenten* Rettungshandeln Gottes geht es Westermann um die Einbeziehung des natürlichen und des alltäglichen Lebens in die Rede vom Heil. Neben dem Raum der *Geschichte* darf die *Natur* als Zuständigkeits- und Wirkungsbereich Gottes, neben den großen Befreiungstaten Gottes an seinem Volk darf seine Präsenz im Leben der Familie nicht ausgeblendet werden. Westermanns Hervorhebung des stetigen, unauffälligen Segnens Gottes im alltägli-

19. Neben der programmatischen Studie von 1968 vgl. auch *ders.*, Frage nach dem Segen; Theologie, 72-101; Predigten, 49-53,122-126; Segen; Segen und Fluch; Tausend Jahre, 33 ff.; Hauptbegriffe, 11-19, sowie die Auslegungen der einschlägigen Genesis-Texte im Biblischen Kommentar.
20. Theologie, 88.

chen Lebensfluß gegenüber und neben seinem ereignishaften Retten (und Richten), mit dem er spektakulär Geschichte macht, zielt damit zunächst auf die Revision eines theologischen Geschichtsbegriffs, der die Vorgänge des natürlichen Lebens ausklammert. Es geht ihm um die Einholung des segnenden Handelns Gottes in dessen geschichtliche Wirksamkeit, um die theologische Integration des Natürlichen in den Geschichtsbegriff:

»Das Ereignis der Rettung (...) hat den Charakter des Augenblickgeschehens. Die Summe der Augenblicke aber ergibt niemals Geschichte; damit aus diesen Augenblicken Geschichte werde, muß das Element des Stetigen hinzutreten: das Wachsen und das Reifen, das Gedeihen und das Gelingen, das Zunehmen und Abnehmen, das Einwurzeln und Ausbreiten« (13).

»Neben den Taten Gottes, die in Ereignissen erfahren werden, gehört zum Wirken Gottes an seinem Volk ein Geschehen, das sich nicht in Taten manifestiert, sondern in fließenden Vorgängen, die gewöhnlich als ›ungeschichtlich‹ angesehen werden« (14).

Die Unterscheidung zwischen Gottes rettendem und segnendem Handeln zeitigt aber nicht nur Konsequenzen für den Geschichtsbegriff. Sie wirkt sich darüberhinaus auch auf das *Gottesbild* aus: »Der rettende ist der kommende Gott, der segnende der gegenwärtige (oder wohnende und thronende)« (16). Die Berücksichtigung des segnenden Erhaltungshandelns Gottes korrigiert für C. Westermann eine primär *eschatologische* Orientierung der Theologie, wie sie etwa in J. Moltmanns »Theologie der Hoffnung« vorliegt, indem sie die *Präsenz* Gottes in seiner Schöpfung betont, sein *Wohnen* an heiligen Orten, von denen der Segen ausgeht. Zum anderen verbindet sich mit der Wahrnehmung des segnenden Gottes eine *Relativierung* der einlinig *soteriologischen* Füllung des göttlichen Heilswirkens: Neben den Glauben[21] tritt »das dankbare Empfangen der Gaben des Segens« und ihr scham-loses Genießen. Ebensowenig wie der Begriff »Glauben« für die menschliche Antwort auf Gottes Segnen tauge der Begriff der *Offenbarung* zur angemessenen Charakterisierung des göttlichen Segenshandelns:

»Was auch immer als Offenbaren, Erscheinen, Sehen-Lassen, Sich-Zeigen Gottes begegnet, hat den Charakter eines aus dem Zeitstrom sich heraushebenden besonderen Ereignisses. Das segnende Wirken Gottes: das Wachsenlassen, Gelingenlassen, Mehren, Versorgen geschieht in der Weise stetigen Geschehens und bedarf des Besonderen, das immer mit Offenbarung gemeint ist, nicht; es kann in gar keiner Weise zur Offenbarung werden« (20).

Damit verbunden gewinnt C. Westermann aus der Komplementarität von Ret-

---

21. In deutlicher Kritik an G. v. Rads Ausführungen zum »alttestamentlichen Schöpfungsglauben« (vgl. Schöpfungsglauben; Theologie I, 149ff.) weist C. Westermann darauf hin, daß im Alten Testament weder im Zusammenhang mit der Schöpfung noch mit dem Segen vom Glauben die Rede sei, daß dort überhaupt das menschliche Gottesverhältnis nicht primär auf den Begriff des »Glaubens« gebracht werde (vgl. Segen in der Bibel, 19f.).

ten und Segnen eine Differenzierung im konturenlos gewordenen Begriff der *Verheißung*:

»Die Heilsankündigung, die auf ein *Ereignis* in der Zukunft weist, (ist) von der Heilsschilderung zu unterscheiden, in der ein *Zustand* des Gesegnetseins in Aussicht gestellt wird. Die Heilsankündigung steht im Zusammenhang des rettenden, die Heilsschilderung im Zusammenhang des segnenden Handelns Gottes« (21).

Drittens sieht Westermann in der Unterscheidung von Segens- und Rettungshandeln eine Möglichkeit, zwischen disparaten Theorien zum Verständnis des *Gottesdienstes* in Israel zu vermitteln: Dessen Nähe zu außerisraelitischen Kulten wie dessen Ursprung in der Bundesbeziehung zwischen Gott und seinem Volk stehen nach Westermann dort nicht mehr im Widerspruch zueinander, wo der Gottesdienst als Ort eines zweifachen Gotteslobs verstanden wird: Als *berichtendes* Lob erinnert dieses die großen geschichtlichen Befreiungstaten Gottes, als *beschreibendes* Lob umfaßt es auch das schöpferische und erhaltende Wirken und damit das Segnen Gottes.

Nicht zuletzt führt die Hervorhebung des segnenden Handelns zu einer Aufwertung des priesterlichen Amtes innerhalb der drei Institutionen des Königs, Propheten und Priesters in Israel: »Der Priester ist in erster Linie Mittler des stetigen Handelns Gottes, während der charismatische Führer und der Prophet Mittler des ereignishaften Gotteshandelns ist« (22).

Ohne nun hier im einzelnen diesen weit über den Bereich der alttestamentlichen Forschung hinausreichenden Konsequenzen der Unterscheidung zwischen Gottes Retten und Segnen und einer Profilierung der theologischen Eigenbedeutung des Seg(n)ens nachgehen zu können, möchte ich im folgenden doch die *theologiegeschichtliche Verortung* dieses Entwurfs, seine wichtigsten Intentionen sowie biblisch- und systematisch-theologischen Weichenstellungen mit wenigen Strichen skizzieren[22] und damit aufzeigen, in welchen *Kontexten*, insbesondere Frontstellungen, sie beanspruchen (können), theologisch *wahr* zu sein.

Unverzichtbar für ein angemessenes Verständnis seiner Arbeiten zum biblischen Segensbegriff erscheint mir die Berücksichtigung der Tatsache, daß Westermann sich hier in einem ständigen – expliziten und impliziten – Gespräch mit seinem Heidelberger Kollegen Gerhard von Rad, insbesondere mit dessen »Theologie des Alten Testaments«, befindet. Während »Segen« als *Leitthema* der Westermannschen Theologie fungiert, ist es bei von Rad die »Geschichte«. Die Unterscheidung zwischen Gottes Retten und Segnen als zweier gleichwertiger, eigenständiger Weisen seiner heilvollen Zuwendung zum Men-

---

22. Angesichts der großen wirkungsgeschichtlichen Bedeutung der Westermannschen Arbeiten zum biblischen Segensverständnis muß es verwundern, daß bisher noch keine kritische Würdigung seiner Segenstheologie vorliegt. Ihre Interpretation sowohl im Hinblick auf das theologische Gesamtwerk C. Westermanns als auch hinsichtlich ihres theologiegeschichtlichen Ortes und Gewichts stellt ein auffälliges Desiderat in der Geschichte der Forschung zum Alten Testament (und seiner Theologie) dar.

schen und insbesondere die Zuordnung des Segens zum *universalen* Schöpfungshandeln und des Rettens zum *partikularen* Geschichtshandeln Gottes[23] markieren eine deutliche Abgrenzung vom Entwurf G. v. Rads – aus der Perspektive C. Westermanns mindestens in dreifacher Hinsicht:

1. G. v. Rad wählt die Zeugnisse, die Israel in seinen *geschichtlichen* und seinen *prophetischen Überlieferungen* selbst vom Geschichtshandeln Jhwhs gegeben hat, zum Leitfaden und Gegenstand seiner zweibändigen »Theologie des Alten Testaments« – bestimmt von der Erkenntnis, »daß der Glaube Israels grundsätzlich geschichtstheologisch fundiert ist. Er weiß sich gegründet auf Geschichtstatsachen und weiß sich gestaltet und umgestaltet von Fakten, in denen er die Hand Jahwes wirksam sah.«[24] Ausgangspunkt und Mitte dieser Theologie ist damit das geschichtliche »Offenbarungshandeln Jahwes« (I,128) in einer Vielzahl von Offenbarungsakten, wie sie in den vielfältigen Kerygmata des Alten Testaments ihren literarischen Niederschlag gefunden haben. Ihre Einheit gewinnen diese Geschichtsbilder im Prozeß ihrer Überlieferung:

»Das hebräische Denken ist ein Denken in geschichtlichen Überlieferungen, d.h. es betätigt sich vornehmlich in der sachgemäßen Kombination und theologischen Deutung des Überlieferten, wobei immer die geschichtliche Zusammengehörigkeit den Vorrang hat vor der gedanklich-logischen« (I,129).

Theologie des Alten Testaments als *Überlieferungsgeschichte* zu entwerfen, heißt, die – mittels historisch-kritischer Exegese erschlossenen – Überlieferungszusammenhänge so nachzuerzählen, daß Gottes Handeln in der Geschichte nicht nur mit isolierten herausragenden Ereignissen verbunden wird, daß sich vielmehr die *ganze* Geschichte Israels als ein Handeln Gottes an seinem Volk entdecken läßt.

Der Begriff der Überlieferungsgeschichte vermag dies deshalb zu leisten, weil ihm ein Verständnis von »Geschichte« zugrundeliegt, das nicht nur die einzelnen Ereignisse der politischen Geschichte, die den historischen Kern der je neu erinnerten, aktualisierten und fortgeschriebenen Traditionen bilden, sondern auch diese Überlieferungen selbst als geschichtswirksam ansieht: »Die Geschichte Israels vollzieht sich in den äußeren Vorgängen, die herkömmlicherweise Gegenstand der historisch-kritischen Geschichtsforschung sind, *und* in den vielfältigen und vielschichtigen inneren Vorgängen, die wir in dem Begriff der Überlieferung zusammenfassen.«[25] Mehr noch als die historischen Daten, an denen sich die Überlieferungen entzündet haben, macht der Überlieferungsprozeß, in

---

23. Vgl. die entsprechenden Abschnitte in Westermanns »Theologie des Alten Testaments in Grundzügen«: »Teil II Der rettende Gott und die Geschichte«, 28 ff.; »Teil III Der segnende Gott und die Schöpfung«.
24. Theologie I, 118 ; vgl. den gesamten Abschnitt »Der Gegenstand einer Theologie des Alten Testaments«, 117-128 (Seitenzahlen im Text).
25. *R. Rendtorff*, Geschichte und Überlieferung, 93. Rendtorff hat schon früh darauf aufmerksam gemacht, daß sich damit für die alttestamentliche Wissenschaft die Konsequenz verbindet, die Trennung zwischen den drei Disziplinen »Geschichte Israels«, »Einleitung in das Alte Testament« und »Theologie des Alten Testaments« aufzuheben und sie in einem

dem die Ereignisse als Gotteserfahrungen gedeutet werden, die Geschichte Israels aus. Die Überlieferungen sind Integral der Geschichte des Gottesvolkes; sie bezeugen in ihrem Zusammenhang die *Einheit des Gottes Israels* in der Vielfalt seiner Offenbarungen und dokumentieren damit die *Kontinuität* des göttlichen Geschichtshandelns.

Dieser Konzentration einer »Theologie des Alten Testaments« auf die *Offenbarung Gottes in der Geschichte* sowie der Wahrnehmung der Kontinuität des göttlichen Handelns im Medium der Überlieferungsgeschichte begegnet C. Westermanns Unterscheidung zwischen dem kontingenten Rettungs- und dem kontinuierlichen Segenswirken Gottes. Mit ihr reklamiert Westermann den Bereich der Natur und – damit verbunden – die (zumeist) unscheinbaren Ereignisse des Alltagslebens und die Familiengeschichten als gleichberechtigten Gegenstandsbereich einer Theologie des Alten Testaments. Nicht die Einreihung der großen Rettungstaten Gottes in einen überlieferungsgeschichtlichen Zusammenhang, sondern die Aufmerksamkeit für die Präsenz Gottes in seinem lebenserhaltenden und -fördernden Segenswirken entdeckt die Kontinuität im Handeln Gottes.

2. Mit seiner überlieferungsgeschichtlich begründeten Theologie des Alten Testaments versucht G. v. Rad dem geschichtlichen Selbstverständnis Israels, den theologischen Deutungen, die es seiner Geschichte in den alttestamentlichen Schriften gegeben hat, zu entsprechen. Korrespondiert diese methodisch-hermeneutische Entscheidung dem »hebräischen Geschichtsdenken«[26], dem besonderen Geschichtsbewußtsein Israels, so zielt sie auf die Darstellung dessen, was Israel von seiner Umwelt *unterscheidet*, auf das spezifisch und unverwechselbar Israelitische, das Proprium Israeliticum. Denn darin, daß Israel seine eigenen Ursprünge nicht – zyklischem Denken verhaftet – in eine mythologische Vorzeit verlegt, sondern sein Werden in einer zeitlichen Abfolge von geschichtlichen Ereignissen erinnert, deren Zusammenhang sich einer von Gott selbst eingestifteten Kontinuität und Teleologie verdankt, erkennt G. v. Rad eine analogielose theologische Leistung: In der zunehmenden Addition göttlicher Heilstaten hat Israel einen linearen Zeitbegriff entwickelt und ist sich dabei selbst zum »Gegenstand der geglaubten Geschichte« (I,132) geworden.

Mit der Hervorhebung des segnenden Handelns Gottes und seiner Verortung in der Schöpfungslehre geht es C. Westermann stattdessen gerade darum, am allgemeinreligiösen Phänomen des Segens die Einbindung Israels in seine religiöse Umwelt zu veranschaulichen. Gerade seine Beschreibung der Entwicklung des alttestamentlichen Segensverständnisses zeigt, daß er in seiner biblischen Segenstheologie nicht die *Universalität* des Schöpfungssegens vom *partikularen* Standort der Geschichte Israels in den Blick nimmt, also einer ra-

---

Entwurf zu verbinden (vgl. a.a.O., 94). Diese Forderung hat er selbst 1983 mit seinem Arbeitsbuch »Das Alte Testament. Eine Einführung« einzulösen versucht.
26. Vgl. dazu die Abschnitte »Die Entstehung des hebräischen Geschichtsdenkens« und »Die Eschatologisierung des Geschichtsdenkens durch die Propheten« (Theologie II, 108-121,121-129).

tio cognoscendi vom Besonderen zum Allgemeinen folgt, sondern sich umgekehrt von der Frage bewegen läßt,

»wie das von Haus aus universale Segenshandeln Gottes, das es mit so kreatürlichen Vorgängen wie Fruchtbarkeit, Wachsen und Gedeihen zu tun hat, an das partikulare Geschichtshandeln Jahwes an seinem Volk, in dem es zentral um die Befreiung aus Unterdrückung (Exodus) und Rettung aus mannigfachen politischen Bedrohungen geht, integriert werden kann«[27].

Gegenüber der Einzigartigkeit der Rettungsgeschichte Jhwhs mit Israel betont Westermann – unter Heranziehung religionsgeschichtlicher Parallelen[28] – die universale, menschheitsgeschichtliche Dimension des göttlichen Schaffens und Segnens als seines Heilshandelns an allen Geschöpfen.

3. Damit geht eine unterschiedliche Gewichtung der alttestamentlichen Schöpfungstraditionen bei v. Rad und Westermann einher: In seinem programmatischen Aufsatz von 1935/36 »Das theologische Problem des alttestamentlichen Schöpfungsglaubens« war v. Rad zu dem Ergebnis gekommen, »daß innerhalb des genuinen Jahweglaubens der Schöpfungsglaube zu keiner Selbständigkeit und Aktualität kam. Wir fanden ihn durchweg in Bezogenheit, ja Abhängigkeit von dem soteriologischen Glaubenskreis.«[29] Durch die Vernachlässigung der konkreten Kontextualität dieser These von der Ein- und Unterordnung des »Schöpfungsglaubens« in und unter die dominierenden, genuin israelitischen Traditionen des Heils- und Erwählungsglaubens[30] wurde »Schöpfung« für lange Zeit zu einem biblischen Randthema, bar jedes eigenständigen Gewichts.

Zwar schickt auch Westermann in seiner »Theologie des Alten Testaments in Grundzügen« den Abschnitt »Der rettende Gott und die Geschichte« dem Thema »Der segnende Gott und die Schöpfung«[31] voraus, doch schon die parallele Formulierung und Anordnung verraten, daß es sich hier um zwei nicht mehr aufeinander reduzierbare, eigenständige Wirkweisen des *einen* Gottes handelt. Mehr noch: Während das Rettungshandeln Gottes an Israel seit dem Exodus eine partikulare Geschichte inmitten der Weltgeschichte ins Leben gerufen hat, bezieht sich die Rede vom schöpferischen und segnenden Wirken Gottes aufs *Ganze* und ist als solche für das Gottesverständnis unverzichtbar, denn »von Gott reden heißt vom Ganzen reden. (...) Darum redet die Bibel von Gott dem Schöpfer der Welt und des Menschengeschlechts.«[32] Die Schöpfungsmoti-

---

27. R. *Albertz*, Segen Gottes, 100; vgl. dazu unten Teil C, I.2.5. Zur Zuordnung von Partikularität und Universalität des Segens vgl. insgesamt Teil C, I, bes. 1.2.
28. Vgl. bes. Genesis I, 26-103,192-194; Theologie, 75-77,99-101.
29. Schöpfungsglauben, 146.
30. Zum theologiegeschichtlichen Ort der Zuordnung von Schöpfung und Heilsgeschichte bei G. v. Rad vgl. R. *Rendtorff*, Schöpfung, bes. 97 ff.
31. Vgl. Theologie, 28 ff.,72 ff.
32. A.a.O., 72.

ve lassen sich nicht auf ihre »dienende Rolle«[33] gegenüber der Soteriologie reduzieren; über ihre Zuordnung zu den heilsgeschichtlichen Traditionen hinaus dokumentieren sie mit ihrem Eigengewicht die Partizipation Israels an den religiösen und kulturellen Gütern der Menschheit.[34]

Gegenüber dem zeit- und theologiegeschichtlichen Kontext, der v. Rad 1935/36 dazu bewegte, den alttestamentlichen Schöpfungsaussagen jede Eigenständigkeit gegenüber der (Heils-)Geschichte Israels abzusprechen, befindet sich Westermann mit seiner Betonung der biblischen Schöpfungs- und Segensmotive Ende der 60er/Anfang der 70er Jahre in einer veränderten Frontstellung: Die unauflösbare Bindung des Schöpfungsglaubens an die Geschichte des jüdischen Volkes war bei v. Rad – in der Tradition K. Barths – von dem erkenntnisleitenden Interesse getragen, der neulutherischen Lehre von den Schöpfungsordnungen sowie allen Formen einer natürlichen Theologie, insbesondere in ihren mythologisch-völkischen Varianten (»Blut und Boden«), und deren antisemitischen Implikationen jede biblische Begründung zu entziehen.[35]

C. Westermann sieht sich dagegen mit der Tatsache konfrontiert, daß die Theologie, gerade auch da, wo sie von Schöpfung redet, ihr Interesse auf die Geschichte beschränkt und sich aus der Zuständigkeit für den Bereich der Natur (sowohl in ihrer kosmologischen wie in ihrer anthropologischen Dimension) fast völlig verabschiedet und ihn den exakten Wissenschaften überlassen hat. Dieser Rückzug der Theologie aus der Natur hat nicht nur dazu geführt, daß der christliche Schöpfungsglaube mit seiner Konzentration auf die Geschichtlichkeit der menschlichen Existenz mitschuldig geworden ist an den ökologischen Katastrophen und der Zerstörung von Lebenswelten, sondern zunächst auch wenig Wegweisendes zu einem bewahrenden Umgang des Menschen mit der ihm anvertrauten Erde beitragen konnte.

Vor diesem Hintergrund gehören m. E. C. Westermanns Arbeiten an einem schöpfungstheologisch begründeten und verorteten biblischen Segensbegriff – ihrer Intention (!) nach – zu den theologischen Bemühungen, die neuzeitliche Diastase zwischen Natur und Geschichte zu überwinden.[36] Sie erinnern die (protestantische) Theologie an ihre Naturvergessenheit, eher noch: ihre Preisgabe der Natur, und reklamieren das Natürliche nicht nur für die Rede vom

---

33. G. v. Rad, Schöpfungsglauben, 139.
34. »So gilt für den Segen wie für die Schöpfung: Sofern sie in irgendeinem Sinn der Geschichte des Rettens und Richtens streng und fest zugeordnet sind, haben sie an der Einzigartigkeit dieser Geschichte teil; sofern sie nur locker oder gar nicht mit ihr verbunden sind, finden sich immer religionsgeschichtliche Parallelen dazu« (C. Westermann, Theologie, 99).
35. Vgl. dazu – unter dem Aspekt »Kontextualität wahrer Aussagen« – J. Ebach, Interesse und Treue, 37-39.
36. Vgl. die instruktive Standortbeschreibung gegenwärtiger Schöpfungstheologie bei C. Link, Schöpfung, 333-348, 455-480, sowie ders., Erfahrung der Welt, bes. 108 ff. Gegenwärtige Entwürfe zu einer Theologie der Natur erkennen gerade im Bereich der Natur, selbst der von Menschen ausgebeuteten und gequälten, eine Transparenz auf die Welt als Schöpfung hin (vgl. C. Link, Transparenz der Natur; ders., Schöpfung, 468ff.).

Handeln Gottes, sondern auch als Kompetenz- und Verantwortungsbereich der Theologie. Indem Westermann – zumindest mit einigen Formulierungen[37] – auf einen Geschichtsbegriff zielt, der natürliches Werden, Wachsen, Reifen und Vergehen, die natürlichen Lebensabläufe vom Geborenwerden bis zum Sterben umfaßt, hat er teil an der Entdeckung der *Geschichtlichkeit der Natur* selbst. Insofern führt seine Kritik weit über das Gespräch mit G. v. Rad hinaus; seine Segenstheologie ist als deutliche Korrektur an jenen theologischen Entwürfen zu verstehen, die über der Betonung der geschichtlichen Offenbarung Gottes und seines geschichtlichen Wirkens den Bereich der Natur ausblenden oder zumindest vernachlässigen, seien es existentialontologische (wie der R. Bultmanns) oder universalgeschichtliche Entwürfe (wie der W. Pannenbergs). Insbesondere scheint mir Westermanns Hervorhebung des Segenswirkens Gottes – wenn auch ohne expliziten Bezug, so doch deutlich in der Sache – eine der vielfältigen Reaktionen auf ein theologisches Programm zu sein, das 1961 unter dem Titel »Offenbarung als Geschichte« von W. Pannenberg, R. Rendtorff[38], T. Rendtorff und U. Wilckens veröffentlicht wurde, eine heftige Debatte um den Offenbarungsbegriff auslöste[39] und bis heute die systematisch-theologischen Arbeiten W. Pannenbergs prägt:

Westermann konstatiert im Anschluß an Jer 14, 21 f., daß

»das Spenden des Regens (...) genauso zum Wirken des Gottes Israels, des Bundesgottes, (gehört) wie eine geschichtliche Tat. Eine Geschichte des Wirkens Gottes (...) oder eine Heilsgeschichte kann dann nicht allein auf geschichtliche Fakten in unserem Sinn gegründet werden – ob sie nun als historische Fakten nachgewiesen werden können oder nicht –; es gehören notwendig ›ungeschichtliche‹ Vorgänge dazu. (...) Weil wir – ob Glaubende oder Nichtglaubende – davon überzeugt sind, daß der Himmel (bzw. die Wolke) den Regen von selbst gibt, rechnen wir (...) nicht mehr ernsthaft mit einem Wirken Gottes in dem, was wir Natur nennen. Halten wir uns aber an das, was das Alte Testament selbst vom Wirken Gottes an seinem Volk sagt, dann ist eine Konzeption der Heilsgeschichte, die die Heilstaten Gottes auf sein Wirken in der Geschichte beschränkt, unmöglich.«[40]

Dies ist nur verständlich auf dem Hintergrund der Position W. Pannenbergs, welcher der Offenbarung Gottes in der *Geschichte* (unter der Bedingung, daß jedes Einzelereignis in seinen universalgeschichtlichen Horizont eingezeichnet wird) eine grundsätzliche *Evidenz* zubilligt, so daß ein sinnvolles Reden vom Handeln Gottes durchaus auch dem Profanhistoriker zugestanden werden muß.[41] Wie aber läßt sich heute ernsthaft begründen, daß die Weltgeschichte oder die individuelle Lebensgeschichte in irgendeiner Weise transparenter ist

---

37. Vgl. bes. Segen in der Bibel, 14-16.
38. Zu R. Rendtorffs Distanzierung von diesem Entwurf s. ders., Offenbarung und Geschichte.
39. S. dazu W. Pannenbergs Nachwort zur 2. Auflage und sein Vorwort zur 5. Auflage in: Offenbarung als Geschichte, 132-148, V-XV.
40. Segen in der Bibel, 15 f.
41. Vgl. *W. Pannenberg*, Kerygma und Geschichte, 139 f.

(oder gemacht werden kann) für das Handeln Gottes und es eindeutiger offenbart als die Natur?[42] Über die kritische Anknüpfung an »Offenbarung als Geschichte« hinaus weist aber das angeführte Zitat mit seiner verräterischen Wendung von sog. »ungeschichtlichen Vorgängen« auf ein grundsätzliches Dilemma und eine deutliche Spannung in Westermanns Segenstheologie:
So entschieden er mit der Darstellung des göttlichen Segenswirkens die theologische (und kirchliche) Aufmerksamkeit auf das universale Schöpfungshandeln Gottes und auf den Bereich der Natur legt und damit zur theologischen Wiederentdeckung des Natürlichen wie zur Wahrnehmung seiner Geschichtlichkeit beiträgt, scheint seine axiomatische Unterscheidung zwischen kontingentem Rettungs- und kontinuierlichem Segenshandeln Gottes doch zugleich dem, was sie zu überwinden trachtet, Vorschub zu leisten, nämlich der Trennung von Geschichte und Natur, hier: von Geschichte und Schöpfung. Denn in der Gegenbewegung zu einem soteriologischen, bundestheologischen Verständnis der alttestamentlichen Schöpfungsaussagen[43] rückt Westermann Schöpfung und Natur so eng zusammen, daß das Geschichtliche, Prozeßhafte der Schöpfung zu verblassen droht. Dies legt seine Rede von »ungeschichtlichen« Vorgängen[44] nahe, der die Vorstellung eines »ursprünglich durchaus geschichtslose(n) oder vorgeschichtliche(n) Segensbegriff(s)«[45] korrespondiert. Hier bleibt Westermann deutlich hinter seinem eigenen Anspruch zurück, einen biblisch-theologischen Begriff von Geschichte zu entwickeln, der das Naturgeschehen mitberücksichtigt. Das auffällige sprachliche Durcheinander in der Verwendung des Geschichtsbegriffs indiziert, daß die Sachverhalte nicht wirklich geklärt sind. Die Aufhellung des Zusammenhangs zwischen partikularer Rettungs- und universaler Schöpfungs- bzw. Segensgeschichte, zwischen Israel- und Menschheits- bzw. Weltgeschichte hat Westermann nicht geleistet. Der Hinweis darauf, daß es in beidem um den *einen* Gott geht – »Weil Gott einer ist, muß der Retter auch der Schöpfer sein.«[46] –, greift zu kurz.[47]

42. Vgl. dazu auch J. *Fischer*, Handeln Gottes.
43. Neben G. v. Rad, Schöpfungsglauben; ders., Theologie I, 149ff., vgl. K. Barth, KD III/1, §41.
44. Vgl. auch Segen in der Bibel, 14.
45. A.a.O., 52.
46. Theologie, 73.
47. Nicht zuletzt stellt sich – was die kontextuelle Interpretation dieses Entwurfs betrifft – auch die Frage, welche Bedeutung es hat, wenn Westermann 1968 (!) in Heidelberg das unauffällige, unspektakuläre, unrevolutionäre, im leisen und steten Wachsen und Gedeihen sich vollziehende Segenswirken Gottes gegenüber den geschichtlichen Großereignissen hervorhebt. Westermanns Segenstheologie – auch eine theologische *R*eaktion auf die Studentenbewegung?

1.2 Die Geschichte des biblischen Segensverständnisses

Eine weitere Infragestellung erfährt die fundamentale Unterscheidung zwischen Gottes geschichtsbezogenem Retten und seinem schöpfungsbezogenen Segnen mit der Periodisierung der »Geschichte des Segens im Alten Testament«[48], die nach Westermann durch zwei Grundtendenzen bestimmt wird:

»Einmal die Tendenz, das überkommene Verständnis des Segens von der theologischen Konzeption der Gegenwart her abzuwandeln, neu zu fassen, grundlegend neu zu konzipieren. Daneben aber die Tendenz, das überkommene, so in der eigenen Theologie nicht mehr vertretbare Verständnis des Segens dennoch zu bewahren und weiterzugeben. (...) Die gegenwärtige theologische Konzeption wird niemals verabsolutiert, die vergangenen, ›überwundenen‹ Konzeptionen werden nicht zum Schweigen gebracht, sondern behalten im Traditionsvorgang ihre Stimme.«[49]

Diese Dialektik von Verändern und Bewahren, von Abschied und Treue in der Entwicklung des alttestamentlichen Segensbegriffs[50] setzt für Westermann mit den ältesten Vätergeschichten, insbesondere mit der Erzählung von der Segnung Jakobs (und Esaus) durch Isaak in Gen 27[51], ein. Wie kein anderer Text habe sie den ursprünglich *magischen* Charakter des Seg(n)ens bewahrt:

»Das Segnen ist eine Kraftübertragung, zu der eine Kontakthandlung gehört; für den Segnungsakt bedarf es der Stärkung des Segnenden durch eine besondere Speise; die Segenskraft ist in der einmaligen Segnung erschöpft, Jakob hat nur einen Segen; der Segen ist unwiderruflich und wirkt unbedingt; der Segensakt ist ein vortheologischer und vorkultischer Ritus, von Gott wird dabei nicht geredet« (59).

Inhalt des Segensspruchs ist die von Generation zu Generation (in der patriarchalen Gesellschaft durch die Väter) weitergegebene *Lebenskraft:* Ihren Sitz im Leben haben solche Segensakte in der Situation des *Abschieds,* insbesondere angesichts des Todes. Die Kontinuität des Segenswirkens wird von den Genealogien bezeugt. Während die Verbindung von Segens- und Stammessprüchen (vgl. Gen 49; 24, 60; 9, 25-27; Dtn 33) ein Zwischenstadium zwischen Familien- und Volkssegen markiert, weisen die Segensverheißungen der Genesis auf eine Neuinterpretation des *ungeschichtlichen, vortheologischen* und *vorkultischen*

---

48. A.a.O., 43-61; vgl. auch *ders.,* Theologie, 90 ff.; Frage, 244-246. Zu Westermanns Deutung des Segens im Neuen Testament vgl. unten Teil C, I.2.6.
49. Segen in der Bibel, 60 (Seitenzahlen im Text).
50. Die Geschichte des Segens in der hebräischen Bibel konkretisiert damit das, was J. Ebach als *Prinzip der Kanonbildung* überhaupt benannt hat, daß nämlich »die Bibel als ganze eine Einheit durch die Brüche und Widersprüche, die Absagen und Anknüpfungen hindurch ist. Kontinuität *durch* Widerspruch – Konservativismus *durch* Aufbruch, Rettung *durch* Absage an die verfestigte Gestalt!« (Bild Gottes, 39).
51. Vgl. *C. Westermann,* Genesis II, 525-542; kritisch dazu *C. Gottfriedsen,* Beobachtungen; zum Segensmotiv in Gen 27 vgl. außerdem *I. Willi-Plein,* Rebekkageschichte; *K. H. Keukens,* Sterbesegen; *L. Schmidt,* Jakob; *H.-J. Fabry,* Erstgeburt; *G. Wehmeier,* Segen, 191-193.

Segensverständnisses voraus, wie sie in der Bileamperikope (Num 22-24) und beim »Jahwisten« mit Gen 12, 1-3 greifbar wird:
Zwar unterscheiden sich beide Texte durch ihre religionsgeschichtliche Herkunft – »Die Bileam-Perikope kommt von dem (...) sehr verbreiteten Phänomen der Kraftübertragung durch das Wort eines besonders dazu Begabten her, der Jahwist von der Kraftübertragung durch den Segen, der vom Vater an das Kind weitergegeben wird« (56). Gemeinsam ist ihnen aber als einer der beiden entscheidenden Umbrüche im biblischen Segensverständnis[52] die *Vergeschichtlichung* und die *Theologisierung* des Segens. Beide integrieren den Segen in die Volksgeschichte Israels und binden ihn an Jhwh, den Gott Israels. Segenstheologisch läßt sich die Bileamerzählung als Ätiologie dafür lesen, wie die allgemeinreligiöse »Vorstellung und Erfahrung des machtgeladenen Wortes« (52) als Segenswirken *Jhwhs* verstanden und zu einem Integral der *Geschichte Israels* wird: Indem Israel davon erzählt, daß es auf dem Weg ins verheißene Land zuerst von einem Nicht-Israeliten gesegnet wurde, der von einer fremden Gottheit mit der Kraft zu segnen und zu fluchen begabt war, aber doch dem Gebot des Gottes Israels folgen mußte, hat es die Erinnerung daran festgehalten, daß Jhwh

»zum Herrn dieser Segenskraft wurde – die es als eine wirkliche, anerkannte Kraft vorher schon gab –, wie diese Segenskraft in den Dienst der Geschichte Israels mit seinem Gott trat und damit alle Möglichkeiten des machtausübenden Wortes, die es außerhalb Israels gab, entmachtet und bedeutungslos wurden« (53).

Mit dieser israeltheologischen Interpretation des Segens geht also zugleich eine Veränderung im Gottesbild einher: Jhwh, der bisher als der Gott erfahren wurde, der sein Volk befreit und durch die Wüste ins verheißene Land geleitet und begleitet hat, wird nun zum segnenden Gott im Kulturland.[53]

Zur Theologisierung und Vergeschichtlichung des Segens beim »Jahwisten« kommt es dadurch, daß mit Gen 12, 1-3[54] an die Stelle des selbstwirksamen, von sinnlich erfahrbaren Kontaktgesten begleiteten Segensaktes die göttliche Segens*verheißung* tritt. In Gestalt der Verheißung eröffnet der Segen Zukunft und macht Geschichte. Damit geht die Trennung von Segenswort und -geste einher, denn Westermann erkennt die tiefgreifende Wandlung des alten Segensbegriffs durch den »Jahwisten« darin,

»daß durch die Übertragung aller Segenskraft auf Jahwe, den Gott Israels, die Handlung

---

52. Die zweite Zäsur in der Geschichte des biblischen Segensverständnisses stellt »die Hineinnahme des vorchristlichen Segens in das Christusgeschehen« dar. Sie besteht darin, »daß der Segen Jahwes, des Gottes Israels, zum Segen in Christus, daß Christus selbst der Segnende, und alles Segenswirken Gottes mit dem Werk Gottes in Christus verbunden wird« (Segen in der Bibel, 67; vgl. insgesamt 66-97).
53. Zu den Segensmotiven der Bileamerzählung vgl. unten Teil C, I.1.2.2 sowie *D. Vetter*, Seherspruch; *G. Wehmeier*, Segen, 194-196.
54. Vgl. zur Auslegung der Segensverheißung an Abraham unten Teil B, I.1-2; IV. 2.2 und ausführlich Teil C, I.1.

vom Segen abgelöst und dieser als ein ›Handeln‹ Gottes von einer konkreten Übertragung, einem sichtbaren Kontakt-Gestus ganz frei wurde. Dieses Segnen Gottes ist nicht anders da als in seinen Auswirkungen, darin, daß die Segenskraft Gottes sich im Leben eines Einzelnen oder eines Volkes als wirksam erweist« (55).

Die nächste Phase in der Geschichte des alttestamentlichen Segensverständnisses tritt mit dem Deuteronomium ein: In ihm vertieft sich die Theologisierung des Segens und seine Verbindung mit der Geschichte Israels, indem der Segen zu einem Bestandteil des *Bundes* zwischen Jhwh und seinem Volk wird und in der Form von *bedingten* Segensverheißungen nun vom Gehorsam Israels abhängig ist.[55] Wo die Bewahrung und Erneuerung des bedingungslos empfangenen Segens an das Halten der Tora gebunden wird, kommt die Möglichkeit des *Fluches* für den Fall des Ungehorsams gegenüber den Weisungen Jhwhs in den Blick. Mit der Polarität von Segen und Fluch verknüpft das Dtn das rettende und richtende Handeln Gottes: »Das Dtn läßt also eine deutliche und starke Verbindung zwischen einer Theologie, in deren Mitte der Segen, und einer Theologie, in deren Mitte die Rettung Gottes steht, erkennen« (52). Die *Ethisierung* des Segens gilt als endgültige Ablösung von einem magischen Segensverständnis (selbstwirksames Segenswort; selbstwirksame Naturkraft). Was den Wirkungsbereich des Segens betrifft, so nimmt das Dtn eine Zwischenposition ein zwischen dem Segnen in Familie und Sippe und der kultischen Institution des priesterlichen Segens, welcher der zum Gottesdienst versammelten Gemeinde gilt. Empfänger des Segens ist im Dtn das im verheißenen Land seßhaft gewordene Volk. In einem auffällig diesseitigen Segensverständnis sind das Land selbst und seine Güter die Segensgaben Jhwhs, dessen Wirksamkeit folglich mißverstanden wäre, wo sie einseitig auf sein Geschichtshandeln reduziert würde. Gerade das dtn Segensverständnis als »die Kraft des Wachsens, Kraft der Fruchtbarkeit, Kraft des Gedeihens« (49) bekennt den Gott des Exodus und der Wüstenwanderung als die Quelle des Segens, der natürlichen Lebenskraft.

Mit der Einsetzung des Priestersegens nach Num 6,22-27[56] sieht Westermann das Endstadium der alttestamentlichen Geschichte des Segens erreicht.[57] Mit ihr sind zugleich die Weichen gestellt für die christliche Institution des gottesdienstlichen Schlußsegens. Empfänger des den aaronitischen Priestern vorbehaltenen Segensaktes, als dessen eigentliches Subjekt sich Jhwh selbst ausweist (V. 27), ist die gottesdienstliche Gemeinde, die mit dem Zuspruch der freundlichen Zuwendung des Gottes Israels in den Alltag entlassen wird. Doch so sehr die »Priesterschrift« in Num 6 »einen streng sakral begrenzten, streng auf die Gottesdienstausübung im Kult von Jerusalem beschränkten Segensbe-

---

55. Zu den bedingten Segensankündigungen des Deuteronomiums vgl. unten Teil B, II.1.4; Teil C, I.2.5 (Exkurs).
56. Vgl. unten Teil B, I.3.1; II.3.1.3.
57. Nur peripher kommen die Segensmotive im Hiobbuch (vgl. Segen in der Bibel, 64f.; Theologie, 96f.; dazu ausführlich unten Teil C, I.2.2 Exkurs) und in der nachexilischen Prophetie bzw. Apokalyptik (vgl. Segen in der Bibel, 65f.; Theologie, 95f.) zur Sprache.

griff« (61) vertritt, so hält sie zugleich mit dem universalen Schöpfungssegen von Gen 1, 22.28 (2, 3) an der denkbar weitesten Bedeutung und Geltung des göttlichen Segenswirkens fest, nämlich an der *allen* Geschöpfen geschenkten Lebenskraft.

Diese spannungsvolle Einheit von Priestersegen und Schöpfungssegen deutet nicht nur an, daß die gottesdienstliche Segenshandlung potentiell auf alle Menschen, ja alle gesegneten Geschöpfe zielt; sie dokumentiert auch die Aufhebung überkommener Segensvorstellungen in ihre theologische Neuinterpretation hinein. So bewahrt die kultische Institution des Segens vorisraelitische, magische Motive (Segensgestus, Bindung an die Priesterschaft) und verknüpft sie mit seiner (israel-)theologischen Gestalt (Jhwh als Quelle des Segens und als Subjekt der priesterlichen Segnung; die jüdische Gemeinde als Empfängerin des Segens). Mit dem Wissen um den universalen Schöpfungssegen geht der theologische Segensbegriff nicht völlig in der gottesdienstlichen Segenshandlung auf:

»Die Brechung des magischen Charakters des Segensvollzugs bedeutete aber, daß das Wirken Gottes und das Wirken des Segens niemals identisch wurden; m. a. W., Gott blieb diesem kultischen Segensvollzug gegenüber frei, er war nicht an den Segen gebunden, der im Gottesdienst erteilt wurde« (64).

Ohne Westermanns Auslegung der Texte, die die Beweislast für seine Chronologie der Geschichte des Segens in Israel tragen, im einzelnen nachzugehen (und sie etwa mit den Ergebnissen der neueren Pentateuchforschung ins Gespräch zu bringen), läßt sich bereits dieser knappen Skizze entnehmen, daß weder die Unterscheidung von segnendem und rettendem Handeln Gottes noch die Zuordnung des einen zur Schöpfung und des anderen zur Geschichte sich an den biblischen Texten so grundsätzlich und ausschließlich nachweisen lassen, wie dies Westermanns biblisch-theologische Prämissen suggerieren. Zum einen muß Westermann selbst einräumen, daß schon die erste entscheidende Neukonzeption, die das aus der Umwelt übernommene Segensverständnis erfährt, den Segen mit der *Geschichte* Israels verknüpft und den segnenden Gott *als* den rettenden Gott erfahren läßt, und daß sich diese Verschränkung mit den bedingten Segensverheißungen des Dtn vertieft, bis im Neuen Testament der Segen zum christologischen Inbegriff für das *Rettungs*handeln Gottes wird: »›Segnen‹ bedeutet ausdrücklich und betont die Rettungstat Gottes in Christus oder die in dieser Tat bewirkte Rechtfertigung« (81). Zum anderen erscheint es mir fraglich, das Segensverständnis der Erzelternerzählungen (selbst in Gen 27) als ein ungeschichtliches (und vortheologisches) zu bezeichnen[58]:

– Westermann geht hier offenbar von dem Geschichtsverständnis aus, das er bei v. Rad zu finden meint und für ergänzungsbedürftig hält, weil es den Bereich des natürlichen Le-

---

58. »Dies war ein ungeschichtlicher oder vorgeschichtlicher Begriff; denn das, was in den Vätergeschichten geschieht, ist vorgeschichtliches, auf die Familie oder Sippe begrenztes Geschehen« (Segen in der Bibel, 54).

bens ausklammert. »Geschichte« im engeren Sinne bezieht sich demnach einseitig auf politische (Groß-)Ereignisse im Horizont des Volkes, des Staates, der Gesellschaft, während das Leben in anderen Institutionen wie etwa der Familie unberücksichtigt bleibt. Unter der Voraussetzung dieses Geschichtsbegriffs gelten sogar die Genealogien als »vorgeschichtlich«, obwohl doch gerade sie die *geschichtliche Kontinuität* in Gestalt von Lebensgeschichten im Generationenzusammenhang bezeugen. Zurecht spricht Westermann darum gleichzeitig auch von »Familie*geschichte*«, ohne aber zu einer wirklichen Klärung des Geschichtsbegriffs zu kommen.

– Hinsichtlich Gen 27 liegen der These literarkritische Entscheidungen zugrunde, die sowohl die Segenssprüche in V. 27b-29 als auch die Verbindung des Sterbesegens mit Jhwh als dem Geber dieses Segens (vgl. etwa V. 7b) als spätere Hinzufügungen betrachten und so eine ursprünglich »ungeschichtliche«, »vortheologische« und »vorisraelitische« Familiengeschichte rekonstruieren.[59] Geht man aber von ihrer vorliegenden Endgestalt aus, dann erinnern die Erzählungen der Genesis gerade die Geschichte Israels *als* Familiengeschichte: So läßt sich auch die Segnung Jakobs und Esaus in Gen 27 nicht auf ein Familienereignis reduzieren; der gesamte Jakob-Esau-Erzählkreis ist als Familiengeschichte transparent für die politische Geschichte der »Brudervölker« Israel und Edom. Mit dem Konfliktthema »Segen« ringen diese Erzählungen um eine angemessene theologische Interpretation des Verhältnisses der beiden Völker zueinander.[60] Das Segensmotiv hat hier unübersehbar völkergeschichtliche Implikationen.

Auch wenn man Segen ursprünglich als Kraft der Fruchtbarkeit, des Wachsens und Gedeihens begreift und diese Bedeutung in den Segensmotiven des »priesterschriftlichen« Schöpfungsberichts bewahrt sieht, läßt sich damit kein ungeschichtliches Segensverständnis behaupten. Mit Recht weist Westermann darauf hin, »daß in der Bibel die Geschichte der Menschheit mit dem Segenswirken Gottes und aus ihm heraus beginnt (…); aus der Kraft des Segens erwächst in der Folge der Geschlechter die Menschheitsgeschichte.«[61] Das heißt aber, daß der Segen Schöpfung und Geschichte *verbindet* und nicht einseitig dem lebenkonstituierenden Schöpferhandeln Gottes zugewiesen werden kann. Wenn »unter dem Segen JHWHs (…) Kosmos und Geschichte zusammen(fließen)«[62], dann greift auch eine systematisch-theologische Verortung des Se-

---

59. Bei genauerem Hinsehen erweisen sich die literarkritischen Scheidungen als Folge des Vorverständnisses, in dieser Erzählung segenstheologisches »Urgestein« vorzufinden; sie sind voneinander abhängig und kommen explizit als »Meinung« des Exegeten daher. So heißt es zur Formulierung »vor Jhwh segnen« in V. 7b: »Ich meine, daß die Wendung eine nachträgliche Zufügung ist, und zwar ist sie als ein Ausgleich zwischen der Erzählung (Isaak segnet) und den Sprüchen (Jahwe segnet) gemeint« (Genesis II, 533). Dieser Ausgleich ist aber nur nötig, wenn zuvor ein Gegensatz zwischen Segenserzählung und Segenssprüchen aufgebaut und durch literarkritische Scheidungen »aufgehoben« worden ist. Wenn man nicht mit der Prämisse eines vortheologischen Segensverständnisses für Gen 27 arbeitet, bedarf es auch keines Ausgleichs zwischen Segenserzählung und Segenssprüchen. Spätestens Num 6,22-27 macht deutlich, daß es nicht widersprüchlich, sondern gerade sachgemäß ist, Gott als Subjekt einer menschlichen Segenshandlung zu verstehen.
60. Vgl. dazu *F. Crüsemann*, Herrschaft; *R. Albertz*, Segen Gottes, 101 f.
61. Segen, 247.
62. *H. D. Preuß*, Theologie, 206.

gensthemas in der Schöpfungslehre zu kurz. Vom Segen muß vielmehr dort die Rede sein, wo es um das Handeln Gottes an und seine Präsenz bei seinen Geschöpfen *nach* deren Erschaffung geht. Dies verweist auf die Lehre von der providentia Dei, der Fürsorge Gottes für seine Schöpfung, als den dogmatischen Ort des Segens.[63]

Mit der hermeneutisch-methodischen Einsicht, daß die biblischen Segenstexte die Treue zur Tradition *und* ihre Erneuerung miteinander verbinden, das überkommene Segensverständnis bewahren *und* sich seiner theologischen Aktualisierung und Korrektur unter veränderten Herausforderungen stellen, gelingt es Westermann zum einen, in Anknüpfung an einschlägige religionswissenschaftliche und ethnologische Arbeiten die magischen Motive in der biblischen Segenspraxis und -theologie – sei es als *Kontaktmagie* in der körperlichen Übertragung von Lebenskraft, sei es als *Wortmagie* im performativen Sprechakt – wahrzunehmen, ohne diese a priori als primitiv, häretisch und unbiblisch zu perhorreszieren.[64] Obwohl Westermann sehr an der Beobachtung gelegen ist, daß die magische Selbstwirksamkeit des Segenswortes und der Segensgeste in den biblischen Texten theologisch durchbrochen wird, lehnt er doch entschieden jede Geringschätzung der Magie als Möglichkeit zur Daseinsbewältigung, konkreter: »als eine der Möglichkeiten, Mächten und Kräften zu begegnen, die dem Menschen überlegen und ihm unverfügbar sind« (59), ab. Wo Segnen als Vermittlung von Lebenskraft verstanden und die lebensfördernde Macht des Segenswortes erkannt wird, werden die magischen Implikate des Seg(n)ens nicht verdrängt.

Zum anderen kann Westermann nachweisen, daß die neutestamentlichen Segenstexte und die urchristlichen Segenshandlungen in Kontinuität zum alttestamentlichen Segensverständnis und zur Segenspraxis in Israel stehen. Wenn auch die Christianisierung eine in ihrem Gewicht der Theologisierung und Vergeschichtlichung des Segens beim »Jahwisten« entsprechende Neuinterpretation des Segens bedeutet: »An die Stelle des Segens tritt die Rettungstat Gottes in Christus und die Rechtfertigung« (97), so bewahrt das Neue Testament zugleich dessen bisherigen Bedeutungen, und zwar

»im Segnen Jesu, das Segensvorgänge und deren Verständnis aus dem Alten Testament mit dem spezifischen Werk Jesu verbindet,
im Segnen der Jünger, zu dem sie zusammen mit der Verkündigung beauftragt werden,
im ›Segen Christi‹, der sich im Wachsen und Erstarken der Gemeinden auswirkt,
im Beschreiben der Heilsvollendung, die als ›Ererben des Segens‹ bezeichnet werden kann« (ebd.).

Den theologischen Positionen, die infolge der (endgültigen) Überwindung des

---

63. Vgl. unten Teil B, II.2; IV. 1.3 und bes. Teil, C.II.
64. Vgl. bes. Segen in der Bibel, 59 f.; zur protestantischen Abwehr eines magischen Segensverständnisses s. oben Einleitung, Abschnitt I.

Fluches durch den Segen im Christusgeschehen (vgl. Gal 3,13 f.) eine christliche Segenspraxis grundsätzlich für obsolet halten und davon ausgehen, daß in der urchristlichen Gemeinde die alttestamentlichen Segenshandlungen in die Taufe aufgehoben sind[65] oder daß mit dem Segen nichts anderes als die Fürbitte gemeint sei[66], bestreitet Westermann damit ihre biblische Grundlage. Seine Intention, die kirchlichen Segenshandlungen gegenüber solchen radikalen Infragestellungen als schrift- und sachgemäß auszuweisen, stimmt seine Untersuchungen zum Segen in der Bibel durchgängig auf einen apologetischen Grundton.

Die große Wirkung und Beliebtheit der Westermannschen Segenstheologie liegt m. E. nicht zuletzt darin begründet, daß er gegenüber den meisten früheren religionsgeschichtlichen und exegetischen Arbeiten, die vom Segen kontrastlogisch nur im Zusammenhang mit dem Fluch sprechen[67], allein den Segen zum Thema einer monographischen Untersuchung gemacht hat – und zwar keineswegs aus arbeitstechnischen oder methodischen, sondern aus sachbezogenen Gründen: Westermanns Arbeiten zum Segen zielen auf eine (biblisch-) theologische Begründung und Vergewisserung der selbstverständlichen, weitgehend unreflektierten kirchlichen Segenshandlungen. Die religiöse Wertschätzung des Segens und seine gleichzeitige theologische Bedeutungslosigkeit nimmt Westermann zum Ausgangspunkt seiner Überlegungen, die die theologisch und kirchlich vernachlässigte Frage nach dem Sinn des Seg(n)ens überhaupt erst stellen und beantworten und damit zu einer kirchlichen Segenspraxis anleiten wollen, die ihren Maßstab am biblischen Segensverständnis gewinnt und über sich selbst aufgeklärt ist. Da für Westermann ein wichtiges Kriterium der Christianisierung des Segens darin liegt, »daß durch Gottes Tat in Christus der Tod keine Grenze mehr für Gottes Segenswirken ist« (100), woraus er schließt, »daß der alte Gegensatz von Segen und Fluch zerbrochen wird« (96) und »daß das Verfluchen anderer als Grenze und notwendige Ergänzung des Segnens der Gläubigen aufgehoben ist« (100), bedarf es offenbar auch keiner theologischen Erörterung des Fluchens (mehr). Damit zementiert Westermann aber ein *frag*würdiges christliches Fluchverbot und verkennt den (prophetischen) Sprechakt des Fluches als »ohnmächtige und mächtige Rede der Ohnmacht«[68]. Gegenüber Westermanns einseitiger Betonung des göttlichen

---

65. Vgl. *K. Barth*, KD III/2 (§ 47.4); dazu ausführlich unten Teil B, IV. 2.
66. So lautet die Hauptthese von *W. Schenk*, Segen; vgl. unten Teil B, IV (Einleitung), Teil C, I.2.6.
67. Vgl. etwa *J. Hempel*, Segen und Fluch; *S. Mowinckel*, Segen und Fluch; *L. Brun*, Segen und Fluch; *J. Pedersen*, Israel, 182-212.411-452; *E. Kleßmann*, Segnen; *J. Scharbert*, »Fluchen« und »Segnen«; *ders.*, Solidarität; *W. Schottroff*, Fluchspruch, 163 ff.; sowie die Lexikonartikel: *J. Hempel/O. Michel*, Segen und Fluch; *C. Westermann/U. Luck/O. Brodde*, Segen und Fluch; *S. Morenz/F. Horst/H. Köster*, Segen und Fluch. Neuerdings: *K.-P. Jörns*, Segen; *C. Barben-Müller*, Segen und Fluch; *C. Eyselein*, Einweihungshandlungen, 53-61,99 f.
68. So lautet der Untertitel des ebenso provokativen wie materialreichen und informativen Essays von *S. Wyss*, Fluchen.

und menschlichen *Segens*wirkens wäre zu überprüfen, ob nicht Gottes Segnen auch die Möglichkeit des *Fluchens* einschließt[69] und ob angesichts der paulinischen Rede von der Überwindung des Fluches in Kreuzestod und Auferweckung Jesu (Gal 3,13) grundsätzlich auf eine Aufhebung des Fluchens, sei es als göttliches Wirken oder menschlicher Sprechakt, geschlossen werden kann.[70]

2. Die soziale Funktion des Segens (W. Schottroff und J. Scharbert)

In seiner Untersuchung zum »altisraelitische(n) Fluchspruch« (1969) widmet W. Schottroff der Segensformel ein eigenes Kapitel, weil er sich von der Klärung ihrer Herkunft Aufschluß über den Ursprung der Fluchformel verspricht, stellen doch Fluch und Segen nicht nur »gegensätzlich aufeinander bezogene Wirklichkeiten dar«[71], sondern Fluch- und Segensformel begegnen in der hebräischen Bibel auch unmittelbar nebeneinander in formal genau antithetischer Entsprechung (vgl. etwa Gen 27,29; Dtn 28,3-6.16-19; Jer 17,5-8). In einem sorgfältigen Vergleich mit altorientalischen Segenssprüchen (vgl. 178ff.) kommt Schottroff zu dem Ergebnis, daß die partizipiale Grundform der Segensformel ברוך אתה (»Gesegnet bist du!«) »als feierlicher Ausdruck der ›Begründung von Gemeinschaft und Aufnahme darin‹, aber auch als Ausdruck der Bestärkung einer bereits bestehenden Gemeinschaft« (198) zu verstehen ist. Dem nomadischen Lebensbereich (der syrisch-arabischen Wüste) entstammend, hat Segen eine primär soziale Funktion; er bezeichnet

»das in der Gemeinschaft des Clans beschlossene Heil, an dem man Anteil gewinnt, indem man durch feierlichen Zuspruch der Segensformel wirksam in den Heilsbereich der Clangemeinschaft aufgenommen oder in ihm bestätigt wird« (ebd.).

In ihrer ursprünglichen, indikativischen Kurzform spricht die Segensformel den Segen selbstwirksam zu. Voraussetzung und Anlaß zum Segnen bedürfen keiner näheren Erläuterung; für die am Segensakt Beteiligten sind sie evident. Ebenso kann auf eine Explikation des Segensinhalts verzichtet werden, weil mit der Segensformel der Segen zunächst »wohl nicht als konkrete, einzelne Lebenssteigerung, sondern als Totalbestimmung der Existenz des Gesegneten in einem umfassenden Sinn« (164) verstanden wurde. Gleichzeitig erübrigt sich die Frage nach dem logischen Subjekt der passivischen Formel, denn »das magische Wirkwort bewirkt selbst, was es ausspricht« (168).

69. Vgl. oben Einleitung, Abschnitt 1., und unten Teil B, I.2.6.
70. Vgl. dazu unten Teil B, I.2.6; Teil C, I.2.2. u.ö.
71. Fluchspruch, 163 (Seitenzahlen im Text).

Entscheidende Veränderungen im Segensverständnis wie im Modus der Segensformel treten erst »mit der Unterstellung des Segens unter die bewirkende Macht der Gottheit« (ebd.) ein: Aus dem indikativischen Segenszuspruch wird die – in imperativischer oder jussivischer Form – an die Gottheit gerichtete Bitte oder Fürbitte, sie möge den Segen, der jemandem angewünscht wird, herbeiführen.[72] Mit der Entwicklung des selbstwirksamen Segenszuspruchs zu den an Gott adressierten Segensbitten und -wünschen und den ihm in den Mund gelegten Segensverheißungen und -ankündigungen kommt es auch zu einer Explikation der Segens*inhalte*: An die Stelle der umfassenden Existenzbestimmung durch den Segen treten vielfältige, nichtformelhafte Motive konkreter Lebenssteigerung (vgl. 172 ff.). Diese inhaltliche Ausdifferenzierung des Segens in eine Vielzahl von eingegrenzten Segensgütern führt W. Schottroff – wiederum im Vergleich mit altorientalischen Parallelen – auf den Übergang von der nomadischen Existenz zur Seßhaftwerdung zurück und geht davon aus, daß Israel diese »erst auf dem Boden des Kulturlandes kennengelernt und von den Vorbewohnern des Landes übernommen hat« (197).[73]

Ist die partizipiale Segensformel aus dem nomadischen Alltagsleben erwachsen und in einer »Situation zwischenmenschlichen Segenssprechens« (194) beheimatet, so widerspricht dies einer ursprünglich religiösen Funktion des Segens. Die Beobachtung, daß gerade in erzählenden Texten der hebräischen Bibel ברך pi. nicht selten den Gruß meint[74] und daß dabei auch die ברוך-Formel Verwendung findet[75], veranlaßt W. Schottroff zu fragen, »ob die Grußsituation nicht als der ursprüngliche ›Sitz im Leben‹ der Segensformel anzusehen ist« (195)[76], zumal sich die übrigen Segensanlässe aus ihr ableiten lassen.[77]

Dies gilt auch für die wichtigste und häufigste Anwendung der ברוך-Formel in der hebräischen Bibel, nämlich das menschliche Segnen, das Gott selbst gilt

72. Die mit der Theologisierung des Segensverständnisses einhergehenden formgeschichtlichen Veränderungen des Segens*spruchs* lassen sich auch an den göttlichen Segens*verheißungen* und Segens*ankündigungen* ablesen (vgl. a.a.O., 170-172).
73. Es sei hier wenigstens angemerkt, daß im Rahmen der neueren Forschungen zur Entstehung und Frühgeschichte Israels bis zur Staatenbildung (als Überblick vgl. R. *Albertz*, Religionsgeschichte Israels 1, bes. 104 ff.) W. Schottroffs Überlegungen zur Entwicklung des Segensbegriffs überprüft und differenziert werden müssen.
74. Vgl. etwa Gen 14, 19; 24, 60; 28, 1.6; 32, 1; 47, 7; 1 Sam 2, 20; 13, 10; 25, 14; 2 Sam 6, 20; 8, 10; 13, 25; 14, 22; 19, 40; 2 Kön 4, 29; 10, 15; Ru 2, 4; 1 Chr 16, 43; 18, 10.
75. Zum Beispiel: Gen 14, 19 f.; 1 Sam 15, 13; 23, 21; 25, 32 f.; 26, 25; 2 Sam 2, 5; Ru 3, 10.
76. Zur Identifikation oder zumindest Nähe von Segen und Gruß vgl. *J. Pedersen*, Israel, 202 ff.; *L. Brun*, Segen und Fluch, 29 ff.; *C. Westermann*, Segen in der Bibel, 61 ff.,101 ff.; *R. Albertz*, Segen Gottes, 90-94; *C. Barben-Müller*, Segen und Fluch, 352 f.; *S. Quinzio*, Wurzeln der Moderne, 34 ff.; *U. H. J. Körtner*, Totensegnung, 183 ff.; *K. Frör*, Salutationen, 570-592.
77. So kann z.B. der Sterbesegen (Gen 27; 48, 9.15.20; 49, 28; Dtn 33) als die intensivste Form des Abschiedsgrußes oder der kultische Segen als Gruß der Gottheit selbst (vgl. Gen 32, 27.30; 35, 9; 48, 3; Ex 20, 24; Ps 128, 5 f.) oder als Begrüßung und Verabschiedung durch die Priester im Namen Gottes (vgl. Ps 118, 26; 115, 12-15; Num 6, 22-27; Lev 9, 22 f.; 2 Sam 6, 18 (= 1 Chr 16, 2); 2 Chr 30, 27) verstanden werden.

(vgl. 165 ff.), wie sich vor allem den Texten entnehmen läßt, in welchen es parallel zur zwischenmenschlichen Begrüßung begegnet (Gen 9, 26; 14, 20; 1 Sam 25, 32; Ru 4, 14 f.). W. Schottroff versteht diese Benediktionen als »huldigende Bekenntnisse zu dem Gott dessen, den man mit der Segensformel begrüßt« (196). Haben sie – ebenso wie das Segnen von Menschen – ihren Ursprung in der Grußsituation, so läßt sich daraus schließen, daß auch sonst die Gott geltenden Segenswünsche

»den Charakter von huldigenden Grüßen (haben): ihr primärer ›Sitz im Leben‹ scheint (...) die Situation gewesen zu sein, in der ein Mensch der Kundgabe Gottes in einem bestimmten Erweis seiner Macht gewahr geworden ist. Einem solchen Anwesenheitserweis Gottes entspricht der Mensch, indem er durch das Segenswort (...) dem nahen Gott einen bekennenden und ihm in seiner Herrschaftsstellung huldigenden Gruß entbietet« (196).

Obwohl diese Segensformeln ebenso wie die hymnischen Aufrufe, Gott zu »segnen«, überwiegend in kultisch-poetischen Texten begegnen, geht W. Schottroff – mit J.-P. Audet[78] – davon aus, daß sie aufgrund ihrer Entsprechung zu den Segenssprüchen bei alltäglichen Begegnungen von Menschen

»eine eigenständige, primär unkultischen Situationen erwachsene Gattung des Segenswortes« darstellen, »die erst nachträglich in den Kult hineingewachsen sei und in Psalmen und Gebeten Bedeutung und Funktion erlangt habe« (167 f.) und deshalb nicht als »genuin auf dem Boden des Hymnus bzw. des Dankliedes erwachsene Formbildungen« (167) betrachtet werden können.

Menschen finden Anlaß, Gott segnend zu grüßen, wo sie seine Gegenwart und sein Wirken heilvoll im eigenen oder im Leben anderer erfahren haben. Mit ihrem Segensgruß bekennen sie sich selbst zu Gott und zu der von ihm gestifteten Gemeinschaft, ja bestätigen, bekräftigen und vertiefen sie ihrerseits. Ihn und seine Macht anerkennend, nehmen sie mit ihrem »Gottsegnen« die Beziehung zu dem Gegenüber auf und wahr, dem sie ihr Leben und alle Güter verdanken und von dem sie konkrete Lebenssicherung, -förderung und -steigerung erbitten.

W. Schottroffs Betonung sowohl der *sozialen* Funktion als auch des *nichtkultischen* Ursprungs des Segnens überhaupt und gerade auch des Gottsegnens läßt sich m. E. in dieser Deutlichkeit nur in Abgrenzung vom *kultischen* Segensverständnis S. Mowinckels begreifen, das bis heute wie keine andere Segenstheologie der leidenschaftlichen und harschen Kritik ausgesetzt ist, einem magischen (Miß-)Verständnis des Segens das Wort zu reden, wie die Position J. Scharberts noch eindrücklicher als die W. Schottroffs zeigen wird.

---

78. Vgl. Bénédiction, 375-384.

Exkurs: Sigmund Mowinckels kultisches Segensverständnis

Die Kritik entzündet sich einerseits an der Grundthese Mowinckels, daß nämlich

»der Kult (...) nicht nur die Handlung (ist), durch die Segen auf die Einzelnen appliciert wird, sondern zugleich das Mittel, durch das der Segen gesteigert und neue Segenskräfte geschaffen werden. (...) Durch die heiligen Handlungen und Worte wird der ganze Segensschatz der Gesellschaft so zu sagen in ein Zentrum konzentriert und dadurch gesteigert, um von diesem Zentrum heraus zu allen Teilnehmenden herauszustrahlen«[79].

Und mehr noch als diese Vorstellung von der Konzentration, Steigerung und so auch Hervorbringung von Segen im Kultgeschehen, die mit der Überzeugung korrespondiert, daß das Segnen immer eine *heilige* Handlung darstellt, ist es die Zweckbestimmung des Kultes, »die Macht und die *Kraft der Gottheit zu steigern* und zu erhöhen« (27), gegen die die These vom Segen als einer sozialen Funktion antritt.

Emphatischer als alle übrigen Arbeiten zu den Segenstexten der hebräischen Bibel hat Mowinckel – im Anschluß an J. Pedersen[80] – den Segen als Lebenskraft, Macht und Vermögen und das Segnen als deren Übertragung identifiziert:

»Segen, b^{e}râchâ, ist (...) die Lebenskraft und das Lebensvermögen der Seele *und* die Äußerungen dieser Kraft in Glück und Gedeihen und in Ausbreitung des Glückes zu den Umgebungen« (5). »Gesegnetsein heißt (...): Teil an den geheimnisvollen heilwirkenden, guten Kräften des Lebens haben« (7).

Weil letztlich die Gottheit als Quelle und Urheber des Segens angesehen wird, ist der Segen nie Besitz eines einzelnen Menschen, sondern aller: »Der Segen ist der große Machtbesitz der Gesellschaft, der durch die kultischen Segenshandlungen und -worte gesteigert, vermehrt und auf die Einzelnen appliciert wird« (30). Er wird also empfangen, um weitergegeben und dabei angereichert zu werden, um neuen Segen hervorzubringen. Insofern ist das Segnen selbst ein *kreatives* Geschehen. Nirgendwo ist dieses Empfangen und Weitergeben des Segens so effektiv wie im Kult, ereignet sich in ihm doch die beständige Wieder-holung, das Schöpfen/Schaffen des Segens, der materiell, substanzhaft vorgestellt wird, aus der göttlichen Fülle. Ohne die wiederholte kultische Erneuerung des Segensempfangs würde sich seine heilvolle Kraft erschöpfen, würde er z.B. seine apotropäische Funktion einbüßen.

Seiner Aufgabe, je neuen Segen hervorzubringen, wird der Kult aber dort am meisten gerecht, wo er den empfangenen Segen im *Gottsegnen* konzentriert, denn »man segnet die Gottheit, damit diese wieder mit größerer Wirkung segnen könne« (29). Auch in der an Jhwh gerichteten Segensformel, wie sie man-

---

79. S. Mowinckel, Segen und Fluch, 23 (Seitenzahlen im Text).
80. Vgl. Israel, 182 ff.

che Psalmen für den Gottesdienst Israels bezeugen, findet S. Mowinckel dieses ursprüngliche kultische Segensverständnis bewahrt: »Mit dem Worte *bârûch Jahwä* wird die Kraft Jahwä's gesteigert, seine ›Ehre‹ vermehrt« (29). Der kultische Segen, der Jhwh כבוד, »Ehre«, gibt (vgl. z. B. Ps 29, 1 f.; 96, 7), steigert seine Kraft, macht ihn gewichtiger, so daß er seinerseits wieder sein Volk segnen kann. Wer Jhwh segnet, »erhöht seine Macht in der Welt und damit seine Fähigkeit, Israel zu segnen und zu schützen und ihm ›Heil‹ zu geben« (28). Im Gottsegnen der von Gott gesegneten Gemeinde erweist der Kult – so muß man S. Mowinckel hier doch wohl verstehen – Gott selbst gegenüber seine schöpferische Macht: »Der Kult ist überhaupt das schöpferische Prinzip des Lebens; so schafft er auch die göttliche Kraft« (29). Erst später wird das Jhwh geltende Segnen zu den Sprechakten des »Lobens«, »Preisens« und »Dankens« abgeschwächt, wie auch aus den ursprünglich selbstwirksamen Segensworten Segens*gebete* werden.

Diese provokativen Thesen von einer Steigerung der göttlichen Macht durch das menschliche Segnen – mit dem Ziel, Gott erneut zur Zuwendung seines Segens an die ihn Segnenden zu bewegen, haben zu Gegenreaktionen geführt, die bestehende Übersetzungs- und Auslegungstendenzen verstärkten, nämlich die biblisch vielfältig bezeugte, auf Gott bezogene Bᵉracha als »bloßes« Gotteslob und nicht in Entsprechung zum göttlichen Segnen als Gottsegnen zu verstehen und damit den Segen als eine wechselseitige Zuwendung von Gott und Mensch wahrzunehmen. Die menschlichen Segensworte, zumal wenn sie Gott galten, wurden weiterhin aus ihrer engen Bezogenheit auf das göttliche Segenswirken gelöst und in ihrer Wirkmächtigkeit »degradiert«.

Viel entschiedener noch als W. Schottroff versteht J. Scharbert ברך – sofern es sich um ein menschliches Tun handelt – als verbum *dicendi*[81] und widerspricht damit einer semantischen Kongruenz zwischen ברך und »segnen«; die dominierende Bedeutungskomponente von ברך ist für ihn nämlich nicht »segnen«, sondern »rühmen«, »preisen«, »danken«, was gerade durch die Wiedergabe von ברך durch εὐλογεῖν in der Septuaginta bestätigt wird. Hinsichtlich der Form und der Funktion der ברך/ברכה geht J. Scharbert davon aus,

»daß *brk pi* immer ein Aussprechen feierlicher Worte meint, die demjenigen, dem sie gelten, die Anerkennung, den Dank, die Ehrfurcht, die solidarische Verbundenheit oder das Wohlwollen des Sprechenden bekunden, die das Ansehen des Betreffenden vermehren und, soweit ein Mensch Objekt ist, ihm Glück, Erfolg, Mehrung der Lebensgüter wünschen. (…) Ist Gott Objekt, dann wird man *brk pi* immer mit ›preisen‹ oder dgl. wie-

---

81. Allerdings gibt es – nach Scharbert aber nur in späteren Texten – die Vorstellung, daß auch das nicht durch Menschen vermittelte göttliche Segnen nicht nur eine unmittelbare, nonverbale Begabung der Gesegneten mit Lebenskraft, Fruchtbarkeit, Reichtum etc. ist, sondern daß sich auch Gott des Mediums der Sprache bedient, wenn er segnet (vgl. bes. Gen 1, 22.28).

dergeben. Bei Menschen als Objekt kann man je nach Zusammenhang ›grüßen‹, ›beglückwünschen‹, ›danken‹, ›rühmen‹, zumeist aber ›segnen‹ übersetzen.«[82]
Der Segen dient dazu, »die *Solidarität* mit Personen und Verbänden zu bekräftigen, zu denen man besonders enge soziale, verwandtschaftliche und religiöse Beziehungen hat oder sucht, denen man zu besonderem Dank verpflichtet ist oder deren Leistungen für die eigene Gemeinschaft oder für Freunde man anerkennt. Die Bekundung der Solidarität geschieht durch Aussprechen von Glückwünschen, durch geprägte Segens- und Anerkennungsformeln, unter denen die *bârûk*-Formel die gebräuchlichste ist, durch empfehlendes Rühmen und Bitten bei Gott, er möge die Betreffenden segnen. Auch der Gruß ist eine Bekundung von Solidarität und Wohlwollen und wird darum mit ברך ausgedrückt« (836).

Entsprechend vielgestaltig ist der »Sitz im Leben« eines so verstandenen ברך: Überall, wo es Anlaß gibt, anderen Menschen oder Gott zu danken für erfahrene Hilfe und ihre Tat anzuerkennen und zu loben, oder eine Beziehung dankend wahrzunehmen, sie zu bestätigen und zu bekräftigen, oder die eigene Verbundenheit mit, den Respekt vor und das Interesse an anderen auszudrücken, haben B^{e}rachot ihren Ort. Wo sie vermittelt werden, anerkennen, bestärken und vertiefen sie vorfindliche Verhältnisse. Segensworte haben hier gemeinschafts- und damit verbunden auch identitäts*stabilisierende*, aber nicht -*konstituierende* Funktion wie im Entwurf W. Schottroffs. Im Segensakt wird Gemeinschaftstreue, sei es menschliche, sei es göttliche, beantwortet, anerkannt und bestärkt, aber nicht begründet.[83] Gegenüber diesen eher alltäglichen Lebensbereichen ist die kultische, rechtliche[84] und geschichtstheologische[85] Verwendung von ברך sekundär.

Besonders in seinen Untersuchungen zur ברוך-Formel macht Scharbert deutlich, daß es deshalb keinen Unterschied zwischen einem an andere Menschen und einem an Gott gerichteten ברך gibt: Eben weil ברך in seiner Grundbedeutung »nichts anderes als ›ehrfurchtsvoll, anerkennend, dankbar, rühmend von bzw. zu jemandem reden‹ bedeutet, ist nicht einzusehen, warum bârûk grund-

---

82. J. Scharbert, ברך, 825 (Seitenzahlen im Text).
83. Scharbert vertritt damit ein einseitiges Verständnis von Solidarität: Solidarität im Segen ist immer Solidarität *innerhalb* einer schon *bestehenden* Gemeinschaft und Beziehung, nie gegenüber Außenstehenden: Die Segensformel werde »nicht einem Beliebigen gegenüber, etwa beim Gruß für Fremde, angewendet, sondern nur gegenüber Personen, denen man zu besonderem Dank verpflichtet ist (1 Sam 26, 25) oder mit denen man auf Grund sozialer Bindungen oder gleichen Glaubens verbunden ist (Deut 33, 20; Ps 118, 26). Die Formel bedeutet dann ein Bekenntnis zu diesen Bindungen oder deren Bekräftigung« (ברך, 815 f.).
84. Vgl. ברך, 837 f.; bârûk-Formel, 14 f.
85. Scharbert widerspricht in diesem Zusammenhang deutlich der Westermannschen Unterscheidung von rettendem Geschichtshandeln und segnendem Schöpfungshandeln. Zu Texten wie etwa Gen 22, 17b; 24, 60b; Lev 26, 6 ff.; Dtn 28, 7; 2 Sam 7, 29 hält er fest, daß es hier um einen Segen gehe, »der nicht nur (…) die von der ständigen Vorsehung Gottes durchwirkten Kräfte der Natur und des Lebens garantiert, sondern auch außerordentliche geschichtliche Situationen zu meistern hilft. (…) Daß der Segen etwas mit der Geschichte und nicht nur mit Natur und Schöpfung (…) zu tun hat, zeigt die Bedeutung, die die israelitische Geschichtstheologie dem Segen zuschreibt« (ברך, 839).

sätzlich bei Menschen und Dingen etwas anderes bedeuten soll als bei Gott«[86]. Die menschliche Möglichkeit, Gott zu segnen, wird ebenso verneint wie die eines zwischenmenschlichen Segnens.

Wie bei W. Schottroff u. a. steht auch hier die Position S. Mowinckels im Hintergrund: »Da brk Pi oft auch Gott als Objekt hat, haben manche Exegeten auf Grund religionsgeschichtlicher Parallelen bei primitiven Völkern annehmen wollen, daß auch Jahwe gesegnet werden kann. Der Segen soll dann den Zweck haben, Gottes Kraft, Macht und Glück zu vermehren.«[87] Zur Abwehr dieser Vorstellung führt Scharbert (und nicht nur er) aber kein einziges Argument an, sondern fährt fort: »Aber diese Deutung ist sicher falsch. Hier bedeutet brk Pi eben nichts anderes als ›rühmen‹, ›lobpreisen‹ u. dgl.«[88] Mit dieser Sicherheit erübrigt sich jede Frage danach, ob es nicht auch ein menschliches Segnen Gottes geben kann, das nicht zwangsläufig als Mehrung göttlicher Macht verstanden werden muß, sich aber gleichzeitig von den Sprechakten des »Lobens«, »Dankens«, »Rühmens« abhebt.

Ihren ursprünglichen »Sitz im Leben« hat nach Scharbert auch die Gott geltende Beracha nicht im Kult, sondern in einem konkreten und aktuellen Anlaß, in einer erfahrenen Hilfeleistung oder Rettungstat Gottes, die *spontan* Lob und Dank ihm gegenüber hervorruft.[89]

So analog die menschlichen Segenssprüche bei verschiedenen Adressaten zu verstehen sind, weil es in ihnen immer um den Ausdruck von Solidarität und Anerkennung, von Lob und Dank und um die Aufrechterhaltung und Vertiefung von Gemeinschaft geht, so deutlich muß – nach Scharbert – zwischen göttlichem und menschlichem ברך unterschieden werden: Während das menschliche ברך im εὐλογεῖν und benedicere aufgeht, ist göttliches ברך im Sinne von »Lebenskraft, Wohlstand, Fülle, Fruchtbarkeit verleihen« (826) zu verstehen. Nur Gottes ברך läßt sich darum uneingeschränkt mit »segnen« verdeutschen; grammatikalisch verweist Scharbert dafür auf die Wendung ברך pi mit ב, die immer Gott zum Subjekt hat: »Gott allein kann ›mit etwas segnen‹; der Mensch kann nur einen Wunsch *um* Segen sprechen.«[90] Zwar nimmt auch Scharbert eine ursprüngliche Verwurzelung der Segensworte im magischen Denken an

---

86. Bârûk-Formel, 27; vgl. ברך, 816 f., 838 f.
87. »Segen«, 1245; zur Abgrenzung von Mowinckel (bzw. Pedersen) vgl. ders., »Fluchen« und »Segnen«, 18 f. (auch dort ohne begründendes Argument).
Vgl. dagegen die (z. T. stark modifizierte) Aufnahme der Mowinckelschen Position bei J. Hempel, Segen und Fluch, 93 ff.; L. Brun, Segen und Fluch, 8 f., 48 ff.; H.-P. Müller, Segen, 3 f.; F.-W. Marquardt, Eschatologie 1, 96 f., 335 (dazu unten II.2); M. L. Frettlöh, Gott segnen, bes. 496 ff.
88. A. a. O., 1245 f.
89. Erst später wird nach Scharbert die Beracha zu einer von aktuellen Anlässen abgelösten Kultformel, die sich dankbar, lobend und anerkennend auf Gottes Handeln insgesamt bezieht und mit der die Betenden sich zur Gemeinschaft mit Gott bekennen. Formgeschichtlich entspricht dieser Entwicklung eine Verkürzung der Beracha, die in ihrer Langform zunächst Anlaß und Grund des Lobpreises expliziert (vgl. dagegen W. Schottroff, Fluchspruch, 163-177).
90. »Fluchen« und »Segnen«, 21.

und konstatiert deshalb eine enge Verbindung zwischen Wort und Kraft – dergestalt, daß die Segensworte »eine Potenz freisetzen, welche der betreffenden Person Glück, Wohlstand, Erfolg, Ansehen, Fruchtbarkeit« (837) etc. bringt und sich über sie hinaus auch auf ihre Umgebung lebensförderlich auswirkt. Gleichwohl handelt es sich – von wenigen Ausnahmen in den ältesten Überlieferungsschichten der Genesis abgesehen – nicht um selbstwirksame Worte. Mit der Theologisierung und Vergeschichtlichung des Segens – hierin folgt Scharbert der Segenstheologie Westermanns – wird zugleich die Differenz zwischen göttlichem und menschlichem »Segnen« unübersehbar: Da Gott die alleinige Quelle des Segens und Subjekt jeder Segenshandlung ist, können Menschen Segen nur erbitten, sich und andere dem Segenswirken Gottes anempfehlen, aber den erbetenen Segen nicht selbst in Kraft setzen. Grammatikalisch läßt sich dies an der Erweiterung der ברוך-Formel durch ליהוה veranschaulichen: Wird jemand ליהוה für bârûk erklärt, dann wird er im Angesicht Gottes gerühmt und dem Wohlwollen Gottes anheimgestellt.[91] Nur Gott kann Segen gewähren. Menschen verfügen nicht über die Realisierung ihrer Segenswünsche und -bitten. Gleichwohl bindet Scharbert deren göttliche Erfüllung an bestimmte Voraussetzungen auf menschlicher Seite:

»Weil der Segen nur von Gott realisiert werden kann und die Knüpfung oder Festigung von Solidarität bedeutet, ist er davon abhängig, daß der zu segnende Mensch in der Gemeinschaft mit Gott steht, sie sucht oder ihrer würdig ist« (836).

Damit unterscheidet Scharbert aber nicht nur zwischen göttlichem und menschlichem ברך, er macht auch eine doppelte zwischenmenschliche Differenz auf: Weder sind im Blick auf die Fähigkeit zu segnen alle Menschen gleich, noch sind alle gleichermaßen segenswürdig. Das Spezifikum der segens-(und fluch-)theologischen Überlegungen J. Scharberts, nämlich die Deutung des Segnens als Solidaritätserklärung und Bekenntnis zur Gemeinschaft, impliziert offenbar, daß es letztlich keinen unbedingten Segen gibt, daß zumindest die *Wirksamkeit* des Segens an die Segenswürdigkeit der Segnenden und der Gesegneten geknüpft wird. Stiftet nach diesem Verständnis der Segen nicht allererst die Gemeinschaft, sondern bestätigt, bekräftigt, anerkennt und vertieft eine vom Segen unabhängige und dem Segenswort vorausgehende Beziehung, so steht und fällt die Verwirklichung des menschlich vermittelten göttlichen Segens zunächst mit der Gottesbeziehung auf beiden Seiten:

Ein »durch Menschen gesprochener oder vermittelter Segen ist um so wirksamer, je enger die Beziehung des Segnenden zu Jahwe ist (…). Wirksam wird der Segen nur, wenn der betreffende Mensch, dem er zugute kommen soll, durch die Treue zu Gott und dessen Gesetz seiner würdig ist oder wenn ihm Jahwe trotz seiner Unwürdigkeit aus reiner Gnade Segen schenkt«[92].

---

91. Vgl. bârûk -Formel, 9 ff.,26.
92. J. Scharbert, Segen, 1244,1246.

Damit deuten sich aber handfeste praktische Konseqenzen dieser theologischen Grundentscheidung an:

– Wird die Gottesbeziehung der Segnenden zum entscheidenden Kriterium für die Wirksamkeit ihrer Segenswünsche und -bitten erklärt (»Menschen segnen um so wirksamer, je näher sie Gott stehen.«[93]), dann läßt sich z. B. aus dem biblischen Befund, daß »in der Familie (...) der Vater (segnet), nie aber die Mutter und die Kinder«, oder daß die Priester zum Segnen autorisiert werden, während die Propheten nie segnen, ableiten, daß den Vätern eine größere Gottesnähe als den Müttern und Kindern, den Priestern eine intensivere Gemeinschaft mit Gott als den Propheten eignet. Genau damit werden aber patriarchale Verhältnisse ebenso wie klerikale als gottgewollt »abgesegnet«.

– »Eigentliches« Segnen setzt – mit Hebr 7,7 – immer eine hierarchische Beziehung voraus[94]; deshalb können nach Scharberts Überzeugung nicht nur Menschen Gott nicht segnen, sondern auch nicht Kinder ihre Eltern, das Volk den König oder die Gemeinde den Priester.[95] Der Segen ist um so wirksamer, je größer die Autorität und die Bevollmächtigung des/der Segnenden ist. Die aber sieht Scharbert vor allem mit der Berufung in ein (öffentliches) Segensamt gegeben.

– Damit wird aber – gleichsam unter der Hand – die Gottesbeziehung als Kriterium eines wirksamen Segens zur Bindung des Segens ans (priesterliche) Amt. Soll der Segen Gottes zwischenmenschlich wirkungsvoll vermittelt werden, bedarf es demnach dazu eigens autorisierter, beamteter Segensmittler. Ihr Segnen steht hinsichtlich seiner Wirksamkeit dem göttlichen näher als Segensgruß und -bitte, Gruß und Glückwunsch im Sinne eines von allen Menschen praktizierten ברך.

– Hängt die Segenswürdigkeit der SegensempfängerInnen am Vorhandensein und der Intensität ihrer Gottesbeziehung (und nicht nur der Beziehung Gottes zu ihnen!), gibt es wohl nicht nur mehr oder weniger segenswürdige, sondern auch segensunwürdige Menschen, kann infolgedessen der Segen auch *verweigert* werden. Mag sich auch für Gott von selbst verstehen, daß er »segenswürdig« ist[96] bzw. – nach Scharberts Deutung – jederzeit mehr als genug Anlaß zu Lobpreis und Dank gibt, ist über die Segenswürdigkeit von Menschen offenbar je konkret zu befinden. Wer aber tut dies, wenn nicht – im Duktus der Scharbertschen Argumentation – die Priester?

Letztlich ist es Scharberts Reduktion des menschlichen ברך auf das εὐλογεῖν und benedicere, auf das »gute Wort«, das zu diesen Konsequenzen führt. Denn aus ihr folgt die Notwendigkeit, radikal zwischen göttlichem und menschlichem ברך zu unterscheiden und nach Kriterien für die Wirksamkeit menschlicher Vermittlung des göttlichen Segens zu fragen, was das »Segnen« letztlich zu einem Vorrecht der Priester (und anderer Autoritätspersonen der patriarchal verfaßten Gesellschaft) macht und, was die theologische Gewichtung anbetrifft,

---

93. »Fluchen« und »Segnen«, 22.
94. Vgl. dazu unten Teil B, II.3.1.
95. Wo dagegen ein ברך bezeugt wird, das eine Zuwendung »von unten nach oben« ausdrückt (vgl. etwa Gen 47,7.10; Prv 30,11), handelt es sich nicht um einen »eigentlichen« Segen, sondern um einen Gruß oder »ehrfurchtsvolles Reden« (Segen, 1246) über die betreffende Person.
96. Was hier vorausgesetzt wird, ist dem Hiobbuch mit seinem mehrdeutigen Gebrauch von ברך fragwürdig geworden (vgl. ausführlich unten Teil C, I.2.6).

ein Gefälle zwischen einem autorisierten ברך, das den Segen Gottes wirksam erbittet und wünscht, und dem allen Menschen zugestandenen ברך i. S. von »grüßen«, »beglückwünschen« bzw. allgemein »gut reden« aufrichtet.

Mit Verweis auf die biblischen Segenspsalmen hat S. Mowinckel m. E. mit guten Gründen einem solchen Verständnis des (nicht nur, aber insbesondere Gott geltenden) ברך entgegengehalten, daß hier die spezifische Bedeutung des Segens im Vergleich mit den Sprechakten des Lobens, Rühmens, Dankens, nämlich der *Macht*charakter des Segens, unterbestimmt bleibt, verdunkelt und abgeschwächt wird.[97] Die Spannung zwischen »Wort« und »Kraft« wird in einem Segensverständnis, wie es J. Scharbert vertritt, einseitig zugunsten des Wortes aufgelöst; die *dynamische* Dimension des Segens tritt in den Hintergrund. Läßt sich diese aber nicht – so muß den Kritikern der Mowinckelschen Position gegenüber gefragt werden – doch auch hinsichtlich des biblischen Motivs des Gottsegnens so bewahren, daß dabei nicht – wie dies in der kultischen Konzeption Mowinckels der Fall ist – die gottesdienstliche Gemeinde (oder auch der einzelne Mensch) zum Schöpfer göttlicher (All-)Macht wird und Gottes Fähigkeit zu segnen damit steht und fällt, daß er seinerseits gesegnet wird? Anders formuliert: Wie kann Mowinckels zutreffender Einsicht in das Segnen als Beziehungsgeschehen zwischen Gott und Mensch zugestimmt werden, ohne daß dabei das kultische Handeln des Menschen zur Bedingung der Möglichkeit und zum Garanten eines (segens-)mächtigen Gottes wird? Läßt sich der Gedanke, daß Menschen mit ihrem Segen auf Gott Einfluß nehmen können, so festhalten, daß damit gleichzeitig das Bekenntnis zur *Allmacht* Gottes nicht verabschiedet wird? Kurzum: Wie läßt sich die Spannung zwischen »Wort« und »Kraft/Macht« im Segensbegriff für die Gott geltende B^{e}racha aufrechterhalten und gleichzeitig der Pervertierung des Gottsegnens in eine menschliche *Bemächtigung* Gottes wehren?

Während ich auf die Beantwortung dieser Fragen im letzten Kapitel meiner eigenen segenstheologischen Überlegungen zurückkomme[98], möchte ich hier nur auf einen Übersetzungsvorschlag zur hebräischen Wurzel ברך hinweisen, mit dem Timotheus Arndt versucht, zwischen den beiden Grundbedeutungen des Segens im »Spannungsfeld von ›Wort‹ und ›Kraft‹«[99] zu vermitteln:

Mit W. Schottroff hält auch T. Arndt das Grußgeschehen für den »zentrale(n) Anwendungsbereich« des ברכה/ברך-Geschehens. Aus der Grußsituation heraus lassen sich die verschiedenen Konnotationen von ברך verknüpfen: das landläufige Verständnis von »segnen« als »das *Gedeihen* fördern«, die Bedeutung von »segnen« im Sinne des lateinischen »signare« (»signieren«) als »durch eine *Be-* oder *Auszeichnung* herausheben« und die Übersetzung des griechischen und lateinischen εὐλογεῖν/benedicere als »jemandem (etwas) *Gutes sa*-

---

97. Vgl. Segen und Fluch, 28 ff.
98. Vgl. unten Teil C, II.2.2.
99. Wurzel, 49 (Seitenzahlen im Text).

gen« (53). Den Grußsituationen unterwegs, bei der Begrüßung und zur Verabschiedung »könnte die besondere gegenseitige Zuwendung der Beteiligten gemeinsam sein, wobei es darum geht, sich Aufmerksamkeit, Beachtung zu schenken« (ebd.). Daraus folgt, daß jemand dann als (ה)ברוב gelten kann, wenn ihm (intensive) Aufmerksamkeit und Beachtung zuteil geworden ist. Als Grundbedeutung von ברד schlägt Arndt darum »beachten« oder »sich zuwenden« vor.

Für die übrigen Stämme ergäben sich dann die Bedeutungen: Pi'el: »jemanden oder etwas hervorheben«; Pu'al: »beachtet gemacht werden«; Hitpa'el: »Beachtung genießen«, »an der Beachtung teilhaben«; Nif'al: »sich als (gebührend) beachtet erleben« (54).

Im Blick auf die nebulöse Diskussion um ein magisches Verständnis des Segens merkt Arndt an:

»Also wird beim Segnen nicht irgend eine numinose Kraft übermittelt. Die hier wirksamen Kräfte sind entweder diejenigen, die unsere Aufmerksamkeit auf jemanden oder etwas lenken, den, die oder das wir als (ה)ברוב erkennen, oder aber die Kräfte, die wir als Ermunterung bzw. Ermutigung durch die Aufmerksamkeit, die uns gewidmet, die Beachtung, die uns geschenkt wird, erleben bzw. umgekehrt anderen schenken« (ebd.).

Gegenüber den Positionen Schottroffs und insbesondere Scharberts hat dieser ebenso schlichte wie konkrete und darum so überzeugende Vorschlag den Vorteil, daß er ברד nicht ausschließlich als verbum dicendi bestimmt, den »Segen« somit nicht auf einen gemeinschaftsstiftenden, solidaritätsbekundenden *Sprechakt* einschränkt, sondern die Segenskraft und -macht stärker berücksichtigt: Der Segen ist hier eine intensive Form der Präsenz und der Zuwendung der Segnenden, die sich auf die Gesegneten lebensförderlich auswirkt (als Bejahung, Anerkennung, Bestärkung, Ermutigung, Bereicherung, »Ermächtigung« etc.). Für eine biblisch orientierte Segenstheologie ergibt sich damit die Aufgabe, diese Präsenz und Zuwendung sowie ihre Auswirkungen bei den Gesegneten zu konkretisieren und im Hinblick auf beides die Übereinstimmungen und Unterschiede zwischen göttlichem und menschlichem Segenshandeln herauszustellen[100].

---

100. Vgl. insgesamt Teil C, II; bes. II.2.1.

II. Die Marginalisierung des Segensthemas in der gegenwärtigen Dogmatik

Gegenüber diesen vielfältigen, gerade auch systematisch-theologisch relevanten Einsichten biblisch-theologischer Arbeiten zum Segen muß die Segensvergessenheit der gegenwärtigen Dogmatik verwundern. Von einer eigenen Wiederentdeckung des Segens zeigen sich nämlich die neueren dogmatischen Entwürfe fast völlig unberührt. Für sie gilt nahezu unverändert das Urteil U. Manns von 1979: »Die Segen-Fluch-Thematik hat aufgehört, ein dogmatisch relevanter Gegenstand zu sein.«[1] Wie ein kurzer Blick auf einige ausgewählte Beispiele dokumentiert, hat das Segensthema selbst in biblisch orientierten Dogmatiken kein eigenständiges Gewicht und keinen dogmatischen Ort. Auch dort, wo es nicht völlig ausgeblendet wird, führen dogmatische Vorentscheidungen nur zu eingeschränkten und verzerrten Wahrnehmungen biblischer Segenstraditionen.

1. Das Segensschweigen der Dogmatik

Im jüngsten dogmatischen Arbeitsbuch, in *Wilfried Härles* Lehrbuch »Dogmatik«, findet der Segen lediglich Erwähnung als Segenshandlung im Zusammenhang der Sakramente und Kasualien: der Krankensalbung[2], der Säuglingstaufe und Kindersegnung (555 f.), dem Abendmahl (559), der Ordination (586) und dem Charisma der Zungenrede (382). Den einzigen Hinweis darauf, was Segen heißt, gibt W. Härle in einer Anmerkung, mit der er begründet, warum die Kindersegnung als »Zuspruch von Gedeihen und Bewahrung unter Gottes Fürsorge« (555) die Säuglingstaufe zwar ergänzen, aber nicht ersetzen kann:

»Für das Verständnis des Segens sind aus biblisch-christlicher Sicht die Momente der *Bewahrung* und des *Wachstums* wesentlich, wobei sich beides nicht nur auf Gesundheit, Fruchtbarkeit und Wohlergehen, sondern auch auf Vergebung, Liebe und die Gabe des Heiligen Geistes beziehen kann. Dabei setzt die Segnung den Akt der Schöpfung, Rettung oder Befreiung voraus und stellt die damit begonnene Lebensbewegung unter Gottes Schutz. Würde die Säuglingstaufe durch die Segnung *ersetzt*, so fehlte ihr diese heilsame, rettende Neukonstituierung der Person als Ausgangspunkt, der ihr vorausgeht und

---

1. Wunder, 91.
2. Dogmatik, 546 (Seitenzahlen im Text).

zugrundeliegt. Umgekehrt kommt in der (Säuglings-)Taufe die bewahrende Dimension nicht zum Ausdruck, wenn sie nicht mit der Segnung verbunden wird« (555 f.).

Unübersehbar schließt dieses Segensverständnis mit den Leitworten »Bewahrung«, »Wachstum«, »Schutz« und der ausdrücklichen Nachordnung der Segnung gegenüber der (Neu-) Schöpfung zentrale Motive der Lehre von der *providentia Dei* ein. Gleichwohl findet es weder dort noch innerhalb eines anderen Locus einen »Systemort« in Härles Dogmatik.

Eine ähnliche (Nicht-)Berücksichtigung widerfährt der Segensthematik in *Wolfhart Pannenbergs* »Systematische(r) Theologie«: Auch er spricht vom Segen im Blick auf die Taufe, die Konfirmation, das Abendmahl und die Krankensalbung.[3] Darüberhinaus erinnert er bei der Verhältnisbestimmung von individueller und allgemeiner Eschatologie an die Wirkung von Segen (und Fluch) im generationenübergreifenden Tun-Ergehen-Zusammenhang des vorexilischen Israel, weist bei der Darstellung des paulinischen Gesetzesverständnisses auf die Erfüllung der Segensverheißung an Abraham in Jesus Christus (im Anschluß an Gal 3, 8) hin[4] und bedenkt hinsichtlich des stellvertretenden Kreuzestodes Christi die Segenswirkung, die vom Tun eines einzelnen auf viele ausstrahlen kann.[5] Was Segen ist und was Gott und Menschen tun, wenn sie segnen, scheinen alle diese punktuellen Berührungen des Segensthemas als selbstverständlich vorauszusetzen. Einzig die Auslegung des priester(schrift)lichen Schöpfungsberichts bietet eine inhaltliche Bestimmung des (Schöpfungs-)Segens als die den Geschöpfen zugeeignete »Kraft der Fruchtbarkeit«, die »die Fortdauer des von Gott am Anfang der Welt geschaffenen Lebens in seinen Arten« (155) gewährleistet:

Pannenbergs Anspruch, biblische Aussagen mit modernen naturwissenschaftlichen Erkenntnissen zu vermitteln, läßt ihn die Funktion des Schöpfungssegens mit der Vorstellung von der »Selbstorganisation des Lebendigen in seiner Evolution« (ebd.) vergleichen – mit dem Unterschied, daß diese Selbstorganisation sich nicht beschränkt auf die Reproduktion der am Anfang geschaffenen Arten, sondern ihrerseits eine neue Artenvielfalt hervorbringt. Mit C. Westermannn will Pannenberg die Bedeutung des Schöpfungssegens nicht auf die Erhaltung der Geschöpfe beschränken; vielmehr »bedarf es auch zur Weitergabe des Lebens eines besonderen göttlichen Segens, weil die Lebewesen dabei an Gottes schöpferischem und erhaltendem Wirken teilhaben« (156), wobei die geschöpfliche co-creatio auch hier auf die Hervorbringung neuer Lebensformen zielt. Der Segen hat dabei aber keineswegs die Funktion, das mitschöpferische Wirken der Geschöpfe vor eigenmächtigem Mißbrauch zu schützen, es also am lebensförderlichen Schaffen Gottes zu orientieren. Ihm eignet lediglich die Kraft der Fruchtbarkeit, die Mensch (wie Tier) in die eigene Verantwortung übergeben ist. Der Segen selbst macht

---

3. Systematische Theologie III, 294,302,324,356 f.,391.
4. A.a.O., 590,80.
5. Systematische Theologie II, 465 (Seitenzahlen im Text).

kreativ. Er bevollmächtigt und legitimiert die gesegneten Geschöpfe zur eigenständigen Mitschöpfung (und -erhaltung).

In welcher Beziehung dieses Verständnis des Schöpfungssegens zum Segenswirken Jesu Christi und zu den kirchlichen Segenshandlungen steht, bleibt ungeklärt.

In *Gerhard Ebelings* »Dogmatik des christlichen Glaubens« ist das Segensmotiv fast vollständig ausgeblendet. Es findet sich in dem dreibändigen Entwurf nur eine einzige Aussage zum Segen: Bei der Herleitung des zwei(!)fachen Amtes Jesu Christi aus der Doppelrolle des Erstgeborenen als König und Priester heißt es:

»Der Blick wird damit auf den Menschen gelenkt, auf das, wozu er seinen höchsten Möglichkeiten nach berufen ist. Allerdings (...) wird diese Doppelwürde nicht einfach aus der menschlichen Natur hergeleitet. Die Doppelwürde ist vielmehr der Segen, der einem Menschen zugesprochen wird, etwas durchaus nicht Selbstverständliches, Geheiß und Verheißung in einem.«[6]

Ebeling versteht den Segen demnach als ein dem Menschen von außen zugesprochenes, unverfügbares *Wort*, das ihm gebietet und ihn zugleich ermächtigt, seine Möglichkeiten zu realisieren. Auffällig ist die Segensvergessenheit der Dogmatik Ebelings insbesondere im Vergleich zu seiner Auslegung des Galaterbriefes: Während er hier ausführlich mit Gal 3,6-14 das Christusgeschehen als Vermittlung des Abrahamsegens an die Völker interpretiert[7], spielt dogmatisch der Begriff des Segens für die Christologie keine Rolle. Exegese und Dogmatik fallen deutlich auseinander.

Demgegenüber ist *Hans-Joachim Kraus* in seiner »Systematische(n) Theologie im Kontext biblischer Geschichte und Eschatologie« bemüht, nicht nur *biblische* Theologie *systematisch* zu rezipieren; vielmehr will er mit seinem trinitarischen Entwurf »die eminent kategoriale Bedeutung, die dem Alten Testament im dogmatischen Denken zukommt«[8], geltend machen und – soweit ich sehe, als erster deutschsprachiger Systematiker – den *christlich-jüdischen Dialog* in ein dogmatisches Lehr- und Arbeitsbuch einbringen. So orientiert er seine Gotteslehre (Kap. 2: »Der Gott Israels in der Bezeugung seines Kommens«) *ausschließlich* an der Selbstmitteilung Gottes und seinem »Kommen zu allen Völkern und Menschen« (133), wie es die *hebräischen Schriften* erzählen, und rückt das Christusgeschehen (Kap. 3: »Jesus Christus in der Proklamation seiner Sendung«) konsequent in die Geschichte der Kondeszendenz Gottes in Israel und damit in die messianische Perspektive der alttestamentlichen Verheißungen ein. Dennoch führen beide Grundentscheidungen nicht dazu, die biblischen

---

6. Dogmatik II, 499.
7. Wahrheit, 221-246.
8. Systematische Theologie, V (Seitenzahlen im Text).

Segenstraditionen in die Systematische Theologie einzuholen. Auf sie verweist lediglich eine einzige biblische Erinnerung: Die Integration des bereits geschehenen und des noch zu erwartenden Kommens Jesu von Nazareth als des Messias Israels in die Geschichte der wachsenden Theophanie des Gottes Israels wird mit der Verheißungslinie von Gen 12,3 zu Gal 3,14 begründet: »Denn im Christus kommt der Segen Abrahams zu den ›Heiden‹ (Gen 12,3), und die Verheißung des Geistes wird im Charisma des Messias für Israel erfüllt (Gal 3,14)« (341).[9] Dieses Zitat ist insofern für das Übergehen des Segensmotivs in Kraus' Systematischer Theologie aufschlußreich, als es Gal 3,14 primär *pneumatologisch* und eben *nicht segenstheologisch* profiliert und dabei sowohl den Zusammenhang von Segens- und Geistbegabung als auch die Frage, durch welches Geschehen der Segen Abrahams den Völkern zuteil wird, unbeantwortet läßt.[10]

Obwohl der Segen – angefangen mit Gen 1 – biblische Geschichte schreibt und die tägliche Segenspraxis zum Inbegriff (orthodoxen) jüdischen Lebens gehört, findet das Segensthema keinen Eingang in diese Systematische Theologie, die sich biblischer, insbesondere alttestamentlicher Geschichte und Eschatologie sowie dem Dialog mit dem gegenwärtigen Judentum verpflichtet weiß. Das überrascht um so mehr, als H.-J. Kraus in seiner Theologie der Psalmen den Segen als »die eigentliche Grundkraft des Lebens«[11] auffaßt und – wenn auch durchgängig unter dem Vorzeichen der Westermannschen Unterscheidung von segnendem und rettendem Handeln Gottes und in Auseinandersetzung mit S. Mowinckels kultischem Segensverständnis – den Segen als kraftvollen Ausdruck der lebensförderlichen Präsenz Gottes bei seinem Volk und in seiner Schöpfung sowie als Band zwischen Israel und den Völkern würdigt.[12] Auch die Segenspsalmen haben keine Spuren in Kraus' Systematischer Theologie hinterlassen.

2. Biblische Segensmotive unter dogmatischem Vorurteil

Haben sich die genannten systematisch-theologischen Positionen weder von den biblischen Segensmotiven selbst noch von den einschlägigen biblisch-theologischen Arbeiten zu einer eigenen Wahrnehmung des Segensthemas motivieren lassen, so kann man dies aber von einem dogmatischen Entwurf erwarten,

---

9. Dies ist allerdings nicht so zu verallgemeinern, als seien schon jetzt *alle* Verheißungen Israels in Christus erfüllt. Mit Röm 15,8 geht H.-J. Kraus davon aus, daß Christus die Verheißungen Israels *bestätigt* und *bekräftigt* (vgl. 340ff.).
10. Auch die übrigen Verweise auf Gal 3,14 (vgl. 75,362) thematisieren nur die Erfüllung der Geist-, nicht aber der Segensverheißung.
11. Theologie der Psalmen, 130.
12. Vgl. a.a.O., 64f.,130ff.

der unter dem programmatischen Titel einer »Biblischen Dogmatik« antritt (und deshalb etwas ausführlicher zur Darstellung kommen soll): Zwischen Biblischer Theologie und Dogmatik verortet *Friedrich Mildenberger* seine dreibändige »Biblische Dogmatik«, in der er sich die »Darstellung einer gesamtbiblischen Theologie«[13] (1,11) zur dogmatischen (nicht historischen!) Aufgabe macht. Leitend für diesen Entwurf sind die Unterscheidungen von wissenschaftlicher Theologie und »einfacher Gottesrede« (1,14 ff.) sowie die Verschränkung von Theologie und Ökonomie:

In der »einfachen Gottesrede«, die sich in Sprechakten wie »Bekennen, Bezeugen, Bitten, Danken, Trösten, Ermahnen, Zurechtweisen, Belehren« (1,20 u. ö.), im Gotteslob und in der Erzählung artikuliert, kommen biblischer Text und die je eigene Gegenwart der Redenden so zusammen, daß mithilfe biblischer Zusammenhänge hier und heute »Anstehendes auf Gott hin zur Sprache« (1,18 u. ö.) gebracht wird. Als inspiriertes Kommunikationsgeschehen hat die »einfache Gottesrede« ihren »Sitz im Leben« in *allen* Lebensvollzügen, in denen Menschen ihre Situation zu dem Gott in Beziehung setzen, den die biblischen Schriften bezeugen. Mit ihr verbindet sich also ein universaler Geltungsanspruch; sie bleibt nicht auf den Raum der (Amts-) Kirche begrenzt. Sie ist ebenso schriftgemäß wie zeitgemäß. Als Gegenstand, als Voraussetzung und Ziel wissenschaftlicher Theologie ermöglicht die »einfache Gottesrede« nicht nur deren Einheit sowie deren Einbindung in konkrete Lebensvollzüge, sie entlastet sie auch »von der Aufgabe, ihr Reden von Gott selbst bewahrheiten zu müssen« (1,15 u. ö.). In ausdrücklicher Distanzierung von den Selbstbegründungsansprüchen neuzeitlicher Wissenschaft erinnert Mildenberger die Theologie daran, daß sie über ihren Gegenstand nicht verfügt und ihm deshalb nur in Gestalt »kritischer Begleitung« dienen kann (1,27-29.271-275). Auf diesen kritischen Dienst der biblischen Dogmatik bleibt die »einfache Gottesrede« allerdings notwendig angewiesen, setzt doch das reformatorische Schriftprinzip eine mündige Gemeinde voraus, die sich ihre eigene Kompetenz zur Bibelauslegung weder durch kirchliche Bevormundung noch durch Entmündigung von Seiten wissenschaftlicher Theologie bestreiten läßt.

Zu den gegenwärtig ebenso prominenten wie umstrittenen Elementen »einfacher Gottesrede« gehört – wie eingangs gezeigt – das Segnen, gerade auch außerhalb der Kirchenmauern. Eine biblische Dogmatik, die sich an der einfachen Gottesrede orientiert, welche dort erwächst, wo die anstehende Lebenswirklichkeit ins Licht biblischer Rede von Gott gerückt wird, läßt eine ausführliche Berücksichtigung gegenwärtiger Segensbedürftigkeit in Korrelation mit den biblischen Segenstraditionen erwarten. Diese Erwartung sieht sich von Mildenbergers Entwurf jedoch gründlich enttäuscht: Abgesehen von einigen unkommentierten Zitaten biblischer Segensverse ist vom Segen nur in zwei Zusammenhängen die Rede:

Mildenbergers methodische(!) Grundentscheidung, *Theologie*, definiert als »die Konstitution der Wirklichkeit in Gott«, und *Ökonomie*, verstanden als »die Restitution der Wirklichkeit durch Gott« (1,245 u. ö.), so ins Verhältnis

---

13. Biblische Dogmatik 1,11 (Seitenzahlen im Text).

zu setzen, daß – im Anschluß insbesondere an K. Barth – in unumkehrbarer Reihenfolge zunächst »Ökonomie als Theologie« (Band 2) und dann »Theologie als Ökonomie« (Band 3) zu entfalten ist, führt ihn zu einer grundsätzlichen Kritik an C. Westermanns Unterscheidung von segnendem und rettendem Handeln Gottes[14]:

> Indem Westermann das *kontinuierliche Segenshandeln* Gottes dem *universalen* Horizont der Menschheitsgeschichte, das *kontingente Rettungshandeln* Gottes aber der *partikularen* Geschichte Israels zuordne, bleibe er der »traditionelle(n) Beziehung von universaler Theologie und partikularer Ökonomie« (2,106) verhaftet; zudem sei seine exegetische Einsicht, daß Israel mittels seiner drei Institutionen Familie, Königtum und Kult am universalen Segenswirken Gottes partizipiere, von der dogmatischen Vorgabe der Dreiständelehre Luthers beeinflußt. Wer das Verhältnis von allgemeiner Menschheitsgeschichte (hier: Urgeschichte) und besonderer Israelgeschichte so verstehe, daß Israels Geschichte mit seinem Gott nachträglich eingezeichnet werde in die vorausgesetzte Beziehung des Schöpfergottes zur Menschheit, nötige den biblischen Texten »die traditionelle dogmatische Vorordnung der Theologie vor die Ökonomie« (ebd.) auf, die ihnen selbst gerade nicht eigne. Wer dagegen im Sabbat (Gen 2, 2 f.) und nicht in der Erschaffung des Menschen (Gen 1, 26-28) das Ziel der Schöpfung sehe, müsse wahrnehmen, daß es keine unvermittelte Beziehung der Menschheit zum Schöpfer und seinem Segen gebe. Wird die Welt erst in der Sabbatfeier Israels, die ihm nach seiner Befreiung aus Ägypten geboten wird (Ex 16), als Schöpfung erkannt, so ist auch die Schöpfung von vornherein auf die besondere Geschichte Israels mit seinem Gott und damit auf die Ökonomie ausgerichtet.

So treffend Mildenbergers Kritik an einer Dissoziation von Theologie und Ökonomie und einer Vorordnung der Theologie (universale Perspektive) vor die Ökonomie (partikulare Perspektive), so überzeugend seine Verknüpfung der Westermannschen Unterscheidung von segnendem und rettendem Handeln mit dieser dogmatischen Vorentscheidung[15] ist, so bleibt doch seine Zuordnung der universalen Menschheitsgeschichte zur partikularen Geschichte Israels auf halbem Wege stehen: Im Schlußabschnitt seiner Dogmatik (»§. 36,1 Wiedergeboren zu einer lebendigen Hoffnung«) begreift er – wiederum im Anschluß an K. Barth (und J. Moltmann) – die Sabbatruhe als Vorgriff auf den vollendeten Schöpfungsfrieden: »Gott hat ja den siebten Tag gesegnet: eine bestimmte Zeit. Diese gesegnete Zeit ist universal; sie kommt zu allen Geschöpfen

---

14. Vgl. dazu oben Teil A, I.1.
15. Die Kritik an Westermann wiederholt Mildenberger im anthropologisch-christologischen Kontext, wenn er aufzeigt, daß dieser die Schönheit des königlichen Menschen (vgl. etwa Ps 45) dem Segensmittler zurechnet, während sie dem Gottesknecht als Rettungsmittler (im Anschluß an Jes 53) nicht zukommt: »Hier verbindet sich eine Inkonsequenz in der Christologie – die Aufteilung in Segensmittler und Rettungsmittler – mit dem Systemzwang, der in der Weise der traditionellen Dogmatik der partikularen Ökonomie eine universale Theologie vorschaltet und dabei die Schönheit, wie sich das für ein solches durch die traditionelle Metaphysik geprägtes Modell nahelegt, in der Theologie verortet« (3,243).

und läßt sie eintreten in den Segen dieses Tages« (3,475). Hier bleibt unberücksichtigt, daß die bestimmte Zeit des siebten Tages der Sabbat des aus dem Sklavenhaus befreiten Israels ist und daß es folglich für nichtjüdische Menschen keine unvermittelte, von Israel absehende Partizipation am Segen dieses Tages geben kann, daß sie sich vielmehr nur als *Mitgesegnete* erfahren können.

Daß gerade die universale Geltung des Segens rückgebunden bleibt an die partikulare Geschichte Israels, kommt bei Mildenberger nicht wirklich in den Blick, weil er solche Texte, die Israel und die Völkerwelt durch den Segen Gottes in Beziehung setzen (allen voran Gen 12,2f. und Gal 3,13f.) nicht aufnimmt. Bevor nach möglichen Gründen für die Nichtbeachtung zentraler biblischer Segenstraditionen in dieser *biblischen* Dogmatik gefragt wird, soll zunächst der zweite Kontext des Segensthemas in Mildenbergers Entwurf benannt werden: § 16 (»Von der Ermöglichung des menschlichen Lebens vor Gott durch Gott«) greift auf priester(schrift)liche Traditionen zurück, um nach dem »Leben des sündigen Menschen vor dem heiligen Gott« (89-201) zu fragen, und beginnt mit einer Auslegung von Lev 26,3-45, dem Schlußkapitel des Heiligkeitsgesetzes mit der Ankündigung von Segen (bei Toragehorsam) und Fluch (bei Toramißachtung). Mildenbergers Exegese ist von einer doppelten Absicht geleitet: auf *formaler* Ebene die konditionale Struktur von Segen und Fluch nicht so zu verstehen, als liege »es am Tun oder Nicht-Tun des Gesetzes, wie sich das Geschick Israels gestaltet« (2,93). Vermeiden will er damit das antijüdische Stereotyp eines alttestamentlichen Nomismus, einer Vergesetzlichung der Gottesbeziehung, deren Konstruktion nicht selten zur Entgegensetzung von Altem und Neuem Testament, von Judentum und Christentum geführt hat. *Inhaltlich* geht es ihm darum, die dunklen Seiten Gottes nicht auszublenden und somit auch die schreckliche Fluchwirklichkeit des Lebens als eine Erfahrung der Nähe Gottes, nämlich des durch die menschliche Sünde provozierten »feindlichen Mitgehens« Gottes (2,100) zu verstehen. Die Einsicht historisch-kritischer Exegese[16], daß dieses Kapitel Erfahrungen des Exils reflektiert, veranlaßt Mildenberger, die Fluchandrohungen als *vaticinium ex eventu* zu verstehen und die konditionale Sprachform entschieden zu relativieren:

»Hier wird im Nachhinein geredet. So sehr die konditionale Redeweise die Alternative betont, so wenig ist doch diese Alternative eine reale Möglichkeit. (...) Es wäre ungenau geredet und verstanden, daß Israel dazu frei ist, das Gesetz zu erfüllen, und damit Gottes Segen oder aber Gottes Fluch auf sich zu ziehen. Bestimmend ist vielmehr die Einsicht in die faktische Sündhaftigkeit Israels. (...) Es gibt da nicht die Möglichkeit für eine Alternative« (2,98). »Nicht das, was durch Gehorsam gewonnen oder durch Ungehorsam verspielt werden kann, bestimmt den Text. Vielmehr ist die Sünde des Volkes und die dadurch negativ qualifizierte Nähe Gottes die Faktizität, die verarbeitet werden muß« (2,100).

16. Mildenberger greift durchgehend, insbesondere für die historische Verortung der Texte, aber auch in literarkritischen und redaktionsgeschichtlichen Entscheidungen, auf Ergebnisse der historisch-kritischen Bibelauslegung zurück, ohne dieser aber einen »Methodenmonismus« zuzugestehen (1,229).

Mildenbergers Auslegung von Lev 26 ist an seinen eigenen Prämissen zu messen; dazu gehört die Intention, »eine Schriftauslegung zu entwickeln, die dem gerecht wird, was die biblischen Texte selbst sein und sagen wollen« (1,227). Biblische Texte sollen nicht als bloße *dicta probantia* oder *sedes doctrinarum* herangezogen werden. Im Gespräch mit der historisch-kritischen Exegese und unter Berücksichtigung größerer biblischer Textzusammenhänge soll »die Bibel (...) hier viel deutlicher ihre eigene Sache sagen können, als das dort der Fall ist, wo sie nur Dogmatik begründen soll« (1,229). Läßt aber Mildenbergers Deutung von Lev 26 das Eigengewicht des biblischen Textes genügend zum Tragen kommen? Hebt hier nicht vielmehr eine Lektüre durch die Brille paulinischer Anthropologie, augustinischer Erbsündenlehre und reformatorischer Rechtfertigungslehre die *spannungsvolle Einheit* von Gottes Bundestreue (die Befreiungstat des Exodus wird nicht zurückgenommen, auch wenn Israel in seinem Ungehorsam gegen die Tora verharrt) und der konditionalen Bindung des Segens an die Bewahrung der Tora einseitig zugunsten der Alleinwirksamkeit Gottes auf? Anders gefragt: Führt ein Ernstnehmen der konditionalen Segens- und Fluchankündigungen als einer *realen*, auch zukunftsorientierten *Alternative* zwangsläufig zu einer Vergesetzlichung der Gottesbeziehung? Diese Annahme ist m. E. schon deshalb kurzschlüssig, weil sie davon absieht, daß für das gesamte Heiligkeitsgesetz die Heiligung Israels eine im Exodusgeschehen empfangene Gabe Gottes ist.[17] Dieser in Gottes Befreiungstat begründeten Heiligung soll Israel mit dem Halten der Tora *entsprechen*. Es käme also alles darauf an, dem spannungsreichen Neben- und Ineinander von *bedingungsloser* Bundes- und Verheißungstreue Gottes und den *bedingten* Segens- und Fluchankündigungen standzuhalten.[18]

Die Marginalisierung der gesamtbiblischen Segensthematik und die einseitige Auslegung eines Segens(- und Fluch)kapitels wie Lev 26 in Mildenbergers »Biblischer Dogmatik« liegen m. E. *beide* darin begründet, daß der Diskurs zwischen Dogmatik und Exegese von vornherein zugunsten der *dogmatischen* Perspektive entschieden ist: Zwar gelingt es Mildenberger, die dogmatische Reflexion *als* Auslegung größerer biblischer Textzusammenhänge zu entfalten, doch sowohl die Disposition dieses Entwurfs, der sich an der Loci-Methode orientiert, wie auch die einzelnen Themen werden durch die dogmatische Tradition vorgegeben. In Anlehnung an P. Tillichs Korrelationsmethode versucht Mildenberger, auf *dogmatische Fragen biblische Antworten* zu finden. Das Programm einer »Biblischen Dogmatik« impliziert für ihn, »daß hier nicht die dogmatischen Inhalte dargestellt und dann zusätzlich durch biblische Texte belegt werden sollen. Vielmehr sollen die biblischen Texte selbst als Antwort auf die dogmatischen Fragen nachgesprochen werden« (1,247). Mit K. Barth wäre hier zu bedenken, daß die Bibel in diesem Fall »nicht mehr sagen (kann), was sie sagen will. Sie kann dann nur noch antworten auf das, wonach sie vom Men-

---

17. Vgl. bes. Lev 22,32b.33; dazu F. Crüsemann, Tora, 350ff.; ders., Exodus.
18. Zu den konditionalen Segensverheißungen vgl. unten Teil B, II.1.4.; Teil C, I.2.5.

schen gefragt ist. Sie will uns (aber) mit ihren Antworten allererst auch die richtigen Fragen an die Hand geben.«[19] Es kommt hinzu, daß Mildenberger den »Begründungszusammenhang« (1,264-277) seiner Dogmatik primär in drei kirchlichen Grundentscheidungen sieht: der Entscheidung der Alten Kirche für die Identität des Schöpfer- und Erlösergottes, dem reformatorischen Bekenntnis der Alleinwirksamkeit Gottes, wie es sich in der Lehre von der Rechtfertigung sola gratia ausspricht, und dem Bekenntnis der Barmer Theologischen Erklärung zu Jesus Christus als dem *einen* Zugang zu Gott in Abgrenzung von jeder natürlichen Theologie (vgl. 1,269-271). Da traditionell das Segensthema keinem Locus eindeutig zugeordnet ist und da auch die genannten Grundentscheidungen, die in Mildenbergers Dogmatik die Auswahl der biblischen Texte steuern, nicht explizit auf biblische Segenstraditionen rekurrieren (obwohl sie alle auch segenstheologisch entfaltet werden könnten), sind Segen und Segnen – wider Erwarten – kein Thema dieses Entwurfs. Das Programm einer »Biblischen Dogmatik« als solches verbürgt also keineswegs die dogmatische (Wieder-)Entdeckung des gesamtbiblischen Segensmotivs, so lange es sich in den vorgezeichneten Bahnen herkömmlicher Dogmatiken bewegt. Um die *dogmatische Relevanz* des Segens wahrnehmen zu können, müßte diese »Biblische Dogmatik« sowohl *biblischer* wie *zeitgenössischer* (nicht zeitgemäßer) sein.

Auch in *Edmund Schlinks* »Ökumenische(r) Dogmatik« begegnet das Segensthema ausführlich nur im Zusammenhang der bedingten Segens- und Fluchankündigungen des Deuteronomiums: Den zweiten Teil seines Entwurfs (»Die Lehre von der Erlösung«) eröffnet Schlink mit einem Kapitel über »Das alttestamentliche Gesetz«[20], um mit der Darstellung von Gottes erlösendem Handeln in Israel »bei dem Wortlaut der alttestamentlichen Texte und demjenigen Verständnis einzusetzen, das ihre Verfasser, Überlieferer und Hörer von Gottes Reden und Tun hatten« (212). Als Grundereignisse der Geschichte Jhwhs mit Israel nennt er die Herausführung aus Ägypten, die Gabe der Tora am Sinai und die Selbstverpflichtung des Volkes zur Erfüllung des Gesetzes. An dieser Reihenfolge zeigt sich, daß die Gebote wie der ihnen gegenüber geforderte Gehorsam Gottes ursprüngliche Rettungstat voraussetzen und nicht etwa bedingen: Die Gebote schützen den durch den Exodus eröffneten Lebensraum der Freiheit, und ihre Einhaltung ist durch Dankbarkeit gegenüber Gott motiviert. Gründet damit das Gesetz im Evangelium der Befreiung, so folgt für Schlink, daß der *sprachliche Parallelismus* der Ankündigung von Segen (für Toragehorsam) und Fluch (für Toraungehorsam) durchbrochen sei:

Sätze wie Dtn 6,13-15.17ff.; 30,15ff. »würden mißverstanden, wenn man Segen und

---

19. K. Barth, KD II/2, 43 (in Auseinandersetzung mit der Prädestinationslehre Calvins).
20. Ökumenische Dogmatik, Kap. XI, 211-251. Entsprechend dem »späten jüdischen Gesetzesverständnis« (217) faßt er in diesem Kapitel Verheißung und Gesetz, Prophetie und Gesetz zusammen.

Fluch, Leben und Tod in gleicher Weise als Gottes Antwort auf das Handeln der Menschen verstehen würde. (...) Der Gehorsam ist nicht in gleicher Weise Ursache des Heils, wie der Ungehorsam Ursache des Unheils ist. Denn die Gabe des Lebens ging dem Gehorsam des Menschen voraus. Nicht die Erlangung des Heils, sondern das Bleiben im Heil ist dem Gehorsam gegen das Gesetz verheißen. Demgegenüber ist der Fluch im Verhalten des Menschen begründet. Der Parallelismus der Ankündigungen von Segen und Fluch ist somit von der Voraussetzung der unverdienten Heilstat verändert, wobei freilich nicht übersehen werden kann, daß das Gesetz mit größter Eindringlichkeit den Gehorsam als Bedingung für das Bleiben im Heil fordert« (242).

Doch kann die am Verhalten zur Tora sich entscheidende *Alternative* von Segen und Fluch so auseinandergerissen werden, daß der Empfang von Segen und Leben im freien Handeln *Gottes*, von Fluch und Tod aber im Tun der *Menschen* seine Ursache hat? Nur eine isolierte Lektüre der Segens- und Fluchankündigungen in den Rahmenkapiteln des Deuteronomiums (bes. Kap. 28), die von der konkreten Bindung der Segensthematik an die Sozialgesetze abstrahiert, übersieht, daß es bei der toragebundenen Alternative von Segen und Fluch um den Umgang mit dem bereits erfahrenen Segen geht: Die Gewährung *zukünftiger* Segensgüter steht und fällt mit der solidarischen Praxis gegenüber den Schwachen in der Gesellschaft. Die Parallelität von Segen und Fluch leugnet also nicht die von jeder menschlichen Vorleistung *unabhängige* Zuwendung Gottes im Grundereignis des Exodus, sondern setzt sie voraus; sie zieht die *Eindeutigkeit* der göttlichen Gebote als Weisungen zum Leben nicht in Zweifel, sondern verschärft sie; dogmatisch gesprochen: Sie hebt den Vorrang des Evangeliums vor dem Gesetz nicht auf.

Wie läßt sich angesichts dieses biblischen Befundes Schlinks entparallelisierende Lektüre der Segens- und Fluchankündigungen erklären? Mit ihr macht er ein (vermeintlich) evangelisches Gesetzesverständnis zum Ausgangspunkt einer Verfallsgeschichte des Gesetzes in Israel, die mit den Stichworten »Verselbständigung« und »Verabsolutierung des Gesetzes« (246 f. u. ö.) unverkennbar in der Tradition J. Wellhausens und M. Noths steht[21]. Die »Entstellung« des Gesetzes vollziehe sich mit der Komposition des Pentateuchs:

»Durch die Summierung aller überlieferten Bestimmungen für die verschiedenen Lebensbereiche wurde das menschliche Leben und die Freiheit der menschlichen Entscheidungsmöglichkeit in bedrängender Weise eingeengt. Nun erhielt die Tora mehr und mehr eine absolute, alles Reden Gottes bezeichnende Bedeutung, und an die Stelle von Gottes gegenwärtigem Reden trat die Kasuistik der Gesetzesauslegung« (241). »Auch die Ankündigung von Segen und Fluch, Leben und Tod bekam nun eine neue Bedeutung. (...) Nun (...) setzte sich mit der Loslösung des Gesetzes von Gottes geschichtlichem Heilshandeln ein Vergeltungsprinzip durch, das in gleicher Weise für den Gehorsam und den Ungehorsam galt. Das Leben wurde als Lohn des Gehorsams erwartet, wie der Tod als Strafe für den Ungehorsam angedroht war. Es lag nun nahe, den eigenen Gehor-

---

21. Vgl. *J. Wellhausen*, Geschichte, 166 ff.; *M. Noth*, Gesetze, bes. 70 ff.; dazu: *R. Rendtorff*, Jüdische Bibel, bes. 107 ff.

sam vor Gott als seine Gnade geltend zu machen, ja mit dem Hinweis auf gute Werke die Erweise der göttlichen Gerechtigkeit einzuklagen.«[22]

Werden aber die konditionalen Segens- und Fluchankündigungen der Tora mit einem zum *Vergeltungsprinzip* erstarrten Gesetz gleichgesetzt und als Pervertierung des ursprünglich lebendigen und geschichtlich konkreten Gotteswillen abqualifiziert, ist nicht nur der Entgegensetzung von neutestamentlichem Evangelium und »spätjüdischem« Gesetz[23], sondern auch der ethischen Entschärfung der bedingten Segensverheißungen der Boden bereitet. In den Bahnen von Wellhausens und Noths Bild des nachexilischen Judentums gelingt es nicht, die *Parallelität* der *konkreten* Segens- und Fluchankündigungen der Tora zusammenzuhalten mit dem *grundsätzlichen Gefälle* zwischen Segen und Fluch in der Geschichte Israels. Daß Gottes Weg mit Israel und mit den Völkern von Gen 12, 2 f. her unter der Verheißung des Segens steht, bringt Schlink bis in die Erwählungslehre hinein überzeugend zum Ausdruck.[24] Doch unterbestimmt er von diesem eindeutigen Vorzeichen her die menschliche Verantwortung für die Weitergabe des Segens als Voraussetzung erneuter Segenserweise Gottes. Wird dogmatisch a priori jeder menschliche Einfluß auf Gottes Segenswirken ausgeschlossen, muß es zwangsläufig zu einer Aufhebung der bedingten Segensankündigungen kommen. Offensichtlich steht hier die stereotype Antithese von »spätjüdischer« Werkgerechtigkeit und christlicher Glaubensgerechtigkeit im Hintergrund. Wo aber vom nachexilischen Israel als vom »späten Judentum« (250 u. ö.) gesprochen wird, läßt sich der Verdacht nicht abweisen, daß dieser *ökumenischen* Dogmatik ein Verständnis von *Ökumene ohne Israel* zugrundeliegt. Das fehlende Gespräch mit dem *gegenwärtigen* Judentum zeitigt seine Folgen nicht nur in der referierten Deutung der konditionalen Segens- und Fluchankündigungen, sondern in der dogmatischen Marginalisierung der biblischen Segenstraditionen überhaupt.

Diese überrascht aber auch angesichts des intensiven Dialogs mit den ortho-

---

22. Es spricht für sich, daß Schlink keine biblischen Belege für dieses Gesetzesverständnis anführen kann. Wie stark die Vorgaben von Wellhausen und Noth ihn prägen, zeigt beispielhaft sein Umgang mit Ps 119: Daß »das Gesetz für Israel eine Wohltat, ein Licht auf seinem Wege, ein Grund zur Freude und Dankbarkeit« (241) ist, bezeugt mit Ps 119 gerade ein Text aus der nachexilischen Zeit, in der genau dies ja nicht mehr Gültigkeit haben soll. Schlinks »Rettung« von Ps 119 hätte ihm zu denken geben müssen: »Auch wenn die Lobpreisungen des Gesetzes in dem kunstvollen 119. Psalm erst aus einer Zeit stammen, in der das Gesetz zu einer von der geschichtlichen Erlösungstat weitgehend losgelösten Größe geworden war, darf doch sein Verständnis als Schutz, Hilfe und Wohltat als ursprünglich angesehen werden« (ebd.).
23. Schlink ordnet den Abschnitt »Das alttestamentliche Gesetz« von vornherein dem Problem der »Einheit und Unterschiedenheit von altem und neuem Bund« (212) und der Unterscheidung von Gesetz und Evangelium (vgl. 217) zu, die er beide als Themen von »größter« bzw. »ganz besonderer ökumenischer Bedeutung« (ebd.) bezeichnet.
24. Die Segensverheißung an Abraham offenbart die »Unvergleichbarkeit von Gottes Erwählen und Verwerfen« (798 f.); sie belegt, daß »der Erwählte den Nichterwählten zum Heil zugeordnet« ist (799).

doxen Kirchen[25] und der methodischen Grundentscheidung, den vielfältigen Strukturen der Glaubensaussagen, insbesondere der *Doxologie* in dieser Dogmatik Raum zu geben, weil sich in ihnen eher als in dogmatischen Lehrsätzen ein ökumenischer Konsens einstelle (vgl. VI.33 f.). Die große Bedeutung, die dem Seg(n)en im Gottesdienst der orthodoxen Kirchen zukommt[26], hat keinen Niederschlag in dieser Dogmatik gefunden. Gerade der eindrückliche Einsatz der Gotteslehre mit einem Kapitel über den Lobpreis Gottes[27] hätte zu einer dogmatischen Besinnung auf die B^{e}racha, die Segnung Gottes, führen können.[28]

3. Die Wiederentdeckung des Segens als dogmatisches Thema bei F.-W. Marquardt

Während sich so selbst biblisch-theologisch begründete und entfaltete, ökumenisch ausgerichtete und am Gespräch mit dem Judentum beteiligte Dogmatiken als verblüffend resistent gegenüber der systematisch-theologischen Frage nach dem Segen erweisen bzw. nur eine von dogmatischen Vorentscheidungen geprägte Auswahl von wenigen biblischen Segenstexten berücksichtigen, kommt es allererst in einem Dogmatik-Projekt, das seinen Ausgang in der Situation *radikaler Fraglichkeit* von *Theologie nach Auschwitz* nimmt, zur dogmatischen Wiederentdeckung des Segens. Biblische Segenstraditionen werden zu Schlüsselmotiven einer Theologie, die auf die Lebensgemeinschaft der Kirche mit dem jüdischen Volk zielt und deshalb alle dogmatischen Loci daraufhin bedenkt, »was uns an Gott fehlt, wenn wir Israel verloren geben«.[29] Alles *selbstverständliche* Reden von Gott ist einer Theologie zerbrochen, die ihre Mitschuld an den Judenmorden dieses Jahrhunderts erkennt und darin ihres Elends ansichtig wird, daß sie christliche Identität in definitorischer Abgrenzung vom Judentum und auf Kosten der Integrität des jüdischen Volkes behauptet hat.

Wie kann Theologie in dieser grundlegenden Erschütterung und Fraglichkeit bestehen und auf verbindliche Gedanken kommen? Sie kann dies nach *Friedrich-Wilhelm Marquardt* nur, indem sie sich dort »heimsuchen« läßt, »wo die Kirche einst das jüdische Volk verließ und verstieß: in der biblischen Wirklichkeitsordnung« (ebd.). Biblisches Wirklichkeitsverständnis wird sich christlicher Theologie aber nur erschließen, wenn sie vom jüdischen Vorrang der Halacha vor der Haggada lernt, sich also in eine Geschichte, in *Lebensverbindlichkeiten*

---

25. Vgl. bes. das Geleitwort von Nikos A. Nissiotis (XIX-XXI).
26. Vgl. *F. v. Lilienfeld*, ΕΥΛΟΓΙΑ.
27. Kap. XXV, 725-742; vgl. auch 64 f.,790 f.
28. Nach F. v. Lilienfeld (ΕΥΛΟΓΙΑ, 14) ist »die Grundstruktur der jüdischen *beraka* im orthodoxen Gottesdienst erhalten«.
29. *F.-W. Marquardt*, Prolegomena, 145 (Seitenzahlen im Text).

des Glaubens, in die »Teilnahme am offenen Lernprozeß des lebendigen Gottes« (164) hineinrufen läßt, um dann *unterwegs* auf gottgemäße Gedanken zu kommen und über ihr Denken Rechenschaft abzulegen. So rückt der Locus »De vocatione« in die als »evangelische Halacha« konzipierten Prolegomena zur Dogmatik ein.[30] »Berufung« wird damit zum Thema der Vergewisserung über den *Erkenntnisweg* der Theologie. Sie weist der Erkenntnis Gottes ihren von Gott selbst angewiesenen Ort zu, der für Marquardt in der Geschichte des ersten Berufenen, nämlich Abraham, dem Vater aller Gläubigen, liegt. In der Teilnahme an seiner Geschichte werden den ChristInnen die Orte ihrer Lebensverbindlichkeiten zugewiesen, werden sie »berufen in eine Lebensbeziehung zum jüdischen Volk, dazu: ihr Leben zu teilen mit Armen, dazu: ihr Vertrauen an der Gattung Mensch zu bewähren« (263). An diesen drei Berufungsorten entsprechen sie den Treuebeziehungen, die Gott selbst in Christus eingegangen ist – »als Liebhaber Israels, als Parteigänger der Armen und als menschlicher Stellvertreter aller Menschen« (373). Als Orte der Bewährung christlichen Lebens sind sie weder gegeneinander auszuspielen noch aufeinander zu reduzieren. Indem sie aber über die Teilhabe an der Geschichte und damit am Segen Abrahams miteinander verknüpft sind, kommt der Berufung in die Lebensgemeinschaft mit dem jüdischen Volk der Vorrang zu. Vermittelt sich im Christusgeschehen der Abrahamsegen an die Völker (Gal 3,6-14), so *begründet* und *bedingt* allererst das *Mitgesegnetsein* mit Abraham/Israel die Gotteserkenntnis der Nichtjuden und -jüdinnen. Wie ein roter Faden zieht sich durch diese Prolegomena der Bezug von Gal 3,6-14 auf Gen 12,2 f.[31] Marquardt erzählt die Geschichte Abrahams als Streit um dessen Erbe, um die rechte Abrahamkindschaft und so um die Weitergabe und die Teilhabe am verheißenen Segen.[32] Kommen die Völker allein durch die Segensmittlerschaft des gesegneten Abrahamsohns Jesus von Nazareth zum Gott Israels, dann gibt es keine Gottesbeziehung ohne Beziehung zum jüdischen Volk, dann ist »Christusbeziehung Israelbeziehung« (458): Nur als den Mitgesegneten mit Abraham gehört ChristInnen der Segen Gottes. Diese *segenstheologische* Profilierung des »extra nos« weist Marquardt auch für die Berufung zur Teilung des Lebens mit den Armen nach: »Ans Heil Gottes gerät unsereins nur auf dem Weg über das Heil, das Gott den anderen zugesprochen hat: wie dem vor uns gesegneten Israel, so den vor uns gesegneten Armen« (368). Ist den Armen die Gottesherrschaft zugesagt (Luk 6,20), so können andere nur durch ihr Tun an den Armen daran teilhaben (Mt 25,31-40). »Gesegnete meines Vaters« (V. 34), die das Gottesreich ererben, nennt Christus die, die sich den Bedürftigsten zugewandt haben. Aber auch der dritte Ort der Bewährung, die Verantwortung für die Mensch-

---

30. »§ 6 Abraham, unser Vater: Über die Berufung (de vocatione)«, 263-373.
31. Vgl. etwa a. a. O., 263,278 f.,327 f.,335 ff. Zu Gen 12,(1)2 ff. außerdem: a. a. O., 209,308,442; Christologie 1, 186 ff.,288; Christologie 2, 209; Eschatologie 1, 86,103,155,163; Eschatologie 2, 160,309,321; Eschatologie 3, 84,265.
32. Vgl. Prolegomena, 302 ff.,325 ff.; Christologie 1, 288 f. u. ö.

heit als ganze, ist eine im Segen begründete Lebensverbindlichkeit, nämlich im Schöpfungssegen von Gen 1, 28.[33] So verbindet die Berufung in die Abrahamkindschaft und die Teilhabe an seinem Segen die drei Grundbeziehungen christlicher Bewährung. Das Mitgesegnetsein ermächtigt dazu, in diesen Lebensverbindlichkeiten bestehen zu können.[34]

Bestimmt Marquardt mit Gal 3, 14 als Ziel des Christusgeschehens die Erfüllung der Segensverheißung an Abraham (und die eschatologische Geistausgießung), so gilt es, über Marquardt hinaus zu fragen, *wie* sich nach Paulus die Hineinnahme der Völker in die Segensgeschichte Abrahams/Israels vollzieht. Marquardt deutet mit Bezug auf Gal 3, 13 deren Verortung im Kreuzestod Jesu an.[35] Herausgefordert ist damit eine segenstheologische Interpretation des Kreuzestodes (und der Auferweckung) Jesu, die diese(n) im Anschluß an Gal 3, 6-14 auf die Segens- und Fluchwirkung des Gesetzes hin bedenkt.[36] Sie hätte auch zu klären, wie in der Teilgabe am Abrahamsegen das Tun Abrahams/Israels/Jesu und der Völker einander zugeordnet ist. Kommt es zur Zueignung des Segens durch die segnende Ausstrahlung und das segnende Wirken des Gesegneten selbst oder durch das Verhalten der Segensbedürftigen ihm gegenüber oder durch das Ineinander beider Bewegungen?

Zur Diskussion steht damit, wie Gen 12, 2 und 12, 3 zusammengehören. In der Aufforderung an Abraham, als Gesegneter selbst zum Segen zu werden, entdeckt Marquardt die wesenhafte promissio-Struktur der Selbstmitteilung Gottes: »Gott ruft Menschen *nicht nur* dazu, *Adressaten* seiner Verheißungen, sondern selbst ein Segen, selbst eine Verheißung für andere zu werden: *vielversprechende Menschen*, denen zu begegnen für andere nur etwas Verheißungsvolles bedeuten kann.«[37] Nach Gen 12, 3 hängen Segen und Fluch eindeutig am Verhalten gegenüber Abraham/Israel: »An ihrem jeweiligen Verhältnis zu dem einen Volk holen sich die anderen Völker Gottes Segen oder Gottes Fluch. Gott vermittelt sich ihnen durch dies Volk, und die Völker sind durch dies Volk Gott vermittelt.«[38]

33. Vgl. Prolegomena, 369.
34. Innerhalb der Klammer der Abrahamgeschichte, unter dem Segensbogen von Gen 12, 3 zu Gal 3, 14, bleiben allerdings bei Marquardt die drei Lebensbeziehungen, bleiben Universalität und Partikularität merkwürdig *neben*einander stehen (vgl. a.a.O., 369f.). Es wäre aber zu fragen, ob nicht die Einweisung in die Verantwortung für die Armen wie für die Gattung Mensch ihren *Erkenntnis- und Realgrund* in der Berufung zur Lebensgemeinschaft mit dem jüdischen Volk hat, so daß sie erst mit dem Einüben in die Israelbeziehung angemessen wahrgenommen werden kann (vgl. dazu ausführlich unten Teil C, I).
35. Vgl. a.a.O., 335. Im Anschluß an Apg 3, 25 rechnet Marquardt die Erfüllung von Gen 12, 3 zum *prophetischen* Amt Jesu Christi (vgl. Christologie 2, 179).
36. S. dazu unten Teil C, I.2.
37. Eschatologie 1, 155; vgl. dazu auch die Ausführungen zum Segenswirken des einen Gesegneten unter seinen Brüdern und ihre Übertragung auf das Verhältnis zwischen Israel und den Völkern: Prolegomena, 305 ff.; Christologie 2, 187 ff.
38. Christologie 1, 187. Für die Deutung des Imperativs in V. 2b (»Und (du) sei ein Segen!«) stellt Marquardt damit fest: »Nicht, daß dies Volk die anderen segnen sollte« (ebd.). In anderem Zusammenhang deutet er V. 3(!) so, daß »die Beziehung Israels zu den Völkern, die Mission, die Israel an ihnen hat, (darin besteht): ihnen ein Segen zu sein« (Eschatologie, 309). Gleichzeitig kann Marquardt von einem »doppelseitigen Segensverhältnis«

Wie auch immer die Segensbeziehung zwischen Israel und den Völkern näher zu bestimmen ist und welche Bedeutung dabei dem Wirken des gesegneten Abrahamsohns Jesus von Nazareth (nicht nur für die Völker, sondern auch für Israel!) zukommt, es ist und bleibt die mit der Segensverheißung an Abraham beginnende Geschichte, die den Völkern den Weg zum Gott Israels eröffnet. Deshalb gehört für Marquardt die Einweisung in diese Geschichte zu den Prolegomena der Dogmatik. Teilnehmend an dieser Segensgeschichte wird christliche Theologie zu den Orten verbindlicher Gotteserkenntnis geführt. Darin liegt angesichts »von Elend und Heimsuchung der Theologie« ihre verheißungsvolle Zukunft.

Die Wiederentdeckung des Segens als einer dogmatisch relevanten biblischen Kategorie macht sich bei Marquardt noch an einem zweiten Thema fest, das explizit erst in der Eschatologie begegnet, aber schon in den Prolegomena vorbereitet wird: nämlich an der biblisch-jüdischen Praxis der B^{e}racha, der *Segnung Gottes* als dem Inbegriff des Gotteslobs. Im Rückgriff auf Luk 2, 25-32 und Röm 15, 8-13 sieht Marquardt das Lebenswerk Jesu Christi darin, den Beruf Israels zu erfüllen: Licht für die Völker zu sein mit dem Ziel, daß diese in den Lobpreis des Gottes Israels einstimmen mögen.[39] Die Lebensgemeinschaft mit Israel, zu der die Völker berufen werden, erfüllt sich im Gotteslob. In seiner intensivsten Form ereignet sich dieses – wie z. B. in 2 Kor 1, 3 ff., Eph 1, 3 ff. und 1 Petr 1, 3 ff. – als *Segnung* Gottes. Marquardt versteht zunächst die *Form* der B^{e}racha aus der *wechselseitigen Bundesbeziehung* zwischen Gott und Israel:

»Es ist ein Zeichen praktizierter Bundesgenossenschaft, daß, jüdisch gedacht, auch *Menschen* Gott segnen können und sollen: Die Gleichheit der Partner beweist sich daran; es gehört zur Wirklichkeit des Bundes, daß Menschen Gott durch ihr Segnen stärken können, wie Gott die Menschen durch sein Segnen stärkt. Eben das geschieht in der B^{e}racha: In geschärfter Aufmerksamkeit und hochsensibler Empfänglichkeit verbinden Juden die Alltagsfälle ihres Daseins – ein duftendes Brot, einen frischen Schluck frischen Wein, das Vorübergehen eines schönen Menschen, das Strahlen der Sterne, die Vogelstimme der Frühe – mit Gott, loben ihn darüber und stärken ihn mit diesem Loben, indem sie es ihm zuschreiben, seinem Wirken, seiner Nähe.«[40]

Die B^{e}racha im Proömium des 1. Petrusbriefes verdeutlicht, daß sich nicht nur ihre *Form*, sondern auch ihr *Inhalt* dem *Gegenseitigkeitsverhältnis* des Bundes verdankt: »Gott wird gesegnet wegen jener Tat seiner Gemeinschafts- und Bundestreue, die in seiner nahen Beziehung zu Jesus von Nazareth und im Wirken und Leiden Jesu uns zugute sich gezeigt hat.«[41]

(a. a. O., 310) sprechen. Hier ist eine genauere Lektüre nötig, die die Unterschiede wie den Zusammenhang von Gen 12, 2 und 3 (auch im Licht ihrer neutestamentlichen Rezeption) nachgeht. S. dazu unten Teil C, I.1.1-2.
39. Vgl. Prolegomena, 435 ff. – auch hier unter Bezug auf Gen 12, 3.
40. Eschatologie 1, 96 f. Zum Segnen Gottes (Gen. obj.) vgl. insbesondere a. a. O., 335; aber auch Eschatologie 2, 110. 325 f.; dazu unten Teil C, II.2.2.
41. Eschatologie 1, 97.

Marquardts Entwurf ist m. W. die einzige christliche Dogmatik, die das Gotteslob in der biblisch-jüdischen Form der Bᵉracha wahrnimmt und darüberhinaus – im Zusammenhang mit der Auslegung der noachidischen Gebote als Weisungen des Gottes Israels an die Völker – zum Maßstab dafür macht, daß »irgendein alltägliches Tun zum erfüllenden und erfüllten Tun eines Gebots« wird.[42] Es sind nicht nur die Umkehr zu einem biblischen Wirklichkeitsverständnis und die Bereitschaft, »jüdisch ›lernend‹ (... sich) christlich zu verantworten« (166), die Marquardt zur dogmatischen Besinnung auf die Bᵉracha führen. Es ist auch die Fraglichkeit der Theologie, welche Marquardt zutiefst als eine Fraglichkeit Gottes versteht, wie sein wiederholter Vorbehalt: »So Gott will und er lebt!«[43] signalisiert. Mit ihr korrespondiert der *synergistische* Grundzug dieses Dogmatik-Projekts, das Gott und Mensch als wechselseitig aufeinander angewiesen versteht: Weil Gott sich selbst zur Bundesbeziehung mit den Menschen bestimmt hat, »wirken Menschen auf seinen Lebens- und Selbsterkenntnisprozeß ein. Sie wirken mit Gott und bewähren sich als Genossen seines Bundes; (... so) bestätigen sie ihn in seiner Gottheit und helfen ihm, in vollem, d. h. in seinem eigenen Sinne Gott zu sein« (26). Damit ist das Segnen Gottes (in seiner doppelten Bedeutung) praktizierte Bundesbeziehung, in der sich das Gottsein Gottes und die Menschlichkeit des Menschen erfüllen.

---

42. Eschatologie 1, 335.
43. Eschatologie 1, 14 u. ö.

Teil B

Im Gespräch mit dem Segensverständnis der dogmatischen Tradition

I. Martin Luther

Luthers ebenso knappe wie programmatische Auskunft, daß »der Segen nichts anderes als die Verheißung des Evangeliums«[1] sei, macht auf den ersten Blick die Suche nach einem spezifischen Beitrag M. Luthers für eine heutige Segenstheologie und -praxis zu einem überflüssigen Unterfangen: Wo der Begriff des Segens selbst zu einem Synonym für »Evangelium« geworden ist, scheint ihm das erkennbare Profil eines *eigenständigen* (biblisch-)theologischen Themas zu fehlen. Daß »Segen und Fluch« nicht zu den Fundamentalunterscheidungen gezählt werden, die Luthers Theologie wesentlich prägen[2], und in der Lutherforschung kaum Berücksichtigung finden[3], mag deshalb wenig verwundern. Gleichzeitig deutet sich mit dieser Segensdefinition aber an, daß die an Luther gerichtete Frage nach dem Segen gerade *reformatorische Grundeinsichten* (als biblische Erinnerungen) auf den Plan ruft, können doch die reformatorischen Entdeckungen Luthers im Begriff der Promissio focussiert und seine Theologie überhaupt als *Promissiotheologie* bestimmt werden.[4] Damit steht zu vermuten, daß die Segens- (und Fluch-)Thematik kein Schattendasein in den Schriften des Reformators führt, daß vielmehr zentrale Anliegen und Entscheidungen seiner Theologie in der Konzentration auf das Segensmotiv noch einmal neu und anders zur Sprache kommen könnten. Wenn sich zeigen läßt, daß der Begriff des Segens den (der Verheißung) des Evangeliums nicht lediglich kopiert, sondern präzisiert und auf unverwechselbare Weise profiliert, könnte allzu Selbstverständliches neu fragwürdig gemacht werden. Letzteres geschieht bereits mit dem Einsetzen meiner Überlegungen bei Luthers Exegese von Gen 22,18, denn mit dieser Entscheidung über den Erkenntnisweg widerspreche ich der (kurzschlüssigen) Einschätzung U. Manns: »*Selbstverständlich* stellt die klassische Stelle Num 6,24 ff. (Aaronssegen) die Grundlage für L.s theologisches Segensverständnis dar.«[5] Zwar bietet Luthers Auslegung von Num 6,24-27[6] eine der sprachlich schönsten und theologisch gewichtigsten Deutungen dieses Segenstextes, doch erschließt sie sich in ihrer eigentlichen Bedeutung erst von dem aus

---

1. WA 40/1, 386,22-25 (in der Auslegung von Gal 3,9).
2. Die an solchen Distinktionen wie »Gesetz und Evangelium«, »Person und Werk«, »Glaube und Liebe« etc. orientierte Einführung von *G. Ebeling,* Luther, übergeht die Segens- und Fluchthematik.
3. Zu Luthers Segensverständnis vgl. *U. Mann,* Wunder, 40-43 und – hinsichtlich der Haltung Luthers gegenüber den Realbenediktionen – *C. Eyselein,* Einweihungshandlungen, 174-183.
4. Vgl. *O. Bayer,* Einführung.
5. Wunder, 41 (Hervorhebung M. F.).
6. »Der Segen, so man nach der Messe spricht über das Volck« (1532), in: WA 30/3, 572-582; und die Predigt über 4 Mose 6 vom 8.12.1527, in: WA 25, 436-439.

Gen 22,18 und Gal 3 entwickelten christologischen Segensbegriff her, der Luthers Segensverständnis begründet und entscheidend prägt.

1. Das christologisch-soteriologische Verständnis des Segens

Luthers christologisch-hermeneutisches Kriterium, die biblischen Schriften daran zu messen, »ob sie Christum treyben, odder nit«[7], läßt ihn in der »unterrichtung wie sich die Christen ynn Mosen sollen schicken«[8] die Segensverheißung an Abraham in Gen 22,18 – neben dem Protevangelium von Gen 3,15 und der Erwartung eines Propheten wie Mose nach Dtn 18,15 – als »das fuernemest ym Mose, wilchs uns Heyden auch angehoeret«[9], wahrnehmen. Im Rahmen seiner kanonischen Exegese (entsprechend dem Leitmotiv von der Klarheit der sich selbst interpretierenden Schrift) behauptet Luther mit Gal 3, 8.16 den *ursprünglichen Besitzanspruch* der Christen auf den Abrahamsegen, während er andererseits gemäß einer adressatenspezifischen Bibellektüre die Mose-Tora allein für Israel verbindlich erklärt.[10] Daß uns ChristInnen grundsätzlich die *Segensverheißungen* Israels gehören, während die ihm gegebenen *Gebote* keine Geltung für andere Völker beanspruchen können, es sei denn, sie stimmten materialiter mit dem Naturgesetz überein, wird von Luther nicht problematisiert, sondern als selbstverständlich vorausgesetzt. Diese Prämisse erst ermöglicht sein im folgenden zu entfaltendes universales, christologisch-soteriologisches Segensverständnis und weist zugleich voraus auf die Problematik antijudaistischer Motive in seiner Segenstheologie (Kap. 4).

---

7. WA DB 7, 384,25-27 (»Vorrhede auff die Episteln Sanct Jacobi unnd Judas«): »Und daryn stymmen alle rechtschaffene heylige bucher uber eyns, das sie alle sampt Christum predigen und treyben. Auch ist das der rechte prufesteyn alle bucher zu taddeln, wenn man sihet, ob sie Christum treyben, odder nit.«
8. WA 24, 2-16.
9. A. a. O., 10, 23 f.
10. Zu zeigen, daß sich diese unterschiedliche Pentateuchrezeption keineswegs dem christologischen Auslegungskriterium verdanken kann, sondern einem bestimmten Gesetzesverständnis Luthers im Rahmen der Unterscheidung von Gesetz und Evangelium entspringt, muß einer eigenen Untersuchung vorbehalten bleiben.

1.1 Gen 22,18 als Schlüssel zu Luthers Segensverständnis

»Wenn wir nicht mehr hetten, hetten wir dennoch schrifft gnug daran, Ich halt auch, die heiligen veter haben an dem spruch alle buecher gehabt.«[11] Dieses Urteil M. Luthers gilt einem einzigen Bibelvers, der Gen 12,3b aufnehmenden Segensverheißung Gottes an Abraham nach der Akeda Isaaks:

»Und in deinem Samen sollen sich *segnen* alle Völker der Erde, darum, daß du auf meine Stimme gehört hast« (Gen 22,18).

Hier findet Luther sowohl den Hauptspruch des Pentateuchs, »die glose und das liecht aller gesetze die hernach geschrieben sind«[12], als auch »das gantz Euangelion und reich Christi«[13] zusammengefaßt. Deshalb empfiehlt er Sterbenden, sich allein auf diesen Vers zu stützen und in der Anfechtung an ihm festzumachen.[14] Er biete hinreichenden Trost, seien doch aus ihm die übrigen Verheißungen der Bibel wie lebendiges Wasser aus einem lebendigen Brunnen geflossen.[15]

Wiederholt hat Luther Gen 22,18 als Summe der Schrift ausgelegt und dabei gleichzeitig alle wesentlichen Inhalte seiner reformatorischen Theologie aus diesem einen Vers entfaltet.[16] Damit bildet die Abrahamverheißung nicht nur den Schlüssel zu Luthers Segensverständnis, sondern sie zeigt bereits auch, daß die Frage nach der Bedeutung des Segens für Luther ins Zentrum seiner Theologie führt und keineswegs ein randständiges Thema betrifft. Inwiefern macht nun Gen 22,18 das ganze Evangelium aus, und welches Verständnis von Segen liegt dieser Identifikation zugrunde? Beide Fragen stehen in einem unauflösbaren Zusammenhang.

Gegenüber der ersten Segensverheißung an Abraham in Gen 12,3b: »*Und in dir sollen gesegnet werden alle Geschlechter des Erdbodens.*« – versteht Luther Gen 22,18 als Präzisierung. Entscheidend ist dabei die Interpretation des »in dir« durch »in deinem Samen«. Wie Paulus (Gal 3,16) deutet Luther diese Näherbestimmung christologisch: Mit dem Samen Abrahams ist niemand anderes

---

11. WA 24, 391,6-8 (Predigt zu Gen 22, 1527).
12. WA 24, 394,10.
13. WA 24, 391,4. »Also sind alle schrifft dahyn geordnet, das sie diesen spruch ymer treiben« (a.a.O., 394,31). »Das ist die gantze Theology auff einen hauffen, davon bisher keine gelerten noch hohe schulen ein wort verstanden haben« (a.a.O., 395,11-13). Auch von Gen 12,3b kann Luther sagen, es sei »jene mit güldnen Buchstaben zu schreibende und mit aller Zungen zu preisende Verheißung« (WA 42, 447,10, Vorlesung zur Genesis von 1535-1545); sie sei die Quelle, »woraus alle (sc. Propheten, M. F.) bald Trostworte bald Drohworte schöpften« (a.a.O., 451,29f.). Vgl. auch WA 43, 245,10.
14. So im Rahmen der Auslegung von 1 Petr 3,15 (vgl. WA 12, 361,3-17).
15. Für dieses offenbar auf Joh 7,38 anspielende Bild vgl. WA 43, 259, 38-40; ähnlich a.a.O., 245,10.
16. Im folgenden beziehe ich mich auf die Genesis-Vorlesung von 1535-45 (WA 43, 245-264), die Predigten zur Genesis von 1523-26 (WA 24, 378-405) sowie die Ostermontagsvesperpredigt vom 2.04.1526 zu Gen 22,18 (WA 20, 336-348).

als Jesus Christus gemeint.[17] Was auf den ersten Blick als bloße Behauptung unter Berufung auf die Autorität des Apostels erscheint, wird zunächst mehrfach durch den Verweis auf Joh 8,56 (»*Abraham, euer Vater, jubelte, daß er meinen Tag sehen sollte, und er sah (ihn) und wurde froh.*«) gestützt und dann vom Inhalt der Segensverheißung her sachlich entfaltet. Auf die Frage, wo bzw. wann Abraham den Tag Jesu gesehen habe, antwortet Luther: »In diesem spruche, do er hoeret, wie sein same solle Gott und Mensch sein, der alle heiden segenen, von Suende, Tod und teuffel erloesen, ewiglich gerecht, lebendig, heilig unnd selig machen soll.«[18] Abraham selbst habe gewußt, daß ein Segen mit dieser universalen Reichweite, der allen Völkern (Juden und Heiden)[19] durch alle Generationen hindurch verheißen sei, sich nicht allein auf ihn als einzelnen, sterblichen Menschen stützen könne. In diesem Wissen habe schon Abraham die Verheißung von Gen 12,3b (»in dir«; nicht erst 22,18: »in deinem Samen«) feinsinnig auf Christus hin verstanden, was Luther ihm mit der folgenden Erkenntnis in den Mund legt:

»Wenn alle Sippen der Erde durch mich gesegnet werden sollen, dann ist es notwendig, daß dieser Segen nicht auf meiner Person beruht. Ich werde nämlich nicht (immer) leben. Zudem bin ich nicht aus mir (selbst) gesegnet, sondern auch mir wurde Segen durch die Barmherzigkeit Gottes zuteil. Deshalb werden alle Völker nicht um meiner Person willen oder aus meiner Kraft gesegnet. Es wird aber geschehen, daß aus meiner Nachkommenschaft einer geboren wird, der – durch sich (selbst) gesegnet – Segen mit sich bringt –

17. »Nu wollen wir hie nicht viel disputiren, ob dieser text von unserem hern Jesu Christo gesaget ist oder nicht. Dann da haben wir unsern Doctor und lerer der heiden, der von Gott selber und unserem hern Jhesu Christo zum Doctor Theologiae promoviret und gemacht ist (...), als S. Paul. der sagt klerlich mit hellen worten zun Gala. am dritten, das diese wort Mosi alleine von Christo gesagt sein, und er sei auch der same alleine; unnd sonst niemandt« (WA 20, 340, 25-32). Vgl. auch WA 42, 447,31.

18. WA 20, 340, 35-38. Zum Hinweis auf Joh 8,56 vgl. ebenso WA 42, 447,31; 448, 21-23; WA 40/1, 385, 3-7.21-24. Zur Deutung dieses christlichen Midraschs, der die jüdische Vorstellung vom Lachen Abrahams über die Verheißung eines Sohnes (Gen 17,17) bzw. seine Freude angesichts der Geburt Isaaks aufnimmt und dabei den »Tag Isaaks« messianisch auf Christus bezieht, vgl. *R. Schnackenburg*, Johannesevangelium, 297-299. Für Luther schaut Abraham schon zu seinen Lebzeiten die Erfüllung der Verheißung in Christus (alternativ wäre an eine gleichzeitige Schau – vom himmlischen Paradies aus – zu denken) und lebt damit aus der ihm entgegenkommenden Fülle der Zukunft Gottes. Ganz in Übereinstimmung mit Luther interpretiert R. Bultmann: »Abraham wußte sich nicht selbst als Erfüllung des Heilswaltens Gottes und als das Maß für die Größe göttlicher Offenbarung, sondern er schaute aus nach der Erfüllung im Messias und will also selbst an dem Größeren gemessen sein.« Für ihn zeigt die Antwort Jesu »die Inadäquatheit der jüdischen Maßstäbe. (...) Wenn die Juden also Abraham gegen Jesus ausspielen, so verkehren sie den Sinn der Verheißung (...). Was ihnen abgeht, ist die Bereitschaft des Wartens, die ihre Echtheit erweist in der Bereitschaft des Glaubens, wenn der verheißene Größere begegnet« (Johannes, 247). Daß auch Luther eine solche, gegen das Judentum gerichtete Exegese im Kontext von Gen 22,18 nicht fremd ist, wird noch deutlich werden.

19. Ausdrücklich schließt Luther in die גוים auch das jüdische Volk ein – ein erster Hinweis auf die Luthers Theologie durchziehende *Paganisierung Israels* (vgl. dazu auch *R. Mayer*, Luther).

einen so großen und weiten Segen, daß er sich bis zu allen Sippen der Erde erstreckt. Darum ist es notwendig, daß er Gott ist, nicht nur Mensch, obgleich er auch Mensch sein wird, und er wird unser Fleisch annehmen, so daß er wahrhaftig mein Same sei« (WA 42, 447, 21-29).

Luthers christologische Deutung der Verheißung im Munde des vorbildlich glaubenden Abraham geht aus von der uneingeschränkten Gültigkeit des Abrahamsegens für alle Menschen aller Zeiten. Soll jeder sich in Abraham(s Samen) segnen können, so muß dieser jedem Menschen *gleichzeitig* sein, was aber nicht für Abraham selbst mit seiner begrenzten Lebensdauer zutrifft. Die zeitliche und räumliche *Entgrenzung* des Segens fordert demnach einen Segensträger, der selbst nicht den Begrenzungen irdischen Daseins unterliegt. Weiter: Abraham/Luther weiß, daß der Segen kein eigenes Werk des Menschen, sondern Geschenk göttlicher Barmherzigkeit ist.[20] Soll Abraham selbst zum Segen werden (Gen 12, 2b), so ist dies nur möglich aufgrund des vorgängigen Gesegnetseins durch Gott (V. 2a). Weil Abraham sein Segenswirken, das auf die Umwelt ausstrahlen wird, nicht sich selbst verdankt, leben auch die Völker, die sich in ihm segnen, nicht aus seinen, sondern allein aus Gottes Möglichkeiten. Denn nur Gott vermag aus sich selbst heraus zu segnen. Deshalb muß der gemeinte Same Abrahams *wahrer Gott* sein. Um aber rechtmäßig Abrahams Nachkomme genannt zu werden, muß er zugleich *wahrer Mensch* sein. Folglich erschließt sich die Lehre von den beiden Naturen Christi bereits aus der Segensverheißung von Gen 22, 18 (bzw. 12, 3b).[21] Zugleich umfaßt diese das gesamte Heilsgeschehen, denn Luther definiert »segnen« als »gerecht machen, vergebung der suenden, erloesung vom todt, teuffel und helle, leben und seligkeit wiederbringen«[22]. Damit liegt der christologischen Deutung von Gen 22, 18 ein denkbar weites Segensverständnis zugrunde, welches das ganze Heilshandeln Gottes in Jesus von Nazareth auf den Begriff bringt: »Daruemb hat das Wort ›segenen‹ alle seine (sc. Gottes, M. F.) werck miteynander ynn sich« (WA 24, 391,16 f.). Gerade die universale Gültigkeit der Segensverheißung an Abraham läßt Luther den Segensbegriff als Synonym zu »Evangelium« gebrau-

---

20. Darin liegt für Luther der Anlaß, seine Rechtfertigungslehre im Kontext von Gen 22, 18 zu entfalten. Mit der Beobachtung: »Dieses stimmt (…) mit unserer Lehre von der Rechtfertigung und dem Glauben überein (…), weil wir allein dem Glauben Gerechtigkeit zuschreiben« (WA 43, 253,20-23) eröffnet er seine rechtfertigungstheologische Deutung von Gen 22,18 und schließt sie mit der Feststellung, »daß diese Stelle vollkommene Gewißheit in der Lehre von der Glaubensgerechtigkeit verschaffe, (nämlich) daß wir allein durch Glauben gerechtfertigt werden. Denn kein Segen ist zu erhoffen, außer durch den Samen Abrahams« (a. a. O., 259,3-5).
21. In seiner Schrift »Daß Jesus Christus ein geborner Jude sei« (1523), in der er sich – unter Berufung auf Gen 3,10; 22,18; 2 Sam 7,12 und Jes 7,14 – gegen den Vorwurf von Mitchristen, er leugne die Jungfrauengeburt, verteidigt und in missionarischer Absicht den Juden zuwendet (»ob ich villeicht auch der Juden ettliche mocht tzum Christen glauben reytzen«), begründet Luther ausführlich, warum dieser Same Abrahams zugleich wahrer Mensch und wahrer Gott sein müsse (WA 11, 309-336, Zitat: 314).
22. WA 20, 343,9-11; vgl. auch a. a. O., 342,12 ff.

chen: »Wo von segen gesagt wird, da ist das Euangelium; wo das Euangelium ist, da ist Gott mit Christo und allen guetern. Also kan Gott mit einem wort alle ding fassen.«[23] Es ist Luthers christologische Auslegung des Alten Testaments, genauer: seine Deutung von Gen 12,3b und 22,18 im Lichte von Gal 3,16, die ihn in den Segensverheißungen an Abraham die Summe des Evangeliums finden läßt und zu einer Identifizierung von Segen und Evangelium führt. Mose verkündige, »das got Abraham einen solchen reichen segen vorheischen, der mit dem ganzen newen Testament ubereinstimmet, das Gott seinen Son, der gleicher Gott mit in ist, sol senden, Abrahams fleisch und blut anzunemen.«[24] Diese neutestamentliche, paulinische Perspektive auf Gen 22,18 (und 12,3b) prägt Luthers gesamtes Verständnis des biblischen Segensbegriffs. Ein Blick auf die Auslegung anderer Segensworte wird zeigen müssen, ob die christologische Füllung der abrahamitischen Segensverheißungen die Vielgestaltigkeit der biblischen Segenstexte »schluckt« oder sie allererst ins rechte Licht rückt. Zunächst gilt es aber, die Identifikation von Segen und Evangelium an Luthers Exegese von Gen 22,18 aufzuweisen und durch die Berücksichtigung seiner Deutung von Gal 3 zu vertiefen.

1.2 Die Identität von Segen und Evangelium nach Gen 22,18

Im Zentrum von Luthers Evangeliumsverständnis steht die befreiende Erkenntnis der Rechtfertigung sola gratia, die allein im Glauben an Gottes versöhnendes Handeln in Jesus von Nazareth be- und ergriffen werden kann. Ausgeschlossen ist damit, daß Menschen ihre gottgewollte Identität aus eigener Leistung, aus »Werken des Gesetzes« gewinnen und aus ihren eigenen Möglichkeiten leben können. Die iustitia passiva macht allen Selbstruhm zunichte. Kann aber Gen 22,18 ein solches Verständnis begründen?

Luthers theologische Argumentation beginnt überraschenderweise mit Beobachtungen zum hebräischen Sprachgebrauch des Verbs ברך (segnen), veranlaßt dadurch, daß in Gen 12,3b die Nif'al-Konjugation (ונברכו), in 22,18 aber die Hitpa'el-Form (והתברכו) steht. Sein bekanntes Bemühen um die hebräische Sprache und deren Wertschätzung[25] begegnet mehrfach in der Auslegung der biblischen Segensworte, wenn die HörerInnen/LeserInnen zur sorgfältigen Be-

---

23. WA 24, 394,4-6. »Der segen hat nu sollen gehen uber alle Heyden, doch also das es geschehe ynn Abrahams namen, Das ist das Euangelium« (a.a.O., 392,19).
24. WA 20, 347,19-22.
25. Besonders sprechend bringt dies eine der Tischreden (Nr. 1040) zum Ausdruck: »Die ebräische Sprache ist die allerbeste und reichste in Worten, und rein, bettelt nicht, hat ihr eigene Farbe. (...) Wenn ich jünger wäre, so wollte ich diese Sprache lernen, denn ohne sie kann man die h. Schrift nimmermehr recht verstehen. Denn das neue Testament, obs wol griechisch geschrieben ist, doch ist es voll von *Ebraismus* und ebräischer Art zu reden. Darum haben sie recht gesagt: Die Ebräer trinken aus der Bornquelle; die Griechen aber aus den Wässerlein, die aus der Quelle fließen; die Lateinischen aber aus den Pfützen« (WA TR I, 524f.). Zu Luthers Hebräischkenntnissen, seinem Engagement für einen universitären

achtung des hebräischen Wortlauts angehalten werden.²⁶ Hier unterscheidet er – angewandt auf ברך – vier hebräische Konjugationen:

1. Die Konjugation der verba neutralia oder absoluta, der absolute Gebrauch eines Verbs ohne Akkusativobjekt: »ich segne«.
2. Die Verbindung dieser Verba mit einem Akkusativobjekt: »er hat den Menschen gesegnet«; dabei gehe die Handlung des Segnens auf einen anderen (Gegenstand oder Menschen) über.
3. Die transitive Konjugation: »ich mache, daß du gesegnet seist« (lateinisch: benedictifico). Diese Bedeutung komme im Blick auf den Segen allein Gott zu.
4. Die Konjugation der verba inchoativa (verba transitiva reciproca oder reflexiva actionis): »ich segne mich selbst«.

Bei der vierten Gruppe greift nun Luthers (rechtfertigungs-)theologisches Vorverständnis und leitet die Übersetzung: Das Reflexivum wird durch ein Passivum interpretiert, denn eigentlich bedeute die reflexive Form, »daß jemand aus fremder Kraft das tut, was er aus eigener nicht vermag« (WA 43, 246,30f.). Eindeutig gerät hier die Grammatik in eine abhängige und dienende Rolle gegenüber der dogmatischen Aussage²⁷: Eigentliches Subjekt menschlicher Selbstsegnung ist Gott. Zum Segnen sind wir Menschen nicht aus uns selbst heraus fähig, es bedarf der Ermächtigung extra nos. Im Hintergrund dieser Deutung des reflexiven Gebrauchs von ברך im Sinne eines Passivum divinum steht Gal 2,20. Bezogen auf die Segensverheißungen von Gen 22,18 und 12,3b ebnet Luther damit den Unterschied zwischen Nif'al- und Hitpa'el-Konjugation ein, indem er beide passivisch übersetzt und Gott bzw. Christus zum allein Segnenden erklärt: »Gott aber ist der, der segnet; Christus ist der Samen, durch den er segnet, die Völker werden gesegnet, oder sie segnen sich in wechselseitiger Bezogenheit (›reciproca coniugatione‹); d.h.: Jener Segen Gottes kommt durch Christus als dem Segnenden zu den Völkern, wenn sie sich den Segen im Glauben aneignen, sobald sie sagen: Ich bin gesegnet, nicht in mir selbst, sondern in dem Samen (sc. Abrahams, M. F.)« (WA 43, 246,33-37). Damit sind die zentralen Momente der *Rechtfertigungslehre* Luthers ins Gewand einer *Segenstheologie* gekleidet: Der Segen ist Gabe Gottes, die sich der Mensch nicht selbst verschaffen kann; er wird durch Christus an alle Völker vermittelt und kann allein im Glauben angeeignet werden. Berücksichtigt man nun noch, daß Luther in

---

Hebräischunterricht und seinem Verhältnis zu den zeitgenössischen Hebraisten vgl. S. *Schreiner,* Luther.
26. Vgl. z. B. WA 43, 247f.; WA 30/3, 576,19-22; 580,26-29.
27. Luther bekennt sich selbst zu einer solchen dogmatischen Bevormundung der Grammatik, wenn er in der erwähnten Tischrede sagt: »Die Sprachen machen fur sich selbs keinen Theologen, sondern sind nur eine Hülfe. Denn, soll einer von einem Dinge reden, so muß er die Sache zuvor wissen und verstehen (…) Ich habe mehr Ebräisch gelernt, wenn ich im Lesen einen Ort und Spruch gegen dem andern gehalten habe, denn wenn ichs nur gegen der Grammatica gerichtet habe (…) Ich bin kein Ebräer nach der Grammatica und Regeln, denn ich lasse mich nirgendan binden, sondern ich gehe frei hindurch« (WA TR 1, 524f.).

seiner grammatikalisch-dogmatischen Analyse der hebräischen Konjugationen von Anfang an eine enge Korrespondenz von »sich segnen« mit »sich rühmen« einführt, die fast zu einer Verschmelzung beider selbstreferentiellen Handlungen führt – ein verblüffender Schachzug, der ihm fast unmerklich gelingt[28] –, dann folgt daraus beinahe zwangsläufig, daß Gen 22,18 auch zum Beleg dafür wird, daß vor Gott jeder Selbstruhm des Menschen ausgeschlossen ist. Denn die Parallelisierung von »sich segnen« und »sich rühmen« führt im Licht der passivischen Deutung des Reflexivums zu der Feststellung, daß die sich selbst (im Samen Abrahams) segnenden Völker keineswegs sich selbst rühmen, »sondern sie werden den Sieg über den Tod rühmen, die Vergebung der Sünde, das Geschenk ewigen Lebens – nicht um ihres Verdienstes und ihrer Gerechtigkeit willen, sondern in deinem Samen« (WA 43, 248,25-27). In immer neuen Wendungen schärft Luther ein, daß der Abraham verheißene Segen den Völkern einzig und allein durch diesen *einen* Nachkommen Abrahams zukommt und deshalb ein fremdes Werk ist, das niemand sich selbst und seiner eigenen Gerechtigkeit anrechnen kann: »Also stoesset das wort ›segen‹ allein nidder alles was mensch und natur ist und vermag« (WA 24, 391,29f.). Die Teilhabe am Abrahamsegen ist allein durch den Glauben daran möglich, daß in Christus dieser Segen uneingeschränkt allen Menschen zugute gekommen ist und damit die Völkerwelt in eine Segensgemeinschaft mit Abraham und dem Gott Israels hineingestellt sind, von der sie ohne die Vermittlung Jesu Christi ausgeschlossen blieben. Ja, Luther geht noch einen Schritt weiter und bezeichnet Christus nicht nur als Segensmittler und -träger, sondern als den Segen selbst und formuliert als Inhalt des allein legitimen menschlichen Rühmens: »Christus ist in aller Form mein Segen, meine Salbung, mein Leben, mein Heil, weil ich durch Glauben an ihm hänge und von diesem Segnenden ›Gesegneter‹ genannt werde und mich selbst als gesegnet bezeichne« (WA 43, 249,27-29). Die Identifikation von *Segen und Evangelium* wird präzisiert als Identität von *Segen und Christus*, ohne daß dabei die doppelte Rolle Christi als Segens*mittler* – worin er sein priesterliches Amt wahrnimmt[29] – und als Segens*gabe* aufgehoben würde.

Daß Luther in die Abrahamverheißung von Gen 22,18 seine Rechtferti-

---

28. Luther führt die verba inchoativa mit dem Beispiel »in Domino laudabit seipsam anima mea« ein, wendet es passivisch: »in Domino laudabitur anima mea« und identifiziert im folgenden »laudare« mit »benedicere« und übersetzt beides als »loben«, »preisen« oder »rühmen« (vgl. WA 43, 246f.). Im Hintergrund steht dabei auch die gängige Übersetzung von »Gott segnen« als »Gott loben«.

29. Daß sich Jesu Segenshandeln auf sein priesterliches Amt bezieht, leitet Luther aus Psalm 110 ab, den David »gleichsam als ein wunderschönes Gewebe aus dieser Verheißung (sc. Gen 22,18, M. F.) gewoben hat« (WA 43, 260,21). Nach V. 4 werde Christus sowohl herrschen als auch segnen. Damit wechsle das Priesteramt nicht nur vom Stamm Levi auf Juda, sondern es wandle sich auch von einem zeitlichen zu einem ewigen Priestertum, vorabgebildet in der Gestalt Melchisedeqs (Gen 14,18 ff.; Hebr 7). Schon Mose habe sehen können, daß das levitische Priestertum »nur Schatten und äußere Gestalt« sei. Als sterbliche Menschen hätten die Leviten nur zeitlichen Segen geben können, »wie nämlich der Priester, so der Segen: sie konnten weder Sünde und Tod aufheben noch Herzen reinigen«.

gungstheologie sowie eine Christologie in nuce mitsamt einer Trinitätslehre – »Das hat der liebe Abraham alles gegleubet.«[30] – hineinlesen, besser: aus ihr heraus entfalten kann, steht m. E. unter eindeutig seelsorgerlicher Abzwekkung, nämlich der Vergewisserung der (Heiden-)ChristInnen darin, daß sie in Jesus von Nazareth zu MitadressatInnen der Segensverheißung an Abraham geworden sind, daß ihnen Gott in diesem Nachkommen Abrahams die ganze Fülle leiblicher und geistlicher Güter geschenkt hat und daß sie deshalb bei Gott die Erfüllung dieser Verheißung einklagen dürfen[31], ja – Christus selbst an sein priesterliches Amt, den Segen weltweit und jedem einzelnen Menschen zu geben, erinnern sollen.[32] Denn wir dürfen gewiß glauben, »daß wir nicht durch uns selbst gesegnet sind, sondern durch Christus, der unser Segen ist. Deshalb segnen wir uns selbst und setzen darauf, daß wir diejenigen sind, bis zu denen dieser Segen reicht; denn der Glaube ist es, der den Segen ergreift« (WA 43, 259,9-12). Die Teilhabe an der im Christusgeschehen erfüllten Segensverheißung an Abraham steht und fällt nicht mit dem eigenen Tun der Menschen, sondern ist in der Auferstehung Jesu von Nazareth verbürgt. Sie ist ein fremdes Werk. Deshalb betont Luther schon für Abraham, daß dieser nicht erst dadurch gerecht wird, daß er für andere ein Segen ist (Gen 12, 2b) und in seinem Nachkommen alle Völker gesegnet werden (12,3b; 22,18), sondern dadurch, daß Gott ihn schon vor diesen Verheißungen, die ihn zum Segensträger machen, gesegnet hat (12, 2a). Abrahams »Werk«, anderen zum Segen zu werden, begründet nicht seine Gerechtigkeit – so Luthers Argumentation –, sondern folgt aus ihr. So soll sich der Glaubende darauf verlassen, daß Gottes Segen in Christus jeden Mangel aufhebt, darf er doch *hoffend* schon jetzt aus den Möglichkeiten der Zukunft leben. Das ermächtigt ihn dazu, selbst anderen segnend zu

---

Deshalb habe David gewußt, »daß ein anderer kommen werde, nämlich ein ewig Segnender, dessen Reich kein Ende habe« (WA 43, 263,8.33-36).
30. WA 20, 347,33. Zur Rechtfertigungslehre in Gen 22,18 vgl. WA 43, 253-259; als christologische Themen entfaltet Luther die zwei Naturen Christi (vgl. WA 42, 448; 43, 251; WA 24, 397 ff.; WA 20, 343 ff.), die Jungfrauengeburt und Sündlosigkeit (WA 43, 251 ff.; WA 24, 396) und die Auferstehung (WA 20, 344); zur Trinitätslehre s. WA 20, 344 ff. Eine trinitätstheologische Auslegung hebräischer Segenstexte liegt bei Luther auch für den Jakobssegen von Gen 49 (vgl. WA 44, 698 f.) und den aaronitischen Segen (vgl. WA 30/3, 572-582) vor.
31. »Nu ist das dein wort, daruemb halte mus du gesagt hast, das du uns den segen gebest und den samen komen lassest, der uns helffe vom tod durch leben, von sunde durch gerechtikeit« (WA 24, 394,34-395,6).
32. »Wen wir uns ließen dungken, Christus maledeitte uns, ßo sollen wirs nicht achten, sollen uns nicht furchten, sollen nicht dran zweiffeln, den das diße maledeiungh nichts sey. Aber Gott muß liegen, dehr uns dißen sohn geschickt hatt zcu segnen und nicht zcu fluchen. Wen Christus im Tode sproeche ›ich wil deiner nicht‹, ßo sollen wir ihm furwerffen, das ehr Christus sey, und ßagen, ehr wers nicht thuen, ap ehr sich gleich alßo stelle, und sprechen ›eintzwar du musts nicht mit ernst maynen odder Gott muß nicht wahrhafftig sein‹« (WA 14, 362,10-19).

begegnen.³³ Im Angesicht der Unrechts-, Gewalt- und Leidensgeschichte unserer Welt kann der Glaube daran, »daß dieser Same unser Segen sei«, von lähmender Angst und zu mutigem Widerstand befreien. Die Sorge um das eigene, ständig bedrohte Leben schwindet – es gibt ja nichts zu verlieren, was wir uns selbst durch unser eigenes Tun verdient hätten; Hölle, Tod und Teufel, um Luthers Terminologie zu gebrauchen, kann getrotzt werden, »denn wir sind gesegnet und des Lebens gewiß gegen den Tod, der Gnade und des Wohlwollens Gottes gegen den Haß der Welt« (WA 43, 262,29-31). Damit deuten sich die ethischen Dimensionen des Segensthemas an.

Um es auf den Begriff zu bringen: es ist die Überwindung des seit Adam auf der Menschheit, ja der ganzen Schöpfung lastenden *Fluches*, der umfassenden Minderung und Todesverstricktheit des Lebens, in Tod und Auferstehung Jesu von Nazareth, durch die es allererst möglich wird, daß der Abrahamsegen allen Völkern zukommt und die Abrahamverheißung erfüllt wird. Luther hat in seiner Auslegung von Gen 22,18 und 12,3b alles Gewicht auf das »Daß« dieses Geschehens gelegt; in seinem Kommentar zu Gal 3,6-14 entfaltet er das »Wie«.

1.3 Christus als Fluch und Segensmittler nach Gal 3,6-14

Sollen alle Völker in Christus als dem Nachkommen Abrahams Segen empfangen, so setzt dies voraus, daß sie alle unter dem Fluch stehen, »denn was nicht segen ist, mus ja verflucht sein, da ist kein mittel« (WA 43, 259,9-12). Erst und gerade im Licht der universalen Segensverheißung wird die ebenso universale Fluchwirklichkeit der Welt offenbar. Für sich selbst bleibt sie lieber im Dunkeln und unerkannt. Doch im Licht, das die Verheißung wirft, zeigt sie ihr wahres Gesicht. Nur weil Abraham zugesagt wurde, daß in ihm die ganze Welt gesegnet werde, können wir wissen – so schlußfolgert Luther –, daß sie zuvor ganz vom Fluch beherrscht war. Denn Fluch und Segen sind die einzige Alternative: tertium non datur; beide erheben einen Totalitätsanspruch, gehen aufs Ganze (Dtn 28; Lev 26). Kann der Segen des Gottes Israels nur durch diesen einen Nachkommen Abrahams zu allen Völkern gelangen, so gibt es neben diesem nur den Fluch. Hätten die Heidenvölker (und nach Luther auch die Juden) Anteil an der Erfüllung der Abrahamverheißung *ohne* den Segensträger aus Nazareth, wäre dieser überflüssig, sein Tod umsonst.

Wie geschieht es nun, daß diese totale Fluchbesessenheit der Welt überwunden wird und der Abrahamsegen zu den Völkern strömen kann? Darauf antwortet Paulus in Gal 3,13 f.:

»Christus hat uns freigekauft vom Fluch des Gesetzes,
indem er für uns zum Fluch wurde, denn es steht geschrieben:
›Verflucht ist jeder, der am Holz hängt‹ (Dtn 21,23),
damit zu den Völkern der *Segen* Abrahams komme in Christus Jesus.«

33. Vgl. WA 43, 257-259.

Indem Luther dieses Ereignis als ein Kampfesgeschehen zwischen Fluch und Segen, Tod und Leben, bei welchem durch den Tod hindurch das Leben den Sieg davonträgt, interpretiert, *begründet* er sein christologisches Segensverständnis von Gen 22,18 und 12,3b:

»So kämpft der Tod, der der allmächtige Herrscher über die ganze Welt ist, (…) mit aller Kraft gegen das Leben, um es zu besiegen und zu verschlingen, und das, was er versucht, gelingt ihm gewiß. Aber weil das Leben unsterblich ist, geht es besiegt als Siegerin hervor, besiegt und tötet den Tod. So besteht auch derselbe Kampf zwischen dem Fluch, der Gottes Zorn gegen den ganzen Erdkreis ist, und dem Segen, d.h.: der ewigen Gnade und Barmherzigkeit Gottes in Christus. Also kämpft der Fluch mit dem Segen, will ihn verdammen und ganz und gar vernichten, aber er kann es nicht. Der Segen nämlich ist göttlich und ewig, deshalb muß ihm der Fluch weichen. Wenn nämlich der Segen in Christus besiegt werden könnte, dann würde Gott selbst besiegt.«[34]

Im Anschluß an Eberhard Jüngels Dictum, Gott bzw. die Liebe als »Einheit von Tod und Leben zugunsten des Lebens«[35] zu denken, kann der hier beschriebene Kampf als die *Einheit von Fluch und Segen zugunsten des Segens* charakterisiert werden. Weil sich Gott mit dem Gekreuzigten identifiziert, ist der Fluch nicht länger der überlegenere oder auch nur gleichwertige Kampfgegner; am göttlichen Segen und Leben, mit dem er bei diesem Nachkommen Abrahams konfrontiert wird, muß er scheitern; hier kehrt sich seine Allmacht in Ohnmacht.

Vehement wehrt Luther alle theologischen Versuche ab, Christus von dieser Identifikation mit dem Fluch zu bewahren: Gleichwie Christus eingehüllt sei in unsere menschliche Natur, so trage er auch unsere Sünden, unseren Fluch, unseren Tod. Wer ihn davor schützen wolle, ein Fluch genannt zu werden, bestreite auch seine Kreuzigung, denn: »Christus hing am Kreuz, also ist Christus der Fluch Gottes.«[36] Allerdings gelte es zu unterscheiden: Christus sei nicht *für sich*, sondern *für uns* zum Fluch geworden. Weil der Abraham verheißene Segen erst dann zu allen Völkern gelangen kann, wenn sie nicht mehr unter der Herrschaft des Fluches stehen – eine neutrale Wirklichkeit jenseits von Segen und Fluch ist ja ausgeschlossen –, zieht Gott die konzentrierte Wirkmächtigkeit des Fluches auf sich, bekämpft sie mit der Macht seines Segens und entzieht damit die Schöpfung dem tödlichen Zugriff des Fluches. Wer demnach nicht zulassen kann, daß in Jesus von Nazareth Gott selbst zum Fluch wird (und stirbt), hat keine Gewißheit, daß die Verfluchung allen geschöpflichen Lebens aufgehoben und in Segen verwandelt wurde. Denn nur, wo Gott selbst – anstelle der darin schon immer gescheiterten Menschheit – sich der Gewalt des Flu-

---

34. WA 40/1, 439,28-440,20 (Seitenzahlen im Text).
35. Geheimnis, 409 u.ö.
36. WA 40/1, 436,22. »Wenn du bestreiten willst, daß er Sünder und Verfluchter ist, dann bestreite auch, daß er gelitten hat, gekreuzigt wurde und starb« (a.a.O., 434,30f.).

ches aussetzt, kann ihr widerstanden werden.[37] Wenn Luther dabei aber den Segen als ewig und das Leben als unsterblich kennzeichnet, dann ist bei ihm – wie auch bei Barth – allerdings vorausgesetzt, daß der Kampf zwischen Segen und Fluch, Leben und Tod in Gott selbst immer schon entschieden ist.

Hat Luther im Zusammenhang mit Gen 22,18 und 12,3b den Fluch, der über der Schöpfung liegt, mit der Erbsünde identifiziert und mit Röm 5,12 von Adam hergeleitet[38], so begegnet ihm bei Paulus nun die Rede vom »Fluch des Gesetzes«, die die Frage nach dem Verhältnis von Gesetz, Segen und Fluch aufwirft.

In Gal 3,10 gelten Paulus – unter Berufung auf Dtn 27,26 – diejenigen als verflucht, die »aus Werken des Gesetzes sind«; nicht etwa, weil das Gesetz selbst Fluchcharakter trägt – im Gegenteil: es ist ja »heilig, gerecht und gut« (Röm 7,12), und »wer es tut, wird darin leben« (Lev 18,5; Gal 3,12b). Die Erfüllung des Gesetzes schenkt Segen, seine Nichtbeachtung bringt den Fluch mit sich. Wenn Paulus also behauptet, daß im Gesetz niemand gerecht wird vor Gott (V. 11a), sondern (mit Hab 2,4) allein durch den Glauben, dann deshalb, weil niemand imstande ist, das Gesetz zu tun. Daß das Gesetz den Fluch wirkt, liegt nicht in ihm selbst begründet, sondern in der Unzulänglichkeit der Menschen, seinem Anspruch gerecht zu werden. Fluch ist also keineswegs eine Qualität des Gesetzes als solches; dieses zielt vielmehr auf ein Leben im Segen (Lev 27; Dtn 28-30). In Fluch verkehrt es sich erst da, wo der von der Sünde korrumpierte Mensch an ihm scheitern muß. Wird die Herrschaft der Sünde universal gedacht (»Erbsünde«), dann ist auch der Fluch des Gesetzes universal. Jeder Versuch, es zu tun, um Segen, Gerechtigkeit und Leben zu erlangen, gebiert stattdessen zwangsläufig den Fluch. Deshalb kommt der Segen allein durch den Glauben (wie bei Abraham), und zwar durch den Glauben an den einen Nachkommen Abrahams, der vom »Fluch des Gesetzes« befreit (V. 13 f.), indem er sich – stellvertretend für die Welt – von ihm treffen läßt und ihn durch die Macht des Segens überwindet. Denn – so folgere ich aus der paulinischen Bezugnahme auf Lev 18,5 (V. 12) – Christus empfängt Leben und Segen aus dem Gesetz und wird zum Segensmittler, weil er allein es erfüllt und zu seinem Ziel bringt (vgl. Röm 10,4), nämlich Segen zu schenken. Damit überwindet Christus als Täter des Gesetzes nicht nur den Fluch, der die ganze Schöpfung bedrängt, sondern befreit auch das Gesetz selbst von seiner Verkehrung in den Fluch, damit es wieder dem Leben dienen kann.[39]

Für Luther steht nun die Rede vom »Fluch des Gesetzes« in Gal 3,10ff. als pars pro toto für den Fluch, der die gesamte Wirklichkeit trifft.[40] Um zu zeigen,

---

37. Deutliche Entsprechungen zu dieser Einsicht Luthers finden sich in K. Barths Lehre von Gott und dem Nichtigen (KD III/3, 327-425). Vgl. W. *Krötke,* Sünde.
38. Vgl. z. B. WA 20, 341 f.
39. Diese vorweggenommene, knappe Interpretation des Verhältnisses von Gesetz, Segen und Fluch in Gal 3,6-14 dient hier nur als Hintergrund für Luthers Auslegung. Zur Deutung des Textes in meinem eigenen segenstheologischen Entwurf vgl. unten Teil C, I.2.
40. »Also ist der Fluch eine Art Sintflut, die alles mit sich fortreißt, was außerhalb Abrahams

daß alles außerhalb des Glaubens unter dem Fluch steht, nimmt Paulus das, »was außerhalb des Glaubens das Beste, Größte und Schönste unter den leiblichen Segensgütern der Welt ist, nämlich das Gesetz Gottes«, und zeigt, daß es, obwohl heilig und von Gott gegeben, nichts anderes auszurichten vermag, »als daß es alle Menschen dem Fluch unterwirft und sie unter dem Fluch hält« (396,16-18.19-20). Wenn schon das Gesetz, die wertvollste Segensgabe Gottes für unser irdisches Leben – bei aller Entgegensetzung von Gesetz und Evangelium darf diese Wertschätzung der Tora bei Luther nicht übersehen werden –, sich der lebenszerstörenden Herrschaft des Fluches nicht entziehen konnte, um wieviel weniger gilt dies für andere Güter.

Luther interpretiert den »Fluch des Gesetzes« im Kontrast zum rechtfertigenden Abrahamglauben, V. 10-12 damit im Licht von V. 6-9: Nach V. 6 erlangte Abraham Gerechtigkeit aufgrund seines Glaubens (vgl. Gen 15, 6). Wird nun diesem glaubenden Abraham verheißen, daß in ihm alle Völker gesegnet werden, dann werden sie – so schließt Luther mit Paulus – in ihm als dem *Glaubenden* und eben selbst nur als *Glaubende* gesegnet (V. 9). Sind aber Segen und Gerechtigkeit/Rechtfertigung identisch, dann empfangen die Völker beides (wie schon Abraham selbst) nur im Glauben: »Darin wird die Welt gesegnet, daß sie die Zurechnung (›imputatio‹) der Gerechtigkeit annimmt, wenn sie wie Abraham glaubt« (386,22-25). Damit ist zugleich die für Gen 22, 18 und 12, 3b behauptete Identität von Segen und Evangelium begründet: »Segen aber ist nichts anderes als die Verheißung des Evangeliums.«[41] Eine Rechtfertigung und Segnung durch das Gesetz ist dann deshalb ausgeschlossen, weil das Gesetz jenseits des Glaubens Abrahams liegt, denn Abraham glaubte dem Gotteswort der Verheißung, des Segens, der Gnade. Mehr noch: weil es ja nur die Alternative von Segen und Fluch gibt und der Segen an den Glauben Abrahams gebunden bleibt, muß selbst das Gesetz zum Fluch werden: »Wer also dem Fluch entrinnen will, soll sich an die Segensverheißung oder an den Glauben Abrahams klammern« (391,33-392,15).

Damit ist aber auch für Luther weder die Gültigkeit des Gesetzes abgetan, noch seine Erfüllung ausgeschlossen. Im Gegenteil: sie wird nun erst möglich, denn wer im Glauben Abrahams an der Gerechtigkeit und dem Segen teilhat, kann nun zu einem wahren Täter des Gesetzes werden und muß an seinen Forderungen nicht mehr verzweifeln: »So schafft der Glaube zuerst die Person, die

---

ist, d. h.: außerhalb des Glaubens und der Segensverheißung an Abraham« (WA 40/1, 391,29f.). »Darum ist nirgends Segen außer in der Verheißung an Abraham; stehst du außerhalb von ihr, so bist und bleibst du unter dem Fluch« (a. a. O., 400,20f.).

41. A. a. O., 386,22-25. »Deshalb heißt Segnen: das Wort des Evangeliums predigen und lehren, Christus bekennen und die Erkenntnis desselben unter anderen ausbreiten. Und dies ist das priesterliche Amt und das fortwährende Opfer der Kirche im neuen Bund, die jenen Segen austeilt durch Predigen, Verwalten der Sakramente, Lossprechen, Trösten und den Gebrauch des Wortes der Gnade, das Abraham hatte und das sein Segen war. Als er ihm glaubte, empfing er den Segen. So werden auch wir, wenn wir ihm glauben, gesegnet« (387,21-27).

dann die Werke tut« (402,16f.). Vor aller Erfüllung von Einzelbestimmungen heißt das Gesetz tun »an Jesus Christus glauben und, nachdem man durch den Glauben an Jesus Christus den Heiligen Geist empfangen hat, das zu tun, was im Gesetz steht« (401,20-22). Anders läßt sich das Gesetz nicht erfüllen. Umgekehrt ermächtigt und verpflichtet das Hineingenommensein in die Segens- und Glaubensgemeinschaft mit Abraham aber zum Bewahren der Tora. Damit ist jede ausschließliche Entsprechung von *Gesetz und Fluch* unmöglich, ja – es kommt zu einer erneuerten (nicht neuen!) Zuordnung von *Gesetz und Segen*: Auf die Frage, welchen Sinn das Gesetz noch habe, wenn es nicht rechtfertigen könne, antwortet Luther in seiner Predigt zu Gen 22,18: »Ist eben daruemb gegeben, das dieser same gefoddert und der segen getrieben wuerde« (WA 43, 259,9-12).

Wo jemand mit dem Glauben Abrahams glaubt, und das heißt, hoffend die Erfüllung der Verheißung vorwegnimmt, bekommt er Anteil am Abraham verheißenen Segen und wird befähigt zu einer erneuerten Praxis der Tora, welche dem Segen in der Welt Raum schafft und dem Fluch wehrt. Ebenso wie Abraham als Gesegneter zum Segen für andere wird, können die in ihm gesegneten (Heiden-)Völker mit dem Tun der Tora dazu beitragen, daß der durch Jesus Christus allen Menschen zukommende Segen in der Welt sichtbar Gestalt gewinnt. Unmißverständlich schärft Luther damit ein: Es gibt keinen Segen an Abraham, seinem Glauben und seiner Verheißung, vorbei! Ohne mit dem Glauben Abrahams geglaubt zu werden, würde selbst – so muß man wohl die Linie ausziehen – das Christusgeschehen zum Fluch!

2. Die segenstheologischen Unterscheidungen

Mit einem zweifachen Schriftsinn und den hermeneutischen Grundsätzen »Was Christum treibet«[42] und »scriptura sui ipsius interpres« interpretiert Luther Gen 12,3b durch 22,18 und Gen 22,18 durch Gal 3,16 und sieht gerade

---

42. In der fortlaufenden Predigt der Genesis fordert Luther nach der historischen eine geistliche Deutung des Textes, die darin bestehe, daß man »alles ziehe auff den Herrn Christum« (WA 24, 398,30). Entsprechend lautet das Fazit zu Gen 22,18: »Summa: es ist alles zuthun umb Christum« (a.a.O., 404,13). Diese Summe konkretisiert Luther am Ende seiner Osterpredigt: Gen 22,18 rede davon, »wie unser Herre Jesus Christus, Gottes Son, rechter Abrahams same und mensch worden ist; unnd durch sein leiden und sterben uns hat vom fluch errettet, und als ein ewiger, almechtiger gott vom tod erstanden, doch ein ander person, denn Gott der Vater und der heilige Geist, und widerumb alle heiden reichlich gesegenet, das ist, gerechtigkeit, Vergebung der suende, leben und seligkeit, erloesung vom ewigen tode, teuffel und helle wider bracht« (WA 20, 347,27-32). Dieses Zitat unterstreicht eindrücklich, wie Luthers gesamte Theologie sich in seiner Deutung von Gen 22,18 bündelt.

in der Verheißung an Abraham ein christologisches Segensverständnis »eingewickelt«. Sind danach Segen und Evangelium identisch, weil Segen nichts anderes meint als Gottes den Fluch endgültig überwindendes, neuschöpferisches Handeln in Jesus Christus, erhebt sich die Frage, ob mit diesem denkbar *weiten* Segensbegriff nicht gleichzeitig seine *Entleerung* einhergeht. Wenn sich unter der theologischen Kategorie des Segens nichts anderes verbirgt als das Evangelium selbst, wird dann das Wort »Segen« nicht überflüssig? Kommt ihm in der Theologie Luthers überhaupt noch ein eigenes Profil gegenüber anderen zentralen (soteriologischen) Begriffen zu, oder erschöpft es sich in dieser Synonymität? Die Frage nach dem spezifischen Profil des Segens gegenüber dem Evangelium führt zu einer Reihe von Distinktionen, die Luther in seinen exegetischen Schriften und Predigten hinsichtlich des biblischen Segensverständnisses getroffen hat. Bekanntlich macht ja die Kunst des rechten Unterscheidens nach Luther den Theologen/die Theologin aus[43]; durch sie zeichnen sich auch seine segenstheologischen Überlegungen aus. Bevor diese Unterscheidungen, die den biblischen Segen formal und inhaltlich charakterisieren und seine Identität mit dem Evangelium ausdifferenzieren, zur Sprache kommen, will ich in einer Vorüberlegung – gleichsam als Vorzeichen vor der Klammer der Distinktionen – der gesamtbiblischen *Verknüpfung* des Segensthemas mit der Person *Abrahams*, die Luther gerade durch seine christologische Deutung von Gen 22,18 unterstreicht, nachgehen. Denn vor allen anderen Konkretionen des Segensbegriffs verleiht sie ihm eine unverwechselbare Identität in der Unterscheidung vom Begriff »Evangelium«.

2.1 Vorüberlegung: der Segen Christi als Abrahamsegen

Mit der christologischen Deutung von Gen 22,18 hat Luther nicht nur die Universalität der Segensverheißung an Abraham begründet, sondern er mutet mit ihr der christlichen Kirche (und Theologie), die sich diese Verheißung zueigen macht, eine eindeutige *Ortsanweisung* zu – in Gestalt ihrer *unaufgebbaren Orientierung und Bindung an Abraham*: Es ist und bleibt der Abraham verheißene Segen, der durch Christus den Heidenvölkern zuteil wird und sie damit zu Söhnen und Töchtern nicht nur des Gottes Israels, sondern auch Abrahams macht. Diesen Abraham nennt Luther den »pater fidei, benedictionis et Christi« (WA 43, 257,38). Abrahams Sichfestmachen an Gottes Verheißungen und sein

---

43. Bezogen auf die Unterscheidung von Gesetz und Evangelium vgl. z. B. WA 40/1, 207,17 f.: »Wer darum das Evangelium vom Gesetz recht zu unterscheiden weiß, der soll Gott Dank sagen und wissen, daß er ein Theologe ist.« Entsprechendes gilt für Geist und Buchstabe: »Ebenso ist es im Blick auf die Heiligen Schriften am besten, den Geist vom Buchstaben zu unterscheiden; das nämlich macht in Wahrheit einen Theologen« (WA 3,12,2 f.). Zur Unterscheidung von Gesetz und Evangelium vermerkt G. Ebeling in seiner Einführung: »Es ist schon auffallend, daß als der eigentliche Nerv der Theologie, als das, worauf es ankommt, damit man wirklich bei der Sache sei, eine *Unterscheidung* angegeben wird« und nicht eine bestimmte Idee (Luther, 122).

Sichausstrecken nach dem »Tag Christi« (Joh 8, 56) stellt Luther immer wieder seinen ZeitgenossInnen als leuchtendes Vorbild vor Augen. Doch es geht bei der Orientierung an Abraham um mehr als seine Vorbildfunktion, es geht um die bleibende Bezogenheit der Kirche auf den Glaubensvater Abraham, ohne die sie nicht Kirche Jesu Christi sein kann! In seiner Auslegung der Segnung Abrahams durch Melchisedeq (Gen 14,18-20; aufgenommen in Hebr 7) weist Luther der Kirche ihren Platz im Hause Abrahams zu:

»Abgesondert also wird Abraham durch diese Predigt Melchisedeqs von allen anderen Vätern, und sein Haus oder seine Sippe wird durch ein hervorstechendes Merkmal aufs deutlichste ge(kenn)zeichnet, insofern nämlich der Segen Gottes von dort gewiß zu erwarten ist, denn die Kirche gibt es nirgends, es sei denn im Haus Abrahams und bei denen, die sich mit Abraham verbinden. Wenn der Papst eine so große Verheißung hätte, könnte er sich zurecht des Namens der Kirche rühmen. Denn die Kirche wird im Haus Abrahams wie auf einen hohen und sichtbaren Berg gesetzt, so daß man sieht, wo Gott wohnen will, von wo man Gottes Segen und ewiges Leben erwarten kann. Deshalb nämlich wird Abraham ›gesegnet vom erhabenen Gott‹ genannt (...) Darum stellt Melchisedeq in dieser Predigt Abraham der ganzen Welt vor, weil bei ihm und allein in seinem Haus und seiner Familie die Kirche ist, das Reich der Himmel, Heil, Vergebung der Sünden und göttlicher Segen« (WA 42, 542,31-39; 543,3-5).

Nur wo die Kirche das Haus Abrahams als ihr Zuhause (an-)erkennt und damit dort Wohnung nimmt, wo Gott selbst wohnt, wird sie »die Stadt auf dem Berge sein«, die nicht verborgen bleiben kann (Mt 5, 14), und ihr Licht nicht unter den Scheffel stellen, sondern Gottes Segen ausstrahlen als Licht der Welt. Zwar nimmt Luther hier nicht explizit auf Mt 5, 14 Bezug, doch kann m. E. die Wendung, daß die Kirche »auf Abrahams Haus als an einen hohen und sichtbaren Ort gesetzt« werde, nur von dieser Metapher der Bergpredigt her angemessen verstanden werden. Nur auf dem hohen und sichtbaren Ort des Hauses Abrahams wird die Kirche von allen gesehen und kann sie allen als Licht der Welt den Weg dorthin erhellen, »woher man seines Segens und des ewigen Lebens erwarten solle.« Berücksichtigt man nun noch, daß sich hinter der jesuanischen Metapher von der »Stadt auf einem Berge« möglicherweise das traditionsgeschichtliche Motiv von der eschatologischen Verherrlichung des Gottesbergs Zion und seiner soteriologischen Bedeutung für die ganze Welt (die sog. Völkerwallfahrt zum Zion nach Jes 2, 1-4; Mi 4, 1 ff.; Jes 60; Hag 2, 6-9) verbirgt[44], dann würde auch damit die Kirche an einen Ort in Israel, an den Zion, an Jerusalem gebunden. Daß Luther aber diese Verknüpfung mit der Gottesstadt kaum im Blick hat, ergibt sich daraus, daß er zwar von dem Angewiesensein der Kirche auf Abraham, aber nicht auf das Volk Israel spricht. Das Zuhausesein im Hause

---

44. Diesen Zusammenhang deutet G. v. Rad an (Stadt, 224), während U. Luz davon ausgeht, daß – wegen des fehlenden Artikels – nicht Jerusalem, sondern irgendeine Stadt auf einem Berg gemeint sei und deshalb »alle metaphorischen oder allegorischen Auslegungen der Stadt (...) fernzuhalten« seien, denn es ginge nur darum, »daß die Stadt weithin sichtbar« sei (Matthäus, 223).

Abrahams impliziert bei Luther nicht gleichzeitig eine konstitutive Bezogenheit der Kirche auf das jüdische Volk. Welche Folgen sich aus dieser Abspaltung Abrahams von den Juden für Luthers Segensverständnis ergeben, wird noch zu zeigen sein.

Hier soll zunächst nur festgehalten werden, daß der Begriff des Segens – anders und deutlicher als der des Evangeliums – die Kirche ihrer Herkunft von der Segensverheißung an Abraham und damit ihrer Abrahamskindschaft eingedenk sein läßt. Wo die christliche Theologie und Kirche das Heilsgeschehen in Christus, das Evangelium, auf den Begriff des Segens bringen, erinnern sie sich ihres Vaters Abraham, vergessen sie nicht, auf welchem Fundament sie stehen, welche Wurzeln sie tragen (vgl. Röm 11,18).

2.2 Die ursprüngliche Bedeutung des Segens: Fruchtbarkeit und Mehrung

Der Segen als Evangelium ist, so sehr diese christologisch-rechtfertigungstheologische Bestimmung auch bei Luther im Vordergrund steht, weder der einzige noch der ursprüngliche Inhalt des biblischen Segensbegriffs. In seiner Auslegung des Schöpfungsberichts von Gen 1 und der Segensverheißungen der Genesis stößt Luther auf die eigentliche (= erste) Bedeutung des Segens, die Mehrung: »Wann wir auch segnen, tun wir nichts (mehr), als daß wir Gutes wünschen; aber das, was wir wünschen, können wir nicht gewähren (›praestare‹). Gottes Segen jedoch erklingt zur Mehrung – stetig und wirksam zugleich, wie demgegenüber der Fluch eine Minderung darstellt, die ebenso wirksam ist.«[45] Die Beobachtung, daß Gott erst das Schöpfungswerk des fünften Tages, die Wassertiere und Vögel, segnet (Gen 1,22), während er sich vorher mit dem Urteil »gut« begnügt (V. 10.12.18), deutet Luther dahin, daß erst mit Beginn der Erschaffung der Tiere eine neue Art des Zeugens und Mehrens einsetze, die des Segenswortes Gottes bedürfe, um fruchtbar zu sein: »Denn was er (sc. Mose, M. F.) Segen nennt, nennen die Philosophen Fruchtbarkeit, wenn nämlich vollständige (›integer‹) und lebendige Leiber von vollständigen und lebendigen Leibern hervorgebracht werden, was es entsprechend bei Bäumen nicht gibt« (40,19-22). Zwar kann Luther davon sprechen, daß auch den Pflanzen und Bäumen ein Segen immanent sei, der sie wachsen und Früchte tragen lasse, doch erst die »lebendigen Körper« bedürften des ausdrücklichen Segens- und Mehrungswortes. Denn da, wo die Philosophen natürliche Ursachen der Fruchtbarkeit und des Wachstums am Werk sehen, »reden die Theologen eigentlicher« (40,8), wenn sie im natürlichen Geschehen die schöpferische Kraft des Gotteswortes wahrnehmen.

Die Segnung der Menschen (V. 28), die für Luther den – nicht explizit erwähnten – Segen über alle Geschöpfe des sechsten Tages einschließt, gibt ihm

---

45. WA 42, 40,15-18; die Seitenzahlen im folgenden Text beziehen sich auf den Genesis-Kommentar. Zu der in diesem Zitat ebenfalls enthaltenen Unterscheidung von menschlichem und göttlichem Segnen vgl. unten Abschnitt 2.4.

Anlaß zur Klage über die infolge des Falls durch die Erbsünde geminderte, aber nicht etwa völlig aufgehobene Segenskraft: »Also ist der Segen, der bis heute in der Natur verblieben ist, gleichsam ein verfluchter und schwacher Segen, (...) und dennoch hat ihn Gott geborgen und bewahrt ihn« (54,10-12). Den gegenüber dem ursprünglichen Schöpfungssegen geschwächten und entstellten Segen sollen die Menschen, so fordert Luther sie auf, aber dennoch dankbar erkennen und gebrauchen. Dieser Gebrauch heißt für ihn zunächst nichts anderes als Gebärfreudigkeit. Denn die Minderung des geschöpflichen Segens zeige sich besonders in der fehlenden Bereitschaft zur Elternschaft: Viele schreckten vor den Mühen und Gefahren von Schwangerschaft, Geburt und Kindererziehung zurück. Eine solche Einstellung schöpfe den Segen nicht aus, mit dem Gott das Natürliche bejaht habe. Menschliches Verhalten kann den Schöpfungssegen zwar nicht zunichtemachen, aber durch Nichtgebrauch verkümmern lassen; d. h.: der Segen zielt auf eine cooperatio des gesegneten Menschen mit Gott. Erst im Gebrauch entfaltet er seine eigentliche Kraft. Allerdings läßt sich an Luther die Frage richten, ob eine einseitig und ausschließlich biologische Bestimmung von Mehrung und Fruchtbarkeit der Fülle des Schöpfungssegens entspricht. Reicht die Mahnung zur Gebärfreudigkeit aus, um einen angemessenen Gebrauch des Segens zu bewirken? Muß nicht das Gebot der Fruchtbarkeit und Mehrung allen natürlichen Gaben und Fähigkeiten gelten? Dies scheint Luther selbst im Blick gehabt zu haben, wenn er die erste Zeile des aaronitischen Segens, die das ganze leibliche Leben und alle notwendigen Güter betreffe, ausdrücklich auf Gen 1, 28 bezieht.[46]

Wie eng oder weit aber auch die Begriffe Fruchtbarkeit und Mehrung gefaßt werden, zweifellos binden sie den göttlichen Segen an das Natürliche, an die *Leiblichkeit* und stellen den Menschen in die Schöpfungsgemeinschaft mit den Tieren. Umschließt der christologische Segensbegriff die Rechtfertigung des Menschen aus Glauben, so bedeutet der Schöpfungssegen eine *Rechtfertigung des Natürlichen* und ermöglicht einen schöpfungsgemäßen Umgang mit der Leiblichkeit. In beidem geht es um den ganzen Menschen in seiner Geschöpflichkeit.[47] Der Mehrung und Fruchtbarkeit gewährende Schöpfungssegen ist ein Bestandteil des *leiblichen, zeitlichen, irdischen* Segens, von dem Luther den *ewigen* Segen, den *Segen als Evangelium*, unterscheidet. Worin bestehen die Differenzen und die wechselseitige Bezogenheit beider Segensgestalten?

2.3 Zeitlicher und ewiger Segen

Eine erste inhaltsbezogene Definition dieser Unterscheidung, die bei Luther fast alle Auslegungen biblischer Segenstexte durchzieht, ist schnell gegeben:

---

46. Vgl. WA 30/3, 574.
47. »Und den segen sol man lassen bleiben auff dem gantzen menschen mit leib und seele, denn der ein Christ ist, der ist gesegnet durch und durch, alles, das er sihet, hoeret und fuelet, also das sich das wort mechtig weit strecket« (so in der Auslegung zu Gen 12,4-6 in WA 24, 251,13-16).

Während mit dem ewigen Segen nichts anderes gemeint ist als das Werk (und die Person) Christi, erstreckt sich der zeitliche Segen auf die irdischen Güter, leibliche wie geistliche. Überraschend wirkt dagegen die Anwendung dieser Distinktion auf die entsprechenden Perikopen. Einige Beispiele mögen dies verdeutlichen:

1. In der Segensverheißung an Abraham in Gen 12, 2 f. beziehen sich V. 2-3a auf den zeitlichen Segen, nur V. 3b gilt dem ewigen. Das entscheidende Kriterium für die Zuordnung ist die Differenz von *Partikularität* und *Universalität*: Erst in V. 3b wird weltweit den Völkern der Segen in Abraham verheißen, während er in V. 2-3a nur Abraham selbst, dem jüdischen Volk und denen, die sich segnend auf Abraham beziehen, zukommt.

Auch wenn die dominante christologische Deutung von V. 3b den ersten Teil der Verheißung, den leiblichen Segen, an den Rand zu drängen scheint, darf nicht übersehen werden, daß Luther mit seiner Auslegung von V. 2-3a die in Gottes Erwählung gründende Sonderstellung des jüdischen Volkes, die es vor allen Völkern auszeichnet, bestätigt (wenn auch nur für die Zeit ante Christum natum), denn »in diesem Volk offenbart er sich, in diesem Volk will er erkannt, gefeiert, verehrt werden« (WA 42, 443,34 f.). Obwohl Gott als der Schöpfer und Erhalter aller Dinge auch jedes andere Volk regiert – aber auf verborgene Weise, so hat er sich doch in Israel als der Gott dieses Volkes *offenbar* gemacht, indem er ihm nicht nur die notwendigen Lebensgüter schenkte, sondern »in seiner Mitte wohnte, (mit ihm) sprechend, (es) regierend, (es) schützend«; ja »auf diese Weise schloß er sich gleichsam in sein Volk ein, so daß er nicht allein in seiner Mitte wohnte, sondern auch aus ihm als Mensch geboren werden wollte« (WA 42, 444,11-14). Doch dies Letzte, die Inkarnation in einem jüdischen Menschen[48], gehört – so Luther – bereits zu den geistlichen und ewigen Gütern, die Israel mit allen Völkern teilt. Zu dem leiblichen Segen zählt aber noch, daß die Mehrung und der Segen, der Israel zuteil wird, auf seine Umwelt ausströmt und sich seinen Nachbarvölkern mitteilt.

Damit ist in Israel der Weg des Segens aus der Partikularität in die Universalität vorgezeichnet. Gleichzeitig deutet sich an, daß eine scharfe Trennungslinie zwischen leiblichem und geistlichem Segen nicht eindeutig zu ziehen ist.

2. In seiner trinitarischen Auslegung des aaronitischen Segens (Num 6) deutet Luther V. 24 auf den leiblichen, V. 25 f. auf den geistlichen Segen.[49]

3. In Jakobs Segen über die Josephssöhne Ephraim und Manasse (Gen 48, 15 f.) stehen leiblicher und geistlicher Segen nicht nur nebeneinander, sondern liegen untrennbar ineinander: Verheißen werden leibliches Wachstum und Mehrung, also zeitliche Güter (V. 16b); weil aber der Segen durch den Engel geschieht, der bereits Jakob aus allem Übel errettet hat (V. 16a), ist auch der geistliche Segen mitgemeint, weist doch der Engel auf Christus hin: »Da also

---

48. Vgl. Luthers Schrift von 1523 »Daß Jesus Christus ein geborner Jude sei« (WA 11, 314-336).
49. Vgl. WA 30/3, 574-582; s. unten 3.1. Ein Nebeneinander beider Segensarten sieht Luther auch in Ps 144: V. 12-14 meinen den leiblichen, V. 15 den geistlichen Segen (vgl. WA 42, 542,18-25).

spricht Gott: Ich will dich dort segnen, und leiblicher wie geistlicher Segen wird dir angeboten.«[50]

4. Ist der Melchisedeq-Segen an Abraham (Gen 14,18-20) für Luther ganz geistlich-ewig[51], so zielt der Segen, den Isaak Jakob gibt, vordergründig ausschließlich auf die zeitlichen Güter (Gen 27, 28 f.) und wird erst durch eine christologisch-allegorische Deutung auf den ewigen Segen bezogen.[52]

In der Genesis-Vorlesung ist die Trennung zwischen historischer und allegorischer Deutung, die die beiden Predigten zu Gen 27 bestimmt, zugunsten eines vertieften Verständnisses der Segensverheißung überwunden. Denn nun entdeckt Luther in ihr die *drei Stände* bzw. *Regimente*: oeconomia (V. 28), politia (V. 29a) und ecclesia (V. 29b); das Hausregiment und das weltliche Regiment begreifen leibliche Güter in sich, das Priestertum, »welches der vorzügliche (›praecipua‹) Teil des Segens ist«[53], geistliche. Indem Jakob auch diese dritte Institution, die ecclesia, zuteil wird, geht sein Segen über die zeitlichen, irdischen Güter hinaus und schließt auch den ewigen Segen mit ein, weil das Predigtamt nach Luthers Institutionenlehre in doppelter Perspektive sowohl am weltlichen wie am geistlichen Regiment Gottes teilnimmt. Die Einzeichnung der sog. Drei-Stände-Lehre[54] in Gen 27,28 f. begründet damit die Zusammengehörigkeit von zeitlichem und ewigem Segen und ist auch in anderer Hinsicht von kaum zu überschätzender Bedeutung für Luthers Segensverständnis: Werden die drei Institutionen als die Verantwortungsbereiche verstanden, in denen ChristInnen als *MitarbeiterInnen Gottes in der Schöpfung* tätig sind[55], so befähigt und ermächtigt gerade das Gesegnetwerden dazu, die Verantwortung für die Welt als Schöpfung wahrzunehmen, und das aus diesem Gesegnetsein erwachsende eigene Segenshandeln von ChristInnen ist bereits ein Moment der *cooperatio Dei*.

Noch vor diesen weitreichenden Implikationen, die das Segensverständnis der Genesis-Vorlesung mit dem cooperatio-Dei-Gedanken von »De servo arbitrio« (1525) verknüpfen, bringt Luther im Anschluß an Gen 27,28 f. zeitlichen und ewigen Segen in einen einfachen Zusammenhang: »Denn wir können den ewigen Segen nicht ohne die zeitlichen Segensgüter genießen. Gott muß den Acker segnen, Brot, Fleisch und alles Lebensnotwendige geben. Aber nicht vom Brot allein lebt der Mensch, auch die leiblichen Segensgüter sind uns um

---

50. WA 44, 699,16 f. Dieselbe Verheißung in Gen 12,2ab legt Luther dagegen allein auf den leiblichen Segen aus, um den geistlichen ausschließlich auf V. 3b zu beziehen. Diese Inkonsequenz dient bezüglich Gen 12,2 letztlich der Ausschließung des jüdischen Volkes vom geistlichen Segen, vgl. dazu unten Abschnitt 4.2.
51. Vgl. WA 42, 542 f.
52. »Das alhier ist auch ein segnen, dehr sich uff zceittlich ding erstreckt (...) Aber der rechte, wahre haubtsegnen ist dehr, das durch Christum alle voelker sallen gesegnet sein und dehr segnen ist entkegen dem fluche, ßo Adam widderfahren ist« (WA 14, 367,11-13).
53. WA 43, 523-525; Zitat: 524,17.
54. Zur Bedeutung der drei Institutionen in Luthers Reiche- und Regimentenlehre vgl. *U. Duchrow*, Christenheit, 479-596.
55. Vgl. *U. Duchrow*, Christenheit, 512-536; *C. Link*, Schöpfung, 65-75.

des ewigen Segens willen gegeben. Darum schließen die geistlichen Verheißungen immer auch die zeitlichen in sich« (WA 43, 522,35-39). Zum Gebrauch des ewigen Segens bedarf es der zeitlichen Güter. Das wertet nicht nur diese auf, sondern unterstreicht auch, daß die ewigen, noch unsichtbaren Güter schon hier und jetzt in Anspruch genommen werden können und das alltägliche Leben prägen sollen. So kann Luther – Gen 27 zusammenfassend – sagen, daß »der segen do von dem zeitlichen gutt (...) ein parteken, ein stugk von dem rechten segnen (ist), dehr uns alle gleich macht. In dißem segnen, der zeittlich gut antrifft, sein wir nicht alle gleich:« Aber im geistlichen Segen, dem Evangelium von der Vergebung der Sünden und der Vernichtung von Hölle, Tod, Teufel und Fluch, sind »wir alle bruder, einer hatt sovil als der andere, in dem reich Christi hie ist keiner mehr noch besßer den der andere« (WA 14, 376,30-377,7; 377,19-21). Die Universalität des ewigen Segens verbindet sich mit der Egalität der Gesegneten, während die Partikularität des zeitlichen Segens ihre Entsprechung in hierarchischen Verhältnissen haben kann. Ist aber der zeitliche Segen ein Teil des ewigen, dann können sich diejenigen, die sich mit Abraham von ihm beschenkt glauben, nicht abfinden mit der ungleichen Verteilung der zeitlichen Güter.

2.4 Göttliches Tatwort des Segens und menschlicher Segenswunsch

In Luthers Auslegung von Gen 22,18 begegnet wiederholt die Unterscheidung zwischen menschlichem und göttlichem Segnen, die Luther für ein unverzichtbares Kriterium zur rechten Erkenntnis des Segens hält. Sie kann auf die einfache Erkenntnis gebracht werden: »Gott hat ein andere weise zu reden denn die menschen, Wenn er das maul auffthut und ein wort lesset gehen, so gilts« (WA 24, 390,28-30). Demnach ist mit der Verheißung an Abraham ein Segen gemeint,

»den Gott gibt, Was Gott aber segnet, ist mit der that und werck gesegnet, Denn er segnet nicht wie die leute allein mit worten, da nichts mehr nachfolget, sondern ist so ein lebendiger segen, der alles gut mitbringet, Es ist nicht ein grus allein, sondern ein werck und scheftig ding, das bald von statten gehet, die frucht, so solchem segen folget, das es niemand weren noch hyndern kan, Wenn Gott segnet, so ist reden und thun ein ding (...), daruemb mus der segen ausrichten, was er redet, und thetig sein, Gehet es von Gott, so mus es treffen sunde, tod, teuffel, hell, so tieff gehet sein wort« (WA 24, 398,8-17).

In dieser wie in ähnlichen Formulierungen[56] ist das göttliche Segnen durch eine bis zur Identität gesteigerte Einheit von Reden und entsprechendem Tun ge-

---

56. »Nhu dieser segen ist nicht eins schlechten menschen segen, da ein mensch den andern mit gruesset, einen guten morgen oder tag bietet oder wuenschet, wie denn die menschen einander nicht anders segenen koennen. Sonder dieser segen ist Gottes segen, den er auch alleine geben kan und wil, durchs Euangelium, so er vorheischet und zugesaget, solcher segen ist nicht ein schlecht ledig worth, das uns viel guts wuenschet und nichts draus wird, sondern gibet und brenget alles, das das wort vorspricht und zusagt. Derhalben ist dieser

prägt: Gottes Segen ist kein leeres Versprechen, sondern ein höchst wirksames Tatwort, bei dem a) die Erfüllung nicht ausbleiben kann, b) der Segen bereits mit dem Aussprechen des Segenswortes gegeben wird und c) das Segenswort selbst den Segen darstellt. Die Segensverheißung ist also *Schöpfungswort*, und nicht zufällig kommentiert Luther diese Aussagen mit Verweis auf die schöpferische Wirksamkeit von Gottes Wort: Ps 33, 9; 148, 5; Gen 1, 3. Im Bild vom dürren Klotz, aus dem Gott einen grünenden Baum machen kann, beschreibt er z. B. die Macht der Segensverheißung an Jakob.[57] D. Bonhoeffer trifft die Intention Luthers genau, wenn er zu Gen 1, 3 feststellt: »Also nicht, daß das Wort ›Wirkungen‹ habe, sondern, daß das Wort Gottes bereits Werk *ist*, darauf kommt es an. Was in uns hoffnungslos auseinanderbricht, ist für Gott unlöslich eines: Das Wort des Befehls und das Geschehen.«[58] Weil im göttlichen Segnen Zusage und Erfüllung nicht auseinanderfallen, wird die Lebenswirklichkeit des Gesegneten schon mit dem Aussprechen des Segens verändert. Er darf vertrauen und muß nicht daran zweifeln, daß der Segen auch wirklich eintrifft. So steht Luthers Insistieren auf der Wirkmächtigkeit des Segenswortes im Dienst derselben vergewissernden Absicht, mit der er in den Predigten zu Gen 22, 18 von der göttlichen Natur Christi gehandelt hat: Als Nachkomme Abrahams ist Jesus wirklicher Mensch, aber er muß auch Gott sein, »denn sol er so gros gut verheissen und den segen geben, mus er auch die gewalt haben, sonst were es lecherlich, wenn er etwas zusagte und kuendte nicht helffen, (...) wenn er nur gleich wuendscht und doch nicht bey mir were, kuend er mir nicht helffen« (WA 24, 397,18-25). Ein bloßer Segens*wunsch* von seiten Gottes hätte nicht die Macht, dem Fluch zu wehren. Es bedarf der Fähigkeit und des Willens, diesen Wunsch zu erfüllen. Deshalb steht und fällt die Wirksamkeit göttlichen Segnens mit seiner Allmacht.

Gegenüber menschlichem Segnen ist dieses Vertrauen, das bei Gott nicht ins Leere gehen kann, nicht angebracht, denn wo wir Menschen segnen, geht es – so Luther – um bloße Worte: Menschen segnen einander, indem sie sich grüßen, beglückwünschen, eben »viel Glück und viel Segen« wünschen, einander loben und rühmen. Aber diesen Worten folge nichts mehr nach, d. h. wer segnet, verfügt nicht darüber, daß sich der Wunsch für den Gesegneten auch erfüllt. Men-

---

Goettlicher segen in Abrahams samen vorheissen und vorsprochen, ein gewaltiger, krefftiger und lebendiger segen, der da brenget und ausricht was er zusaget oder segenet« (WA 20, 341,39-342,6). An anderer Stelle hält Luther fest, »daß es einen zweifachen Segen gibt: einen verbalen und einen realen, der verbale besteht im Lob und Ruhm (...); der reale ist wahrhaft göttlich: Denn dem segnenden Gott folgt die Tat oder das, was er (zu)gesprochen hat (...); er ist ein wirksamer Segensstifter, der alles durch sein Reden schafft, weil sein Wort die Sache selbst ist, und sein Segnen (›bene*dicere*‹) besteht darin, daß er reichlich Gutes tut (›bene*facere*‹) – sowohl leiblich wie geistlich« (WA 43, 247,18-26); vgl. auch WA 43, 524-526.563 f.; WA 40/1, 387,8 f.).
57. Vgl. WA 43, 499,25-27.
58. SF, 39 f.

schen können Segen wünschen, aber nicht machen. Ihr Wort kann leer, unerfüllt bleiben. Seine Verwirklichung ist ihnen entzogen.

Luther spricht den Menschen also nicht die Fähigkeit zum Segnen ab, er gibt der Alltagskommunikation sogar eine besondere Würde, wenn er Sprechakte wie »Grüßen« und »Beglückwünschen« mit dem Begriff des Segens belegt und ihn nicht für Gottes Tun reserviert. Aber er reißt dennoch einen breiten Graben zwischen göttlichem und menschlichem Handeln auf. Führt Luthers Intention, unerschütterliches Vertrauen in Gottes Wort zu wecken, nicht zu einer Unterschätzung (zwischen-)menschlicher Kommunikation? M.E. muß auch menschliches Segnen als wirklichkeitsveränderndes Tatwort begriffen werden, denn z. B. kann ein Gruß Beziehung stiften, ein Glückwunsch erfreuen, ein Lob beflügeln. Darin unterscheidet es sich *nicht* von der Wirkung des göttlichen Segensworts. Unterschieden bleibt es von diesem jedoch insofern, als nicht garantiert ist, daß Wunsch und Erfüllung eine Einheit bilden. Der Tatwortcharakter des menschlichen Segnens ist also *bedingt* (nämlich durch Gottes Zustimmung zu dem menschlichen Segenswunsch), der des göttlichen dagegen *unbedingt*.

Es kann darüberhinaus gefragt werden, ob Luther selbst diese scharfe Trennung zwischen menschlichem und göttlichem Segnen durchgehalten hat, wenn er z. B. von Isaaks Segen an Jakob (Gen 27) sagt: »Keineswegs aber ist dieser Segen ein solch leerer Klang von Worten oder ein bloß verbaler Glückwunsch, mit dem einer einem anderen Gutes zuspricht.«[59] Auch wo Isaaks Segen sich auf leibliche, irdische Güter beziehe, sei er kein bloßer »Wortsegen«, sondern gebe Jakob, was er verheiße. Er gleiche damit von seiner Wirkung her den Segnungen im Neuen Testament, die uns durch das Priesteramt Christi gegeben seien, Absolution und Taufe, denn »die Patriarchen hatten in ihrer Hand die Macht zu segnen, d.h.: daß sie durch eine gewisse Verheißung das weitergeben konnten, was die Nachkommen an Nahrung, Herrschaft und Priestertum haben sollten« (525,20-22). Im Empfangen und Geben von Segnungen, denen die Tat auf dem Fuß folgt, sind die Väter Israels den ChristInnen eine bleibende Herausforderung; denn, obwohl uns im Neuen Testament doch eine viel größere Segensgabe geschenkt sei, gingen wir nur geringschätzig, »frigide et oscitanter« damit um (525,33). Wo Luther den Segensgebrauch der Glaubensväter und -mütter in Israel so hoch schätzt – Rebekka setze sich durch ihr tätiges Vertrauen in Gottes Verheißung selbst zu einer »Mutter des Segens« (519,40) –, wird die Kluft, die er sonst zwischen göttlichem und menschlichem Segnen schafft, überbrückt: Die Art, in der Gott segnet, ist durchaus auch Menschen eigen, nämlich denen, die sich selbst Gottes Segen gefallen lassen und ihn beanspruchen. Die abgeschwächte Differenz beider Segensarten kommt nun in einer neuen Unterscheidung zur Geltung: Den bloßen Segenswunsch nennt Luther einen »Segen der Liebe« (›charitatis benedictio‹), das Tatwort dagegen einen

---

59. WA 43, 524,32 f. (Seitenzahlen im Text).

»Segen der Verheißung und des Glaubens und der gegenwärtigen Gabe« (›benedictio promissionis et fidei et praesentis doni‹) (525,10 f.).

2.5 Segen und Kreuz: Gottes Segenswirken sub contrario

Daß die göttliche Segensverheißung als schöpferisches Tatwort ihre Verwirklichung inkludiert, bedeutet weder, daß mit dem Wort bereits der ganze verheißene Segen eintrifft – die volle Erfüllung kann im Gegenteil lange auf sich warten lassen-, noch daß der Segen einfach vor Augen liegt und am Weltgeschehen abgelesen werden kann. Wie Gottes Handeln überhaupt[60], so verbirgt sich auch sein Segnen nicht selten unter dem Gegensatz, wie Luther exemplarisch an der Person Jakobs illustriert: Hatte Rebekka schon während ihrer Schwangerschaft die Verheißung erhalten, daß der Ältere ihrer Zwillinge dem Jüngeren dienen werde (Gen 25, 23), so mußte Jakob doch jahrzehntelang auf die Erfüllung dieser Verheißung warten und ihr sogar mit einem Betrug nachhelfen. Aber auch der von Isaak erschlichene Segen wirkte sich augenscheinlich weder im Leben Jakobs, noch in der Geschichte Israels *unmittelbar* aus: Jakob mußte fliehen, und vom Volk Israel kann Luther sagen, daß es wie kein anderes angetastet und verfolgt worden sei. Aber letztlich rennen doch alle Gegner vergeblich gegen die Erfüllung des Segenswortes an: »Aber es halff nichts, der segnen must erfullet werden, wie den geschahe, aber mit grosßen anstoeßen und verfolgungenn« (WA 14, 375,26 f.). In Luthers Argumentation lassen sich vier Gründe ausmachen, die das Vertrauen in die Verwirklichung der Segensverheißungen untermauern können, denn sie erläutern, warum sich Gesegnete nicht selten als verflucht empfinden und doch gesegnet sind und bleiben:

1. Mit der Segensverheißung ist erst ein Anfang des Segens gesetzt; der Segen ist gegenwärtig, aber erst im *Glauben*, noch nicht im *Schauen*. Jakob hat mit der gegebenen Verheißung auch den Segen, »aber dem Glauben gemäß, der sich nicht auf die Dinge richtet, die sichtbar sind, sondern auf die man hofft« (WA 43, 554,32 f.). Mit dieser auf Hebr 11, 1 anspielenden Bestimmung des Glaubens plädiert Luther für die Einübung in ein Vertrauen zu Gott, das gegen den Augenschein darauf setzt, daß die Verheißung *gegenwärtig* je schon erfüllt, daß der Gesegnete bereits im Besitz der verheißenen Güter *ist* und damit hier und jetzt an Gottes Zukunft Anteil hat. Der Glaube an Gottes Segenswort ist damit ein *hoffender* Glaube, der gegen die vom Fluch gezeichnete Wirklichkeit der Welt anhofft, um so der noch unsichtbaren Gegenwirklichkeit des Segens zum Durchbruch zu verhelfen.

2. Der verheißene Segen provoziert geradezu den Fluch, denn »was Gott

---

60. »Aber ßo thut Gott in allen seinen wergken, leßt allezeit das widderspiel sehen. Wen ehr will lebendig machen, ßo toedtet er vor: wen ehr ein wil from machen, ßo macht ehr ihn vor zcu einem Sunder. Szo thett ehr auch seinem ßohne, do ehr solde regiren, lieses ehr ihn an ein kreutz schlahen« (WA 14, 359,26-29).

schafft in die weltt, das muß vorfolget, gelestert und vormaledeiett sein«.[61] Wenn die Segensverheißungen an Abraham wie an Jakob auch die Verfluchung derer einschließen, die ihrerseits diesen Segensträgern fluchen (Gen 12, 3; 27, 29), dann ist damit zugestanden, daß Gottes Segen und die mit ihm Beschenkten in der Welt, welche die Spuren des Fluches trägt, auf Widerstand und Anfeindung stoßen: »So ist der Fluch schon unmittelbar mit dem Segen bereitet.«[62] Nirgendwo zeigt sich dieses Phänomen deutlicher als in Jesus von Nazareth: Der Segen in Person weckt den geballten Gegenangriff des Fluches, so daß er selbst zum Fluch (für uns) wird (Gal 3, 13); doch gerade dadurch bringt er »fur den fluch eytel segen« (WA 24, 251,22 f.).

3. Die fluchprovozierende Wirkung des Segens führt in das Leiden, in die Anfechtung, aber »in Anfechtungen wächst der Segen« (WA 43, 529,14), kann doch gerade der Angefochtene erkennen, daß er da, wo die Welt ihm flucht, gleichwohl mit göttlichem Segen erfüllt ist, denn »die Situation der Anfechtung (ist) zuvor *Gottes* eigene Situation, der Ort des angefochtenen *Christus* gewesen«[63], der in eben dieser Situation zum Fluch und Segensmittler wurde. Wer so im Leiden unter dem Fluch von der erfüllten Verheißung her lebt und dabei lernt, »zwischen der *Wahrheit* der Welt und ihrer *Wirklichkeit* zu unterscheiden«[64], wird selbst anderen zum Segen werden, sie lehren, trösten und ihnen raten können. Der Segen führt damit nach Luther nicht nur in die Anfechtung, indem er den Fluch mobilisiert, sondern er ist zugleich ihre Frucht. Diese Erkenntnis entnimmt er auch der Abfolge von Fluch und Segen in Gen 27, 29b: »*Wer dir flucht, sei verflucht; und wer dich segnet, sei gesegnet!*« (Allerdings ist in Gen 12, 3 die Reihenfolge genau umgekehrt.) In der Gewißheit, daß kein Fluch so mächtig ist, daß er den Segen unterdrücken und umstoßen kann, sollen die Gesegneten sich an das Wort der Verheißung hängen, sie häufig wieder-holen und dadurch dem Widerstand des Fluches selbst widerstehen. So geht in der Anfechtung dem Segen nichts ab, »sondern er bleibt rechtskräftig (›rata‹), kräftig, sehr reich und größer, als wir wahrnehmen können« (WA 43, 528,28 f.).

4. Diese drei Argumente münden in die grundsätzliche Beobachtung ein, daß »der geistliche Segen immer verdeckt ist unter äußerst verächtlicher und elender Gestalt« (WA 44, 123,27 f.). Hier wird in die Vorstellung von der Verborgenheit des Segens unter seinem Gegenteil die Unterscheidung von geistlichem und leiblichem Segen eingezeichnet. Während der irdische, zeitliche Segen vor Augen liegt und am Wohlergehen des Betroffenen abgelesen werden kann, bil-

---

61. WA 14, 376,14 f. »Was von Gott kompt, das kann unangefochten nichtt bleiben« (a.a.O., 374,26 f.).
62. WA 43, 527,4 f. In diesem Sinne läßt Luther Isaak zu Jakob sagen: »Ich segne dich zwar, aber es werden der Teufel und die Welt kommt, es werden (deine) Brüder kommen, und sie werden dir fluchen, werden dich verfolgen und werden versuchen, deine Segnungen zu verwirren und umzustoßen« (527,5-7).
63. C. Link, Vita passiva, 347.
64. Ebd.

det sich dagegen der geistliche keineswegs im sichtbaren Lauf der Dinge ab, im Gegenteil: Leiden und Mißerfolg können die Maske sein, hinter der sich der ewige Segen verbirgt. Er findet nicht zwangsläufig eine Entsprechung im irdischen Leben. Daß aber dem Segen, der sich *im* Leiden auswirkt, eine größere Kraft innewohnen kann, als sie in der Überwindung des Leidens zum Ausdruck käme, veranschaulicht Luther im Blick auf die sog. Strafsprüche von Gen 3. Den darin über die Sünde der Menschen ergehenden Fluch sieht er in Christus überwunden, aber nicht dergestalt, »das er den schweys und erbeyt und den schmertzen der gepurt weg nympt, sondern viel höher«, nämlich in der Sündenvergebung, die aber äußerlich nicht wahrzunehmen ist. Denn den Fluch von Gen 3 nimmt Christus so »hynweg wie den tod, also fern, das der jamer und tod bleibt, aber gibt uns solch ertzney, macht uns so truncken, das uns dis alles nicht yrret und leidens mit froehlichem gewissen, (...) Das wegnemen ist viel herlicher denn wenn ers gar auffhübe, denn da erzeigt er sein gewalt und stercke, wie er so mechtig ist, das mitten ym tod das leben kompt und den tod erseuffet« (WA 24, 251,23 f.31-33; 252,4-6). Die Personifikation des Segens im Gekreuzigten ist der sprechendste Ausdruck für dieses mitten im Tod erstehende Leben.

Wenn es nun gleichsam ein Wesensmerkmal des geistlichen Segens ist, sich in das sichtbare Gewand des Fluches zu hüllen, so kann dies doch nicht bedeuten, daß Menschen im Leiden verharren oder es gar suchen, um darin eine Bestätigung für den Besitz des geistlichen Segens zu finden. Luthers Aufweis des Segens sub contrario hat eine tröstende Abzweckung: Wem der sichtbare Segen fehlt, soll daraus nicht schließen, unter Gottes Fluch zu stehen. Sodann geht damit auch keineswegs eine Geringschätzung oder gar Verunglimpfung des leiblich-zeitlichen Segens einher; die große Bedeutung, die Luther den leiblichen Gütern für den geistlichen Segen beimißt[65], bleibt bestehen. Und drittens werden Menschen damit nicht zur Untätigkeit im Leiden oder zur ohnmächtigen Hinnahme von Unrecht verurteilt. Vielmehr kann gerade die Gewißheit, daß auch in der als Fluch empfundenen Wirklichkeit göttlicher Segen wirksam ist, menschliche Energien freisetzen, um dem Fluch Widerstand zu leisten und den Segen zu *entbergen*: »Du mußt nämlich die Gaben Gottes, die dir zuhanden sind, gebrauchen; du darfst (sie) nicht an die Vorherbestimmung oder an die Verheißung zurückverweisen« (WA 43, 551,14f.). Die göttliche Vorsehung, die sich in seinem Segnen der Welt vermittelt, entbindet uns nicht von unserer Verantwortung, sie motiviert und ermächtigt uns zu ihrer Wahrnehmung.

2.6 Segnen statt Fluchen: die ethische Dimension des Segens

Nicht nur Jesus Christus ist als dem *einen* Nachkommen Abrahams, der den Segen des Gottes Israels den Völkern vermittelt, das priesterliche Amt des Segnens aufgetragen. In Entsprechung zu seinem Tun sind auch die ChristInnen i. S. eines PriesterInnentums aller Gläubigen dazu berufen, SegensträgerInnen

---

65. Vgl. oben Abschnitt 2.3.

zu sein, um den Segen zu ererben, mit dem die Welt in Christus bereits gesegnet ist (1 Petr 3, 9). Diese Unterscheidung zwischen dem im Christusgeschehen schon geschenkten Segen und dem noch zu ererbenden eröffnet den Spielraum für die eigene Segenspraxis der ChristInnen. Als »Kinder des Segens«[66] sollen sie segnen und nicht fluchen. Wenn Luther im Zusammenhang des Segensthemas an die Trias von Berufung, Rechtfertigung und Verherrlichung erinnert[67], dann zielt dies auf das Segenshandeln der ChristInnen als einen Beitrag zur Verherrlichung bzw. Erlösung. Ist die Rechtfertigung unbedingte, ausschließliche Segenstat Gottes, so kommt es im Blick auf die Erlösung zu einem Mitwirken der Menschen. In Gestalt eines Kontrastverhaltens (segnen statt fluchen) sollen sie den Teufelskreis des Fluches aufbrechen. In der Auslegung von Röm 12, 14 (und Mt 5, 44) unterstreicht Luther, daß es sich dabei nicht um ein Gebot allein für Vollkommene, sondern für *alle* ChristInnen handle, das zu folgendem Tun einlade: »Das segnen aber odder benedeyen ist, das man den verfolgern wundscht alles gutts an leyb und seel, als wenn der feynd deyne ehre antastet, solltu sagen: Gott ehre dich und behüte dich fur allen schanden. greyfft er an deyn gutt, solltu sagen: Gott gebe dyr glueck und seligkeyt.«[68] Weil das Evangelium den Segen bringt und selbst Segen ist, duldet es keinen Fluch neben sich: »Der halben mus eyn Christen mund eyn segen mund, nicht eyn fluch maul seyn« (52,13-15).

Ausgeschlossen ist damit nicht eine Schelt- oder Strafrede, denn Schelten und Strafen gelten dem schon geschehenen Bösen, während mit dem Fluch erst Böses angewünscht wird.[69] Aber auch im Blick auf das Fluchverbot erhebt sich Einspruch, gibt es doch zahlreiche biblische Beispiele dafür, daß die Gläubigen geflucht haben (Luther nennt Gen 49,7; Dtn 27,13; 28,15; 2 Sam 3,29; 2 Kön 2,24; Ps 109; Mt 21,19; Apg 8,20; 1 Kor 16,22; Gal 5,12). Wie sind diese von Röm 12,14 her zu beurteilen? Erneut hilft sich Luther mit einer Unterscheidung, nämlich der zwischen Liebe und Glaube: »Die Lieb soll nicht fluchen, sondern ymer segen. Der glawb hatt macht und soll fluchen. Denn glaube macht gottis kinder und stehet an gottis stat. Aber liebe macht menschen diener und steht an knechte stat« (53,5-8).[70] Diese Erlaubnis zu fluchen greift da, wo das erste Gebot auf dem Spiel steht: Geboten ist der Fluch im Namen Gottes als *Gegenfluch*, um dem bedrängten Segen den Weg zu bahnen. Wo der Segen Gottes, und das heißt die Verkündigung des Evangeliums, unterdrückt wird, da

---

66. Vgl. WA 17/2, 52,3.
67. WA 43, 261,24.
68. WA 17/2, 51,29-32 (Seitenzahlen im Text).
69. »Fluchen wundscht, das ubels und unglucks kome. Schellten will, das ubels und ungluck weg gehe« (WA 17/2, 52,21f.).
70. Die Anspielung – zumindest der zweiten Zeile – auf die »theologische Grundsatzerklärung« (Jüngel) des Freiheitstraktats ist nicht zu überhören: »Eyn Christen mensch ist eyn freyer Herr ueber alle ding und niemandt unterthan. Eyn Christen mensch ist eyn dienstpar knecht aller ding und yderman unterthan« (WA 7, 21,1-4); vgl. dazu E. *Jüngel*, Freiheit, 54-115.

soll der Gegenfluch die Hindernisse aufheben. Die Unterscheidung von Glaube und Liebe verbindet sich hier mit der zwischen erster und zweiter Tafel des Dekalogs: Wie die erste Tafel (besonders das erste Gebot) der zweiten übergeordnet ist, so der Glaube der Liebe.[71] Die Erfüllung des ersten Gebots kann – so Luther – die Liebe zum Nächsten und zum Feind suspendieren. Das Fluchen – Luther nennt es ein Werk des Heiligen Geistes[72] und wehrt damit allen eigenmächtigen Fluchwünschen (auch die Entscheidung, ob im Glauben zu fluchen oder in der Liebe zu segnen sei, müsse eine geistesgegenwärtige sein) – ist somit im ersten Gebot verankert, und es dient allein Gott, während die Liebe mit dem Segen auch den Menschen dient. Luthers Einsicht in die Notwendigkeit des Gegenfluchs scheint mir unaufgebbar, zumal gerade der Fluch eine »ohnmächtige und mächtige Rede der Ohnmacht«[73] ist, die nicht will, daß die Welt so bleibt, wie sie ist, sondern auf gerechte Verhältnisse zielt. Dennoch muß die Hierarchisierung von Glaube und Liebe, die diese Argumentation Luthers trägt, hinterfragt werden. Wie vereinbart sie sich mit der paulinischen Erkenntnis, daß von der bleibenden Trias: Glaube – Hoffnung – Liebe die Liebe die Größte sei (1 Kor 13,13)? Anders formuliert: Können der Glaube, der Gott die Ehre gibt, und die Liebe, die den Menschen dient, so in Widerspruch zueinander geraten, daß die Liebe hinter dem Glauben zurückstehen muß, wo doch – ebenfalls nach Paulus – der Glaube gerade in der Liebe »energisch« ist (Gal 5,6)?

Jenseits dieses Problems ist aber deutlich geworden, daß für Luther Gott nicht ohne die Mitwirkung des Menschen dem Segen gegen den Fluch zum sichtbaren Sieg verhelfen will. Auch hinsichtlich des Segens gilt, »daß wir in allen unseren Dingen und Taten tun, was an uns ist, d.h.: daß wir die mit der Verheißung verbundenen Mittel gebrauchen und dann Gott den Ausgang und die Vorherbestimmung anbefehlen« (WA 43, 551,39-42).

Stand am Anfang dieses Abschnitts die Aufgabe einer Profilierung des Segens, um ihn aus der bloßen Synonymität mit dem Evangelium herauszuheben, so haben sich nun in den Unterabschnitten zahlreiche Aspekte ergeben, die von

---

71. Zu diesem Verständnis des Dekalogs im Kontext des Segensthemas vgl. auch WA 43, 507-514 (zu Gen 27).
72. Diese »überaus einsichtige(n) Darlegungen« Luthers über das »Fluchen als ein Werk des Heiligen Geistes« nimmt K. Barth in seinem »Römerbrief« von 1922 auf, wenn er zu Röm 12,14 schreibt: »Fluchen ist (...) eine in der Bibel durchaus *auch* vorgesehene, letzte, solenne Protestmöglichkeit, nämlich ›als Gottes Fluchen wider des Teufels Fluchen. Wo der Teufel durch die Seinen Gottes Wort wehrt, verdirbt oder hindert ... da ist es Zeit, daß der Glaube hervorbreche, fluche und wünsche, daß solch Hindernis untergehe, auf daß dem Segen Gottes Raum bleibe‹ (Luther) – aber nicht in *diesem* Zusammenhang« (Römerbrief 1922, 437,444); vgl. unten Teil B, IV. 2.4.
73. Vgl. S. Wyss, der in der Einleitung festhält: »Selbst als Ausdruck hilfloser Wut ist die Hilflosigkeit des Fluchs nicht alles, denn die Tatsache des Ausdrucks für sich spricht vor allen Inhalten von einem Protest und einem Wunsch.« Darum »muß billigerweise fluchen, wem an der Neugestaltung des Alltags auf eine menschenmögliche Welt hin gelegen ist« (Fluchen, 15 f.).

der Abrahambindung über das schöpfungstheologische Segensverständnis, die Unterscheidung zwischen zeitlichem und ewigem, leiblichem und geistlichem Segen, göttlichem und menschlichem Segenswort und den Zusammenhang von Segen und Leiden bis hin zur menschlichen Mitarbeit an der Schöpfung im Segenshandeln reichen und dabei veranschaulichen, wie Luther bemüht war, die Vielfalt der biblischen Segenstexte zu bewahren.[74] Gleichwohl ist aber auch deutlich geworden, daß sich alle diese Distinktionen erst aus dem christologischen Segensbegriff ergeben und sich nur in seinem Licht erschließen lassen.[75] Es geht also keineswegs um Segensprofile *neben* dem *Segen als Evangelium*, sondern allein um dessen Näherbestimmung. Diese Abhängigkeit aller segenstheologischen Distinktionen von der christologischen Deutung des Segens hat bei Luther vor allem Folgen für seine Haltung gegenüber dem Judentum, insbesondere gegenüber der jüdischen Auslegung der biblischen Segenstexte, wie ich im letzten Abschnitt dieses Kapitels zu zeigen versuche. Doch zunächst soll mit Luthers Auslegung von Num 6, 24 ff. die gottesdienstliche Vermittlung des Segens in den Blick kommen.

3. Die Wiederentdeckung des aaronitischen Segens als gottesdienstlicher Schlußsegen

Wenn Franz Delitzsch seine Auslegung des aaronitischen Segens mit der Bemerkung beginnt, daß es »neben dem Vaterunser kaum ein biblisches Stück (gibt), welches so fest im Gedächtniß jedes Christen säße, wie die dreifältige Schnur dieser monumentalen inhaltsschweren Sprüche«[76], dann verdankt sich diese Tatsache nicht zuletzt Luthers Einführung von Num 6, 22-27 als Schlußsegen der Messe. Schon in seiner »Formula Missae« (1523) gibt Luther als Alternative zur trinitarischen Segensformel des Missale Romanum Num 6, 24-26 und Ps 67, 7 f. an[77]; die »Deutsche Messe und Ordnung des Gottesdienstes«

---

74. Auch dies muß kritisch gegen U. Manns Behauptung gesagt werden, daß bei Luther »die Breite und Weite jenes religiösen Bereichs, den der Segen im AT einnahm, erheblich reduziert erscheint« (Wunder, 40).
75. Dies gilt selbst im Blick auf die ursprüngliche, die schöpfungstheologische Bedeutung des Segens als Fruchtbarkeit und Mehrung, wenn man nämlich berücksichtigt, daß für Luther die Schöpfung das Werk der Trinität ist, bei dem die zweite Person als Urbild fungiert (vgl. *C. Link*, Schöpfung, 43 f.), und man deshalb folgerichtig auch von einer christologischen Vermittlung des Schöpfungssegens sprechen muß.
76. Priestersegen, 113.
77. Vgl. WA 12, 213,28 ff. Zur Geschichte des liturgischen Schlußsegens s. *K. Frör*, Salutationen; zum liturgischen Gebrauch des aaronitischen Segens im jüdischen und christlichen Gottesdienst vgl. *K. Seybold*, Segen, 10-14.

(1526) enthält dann nur noch den aaronitischen Segen.[78] Der liturgischen Wiederentdeckung dieser priesterlichen Segensworte korrespondiert Luthers Bemühen um ihr angemessenes theologisches Verständnis: In seiner Predigtreihe über das 3. und 4. Buch Mose bietet er am 8.12.1527 eine erste, knappe Auslegung[79], der dann 1532 die kleine Schrift »Der Segen, so man nach der Messe spricht über das Volck, aus dem Vierden buche Mosi am vj. Capitel«[80] folgt. In ihr bündelt sich die gesamte Segenstheologie Luthers.

3.1 Die trinitätstheologische Deutung von Num 6,24-27

Als Entfaltung der trinitarischen Segensformel »Es segne euch Gott der Vater und der Son und Heiliger geist, Amen«[81] legt Luther die drei Verse des aaronitischen Segens auf die *opera trinitatis ad extra* hin aus: V. 24 spricht von der *Schöpfung* als dem Werk des Vaters, V. 25 von der *Erlösung* als dem Werk des Sohnes (Erlösung ist hier im Sinne von Versöhnung verstanden) und V. 26 von der *Heiligung* (und Totenauferweckung) als dem Werk des Hl. Geistes. Soll mit diesem trinitarischen Segen der Name Jhwhs auf sein Volk gelegt werden (V. 27), so geht es dabei um die Erfüllung des ersten Gebots: Segen kann es nur im Namen dieses *einen* Gottes (bekanntlich gilt ja: opera trinitatis ad extra sunt *indivisa*), nicht in dem anderer Götter oder auch nur Heiliger geben.[82] Wie begründet Luther diese trinitätstheologische Deutung im einzelnen?

Der Wunsch »Der HERR segne dich und behüte dich!« richtet sich insofern an Gott, den Schöpfer, als er »das leibliche leben und gueter« (574,13) betrifft und uns daran erinnert, daß *alle* Lebensmittel von der Nahrung über die Kleidung und Wohnung bis hin zu den LebensgefährtInnen und der Gesundheit *Schöpfungsgaben* Gottes sind – »durch seinen segen haben wir, was wir haben« (574,19f.) – und angesichts der ständigen Gefährdung unseres Lebens seiner *Erhaltung* bedürfen. Luther zitiert hier nicht nur den Schöpfungssegen von Gen 1,28 und die Bitte Esaus um den (leiblichen) Segen (Gen 27,35f.), sondern schlägt auch eine deutliche Brücke zur Brotbitte des Vaterunser, wie er sie im Kleinen Katechismus (1529) auslegt. Was dort zum täglichen Brot gezählt wird, ist hier Inhalt des Segens Gottes und seines Schutzes bedürftig.[83]

---

78. Vgl. WA 19, 44 ff.
79. WA 25, 436-439 (bes. 438,20-439,16).
80. WA 30/3, 572-582.
81. WA 30/3, 581,36 f. (Seitenzahlen im Text).
82. Vgl. a. a. O., 581,35 - 582,18.
83. Vgl. BSLK, 514,1-10: »Was heißt denn täglich Brot? Antwort. Alles, was zur Leibesnahrung und -notdurft gehört als Essen, trinken, Kleider, Schuch, Haus, Hof, Acker, Viehe, geld, Gut, frumm gemahl, frumme Kinder, frumm gesinde, frumme und treue Oberherrn, gut Regiment, gut Wetter, Friede, gesundheit, Zucht, Ehre, gute Freunde, getreue Nachbarn und desgleichen« mit WA 30/3, 574,22-25: »So wuendscht nur dieser segen dem volck, (...) das es erstlich an jm selbs leiblich fruchtbar sey, trew ehlich gemahl, narung, kleider und alles, was not ist, zu diesem leiblichen leben habe, es sey haus, hoff, acker, viehe, gesinde, Und wenn ers nu gibt und wirs haben, das ers auch behuete und beware,

Während die *erste* Zeile des Segens die Menschen in eine *Schöpfungsgemeinschaft* mit allen anderen Geschöpfen (und Lebensgütern) zusammenschließt, bezieht sich die *zweite*: »Der HERR erleuchte sein Angesicht über dir und sei dir gnädig!« auf »das geistlich wesen und die seele« (575,34) und gilt nur den Menschen. Der Unzulänglichkeit jeder Verdeutschung von יאר פניו יהוה אליך eingedenk[84], paraphrasiert Luther anschaulich: »Gott der Herr erzeige sich dir freundlich und troestlich, sehe dich nicht sawer an noch zornig, erschrecke dein hertze nicht, sondern lache dich froelich und veterlich an, das du froelich und getrost von jm werdest und eine freudige, hertzliche zuversicht zu jm habest« (576,24-27) – und deutet dies auf die Gewissen befreiende Vergebung der Sünden als das Werk Christi. Die zweite Bitte des aaronitischen Segens zielt damit auf nichts anderes, als daß »uns Gott wolle sein gnediges wort reichlich lassen scheinen und da mit froeliche gewissen machen« (577,31 f.), also auf den *Segen als Evangelium*. Das leuchtende Angesicht Gottes ist sein Wort, denn wie im strahlenden Licht der Sonne die Welt wie neugeschaffen erscheint, aber wie tot, wenn diese untergeht, so verhält es sich auch mit Gottes neuschöpferischem Wort: Wo es trifft, schafft es neue Menschen; wo es entzogen wird, hinterläßt es verzweifelte Gewissen. Gottes leuchtendes Angesicht und sein Gnädigsein (ויחנך) verhalten sich zueinander wie »›Gratia et Donum‹, ›Gnade und Gabe‹« (578,20): Wen Gott von quälender Schuld entlastet hat, den stärkt er durch seinen Geist und beschenkt ihn mit Charismen (1 Kor 12,8 ff.), damit er die neugewonnene Freiheit bewahren und Gott und den Mitmenschen gegenüber bewähren kann.[85]

Der *dritte* Vers: »Der HERR erhebe sein Angesicht über dir und gebe dir Frieden!« meint auch den geistlichen Segen, aber nun gleichsam in *eschatologischer* Perspektive und darum als ein *pneumatologisches* Geschehen, denn er ist »ein wunsch des trosts und endlichen sieges unter dem Creutz, Tod, Teuffel und aller hellischen pforten sambt der welt« (580,11-13) angesichts der schon geschehenen Versöhnung, aber der noch ausstehenden endgültigen Erlösung.[86] Sein Sitz im Leben ist die Situation der Anfechtung. Damit kommt Luther hier auf seine Einsicht zurück, daß Gottes Segen den Widerstand des Bösen allererst

---

Als den leib fuer kranckheit und plagen, das viehe, haus, acker (...) fur fewr, wasser ungewitter und allerley schaden.«

84. »Und hie muessen wir Ebreisch lernen und der Sprachen gewonen, denn es laut jm Deudschen gar nichts, wenn ich spreche, Gott erleuchte sein angesicht uber dir, Und ist doch nicht wol anders zu geben noch zu verdeudschen, Und muessen also Ebreisch nachreden und bleiben lassen« (a.a.O., 576,19-22).

85. Wieder veranschaulicht Luther das Gemeinte im Vergleich mit der Sonne: »Gleich wie die liebe sonne, wenn sie auff gehet, macht sie nicht allein froelich alle wellt mit jrem lieblichem schoenen licht, Sondern wirckt, gibt und hilfft, das beide, menschen und viehe, allerley thun, erbeiten, gehen, stehen und aller gelied brauche koennen, Erwermet und treibt fort allerley gewechse und fruchte, bis sie alles reiffe und volkomen macht« (a.a.O., 578,28-32).

86. Vgl. auch Luthers eindrückliche Formulierung: »Wyr sind auch selb noch nicht alle hynan, schweyg denn hyn uber« (WA 11, 315,23 f.).

121

auf den Plan ruft[87]: Wie Gewitterwolken die Sonne, so können die uns bedrohenden lebenswidrigen Kräfte, die Fluch- und Todesmächte, das leuchtende Angesicht Gottes, sprich: sein Wort verfinstern. Darum zielt dieser dritte Segenswunsch darauf, daß »Gott der Herr das liecht seines worts wolt erheben uber uns und also drueber halten, das es hocher und stercker leuchte jnn userm hertzen, denn alle anfechtung des teuffels, todtes und der sunde, verzweifeln, verzagen, erschrecken und alles unglueck sein kan« (581,8-12). Luther betont auch hier die Kraft des Segens *im* Leiden, *in* der Anfechtung, und nicht vorrangig die endgültige Überwindung der Not.

So dient die abschließende Bitte um den Frieden (V. 26b) dazu, mitten im Kampf mit denen, die den Segen Gottes nicht zulassen oder ertragen können, nicht nur geduldig und ausdauernd zu sein, sondern auch ein befriedetes Herz und guten Mut zu haben. Es geht dabei um inneren und äußeren Frieden in der Gottes- und Weltbeziehung, »bis der endliche und ewige fried kome« (581,34).

Luthers Auslegung von Num 6,24-27 erschöpft sich aber nicht in der Darstellung dieses dreifachen Segenshandelns Gottes, sondern bietet zu V. 24f. jeweils einen deutlichen Hinweis auf die menschliche Antwort. Sie besteht in einem doppelten und in dieser Weise unumkehrbaren Verhalten: Einerseits in der dankbaren Anerkennung, daß wir nichts uns selbst verdanken und nichts uns selbst verschaffen können, weder das Leben mit allen seinen Gütern und deren Erhaltung, noch das befreiende Wort der vergebenen Schuld. Wir leben aus Gottes, nicht aus unseren eigenen Möglichkeiten. Andererseits sollen wir gerade in diesem Wissen, »begnadet« zu leben, nicht untätig sein, sondern daran mitwirken, daß – um im Bild zu bleiben – immer weniger Schatten das leuchtende Angesicht Gottes verdunkeln: »Es ist alles Gottes Segen, Gottes huet und sorge. Nicht, das wir darumb solten muessig gehen, nichts erbeiten noch hueten, Sondern sollen das unser thun mit erbeiten und hueten, Aber doch wissen, das Gott muesse das gedeyen und geraten geben jnn unser erbeit und huet.«[88]

So treffen auch in Luthers Auslegung des aaronitischen Segens die Vorstellung von der vorgängigen Passivität bzw. Rezeptivität des Menschen und seiner nachfolgenden Aktivität zusammen: Gottes Segen in der Gestalt des kreatürlichen Lebens wie des rechtfertigenden Evangeliums kann sich der Mensch nur schenken und gefallen lassen. Doch dafür, daß dieser Segen weitergegeben und vermehrt wird, trägt er Mitverantwortung. Dieser kann er gerecht werden, weil es ihm als Gesegnetem nicht (mehr) an der Kompetenz zur Mitarbeit Gottes in Schöpfung und Erlösung mangelt.

---

87. Vgl. oben Abschnitt 2.5.
88. A. a. O., 574,33-35; 575,22 zu V. 24. Entsprechend heißt es zu V. 25: »Es mus das liecht Goettliches worts allein thun, Nicht das, wir solten darumb kein gute werck thun odder verrucht dahin leben, Sondern wir sollen uns jnn guten wercken uben und doch wissen, das ein froelich gewissen keins andern wegs her kome, denn wo Got sein angesicht uber uns leuchten lesset« (a. a. O., 579,25-28).

3.2 Der Segen im Gottesdienst und im Alltag der Welt

Der gottesdienstliche Schlußsegen wirft grundsätzliche Fragen zum Segensverständnis auf, die sich von den hier zugrundegelegten Lutherschriften nur ansatzweise erfassen und kaum angemessen beantworten lassen: Geht man davon aus, daß nicht jeder Segen Gottes der Vermittlung bedarf – dies trifft z. B. auf den Segen als Fruchtbarkeit und Mehrung zu[89] – dann stellt sich zum einen die Frage, wie sich vermittelter und unvermittelter Gottessegen zueinander verhalten, zum anderen muß hinsichtlich der Vermittlung danach gefragt werden, *wer* in *welcher* Situation *wie* segnen darf. Damit sind die Problemfelder von Segen und Institution, von Segen und Macht sowie die Frage nach der Rolle des Amtes in der Segensvermittlung angesprochen.

In der Unterscheidung von göttlichem und menschlichem Segenswort hat sich gezeigt, daß es bei Luther durchaus verschiedene Arten *menschlichen* Segnens gibt: Der Segenswunsch in der Alltagskommunikation ist nicht dasselbe wie das bevollmächtigte Segnen der Erzväter oder der kirchlichen Amtsträger.[90] In Entsprechung zu seinem Verständnis des Segens als Evangelium geschieht nach Luther Segensvermittlung grundsätzlich im Handeln der Kirche: »Das ist das priesterliche Amt und das fortwährende Opfer der Kirche im neuen Bund, die jenen Segen austeilt durch Predigen, Verwaltung der Sakramente, Lossprechung, Trösten und den Gebrauch des Wortes der Gnade, das Abraham hatte und das sein Segen war.«[91] Diese Formulierungen legen nahe, hier vornehmlich, aber nicht ausschließlich an die Segensspende durch Amtsträger zu denken. Gleichzeitig hat die Auslegung von Röm 12, 14 (Mt 5, 44 und 1 Petr 3, 9) deutlich gemacht, daß alle ChristInnen beauftragt sind, dem Fluch mit Segen entgegenzutreten.

Luther beschränkt also die Segensvermittlung keineswegs auf die Amtsträger, sondern kennt – im Sinne des Priestertums aller Gläubigen – auch außerhalb der Liturgie manchen Anlaß für den Segen im Alltag der Welt. Neben dem bereits erwähnten Gruß, Glückwunsch und Lob und dem Segenswunsch gegen den Fluch gehören dazu vor allem die Bitten um Gottes (leiblichen und geist-

---

89. Vgl. dazu die bekannte Liedstrophe von M. Claudius (eg 508,2):
   »*Er sendet Tau und Regen/ und Sonn- und Mondenschein/*
   und wickelt seinen Segen/ gar zart und künstlich ein/
   und bringt ihn dann behende/ in unser Feld und Brot:/
   es geht durch unsre Hände,/ kommt aber her von Gott./ (...).«
90. Es wäre allerdings ein Mißverständnis, würde man diese Unterscheidung parallelisieren mit der zwischen zeitlichem und ewigem Segen, als gelte der alltägliche Segenswunsch allein den zeitlichen, der gottesdienstliche/priesterliche Segen dagegen allein den ewigen Gütern.
91. WA 40/1, 387,22-26. Zur Geschichte der liturgischen Benediktionen als dem Kern der Sakramente und Kasualien vgl. R. *Volp*, Liturgik, 584-682; R. *Kaczynski*, Benediktionen; P. *Schäfer/R. Deichgräber/J. Gordon Davies*, Benediktionen.

lichen) Segen in den täglichen Hausgebeten des Kleinen Katechismus (1529).[92] Mit den elementaren, einprägsamen Gebetsworten des Morgen- und Abendsegens[93], der sog. »Bettgebete«, führt Luther Motive der mönchischen Gebetstradition in das häusliche Leben der Familie ein. Diese Segensgebete dienen der Einübung in eine fortgesetzte Frömmigkeitspraxis, die das natürliche Leben als von Gott gewährtes und bewahrtes wahr*nimmt* und ver*antwortet*: »In Luthers Morgen- und Abendsegen wird der von Weltangst und Sehnsucht nach Geborgenheit umgetriebene Mensch ernstgenommen und eingeladen, sich der väterlichen und mütterlichen Güte Gottes anheimzugeben, um dann mit Mut ans Werk zu gehen oder nach getanem Werk entlastet zur Ruhe zu kommen.«[94] Mit dem Dank für und der Bitte um Erhaltung und Bewahrung an Leib und Leben, um Vergebung der Sünden und eine Lebensgestaltung, die Gott gefällt, begegnen damit die zentralen Themen von Luthers Segensverständnis im Kontext des familiären Alltagslebens. Im Vertrauen auf die Macht Gottes dient auch hier die Bitte um seinen Segen der *Entmachtung lebensbedrohlicher und -zerstörender Mächte*: Gottes Präsenz im Segen zielt darauf, »daß der böse Feind keine Macht an mir finde«[95], sich also des je individuellen Lebens nicht bemächtigen kann.

Seinen sinnfälligsten Ausdruck findet der Segen in der »Bescherung« des täglichen Brotes. Als erbetenes und verdanktes wird es in den *gemeinsamen* Segens- und Dankgebeten zu Tisch[96] anerkannt.

Indem sich die morgend- und abendlichen Segensgebete mit der Aufforderung verknüpfen, sich zu »segnen mit dem heiligen Kreuz«[97], bezeugen sie durch diese Geste, daß auch hier kein anderer als der christologische, und nicht etwa ein davon zu unterscheidender liturgischer Segensbegriff gemeint ist. Und – wie die Benediktionen in den Sakramenten und Kasualien – weisen sie darauf, daß es neben der Verkündigung des Wortes an die ganze Gemeinde auch des zeichenhaften, sinnlich erfahrbaren Zuspruchs des Segens bedarf, damit dieser bei dem einzelnen Menschen in seiner ganzen Geschöpflichkeit ankommt.

Hinsichtlich dieser Segenspraxis im Alltag muß aber z. B. die Frage offenbleiben, ob etwa ein Segenstext wie Num 6,24ff. nach Luthers Auffassung auch außerhalb des Gottesdienstes (und) von »Laien« gesprochen werden darf, oder ob die Überschrift seiner Auslegung des aaronitischen Segens[98] nicht eher da-

---

92. Zur Entstehungs- und Rezeptionsgeschichte der Segensgebete Luthers vgl. *F. Schulz*, Hausgebete.
93. »Wie ein Hausvater sein Gesinde soll lehren, morgens und abends sich segnen« (BSLK, 521,12-522,21).
94. *F. Schulz*, Hausgebete, 489.
95. BSLK 521, 34f.; 522, 18f.
96. »Wie ein Hausvater sein Gesinde soll lernen, das Benedicite und Gratias zu sprechen« (BSLK, 522,23-523,28).
97. A.a.O., 521,17f.; 522,2f.; vgl. dazu unten Teil B, III.5.
98. Die Überschrift »Der Segen, so man nach der Messe spricht über das Volck« beweist für U. Mann, daß dort, »wo L. auf den ersten Blick einfach von der Segenspraxis im allgemeinen Sinn des AT zu handeln scheint, doch durchaus von einem am Abendmahl orientierten

rauf schließen läßt, daß Luther ihn als priesterlichen Segen im engeren Sinne verstanden und seinen Gebrauch exklusiv den kirchlichen Amtsträgern vorbehalten hat.

4. Zum Problem des Antijudaismus in Luthers Segensverständnis

Wie Luthers Auslegungen der Segensverheißungen der Genesis und des aaronitischen Segens bezeugen, ist seine Segenstheologie geprägt von einer besonderen Hochschätzung des Alten Testaments, des biblischen Israels *ante* Christum natum und besonders der alttestamentlichen GlaubenszeugInnen, allen voran Abraham. Gleichzeitig begegnet aber in seinen segenstheologischen Erörterungen eine scharfe Polemik gegen die jüdische Exegese der betreffenden Texte und – was noch schwerer wiegt – eine theologische Verwerfung Israels *post* Christum natum, mit der Luther das zeitgenössische Judentum zugunsten des Christentums von jeder Teilhabe am Abraham verheißenen, durch Christus vermittelten Segen ausgeschlossen sein läßt. Luthers Auslegung von Gen 27 bietet ein besonders anschauliches Beispiel für die Lehre von einer solchen Enterbung Israels.

liturgischen Segensverständnis« die Rede ist, wenn auch »zunächst in einem weiteren Sinn« (Wunder, 41 f.). Ganz abgesehen davon, daß unklar bleibt, was denn mit *der* »Segenspraxis im allgemeinen Sinn des AT« gemeint ist, erscheint mir auch U. Manns grundsätzliche Unterscheidung zwischen einem liturgischen und einem christologischen (oder auch christologisch-ontologischen) Segensverständnis Luthers fragwürdig: »Bei L. haben zwei bestimmt und scharf umrissene Auffassungen von Segen (und Fluch) den Vorrang vor der allgemeinen Bedeutung im Sinn des AT: es ist einmal das liturgische Segensverständnis, zum andern das im engsten Sinn christologische« (a.a.O., 41). Während U. Mann den christologischen Segensbegriff an Luthers Auslegung von Gal 3,9 festmacht (a.a.O., 42 f.), findet er das liturgische Verständnis in einem weiteren Sinn eben in der Schrift über Num 6,24 ff.; in einem engeren aber vorrangig in Luthers Abendmahlslehre und daneben in den alltäglichen Segenshandlungen wie Tischgebet, Abend- und Morgensegen (a.a.O., 42). Diese Unterscheidung läßt einerseits die oben entfalteten Distinktionen in Luthers Segenstheologie außer acht, ist aber andererseits deshalb unsinnig, weil im *liturgischen Gebrauch* des Segens kein anderes als das *schöpfungstheologisch-christologische Verständnis* des Segens zum Zug kommt. Luthers Erörterung der biblischen Segenstexte dient ja gerade der theologischen Klärung dessen, worum es geht, wenn im Gottesdienst, bei den Sakramenten und Kasualien sowie im Alltag (z.B. in der Familie) vom Segen die Rede ist. Das liturgische Verständnis kann deshalb gar kein anderes sein als das theologische, soll die theologische Arbeit nicht ins Leere gehen. Sinnvoll kann m.E. deshalb nur gefragt werden, in welchen (liturgischen und anderen rituellen) Segens*handlungen* es sich vermittelt, wo also der so gedeutete Segen der Gemeinde und dem einzelnen Menschen zugesprochen wird.

Beides, die Hochschätzung Israels *ante* Christum natum und die Überzeugung von der Verwerfung Israels *post* Christum natum, ist begründet in der einen, der *christologischen* Perspektive auf die Schrift: Nur wo auch die alttestamentlichen Texte »auf Christus gebracht« werden[99], nur wo das hermeneutische Prinzip »was Christum treibet« durchgängig Anwendung findet, erschließt sich – so Luther – der eigentliche, geistliche Sinn der Bibel und damit auch das rechte Segensverständnis. Deshalb rückt erst der christologische Segensbegriff, die Identität von Segen und Evangelium, den Segen im Alten Testament ins rechte Licht. Diese Perspektive bestimmt sowohl Luthers Umgang mit der jüdischen Exegese der Schrift wie seine Verhältnisbestimmung von alttestamentlichen Segensverheißungen und zeitgenössischem Judentum.

4.1 Vom christologischen Segensbegriff zur antijüdischen Polemik

Daß Luther sich veranlaßt sieht, auf *jüdische* Auslegungen biblischer Segenstexte zu sprechen zu kommen, liegt in der Hoffnung begründet, seine jüdischen ZeitgenossInnen zu Christus bekehren zu können. Nachdem er die Bibel aus »der babylonischen Gefangenschaft« des Papstes befreit und für sich das Evangelium von der Rechtfertigung aus Glauben entdeckt hat, ist er – 1523 noch – davon überzeugt, daß es seine Attraktivität auch gegenüber den Juden nicht verfehlen wird, wenn man sie nur – anstelle der bisherigen unmenschlichen Behandlung – freundlich in der Schrift unterweist. So hofft Luther, »es sollten yhr viel rechte Christen werden und widder tzu yhrer vetter, der Propheten und Patriarchen glauben tretten«.[100] Dieser Rückführung zum Glauben der Väter und Propheten steht aber die rabbinische Auslegung als Hindernis im Weg. Luther weiß darum, daß »der Juden ding so starck schrifft fur sich hat«, während »der Christen ding eyn lauter geschwetz gewesen ist on alle schrifft«.[101] Will er seine jüdischen Zeitgenossen zu dem von ihm entdeckten Evangelium bekehren, muß er sich auch mit der jüdischen Exegese auseinandersetzen. Von daher sind auch seine Bemühungen um die hebräische Sprache zu verstehen, die einen doppelten Zweck haben: Sie stehen einerseits – wie die christliche Hebraistik seiner Zeit überhaupt – im Dienst der Judenmission[102]; andererseits

---

99. Vgl. WA 14, 366,28 ff.
100. WA 11, 315,15-17.
101. A.a.O., 315,7 f.
102. »Die Belehrung der Juden durch ihre eigene Sprache sollte denn auch die vordringlichste Aufgabe der nunmehr im akademischen Lehrbetrieb eingebetteten christlichen Hebraistik werden«, urteilt *S. Schreiner,* Luther, 70 (vgl. zur Hebraistik im Zeitalter des Humanismus auch *O. Kluge,* Sprachwissenschaft). Die judenmissionarische Verzweckung der Hebraistik trifft selbst auf Johann Reuchlin (1455-1522) zu, den Begründer der modernen Hebraistik, der trotz großer Kenntnisse des Hebräischen und jüdischer, insbesondere kabbalistischer Schriften und seines Bemühens um die Einrichung von Hebräisch-Lehrstühlen im Zusammenhang humanistischer Bildungsbestrebungen nicht am Selbstverständnis des Judentums interessiert war. H. A. Oberman hat gezeigt, wie wenig sich das neuzeitliche Bild vom Judenfreund Reuchlin halten läßt: »Reuchlin war von der Kollek-

zielen sie auf die Widerlegung jüdischer, insbesondere rabbinischer Exegese. So sollen die, welche »in der Heiligen Schrift studieren wollen, sich dem Studium der hebräischen Sprache zuwenden, damit sie die Lügen der Rabbinen auch grammatikalisch widerlegen können. Es besteht nämlich die riesige Gefahr, daß sie mit ihren Glossen wiederum die Heilige Bibel verdunkeln und verderben.«[103] Daß allerdings eine Berücksichtigung jüdischer Exegese, die a priori von den »Lügen der Rabbinen« ausgeht, überhaupt eine sachliche Auseinandersetzung ermöglichen kann, anstatt zwangsläufig in eine verzerrende Polemik einzumünden, ist unwahrscheinlich.

Geht man nun der Frage nach, wie Luther das rabbinische Segensverständnis beschreibt, so lassen sich die folgenden, untereinander eng vernetzten Motive ausfindig machen:

1. Die Juden mißachten die Unterscheidung von menschlichem Segenswunsch und göttlichem Segenstatwort, »weil sie allein beim Segens*wunsch* (›verbalis benedictio‹) stehenbleiben.«[104]

2. Mit der fehlenden Einsicht in den schöpferischen Charakter der göttlichen Segensverheißung ist ihnen zugleich der geistliche und ewige Gehalt des Segens verschlossen. Sie deuten die geistlichen Segensverheißungen wie Gen 22,18 deshalb ausschließlich auf zeitliche, irdische Güter. Damit schwächen sie die Bedeutung des Begriffs »Segen« ab, verdunkeln ihn und machen ihn sogar zu einem vergeblichen Wort.[105]

3. Übrig bleibt damit eine Deutung der Abrahamverheißung, die sich auf *jüdischen Selbstruhm* (gegenüber den Heidenvölkern) beschränkt. Hier trägt Luthers an anderer Stelle getroffene Identifikation von »sich segnen« und »sich rühmen«[106] antijüdische Früchte, wenn Luther die – s. E. auf dem geistlichen

---

tivschuld der Juden fest überzeugt und läßt ihr Elend in Zeit und Ewigkeit als gerechte Strafe Gottes stehen. Die Möglichkeit, dieser Strafe zu entrinnen, bietet sich nur der schmalen Elite der wenigen, die den Talmud aufgeben, um sich der christlichen Kabbala zu beugen, vom jüdischen Zeugnis vom christlichen Glauben« (Antisemitismus, 37). Einer der ganz wenigen, die ihre Hebräischkenntnisse in den Dienst der jüdischen Mitbürger stellten, war Andreas Osiander (1496-1552), der mit seiner 1540 veröffentlichten Schrift »Ob es war un glaublich sey daß die Juden der Christen kinder heymlich erwürgen, und jr blut gebrauchen/ein treffliche schrifft/auff eines yeden vrteyl gestelt« der Anklage der Juden auf Ritualmord entgegentrat und Christen für den unschuldigen Tod der verleumdeten Juden verantwortlich machte.

103. WA 43, 247,15-18.
104. WA 43, 247,20 f. Ähnlich WA 43, 525,23-26: »Die Juden nämlich behandeln diese Segnungen allzu »frigide«, denn sie begreifen sie nur auf menschliche und selbstgewählte Art und Weise; nicht i. S. eines bestimmten Urteils (›definitiva sententia‹); der Segen aber ist in Wahrheit ein solches Urteil, das etwas bestimmt und beschließt (›definit et concludit‹).«
105. »Gedenke aber dessen, (…) daß ›Segen‹ kein vergebliches Wort (›vocabulum inane‹) ist, wie die Juden träumen, die ›Segen‹ als mündlichen oder schriftlichen Gruß deuten, sondern Paulus handelt hier (sc. Gal 3,14, M. F.) von Sünde und Gerechtigkeit, von Tod und Leben vor Gott« (WA 40/1, 453,23-26).
106. Vgl. oben Abschnitt 1.3.

Auge blinde – jüdische Auslegung von »segnen« wiedergibt als »laudare, bene precari et gloriosum esse« und im Blick auf Gen 22,18 die Juden sagen läßt: »Gesegnet du, Jude, der du aus dem Samen Abrahams geboren bist; gesegnet du, Proselyt, der du den Gott der Juden verehrst und dich an sie bindest.« Nach Luthers Überzeugung meinen sie damit, »daß Segen nichts anderes sei als Lob und Ehre in dieser Welt, daß (also) irgendeiner sich rühmen könne, daß er vom Stamm und der Sippe Abrahams abstamme.«[107] Damit aber legten sie die Schrift nicht aus, sondern verkehrten, ja – vergewaltigten sie, weil der ewige-geistliche Segen zu einem bloß zeitlichen herabgewürdigt werde.

4. Mit der auf Selbstruhm zielenden Auslegung machen sich die Juden in Luthers Sicht eines weiteren Versäumnisses schuldig: sie unterlassen die fundamentaltheologische Unterscheidung der beiden Perspektiven coram mundo und coram deo. Zwar gesteht Luther zu, daß es *vor der Welt* durchaus ein Grund zum Rühmen sei, ein Nachkomme Abrahams »nach dem Fleisch« zu sein, nicht zuletzt deshalb, weil Gott in diesem Volk Mensch geworden ist und es damit vor allen anderen Völkern ausgezeichnet hat.[108] Doch *vor Gott* gehe dieser Selbstruhm ins Leere, und zwar aus dem einen Grund, weil mit dem Nachkommen Abrahams in Gen 22,18 nicht das jüdische Volk als solches, sondern nur *ein* Jude, nämlich Jesus von Nazareth, gemeint sei und es deshalb nur eine Teilnahme am Abraham verheißenen Segen durch eine geistliche Abrahamkindschaft, sprich: im Glauben, nicht aber durch eine bloß leibliche geben könne. Um zu begründen, daß der eine Nachkomme Abrahams nicht das jüdische Volk überhaupt sein kann, fügt Luther abschließend ein erfahrungsbezogenes Argument an.

5. Da sich mit der Verheißung des geistlichen Segens in Gen 12,3b auch die Zusage leiblicher Güter (V. 2a-3a), z. B. eine große Nachkommenschaft und ein großer Name, verbindet, müssen die Juden, wenn sie sich selbst als »zerschlagenen und elenden Haufen« (›afflicta et exigua turba‹) (WA 42, 448,29) wahrnehmen, er- und bekennen, daß sie schlechterdings nicht der Abrahamnachkomme sein können, durch den die ganze Welt gesegnet werden soll.[109] Halten sie dennoch daran fest, strafen sie Gott Lügen und müssen als Gotteslästerer überführt werden.

Fazit: Die jüdische Auslegung von Gen 22,18 ist in den Augen Luthers ein eindeutiger Beweis für die *Gottlosigkeit* dieses Volkes, das mit der Verwerfung

---

107. WA 40/1, 383,26-30. Daß Luther den Gedanken des jüdischen Selbstruhmes zum Anlaß nimmt, um andere antijüdische Stereotype in seine Auslegung aufzunehmen, sei nur am Rande vermerkt (vgl. z. B. die Wucherpolemik gegen Juden: WA 42, 448-450).
108. »Und wenn wyr gleych hoch uns rhumen, so sind wyr dennoch heyden und die Juden von dem gebluett Christi, wyr sind schweger und frembdling, sie sind blut freund, yettern und bruder unsers hern. Darumb, wenn man sich des bluts und fleyschs rhumen solt, so gehoren yhe die Juden Christo neher tzu denn wyr (...). Auch hats got wol mit der that beweyszet, denn solche grosse ehre hat er nie keynem volck unter den heyden gethan als den Juden« (WA 11, 315,25-31).
109. Zur Kritik an diesem Erfahrungsbeweis vgl. unten Abschnitt 4.2.

des Messias Jesus von Nazareth »alles verloren hat, was Abraham hier verheißen wird« (WA 42, 450,13 f.).

Bei genauerem Hinsehen erweist sich aber diese *Konsequenz* schon als *Voraussetzung* von Luthers Beschreibung des jüdischen Segensverständnisses; seine Argumentation bewegt sich also im Kreis: Jüdische Ausleger müssen zwangsläufig an einer biblischen Segenstheologie scheitern, weil sie die von Luther als Konstitutiva des Segens entfalteten Distinktionen nicht wahrnehmen können. Da diese nach Luther aber in der Identität von Segen und Evangelium, also in einem christologischen Segensverständnis gründen, können sie jüdischer Exegese schlechterdings nicht zugänglich sein. Wo die christologische für die einzig angemessene Auslegung gehalten wird, kann es überhaupt kein jüdisches Verständnis des Segens geben, das den biblischen Aussagen gerecht wird. Es ist das jüdische Nein zu Jesus Christus, das für Luther zu einem, um es auf den Begriff zu bringen: *platt naturalistischen Mißverständnis des Segens* führen muß und als solches dann die Gottlosigkeit des jüdischen Volkes offenbart. Der Verdacht läßt sich nicht abweisen, daß eine solche Charakterisierung jüdischer Auslegung zwar in der Fluchtlinie von Luthers christologischer Systematisierung der biblischen Segenstexte liegt, aber kaum Anhalt an den jüdischen Kommentaren selbst haben kann.

Dieser Verdacht erhärtet sich noch, wenn man der Frage nachgeht, auf welche jüdischen Positionen Luther sein Urteil stützt. Neben der ständigen Pauschalangabe »die Juden« begegnen die Namen von zwei Gewährsleuten: Lyra[110] und Burgensis[111], die Luther beide auch eingangs seiner Schrift »Von den Juden und ihren Lügen« (1543) nennt.[112]

Es handelt sich dabei um Nikolaus von Lyra (ca.1270-ca.1349), dessen zwei antijüdischen Bücher »Postillae perpetuae in vetus et novum testamentum« (gedruckt 1471/72 in Rom) und »Contra perfidiam Iudaeorum« (gedruckt 1497 in Nürnberg) Luther häufig konsultiert hat, und um Paul von Burgos (ca. 1351-1435), der, bevor er 1390 zum Christentum konvertierte, Salomon ben Levi hieß. 1415 wurde er Erzbischof von Burgos und verfaßte die judenfeindliche Schrift »Dialogus qui vocatur Scrutinium scriptuarum libris duobus contra perfidiam Iudaeorum« (1434, gedruckt 1475) sowie Additiones zu den Postillae Lyras (1429-31).[113]

Luthers (Un-)Kenntnisse des jüdischen Segensverständnisses stammen also aus zweiter Hand, aus – schon am Titel erkennbar – antijüdischen Werken, damit

---

110. WA 43, 531,9.
111. WA 43, 251,30.
112. Vgl. WA 53, 417,24-26 sowie 482,6-23.
113. Zu diesen und weiteren Quellen für Luthers antijüdische Äußerungen vgl. W. Bienert, Martin Luther, 134-136. W. Bienert weist zwar darauf hin, Luther habe Raschis Kommentar benutzt, nennt dafür aber keinen Beleg. Sein Versuch einer Ehrenrettung Luthers (a. a. O., 136): »Luthers Genie erfährt gewiß keinen Abbruch, wenn man an seinen judenfeindlichen Äußerungen nachweisen kann, daß diese durchweg nicht auf dem Boden seiner eigenen Theologie erwachsen sind, vielmehr vorreformatorischer Judenfeindlichkeit entstammen.« – wirkt mehr als peinlich.

ebensowenig aus der eigenen Lektüre jüdischer Kommentare wie aus unmittelbaren Begegnungen mit jüdischen Zeitgenossen.[114] Wirkliche Gesprächspartner sind Juden für Luther offenbar nicht gewesen. Wenn E. L. Ehrlich als *eine* bis heute andauernde Nachwirkung aus Luthers Haltung gegenüber den Juden festhält: »Das jüdische Selbstverständnis wird selten zur Kenntnis genommen, die authentischen jüdischen Quellen kaum berücksichtigt, die Existenz des jüdischen Menschen in seiner eigenen Identität als Jude nicht verstanden oder ernstgenommen.«[115] – dann liegt *eine* Ursache dafür auch in Luthers Polemik gegen eine jüdische Exegese biblischer Segenstexte, von der er offenbar keine authentischen Informationen besaß.

Was sich hier nur als eine Facette der Polemik zeigt, nämlich die Enterbung Israels bezüglich der Abrahamverheißung, erhält im »Fall Esau« mittels einer christologischen Interpretation von Gen 27 grundsätzliches theologisches Gewicht.

4.2 Der Fall Esau(s) und die Enterbung Israels

Luthers Auslegung von Gen 27 kommt paradigmatische Bedeutung für sein Segensverständnis zu, denn »auß dißem textt lernen wir, was do heiß segnen odder gebenedeien, und was do heiß maledeien«.[116] Zugleich bietet die Erzählung – vor allem in Person und Werk Rebekkas – »ein trefflich exempel des glaubenns. Das ist der groeßte glaube und erkenntnuß der wergk und der weißheit Gottes, das Gott warhafftig ist, und ßo warhafftig, das ehrs wunderlich hynauß fuhrrt, und aps nicht ßo hinaußgehet, wie wirß gedencken, ßo wirts dennoch geschehen« (362,22-25). Angesichts dieses Gewichts des Textes für Luthers Segenstheologie und Vorsehungslehre wiegt die antijüdische Stoßrichtung seiner Exegese besonders schwer.

Nach einer beredt ausschmückenden historischen Deutung, die bereits von einer starken Perhorreszierung der Person Esaus durchzogen ist, will Luther die Aussagen »auff Christum brengenn, sunst wen wir dehn do nicht haben, ßo habenn wir nichts« (366, 28 f.), weil ja erst durch Christus der »wahre haubtsegnen« (367,11) in der Gestalt des Evangeliums zu allen Völkern gekommen ist. »Auf Christus gebracht«, bildet Gen 27 in der Person Isaaks Gott, den Vater, ab: Wie Isaak so scheint auch Gott in der Verteilung von Segen und Fluch blind zu sein und Verwechslungen zu begehen, aber im Ausgang der Geschichte erweist sich doch, »das Gott warhafftig bleib under der lugen« (365,27) und damit seinen Verheißungen treu, auch wo das Gegenteil der Fall zu sein scheint. Verkörperten auf der historischen Ebene Jakob und Esau die beiden Völker Israel und Edom, so wird Esau nun zu einem »exemplum (…) omnium Iudae-

---

114. Vgl. *S. Schreiner*, Luther, 58-71.
115. Luther, 147.
116. WA 14, 373,29f. (Predigten über Gen 27 vom 31.01. und 2.02.1524; Seitenzahlen im Text).

orum«[117], während Jakob, »das Aschenprugel«, für die Christen steht. Das »erstgeborene«, auserwählte Volk erlangte den Segen nicht, weil es – sich in falscher Heilssicherheit mit dem Besitz des Gesetzes und der Verheißungen für immer im Schoße Gottes wähnend – doch nur den äußerlichen Schein des Gesetzes und Gottesdienstes gehabt habe, anstatt die wohlriechenden Kleider, nämlich die Schrift, anzuziehen. Mit Christus sei aber ein neues Volk gekommen, »der rechte Jacob«, dem seien von Rebekka, der Kirche, die Kleider »lautter und reyn« (368,11), also sola gratia, angezogen worden.

Mit dieser Argumentation wird Luthers Predigt zu einem klassischen Beispiel der *Enterbungstheorie*: »Der ewig segnen wirt von Esau, das ist von dehn, di do wergk haben, genohmmen und Jacob geben, das ist denen, die keine wergk haben« (368,13-15). Dieser Bezug auf die Werke verdankt sich einer weiteren Allegorisierung: Daß Jakob Isaak zwar die behaarten Hände Esaus vortäuschen, aber nicht seine Stimme verstellen konnte (V. 22 f.), bringt Luther auf den Gedanken, daß Jakob und Esau zwar im Blick auf ihr Werk gleich, aber hinsichtlich ihrer Predigt grundverschieden seien, denn »Esau predigt vonn wergken, Jacob vom glaubenn« (368,26 f.). Vorausgesetzt ist dabei, daß die Stimme die Predigt bedeutet und die Hände die Werke meinen. Indem Luther durch Allegorese die Unterscheidung von Gesetzes- und Evangeliumspredigt in Gen 27 einträgt und vor deren Verwechslung warnt[118], spricht er Esau als dem jüdischen Volk mit dem Evangelium auch den Segen ab.

In seinem Genesis-Kommentar versucht er den Nachweis zu erbringen, daß Esau – im Gegensatz zu Jakob – gar keinen Segen erhalten habe. Isaaks Segen über Jakob ist nicht nur unwiderruflich, weil Gott seine Gaben nicht ändert[119], sondern auch so erschöpfend – umfaßt er doch die drei Institutionen oeconomia, politia und ecclesia –, daß daneben kein Segensinhalt mehr übrig bleiben kann.[120] Zwar bekomme Esau einen gewissen Anteil am häuslichen Segen, aber da in V. 39 f. weder von Gott noch von Segen explizit die Rede sei, handele es sich hier auch nicht eigentlich um einen Segen, sondern um einige leibliche Verheißungen, damit der »populus carnalis Iudaicus« wenigstens der zeitlichen Güter nicht völlig entbehre.[121] Doch weil die »increduli Iudaei« sich nicht zu Jesus als dem Messias und Mittler des Abrahamsegens bekennen, sei ihnen mit dem geistlichen auch der zeitlich-leibliche Segen genommen und den Heidenvölkern zugewandt worden.[122] Diese Enteignung der Juden im Blick auf den leiblichen Segen versteht Luther als Erfahrungswahrheit, die so vor Augen lie-

---

117. WA 43, 536,39.
118. »Szo habt ihr offten von mir gehortt, wie man die zwu predigten scheiden sall, des gesetzes predigt und des Euangeliums predigt. In die gwissen sal man kein gesetz legen, in die feuste keinn Euangelium nehmen« (WA 14, 369,15-18).
119. Vgl. WA 43, 529-535.
120. Vgl. WA 43, 535 f.
121. A. a. O., 537 f. (Zitat: 537,41).
122. »Die unglücklichen Juden aber sind des leiblichen und geistlichen Segens beraubt. So haben sie das Ende vor Augen« (WA 42, 450,25 f.).

ge, »daß sie offenkundig für alle ein verfluchtes und unter dem Zorn Gottes stehendes Volk sind« (WA 42, 451,9).

Es fällt auf, daß die Argumentationsfigur vom göttlichen Segenswirken *sub contrario* hier keine Berücksichtigung findet. Gegenüber seinen MitchristInnen hatte Luther ja betont, daß sich der geistliche, ewige Segen nicht am irdischen Wohlergehen, an Erfolg und Wohlstand verifizieren lasse, sondern sich nicht selten unter dem Gegenteil verberge, Leiden, Krankheit und Tod somit keinen Gegenbeweis zum Gesegnetsein darstellten. Diese Einsicht veranschaulichte Luther an den GlaubenszeugInnen Israels bis hin zum Gekreuzigten.[123] Doch die Verfolgungs- und Leidensgeschichte des jüdischen Volkes *post Christum natum* kann Luther nicht im Licht des sub contrario-Gedankens deuten. Sie liefert – im Gegenteil – den Beweis dafür, daß den Juden *jede* Gestalt des göttlichen Segens entzogen ist.

Warum greift Luthers Überzeugung, daß Gottes Segen gerade im Leiden seine Macht entfalten kann, nicht gegenüber dem nachbiblischen Judentum? Gottes Handeln sub contrario bezieht sich ausschließlich auf den geistlichen Segen, nicht auf die leiblichen Güter. Mit ihrem Nein zu Jesus von Nazareth als dem Messias haben – so Luthers Argumentation – die Juden sich selbst von der Teilhabe am Abrahamsegen ausgeschlossen. So ist es grundsätzlich unmöglich, daß sich unter ihrem Leiden Gottes geistlicher Segen verbirgt. Und da für den leiblichen Segen gilt, daß er äußerlich wahrnehmbar sein muß, kann Luther die Diasporaexistenz des jüdischen Volkes nur dahingehend interpretieren, daß sie für das Fehlen auch dieser Segensgabe spricht.

In sich ist Luthers Argumentation also schlüssig: Seine theologische Grundhaltung gegenüber dem zeitgenössischen Judentum, die sich – bei aller Änderung der praktischen Konsequenzen zwischen 1523 (»Daß Jesus Christus ein geborner Jude sei«)[124] und 1543 (»Von den Juden und ihren Lügen«)[125] – durchhält[126], gründet in seiner Christologie, seiner Rechtfertigungslehre und

---

123. Vgl. oben Abschnitt 2.5.
124. WA 11, 307 ff.
125. WA 53, 417 ff.
126. In Luthers *theologischer* Sicht des Judentums ist keine Wende zu erkennen. Die Überzeugung, daß es für die unter dem Fluch Gottes stehenden Juden nur in der Bekehrung zu Jesus Christus Heil geben könne, durchzieht sein Werk von Anfang an. Eine Entwicklung liegt dagegen in seiner Einschätzung der *Umkehrwilligkeit und -fähigkeit* der Juden vor: Solange Luther hofft, seine jüdischen Zeitgenossen für das aus »babylonischer Gefangenschaft« befreite Evangelium gewinnen zu können, sind seine einschlägigen Äußerungen eher auf einen judenfreundlich-missionarischen Ton gestimmt. Dieser schlägt aber angesichts der Enttäuschung über die ausbleibende Konversion der Juden zum Christentum, aus Angst vor jüdischen Missionserfolgen (vgl. Luthers Schrift »Wider die Sabbater«, WA 50, 312 ff.), aus Sorge um den Bestand der Reformation etc. in offene Judenfeindschaft um. Die »Judenfrage« ist für Luther nicht länger offen (vgl. *H. A. Oberman*, Antisemitismus, 123-183; *E. L. Ehrlich*, Luther; *M. Stöhr*, Martin Luther; während E. L. Ehrlich mehr auf die sich durchhaltende theologische Grundeinstellung Luthers gegenüber den Juden abhebt, betont M. Stöhr die Wandlung Luthers hinsichtlich der praktischen Konsequenzen im Umgang mit den Juden zwischen 1523 und 1543).

seinem Schriftverständnis, wie sie sich in seiner Auslegung von Gen 22,18 bündeln.[127] Deshalb ist auch die sub contrario-Kategorie eine exklusiv *christologische*. Sie verliert für Luther außerhalb des *kreuzestheologischen* Kontextes ihren Sinn und kann deshalb nicht auf das nachbiblische Judentum angewandt werden.

Infragegestellt werden muß Luthers Segenstheologie infolgedessen von ihren Voraussetzungen her, denn diese verbinden sich bereits mit antijüdischen Konsequenzen. Für Luther bedeutet das jüdische Nein zu Jesus die Verwerfung und Enterbung des jüdischen Volkes sowie seine Beraubung hinsichtlich der ewigen und zeitlichen Segensgüter; es impliziert den jüdischen Selbstausschluß von der Segensverheißung an Abraham. Diese Prämissen Luthers müssen m. E. mit seinem eigenen Bekenntnis zur Schrift als der norma normans bestritten werden, denn ihnen steht die paulinische Einsicht entgegen, daß auch eine *inklusive Christologie*, die Jesus von Nazareth als den Messias nicht nur *aus*, sondern auch *für* Israel und damit als den Mittler des Abrahamsegens an Israel und die Heidenvölker versteht, gerade nicht zwangsläufig zu einer Verwerfungslehre und Enterbungstheorie führen muß. Auch mit einer inklusiven Christologie kann an der bleibenden Gültigkeit der Verheißungen und des Gottesbundes festgehalten und die Ablehnung Jesu als des Messias durch einen großen Teil des jüdischen Volkes als Folge einer von Gott verhängten, zeitlich begrenzten Verstockung seines Volkes, die der Völkerwelt zugutekommt, gedeutet werden (vgl. Röm 9-11). Indem Luther sich aber eher von der antijüdischen Polemik seiner Zeit beeinflussen als von dem sonst so hochgeschätzten »Doctor Theologiae« Paulus überzeugen läßt, fällt ein Schatten auf seine segenstheologischen Erkenntnisse, der ihre Rezeption erschwert. Für sie stellt sich nun die Aufgabe, nicht hinter Luthers christologische Profilierung des biblischen Segensbegriffs sowie seine präzisen segenstheologischen Distinktionen zurückzufallen, aber gleichzeitig ihre antijüdische Kehrseite zu vermeiden. Denn es kann m. E. keine Lösung sein, wegen seiner antijüdischen Implikationen sich von Luthers Segensverständnis überhaupt zu verabschieden – damit würden jene erst recht zementiert. Vielmehr gilt es, *zeitbedingte* und im *theologischen* Ansatz begründete Antijudaismen bei Luther von seinen eigenen reformatorischen Einsichten her so zu kritisieren, daß seine Auslegungen biblischer Segenstexte für eine gegenwärtige Theologie des Segens ohne Antijudaismus wegweisend werden können.

---

127. Keinesfalls kann man deshalb davon sprechen, daß der Antijudaismus nur ein »späte(r) Fremdkörper« sei, der »sich unbeschadet der Theologie Luthers als an diese nur angehängte zeitbedingte Abirrung wieder ablösen« lasse (*W. Bienert*, Martin Luther, 188).

II. Johannes Calvin

Die Frage nach dem Segensverständnis Martin Luthers hat einen bisher unbegangenen Weg ins Zentrum seiner Theologie, zur Lehre von der Rechtfertigung sola gratia, eröffnet. Mit der Berücksichtigung des in der Lutherforschung vernachlässigten Segensmotivs konnten dabei so gewichtige Themen wie die Zuordnung von Gesetz und Evangelium, Verheißung und Erfüllung, Altem und Neuem Testament, Kirche und Israel, wie die Deutung des Kreuzestodes Jesu, das Wirken Gottes sub contrario oder die Mitarbeit des Menschen an der Schöpfung neu profiliert werden.

Geht man nun der Auslegung der alt- und neutestamentlichen Segenstexte bei J. Calvin nach – ich beschränke mich im folgenden auf die einschlägigen Passagen in den biblischen Kommentaren, auf die Institutio in ihrer letzten Fassung von 1559 und auf einige Predigten[1] –, ergibt sich ein entsprechender Befund: Auch in der Calvin-Interpretation ist der Segen kaum ein Thema[2], gleich-

---

1. Die Institutio Christianae Religionis 1559 wird zitiert nach Joannis Calvini Opera Selecta (= OS); die Kommentare und Predigten nach den im Corpus Reformatorum erschienenen Joannis Calvini Opera quae supersunt omnia (= CO).
2. Zwar widmet U. Mann dem Segensverständnis Calvins drei Seiten (Wunder, 44-47); er wird dabei aber den Segensmotiven in der Theologie des Genfer Reformators nicht wirklich gerecht.
Im einzelnen: Zunächst führt U. Mann die geringe liturgische Bedeutung des Segensbegriffs Calvins (wie Melanchthons) auf ein – gegenüber Luther – spiritualistischeres Abendmahlsverständnis zurück. Daß sich aber der liturgische Aspekt des Segens keineswegs auf das Abendmahl beschränken läßt und daß Calvin – abgesehen von den Kasualien – auch im Vergleich mit Luther Wichtiges zur priesterlichen Vermittlung des Segens im Gottesdienst zu sagen hat, wird im Abschnitt 3.1 deutlich werden. Sodann sieht Mann in Calvins Hochschätzung des tertius usus legis (usus in renatis), die allerdings mit einem »stärkeren Biblizismus« (als bei Luther) einhergehe, die Möglichkeit einer durch die Erwählungslehre bedingten undialektischen Einheit von Gesetz und Evangelium, wodurch auch »die Begriffe Segen und Fluch wieder jene Eigenständigkeit gewinnen, welche sie bei Luther und Melanchthon doch weithin verloren hatten. Segen und Fluch gelten wieder als allgemeine Fügungen des göttlichen Weltregiments« (a.a.O., 45); jeder Segen weise aber gleichzeitig auf Christus hin, »von dem er seine eigentliche Kraft und sein Wesen hat« (ebd.). Es folgt eine Auflistung von Einzelbelegstellen für Calvins Segensverständnis aus der Institutio von 1559. Und in einem Anhang wendet sich Mann den »säkularisierten Nachwirkungen« (a.a.O., 46) von Calvins Segensbegriff unter den Stichworten »Calvinismus – Kapitalismus« zu.
In der Calvinismusforschung ist mit der Frage nach dem »Syllogismus practicus« der Wirkungsgeschichte des erwählungstheologischen Segensverständnisses Calvins größere Aufmerksamkeit geschenkt worden als Calvins eigenen Ausführungen zum Segen (vgl. M. Weber, Protestantische Ethik; M. Geiger, Calvin; H.-W. Krumwiede, Geschichte, 5-8 (weitere Literatur s. dort). Ich gehe in Kapitel 2.2 nur der Frage nach, ob Calvins Begründung des Segens im Erwählungsdekret den »Syllogismus practicus« aus sich heraussetzt.
Eine eigenständige Untersuchung zum Segensverständnis Calvins liegt m.W. nicht vor;

wohl sieht sich eine Erhebung von Calvins Segensverständnis sehr bald mit konstitutiven Motiven seiner Theologie konfrontiert, denn die *Erwählungs- und Bundestheologie* des Genfer Reformators erweist sich hier als der vorrangige dogmatische Ort des Segensthemas hinsichtlich seines messianischen und soteriologischen Gehalts. Alle Bestimmungen, die über Wesen, Inhalt und Vermittlung des göttlichen Segens zu treffen sind, gründen im ewigen Ratschluß Gottes vor der Schöpfung.

Die enge Verknüpfung von Segen und Erwählung entfaltet Calvin paradigmatisch in seiner Auslegung von Eph 1, 3-14, von der die folgende Darstellung ihren Ausgang nimmt, um dann auf den bundestheologischen Segensbegriff in den Familiengeschichten der Genesis zurückzugehen (Kapitel 1). Aber nicht nur die erwählungstheologische Begründung legt den Einstieg mit Eph 1, 3 ff. nahe; Calvin selbst führt mit seiner Deutung von Eph 1, 3:

»*Gesegnet* (ist/sei) der Gott und Vater unseres Herrn Jesus Christus, der uns *gesegnet* hat durch jeden geistlichen *Segen* in den Himmeln in Christus.«

eine grundsätzliche Unterscheidung zwischen einem auf Gott und einem auf Menschen bezogenen Segnen[3] ein und nennt vier Bedeutungen des biblischen Gebrauchs von »benedicere« (bzw. »ברך« und »εὐλογεῖν«):

»Unser Segen Gott gegenüber ist das Lob, (das wir dann darbringen), wenn wir seine Güte preisen. Von Gott aber wird gesagt, er segne uns, wenn er unseren Unternehmungen einen glücklichen Verlauf gibt und uns mit seiner Güte begleitet, so wie es gut und erwünscht für uns ist. Der Grund (dafür) ist, daß wir allein auf seinen Wink hin glücklich sind. Daher ist der Begriff (sc. benedicere, M. F.) zu bedenken, mit dem er (Paulus) feinsinnig ausdrückt, wieviel Kraft allein in seinem (Gottes) Wort verborgen ist. Menschen segnen sich gegenseitig durch Fürbitte/Glückwünschen (›precare‹). Der priesterliche Segen gegenüber der Gemeinde und jedem einzelnen Gläubigen geht darin über die Fürbitte/den Glückwunsch hinaus, daß er ein Zeugnis und gleichsam ein Pfand des göttlichen Segens ist. Denn dieser (Gesandtschafts-) Auftrag (›legatio‹) ist den Priestern anvertraut: im Namen des Herrn zu segnen.«[4]

Diese programmatischen Distinktionen berücksichtige ich insofern in den folgenden Abschnitten, als ich nach der *erwählungs- und bundestheologischen Begründung* des göttlichen Segnens (Kapitel 1.1-3) zunächst die *Segensgüter als Inbegriff der göttlichen Vorsehung* aufweise (2.1). Weit unbefangener als Luther hat Calvin die materialen, sichtbaren Segensgaben als Moment der Erhaltung und Fürsorge Gottes für seine Schöpfung hervorgehoben: Daß der Segen nicht nur – wie Eph 1,3 nahelegt – geistliche, himmlische, ewige Güter umfaßt, sondern als Glück, Erfolg, Reichtum, Anerkennung, Gelingen, Wohl-

---

verstreute Aussagen finden sich aber in Arbeiten zu Calvins Bundes- und Israeltheologie, so z. B. bei *H.-H. Wolf*, Einheit.
3. Vgl. CO 51, 146.12-14.
4. A.a.O., 146.15-28.

ergehen etc. greifbar wird, zieht sich wie ein roter Faden durch das Segensverständnis Calvins. Es wird danach zu fragen sein, wie sich diese doppelte Verortung des Segens: Erwählung und Bund als Grund, die Vorsehung als je aktueller Bezugsrahmen, zueinander verhält (2.2) und wie für Calvin die angemessene menschliche Antwort auf den Empfang der Segensgüter aussehen kann (2.3). Das dritte Kapitel thematisiert die menschliche *Vermittlung des Segens*. Sie ist – wie Calvins Grundunterscheidungen zeigen – primär eine *priesterliche Aufgabe*; im kultischen Rahmen wird sie von dazu eigens bevollmächtigten Amtsträgern vollzogen und hat ihren eigentlichen Ort im Priestertum Jesu Christi (3.1). Daneben gibt es aber auch – eher *alltägliche* – menschliche Segenshandlungen in der Gestalt von Fürbitte, Gruß, Glückwunsch und Gotteslob (3.2).

1. Die erwählungs- und bundestheologische Begründung des göttlichen Segenshandelns

Die Erlangung und Bewahrung des ewigen Heils und der irdischen Güter nicht in die unsicheren Hände der Menschen zu legen, sondern beides als völlig unabhängig von menschlicher Würdigkeit und vom Verdienst der Werke zu bezeugen und ausschließlich in Gott zu verankern – diese Intention verfolgt Calvin mit seiner Lehre von Gottes ewigem, unwandelbarem, aber auch menschlichem Begreifen entzogenem Ratschluß vor Erschaffung der Welt.[5] Ohne hier eingehend Calvins Auffassung der göttlichen Prädestination als decretum absolutum in der doppelten Gestalt der Annahme eines (kleinen) Teils der Menschheit zum Leben und der Preisgabe des anderen (weit größeren) Teils an den Tod darstellen und kritisch beurteilen zu können, möchte ich doch einige grundlegende Bemerkungen zu Inst III, 21-24 vorausschicken, die ein angemessenes Verständnis des Segensthemas im Rahmen der Prädestinationslehre ermöglichen. Konstitutive Elemente dieser Lehre werden dann sukzessive an der erwählungs- und bundestheologischen Begründung des Segens in den folgenden Abschnitten aufgewiesen bzw. vertieft.

1.1 *Einige Grundlinien und -probleme der Prädestinationslehre Calvins*

Ausgangspunkt der Erwählungslehre ist eine doppelte *Erfahrung*: Einerseits erreicht die Verkündigung des Evangeliums nur einen Teil der Menschen, während sie anderen vorenthalten bleibt; andererseits zeigt sich bei denen, die das Evangelium hören, ein Unterschied zwischen solchen, die ihm zustimmen und

---

5. Vgl. Inst III, 21-23.

so den Zugang zum Bund des Lebens finden, und solchen, die es ablehnen und damit vom (ewigen) Leben ausgeschlossen bleiben. Für diese beobachtete Scheidung der Menschheit in zwei Gruppen findet Calvin keinen Grund im Wesen und Verhalten der betreffenden Menschen. Indem er aber diese Erfahrung im Lichte biblischer Texte interpretiert, kommt er zu der Einsicht, daß sich in einer solchen Aufteilung die ewige Vorherbestimmung Gottes dokumentiere, es sich also um von Gott *Erwählte* und *Verworfene* handele – wobei vor allem die paulinischen Erwählungsaussagen in Röm 9-11 die Beweislast für die *doppelte* Prädestination zu tragen haben.

Die vermeintliche Stärke dieser Überlegung, der Erfahrungsbezug eines Theologumenons, erweist sich bei näherem Hinsehen als höchst problematisch. K. Barth ist Calvin an diesem Punkt mit der Frage entgegengetreten: »Sollte unsere Beobachtung und unser Urteil hinsichtlich des äußern und innern Verhältnisses der Menschen zum Evangelium wirklich in eine solche Tiefe dringen, daß es uns erlaubt wäre, in der von uns wahrgenommenen Scheidung dieser Menschen die von der Bibel bezeugte göttliche Entscheidung der Gnadenwahl wiederzuerkennen?«[6] Aber auch jenseits der Gefahr einer solchen hybriden Identifikation des eigenen Urteils über andere Menschen mit einer göttlichen Entscheidung über sie ist Calvins Position zu kritisieren, denn sie führt eine Erfahrung im Hier und Jetzt auf ein ewiges Faktum zurück und schließt damit ein eschatologisches Handeln Gottes an den Menschen, die heute vom Evangelium nicht erreicht werden, aus. Schon hier denkt Calvin zu gering von Gott.

Calvins Prädestinationslehre ist ihrer *Intention* nach kein Beispiel spekulativer Theologie, sondern will nichts anderes als *Schriftauslegung* sein. Ein eigenes Kapitel (Inst III, 22) widmet Calvin der biblischen Beglaubigung des erwählenden und verwerfenden Ratschlusses Gottes und bemüht sich auch bei der Widerlegung der Einwände gegen sein Konzept (III, 23) um Begründungen aus der Schrift. Vielleicht wichtiger noch als K. Barths grundsätzliche Kritik, daß hier die Schrift im Sinne eines Korrelationsprinzips gebraucht werde, indem sie Antworten auf die aus der Erfahrung gewonnenen Fragen und Probleme zu geben habe, anstatt schon zur Ausarbeitung der Fragen selbst herangezogen zu werden[7], erscheinen mir zwei andere Aspekte. *Zum einen* findet sich gegenüber einer Fülle von Belegen, die auf Gottes gnädiges Handeln verweisen, nur eine ganz dürftige Textbasis für einen verwerfenden Ratschluß Gottes: Durchgängig wird – auf den Spuren Augustins – mit Röm 9-11 das Beispiel Esaus zitiert und wird die Verstockung als ewige Verwerfung interpretiert.[8] *Zum anderen* zwingt die Behauptung einer göttlichen Vorherbestimmung zahlloser Menschen zum

---

6. KD II/2, 40. Zur Kritik an der Begründung der Erwählungslehre in einer (vermeintlichen oder wirklichen) Erfahrungswahrheit vgl. KD II/2, 39-46.
7. So in KD II/2, 40-43.
8. Vgl. Inst III, 22,4-6.11; 23,1; 24,13 ff. u.ö. Deshalb müßte auch eine Interpretation der Calvinschen Prädestinationslehre in ihrem Kern eine Kritik seiner Auslegung von Röm 9-11 darstellen. Vgl. dazu neuerdings *J. H. Robinson*, John Calvin, bes. 69-83.

Verderben Calvin zu einer Relativierung jener biblischen All-Aussagen, die vom ausschließlichen Heilswillen Gottes gegenüber seinen Geschöpfen sprechen: Da das *decretum generale* die übergeordnete Instanz gegenüber der in Christus offenbaren Gnadenwahl Gottes darstellt, muß der Allquantor von Texten wie 1 Tim 2,4; 2 Petr 3,9; Röm 11,32 u. a. eingeschränkt werden: »Alle« meint dann in diesen Versen lediglich »alle Erwählten«.[9]

Die entscheidenden Probleme der Prädestinationslehre Calvins liegen aber in der Spannung zwischen der *seelsorgerlichen Abzweckung* dieser Lehre und ihrer *theologischen Argumentation, Konstruktion und Spekulation* begründet:
Neben dem Erfahrungsbezug bestimmt die Frage nach der seelsorgerlichen und pädagogischen Brauchbarkeit der Erwählungslehre den Einleitungsabschnitt Inst III, 21,1.[10] Calvin konstatiert einen dreifachen *Nutzen*: die Heilsgewißheit, die Demut angesichts der souveränen Alleinwirksamkeit Gottes und den dankbaren Lobpreis der Herrlichkeit Gottes. Bei der Frage nach der Erwählung geht es um das »Fundament unseres Heils« (OS IV, 370,5 = Inst III, 21,1), denn

»niemals werden wir so klar, wie es sich gehört, davon überzeugt sein, daß unser Heil aus der Quelle der Barmherzigkeit Gottes gratis fließt, solange uns nicht seine ewige Wahl bekannt geworden ist. Diese veranschaulicht (›illustrare‹) die Gnade Gottes durch den (folgenden) Vergleich, daß er (nämlich) nicht alle unterschiedslos (›promiscue‹) zur Hoffnung auf das Heil ›adoptiert‹, sondern den einen gibt, was er den anderen verweigert« (OS IV, 369,10-14 = Inst III, 21,1).

Die Gewißheit, zum Leben erwählt zu sein, kann nur dann von jedem Zweifel frei und unerschütterlich sein, wenn es für die Erwählung keinen anderen Grund als allein Gottes Willen gibt, wenn nicht einmal Gottes Vorherwissen ursächlich an ihr beteiligt ist. Deshalb liegt Calvin auch alles an der Unterscheidung von *praescientia* und *praedestinatio*[11]: Würde das Vorherwissen um das künftige Verhalten und Wesen der Menschen eine Rolle spielen, wäre Gottes »Ja« zu den vom ihm erwählten Menschen nicht frei von geschöpflicher Mitwirkung, wäre die Freiheit, Souveränität und Barmherzigkeit Gottes nicht gewährt und es gäbe keine Gewißheit darüber, daß die Erwählung wirklich ewigen Bestand hat.

So sehr Calvin die Erwählungsgewißheit seiner Gemeinden dadurch zu festigen sucht, daß er Gottes Gnadenwahl vor Grundlegung der Welt für unabhängig von jedem Vorherwissen um menschliche Verdienste und Tugenden erklärt und als ausschließliches Werk des in seiner Wahl freien und gnädigen Gottes bekennt, so sehr erschüttert er diese Gewißheit doch wieder dadurch, daß die gnädige Erwählung bestimmter Menschen nur die eine Seite des göttlichen De-

---

9. Vgl. Inst III, 24,15-17.
10. Zur Kritik einer solchen Ausrichtung der Erwählungslehre an ihrem Nutzen vgl. *K. Barth*, KD II/2, 38 f.
11. Vgl. Inst III, 21,5; 22,1.9.

krets ist, der als (denk-?)notwendige Kehrseite die Verwerfung der übrigen zugehört. Gottes Entscheidung über seine Geschöpfe ist ein »Ja« und ein »Nein«; sein Ziel mit ihnen ist Leben und Tod. Wie kann angesichts dieser doppelten Vorherbestimmung Gewißheit darüber aufkommen, zu den Erwählten zu gehören? Ist diese Gewißheit nicht beständig von *Gott* statt von den menschlichen Schwächen her angefochten, und wiegt diese Erschütterung für die Glaubenden nicht weit schwerer? Wie können sie sich an Gottes Urteil über sie halten, wenn dieses nicht eindeutig ist?

Bevor ich aufzeige, wie Calvin diesem Dilemma zu entkommen sucht, muß zunächst noch deutlich(er) werden, auf welche Weise er sich das Problem einer solchen Anfechtung erst schafft und damit seine eigene Intention, heilsvergewissernd zu wirken, infragestellt.

Insofern die Verwerfungskomponente der göttlichen Vorherbestimmung exegetisch auf schwachen Füßen steht, verdankt sie sich um so mehr der theologischen Konstruktion Calvins und ist von seinem *Gottesbild* her bestimmt. Calvin verläßt hier die Kommunikationsebene des Glaubens, des Bekenntnisses und der Hoffnung und vertauscht sie gegen eine Logik[12], für die – der Sache nach unter Anwendung des später von Spinoza auf den Begriff gebrachten Grundsatzes »(omnis) determinatio est negatio«[13] – Begriffe ohne Gegenbegriffe ihren Sinn verlieren, für die Geschichten nur wahr sind, indem sie ihre Gegengeschichten kopräsent halten, die Realität erst aus dem Kontrast (v)erstehen läßt und durch diesen steigert. Deshalb nennt Calvin diejenigen, die ein verwerfendes Handeln Gottes neben seinem erwählenden bestreiten, unwissend und kindisch, »weil ja die Erwählung selbst ohne die ihr entgegengesetzte Verwerfung keinen Bestand hätte« (OS IV, 394.2 f. = Inst III, 23,1).

Bedenklich wird die theologische Applikation dieses logischen Grundsatzes *zum einen* da, wo die Erwählung als Ausdruck der göttlichen *Barmherzigkeit*, die Verwerfung dagegen als Werk der göttlichen *Gerechtigkeit* ausgegeben wird, so daß Barmherzigkeit und Gerechtigkeit selbst zu einander bedingenden Gegenbegriffen werden:

»Demnach kann der Herr auch Gnade gewähren, wem er will, weil er barmherzig ist; er kann sie (aber) nicht allen gewähren, weil er ein gerechter Richter ist. Indem er gewissen gibt, was sie nicht verdienen, kann er seine gratis erwiesene Gnade offenbaren; indem er

---

12. Zurecht identifiziert J. C. Janowski diese Logik hinsichtlich ihres »eschatologischen Dualismus« als »Logik des Wahnsinns« oder »tödliche Logik des Schreckens« (Dualismus, 178 u.ö.).
13. Die komplementären Begriffsbildungen und das Problem von Identität und Differenz betreffend, nimmt Calvin vermutlich – wie in seiner theologischen Applikation der Vier-Ursachen-Lehre (vgl. unten 1.2) – auf Aristoteles (vgl. Metaphysik, I,5 und X) und vor allem auf Augustin Bezug (Calvin folgt in Inst III, 21-24 auf weiten Strecken Augustins Prädestinationslehre). Das Spinoza-Zitat: »(Omnis) determinatio est negatio« findet sich in den Briefen Spinozas: Epistola L, in: Opera, 240. Vgl. dazu: *G. W. F. Hegel*, Logik, 101. 418f. sowie *W. Hübener*, Spinozas Satz. Zur Logik der Gegenbegriffe vgl. auch *N. Luhmann*, Unterscheidung.

(es aber) nicht allen gibt, kann er zeigen, was alle verdienten« (OS IV, 405.23-27 = Inst III, 23,11).

Ein Verständnis der göttlichen Gerechtigkeit aus ihrem inneren Gegensatz zur Barmherzigkeit heraus ist nicht nur blind gegenüber der engen biblischen, vor allem alttestamentlichen Verknüpfung von Recht und Erbarmen[14], sondern es redet auch einer göttlichen Strafgerechtigkeit das Wort, die weniger darum besorgt ist, den eigenen Geschöpfen Recht zu verschaffen, als vielmehr die Minderung der eigenen Ehre zu rächen. Es überrascht deshalb nicht, daß Calvin gerade dort in Argumentationsnot gerät, wo er dem Vorwurf eines tyrannischen, willkürlich entscheidenden und handelnden Gottes begegnen muß.[15] Nirgendwo markiert Calvin den Verzicht auf menschliche Einsicht in Gottes Handeln so deutlich wie in der Frage nach Gottes Gerechtigkeit: »Der höchste Maßstab der Gerechtigkeit ist nämlich der Wille Gottes: Wenn er etwas will, dann ist es aus dem einen Grund, daß er es will, für gerecht zu erachten« (OS IV, 396,3 f. = Inst III, 23,2). Wird Gottes Wille wesensmäßig als gerechter Wille verstanden, und ist es Gottes Wille – und daran besteht für Calvin kein Zweifel –, daß ein großer Teil der Menschen nur mit dem Ziel der Verwerfung erschaffen wird, dann muß diese Verwerfung gerecht sein.[16] Wo letztlich auf ein Verstehen göttlichen Handelns verzichtet wird, erübrigt sich jede Theodizee. Der Gott Calvins bedarf keiner Verteidigung.[17] Bürgt nämlich sein Name für die »suprema iustitiae regula«, dann trägt auch die Vernichtung seiner Geschöpfe zu seiner Verherrlichung bei, wie Calvins Aussage über die Souveränität der göttlichen Entscheidung unmißverständlich deutlich macht:

»Siehe: weil die Disposition aller Dinge in Gottes Hand liegt, weil die Entscheidung über Heil und Tod in seiner Macht steht, ordnet er es durch seinen Willen und Ratschluß so (an), daß unter den Menschen welche geboren werden, die – von Mutterleib an dem sicheren Tod geweiht – durch ihre Vernichtung seinen Namen verherrlichen« (OS IV, 400.14-18 = Inst III, 23,6).

Zum anderen bleibt die Entgegensetzung von göttlichem Erbarmen und göttlicher Gerechtigkeit da problematisch, wo mit ihr die *ewige Scheidung* der Menschheit in Erwählte und Verworfene einhergeht. In ihrer scharfsinnigen und radikalen Analyse des »eschatologischen Dualismus« hat J. C. Janowski nachgewiesen, daß diese »mentale Operation strengen, unversöhnlichen Dualisierens zwischen den einen und den anderen Menschen und nicht etwa nur zwischen Abstrakta oder sog. Werten wie Gerechtigkeit und Ungerechtigkeit« mit Gen 3,12 ff. als »menschlich-allzumenschliche, theologisch der Sünde zuzurechnende Operation«[18] begriffen werden muß, denn sie verewigt die Wirk-

---

14. Vgl. F. Crüsemann, Tora; M. Welker, Erwartungssicherheit; ders., Erbarmen.
15. Vgl. Inst III, 23,2 ff.
16. Vgl. Inst III, 23,4.
17. Das verdeutlicht Calvin besonders an der paulinischen Argumentation über die Gerechtigkeit Gottes in Röm 9,15 (vgl. CO 49, 181.34 ff.).
18. J. C. Janowski, Dualismus, 178.

lichkeit der Sünde und schreibt deren Apokatastasis Gott selbst zu. Daß aber, auch wenn Gottes Erwählen per definitionem sein Verwerfen bedingt, dies nicht zwangsläufig zum ewigen »Nein« Gottes gegenüber seinen Geschöpfen führen muß, hat K. Barth in seiner Erwählungslehre eindrücklich gezeigt. Für ihn ist sie deshalb die Summe des Evangeliums, weil Gott »die Verwerfung des Menschen mit allen ihren Folgen auf sich selbst nimmt und den Menschen erwählt zur Teilnahme an seiner eigenen Herrlichkeit«.[19] Hier kann die Verwerfung nur die eigene Wahl des Menschen sein, der sich seine ewige Erwählung in Jesus Christus nicht gefallen lassen will. Sie ist gerade nicht Gottes Urteil und darum nicht das letzte Wort über ihn. Die Bestimmung des Verworfenen ist es vielmehr, seine eigene (wie aller Menschen) Verwerfung als in Jesus Christus getragen und aufgehoben und deshalb als nichtig zu erkennen und zum Zeugen des erwählenden Gottes an die Welt zu werden.[20]

Während es also auf der theologischen Argumentationsebene der Prädestinationslehre Calvins ein gleichberechtigtes, ja sich gegenseitig bedingendes Nebeneinander göttlichen Erwählens und Verwerfens gibt, das die Menschheit auf ewig in zwei Gruppen spaltet, orientiert sich ihre seelsorgerlich-pädagogische Abzweckung fast ausschließlich an der in Christus erkennbaren Gnadenwahl Gottes. Die Vorstellung von der Preisgabe der Geschöpfe erscheint hier gleichsam als Grenzaussage. Wie ist ihre weitgehende Ausblendung möglich?

Calvin verweist seine MitchristInnen an die *Selbstoffenbarung Gottes* in der Schrift: Da dem göttlichen Ratschluß – wie dem trinitarischen Wesen Gottes – der Charakter des Geheimnisses eignet, ist von ihm nur das zu wissen möglich, förderlich und heilvoll, was Gott selbst in seinem Wort mitgeteilt hat. Darüberhinaus ist eine »docta ignorantia« (OS IV, 371.20 = Inst III, 21,2) als die diesem Geheimnis angemessene, Gott die Ehre gebende Haltung geboten. Wer aber aus falscher Bescheidenheit oder ängstlicher Zurückhaltung meint, von Gottes Erwählung ganz schweigen zu müssen, verdunkelt die Barmherzigkeit und Freundlichkeit Gottes als die ursprüngliche und einzige Quelle aller zeitlichen und ewigen Segensgüter, nimmt den Gläubigen das Fundament ihrer Gewißheit und mindert Gottes Ehre:

»So sehr wünsche ich mir, daß sich jenes im allgemeinen bei ihnen durchsetzt: Was der

---

19. KD II/2, 101. J. C. Janowskis Versuch, das »Transformationspotential« des traditionellen Paradigmas des »eschatologischen Dualismus« so zu nutzen, daß an die Stelle der »Logik des Schreckens« eine »Logik des Geistes der Versöhnung und Anerkennung (tritt), die zugleich die Unversöhntheit und das Nichtanerkennenswerte kenntlich macht (= ein Aspekt des Gerichts) als vor Gott vergangen und als auch in uns selbst zum Vergehen bestimmt (= ein anderer Aspekt des Gerichts)« (Dualismus, 207), läßt sich verstehen als ein Weiterdenken der Erwählungslehre Barths ins Eschatologische.
20. Vgl. KD II/2, 336-563 (bes. §35.4 Die Bestimmung des Verworfenen). Für eine Arbeit in feministisch-theologischer Perspektive, die von ihrem Selbstverständnis her auf Selbstbejahung und -annahme von Frauen als »eigene Menschen« zielt, gäbe es in K. Barths Erwählungslehre – bei aller gründlich zu kritisierenden Androzentrik – so manchen Schatz zu heben.

Herr im Geheimen (zurück)gelassen hat, sollen wir nicht zu erforschen suchen; was er öffentlich an den Tag gebracht hat, sollen wir nicht vernachlässigen, damit wir nicht einerseits wegen allzu großer Neugier, andererseits wegen Undankbarkeit verdammt werden« (OS IV, 373.18-21 = Inst III, 21,4). Als »Schule des heiligen Geistes« ist die Bibel die einzige Richtschnur gewisser Erkenntnis, denn »wie in ihr nichts übergangen wird, was zu wissen notwendig und nützlich ist, so wird in ihr (auch) nichts gelehrt, es sei denn was zu wissen förderlich ist« (OS IV, 372.1-3 = Inst III, 21,3).

Daß die rechte Erkenntnis der Erwählung an das Wort gebunden ist, bedarf aber einer Näherbestimmung, denn in der Schrift hat Calvin ja nicht nur die Bezeugung des erwählenden, sondern auch des verwerfenden Handelns Gottes gefunden. So wird die Erkenntnis der Erwählung nicht allgemein aus der Schrift gewonnen, sondern konkret aus der Selbstmitteilung Gottes in Jesus Christus, denn in ihrem Haupt habe die Kirche den »klarsten (›lucidissimum‹) (...) Spiegel der gnädigen Erwählung« (OS IV, 380.22 f. = Inst III, 22,1). Nur der Blick in diesen Spiegel kann sie ihrer eigenen Erwählung vergewissern.[21]

Ist die Erwählungsgewißheit damit ausschließlich christologisch begründet[22], so gibt es darüberhinaus doch gewisse *notae electionis*, die unterschiedliche Grade der Offenbarung des verborgenen Ratschlusses Gottes markieren: Die *Berufung* ist die öffentliche Bezeugung der Erwählung, die *Rechtfertigung* ihre Bekräftigung und die eschatologische *Verherrlichung* ihre Erfüllung.[23]

Wenn Calvin der Darstellung des erwählenden Handelns Gottes ungleich mehr Raum gibt als dem verwerfenden, dann deshalb, weil er seine Prädestinationslehre mit dem Blick in den genannten »Spiegel der Erwählung« geschrieben hat; m. a. W.: Allein aus der *Binnenperspektive* der erwählten und auf ihre Erwählung vertrauenden Gemeinde kommt die Calvinsche Prädestinationslehre ihrer seelsorgerlichen Funktion nach, Heilsgewißheit zu schenken und zu vertiefen und darin Gott die Ehre zu geben. Nur indem die Gemeinde bereits auf ihre Erwählung und den Empfang der daraus hervorquellenden Segensgüter angesprochen, nur wenn sie an eigene Erfahrungen mit dem erwählenden und segnenden Gott erinnert und durch diese Erinnerung dazu ermutigt werden kann, sich auch zukünftig gegen alle Zweifel allein auf *die* Schriftworte zu

---

21. Vgl. auch Inst III, 24,5 f.
22. Allerdings ist hier zu berücksichtigen, daß sich die christologische Begründung der Erwählungsgewißheit bei Calvin lediglich auf ein *inklusives* Verständnis der Erwählung Jesu Christi bezieht: Angesichts *seiner* Erwählung können die Gemeinde und die einzelnen ChristInnen zur Erkenntnis ihres *eigenen* Erwähltseins gelangen, weil jene die Erwählung aller anderen Erwählten inkludiert.
Gegenüber dieser Beschränkung auf Jesus Christus als den *Erkenntnisgrund* der Erwählung hat K. Barth – im ständigen Gespräch mit der Prädestinationslehre Calvins – eingeschärft, daß es Erwählungsgewißheit nur dann geben kann, wenn der erwählende Gott kein anderer als der in Jesus Christus den Menschen gnädig zugewandte Gott ist, wenn also an die Stelle des *decretum absolutum* das *decretum concretum* getreten ist: Jesus Christus ist – als der erwählende Gott und der erwählte Mensch in einem – nicht nur Erkenntnis-, sondern auch Realgrund der Erwählung (vgl. *K. Barth*, KD II/2, 101 ff. (§ 33)).
23. Vgl. Inst III, 21,7; 24,1-4.

verlassen, die von der gnädigen Erwählung Gottes sprechen, statt sich von der Vorstellung des möglichen Verworfenseins in Abgründe der Verzweiflung stürzen zu lassen, verbindet sich mit dieser Lehre Trost, gewinnt der Glaube Gelassenheit.[24] Im Dienst einer solchen vergewissernden Erinnerung steht Calvins Auslegung der alt- und neutestamentlichen Segenstexte.

1.2 Der ewige Grund des Segens: die Erwählung des einen Gottesvolkes aus Juden und Heiden in Jesus Christus

Neben Röm 9-11 buchstabiert Calvin an keinem anderen biblischen Text seine Erwählungslehre so detailliert durch wie am ersten Teil des Epheserbrief-Proömiums (1,3-14). Mit der Auslegung dieses Textes beginnt er nicht nur die biblische Begründung der Prädestinationslehre[25], sondern er weiß daneben auch von keiner anderen »Stelle, an der die Barmherzigkeit Gottes großartiger gerühmt würde.«[26] Gleichzeitig kommt diesen Versen – wie einleitend gezeigt – programmatische Bedeutung für den (messianisch-soteriologischen) Segensbegriff zu.

Bereits mit der ausführlich begründeten *Benediktion* ziele Paulus darauf, die

---

24. Nach K. Barth bedeutet die Freiheit Gottes für sein Geschöpf in der Erwählung, daß dem Geschöpf »die Verzweiflung an sich selbst (...) als Eigenmächtigkeit verboten, als unnütz verleitet, als gegenstandslos geworden unmöglich gemacht wird. Wo Gott nicht verzweifelt, da kann das Geschöpf auch nicht verzweifeln« (KD II/2, 30). Und die aus dem Ja Gottes erwachsende Gelassenheit (Ruhe) rechnet Barth zum Geheimnis der Erwählung: »(...) das ist es, was das Geheimnis dieser Wahl für das Geschöpf bedeutet: daß es in die Ruhe versetzt wird. In die Ruhe der Entscheidung und des Gehorsams (...). Indem *er* (sc. Gott, M. F.) Ja sagt zu ihm, *ist* Ja zu ihm gesagt: ohne Wenn und Aber, ohne Hintergedanken und Vorbehalt, nicht vorläufig, sondern abschließend, nicht in halber, sondern in ganzer, nicht in zeitlicher, sondern in ewiger Treue. (...) Was ist der durch Gottes Gnadenwahl von ihm geforderte Gehorsam Anderes als das selbstverständliche Lebendürfen des von Gott erwählten und damit bejahten Geschöpfs?« (a.a.O., 32 f., Hervorhebungen im Original).
Bei Calvin jedoch sind diese Gewißheit, dieser Trost und diese Gelassenheit nicht das letzte Wort seiner Prädestinationslehre; vielmehr zeigt es sich in seiner Argumentation, daß die seelsorgerliche Abzweckung nur unter völligem Verzicht auf ihre – im engeren Sinne – *theo-logischen* Grundlagen möglich ist. Ohne diese Abspaltung aber fällt, um im Bild zu bleiben, ein tiefer Schatten auf den noch so luziden Spiegel der Erwählung. Wenn nämlich Gottes Erwählen (per definitionem) sein Verwerfen zur Seite geht und wenn sich beides – wie dies bei Calvin der Fall ist – auf zwei Menschengruppen verteilt, dann bleibt das *decretum generale* ein »decretum horribile« für die einen, für die anderen. Mag auch die Trennungslinie zwischen Erwählten und Verworfenen nicht die zwischen Kirche und Welt, zwischen ChristInnen und Anders- oder Nichtgläubigen sein, mag sie mitten durch die christliche Gemeinde selbst gehen, der Glaube an den Gott, »der will, daß *alle* Menschen gerettet werden und zur Erkenntnis der Wahrheit kommen« (1 Tim 2,4), kann sich mit dieser Trennung ebensowenig beruhigen wie mit einem Gott, der zu seiner eigenen Ehre und Verherrlichung die meisten seiner Geschöpfe für ewig aus dem Bund des Lebens ausschließt.
25. Inst III, 22,1-3.
26. CO 51, 148.46 f. (zu Eph 1,5); Seitenzahlen im Text.

Epheser in ihrem Glauben so zu festigen und ihrer Berufung so zu vergewissern, daß sie nicht durch falsche Lehren verunsichert und erschüttert werden können. Zu diesem Zweck erinnere sie der Apostel nicht allein an die Segens- (= Heils-)mittlerschaft Christi, sondern führe diese selbst auf ihre *prima causa* zurück: »(...) auf die ewige Erwählung freilich, durch die wir, bevor wir geboren sind, als Söhne (und Töchter, M. F.) adoptiert werden, damit sie wissen, daß sie durch den ewigen und unveränderlichen Ratschluß Gottes gerettet sind, nicht durch irgendeinen planlosen Zufall oder eine plötzliche Gelegenheit« (146.8-12). Nur durch den Rückgang auf dieses Fundament, auf den souveränen Willen Gottes, angesichts dessen alle Fragen nach dem »Warum?« des Erwählens und Verwerfens ihre Grenze finden, kann es letztgültige Gewißheit über das Hineingenommensein in den Bund des Lebens geben – und zwar deshalb, weil hier jede menschliche Mitwirkung am Heil ausgeschlossen ist und die Gläubigen es mit keiner anderen Instanz zu tun haben als dem gerechten und barmherzigen Gott.

Die Benediktion des Apostels gilt *dem* Gott, der ihn und die Epheser »*gesegnet hat mit jedem geistlichen Segen in den Himmeln in Christus*« (V. 3). Hier begegnet nun ein Verständnis des Segens, das *inhaltsbezogen* denkbar umfassend, *adressatInnenbezogen* dagegen höchst partikular ist: Calvin definiert den durch Christus vermittelten Segen Gottes als Bereicherung »durch allen Segen und die ganze Gnade« (146.30). Auch wenn – aufgrund des Attributs πνευματική – hier vorrangig an geistliche Segensgüter wie die Vergebung der Sünden, das ewige Leben, die Partizipation am Reich Gottes gedacht ist, fügt Calvin doch sogleich – mit einem Hinweis auf 1 Tim 4, 8 – an, daß dem christlichen Glauben nicht nur ewige, sondern auch irdisch-zeitliche Segensgüter verheißen und geschenkt sind. Weil er alle Gaben des gegenwärtigen und zukünftigen Lebens inkludiert, spricht Calvin vom Christussegen als dem *vollkommenen Segen*.[27] Die Verheißung, der Besitz und der Genuß dieses Segens kommen aber allein – und dies gilt es gegenüber dem Segensverständnis der Providenzlehre festzuhalten[28] – den Erwählten zu, während die Verworfenen von ihm ausgeschlossen sind. Daß aber der sichtbare Besitz dieser Segensgaben dennoch keine Erwählungsgewißheit begründet, daß hier also nicht von einem Syllogismus practicus die Rede sein kann, wird noch deutlich werden.

Mit V. 4 verankert der Apostel den in Christus geschenkten Segen, den Calvin hier konkretisiert als Berufung und Zuwendung aller Güter, als Teilhabe am Evangelium und täglichen Empfang von Wohltaten, als den geöffneten Himmel (147.4-9), in der *Erwählung*:

»Denn er hat uns in ihm erwählt vor Grundlegung der Welt,
daß wir heilig und vor ihm untadelig seien in Liebe.«

Durch die doppelte adverbiale Bestimmung (πρὸ καταβολῆς κόσμου und ἐν

---

27. Vgl. CO 51, 146.
28. Vgl. unten 2.1 und 2.2.

αὐτῷ = ἐν Χριστῷ) wird hier jede menschliche Vorleistung aus dem göttlichen Erwählungshandeln ausgeschlossen. Folglich ist auch die Zuwendung des Segens nicht an Vorbedingungen auf der Seite der EmpfängerInnen gebunden. Gründet sie allein in Gottes Dekret, haben Menschen keinen Einfluß darauf, ob Gott ihnen seinen Segen zuwendet oder verweigert.[29]

Gibt es keine menschliche Disposition, die Gottes Erwählung und seinen Segen beeinflussen kann, so haben umgekehrt diese doch entscheidenden Einfluß auf die Gestaltung des christlichen Lebens. Dogmatisch gesprochen: die *Heiligung* als Erfüllung der Tora ist nicht Vorbedingung der Erwählung, sondern ihre Folge und Wirkung. In der Heiligung *bewährt sich* die Erwählung. Im Dienst dieser Bewährung stehen die irdischen Segensgüter. Gegenüber einer Haltung, welche die Alleinwirksamkeit Gottes in der Erwählung zur eschatologischen Heilsgarantie erklärt und zum Anlaß für eine beliebige Lebensführung nimmt und damit Erwählung und Heiligung dissoziiert, betont Calvin deren unauflösbaren Zusammenhang:

»Wenn das Ziel der Erwählung die Heiligkeit des Lebens ist, so muß sie uns eher aufrütteln und anspornen (›stimulare‹), lebhaft (›alacriter‹) auf sie bedacht zu sein, anstatt als Vorwand für (unsere) Trägheit zu dienen. Wie sehr nämlich widerspricht dies einander, daß man (zum einen) aufhört, gut zu handeln, weil die Erwählung zum Heil genügt, und daß (zum anderen) der Erwählung das Ziel gesetzt ist, daß wir uns in den Eifer um die guten Dinge stürzen.«[30]

Bedarf auch die Erwählung keiner geschöpflichen Komplettierung, so schließt sie doch nicht weniger als die Berufung, Rechtfertigung und Verherrlichung auch die Heiligung in sich.

In der Auslegung von Eph 1,5 ff. vertieft Calvin diese erwählungstheologische Begründung des Segens, indem er ihn als vollkommene Heilsgabe hinsichtlich seiner *vier causae* (Aristoteles) entfaltet:

1. *Causa efficiens*, Wirkursache des Gesegnetseins ist – wie mehrfach dargelegt – die ewige, gnädige Erwählung, die hier als Vorherbestimmung zur Sohnschaft präzisiert wird:

»(...) der uns vorherbestimmt hat zur Sohnschaft durch Jesus Christus in ihn hinein – nach dem Wohlgefallen seines Willens zum Lob der Herrlichkeit seiner Gnade, durch welche er uns begnadet hat in dem Geliebten« (V. 5 f.).

2. *Causa materialis*, Sachgrund ist Christus als der Mittler des Segens (V. 3.4.7.9.10.11.13).

3. *Causa formalis*, Formursache ist die Verkündigung des Evangeliums (so interpretiert Calvin ἐν πάσῃ σοφίᾳ καὶ φρονήσει, V. 8), durch welche uns Gottes Segen zuströmt, und der dadurch geweckte Glaube, in dem wir den Segen genießen können.

---

29. Vgl. dagegen unten 1.4.
30. OS IV, 406.26-31 = Inst III, 23,12 (zu Eph 1,4).

4. *Causa finalis*, Zweckursache ist der Lobpreis der Herrlichkeit Gottes (V. 6.12.14).

Mit dieser Einzeichnung des Segens in das Vier-Ursachen-Schema beschreibt Calvin anschaulich den *Weg des Segens*, der seinen Ausgang nimmt vom Erwählungswillen Gottes vor der Schöpfung, durch Christus, in dem der Bund des Lebens aufgerichtet ist, vermittelt wird, in der Gestalt des gepredigten Evangeliums die Menschen trifft, im Glauben angenommen wird und bei den Erwählten Früchte der Heiligung trägt, sie also zu einem Leben im Gehorsam gegenüber dem Gebot Gottes ermächtigt, dessen höchstes Ziel es ist, lobend Gott zu verherrlichen, seine Ehre zu mehren.[31]

Berücksichtigt man nun noch, daß – wie paradigmatisch in Eph 1,3 – das Gotteslob die besondere Gestalt der Benediktion annehmen, somit als *Segnung Gottes* erfolgen kann, dann geht es in der Bewegung von Eph 1,3-14 um ein Geschehen, das den Segen Gottes zu Gott selbst zurückbringt.

Auch wenn Calvin Gott grundsätzlich als unveränderlich in seinem Wesen und Willen denkt[32], so kann man sich m. E. diesen Rückfluß des Segens zu Gott in der Gestalt des Lobpreises gleichsam nur als eine *Bereicherung* Gottes vorstellen, ist doch der Segen, den Gott im Lob und Dank seiner Gemeinde (wieder-)empfängt, angereichert durch die Geschichte Gottes mit seinen Geschöpfen und untereinander. Von einer solchen – durch Calvins Entfaltung der vier causae des Segens angeregten, aber über seine Gotteslehre hinausgehenden – Vorstellung her wird auch verständlich, weshalb das ausbleibende Gotteslob der Geschöpfe eine Minderung der Ehre, des כבוד, wörtlich: des Gewichts, der Schwere Gottes verursacht. Wo das Gotteslob vergessen oder verweigert wird, erleidet die Beziehung zwischen Gott und Geschöpf eine Unterbrechung, die den Rückstrom des Segens zu Gott verhindert.

Entscheidend für dieses Bild vom Segensstrom zwischen Gott und Mensch, Mensch und Gott ist, daß Gott selbst der Ursprung, die Quelle des Segens bleibt, allerdings eine Quelle, die bei aller Unerschöpflichkeit kräftiger sprudeln kann, wenn sie ihrerseits je neu gespeist wird. Das Gotteslob der Geschöpfe gäbe somit der göttlichen Segensquelle Nahrung. Es mag kein Zufall sein, daß die Sprache zu Bildern und Metaphern greifen muß, um dieser Bewegung des Segens Ausdruck zu geben.[33]

Ein letztes Motiv der Benediktion von Eph 1,3-14 schlägt zugleich die Brücke zu den Segensverheißungen der Genesis: Ab V. 11 wird differenziert zwischen den Berufenen aus Israel (V. 11 f.) und den Berufenen aus den Völkern, zu denen auch die angeredeten Epheser gehören (V. 13). Daß sie als Hinzuerwählte gegenüber den Ersterwählten nicht im Nachteil sind, gründet darin, daß schon die Glaubenden aus Israel *in Christus* erwählt sind, daß auch sie auf Christus

---

31. Auch in Inst III, 14,17 wendet Calvin das Vier-Ursachen-Schema an, um die Begründung unseres Heils durch menschliche Werke auszuschließen. Mittels der vier causae entfaltet er das »extra nos« unserer Versöhnung (und Erlösung) an Röm 3,23-26 und ebenfalls an Eph 1,3-14.
32. Vgl. etwa Inst I, 7,12 f.; Inst III, 20,40.
33. Vgl. ausführlich zu dem hier nur angedachten Motiv der Segnung Gottes im Lobpreis der Menschen unten Teil C, II.2.2.

gehofft haben (V. 12b); Calvin nennt sie deshalb »christianismi primitae« (CO 51, 151.56-152.1).

Es wird im folgenden Abschnitt deutlich werden, daß und wie sich der Segen Abrahams als festes Band zwischen den Ersterwählten aus Israel und den Hinzuerwählten aus den Völkern erweist und damit zugleich die Einheit der beiden Testamente dokumentiert. Aufgrund ihrer Erwählung in Christus haben nämlich beide Gruppen Anteil am Abrahamsegen, denn der Segen, der in Christus den Völkern zukommt, ist der Abraham verheißene Segen (vgl. Gal 3,14). So sagt Calvin im Hinblick auf Gen 12,3, daß »der Bund des Heils, den Gott mit Abraham schloß, weder zuverlässig (›stabile‹) noch dauerhaft gültig (›firmum‹) ist außer in Christus. (...) Denn Gott verheißt seinem Knecht Abraham den Segen, der dann zu allen Völkern strömen und sich ausbreiten wird« (CO 23, 178.17-21).

1.3 Der geschichtliche Ursprung des Segens: der ungekündigte Abrahambund und seine Verheißungen

Bei der wiederholten Segnung Jakobs (Gen 28, 3 f.) stellt Calvin folgende Intention Isaaks fest:

»Es besteht nämlich kein Zweifel daran, daß er per Hand weitergeben wollte, was er empfangen hatte, wie er nachher kontinuierlich das Gedächtnis des ersten Bund feierte, indem er (...) wie aus einer Quelle diesen seinen Segen abzweigte; wie wenn er gesagt hätte: welches Recht auch immer er vom Vater habe, er übertrage es auf ihn, damit das Erbe des Lebens auf seiner Seite bleibe – entsprechend dem Bund, den Gott mit Abraham geschlossen hatte. Diejenigen, die darlegen, dies sei wegen der Ähnlichkeit gesagt worden, gleichsam als wünschte Jakob die(selben) Wohltaten, die Gott zuerst Abraham zugewendet hatte, damit er sie seinem Sohn entsprechend zuwende, die dehnen den Sinn der Worte zu sehr aus. Denn weil Gott so durch dieses Gesetz einen Bund mit Abraham geschlossen hatte, daß er (auch) für (seine) Nachkommen (gültig) bleibe, muß von seiner Person wie von einer Wurzel ausgegangen werden. Also setzte Isaak seinen Sohn Jakob als Erben Abrahams ein, der in den bei ihm niedergelegten Segen, welcher seinem Samen verheißen war, einrücken sollte« (CO 23, 387.42-388.1).

Mit diesen wenigen prägnanten Sätzen umreißt Calvin Sinn und Funktion der Segensvermittlung in den Familiengeschichten der Genesis[34]: Wo der Segen durch Handauflegung von Generation zu Generation weitergegeben wird, geschieht nicht nur die förmliche Bestätigung und je neue persönliche Zueignung der Abrahamverheißung (Gen 12,2 f.) an die Nachkommen, sondern auch deren rechtskräftige Integration in den *einen*, mit Abraham geschlossenen Bund Gottes. In leibhaft spürbarer Übertragung wird der in Abrahams Berufung eingeschlossenen Erwählung seiner Nachkommen sichtbare Gestalt gegeben, findet die rechtmäßige Einsetzung der nächsten Generation als Erbin des Abrahambundes statt. Dieser Bund ist gleichsam die Quelle, aus welcher der Segen

---

34. Vgl. zum gesamten Abschnitt unten 3.1.1.

zu den Nachkommen strömt. Dem (Sterbe-)Segen der Erzväter kommt damit die Funktion eines *(Erb-)Rechtsaktes* innerhalb der Bundesbeziehung Jhwhs zu Israel zu; und er ist zugleich eine Art *Bundeserinnerungs-* und *Bundeserneuerungsfest,* denn in ihm wird der ursprüngliche Bundesschluß mit Abraham vergegenwärtigt. Vielleicht könnte man diesen Segen als physisch wirksames Bundesband zwischen den Generationen, jedenfalls aber als sichtbares Zeichen einer ununterbrochenen Erwählungslinie verstehen.

Auch zu Beginn seiner Auslegung von Gen 27 charakterisiert Calvin den Segen, den Isaak seinem Erstgeborenen zuwenden will, »nicht als einen gewöhnlichen Wunsch, sondern als von Gott geltend gemachte rechtskräftige Vollmacht, als Zeugnis für das, was die Gnade der Erwählung bewirkt« (CO 23, 372.32-34). Mit der Segnung seines ältesten Sohnes ziele Isaak darauf, »daß in seiner Familie Gottes ewiger Bund bleibe (›residere‹)« (372.43 f.). Den Erzvätern sei die Segensweitergabe übertragen, »damit der Bund, den er mit ihnen geschlossen hatte und dem sie im Lauf ihres ganzen Lebens dienten, gleichsam als anvertrautes Gut (›depositum‹) an die Nachkommen weitergegeben werde« (372.50-53). Jede dieser Segnungen wird damit nicht nur auf den *einen* Bund mit Abraham als auf ihren geschichtlichen Ursprung zurückgeführt, sondern sie dokumentiert auch die unverbrüchliche Gültigkeit dieses Bundes und die Treue Gottes zu seinen (Segens-)Verheißungen.[35]

Dieses bundestheologische Verständnis des Segens läßt sich in dreifacher Hinsicht vertiefen bzw. auf seine Konsequenzen hin bedenken: 1. das Verhältnis zwischen Israel und den Völkern, 2. die Scheidung zwischen Erwählten und Verworfenen und 3. das Wesen der Segenshandlung als Bundeszeichen betreffend.

1. Wenn es in Gal 3,14 – als Fazit der Argumentation von Gal 3,1-13 – heißt:

»(...) damit zu den Völkern der *Segen* Abrahams komme in Christus Jesus, daß wir die Verheißung des Geistes empfangen durch den Glauben.«

dann geschieht – im Gefälle der Calvinschen Argumentation – mit der Segensvermittlung an die Erwählten aus der Völkerwelt durch den Abrahamsohn Jesus von Nazareth nichts Geringeres als die Ausweitung des *einen,* mit Abraham geschlossenen Gnadenbundes auf die Völker. Dann werden diese, indem sie im Glauben an Jesus als den Messias am Abrahamsegen teilhaben, in den *einen* Bund hineingenommen. Das heißt aber zugleich, daß dieser Bund ungekündigt und bleibend gültig ist und daß die Verheißungen Israels nicht aufgehoben sind.[36] Hier, in der Segenstheologie des Genfer Reformators, konkretisieren sich

---

35. Schon zu Gen 17,2 hat Calvin mit eindrücklichen Worten festgehalten, daß es auch hier nicht um einen neuen Bund, sondern um die Bestätigung des bereits – mit der Segensverheißung von Gen 12,2 f. – geschlossenen gehe (vgl. CO 23, 235.30 ff.).

36. Wie wenig selbstverständlich diese Einsicht zur Zeit Calvins (und bis heute!) ist, darauf hat z. B. H.-J. Kraus hingewiesen, für den Calvin »in der Neuzeit der erste Repräsentant einer Israel-Theologie der Kirche« ist. Kraus kennzeichnet die Position des Genfer Refor-

die Bestimmungen, die er in Inst II, 10 über die Ähnlichkeit, besser noch: *Einheit* der beiden Testamente getroffen hat; hier haben die programmatischen Sätze über den *einen* Bund ihren Ort: »Der Bund mit allen Vätern unterscheidet sich gerade in der Substanz und in der Sache selbst nicht von unserem, so daß er ganz und gar ein und derselbe ist; verschieden ist jedoch die Administration.«[37]

Die Berufung der Erwählten aus den Völkern vollzieht sich als Eintritt in die Nachkommenschaft Abrahams durch den *Glauben* an Christus, weil schon Abraham selbst in *diesem* Glauben den verheißenen Segen empfangen hat (Gal 3,6-9).[38] Der christusgläubige Abraham ist »allgemeines Beispiel, ja sogar auch der Maßstab« (CO 50, 207.32) des Segensempfangs, wobei Calvin den Segen hier ausdrücklich als das »Erbe des ewigen Lebens« (207.41f.) definiert. Ins Ekklesiologische gewendet, heißt diese Einsicht, daß »niemandem ein Platz in der Kirche offensteht, der nicht ein Sohn Abrahams ist« (207.19f.).[39] Die Kirche ist also eine Gemeinschaft von Abrahamsöhnen und -töchtern aus den Völkern, verbunden mit Israel durch den Messias Jesus von Nazareth, ohne den die Völker keinen Anteil am Abrahamsegen hätten: »(...) wenn dieser Segen allein in Christus liegt, ist es allein der Glaube an Christus, der uns Anteil an ihm gibt« (CO 50, 210.33.35). Daß dieses Calvinsche »solus Christus« und »sola fide« grundlegend israeltheologisch-messianisch bestimmt und ohne diese Berufung auf Abraham nicht denkbar ist, braucht kaum eigens festgestellt zu werden.[40] Mehr noch: Es ist diese messianisch vermittelte Abrahamkindschaft, die es den ChristInnen aus den Völkern verunmöglicht, sich über das jüdische Volk zu erheben, und ihnen jeden Vorzug diesem gegenüber abspricht, ist doch Abraham die Wurzel, »die uns trägt und belebt« (CO 49, 221.38). Aus Röm 11,18 folgt für Calvin, daß »die Berufung der Völker dem Propfen ähnlich ist, daß sie

---

mators in dieser Sache als »die eines einsamen und energischen Widerspruchs«, denn Calvin habe »stets der Gewißheit Ausdruck gegeben, daß der Bund Gottes mit Israel ewigen Bestand hat und ungekündigt besteht« (Israel,199.193).

37. OS III, 404.5-7 (= Inst II, 10,2). Die Einheit beider Testamente faßt Calvin in drei Hauptpunkten zusammen: 1. Auch die Hoffnung der Juden zielt auf das ewige Leben und beschränkt sich nicht auf irdisches Glück und den Besitz materieller Segensgüter. Die Gewißheit, auf ewig als Kinder Gottes angenommen zu sein, verbürgen ihnen Gesetz und Propheten. 2. Auch der Bund Gottes mit Israel ist ein Gnadenbund; er gründet in Gottes Erbarmen und nicht auf menschlicher Leistung. 3. Auch für Israel ist Christus schon der Mittler des Bundes und der Verheißungen, und als solchen haben die Juden ihn erkannt und an ihn geglaubt.

38. Vgl. auch Calvins Auslegung von Gen 12,3 (CO 23, 177f.).

39. Noch deutlichere Worte für die Bindung der Gotteskindschaft an die Abrahamkindschaft findet Calvin in Inst II, 10,11.

40. Um aber nicht den Eindruck einer einseitigen und unkritischen Sicht auf die Israeltheologie Calvins zu hinterlassen, sei hier darauf hingewiesen, daß es auch bei Calvin durchgängig Aussagen über die Überlegenheit der Kirche über Israel und wenn nicht Enteignungs-, so doch Aneignungsstrategien für die kirchliche Inbesitznahme jüdischer Traditionen gibt. Zu nennen ist hier insbesondere die dialogische Streitschrift »Ad quaestiones et obiecta Judaei cuiusdam responsio Ioannis Calvini« (CO 9, 653-674); vgl. *H.-J. Kraus*, Israel; *G. W. Locher*, Calvin; *J. H. Robinson*, John Calvin.

(also) nicht mit dem Gottesvolk zusammenwachsen, solange sie nicht Wurzel schlagen in der Nachkommenschaft Abrahams« (221.46-49). Damit ist aber zugleich gesagt, daß die jüdischen Abrahamkinder immer die älteren Geschwister bleiben, daß also ihre Prärogative als ersterwählte Töchter und Söhne des Vaters aller Glaubenden Bestand hat. Theologisch zugespitzt: auch wenn sich im Christusereignis der Segen Abrahams zu allen Völkern Bahn bricht, ist damit die besondere Beziehung zwischen Israel und seinem Gott nicht aufgehoben. Dies hat Calvin bereits im Zusammenhang eines alttestamentlichen Segenstextes eindrücklich unterstrichen, nämlich den Heilsverheißungen, die in Jes 19, 23-25 eines der Ägypten-Kapitel aus dem Zyklus der Fremdvölkerworte (Jes 13-23) abschließen:

«(23)An jenem Tag wird es einen gebahnten Weg von Ägypten nach Assur geben,
und Assur wird nach Ägypten kommen und Ägypten nach Assur;
und Ägypten wird Assur dienen (oder: mit Assur (Jhwh) dienen).[41]
(24) An jenem Tag wird Israel Dritter sein für Ägypten und Assur,
ein *Segen* inmitten der Erde,
(25) das[42] Jhwh Zebaoth *gesegnet* haben wird mit den Worten:
Gesegnet mein Volk, Ägypten, und das Werk meiner Hände, Assur,
und mein Erbbesitz, Israel!«

Calvin deutet V. 23 auf die Berufung *aller* Völker (entsprechend der Logik: wenn schon Ägypten und Assur als Erzfeinden Israels Heil verheißen wird, um wieviel mehr dann allen anderen Völkern!) und das weltweite Ausströmen der Güte Gottes, die bisher in dem einen Gottesvolk Israel, in dem judäischen Winkel, eingeschlossen war. In V. 24 f. geht es folglich darum, das Verhältnis zwischen dem Segensträger Israel und den nun ebenfalls gesegneten Völkern hinsichtlich ihrer Jhwh-Beziehung zu bestimmen. Zwar treten Ägypten und Assur durch den Segensempfang in Gemeinschaft mit dem einen erwählten Gottesvolk und werden damit zu Adoptivvölkern Jhwhs: »Der, der zuerst nur die Söhne (und Töchter, M. F.) Abrahams adoptierte, wollte nun ohne Unterschied ein Vater aller Völker genannt werden« (CO 36, 349.15-17), dennoch bleiben die Sonderstellung Israels und seine spezifische Gottesbeziehung ge-

---

41. Mit Bezug auf V. 21 wird ועבדו מצרים את־אשור meistens auf eine gemeinsame (kultische) Jhwh-Verehrung Ägyptens und Assurs gedeutet (vgl. *H. Wildberger*, Jesaja, 727 ff., der V. 23 unter die Überschrift stellt: »Ägypten und Assur finden sich im Jahwekult« (a.a.O., 743). Calvin hält sich hier – wie so oft – streng an den hebräischen Wortlaut und sieht im Dienst Ägyptens an Assur die Konsequenz aus der Jhwh-Furcht Ägyptens (V. 21); vgl. CO 36, 348.41-56.
42. Schwierig ist der Bezug des Suffixes 3.m.sg. in ברכו. Es wird gewöhnlich in ein 3.fem.sg. Suffix korrigiert und auf הארץ oder ברכה bezogen. Eine Konjektur ist aber unnötig, wenn man das Suffix auf Israel in V. 24a bezieht. Aber wie auch immer der Relativsatz anzuschließen ist, in jedem Fall strahlt von Israel (»inmitten der Erde«) der Segen auf die übrigen Völker aus, wird es ihnen zum Segen (vgl. CO 36, 349.20 ff.). Der Bezug auf Gen 12, 3 ist, wenn nicht sprachlich, so doch sachlich gegeben (s. auch Sach 8, 13; vgl. *H. Wildberger*, Jesaja, 744-746). Zur Auslegung von Jes 19, 24 f. vgl. unten Teil C, I.1.1.3.

wahrt: »(...) mit seiner Praerogative ist es geschmückt, nämlich Gottes Erbteil zu sein, so daß es unter den neuen Brüdern (und Schwestern, M. F.) das Recht und die Ehre der Erstgeburt behält« (349.48-50). Der Ehrentitel נחלתי dokumentiert für Calvin das bleibende Erstgeburtsrecht Israels im Hause Jhwhs. Mag dieser auch seinen Segen, der zunächst ausschließlich in Israel als seinem Bundespartner beheimatet war[43], nun *allen* Völkern zuteil werden lassen, so behalten die Juden dennoch ihren Vorrang vor der Völkerwelt, wie Calvin unter Berufung auf Röm 9, 4 und 11, 29 konstatiert.[44] Der *Universalismus* des Segens hebt das *Proprium Israeliticum* nicht auf.

2. Während bisher undifferenziert von dem einen erwählten und gesegneten Gottesvolk Israel die Rede gewesen ist, muß nun in das bundestheologische Segensverständnis die Scheidung zwischen Erwählten und Nichterwählten eingezogen werden. Die Beschränkung des Erbsegens auf die Gruppe der Erwählten führt Calvin zum einen an der paulinischen Deutung der Jakob- und Esau- bzw. Isaak- und Ismaelgestalt (nach Röm 9, 6 ff.), zum anderen in seinem Kommentar zu den einschlägigen Verheißungen, die Isaak und Ismael, Jakob und Esau in den Genesis-Erzählungen empfangen, aus.[45]

Bietet Calvin mit seiner Exegese von Röm 9, 1-5 – kaum weniger leidenschaftlich als der Apostel selbst – ein eindrückliches Plädoyer für die bleibende Erwählung, den ungekündigten Bund und die gültigen Verheißungen Israels, so geht es ihm im folgenden – mit Paulus – um die argumentative Vermittlung zwischen dieser unumstößlichen Gewißheit und dem gleichzeitigen Nein der meisten JüdInnen zum Messias Jesus. Ohne hier Calvins Auslegung von Röm 9, 6 ff. im einzelnen nachzeichnen zu können, scheinen mir hinsichtlich der Verknüpfung von Segen und Bund folgende Argumente wesentlich, mit denen Calvin auf die Frage antwortet, warum Israels Nein weder die Verheißungen noch den Bund (noch die Tora etc.) aufheben kann.

– Die (Segens-)Verheißungen gelten als *Angebot* allen leiblichen Nachkommen Abrahams ohne Ausnahme; aber sie gelten nicht unterschiedslos, weil sie nur an wenigen von ihnen wirksam werden.[46] Die Erfüllung der Verheißungen kommt nur den erwählten Abrahamkindern zu. Von »Kindern der Verhei-

---

43. Vgl. CO 36, 349.1 ff.
44. »Gewiß hat ihnen jener Bund des Herrn, den er zuerst mit ihnen geschlossen hat, eine Praerogative eingeräumt, die durch ihre Undankbarkeit nicht ungültig gemacht werden kann« (CO 36, 349.52-55).
45. Um Calvins segenstheologischen Überlegungen hinsichtlich der Scheidung zwischen Erwählten und Verworfenen gerecht zu werden, erscheint es mir nötig, klar zwischen der großen theologischen Bedeutung, die Röm 9,6 ff. für Calvins Prädestinationslehre hat, und seiner Erhebung des historischen Sinns der Segensverheißungen in den Erzelternerzählungen zu unterscheiden. Denn anders als Luther (vgl. oben I.4.2) liest Calvin einen Text wie Gen 27 weder allegorisch noch durch die paulinische Brille (vgl. CO 23, 370-385).
46. Zum Verhältnis zwischen *Universalität der Verheißungen* und *Partikularität des Glaubens* vgl. Inst III, 22,10.

ßung« (Röm 9,8) muß deshalb in einem *allgemeinen* und einem *besonderen* Sinn geredet werden.[47]

– Ebenso ist zwischen einer *allgemeinen* Erwählung ganz Israels zum Bundesvolk Jhwhs und einer *besonderen*, nämlich wirksamen Erwählung einzelner aus Israel zum Heil zu unterscheiden.[48] Zwar ist die Beschneidung als äußere Besiegelung des Bundes an Isaak *und* Ismael, an Jakob *und* Esau vollzogen worden, doch zu Segensträgern wurden nur Isaak und Jakob erwählt:

»Soll also dies (sc. die in der Beschneidung äußerlich sichtbare allgemeine Erwählung Israels, M. F.) die Voraussetzung sein, auf welche Weise der Segen des Bundes das israelitische Volk von den übrigen Völkern trennt, so unterscheidet die Erwählung Gottes (doch) auch die Menschen seines Volkes, indem er die einen zum Heil, die anderen aber zur ewigen Verdammnis vorherbestimmt« (CO 49, 177.36-40).[49]

Wenn Calvin in der Erwählung einzelner auch zweifellos die größere Wohltat Gottes erkennt, weil diesen wirksam und wahrhaft Erwählten das angebotene Heil auch gewiß zukommt, so gilt die allgemeine Erwählung ganz Israels doch als sichtbarer Hinweis auf jene verborgene.[50]

– Dem doppelten Erwählungsbegriff entsprechend geht Calvin auch von einer zweifachen Gestalt der *Berufung* aus, wiederum einer allgemeinen und einer besonderen, denn nicht alle Berufenen sind wirksam erwählt.[51] In diese Unterscheidung spielt die Überzeugung hinein, daß die Berufung als öffentliche Bezeugung der Erwählung allein nicht Heilsgewißheit schenken kann, daß sie vielmehr der Bewahrung und Bewährung durch *Perseveranz* bedarf. Die Gabe der Perseveranz aber wird nur denen zuteil, die wahrhaft erwählt sind. Auch sie stellt keine eigene Leistung der Berufenen dar, sondern ist Werk des Heiligen Geistes.[52]

– In diesen Unterscheidungen, denen allesamt das decretum absolutum vorgeordnet ist, wird die Differenz zwischen leiblichen und geistlichen Abrahamkindern angebahnt. Nach Calvin ist im göttlichen Dekret darüber entschieden, daß Bund und Verheißungen weder an allen leiblichen Nachkommen Abrahams wirksam werden, noch auf diese beschränkt bleiben.[53] Im Dekret wurde die Erwählungslinie, auf der der Segen von Abraham über den einen Abrahamsohn zu den Völkern kommt, vorgespurt. Deshalb können Ismael und Esau nicht denselben Segen wie Isaak und Jakob empfangen. Calvin spricht davon, daß jeweils einer der Söhne aus Abrahams Nachkommenschaft ausgeschlossen

---

47. Vgl. CO 49, 175.
48. Vgl. Inst III, 21,5-7.
49. S. auch CO 49, 175.45-52.
50. Vgl. Inst III, 21,7.
51. So etwa Inst III, 24,8.
52. Vgl. Inst III, 24,6; dazu J. Moltmann, Prädestination, bes. 31-71.
53. Die verschiedenen Grade der Gotteskindschaft (»adoptionis gradus«) erörtert Calvin im Zusammenhang mit Gen 17,7 (vgl. CO 23, 237f.).

werden müsse⁵⁴, denn »der geistliche Bund beschränkt sich auf eine Familie«
(CO 23, 246.18f.).
– Daraus folgt aber nicht, daß Ismael und Esau ohne *jeden* Segen bleiben. Als
leiblichen Abrahamsöhnen wird ihnen eine Fülle von *irdischen* Segensgütern
zuteil. So heißt es von Ismael (zu Gen 16,11):

»(...) aufgrund seines ehrenhaften Namens ist er gewürdigt, daß eine zeitliche Wohltat
ihn schmückte, an der Ismael partizipierte, weil er der Sohn Abrahams war. Wenn sich
nämlich auch der Bund des ewigen Lebens nicht auf Ismael bezog, hat Gott ihn, damit er
doch nicht ganz und gar ohne Anteil an der Gnade sei, zum Vater eines großen und berühmten Volkes bestimmt. Und so sehen wir, daß sich seine Güte, betrachtet man das
gegenwärtige Leben, auf den leiblichen Samen Abrahams ausbreitet« (CO 23, 229.5-8.11-16).

Ismael empfängt einen so großen irdischen Segen⁵⁵, daß sein Name auf Dauer
zum »Denkmal der ihm erwiesenen zeitlichen Wohltat« (›temporalis sui beneficii memoriale‹) (229.17) wird.
– Mit der Konzentration der Verheißung auf irdische Segensgüter scheint
eine klare Ausgrenzung Ismaels und Esaus aus dem Kreis der wirksam erwählten Segensträger in Israel vorzuliegen. Gleichwohl dokumentiert Calvins Auslegung der Segenstexte in Gen 16, 17, 21 und 27 ein unübersehbares Ringen um
die angemessene Deutung der Verheißungen Ismaels⁵⁶ und Esaus. Eindeutige
Aussagen über ihren Ausschluß vom ewigen Bund⁵⁷ werden wiederholt abgemildert. Calvin schränkt sie vor allem durch drei Argumente ein:

a) Die Intention der Texte ziele darauf, Isaak und Jakob als rechtmäßige Erben des Abrahambundes zu bestätigen, nicht aber Ismael und Esau jede Hoffnung auf ewigen Segen
zu nehmen.⁵⁸ Dies entspricht der Gewichtung zwischen Erwählung und Verwerfung in
der gesamten Prädestinationslehre Calvins.
b) Durch Unterordnung unter ihre Brüder hätten Ismael und Esau ebenfalls Anteil am
Erbe des Segens bekommen können.⁵⁹
c) Erst durch die (räumliche?) Trennung Ismaels von Isaak und Esaus von Jakob sei ihnen

---

54. Vgl. CO 23, 301f. (zu Gen 21,11).
55. Vgl. CO 23, 246f. (zu Gen 17,20). Zum zeitlichen Segen Esaus vgl. CO 23, 382f. Zur Zuordnung der verschiedenen Segensinhalte s. unten 2.2.
56. Mit seiner Habilitationsschrift »Ismael. Theologische und erzählanalytische Studien zu einem biblischen Konzept der Selbstwahrnehmung Israels im Kreis der Völker aus der Nachkommenschaft Abrahams« hat T. Naumann jüngst eine biblisch-theologische und rezeptionsgeschichtlich orientierte Neuinterpretation der Ismael-Texte der Genesis vorgelegt, die gründlich mit dem stereotypen Bild von Ismael als Abrahams verlorenem und von Gott verstoßenem Sohn aufräumt und die gängige Antitypologie zwischen Isaak und Ismael zugunsten einer neuen Verhältnisbestimmung beider *im Abrahambund* aufbricht. Für die systematisch-theologische Reflexion über (Segens-)Verheißung, Erwählung und Bund sowie das Verhältnis zwischen Israel und der Völkerwelt birgt diese Arbeit eine Fülle von Anregungen (zu Calvins Interpretation der Ismael-Gestalt vgl. a.a.O., 159f.).
57. Vgl. den Kommentar zu Gen 16,11; 17,19; 21,10f.; 27,30ff.
58. So z.B. CO 23, 246.
59. Vgl. CO 23, 246; 381f.

der ewige Segen, die Teilhabe am Bund, verlorengegangen.[60] Hier – wie überhaupt in der Prädestinationslehre – schlägt sich Calvins Bemühen nieder, die Nichterwählung zum einen ausschließlich in der göttlichen Vorherbestimmung zu verankern, sie zum andern aber gleichzeitig als Folge menschlicher Schuld (genauer: der Erbsünde) zu verstehen.[61]

Auch wenn diese Kompromißvorschläge wenig überzeugen können, so zeigen sie doch, daß Calvin selbst eine klare Applikation seiner prädestinationstheologischen Trennung zwischen Erwählten und Verworfenen auf den konkreten Einzelfall (fast) unmöglich ist. Die Identifikation Ismaels und Esaus als Verworfene findet sich im Genesis-Kommentar nur ganz selten. Die scharfe Distinktion des Paulus in Röm 9,6 ff. hat sich Calvin jedenfalls in seiner Auslegung der Segenstexte in den Erzelternerzählungen nicht zu eigen machen können. Er ist bemüht geblieben, die Spannung zwischen der *Universalität* der Segensverheißungen und der *Partikularität* ihrer Wirksamkeit (und damit der Erwählung und des Glaubens) nicht vorschnell aufzuheben.

3. Aus Calvins primärer Intention, an den Segenstexten der Genesis die je neue Bestätigung des Abrahambundes zu belegen, läßt sich ein vertieftes Verständnis der Segenshandlungen der Erzväter gewinnen. Geht es nämlich bei diesen Segnungen um die sichtbare Zueignung des Bundes und der Verheißungen sowie um das Bekenntnis des Segnenden zu Jhwh als der Quelle aller Segensgüter, dann kommt ihnen ein gleichsam *sakramentaler* Charakter zu. Wenn auch die Beschneidung das eigentliche Sakrament des Abrahambundes ist, an dessen Stelle dann mit der Hineinnahme der Völker in diesen Bund die Taufe tritt[62], so eignen doch den Segenshandlungen wesentliche Merkmale der Sakramente, von denen hier nur einige genannt seien[63]:

– Wie das Sakrament[64] so ist auch die Segnung zum einen ein äußerlich sichtbares Zeichen, das die Verheißungen besiegelt und darin unseren schwachen Glauben stützt, zum anderen menschliches Bekenntnis als Antwort auf Gottes Freundlichkeit und öffentliche Bezeugung seiner Güte gegenüber den Mitmenschen. Allerdings ist der Bekenntnisaspekt – und damit der menschliche Anteil am Sakrament – auch bei den Segnungen eindeutig nachgeordnet.[65]

– Konstitutiv für Sakrament wie Segnung ist die *Verheißung* (verbum sacramentalis), zu der das Zeichen bzw. die Segensgeste (signum sacramentalis) als eine Art Appendix hinzutritt.[66] Die Zeichenhandlung steht dabei ganz im Dienst einer sinnlich wahrnehmbaren Bekräftigung der Verheißung.

– Die engste Berührung zwischen Segnung und Sakrament liegt aber dort vor, wo Cal-

---

60. Vgl. CO 23, 301 f. (zu Gen 21,11); CO 23, 382 f. (zu Gen 27,39).
61. So etwa Inst III, 23,8 f. u. ö.
62. Vgl. Inst IV, 14,18 ff.; 15,1 ff.; 16,10 ff.; CO 23, 239 ff. (zu Gen 17,9 ff.).
63. Zu weiteren Vergleichsmomenten s. unten 3.1.1 und 3.1.3.
64. Vgl. Calvins grundlegende Definition in Inst IV, 14,1.
65. Vgl. Inst IV, 14,13. Dies ist einer der wesentlichen Unterschiede zwischen Calvins und K. Barths Sakramentenlehre (vgl. KD IV/4 und I/2, 249 ff. sowie unten IV. 2.4.1).
66. So Inst IV, 14,3 f. u. ö.

vin die Sakramente als *Bundeszeichen*[67] qualifiziert, die uns die Bundestreue Gottes und die Gültigkeit seiner Verheißungen verbürgen. In dieser Definition der Sakramente drückt sich zugleich die Einheit der beiden Testamente aus: wie der Christussegen kein anderer als der Abrahamsegen ist (Gal 3,14), so ist Christus auch schon in den alttestamentlichen Sakramenten gegenwärtig.[68]

Zwar hat Calvin m. W. an keiner Stelle die Segnungen explizit als Sakramente oder Bundeszeichen charakterisiert, doch zeigen die genannten Beispiele, daß es in der Sache deutliche Analogien gibt, die es nahelegen, von den Segenshandlungen *sachgemäß* als Bundeszeichen zu sprechen. Deshalb läßt sich von Calvins hoher Wertschätzung der Sakramente als »Hilfsmittel für unseren Glauben« (OS V, 258.33 f. = Inst IV, 14,1) auf die große Bedeutung schließen, die das Segnen auch für die christliche Gemeinde hat.

1.4 Konsequente Entschärfung bedingter Segensverheißungen

Wenn Gott Menschen segnet, geschieht dies unabhängig von jeder Vorleistung ihrerseits. Gottes Segen ist, was seine EmpfängerInnen betrifft, *bedingungslos*, weil seine einzige Ursache der Erwählungswille Gottes ist. So läßt sich die Grundaussage des Calvinschen Segensverständnisses zusammenfassen. Demgegenüber kennt aber die biblische Tradition neben dem unbedingten Segen Gottes auch *bedingte Segensverheißungen*. Besonders das Deuteronomium bindet die künftige Zuwendung göttlichen Segens an das Halten der Tora. Grundsätzlich wird die Erfüllung der Weisungen und Gebote Gottes zur Voraussetzung des Segensempfangs erklärt (z. B. Dtn 7,12 ff.; 28,1 ff.); konkret bedingt die soziale Gerechtigkeit gegenüber den Armen den zukünftigen Segen (Dtn 14,29; 15,4-6.10.18; 23,20 f.; 24,13.19 u. ö.).

Wie vermittelt Calvin diese Verknüpfung von Segen und Bewahrung der Tora, von Segen und Solidarität mit seiner erwählungstheologischen Begründung des Segens? An einigen wenigen Beispielen möchte ich aufzeigen, daß Calvins Auslegung solcher Texte – im Gefälle seiner Erwählungslehre folgerichtig – zu einer *Entschärfung*, wenn nicht sogar *Aufhebung* des konditionalen, bzw. konsekutiven oder finalen Verhältnisses zwischen Einhaltung der (Sozial-)Gesetze und wiederholtem[69] Gesegnetwerden führt. Erkenntnisleitend ist dabei eine

---

67. Vgl. Inst IV, 14,6 u. ö.
68. Zwischen den Sakramenten des alten und des neuen Bundes »besteht nur der eine Unterschied, daß jene den verheißenen Christus, solange er noch erwartet wurde, nur schattenhaft umrissen (›adumbrare‹), diese (dagegen) ihn als den schon Gewährten und Erschienenen (›praestitum et exhibitum‹) bezeugen« (OS V, 278.30-33 = Inst IV, 14,20).
69. Das deuteronomische Gesetz spricht seine Adressaten auf ihren Besitz und Wohlstand als Zeichen des göttlichen Segens an. Deshalb geht es bei der geforderten Solidarität um das Teilen des bisher empfangenen Segens, deshalb zielt die Segensverheißung als Folge der Gebotserfüllung auf *wiederholte* Zuwendungen des Segens in einer solidarischen Gemeinschaft. Vgl. unten Teil C, I.2.1.3. und F. Crüsemann, Tora, 262-264.

Einsicht, die grundsätzlich das Gesetzesverständnis Calvins betrifft und hier an Dtn 24,13 illustriert wird.

In den Bestimmungen zur Pfandnahme und -rückgabe bei einem Darlehen heißt es:

»Und wenn er (= der Gepfändete, M. F.) ein armer Mann ist,
dann sollst du dich nicht mit seinem Pfand schlafenlegen.
Zurückgeben sollst du ihm das Pfand bei Sonnenuntergang,
daß er in seinem Mantel schlafen kann und dich *segne*,
so daß du Gerechtigkeit haben wirst vor Jhwh, deinem Gott« (V. 12 f.).

Einmal abgesehen von der konstitutiven Bedeutung, die in diesem Gebot der Segen des Armen für die Gerechtigkeit des Gläubigers hat – bewirkt doch gerade dieser Segen die Anrechnung der »guten Tat« zur Gerechtigkeit vor Gott[70]-, wird hier eindeutig die Solidarität mit dem Schuldner, also die Rückgabe des gepfändeten Mantels, zur Voraussetzung des Gesegnetwerdens wie der Gerechtsprechung. Nun konzediert Calvin durchaus, daß ein solches Verhalten Gottes Wohlgefallen finde und von ihm als Gerechtigkeit gutgeschrieben werde, doch habe diese Gerechtigkeit keinen Bestand, weil es sich nur um eine *Teil*gerechtigkeit handele: »Demnach ist wahrzunehmen, daß diese Gerechtigkeit verrinnt und sich verliert, es sei denn wir erfüllen in allen Punkten, was auch immer Gott vorgeschrieben hat.«[71] Zwar schenkt die Erfüllung des Gesetzes Gerechtigkeit vor Gott, jedoch – und das ist die entscheidende Einschränkung – nur die Erfüllung des *ganzen* Gesetzes (Gal 5,3)[72]; die aber ist menschenunmöglich: »Überhaupt muß an jenem Grundsatz festgehalten werden, daß kein Werk vor Gott als gerecht erachtet wird, außer es wird von einem reinen und untadeligen Menschen vollbracht; ein solcher ist aber wahrlich nicht aufzufinden.«[73] Folglich erlangen wir allein aufgrund der Barmherzigkeit Gottes Gerechtigkeit, werden uns auch unsere Werke nur wegen seiner freien Gnade als Gerechtigkeit angerechnet.

Daß damit auch der Segen nicht Lohn der Werke, sondern ausschließliches Geschenk der Gnade ist, hat Calvin bereits zu Gen 22,15-18 festgehalten: Wenn hier nach der Akeda Isaaks die Segensverheißung von Gen 12,2 f. wiederholt und bekräftigt wird, mag der Segen, der zuvor bedingungslos zugesprochen wurde, nun als Lohn für den Gehorsam Abrahams erscheinen. Weil Lohn und

70. Vgl. dazu *R. Kessler*, Rolle des Armen. Es spricht für sich, daß Calvin die aktive Rolle des Armen für entbehrlich hält: »Denn wenn ein Armer, den wir verschont haben, undankbar sein sollte, wird, solange er schweigt, unsere Wohltätigkeit zu Gott schreien« (CO 24, 678.16-18). Daß aber der Segen des Armen eine dem solidarischen Gläubiger geschuldete Dankespflicht sei, läßt sich vom biblischen Text her keineswegs sagen.
71. CO 24, 678.26-28.
72. So etwa Inst II, 7,3: »Wenn es wahr ist, daß uns die vollkommene Gerechtigkeit im Gesetz gelehrt wird, dann folgt daraus auch, daß nur seine absolute Erfüllung vollkommene Gerechtigkeit vor Gott ist; durch sie nämlich wird der Mensch beim himmlischen Gericht für gerecht gehalten und erwogen« (OS III, 329.9-13).
73. CO 24, 678.33-36.

Gnade einander aber prinzipiell ausschließen, muß dieser (scheinbare) Widerspruch zugunsten einer der beiden Größen aufgelöst werden: »Denn wenn die Verheißung zuvor gratis war, die nun dem Verdienst zugeschrieben wird, steht fest, daß das, was Gott für die Werke entlohnt, als Empfang der Gnade gutgeschrieben werden muß«.[74] Unter der unaufgebbaren Voraussetzung, daß der Segen in Gottes freier Erwählung gründet, »ist es nötig zu konstatieren, daß man das Verdienst der Werke nennt, was gratis gegeben wird«.[75]

Noch deutlicher widerspricht Calvin der bedingten Segensverheißung, die er dabei keineswegs als historischen Textsinn leugnet, im Zusammenhang mit Dtn 7, 12 ff.:

»Dafür daß ihr auf diese Gesetze hören und sie bewahren und sie tun werdet,
wird Jhwh, dein Gott, dir den Bund und die Treue bewahren,
die er deinen Vätern zugeschworen hat.
Und er wird dich lieben und dich *segnen* und dich mehren,
und er wird die Frucht deines Leibes *segnen* und die Frucht deines Landes (...).«

Das *Gesetz* spreche hier die Sprache des bedingten Segens; es mache die Gehorsamsleistung zur Vorbedingung für den Empfang der genannten Wohltaten. Gott scheine nach dem Grundsatz der *Gegenseitigkeit* zu verfahren, wenn er seinen Segen an die Einhaltung der Gebote binde. So beschreibt Calvin zutreffend die Logik des Textes, um dann dagegen festzuhalten: Gott selbst habe sich über diese Bestimmungen hinweggesetzt durch ein Gratisangebot des Heils, damit seine Segensverheißung nicht leer bleibe.[76] Calvin begründet also hier die bedingungslose Segensgewährung mit der Treue Gottes zu seinen Verheißungen. Da es keinem Menschen möglich ist, Gottes Gesetz vollkommen zu tun, müßten seine Verheißungen unerfüllt bleiben, wären sie durch die Einhaltung der Gebote bedingt. Deshalb schenke Gott den von ihm Erwählten den Segen, *als ob* sie ihn als Lohn für ihre Werke verdient hätten, aber in Wirklichkeit doch allein aufgrund seiner Barmherzigkeit.

Welche Bedeutung kommt dann aber den Geboten zu, die Gottes Segen als Lohn gerechten Handelns in Aussicht stellen, wenn dieser Segen doch nicht vom menschlichen Tun abhängig ist, sondern sich göttlicher Freigebigkeit verdankt? Die durchgängige Antwort Calvins lautet, daß die Segensverheißung *motivierende* Funktion im Blick auf gute Werke habe[77] und daß sie auf besondere Weise Gottes Menschenfreundlichkeit dokumentiere: Gott erkläre hier das zum Lohn, was in Wahrheit allein seine Wohltat sei.[78]

In eindeutig antirömischer Frontstellung betreibt Calvin also eine vom dogmatischen Vorverständnis geprägte Exegese der bedingten Segensverheißun-

---

74. CO 23, 318.53-55.
75. CO 23, 319.5-7.
76. Vgl. CO 25, 19.
77. So z.B. zu Mt 25,34ff. (CO 45, 686ff.); Dtn 15, 4.10.18 (CO 24, 698f.); Dtn 14, 29 (CO 24, 483); aber z.B. auch zu Gen 16, 10 (CO 23, 228).
78. Vgl. CO 23, 319.13 ff.

gen, die – mit den biblischen Texten – die Erfahrung des Gesegnetseins zur Voraussetzung für soziale Gerechtigkeit erklärt, aber – anders als jene – den Empfang weiteren Segens nicht vom toragemäßen Verhalten abhängig macht. Die Bindung des Segens an die Einhaltung bestimmter, nämlich der Sozialgesetze wird gelockert zugunsten einer pädagogischen Abzweckung, die auf eine Nachahmung der göttlichen Freigebigkeit zielt.[79] Dabei wird die Paränese deutlich entschärft: Die erneute Zuwendung göttlichen Segens steht und fällt nicht mehr mit einer solidarischen Praxis gegenüber den personae miserae. Den Segen empfangen die Erwählten ohne ihr Zutun. Wenn auch von Calvins Einbindung der Heiligung in die Erwählung her zu ergänzen wäre, daß die Erwählten als solche Solidarität üben und das Gesetz erfüllen[80], so liegt doch eine deutliche Akzentverschiebung vor, bei der diejenigen, um deren Recht es hier geht, die sozial und ökonomisch Schwachen, aus dem Blick geraten. Die Beziehung zwischen Gott und den Erwählten läßt die angestrebte solidarische Gemeinschaft der Besitzenden mit den Armen in den Hintergrund treten.

2. Das vorsehungstheologische Verständnis der irdischen Segensgaben und ihr Verweis auf die Bundestreue Gottes

In Calvins programmatischen Sätzen zu Beginn der Institutio über die zweifache Gotteserkenntnis:

»(...) es ist eine Sache, wahrzunehmen, daß Gott, unser Schöpfer, uns durch seine Macht erhält, durch (seine) Fürsorge regiert, durch (seine) Güte pflegt und uns mit jeder Art von Segnungen begleitet; eine andere Sache aber, die Gnade der Versöhnung, die uns in Christus dargeboten wird, zu umarmen. Weil uns also der Herr zunächst einfach als Schöpfer erscheint, sei es im Werk der Welt, sei es in der allgemeinen Lehre der Schrift, dann aber im Angesicht Christi als der Erlöser, ergibt sich daraus eine zweifache Erkenntnis Gottes« (OS III, 34.17-24 = Inst I, 2,1).

ist von göttlichen Segnungen ausschließlich im Zusammenhang mit der Erkenntnis Gottes, des *Schöpfers*, aber gerade nicht des Erlösers die Rede. Sie werden in einem Atemzug mit der *Vorsehung* und *Fürsorge* Gottes genannt. Im Verlaufe der Institutio wird diese Zuordnung vertieft: *Gottes Segen ist Inbegriff seines Vorsehungshandelns.*[81] Er ist – vom alltäglichen Nahrungsmittel bis hin zum gelingenden, erfolgreichen Tun des Menschen – die Gabe schlechthin, mit der Gott seine Geschöpfe erhält, bewahrt und begleitet. Das theologische Be-

---

79. Vgl. CO 24, 696 zu Dtn 24, 19; CO 24, 599 zu Dtn 16, 10.
80. Vgl. Calvins Ausführungen zum usus legis in renatis: Inst II, 7,12-17 und die sich daran anschließende Auslegung des Dekalogs (Inst II, 8).
81. Vgl. Inst I,16 und 17 passim; II, 8,37; 10,9; 11,1; III, 7,8 f.; 9,3; 20,28.44.50 u. ö.

kenntnis zu Gott als dem Geber aller Gaben nimmt als ein Motiv der Schöpfungs- und Vorsehungslehre das auf, was in der Alltagssprache »Segen« genannt wird und seinen populären Ausdruck in der Redewendung: »An Gottes Segen ist alles gelegen« gefunden hat.

Demgegenüber hat Calvin aber – wie oben gezeigt – in seinen erwählungs- und bundestheologischen Ausführungen den Segen gerade als Moment des versöhnenden und erlösenden Handelns Gottes begriffen und seine christologische Vermittlung unterstrichen. Fällt Calvins Segenstheologie damit in einen doppelten, nicht vermittelten Segensbegriff auseinander: in den – um es verkürzt zu sagen – *Erwählungssegen*, der als Gabe des ewigen Lebens in vieler Hinsicht an Luthers Synonymität von Segen und Evangelium erinnert[82], und den *Schöpfungssegen*, der alle irdischen Güter in sich schließt, mit denen Gott seinen Geschöpfen täglich ihr Dasein gewährt? Und entspricht diesem doppelten Segensbegriff die Unterscheidung zwischen geistlich-ewigen Segensgütern einerseits, irdisch-zeitlichen Segensgütern andererseits?

2.1 Die irdischen Segensgüter als sichtbarer Ausdruck der providentia Dei

Indem Calvin die irdischen Segensgüter als zentrales Moment der göttlichen Vorsehung begreift, ist er um eine theologische Interpretation des umgangssprachlichen Segensverständnisses bemüht, wie die folgenden Zitate verdeutlichen:

»(...) meistens wird von den Seinen gesagt, daß Gott segne, solange er die Gunst, die er ihnen erweise, an der Sache selbst zeige, so daß offenkundig wird, daß sie glücklich sind, weil er sie in seinen Schutz nimmt« (CO 23, 580.46-49 (zu Gen 48, 3)).

»Man sagt nämlich, Gott segne in Frieden diejenigen, die er so freigebig und freundlich behandelt, daß (ihnen) nichts zu einem günstigen Verlauf ihres Lebens und zur ihrem vollen Glück fehle« (CO 31, 291.27-30 (zu Ps 29, 11)).

»(...) wir glauben, daß jede Ursache für einen glücklichen und wünschenswerten Erfolg allein im Segen Gottes liegt; fehlt uns dieser Segen, bleiben uns (nur) Elend und jede Art von Unglück« (OS IV, 159.13-15 = Inst III, 7,9).

»Den Segen Gottes kann man im täglichen Leben(sunterhalt) doppelt beobachten: Zum einen befruchtet er nämlich die Erde, so daß sie uns Getreide, Wein und Öl liefert; zum andern vervielfacht er durch geheimnisvolle Kraft den Ertrag der Erde, so daß wir genügend Nahrungsmittel haben« (CO 32, 351.7-12 (zu Ps 132, 15)).

Und schließlich gilt, daß »auf Gott unsere ganze Hoffnung und unser ganzes Tun liegen, so daß wir weder uns noch all' unseren Besitz nach Wunsch (er)halten könnten, wenn nicht durch seinen Segen; ununterbrochen müssen wir (darum) uns und all' unseren Besitz ihm anvertrauen« (OS IV, 335.20-24 = Inst III, 20,28).

Zum materialen Gehalt und zur wahrnehmbaren Gestalt des Segens gehören

---

82. Vgl. oben I.1.2.

somit nach dem Volksmund: Wachstum und Fruchtbarkeit der Erde[83] und der Arbeit, weithin sichtbares, auf seine Umgebung ausstrahlendes Glück, eine Fülle von Gütern, beschütztes Leben. Segen wird begriffen als Gegensatz von Mangel, Not und Vergeblichkeit, erfahren als bejahende Zuwendung und Begleitung, die das Leben gelingen läßt. Segen erscheint als eine – nahezu materiale – Gestalt der Präsenz und Immanenz Gottes in der Welt, ohne die geschöpfliches Leben nicht möglich wäre. Gottes Segen kleidet sich ins Gewand des Natürlichen (»Es regnet, Gott segnet!«)[84], geht aber nicht in ihm auf und ist alles andere als selbstverständlich. Deshalb will gerade auch um den Segen als Moment der Fürsorge Gottes für seine Schöpfung gebeten sein.[85]

Diese wenigen Belege unterstreichen nicht nur das theologische Gewicht, das Calvin den materiellen Segensgütern beimißt; sie zeigen auch, daß sich am Segensverständnis wichtige Fragen des Gottes- und Menschenbildes entscheiden:

Wer den Segen allein auf geistliche Güter reduziert, bleibt Gott nicht nur den Dank für die alltäglichen, handfesten Segensgaben schuldig, sondern nimmt ihn auch als Schöpfer und Erhalter nicht ernst, verweigert ihm die Zuständigkeit für das leibliche Leben und entzieht sich damit seiner konkreten Fürsorge wie seiner umfassenden Herrschaft. In der falschen Meinung, Gott mit den Kleinigkeiten des eigenen Lebens gleichsam nicht belästigen zu dürfen, wird Gott seiner Ehre gerade beraubt, wird ihm Inkompetenz unterstellt, wo doch auf seiten des Menschen gerade ein Lob seiner Allwirksamkeit am Platz wäre. Wer Gott das (scheinbar) Geringe vorenthält, macht ihn nicht größer, sondern kleiner.

Diese Einschränkung der göttlichen Vorsehung aufs Geistliche, der Calvin hier widerspricht, hat aber auch Folgen für das menschliche Verhalten, wie aus Calvins umsichtiger Auslegung der Brotbitte des Vaterunsers zu lernen ist[86]:

– Einer solchen Einschränkung korrespondiert nämlich die ängstliche und verzweifelte Sorge um das »tägliche Brot«, womit Calvin – wie Luther – alles meint, »worauf unser Leib für seinen Verbrauch unter den Elementen dieser Welt angewiesen ist« (OS IV, 356.18 f. = Inst III, 20,44). Wer dagegen jeden Bissen Brot und jeden Tropfen Wasser der Fürsorge Gottes anheimstelle, erwarte von ihm um so mehr den ewigen Segen.

– Wo die Einsicht fehlt, daß wir auch die alltäglichen Lebensmittel Gott verdanken, besteht die Gefahr, eigenmächtig über diese zu verfügen, als seien sie ausschließlich Produkte der eigenen Arbeit. Zielt Gottes Fürsorge darauf, daß alle sattwerden, kann es nun dagegen zu ungerechter Verteilung, zu ungleichen Macht- und Besitzverhältnissen kommen. Insofern eignet dem Bekenntnis zu Gott als dem Geber aller (irdischen) Gaben ein herrschaftskritischer und Solidarität weckender Zug.[87]

– Nicht selten drückt sich in dieser Haltung auch eine grundsätzliche Geringschätzung des irdischen Lebens – heute würden wir vielleicht konkretisieren: eine Verachtung der

---

83. Vgl. auch CO 23, 24 (zu Gen 1, 22); CO 23, 361 (zu Gen 26, 12 f.) u. ö.
84. Vgl. etwa Inst I, 16,5.
85. S. unten 2.3.1.
86. Vgl. Inst III, 20,44; dazu auch unten 2.3.1.
87. Vgl. dazu neben Inst III, 20,44 auch Inst III, 10 über den Gebrauch der irdischen Güter.

Leiblichkeit – aus, die es verunmöglicht, darin eine Segensgabe Gottes wahrzunehmen. Umgekehrt kann die dankbare Annahme der irdischen Segensgüter nicht nur die Bejahung der geschöpflichen Existenz fördern, sondern auch einer Entsinnlichung und Vergeistigung der Gottesbeziehung entgegenwirken.[88]

Calvin zielt also mit der schöpfungs- und vorsehungstheologischen Interpretation des Segens nicht nur auf eine Kritik der Undankbarkeit der Menschen für das irdische Leben mit allen seinen Gaben[89], sondern er hat zugleich das Verhältnis des Gesegneten zu sich selbst, seinen Mitmenschen und der Welt insgesamt im Blick und will zur Freude an und zum schöpfungsgemäßen Umgang mit den zeitlichen Segensgaben einladen.

Wie seine Vorsehung ist Gottes Segen nicht auf den Bereich des Natürlichen beschränkt, sondern durchdringt ebenso alle Ordnungen menschlichen Zusammenlebens: soziale, politische, ökonomische, kulturelle.[90] Ohne daß im hebräischen Text explizit von Segen die Rede ist, legt Calvin Psalm 127 (ähnlich auch Psalm 128) als beispielhaftes Zeugnis für die Segensbedürftigkeit aller (gerade auch der öffentlichen) Lebensbereiche aus, wie schon seine knappe Inhaltsangabe vermerkt:

Der Psalm »zeigt, daß die Ordnung der Welt, sowohl die politische als auch die ökonomische, nicht durch den Eifer, die Geschäftigkeit und den Plan der Menschen, sondern allein durch den Segen Gottes Bestand hat, daß die Nachkommenschaft des menschlichen Geschlechts in Wahrheit sein einzigartiges Geschenk ist« (CO 32, 320).

Gleich der erste Vers dieses verdichteten Bekenntnisses zur providentia Dei:

»Wenn Jhwh nicht das Haus baut: umsonst mühen sich (dann) die, die an ihm bauen; wenn Jhwh nicht die Stadt bewacht: umsonst wacht der Wächter (dann).«

konstatiert mit dem betont vorangestellten »umsonst« dort, wo der Segen Gottes fehlt, die Vergeblichkeit jedes geschöpflichen Tuns in wirtschaftlichen und staatlichen Institutionen, meint doch »Haus« den »totus ordo oeconomicus« und »Stadt« den »communis totius rei publicae status« (CO 32, 321.44.46 f.). Der Psalm begegnet damit zum einen der Undankbarkeit des Menschen, der allen Erfolg sich selbst zuschreibt und so Gott die Ehre verweigert, zum anderen einem sich selbst überschätzenden und anmaßenden Vertrauen des Menschen in seinen eigenen Verstand und seine eigenen Kräfte, das die Alleinwirksamkeit Gottes völlig aus dem Blick verloren hat. Er erinnert an die Erfahrung, daß jedes menschliche Unternehmen ohne Gottes Segen erfolglos bleibt und keinen Bestand hat, und schärft deshalb ein, »daß der eine Segen Gottes notwendig in allem kräftig ist und es regiert« (322.25 f.).

---

88. Deshalb verweist Calvin wiederholt auf 1 Tim 4,8 (etwa Inst II, 9,3 oder III, 20,44).
89. Vgl. unten 2.3.2.
90. Vgl. C. Link, Schöpfung, 168-172: »Die zentrale Stellung der Vorsehungslehre kommt nicht zuletzt darin zum Ausdruck, daß die Providenz den Bereich des sozialen Lebens an sich gezogen hat« (168).

Weil in allem gelingenden geschöpflichen Tun Gott allein wirkt, nämlich durch seinen Segen, kann von einer *Mitarbeit des Menschen* im eigentlichen Sinne nicht mehr die Rede sein. An die Stelle der bei Luther so klar profilierten cooperatio Dei in den drei Ständen tritt bei Calvin die Vorstellung, daß sich Gott seiner Geschöpfe als »rechtmäßiger Werkzeuge der göttlichen Vorsehung« (OS III, 213.30 = Inst I, 17,9) bedient. Damit ist jede Eigenständigkeit und Eigengesetzlichkeit geschöpflichen Wirkens ausgeschlossen. Dies heißt aber nicht, daß Gottes Segen das menschliche Tun obsolet macht. Denn Calvin warnt zugleich davor, die »causae inferiores« (ebd.), die sog. »Mittelursachen«, geringzuschätzen: Gerade in ihrer *instrumentellen Rolle* sind die Menschen selbst ein Moment des göttlichen Segens für ihre Mitgeschöpfe, werden sie einander zum Segen.[91] Darum fordert Calvin auch zur tätigen Wahrnehmung der geschöpflichen Gaben und Aufgaben aus: »So wollen wir arbeiten, ein jeder entsprechend der Art seiner Fähigkeit und der Beschaffenheit seines Amtes, damit bei alledem jedes Lob über einen erhofften Erfolg auf seiten des einen Gottes bleibt« (322.19-22).[92] Doch diese Aufforderung zur vita activa innerhalb der vorfindlichen Institutionen bleibt umschlossen von dem Wissen um die Segens- und Vorsehungsbedürftigkeit allen Tuns.

Wenn die Rede vom Segen und von der Vorsehung Gottes als Synonym erscheint und der Segen damit als sichtbare, materiale Gestalt der Providenz begriffen wird, verschärft sich die Frage, ob und – wenn ja – wie dieser Vorsehungssegen auf den Ursprung jedes Segens in Gottes Erwählung zurückverweist.

2.2 Die irdischen Segensgüter als Unterpfand der Bundestreue Gottes

In Calvins segenstheologischen Erörterungen findet sich ein mehrfacher *Verweisungszusammenhang* zwischen den irdischen Segensgütern und dem erwählungstheologischen Grundverständnis des Segens als Integration in den Abrahambund und Gabe des ewigen Lebens. Könnten beide Segensbegriffe nicht miteinander vermittelt werden, stünde damit ja die Einheit Gottes als Schöpfer und Erlöser auf dem Spiel. Daß wir es in Schöpfung bzw. Vorsehung und Erlösung mit ein und demselben Gott zu tun haben, muß sich also auch an der Einheit des doppelten Segensverständnisses Calvins aufweisen lassen. Daß die irdisch-zeitlichen Segensgaben keinen anderen Grund als Gottes ewige Erwählung und keinen anderen geschichtlichen Ursprung als den Abrahambund und seine Verheißungen haben, läßt sich dort vielfältig plausibel machen, wo die »Vorsehung im Licht der Erwählung«[93] gesehen wird, nämlich im Binnenraum der Gemeinde. Deshalb bewegen sich die folgenden Überlegungen aus-

---

91. Vgl. Inst I, 17,9.
92. Vgl. auch CO 32, 321.26-31.
93. C. *Link*, Schöpfung, 166 f.

schließlich im Bereich der *providentia specialis*. Ist die Erkenntnis der Vorsehung als väterliche Fürsorge Gottes für alle seine Geschöpfe allein in der Perspektive des Glaubens möglich und ist »die Erwählung (...) die besondere Gestalt, die die Vorsehung auf dem Boden der Gemeinde annimmt«[94], dann läßt sich der Zusammenhang zwischen den irdischen Segensgütern und der Erwählung nur im Glauben wahrnehmen und auch nur bezüglich der providentia specialis aufweisen[95]:

2.2.1 Die irdischen Segensgüter als Ausdruck der Bundestreue Gottes

Wenn Calvin davor warnt, die Güter des irdischen Lebens gering zu schätzen oder ihren göttlichen Ursprung zu leugnen, dann geht es ihm nicht nur – wie oben erwähnt – um die Pflicht zur Dankbarkeit gegenüber dem Schöpfer, sondern auch um die Wahrnehmung dieser Gaben als besonderen Erweis der Treue Gottes zu den Erwählten. Darauf macht Calvin in seiner Auslegung von Ps 134,3 aufmerksam: »Es *segne* dich Jhwh von Zion aus, der Himmel und Erde gemacht hat!« Entscheidend ist in dieser priesterlichen Segnung, daß es sich zum einen um den Segen des Schöpfers von Himmel und Erde handelt, daß zum andern dieser Segen von Zion ausgeht. Während der Titel des Weltschöpfers so auf die universale Allmacht Gottes hinweise, »daß die Glaubenden alles von Gott zu erhoffen wagen« (CO 32, 356.24f.), aber gleichzeitig Gott nicht selten auch von den Menschen entferne, verkörpere der Zion den Ort der freundlichen Nähe Gottes: »Also erkennen sie aus der Betrachtung des Himmels die Macht Gottes, im Haus Zion (aber) die Liebe des Vaters« (356.36f.). Noch deutlicher heißt es zu Ps 128,5a: »Wann immer sich etwas Glückliches ereignet, wird ein Gläubiger von Gott gesegnet. Er (sc. der Psalm, M. F.) spricht

---

94. A.a.O., 167.
95. Um die Kehrseite dieser Einsicht zumindest als *Problem* und in Gestalt eines Bündels offener Fragen zu benennen: Es geht um die Frage, wie die Erwählung und die *providentia universalis* zueinander ins Verhältnis zu setzen sind. Auf die Segensthematik bezogen: Wie läßt sich begründen, daß auch die im decretum generale Verworfenen in den Genuß der irdischen Segensgüter kommen? Denn diese gewährt Gott ja nicht nur den Erwählten, sondern allen seinen Geschöpfen – unterschiedslos, auch wenn es nur den Glaubenden möglich ist, sie als Gaben *Gottes* (dankbar) wahr- und anzunehmen und sie entsprechend zu gebrauchen (vgl. dazu ausführlich unten 2.3). Noch einmal anders formuliert: Wie bewahrt in der providentia universalis Gott nicht nur seine Identität als Schöpfer, sondern in eins damit auch als der erwählende, versöhnende und erlösende Gott? In welcher Beziehung stehen die zeitlichen Segnungen, die allen Geschöpfen zukommen, zu denen, die nur den Erwählten geschenkt werden? Bleibt nicht bei Calvin höchst fraglich, ob der allmächtige Gott der providentia universalis identisch ist mit dem in Christus offenbaren Gott? Meldet sich hier nicht in aller Schärfe eines der vielen Folgeprobleme der Vorstellung einer doppelten Prädestination? Zum schwierigen Verhältnis von Prädestination und Providenz sowie von providentia universalis und specialis bei Calvin vgl. *C. Link*, Schöpfung, 157ff., 173f.; *H. Otten*, Prädestination, 99ff.

aber vom *Zion*, um die Frommen erneut zum Gedächtnis des Bundes aufzurufen, den Gott mit ihnen geschlossen hat« (CO 32, 329.11-14). Der segnende Gott ist also kein anderer als der, der in Treue zu seinem Bund und seinen Verheißungen steht.

Darum lehnt Calvin auch eine Allegorisierung der Segenssprüche Jakobs über seine zwölf Söhne (Gen 49) zugunsten des Literalsinns ab.[96] Bezeugen diese Segensworte nicht nur das je individuelle Walten der göttlichen Vorsehung im Leben der Jakobsöhne, die persönliche Fürsorge für jeden einzelnen (providentia singularis), sondern sind auch Hinweise auf den erwählenden Gott, dann bedarf es keiner vergeistigenden Umdeutung irdischer Segensgüter, seien es fruchtbare Weinberge oder satte Weiden:

»Wenn aber irgendeiner bedenkt, daß der Herr darin ein leuchtendes Zeugnis für seine Erwählung abgibt, weil er sich wie ein Familienvater zur Sorge um den (Lebens-)Unterhalt herabläßt und auch in unbedeutenden Angelegenheiten unter Beweis stellt, daß er durch die heilige Fessel des Bundes mit den Söhnen (und Töchtern, M. F.) Abrahams verbunden ist, der sucht kein tieferes Geheimnis (dahinter)« (CO 23, 590.54-591.3).

Damit werden diese Segensgüter aufs engste mit der Vergegenwärtigung der Erwählung und der Bekräftigung des Bundes verknüpft. Gerade darin, daß Gott sich um das irdische Leben seiner Geschöpfe sorgt, sich gleichsam das Menschlich-Allzumenschliche angelegen sein läßt, bestätigt er seine Bundestreue. Je alltäglicher der Gegenstand seiner Fürsorge ist, desto eindrücklicher erweist er sich als der Gott, der zu seinen Verheißungen steht.

2.2.2 Die irdischen Segensgüter als Vorgeschmack auf die himmlische Herrlichkeit und als deren Unterpfand

Um die Sehnsucht nach dem ewigen Leben zu wecken, kann Calvin die Vergänglichkeit und Vergeblichkeit des irdischen Lebens in den düstersten Farben malen und leidenschaftlich seine Verachtung fordern[97], gleichwohl verzichtet er nicht darauf, zur Dankbarkeit für alle irdischen Segnungen aufzufordern, biete uns Gott doch in ihnen einen Erweis seiner Freundlichkeit und lasse uns schon im irdischen Dasein die himmlische Herrlichkeit schmecken:

»Bevor er uns nämlich das Erbe der ewigen Herrlichkeit vor aller Welt darbietet, will er sich uns in geringeren Beweisen als Vater offenbaren; es handelt sich dabei um das, was uns täglich an guten Gaben von ihm selbst zukommt. (...) Wir beginnen schon in diesem (Leben) durch die verschiedenen Wohltaten, den Wohlgeschmack der göttlichen Güte zu kosten; dadurch sollen unsere Hoffnung und unser Verlangen geschärft werden, nach seiner weltweiten Offenbarung zu trachten« (OS IV, 173.5-8.21-24 = Inst III, 9,3).

---

96. Vgl. seine scharfe Polemik gegen jede Allegorisierung der Stammessprüche: CO 23, 590.
97. Vgl. Inst III, 9,1 f.

Doch die sinnliche Wahrnehmung der zeitlichen Segnungen ermöglicht nicht nur eine Antizipation der erst im regnum gloriae völlig offenbaren Güte und Herrlichkeit Gottes, sie dient zugleich der Vergewisserung, daß der Gott, der die aufs Irdische gerichteten Verheißungen verwirklicht, auch die Verheißungen des künftigen Lebens erfüllen kann und wird.

Daß sich unter der Gestalt irdischer Segensgüter die Verheißung des ewigen Lebens und aller geistlichen Segnungen verbergen kann, ist Calvins durchgängiges, vielfach variiertes Argument gegen die Behauptung, daß dem Volk des »Alten Bundes« nur *zeitliche* Segnungen und Verheißungen für das *irdische* Leben zuteil geworden seien, während erst der »Neue Bund« ewige und geistliche Segensgüter verheiße und gewähre. Schon die Einsicht, daß es sich um ein und denselben Bund handelt, ergibt folgerichtig, daß die Verheißungen des Abrahambundes nicht weniger auf eschatologische Segensgüter zielen als der in Christus aufgerichtete Bund mit den Völkern.[98] Geändert hat sich – so bestimmt Calvin auch hier die Differenz – die *Darstellung* der Verheißungen, nicht aber ihr Inhalt.[99] Hinsichtlich der Darstellungsdifferenz lassen sich folgende *Zuordnungsfiguren* ausmachen:

– Die Selbstoffenbarung Gottes ereignet sich als Geschichte zunehmend größerer Enthüllung der Herrlichkeit Gottes, bis sie in Christus hell und klar aufstrahlt.[100] Dem entspricht die fortschreitende Erziehung Israels durch die Tora auf Christus hin. Mit Gal 3, 24 und Eph 4, 13 stellen für Calvin die Glaubenden des »Alten Bundes« die Kindheit und Jugend der *einen* Kirche dar, die erst mit dem Kommen Christi erwachsen wird.[101] Gleichsam *kindgerecht* wurde dem Gottesvolk des »Alten Bundes« das himmlische Erbe in der Gestalt irdischer Segensgüter dargeboten, die ihm einen Vorgeschmack des ewigen Segens gaben. In ihnen konnten sie wie in einem Spiegel ihr künftiges Erbe schauen. Die deutlichste Transparenz für die himmlische Herrlichkeit bot dabei die *Verheißung des Landes*, die auch nach seiner Inbesitznahme immer noch einen nicht eingelösten Überschuß behielt.[102] Wo Gottes Verheißungen und Wohltaten sich mit zeitlichen Gütern verbanden und bekleideten[103], brachte dies eine besondere Wertschätzung des diesseitigen Lebens und seiner Segnungen mit

---

98. Dies überzeugend biblisch zu begründen, dient Calvins gesamte Argumentation in Inst II, 10,1 ff. – mit dem Fazit in II, 10,23: »(...) das Alte Testament oder der Alte Bund, den der Herr mit dem israelitischen Volk geschlossen hat, beschränkte sich nicht auf irdische Dinge, sondern erstreckte sich auch auf die Verheißung des geistlichen und ewigen Lebens; dessen Erwartung mußte all' denen eingeprägt werden, die wahrhaft mit diesem Bund übereinstimmten« (OS III, 421.34-38).
99. Vgl. Inst II, 11,1 u.ö.
100. Vgl. Inst II, 10,20.
101. Vgl. Inst II, 11,2.5 f.
102. Vgl. Inst II, 10,13; 11,1 f.; CO 23, 174 f.; 378; 388 u. ö. Daß Calvin gerade im Land das stärkste Unterpfand des himmlischen Segens sieht und wiederholt die Landverheißungen aufgreift, verdiente eine gesonderte Untersuchung.
103. Vgl. CO 23, 378 (zu Gen 27, 27).

sich[104], die aber die Hoffnung dennoch nicht in irdischen Dingen gefangenhielt; vielmehr diente der irdische Besitz dem Zweck, in die Erwartung des höheren und letzten Segens einzuüben und diese zu stärken[105]: Gerade die gewisse Hoffnung, daß es mehr und anderes gibt als dieses schwierig-schöne, zerbrechlich-kostbare Dasein, setzt irdische Lebensfreude frei.

– In einer zweiten Zuordnungsfigur werden mit den Institutionen auch die zeitlichen Segensgüter des »Alten Bundes« als *Schattenbilder* der in Christus erschienenen eschatologischen Realgestalt des Segens verstanden.[106] Mit der Interpretation von Texten wie Hebr 8, 5; 10, 1 oder Kol 2, 17 geht Calvin davon aus, daß die heimliche Präsenz Christi gleichsam einen Schatten auf die Segensverheißungen und -gaben warf, so daß das zukünftige Erbe nur in unklaren Umrissen zu erkennen war – vergleichbar dem Vorentwurf für ein Gemälde, skizziert mit einigen groben Pinselstrichen. Zu solchen vorankündigenden und vorauflaufenden Abschattungen gehören auch die irdischen Segnungen, denn »der Herr, der sein Wohlwollen gegenüber den Gläubigen durch gegenwärtige Güter bekundete, skizzierte damals schattenhaft (›adumbrare‹) das geistliche Glück durch solche Figuren (›typi‹) und Zeichen (›symboli‹)« (OS III, 425.29-31 = Inst II, 11,3). Es geht aber – und darauf liegt die Betonung bei Calvin – um die Vorausdarstellung ein und desselben Segens, der mit dem Kommen Christi aus dem Schatten ins rechte Licht gerückt wird und *unverhüllt* vor Augen liegt.

– Und doch hinterlassen beide Verweisungsschemata einen zwiespältigen Eindruck:

Zum einen dokumentieren sie Calvins intensives Bemühen, mit der Einheit der beiden Testamente und der Identität des Segens den unkündbaren Abrahambund ins Zentrum zu stellen und an Israel (bzw. Abraham) als den Geschichtsgrund der Kirche zu erinnern. Es kann kaum hoch genug veranschlagt werden, daß Calvin bei der Verhältnisbestimmung der Segensgüter gerade nicht auf die gängigen Zuordnungskategorien von *Verheißung und Erfüllung*, *Gesetz und Evangelium* zurückgreift:

a) Auch im »Alten Bund« gab es schon erfüllte Segensverheißungen, wenn auch jeweils nur als Präludium ihrer unüberbietbaren Verwirklichung in Christus.[107] Wichtiger aber noch ist die Feststellung, daß auch mit dem Kommen des Messias die Verheißungen nicht einfach alle erfüllt oder aufgehoben sind, sondern gerade als *Verheißungen* durch ihn bestätigt und besiegelt wer-

---

104. So etwa Inst II, 11,3.
105. Vgl. Inst II, 10,3.9.20; II, 11,1; CO 23, 378 u. ö.
106. S. Inst II, 11,4; vgl. auch Inst II, 9,3 f.; 10,20; 11,6, Calvins Auslegungen zu Hebr 8-10 und Kol 2, 17 sowie unten 3.1.2.
107. So hat Calvin etwa den Segen, durch dessen Wirkung Jakob zu einem Stammvater vieler Völker wurde, als Vorspiel des universalen Christussegens gedeutet, der zu einer weltweiten Ausbreitung der Gemeinde Gottes geführt hat (vgl. Calvins Auslegung von Gen 48, 3 in CO 23, 580 f.).

den. M.a.W.: in Christus wird die *Fülle* der Segensgüter *angeboten*, aber ihr vollkommener Genuß ist noch Gegenstand der Hoffnung. Dogmatisch gesprochen: Calvin markiert hier deutlich sowohl die Differenz zwischen Versöhnung und Erlösung als auch zwischen Christus und den Erwählten. Obwohl in dem Messias Jesus der vollkommene Segen gegenwärtig ist, richtet sich unser Glaube auf unsichtbare Güter (Hebr 11,1). Wir stehen also nicht weniger als das Israel ante Christum natum unter der noch nicht erfüllten Verheißung. Es gibt auch im »Neuen Bund« immer noch *mehr* zu hoffen, als schon jetzt zu sehen ist. Aber die Verheißungen lassen sich nun unverstellt und klar wahrnehmen, seitdem sie in der Person Jesu von Nazareth verkörpert sind. Die Schattenbilder sind ausgeleuchtet worden und haben ein scharfes Profil bekommen.[108]

b) Zwar kann Calvin vom »Alten Bund« als der Zeit des Gesetzes und vom »Neuen Bund« als der Zeit des Evangeliums reden. Dies impliziert aber weder einen Gegensatz zwischen beiden, noch die Aufhebung des Gesetzes durch Christus oder das Fehlen des Evangeliums im Alten Testament. Beide unterscheiden sich wiederum nur in der Darstellung des Segens: »Das Evangelium folgt nicht so dem ganzen Gesetz, daß es einen anderen Heilsgrund (›salutis ratio‹) anbietet; vielmehr bestätigt es unwiderruflich und beweist als rechtskräftig (›sancire ratumque esse probare‹), was jenes verheißen hat, und fügt (so) den Schatten den Körper hinzu« (OS III, 401.32-35 = Inst II, 9,4).[109]

Zum anderen bleiben aber die Vorstellung der Offenbarungsgeschichte ante Christum natum als Erziehungsgeschichte und das variierte Urbild-Abbild-Schema durchgängig dem *Überbietungsmodell* verhaftet und ermöglichen *Aneignungen*, mehr noch: *Vereinnahmungen* alttestamentlicher Segensverheißungen, die bei aller Identität zwischen »Altem« und »Neuem Bund« Israel doch in den Schatten einer Kirche stellen, die sich – ihren Kinderschuhen entwachsen – im Besitz einer unmittelbaren Erkenntnis, einer direkten Anschauung der ewigen Segensgüter weiß.[110] Aber selbst diese Überlegenheit ist bei Calvin keine ungebrochene: Obwohl es in Christus eine direkte Anschauung des zukünftigen Erbes gibt, bleibt doch auch heute der Glaube auf eine sinnliche Wahrnehmung der irdischen Segnungen angewiesen, die den zukünftigen, vollkommenen Segen fragmentarisch in diesem Leben antizipiert.[111]

Auch post Christum natum haben die zeitlichen Segensgaben ihre Funktion nicht verloren, Vorgeschmack himmlischer Herrlichkeit, Unterpfand ewigen Segens und darin Erweis der Bundestreue Gottes gegenüber denen zu sein, denen er seine providentia (specialis) zuwendet. Die dabei zutage tretende enge Verknüpfung zwischen beiden Segensbegriffen Calvins wirft abschließend die

---

108. Vgl. Inst II, 9,3.
109. Vgl. auch Inst II, 9.3.5; 11, 7.10.
110. *H.-J. Kraus* hat anhand dieser Zuordnungskategorien gezeigt, wie sich auch Calvin »dem Bann der Idee ›ecclesia aeterna‹ nicht entziehen« konnte (Israel, 195).
111. Vgl. CO 32, 351.5-7 (zu Ps 132,15).

Frage auf, ob die irdischen Segensgüter, insbesondere das gelingende, erfolgreiche Wirken des Menschen, in der Sprache der Tradition: die guten Werke, hinreichende Kennzeichen des eigenen Erwähltseins sind, ob sie subjektiv die Erwählungsgewißheit begründen können.

2.2.3 Die irdischen Segensgüter und die Erwählungsgewißheit – das Problem des Syllogismus practicus[112]

Mit der Entfaltung des messianisch vermittelten Abrahamsegens hinsichtlich seiner vier causae[113] hat Calvin gezeigt, daß und warum jede menschliche Mitwirkung am erwählenden und versöhnenden Handeln Gottes ausgeschlossen ist. Wenn unser Gesegnetsein in jeder Hinsicht »extra nos« begründet ist, können unsere Werke nicht Sachgrund der Erwählung sein. Wenn der erwählende Gott aber als Zeichen seiner Bundestreue dem menschlichen Tun Gelingen, Erfolg und einen guten Ertrag schenkt, läßt sich dann von diesen Früchten unserer Arbeit nicht zurückschließen auf das Erwähltsein? Lehrt Calvin einen Syllogismus practicus?

In der Tat findet sich in Inst III, 14,17 f. – im Rahmen der Rechtfertigungslehre – ein positiver Zusammenhang zwischen den Werken und der Gewißheit, am ewigen Segen teilzuhaben: Von allen irdischen Segensgaben sind es insbesondere unsere guten Werke, die unseren Glauben *stärken und stützen* können, aber erst *nachdem* er – und das ist entscheidend – die Gewißheit der Erwählung ausschließlich aus den Verheißungen Gottes gewonnen hat. Nur wo diese Gewißheit vorgängig auf kein anderes Fundament gegründet ist, kann der Blick auf die eigenen Werke, auf den irdischen Segen überhaupt unterstützend hinzukommen. Die zeitlichen Segensgüter sind damit nicht nur kein hinreichender Grund unserer Gewißheit, sondern sie können auch erst dort in deren Dienst treten, wo diese schon aus der einzig zuverlässigen Quelle geschöpft wurde. Deutlicher noch: irdisches Glück, Erfolg, Gesundheit, Wohlstand etc. beginnen überhaupt erst im Licht dieser Gewißheit zu sprechen, gewinnen erst von ihr her die Transparenz auf den ewigen Segen hin. Die im Verheißungswort gründende, in Christus als dem Spiegel der Erwählung[114] anschauliche Gewißheit wird zum hermeneutischen Schlüssel für den Verweisungscharakter des irdischen Segens. Sie schafft sich also selbst die Bedingung der Möglichkeit, gefestigt und vertieft zu werden. Dies ist gemeint, wenn Calvin von »signa *posteriora*« der Erwählung spricht.[115] Ist dabei auch die Berufung das erste und wichtigste Zeichen für die verborgene Erwählung[116], so kann doch jede alltägliche Segensgabe die Gewißheit vergrößern:

---

112. Vgl. *W. Niesel*, Theologie, 162-173.
113. Vgl. CO 51, 146 ff.; Inst III, 14,17 und oben 1.2.
114. Vgl. Inst III, 24,5.
115. Inst III, 24,4.
116. Ruft man sich hier das doppelte Berufungsverständnis Calvins in Erinnerung (vgl. Inst

»Wenn wir uns doch nur ins Gedächtnis rufen, welche Gaben auch immer Gott uns zukommen ließ, so haben sie für uns in gewisser Weise die gleiche Bedeutung wie Strahlen des göttlichen Gesichts, durch die wir erleuchtet werden, um jenes höchste Licht der Güte zu betrachten. Um wieviel mehr (trägt dazu) die Gnade der guten Werke (bei), die uns deutlich zeigt, daß uns der Geist der Kindschaft (›Spiritus adoptionis‹) gegeben wurde.«[117]

Umgekehrt gilt: wo die sich an der Verheißung festmachende Gewißheit fehlt, entbehrt auch der zeitliche Segen dieser Strahlkraft, sind die in den beiden vorherigen Abschnitten aufgewiesenen Verweisungen nicht wahrzunehmen.

Daß das Gesegnetsein mit irdischen Gütern keine Erwählungsgewißheit verbürgen kann, wird noch durch ein weiteres Argument bestätigt: Da nicht nur die Erwählten, sondern alle Geschöpfe im Zuge der providentia generalis in den Genuß der Freundlichkeit Gottes gelangen, gibt es keine exklusive Zuwendung zeitlicher Segensgüter an die Erwählten. Im Gegenteil: wie Luther[118] geht auch Calvin davon aus, daß den Erwählten im irdischen Leben nicht selten wenig Segensgüter zuteil werden, so daß sie sich um so mehr auf die himmlische Erfüllung der Segensverheißungen ausrichten müssen bzw. können. Die »Biographien« der Glaubenszeugen des »Alten Bundes« erscheinen in Calvins Schilderung durchgängig als Leidens- und Anfechtungsgeschichten.[119] An die pädagogische Abzweckung irdischen Leidens und Unglücks erinnert Calvin wiederholt: Weit entfernt davon, daß sie Zweifel am eigenen Erwähltsein schüren sollen, dienen sie dazu, daß die Hoffnung der Betroffenen »sich nicht mit gegenwärtigen Gütern begnügt, sondern sich nach der Ewigkeit ausstreckt« (OS III, 409.30 f. = Inst II, 10,9).

Soll auf diese Weise der Mangel an zeitlichem Segen die Hoffnung auf eine Zukunft ausrichten, die den Bedingungen der Vergänglichkeit nicht mehr unterworfen ist, und damit verhindern, daß sie sich verliert an die Welt, wie sie ist, so geht damit doch wiederum keine Geringschätzung der irdischen Segensgaben einher. Aber ihr Nutzen wird davon abhängen, daß den ihnen inhärenten Verweisungsmöglichkeiten auf den himmlischen Segen ein verantwortlicher Gebrauch der Güter entspricht.

2.3 *Der Gebrauch der Segensgüter zur Verherrlichung Gottes*

Es ist deutlich geworden, daß dem beständigen Segensstrom Gottes auf der Seite der Empfangenden nur ein grenzenloses Vertrauen in die umfassende Fürsorge des Schöpfers entsprechen kann. Deshalb bemüht Calvin sich, seine Gemeinden in eine Lebenshaltung coram Deo einzuüben, die er in der Auslegung von Gen 30, 27 ff. in eine doppelte Regel faßt. Wenn an Gottes Segen alles gelegen

---

    III, 24,8), dann wird allein schon daran ersichtlich, daß die signa posteriora keine Erwählungsgarantie bieten können.
117. OS IV, 237.5-10 = Inst III, 14,18 (mit deutlichem Anklang an den aaronitischen Segen!).
118. Vgl. oben I.2.5.
119. Vgl. Inst II, 10,10-23.

ist, weil er zu jedem menschlichen Werk das Gedeihen geben muß – Calvin nimmt hier die paulinische Einsicht aus 1 Kor 3,7 auf –, dann folgt daraus:

»Was auch immer ich unternehme oder an welches Werk auch immer ich Hand anlege, ich habe Gott zu bitten, daß er meine Arbeit segne, damit sie weder unnütz noch vergeblich sei. Dann, wenn ich etwas erreicht habe, ist es die zweite Aufgabe, Gott Lob zu zollen. Ohne seine Gnade ist es vergeblich, daß die Menschen früh aufstehen, sich den ganzen Tag abmühen, spät zu Bett gehen, kärgliches Brot essen und nur ein wenig Wasser genießen (...).«[120]

Diese zweifache Selbstaufforderung, für jedes Unternehmen um Gottes Segen zu *bitten*, und für den empfangenen Segen Gott Lob zu zollen bzw. *dankbar* zu sein, wirft noch einmal die Frage auf, ob hier nicht das menschliche Tun in der Gestalt des Gebets und des Lobpreises Gottes segnende Zuwendung *bedingt*, ob nicht dort, wo beides – als Voraussetzung das eine, als Antwort das andere – fehlt, Gottes Segensstrom gehindert oder zum Versiegen gebracht wird. Macht Gott sich in seinem Segnen von der Dankbarkeit des Menschen abhängig?

Von einer Inkonsequenz Calvins hinsichtlich seiner Grundüberzeugung, daß Gottes Segenshandeln allein auf seiner freien Erwählung basiert, kann m. E. aber nur dann die Rede sein, wenn die Segensbitte wie der dem empfangenen Segen folgende Dank von seinem konkreten, je zu vergegenwärtigenden Ort, dem *Beziehungsgeschehen* des in Christus aufgerichteten und erneuerten *Abrahambundes*, gelöst wird. Denn genau diese Beziehung nimmt *der* Mensch wahr und in Anspruch, den sein Wissen um Gottes Fürsorge in die Bitte um und den Dank für den göttlichen Segen führt. Im Erfahrungshorizont des Bundes bedingen Bitte und Dank als relationale Akte den Segen nicht, vielmehr anerkennt der bittende und dankende Bundespartner seine eigene Segensbedürftigkeit. Die durch die Rechtsform des Bundes gestaltete Gott-Mensch/Welt-Beziehung eröffnet dem Menschen eine neue Wahrnehmung der Wirklichkeit, in der allererst der Satz: »An Gottes Segen ist alles gelegen.« als Erfahrungswahrheit und Bekenntnis möglich wird. Diese Einsicht gewinnt man nicht als Zuschauerin der göttlichen Vorsehung, sie entspringt teilnehmender Erkenntnis und verifiziert sich im eigenen Leben erst da, wo man sich bittend und dankend auf sie einläßt und sie sich darin aneignet. In Bitte und Dank bzw. Lobpreis ist der *Glaube* tätig. Nur aus dieser Binnenperspektive ist es möglich, mit Calvin zu sagen, daß ohne Gottes Segen jedes menschliche Tun »unnütz (›irritus‹)« und »vergeblich (›inanis‹)«, ja frustrierendes Sich-Abmühen ist.[121]

---

120. CO 23, 415.3-11. Vgl. auch Inst III, 20,28; I, 14,22 u. ö.
121. CO 23, 415.6.8.

2.3.1 Die Bitte um Gottes Segen – Eingeständnis der Segensbedürftigkeit

Wie die Bitte um Gottes Segen aus einer veränderten Perspektive auf die Wirklichkeit entspringt *und* einen schöpfungsgemäßen Umgang mit allen Lebensmitteln eröffnet, illustriert Calvin an der vierten Bitte des Vaterunsers in Inst III, 20,44:

> Mit der Bitte um unser tägliches Brot beginnt der zweite Teil des Herrengebets; hat sich Gott selbst die drei ersten Bitten allein vorbehalten, so gestattet er uns mit den weiteren, »für unsere Interessen zu sorgen« (OS IV, 356.15). Doch obwohl diese Bitten auf unser eigenes Wohlergehen zielen, haben sie keinen anderen Endzweck, als Gottes Ehre zu fördern, »damit wir nicht irgendetwas für uns begehren, es sei denn mit jenem Ziel, daß die Wohltaten, welche uns auch immer zukommen, seine Herrlichkeit offenbaren« (356.16f.). Die Brotbitte, »mit der wir uns seiner Sorge überlassen und uns seiner Vorsehung anvertrauen, damit sie uns nährt, fördert und behütet« (356.22-24), dient nicht weniger der Verherrlichung Gottes als das Gebet um die Heiligung seines Namens, das Kommen seines Reiches, das Geschehen seines Willens.[122]

Wie bei den Segenssprüchen in Gen 49 lehnt Calvin auch hier eine Spiritualisierung ab, als handele es sich um ein »übernatürliches Brot« (›panis supersubstantialis‹), als dürften sich ChristInnen nicht um ihr leibliches Leben kümmern, »als ob nicht in der Tat auch im (Lebens-)Unterhalt sein Segen und (seine) väterliche Gunst aufleuchteten« (357.9f.). Unter der Voraussetzung, daß auch aus der täglichen Nahrung Gottes Segen und Fürsorge spricht, lehrt die uns gebotene Brotbitte folgende Einstellungen zu den Gütern des Lebens:

1. All unser Hab und Gut ist ein Geschenk Gottes, auf das wir keinen Rechtsanspruch haben, das Gott uns aber aufgrund seiner Güte gewährt. Der Geschenkcharakter aller Güter geht auch dort nicht verloren, wo wir unseren Besitz durch eigene Arbeit, Fleiß und Können erworben haben, denn »allein durch seinen Segen wird bewirkt, daß unsere Arbeiten recht gelingen« (359.6f.). Effektiv und erfolgreich wird unsere Arbeit allererst durch Gottes Segen; d. h. Gottes Segen macht unsere eigene Arbeit nicht überflüssig und sinnlos, sondern fruchtbar. Gottes Segen begegnet der Vergeblichkeit unserer Arbeit, hebt ihre Entfremdung auf, indem er dem Werk unserer Hände Gelingen schenkt und Bestand verleiht und uns damit die Produkte unseres Tuns als seine Gaben genießen läßt.

2. Die Bitte um das *tägliche* Brot macht bei vollen Vorratskammern nicht weniger Sinn als mit leeren Händen; sie ist keine spezifische Bitte der Armen, sondern gerade den Reichen dazu aufgetragen, um den Mißbrauch ihrer Güterfülle zu verhindern und ihnen eine Abhängigkeit von Gottes Segen vor Augen zu führen, der ihnen täglich das Lebens*notwendige* zuwendet.

3. Gerade angesichts »überfüllter Scheunen« zeigt sich die eigentliche Pointe

---

122. Vgl. Calvins Definition des Bittgebets nach Inst III, 20,28. Die Bitte ist für Calvin ebenso Propaganda der Herrlichkeit wie Illustration des Namens Gottes und Bekenntnis der eigenen Bedürftigkeit vor Gott.

der Bitte ums *tägliche* Brot, denn – und das mutet zunächst höchst paradox an – je größer unser Besitz ist, desto mehr sind wir auf Gottes Freigebigkeit und auf seinen Segen angewiesen. Inwiefern? Dem Segen Gottes kommt – darin gipfelt Calvins Interpretation der Brotbitte – eine verwandelnde und zueignende Kraft zu: »Ja, nicht einmal eine Fülle Brot nützte uns auch nur ein wenig, wenn sie von Gottes Seite nicht in Nahrung verwandelt würde« (357.22 f.). Mit seinem Segen gewährt Gott uns aus der Fülle unseres Besitzes Tag für Tag das, was wir wirklich nötig haben. Der Segen macht die vorhandenen Güter »fruchtbar«, indem er sie uns zueignet. Wir hätten keinen *Nutzen* von ihnen, wenn Gott sie uns nicht durch seinen Segen *gebrauchsfähig* und *genießbar*, sie zu *unserem* täglichen Brot machen würde. Mit dem Segen Gottes wechseln die Güter den Besitzer, legt Gott sie in unsere Hände, damit wir sie verantwortlich gebrauchen[123] und genießen können. Plakativ gesprochen: ohne Gottes Segen würden wir uns am Brot den Magen verderben oder – wie Calvin selbst sagt – trotz großer Vorräte verhungern.

Damit bestätigt auch das Gebet um Gottes Segen in der Gestalt der Brotbitte das, was Calvin grundsätzlich über das Ziel des Gebets gesagt hat: Mit dem Gebet erinnern wir Gott an seine Verheißungen, bergen die Schätze, die der Glaube im Evangelium gesichtet hat, erschließen und ergreifen so die Gaben Gottes.[124] Durch das Gebet ereignet sich die *Zueignung* des Heils.[125] Deshalb – und damit komme ich auf die Ausgangsfrage zurück – bedingt die Bitte um den Segen nicht dessen Zuwendung, sondern Gott will, daß das, was er uns bedingungslos schenkt, uns auf unsere Bitten hin gewährt wird.[126]

---

123. Zum rechten Gebrauch der irdischen Güter vgl. Calvins Anleitung in Inst III, 10,1-6. Zwischen Versklavung der Gewissen und völliger Freizügigkeit bietet Calvin in diesem Kapitel für den Umgang mit den irdischen Gütern Regeln an, die dem Grundsatz folgen, daß Gott sie »zu unserem Wohl (…), nicht zu unserem Verderben« (OS IV, 178.13) geschaffen habe. Ausdrücklich betont Calvin in III, 10,1, daß es sich hier nicht nur um unentbehrliche Güter, sondern auch um Genußmittel (»oblectatio«) handele, deren Gebrauch ChristInnen in der Gestaltung ihres gegenwärtigen Lebens nicht weniger offenstünde als der des Lebensnotwendigen und deshalb auch geregelt werden müsse. Das engherzige Verbot: nicht mehr genießen zu dürfen, als zum *Über*leben nötig sei, habe den Menschen ihrer Sinne beraubt (vgl. Inst III, 10,3). Vgl. auch Inst III, 19,8, wo Calvin unter dem Aspekt der christlichen Freiheit vom dankbaren Gebrauch der Gaben ohne schlechtes Gewissen handelt.
124. Vgl. Inst III, 20,2.
125. Dies geht allein schon aus der Überschrift von Kapitel 20 hervor: »Über das Gebet, das die vorrangige (›praecipuum‹) Übung des Glaubens ist und durch das wir täglich Gottes Wohltaten ergreifen« (OS IV, 296.30 f.).
126. Vgl. Inst III, 20,3, wo sich Calvin mit dem Einwand auseinandersetzt, daß unsere Gebete überflüssig seien, weil Gott unsere Bedürfnisse auch ohne sie kenne.

2.3.2 Der Dank für den Segen – Ermöglichung eines verantwortlichen Gebrauchs der Segensgüter

Der Bitte um den Segen korrespondiert der Dank als Fundament eines verantwortlichen Gebrauchs der von Gott gewährten Gaben: Mit beidem wird Gott als der Geber aller Lebensgüter anerkannt, kommt ihm die geschuldete Ehre zu, wie überhaupt Gottes Freigebigkeit und Güte auf das dankende Gotteslob[127] der Menschen zielen:

»Wir müssen alle diese Güter so aus seiner Hand entgegennehmen, daß wir sie mit unermüdlichem Danken begleiten; es gibt (sonst) keinen rechten Weg, auf dem wir seine Wohltaten in Besitz nehmen können. Sie fließen und kommen uns zu keinem anderen Zweck aus seiner Freigebigkeit zu, als daß wir unablässig sein Lob bekennen und ihm Dank erweisen« (336.6-10).

Schon die Erkenntnis Gottes, des Schöpfers, weckt angesichts der Betrachtung der Schöpfung Dankbarkeit, Vertrauen und Lob.[128] Und daß Calvin ausgerechnet da, wo er vom eschatologischen Charakter des christlichen Lebens, von der Orientierung des gegenwärtigen, nicht selten leidvollen Daseins am ewigen Leben spricht, zur Dankbarkeit für die irdischen Güter auffordert, unterstreicht noch einmal die große Bedeutung, die ihnen als göttliche Gaben zukommen: Wie kläglich das irdische Leben auch sein mag, es gehört zu den Segnungen Gottes, ist Zeugnis seiner Güte und verpflichtet die Gläubigen zur Dankbarkeit gegenüber Gott, »da es ja doch ganz dazu bestimmt ist, ihr Heil zu fördern«.[129] Dieser Bestimmung kommt es dadurch nach, daß uns die irdischen Güter – wie oben gezeigt – einen Vorgeschmack geben auf die ewige Herrlichkeit. Es ist dieser Zusammenhang, auf dem Calvins Hochschätzung der irdischen Güter beruht und der zur Dankbarkeit verpflichtet. Wenn nämlich Calvin formulieren kann, daß wir dankbar sein *müssen*, ja – zur Dankbarkeit *gezwungen* werden[130], dann ist hier kein äußerer, fremder Zwang gemeint, sondern ein den Gütern selbst immanenter: In ihrer Transparenz auf die himmlische Herrlichkeit hin sind sie so *attraktiv*, so *bezwingend*, daß ihr Gebrauch und Genuß *zwangsläufig* in die Dankbarkeit führt. Hier liegt auch der Grund dafür, daß die Dankbarkeit

---

127. Eng verbunden mit dem Dank als Be- und Verantwortung des empfangenen Segens ist der Lobpreis. Im Gotteslob spricht sich die Dankbarkeit für und die Freude über die Segensgaben aus: »Wenn wir Dank sagen, preisen wir seine Wohltaten an uns mit dem rechten Lob. Wir verbuchen das Empfangene auf das Konto seiner Freizügigkeit, was auch immer an Gutem zu uns gelangt« (OS IV, 334.37 – 335,1 f. = Inst III, 20,28). Was deshalb hier von der Dankbarkeit gesagt wird, gilt ebenso für das Gotteslob, zumal wenn es die besondere Form der Benediktion Gottes trägt.
128. Vgl. Inst I, 14,22.
129. OS IV, 173.4 f. (= Inst III, 9,3).
130. »Im Opfer des Lobes und der Danksagung kann es aber, ohne daß dies ein Vergehen wäre, keine Unterbrechung geben, da ja Gott nicht aufhört, Wohltaten auf Wohltaten zu häufen, damit er uns, so faul und träge wie wir sind, zur Dankbarkeit zwingt« (OS IV, 335.12-15 = Inst III, 20,28).

keine vom Menschen zu erbringende Gegenleistung ist, die die erneute Zuwendung des göttlichen Segens bedingen könnte. Entzündet sich der Dank an der Attraktivität der Gaben, dann ist er letztlich von Gott selbst bewirkt und kein eigenes Werk des Menschen. Ist uns die Dankbarkeit geboten, schulden wir sie Gott als dem Geber aller Güter – Calvin spricht von *obligatorischer Dankbarkeit*[131] –, kann gleichwohl doch von *freiwilligem* Dank aus vollem Herzen die Rede sein, weil dieses – von Gottes Freundlichkeit und Freigebigkeit bezwungen – nicht anders kann als in die Sprache der Freude, in Lob und Dank einzustimmen. Bei diesem Dank handelt es sich nicht nur um einzelne Dankgebete, -lieder und -opfer[132], sondern um eine Lebenshaltung, mit der wir der göttlichen Zwecksetzung seiner Fürsorge, nämlich zu seiner Verherrlichung unser Leben zu gestalten, entsprechen. Weil Gott uns durch die permanente Erhaltung unseres geschöpflichen Lebens ununterbrochen Anlaß zum Dank gibt, ist diese Dankbarkeit mehr als ein verbales Bekenntnis. In ihr drückt sich eine Einstellung zum Leben aus, die – eingedenk des Beschenktseins – die Gaben zum Wohl der Menschen und (darin!) zur Ehre Gottes gebraucht.

Übersetzt man diese Überlegungen Calvins in unsere Gegenwart, erweist sich die Dankbarkeit als *Motivation* für eine Bewahrung der Schöpfung, die sich vom Gotteslob auf den Weg bringen und begleiten läßt. Motiviert aber der Dank an Gott unser Engagement im konziliaren Prozeß, dann ist sowohl die Gefahr der *Resignation* wie auch der *Überanstrengung* gebannt. Wer sich aus Dankbarkeit gegenüber dem Schöpfer und Erhalter für diese Welt und für das irdische Leben aller Geschöpfe einsetzt, weiß seine Anstrengungen, die nach Calvin ja letztlich immer auf die Verherrlichung Gottes zielen – und zwar gerade, indem sie einem gelingenden Leben hier und heute dienen – von der Einsicht umfangen, daß Gott selbst für seine Ehre sorgen kann und will. Dies macht das menschliche Tun zu einer entspannten, entkrampften und gelassenen *Mitarbeit*[133] an der Vorsehung Gottes.

3. Die menschliche Vermittlung des göttlichen Segens

Calvins Bemühen als Reformator der zweiten Generation gilt der *Bewährung* der von Luther wiederentdeckten »herrlichen Freiheit der Kinder Gottes« (Röm 8, 21) und der Gerechtigkeit allein aus Glauben, also der *Gestaltung* des christlichen Lebens. Damit verschiebt sich der dogmatische Schwerpunkt von der

---

131. OS IV, 173.26 (= Inst III, 9,3).
132. Zur Definition des Dankopfers vgl. Inst IV, 18,13.
133. Mit dieser Interpretation des Dankgebets als Begründung der Mitarbeit des Menschen an der Vorsehung Gottes gehe ich über Calvins Vorstellung von der Indienstnahme der Geschöpfe als Instrumenten der Providenz hinaus (vgl. oben 2.1).

Rechtfertigung auf die *Heiligung*, wird die *Ethik* zur neuen Herausforderung der Theologie und tritt vor allem das Thema der *Kirche* in den Vordergrund.[134] Zwar bezieht sich auch für Calvin der dritte Artikel des Credo primär auf die unsichtbare Kirche, die auf dem Fundament der göttlichen Erwählung steht.[135] Doch indem sie dazu berufen ist, in der Welt den Leib Christi sichtbar darzustellen, sind die äußere Gestalt der Kirche, sind ihre Ordnung, ihre Ämter, ihr Recht keine von ihrem Wesen und ihrem Auftrag unabhängige, beliebig zu formende Größen.[136]

Die neuen ekklesiologischen Akzente, die Calvin gegenüber Luther setzt, schlagen sich auch in seinem Segensverständnis nieder, insofern er nämlich zwischen einer allgemeinen »Christenpflicht« zum Segnen (in der Form von Gotteslob, Fürbitte, Glückwunsch, Gruß o. ä.) und einem bevollmächtigten Segnen durch Amtsträger unterscheidet und dabei eine deutliche Gewichtung vornimmt. Calvin fragt also nach dem Zusammenhang von Segen und Institution, Segen und Amt und stellt hinsichtlich des Segensthemas die (Voll-) Machtfrage. Gleichzeitig bietet er damit einen Lösungsvorschlag zu dem Grundproblem an, wie sich göttliches und menschliches Segnen zueinander verhalten.

3.1 Die Segensvermittlung durch bevollmächtigte Amtsträger

Kriterium eines bevollmächtigten Segnens ist die in der Hohepriesterchristologie des Hebräerbriefes beheimatete *Segensregel* von Hebr 7,7, die neben der Abrahamverheißung (Gen 12,2 f.) so häufig wie kein anderer biblischer Segenstext von Calvin berücksichtigt wird[137]:

»Ohne jeden Widerspruch aber wird das Geringere (ἔλαττων) von dem Höherstehenden (κρείττων) *gesegnet*.«

Nicht nur der unmittelbare Kontext, die Melchisedeq-Christus-Typologie in Kapitel 7 als Kernstück des Hebräerbriefes, sondern auch der sachliche Gehalt des Verses legen es für Calvin nahe, daß diese Regel nicht grundsätzlich jedes (zwischen-)menschliche Segnen betrifft, sondern exklusiv der priesterlichen Segensvermittlung als einem von Gott autorisierten und *institutionell* verankerten Handeln gilt. Im Unterschied zur gegenseitigen Fürbitte, die allen Gläubigen aufgetragen ist und der jedes hierarchische Gefälle zwischen Segnenden und Gesegneten fehlt, meint Hebr 7,7 die »priesterliche Segnung« als »göttliches Werk« und »Zeugnis einer größeren Herrlichkeit«[138]. Dieses Segnen stellt kein eigenes Werk des Menschen dar, vielmehr spricht Gott selbst aus dem seg-

---

134. Vgl. *C. Link*, Theologie Calvins, 1-13 u. ö.
135. Vgl. etwa Inst IV, 1,2-3.7.
136. Siehe dazu besonders Inst IV, 2,8-12; 3,1-16; 11,1-16; 12,1. Dazu *W. Niesel*, Theologie, 174-200 und die dritte These der Barmer Theologischen Erklärung.
137. Z.B. in seiner Auslegung von Gen 14; 27; 32,27; Mk 10,16; Luk 2,34.
138. CO 55, 86.34 f.

nenden Mund der Priester, denn »man muß beachten, daß er das Segensamt den Priestern so übertragen hat, daß er sein Recht nicht an jene abtritt, weil er die Darbietung der Sache für sich selbst beansprucht, nachdem er ihnen den Dienst anvertraut hat«[139], wie Calvins Fazit zu Num 6, 22-27 lautet.

Seine Erfüllung findet dieses segensvermittelnde Wirken, das Gott den Geber und die Quelle des Segens sein und bleiben läßt, im priesterlichen Amt Jesu Christi. Doch sowohl die Segnung Abrahams durch Melchisedeq (Gen 14, 19; Hebr 7, 1.6) als auch das kultische Segnen der Priester (Num 6, 22-27; Lev 9, 22 f.; Ps 134, 3 u. ö.) und die Segensweitergabe der Erzväter an ihre Söhne bzw. Enkel (Gen 27;48;49) versteht Calvin als *Vorbilder* und *Abschattungen* des umfassenden und endgültigen Segenshandelns Jesu, mit dem dieser sein ewiges Priestertum wahrnimmt.

Daß bei der priesterlichen Segensvermittlung nicht der Mensch, sondern Gott selbst Subjekt der Segnung bleibt, wertet *erstens* das menschliche Tun nicht ab, sondern verleiht ihm umgekehrt eine besondere Würde, die Calvin auf den Begriff der *Mittlerschaft* bringt. Auch wenn Jesus Christus als wahrer Gott und wahrer Mensch letztgültig der einzige Mittler zwischen Gott und der Welt ist[140], so hat auch seine Mittlerschaft ihre *Vorausdarstellungen* im Alten Bund, und sie schließt zugleich im Neuen (= Erneuerten) Bund den priesterlichen Zuspruch des Segens nicht aus.[141]

Calvins Insistieren darauf, daß Gott selbst am Werk ist, wo die Priester die Gemeinde segnen, dient *zweitens*, wie besonders seine Auslegung von Num 6, 22-27 und damit korrespondierender Texte zeigt, der *Vergewisserung* der Gesegneten: Als Gottes Tatwort ist der Priestersegen wirkmächtig; er setzt inkraft, was er verheißt[142]; er kann nicht umgestoßen oder zurückgenommen werden, während demgegenüber das menschliche Segenswort nicht mehr (aber auch nicht weniger) als eine Bitte um den Segen Gottes oder ein Glückwunsch sein kann.

Und *drittens* steht und fällt, wo es um Gottes Werk geht, die Wirkung des Segens nicht mit der Würdigkeit des Spenders. Diese – mit antirömischen Akzenten versehene – Einsicht illustriert Calvin an der Gestalt des blinden Isaak in Gen 27.

Im folgenden werden diese drei konstitutiven Elemente priesterlicher Segensvermittlung an Calvins Auslegung der einschlägigen biblischen Texte ausgewiesen.

---

139. CO 24, 461.15-19.
140. Vgl. Inst II, 12-14.
141. Deutliche Unterschiede zu dieser Position finden sich bei K. Barth, vgl. unten IV. 2.
142. Wie Luther geht auch Calvin vom *performativen* Charakter des göttlichen Segenswortes aus; schon zu Gen 1, 22 heißt es: »Gott bittet nämlich nicht nach Art der Menschen. Allein durch einen Wink bewirkt er, was Menschen durch Gebete erbitten. Er segnet also, indem er Vermehrung und Wachstum gebietet, d. h.: durch sein Wort gießt er jenen (sc. den Fischen und Vögeln, M. F.) Fruchtbarkeit ein (›infundere‹)« (CO 23, 24.18-22).

3.1.1 Das Segensamt der Erzväter

Indem der (Sterbe-)Segen, den die Väter Israels an ihre Söhne weitergeben, eine Bestätigung und Bekräftigung, eine leibhaft spürbare Übertragung und persönliche Zuwendung der Abrahamverheißung und damit der gnädigen Erwählung Gottes bedeutet, eignet ihm eine besondere Vollmacht, die ihn nicht nur vom bloßen Segenswunsch und der Segensbitte unterscheidet, sondern auch der Verfügung durch die Menschen, ihrer Willkür und ihren eigenen Interessen entzieht. Dies zeigt sich nirgends so deutlich wie in der Segnung Jakobs durch Isaak, mit der die natürliche Ordnung (Bindung des Segens an das Erstgeburtsrecht) durchbrochen und natürliche Sympathien (die besondere Liebe des Vaters zu seinem Erstgeborenen) durchkreuzt werden. Die Wirkmächtigkeit des Segens bleibt hier auch vom Verhalten Rebekkas und Jakobs, das – wie Calvin urteilt – durch mangelndes Vertrauen in die göttliche Vorsehung und falschen Eifer für die Verwirklichung der Verheißung (Gen 25, 23) gekennzeichnet ist, unberührt. Wo Isaak seinen Sohn Jakob »mit einem feierlichen Ritus zum Erben des geistlichen Lebens einsetzt« und damit den ewigen Bund Gottes auf dessen Familie überträgt, handelt er als einer der »öffentlichen (…) und von Gott ordinierten Zeugen«, als »Prophet und Interpret Gottes«[143], nicht einfach als Privatmann und Familienvater; er segnet als »rechtskräftiger Interpret Gottes und Werkzeug des Heiligen Geistes«[144]. Mit der Segnung Jakobs nimmt Isaak also das Amt wahr, das den Vätern von Gott aufgetragen wurde, um der nächsten Generation den Bund aufzuerlegen, den er mit Abraham geschlossen hat. Eine *rechtmäßige* Weitergabe des Segens ist an dieses Amt gebunden, geschieht im Binnenraum des Bundes, folgt Gottes Erwählung.[145]

Ebensowenig wie für die Erwählung menschliche Verdienste ausschlaggebend sind, ist die Bevollmächtigung zum Segensamt von der persönlichen Integrität des Segnenden abhängig. Weil Gott selbst sich zur Bekräftigung seiner Erwählung menschlicher Zeugen bedienen will, können weder fehlende Einsicht in seine Vorsehung noch mangelndes Vertrauen oder gar Täuschung auf seiten der Menschen den Segen unwirksam machen. Der blinde Isaak wird dabei zum Sinnbild für die Rolle des menschlichen Segensmittlers: Es ist keine passive Rolle; Gott nimmt vielmehr das Handeln der Menschen in Anspruch, aber ihnen ist die Entscheidung darüber abgenommen, wen Gottes Segen trifft und auf welcher Linie seine Verheißungen wahr werden.[146]

---

143. CO 23, 372.39 f.45 f.; 373.1.
144. CO 23, 379.4-6.
145. Vgl. oben 1.3.
146. Daß Isaak keinen gleichwertigen Segen für Esau »übrig« hat (Gen 27, 36 ff.), zeigt, wie wenig er nach eigenem Belieben über den Segen Gottes verfügen kann. Und daß Jakob vor seiner Flucht noch einmal Isaaks Segen empfängt (Gen 28, 1), belegt keineswegs die Ungültigkeit des erschlichenen Segens. Diese Wiederholung steht vielmehr ganz im Dienst, den Glauben Jakobs zu stärken; sie soll ihm versichern, daß er – gegen jeden denkbaren Widerspruch von Menschen – gesegnet bleibt, weil Gott sein Wort nicht zurücknimmt.

Nachdem Calvin den *historischen Sinn* des Segensamtes der Erzväter erschlossen hat, überträgt er seine Einsichten auf den Dienst der Prediger in der christlichen Gemeinde seiner Zeit, fragt also nach dem *Nutzen* der biblischen Aussagen für die eigene Gegenwart.[147] Im Vordergrund steht dabei die Absicht, die aus der *Sakramentenlehre* stammende Erkenntnis, »daß man das Sakrament nicht so bewerten soll, daß es aus der Hand dessen kommt, von dem es verwaltet wird, sondern vielmehr aus der Hand Gottes selbst, aus der es zweifellos wirksam ist«, und daß folglich »jenem durch die Würde desjenigen, dessen Hand es weitergibt, nichts hinzugefügt oder weggenommen wird«[148], auch hinsichtlich des Segens gelten zu lassen, womit eine weitere Entsprechung zwischen den Segnungen und den Sakramenten vorliegt.[149] Calvin zielt hierbei aber nicht nur auf die größtmögliche Gewißheit seiner MitchristInnen, sondern auch auf die *Entlastung* der Amtsträger, denen die Sorge um den Erfolg ihres Tuns abgenommen wird, die die Wirkung ihres Segenshandelns Gott anheimstellen können. Und in letzter Konsequenz geht es ihm um die *Ehre Gottes* selbst. Denn käme den bevollmächtigten Segensmittlern die Möglichkeit zu, auf die Wirksamkeit des Segens selbst Einfluß zu nehmen, wäre damit Gottes Freiheit tangiert und die schöpferische Kraft seines Wortes infragegestellt. Könnten der eigene Wille und die menschlichen Unzulänglichkeiten die Segensmacht lenken oder beeinträchtigen, wäre die Treue Gottes und damit seine Identität gefährdet. Gott wäre nicht mehr Gott, stünde und fiele seine Segensmacht mit dem Tun und Lassen von Menschen. Die Parallelen zur Erwählungslehre sind unübersehbar: *Wer über den Segen Gottes verfügen will, versucht, Gottes Erwählung zu korrigieren.* Indem Gott aber durch seinen Geist Menschen zum Segensamt bestimmt und bevollmächtigt, beteiligt er sie nicht nur an seinem Segenswirken, sondern bleibt selbst Herr seines Segens. Gegen alle Mißverständnisse, daß ein menschliches Segensamt Gott seines Exklusivrechts zu segnen und damit seiner Ehre berauben könnte, hält Calvin in einer Predigt zu Gen 14,18 f. fest:

»Wir dürfen nicht annehmen, daß die Priester, wenn sie das Amt des Segnens innehaben, dieses in eigener Vollmacht ausübten, und daß Gott ihnen sein Amt abgetreten hätte und sich seine Ehre dadurch verminderte. Wenn Gott durch seine Diener wirkt, heißt dies weder, daß er für sich kleiner wird, noch daß seine Kraft verdunkelt wird. Er nimmt sich nichts weg durch das, was er gibt. Aber es gefällt ihm, Mittel solcher Art zu gebrauchen, damit wir immer wieder zu ihm zurückkommen und nicht einen einzigen Tropfen Gutes aus einem anderen Brunnen als aus dieser Quelle schöpfen.«[150]

Damit erklingt der cantus firmus der Theologie des Genfer Reformators, das

---

147. Zur Unterscheidung der beiden hermeneutischen Kategorien »sensus« und »usus« in Calvins Exegese vgl. *P. Opitz*, Hermeneutik.
148. OS V, 296.21-25 (= Inst IV, 15,16).
149. Vgl. oben 1.3.
150. CO 23, 664.44-54. Vgl. Abraham-Predigten, 35.

Lob der gloria Dei[151], auch in seinen segenstheologischen Überlegungen: Calvin gibt hinsichtlich der priesterlichen Segensvermittlung Gott die Ehre, indem er nachweist, wie Gott selbst, gerade wo er auf das Wirken seiner Geschöpfe nicht verzichten will, für seine Ehre sorgen kann, sich selbst treu und für die Menschen verläßlich bleibt. Eine solche Zuordnung von göttlichem und menschlichem Segnen läßt keinen Raum für ein magisches Mißverständnis des Segens; jede Form der Bemächtigung Gottes ist hier ausgeschlossen.

Woran macht sich nun die göttliche Bevollmächtigung der Erzväter zum Segensamt fest? Sie wurzelt – ausgehend von der Abrahamverheißung in Gen 12, 2 – im eigenen vorgängigen Gesegnetsein der Segensmittler, so daß es zu einer förmlichen *Sukzession* der Segensträger kommt.

Um dies am Beispiel Jakobs zu verdeutlichen: weil er selbst Empfänger des göttlichen Segens und als solcher nicht nur »Beispiel oder Maßstab (›formula‹), sondern Quelle und Grund oder Personifizierung (›hypostasis‹) des Segens«[152] wurde, ist er nicht nur *ermächtigt*, am Ende seines Lebens die empfangenen Verheißungen auf seine Nachkommen zu übertragen, sondern auch dazu *verpflichtet: Die Gabe wird zur Aufgabe, die Weitergabe des geschenkten Segens zum Bekenntnis*. In seiner Bitte[153] um Gottes Segen für Ephraim und Manasse:

»Der Gott, vor dessen Angesicht meine Väter gewandelt sind, Abraham und Isaak,
der Gott, der mein Hirte war mein Leben lang bis zum heutigen Tag,
(…) der *segne* die Jungen (…)« (Gen 48, 15 f.).

identifiziert Jakob den segnenden Gott auf doppelte Weise: Er beruft sich zunächst auf das Leben seiner Väter Abraham und Isaak vor diesem Gott und vergegenwärtigt damit den mit ihnen geschlossenen Bund und die Verheißungen, die sie im Glauben empfangen haben. Wie für die Sakramente[154] so gilt auch auch für den Segen, daß er im Glauben ergriffen werden muß, um wirksam zu sein, »weil der Herr durch den Glauben verbürgt und unwiderruflich bestätigt, was er uns an Wohltaten verheißt, damit diese nicht vergehen«[155]. Allerdings widerspricht dies nicht der Alleinwirksamkeit Gottes, da auch der menschliche Glaube nach Calvin Werk Gottes ist.[156]

---

151. Zur »gloria Dei« als theologischer Schlüsselkategorie Calvins vgl. die ersten Fragen des Genfer Katechismus (BSRK, 3); dazu: K. Barth, Gott erkennen; C. Link, Calvins Theologie, 56 ff.; ders., Schöpfung, 126-133.
152. CO 23, 393.28-30 (zu Gen 28, 14).
153. Daß Jakob, obwohl er davon überzeugt war, der rechtmäßige Übermittler des Segens zu sein, dennoch seine Enkel nur in der Form der *Bitte* segnete, ist für Calvin ein weiterer Beweis dafür, daß die Ehre Gottes durch menschliche Segenshandlungen nicht gemindert wird; vgl. CO 23, 583.
154. Nach Inst IV, 14,17 nutzen die Sakramente nur, wenn sie im Glauben empfangen werden; vgl. auch Inst IV, 14,7; 14,16; 15,15.
155. CO 23, 583.48-50.
156. Nach Inst III, 1,4 bezeichnet Calvin den Glauben »als das vornehmste Werk des Heiligen Geistes«. Der Glaube wird deshalb allein durch den Heiligen Geist gewirkt, weil dieser als »inwendiger Lehrer« das Wort Gottes, das den Glauben als sein Fundament trägt, ins

Zugleich mit dem *Glauben der Väter* erinnert Jakob die *eigene Erfahrung* der Vorsehung Gottes, die er als Erfüllung der ihm selbst geschenkten Segensverheißungen wahrnimmt. Es geht ihm bei der Segnung seiner Enkel also nicht einfach um die Übermittlung eines Traditionsgutes, sondern zugleich um die Bezeugung einer Gotteserfahrung am *eigenen Leib* und deren nicht weniger *leib*hafte Zueignung an die Nachkommen. Gerade dadurch ist Jakob rechtskräftiger Segensmittler an die nächste Generation, daß er selbst auf ein segenshaltiges Leben zurückblicken kann. *Nur als Gesegneter ist er Segensmittler.* Die zu tradierende Segensverheißung ist kein bloßes historisches Wissen, sondern Erfahrungswahrheit für ihn. Segensmittler sind segenserfahrene und segenserfüllte Zeugen der Bundestreue Gottes im eigenen Leben und als solche bevollmächtigt; mit anderen Worten: im empfangenen Segen selbst gründet ihre Vollmacht.

Ohne daß Calvin ausdrücklich vom *priesterlichen* Amt der Erzväter spricht, geht er doch davon aus, daß sie *das* Amt innehaben, das später (nach Num 6, 22 ff.) den Priestern übertragen wird.[157]

Wendet Calvin durchgängig die Regel von Hebr 7, 7 auf diese Segensvermittlung an, so schreibt er mit diesem Grundsatz gleichwohl nicht ungleiche Machtverhältnisse zwischen Menschen fest und segnet nicht Hierarchien ab. Vielmehr ist im Gefälle seiner Argumentation dieser Vers als *theologische* und nicht als *anthropologische* Aussage zu verstehen: Gilt Hebr 7, 7 für den Segen der Erzväter (wie für jeden priesterlichen Segen), dann allein deshalb, weil hier Gott segnet, und nicht, weil Menschen aufgrund ihrer Überlegenheit über andere das Recht zu segnen zukommt. So interpretiert, steht für Calvin hinter Hebr 7, 7 das Wissen um den unendlichen Abstand zwischen Gott und Mensch, der jede unmittelbare Verbindung zwischen beiden ausschließt und das Mittleramt nötig macht.[158] Das theologische Verständnis von Hebr 7, 7 erklärt auch, warum Calvin die Gott geltende Benediktion nicht als Segen, sondern »nur« als Lobpreis verstehen kann.

Zentrum der Person vermittelt, so daß es keine äußerliche Größe mehr bleibt, sondern den Menschen in seinem Inneren trifft und ihm zur eigenen Erkenntnis wird (vgl. auch Inst III, 1,4; 2,6.7). Das Wesen des Glaubens bestimmt Calvin dementsprechend als »zuverlässige und gewisse Erkenntnis der göttlichen Wohltaten an uns, die in der Wahrheit der in Christus gegebenen gnädigen Verheißung gründen und durch den Heiligen Geist sowohl unserem Denken offenbart als auch in unseren Herzen versiegelt worden sind« (OS IV, 16.31-35 = Inst III, 2,7).

157. So in der Auslegung von Gen 27, 1 (CO 23, 372).
158. Vgl. Inst II, 12-14. Auch zu Gen 48, 16 – den Engel deutet Calvin hier auf den Mittler Christus – heißt es: »Immer war die Trennung zwischen Gott und den Menschen größer, als daß irgendeine Kommunikation ohne Mittler hätte stattfinden können« (CO 23, 584.56-585.2.)

3.1.2 Die priesterlichen Segnungen im Alten Bund als Schattenbilder des Christussegens

Als Auslegung des Messiastitels hat Calvin das *Werk* Jesu Christi *israeltheologisch* in der dreifachen Gestalt des prophetischen, königlichen und priesterlichen Amtes entfaltet.[159] Ist Christus als Prophet der vollkommene Lehrer seiner Gemeinde, als König ihr Herr und Erhalter auf das Reich der Herrlichkeit hin, so ist Inbegriff seines (Hohe-)Priestertums die Gott und Welt miteinander versöhnende Mittlerschaft, die sich in einem doppelten Tun konkretisiert: Einerseits amtiert Jesus als Priester, indem er sich selbst als Opfer darbringt. In Calvins sühnetheologischer Interpretation des Kreuzestodes Christi als *Selbstopferung*[160] ist Christus Opfer und Priester ineins, weil nur er als wahrer Mensch und wahrer Gott – hier knüpft Calvin an die Satisfaktionstheorie Anselms an – Gottes Ehre, die durch die Schuld der Menschen verletzt ist, wiederherstellen und der Gerechtigkeit Genüge tun kann. Durch seinen Kreuzestod gibt Christus den Menschen Anteil an seiner Heiligkeit und macht sie damit selbst zu würdigen PriesterInnen, so daß sie mit ihrem ganzen Leben ein Lob zur Ehre Gottes sein können.[161] Sein hohepriesterliches Amt erschöpft sich aber

---

159. Es ist von kaum zu unterschätzender Bedeutung, daß Calvin mit der Lehre vom munus triplex das Werk Jesu Christi zurückbindet an die hebräische Bibel, an die Institutionen und Hoffnungen Israels (vgl. Inst II, 15,1-6). Für Calvin besteht die Messianität Jesu darin, daß er in den Ämtern Israels als Prophet, König und Priester wirkt. Propheten, Könige und Priester sind die Gesalbten des Alten Bundes, wobei die Salbung der Propheten nicht mit Öl geschieht, sondern als Geistbegabung von Jes 61,1 f. (vgl. Luk 4,17-19) her verstanden wird. Eine Neuinterpretation der Drei-Ämter-Lehre Calvins bietet *F.-W. Marquardt*, Christologie 2, 135-217. Im Rahmen seiner christologischen Kategorienbildung versteht Marquardt im Anschluß an Hans Urs von Balthasar Israel als »formale Christologie« und erkennt im munus triplex »Wiederholungen der Wege und des Berufs Israels« (a.a.O., 52). Über Calvin geht Marquardt vor allem darin hinaus, daß er an die Stelle eines affirmativen Amtsverständnisses die theologisch höchst kritische Bedeutung dieser Ämter in Israel setzt (vgl. a.a.O., 135-138), die ekklesiologische Selbstbezogenheit und Abgeschlossenheit ihrer traditionellen christologischen Deutung in der protestantischen Theologie zugunsten ihres Weltgehalts aufbricht, sie als zukunftsoffene Ämter und – ebenso wie den Messiastitel selbst – als Hoffnungsnamen Jesu auslegt. In seiner Würdigung der Christologie Marquardts verschärft B. Klappert noch den eschatologischen Vorbehalt, die Hoffnungsgestalt und Zukunftsoffenheit der drei Ämter, die er – mit W. Zimmerli – eher als »Charismata der Leitung und Weisung in Israel« verstanden wissen will (Jesus als König, 26).
160. Das Verständnis des Kreuzestodes als *Selbstopfer* Jesu ist kritisch gegen das (Miß-) Verständnis dieses Todes als eines letzten von Gott selbst geforderten (blutigen) Menschenopfers zu wenden. Nicht Gott bringt hier – sich selbst – ein Opfer dar, sondern Jesus leidet freiwillig und stellvertretend für alle den Tod als Folge seines Wirkens und in der Hoffnung darauf, daß Gott sein Geschick wendet. So zieht B. Klappert als Traditionsrahmen und Verstehenskontext für das priesterliche Amt Christi die Akeda heran: »Jesus wiederholt in seiner Passion und in seinem Sterben am Kreuz die Bindung Isaaks und wird darin zum Versöhner Israels und der Völkerwelt« (Jesus als König, 30); vgl. auch *ders.*, Es ist vollbracht.
161. Vgl. Inst II, 15,6.

nicht in diesem einmaligen Opfer(n), sondern »hieraus folgt, daß er ein ewiger Fürsprecher ist, durch dessen Beistand wir Gunst erlangen« (OS III, 480.25 f. = Inst II, 15,6).

In beiden Momenten seines Priestertums wirkt Christus *segnend*, ereignet sich doch in seiner Mittlerschaft die Erneuerung des in *universaler* Perspektive *partikular* mit Abraham geschlossenen Bundes und der ihm gegebenen Verheißungen zugunsten der Völkerwelt; und dies macht ja nach Calvin das Wesen des Segens im Raum des Bundes aus, daß die Verheißungen zugeeignet und bekräftigt werden.[162] Ebenso gehört die Fürbitte zum Segensamt, und zwar »die feierliche Bitte, durch die derjenige, der mit irgendeinem ausgezeichneten und öffentlichen Ehrenamt bekleidet ist, Privatleute und Menschen unter seiner Leitung Gott anvertraut«[163], von der Calvin wiederum »eine andere Art des Segnens« unterscheidet, nämlich daß »wir gegenseitig füreinander beten, was allen Frommen gemeinsam ist«[164]. Diese gegenseitige Fürbitte aller Gläubigen hat aber ihren Ermöglichungsgrund ebenfalls allein im priesterlichen Amt Christi, in seinem fürbittenden Segnen, das ein »Zeichen größerer Macht«[165] ist.

Wie schon der mit Abraham geschlossene Bund durch Christus vermittelt und die an jenen ergangene Segensverheißung auf ihre Erfüllung in Christus hin ausgerichtet ist, so ist Christus auch als segnender Priester bereits im Alten Bund gegenwärtig, verborgen unter den *Schattenbildern* des alttestamentlichen Priestertums.

Die größte Transparenz für das priesterliche Segensamt Christi und damit das am schärfsten gezeichnete Abbild des Christussegens stellt die Segnung Abrahams durch Melchisedeq in Gen 14, 18-20 dar. Mit Hebr 7, 1-9[166] ist für Calvin die Segenshandlung eine von fünf typologischen Entsprechungen zwischen Melchisedeq und Christus – neben dem Namen »König der Gerechtigkeit«, dem Reich des Friedens (»Salem«) als Ort seiner Herrschaft, dem ewigen Leben und insofern unvergänglichem Priestertum (im Gegensatz zum levitischen) und dem Recht, den Zehnten zu empfangen.[167] Der Segen Melchisedeqs wie Christi geschieht in Stellvertretung Gottes, der ihn autorisiert und sich für seine Wirkmächtigkeit verbürgt (vgl. Num 6, 27). Wenn Melchisedeq Abraham mit den Worten segnet: »*Gesegnet (sei/ist) Abram dem höchsten Gott (El Eljon), der Himmel und Erde gemacht hat!*« – dann erkennt Calvin darin eine Bekräftigung der Berufung Abrahams und des Bundes, zu der Melchisedeq qua seines priesterlichen Amtes ermächtigt ist.[168] Korrespondiert sein Segen so

---

162. Vgl. oben 1.3.
163. CO 55, 86.7-9.
164. A.a.O., 86.9 f.
165. A.a.O., 86.13.
166. Calvins Auslegung von Gen 14, 18-20 steht ganz im Zeichen der Melchisedeq-Christus-Typologie von Hebr 7 – im Anschluß an Ps 110, 4 (vgl. CO 23, 201 ff.).
167. Vgl. CO 55, 82 ff.
168. Vgl. CO 23, 203.19 ff.

mit dem der Erzväter, weist er doch noch deutlicher als jener auf Christus hin, weil er nämlich Abraham selbst gilt. So gewinnt die Gemeinde den entscheidenden Nutzen aus diesem Text, wenn sie darin mit der *Segensbedürftigkeit* Abrahams ihre *eigene* wahrnimmt: Bedarf schon Abraham als »erstgeborener Sohn Gottes und Vater der Kirche«[169], als Empfänger der universalen Segensverheißung (Gen 12,3) und Segensträger nicht nur für sein Volk, sondern für alle Erwählten aus den Völkern, des priesterlichen Segens als der Bestätigung seiner Erwählung, um wieviel mehr dann diejenigen, die sich auf ihn berufen. Als Vater aller Gläubigen selbst zum priesterlichen Segensamt bevollmächtigt, (an)erkennt Abraham in Melchisedeq doch einen höheren Priester (Hebr 7,7!), auf dessen vollkommenen Segen er zur Überwindung der Macht des Fluches (vgl. Gal 3,9ff.) angewiesen bleibt. Wie sich die Gemeinde Abraham zum Vorbild ihrer eigenen Segensbedürftigkeit nehmen soll, so darf sie in Melchisedeq das Schattenbild *des* Priesters entdecken, der das Segensamt für sie wahrnimmt.[170] Sein Segen wird ihr in der Verkündigung des Evangeliums zuteil, insbesondere im priesterlichen Schlußsegen des Gottesdienstes, den Jesus schon seinen ersten JüngerInnen zum Abschied gewährt hat (Luk 24,50f.).[171]

3.1.3 Der aaronitische Priestersegen nach Num 6,22-27

Stand für Luther bei der trinitätstheologischen Deutung des aaronitischen Segens der Inhalt der dreistrophigen Segensformel (V. 24-26) im Vordergrund, während er den Rahmen fast ganz unberücksichtigt ließ[172], liegt bei Calvin – wie schon hinsichtlich der Vätersegnungen – das Gewicht auf den segnenden Personen und damit auf den Amtsträgern, ihrer Bevollmächtigung, ihrem Auftrag und dem ordnungsgemäßen Vollzug des Segensritus. Für Calvin ist es nicht zweifelhaft, daß auch Num 6,22-27 als ein Abschnitt der Tora des Alten Bundes für die christliche Kirche in Geltung bleibt, gerade weil Christus das priesterliche Segensamt erfüllt hat. Für die Kirche Gottes zu allen Zeiten verbindlich habe Gott hier eine feste Form des Segens eingeführt, für die folgende Merkmale konstitutiv sind:

– die exklusive Bindung an die Institution des Priesteramtes;
– der Gebrauch einer im Wortlaut unveränderlichen Segensformel;
– der Vollzug der Handlung mit erhobenen Händen[173] und lauter Stimme[174];

---

169. CO 23, 200.49f.
170. Vgl. Abraham-Predigten, 34f.
171. Vgl. CO 55, 86.26ff.; CO 23, 203.27ff.; CO 24, 460.17ff. u.ö.
172. Vgl. oben I.3.1.
173. Die Handaufhebung der Priester beim Segnen trägt Calvin aus Lev 9,22 in Num 6,22f. ein.
174. Calvin schließt aus dem Auftrag an Aaron und seine Söhne (V. 23), daß der Segen nicht halblaut gemurmelt, sondern laut zugesprochen werden soll, damit es sich um eine »praedicata (...) gratia« handelt, die vom Volk im Glauben aufgenommen werden kann (CO 24, 460.27f.).

– das Aussprechen des Namens Gottes über dem Volk, welcher auf Gott als die eigentliche und einzige Quelle des Segens verweist.[175]

1. Calvin nennt die Segnung des Volkes nicht nur einen wichtigen Teil des priesterlichen Dienstes, sondern sieht darin den vorrangigen Zweck des Amtes: »Gott sagt nämlich, er habe die Priester geschaffen, damit sie das Volk segnen.«[176] Dem Priestersegen kommt diese große Bedeutung zu, weil in ihm »der Auftrag, Gott mit dem Volk zu versöhnen« (460.21), sichtbare Gestalt gewinnt. Als zum Versöhnungsdienst Beauftragte sind die Priester Darsteller der Person Christi, »der allein der geeignete Bürge (›sponsor‹) für Gottes Gnade und Segen ist« (460.22 f.), denn in dem Segen, den er seinen JüngerInnen zum Abschied zurückläßt (Luk 24, 50), erfüllt Christus den Priesterdienst des Alten Bundes, wobei er – so amplifiziert Calvin Luk 24, 50 durch Num 6, 22-27 – dieselbe Segensformel und denselben Segensritus gebraucht. In seiner Predigt zu Gen 14, 18 f. sagt Calvin, Jesus Christus habe die Hände über seine Jünger erhoben, »um die bildlichen Darstellungen des Gesetzes zu erfüllen, indem er sie segnete« (CO 23, 663.22 f.)[177]. Auch im Zusammenhang mit Ps 134, 3 heißt es, daß deshalb den Priestern exklusiv das Segensamt aufgetragen worden sei, weil sie darin Platzhalter Christi seien.[178] Und wenn Calvin in der Segensvermittlung der Priester nach Lev 9, 22 die rechtskräftig wirksame Versöhnung des Volkes mit Gott erkennt, weil durch den rite vollzogenen Segen die sühnende Wirkung der von den Priestern dargebrachten Opfer der Gemeinde zugeeignet wird, geht es auch hier um eine Vorausdarstellung des priesterlichen Amtes Christi. Denn bei dieser Premiere des priesterlichen Segnens bilden die Amtsträger des Alten Bundes eine Wahrheit ab, die erst in Christus vollgültig gewährt wird, weil er »nicht nur Quelle und Grund des Segens ist, sondern ihn auch mit dauerhafter Wirkung durch das Evangelium öffentlich verkündigt (›promulgare‹)«[179]. Es ist nur folgerichtig, wenn Calvin zwischen dem Segen Aarons und Moses in Lev 9, 23 unterscheidet: Aaron allein komme das Mittleramt des Segens zu, während Mose als Prophet Gottes wie alle Gläubigen bloß um Gottes Segen bitten oder ihn anwünschen könne. Hier wird vollends deutlich, daß sich für Calvin die Würde des aaronitischen Segensamtes allein dem ewigen Priesteramt Christi verdankt.

2. Inhaltlich bestimmt Calvin den Segen Gottes nach Num 6, 24-26 als seine »tätige Freigebigkeit, denn aus seiner Gunst fließt uns wie aus einer einzigen Quelle die Fülle aller Güter zu«[180]. Inbegriff dieser Großzügigkeit sind sein

---

175. V. 27a bedeute mehr als ein bloßes Anrufen des Namens Gottes über dem Volk. Daß der Name Jhwhs auf das Volk gelegt werden könne, setze voraus, daß Gott ihn bei den Priestern *deponiert* habe, »damit sie ihn täglich gleichsam als Pfand seines Wohlwollens und des Heils, das daraus erwächst, in die Öffentlichkeit tragen« (CO 55, 461.6-8).
176. CO 24, 460.6 f. (Seitenzahlen im Text).
177. Vgl. Abraham-Predigten, 33.
178. Vgl. CO 32, 356.8 ff.
179. CO 25, 137.48-50.
180. CO 24, 460.29 f.

Schutz, seine Fürsorge und sein Frieden. Die sonnenmetaphorische Rede vom leuchtenden Angesicht Gottes deutet Calvin auf die Möglichkeit, Gottes tätige Güte *sinnlich* wahrnehmen zu können. Deshalb sind diese Bilder des aaronitischen Segens besonders dazu angetan, die Gläubigen der freundlichen Zuwendung Gottes zu vergewissern. Um sie aber wirklich zur – im wahrsten Sinne des Wortes – *handgreiflichen* Erfahrung werden zu lassen, tritt zu den Worten des Segens die Geste der erhobenen Hände.

3. Ebenso konstitutiv für einen rechtskräftigen Vollzug des Priestersegens wie die Worte der Segensformel ist auch der Ritus der Handaufhebung und -ausbreitung. Mit dieser Geste wird die Versöhnung sichtbar übereignet, der himmlische Segen geerdet, der Segens*strom* veranschaulicht. Erneut tut sich hier eine sprechende Parallele zu Calvins Sakramentenlehre auf, denn auch die Sakramente verknüpfen als Bundes- und Bekenntniszeichen verbum und signum. Zwar gibt es kein Sakrament ohne eine vorausgehende Verheißung, so daß das Sakrament gleichsam als Appendix der Verheißung zu verstehen ist, doch kommt den Sakramenten qua ihres Zeichencharakters der Vorzug zu[181], daß sie uns die Verheißungen – »wie auf eine Tafel gemalt – lebendig vergegenwärtigen« (OS V, 262.23 f. = Inst IV, 14,5). Die Sakramente verbürgen uns Gottes Verheißung deutlicher als das bloße Wort, bieten sie uns »unter fleischlichen Dingen« dar; in ihnen begegnet Gott – wie Calvin formuliert – unserer »Kurzsichtigkeit«[182]. Sind die Sakramente als sichtbare Zeichen ein Zugeständnis Gottes an unser mangelndes Vermögen, seine Wohltaten zu erkennen, sowie an unseren schwachen Glauben, so kann Entsprechendes von der Segensgeste des aaronitischen Segens gesagt werden. Auch wenn Calvin selbst diesen Bezug nicht explizit herstellt, läßt sich doch sagen, daß dem Priestersegen aufgrund seiner Doppelstruktur von Segensformel und -geste ein sakramentaler Charakter eignet. Auf ihn finden durchgängig die Begriffsbestimmungen Anwendung, mit denen Calvin in Inst IV, 14 das Wesen der Sakramente beschreibt.[183]

4. Die letzte Gewißheit darüber, daß der priesterliche Segen erfüllt, was er verspricht, wächst den Gesegneten aber aus der Tatsache zu, daß Gott selbst der Geber und Garant des Segens ist. Diese Grundthese Calvins belegt kein anderer Text so anschaulich wie die Rahmenverse des aaronitischen Segens mit ihrer Spannung zwischen dem Auftrag: »(...) so sollt *ihr* die Israeliten *segnen*« (V. 23b) und dem betonten Schlußsatz: »(...) dann will *ich, ich* sie *segnen*« (V. 27b). Eindeutig handelt es sich hier für Calvin nicht um zwei gleichrangige Subjekte der Segenshandlung; die Priester segnen vielmehr im Auftrag Gottes und wirken dabei nicht nur *in*, sondern auch *mit* seinem Namen. Denn es ist der *Name* Gottes, der zwischen den segnenden Priestern und dem segnenden Gott vermittelt: »Wenn sie meinen Namen auf die Kinder Israels legen, dann will

---

181. Vgl. Inst IV, 14,3.
182. OS V, 263.11.25 f. (= Inst IV, 14,6).
183. Zur Entsprechung von Segen und Sakrament vgl. oben 1.3 und 3.1.1.

ich, ich sie *segnen*« (V. 27). Der Name Gottes ist in der Segensformel von V. 24-26 das »medium (...) benevolentiae« (461.7), das Unterpfand der gütigen Zuwendung Gottes.[184] Daß der Priestersegen keine leere und vergebliche Zeremonie bleibt, dafür bürgt die Präsenz des Namens Gottes in seinem Volk. Mit ihm steht Gott dafür ein, daß der Segen wirkmächtig ist. Weil die Priester mit dem Namen Gottes segnen, kommt ihr Segen dem göttlichen Wort selbst gleich. Deshalb dürfen die Gesegneten – wiederum viel eindeutiger als bei den alltäglichen Benediktionen, die Calvin hier als »bene precari« (460.13) qualifiziert – dessen gewiß sein, daß Gott ihnen gnädig ist.

3.2 Fürbitte, Gruß und Glückwunsch als gegenseitiger Segensdienst aller Christen

Neben dem besonderen Segensamt der Priester kennt Calvin – wie bereits im Zusammenhang mit Eph 1, 3 gezeigt[185] – auch einen allgemeinen Segensdienst innerhalb der Gemeinde. Im gegenseitigen Segnen, vor allem in Form der Fürbitte, aber auch des alltäglichen Grußes[186] oder Glückwunsches[187], drückt sich die geschwisterliche Liebe der Glaubenden untereinander aus.[188]

Wie unterscheiden sich nun solche Segenshandlungen vom priesterlichen Segen? Während dieser als Bekräftigung von Verheißung und Bund schöpferisches Gotteswort ist, weil Gott selbst Subjekt der Segenshandlung bleibt und sich des priesterlichen Dienstes zur Zueignung seines Segens bedient, geschieht jedes andere Segnen letztlich immer nur als *Bitte* um den göttlichen Segen. Von einer *Vermittlung* des Segens kann hier nicht gesprochen werden. Vielmehr wird die Wahrnehmung der Segensbedürftigkeit des anderen zum Anlaß, Gottes Segen für ihn zu erbitten bzw. ihm Segen anzuwünschen. Dieser kann ihm aber nicht vollmächtig und wirkkräftig zugeeignet werden. Sodann gehört zum Priestersegen, eben weil durch ihn Gott selbst spricht, ein – im wahrsten Sinne

---

184. Zum Zusammenhang von Segen und Name vgl. unten Teil C, I.1.1.3.
185. Vgl. CO 51, 146.15 ff. Unberücksichtigt lasse ich hier das von Calvin als Lobpreis gedeutete Segnen Gottes durch die Gemeinde oder einzelne Gläubige; vgl. dazu oben 1.2 und 2.3.2.
186. Vgl. CO 23, 663.1-9: »Nun ist es wahr, daß es allgemeine Segnungen gibt. Denn ›segnen‹ wird in der Heiligen Schrift oft für ›beten‹ gebraucht. Wie wir noch sehen werden, segnet ein gewöhnlicher Mensch einen anderen, indem er sagt: ›Gott segne dich‹; wenn wir einander (be)grüßen: das sind Segnungen (...) Aber es gibt auch eine singuläre Segnung, die für die Priester reserviert ist.« Vgl. Abraham-Predigten, 33. Vom Segensgruß, den Jakob dem Pharao entbietet (Gen 47, 7.10), sagt Calvin, daß dieser nicht nur ein »allgemeines (›vulgaris‹) und profanes Grußwort, sondern ein frommes und heiliges Gebet des Knechtes Gottes sei« (CO 23, 568.35-37).
187. Segenswünsche hält Calvin vor allem anläßlich einer Hochzeit für angebracht; die rechte Ehe, deren eigentlicher Zweck die Nachkommenschaft sei, müsse förmlich eingesegnet werden. So deutet er auch den Abschiedssegen, den Rebekka von ihrer Familie empfängt (Gen 24, 60), als Hochzeitssegen (vgl. CO 23, 339 zu Gen 24, 60; zum Segen der Ehe vgl. auch die Auslegung von Gen 1, 28 und Gen 9, 1).
188. Vgl. CO 23, 372.48 f.

des Wortes – hierarchisches Machtgefälle (Hebr 7,7!) und eine unumkehrbare Richtung des Segensflusses. Dagegen handelt es sich bei der Fürbitte um den Segen, bei Gruß und Glückwunsch um ein wechselseitiges Geschehen unter Gleichgestellten.[189] Und drittens geschieht die priesterliche Segensvermittlung, indem sie sich der Segensworte von Num 6,24-26 bedient, im und mit dem Namen Gottes als Unterpfand seiner Präsenz und seiner Treue zu seinen Verheißungen. Das gegenseitige Segnen der Christen ist an keinen festen Wortlaut gebunden; der Name Gottes ist in ihm nicht Medium des Segens, sondern Anrede. Es kennt aber durchaus geprägte Segensformeln mit dem Namen besonders herausragender Segensträger. Den ersten Hinweis darauf findet Calvin in der Segensverheißung an Abraham (Gen 12,2):

»Ich will dich zu einem großen Volk machen,
ich will dich *segnen*, ich will deinen Namen groß machen,
und werde (du) ein *Segen*!«

Diese Verknüpfung von Namen und Segen deutet Calvin nicht – V. 3 entsprechend – auf Abraham als Segensquelle für alle Völker, sondern im Sinne einer Segensformel mit dem Namen Abrahams, etwa: »Gott segne dich, wie er Abraham gesegnet hat.« Denn: »Ein Glück wird verheißen, das alle ringsumher in Bewunderung versetzt, so daß sie sich die Person Abrahams in einer Segensformel wie ein Vorbild aneignen werden.«[190]

Explizit liegt eine solche Segensformel in Gen 48,20a vor[191]:

»Und er (Jakob) *segnete* sie an jenem Tag mit den Worten:
In/mit dir wird Israel so *segnen*:
Es mache dich Gott wie Ephraim und Manasse.«

Wiederum führt hier der vor aller Augen liegende Segen zur Segensformel mit den beiden Segensträgern. An deren Gesegnetsein entzünden sich die eigenen Segenswünsche. Es wird zum Maßstab für den von Gott erbetenen Segen. Insbesondere gilt in Israel der König als Musterbeispiel eines gesegneten Menschen, fließt ihm doch eine überschwengliche Fülle von Segensgütern zu, so daß an seinem Ergehen die Freigebigkeit Gottes deutlicher als irgendwo anders ablesbar ist. Darum sind gerade Segensformeln unter Berufung auf den Namen Davids geläufig (Ps 72,17):

»Es bleibe sein Name für immer,
vor dem Angesicht der Sonne sprosse sein Name;
in ihm werden sie sich *segnen*, alle Völker werden ihn glücklich preisen.«

Auch hier übergeht Calvin die deutliche Anspielung auf Gen 12,3: Der König ist nicht universaler Segensträger, sondern beglückwünschtes Vorbild eines bei-

---

189. Vgl. etwa CO 55, 86.9-11.
190. CO 23, 176.45-48.
191. Vgl. auch schon Gen 48,16 und dazu Calvins Auslegung von Röm 9,4 (CO 49, 171ff.).

spielhaft gesegneten Menschen. Die Segensformel mit seinem Namen ist nichts anderes als die *Bitte* an Gott, er möge den BeterInnen *entsprechend* seine Güte und Freundlichkeit erweisen.[192]

Doch können solche sprichwörtlichen Segensformeln wirklich – so muß kritisch gegen Calvin eingewandt werden – so weit von der priesterlichen Segensvermittlung und damit auch von Gen 12,3b abgerückt werden?[193] Die Namen, die in diesen Segenssprüchen vergegenwärtigt werden, erinnern ja gerade an Gottes Bundesgeschichte mit seinem Volk Israel. Wo man unter Berufung auf sie Gottes Segen erbittet, wird nicht nur Gott an sein früheres Segenswirken, an bereits erfüllte Segensverheißungen (als Bedingung der Möglichkeit erneuter Segensgewährung) erinnert, sondern die BeterInnen stellen sich auch selbst in die Gemeinschaft mit diesen Vorfahren und die Segensgeschichte Gottes mit ihnen hinein. Calvin kann keine überzeugenden Gründe dafür anführen, daß diese Segensformeln ausschließlich den Wunsch nach sichtbaren, irdischen, materiellen Segensgütern dokumentieren. Wer unter Berufung auf Abraham oder David Gottes Segen erbittet, unterscheidet nicht zwischen zeitlichem und ewigem Segen. Was die Segens*inhalte* betrifft, so lassen sich allgemeine Segensbitten und -wünsche wohl kaum prinzipiell vom Priestersegen unterscheiden. Unterschieden bleiben sie nur hinsichtlich ihrer Sprechaktmodi: In der priesterlichen Segens*spende* teilt Gott als Quelle und Autor seines Segens das mit, was er verheißt. Bei allen übrigen menschlichen Segensworten ist Gott der Adressat einer Bitte oder eines Wunsches und damit unverfügbares Gegenüber. Aber gerade in diesem Unterschied bezeugen beide auf ihre Weise: »Wer geringer ist, wird vom Größeren gesegnet (...): Darum kommt es wesentlich (›proprium‹) allein Gott zu, uns zu segnen.«[194]

---

192. Vgl. CO 31, 671f. (zu Ps 72,17); CO 31, 215f. (zu Ps 21,7).
193. C. Westermann, Genesis 2, 216, verweist auf die sprachliche und sachliche Verknüpfung von Gen 12,3b; 18,18; 22,18; 26,4; 28,14; 48,20 und Ps 72,17.
194. CO 23, 444.49f.

III. Dietrich Bonhoeffer

Am 28. Juli 1944, also bald nach dem gescheiterten Attentat auf Hitler, schreibt D. Bonhoeffer aus seiner Tegeler Zelle an Eberhard Bethge:

»Du meinst, in der Bibel sei von Gesundheit, Glück, Kraft etc. nicht viel die Rede. Ich habe mir das nochmal sehr überlegt. Für das AT trifft es doch jedenfalls nicht zu. Der theologische Zwischenbegriff im AT zwischen Gott und dem Glück etc. des Menschen ist, soweit ich sehe, der des Segens. Gewiß geht es im AT, also z. B. bei den Erzvätern, nicht um das Glück, aber es geht um den Segen Gottes, der alle irdischen Güter in sich schließt. Dieser Segen ist die Inanspruchnahme des irdischen Lebens für Gott, und er enthält alle Verheißungen. Es würde wieder der üblichen vergeistigten Auffassung des NT entsprechen, den alttestamentlichen Segen als vom NT überholt zu betrachten. Aber sollte es ein Zufall sein, daß im Zusammenhang mit dem Mißbrauch des Abendmahls (›der gesegnete Kelch …‹ 1 Kor 10,16! 1 Kor 11,30) von Krankheit und Tod gesprochen wird, daß Jesus Menschen gesund macht, daß die Jünger bei Jesus ›nie Mangel leiden‹? Soll man nun den alttestamentlichen Segen gegen das Kreuz setzen? So tat es Kierkegaard. Damit wird aus dem Kreuz ein Prinzip gemacht, bzw. aus dem Leiden, und eben hieraus entspringt ein ungesunder Methodismus, der dem Leiden den Charakter der Kontingenz einer göttlichen Schickung raubt. Übrigens muß ja auch im AT der Gesegnete viel leiden (Abraham, Isaak, Jakob, Joseph), aber nirgends führt dies (ebensowenig wie im NT) dazu, Glück und Leiden, bzw. Segen und Kreuz in einen ausschließlichen Gegensatz zu bringen. Der Unterschied zwischen AT und NT liegt wohl in dieser Hinsicht nur darin, daß im AT der Segen auch das Kreuz, im NT das Kreuz auch den Segen in sich schließt.«[1]

Nur wenige Wochen zuvor hatte Bonhoeffer eine Auslegung der Herrnhuter Losungen zum 8. Juni 1944 (Ps 34,20; 1 Petr 3,9), die das Leiden des Gerechten mit dem Segen verknüpft, für Renate und Eberhard Bethge verfaßt:

»Die Antwort des Gerechten auf die Leiden, die ihm die Welt zufügt, heißt: segnen. Das war die Antwort Gottes auf die Welt, die Christus ans Kreuz schlug: Segen. Gott vergilt nicht Gleiches mit Gleichem, und so soll es auch der Gerechte nicht tun. Nicht verurteilen, nicht schelten, sondern segnen. Die Welt hätte keine Hoffnung, wenn dies nicht wäre. Vom Segen Gottes und der Gerechten lebt die Welt und hat sie eine Zukunft. Segnen, d. h. die Hand auf etwas legen und sagen: du gehörst trotz allem Gott. So tun wir es mit der Welt, die uns solches Leiden zufügt. Wir verlassen sie nicht, wir verwerfen, verachten, verdammen sie nicht, sondern wir rufen sie zu Gott, wir geben ihr Hoffnung, wir legen die Hand auf sie und sagen: Gottes Segen komme über dich, er erneuere dich, sei gesegnet, du von Gott geschaffene Welt, die du deinem Schöpfer und Erlöser gehörst. Wir haben Gottes Segen empfangen in Glück und im Leiden. Wer aber selbst gesegnet wurde, der kann nicht mehr anders als diesen Segen weitergeben, ja er muß dort, wo er ist, ein Segen sein. Nur aus dem Unmöglichen kann die Welt erneuert werden; dieses

---

1. WEN, 406 f.

Unmögliche ist der Segen Gottes. Als Jesus zum Himmel fuhr, ›hob er die Hände auf und segnete‹ die Seinen. Wir hören ihn in dieser Stunde zu uns sprechen: ›Der Herr segne dich und behüte dich, (...).‹«[2]

Schon diese beiden äußert komprimierten, einer Satz-für-Satz-Exegese bedürftigen Briefausschnitte, die ich hier für einen ersten unvermittelten Einblick in D. Bonhoeffers Segensverständnis vorangestellt habe, zeigen, welches theologische Gewicht dem Thema bei Bonhoeffer zukommt.[3] Die Bedeutung des Segens erschließt sich ihm – von wenigen früheren Bemerkungen abgesehen – erst allmählich ab 1939 und vollends im zweiten Tegeler Haftabschnitt. Alle Äußerungen Bonhoeffers zum Segen bleiben Fragment. Das läßt zum einen Vorsicht geboten sein vor jeder allzu starken Systematisierung[4] und Vereinnahmung[5] seiner Gedanken; das regt andererseits zu einem produktiven Weiterdenken der experimentellen Äußerungen Bonhoeffers an, das eigene systematische Interessen nicht unterschlägt. H. Ott hat es als Methode der »dialogischen Interpretation« charakterisiert[6]. In diesem Sinne sollen im folgenden die wenigen Äußerungen Bonhoeffers zum »Segen« an ihrem *lebensgeschichtlichen* Ort

2. GS 4, 595 f. Ausdrücklich fügt Bonhoeffer an die Meditation den Hinweis an: »Diese Worte flossen mir in die Feder, als ich in Gedanken an Euch die Losungen der Euch bevorstehenden Tage meditierte. Sie (...) wollen Euch nur beim eigenen Lesen der Texte begleiten und wenn möglich etwas helfen« (a. a. O., 596). Die Formulierung »die Losungen der Euch bevorstehenden Tage« läßt darauf schließen, daß Bonhoeffer bei der Abfassung der Meditation das geplante Attentat auf Hitler im Blick hatte und daß deshalb auch seine Ausführungen über die Segenspraxis des leidenden Gerechten im Kontext seiner Mittäterschaft am politischen Widerstand gegen Hitler und deren Folgen für seine Familie und Freunde zu verstehen sind.
3. Gleichwohl gibt es m. W. bisher keine eigene Untersuchung der segenstheologischen Texte Bonhoeffers. Auch in Arbeiten, die sich mit dem Verständnis der »mündig gewordenen Welt« in »Widerstand und Ergebung« befassen, fehlt eine entsprechende Behandlung des damit eng verknüpften Segensthemas.
4. »Man darf nicht jeden Satz, den man bei Bonhoeffer liest, sogleich für endgültig gemeint und gesagt nehmen und gar anfangen, darauf ein System zu bauen oder ihn als fertigen Bestandteil in ein System der Bonhoeffer-Wiedergabe einzufügen« (*H. Ott*, Wirklichkeit, 58). Vgl. auch das Urteil Karl Barths in seinem Brief an Landessuperintendent Herrenbrück vom 21.12.1952 (MW I, 121 f.).
5. Wie stark der fragmentarische Charakter gerade der provokativen Neuansätze in »Widerstand und Ergebung« dazu geführt hat, Bonhoeffer je für die eigene Position zu vereinnahmen, unterstreichen z. B. *H. E. Tödt*, Auslegung, und *K.-M. Kodalle*, Kritik, 1-15. Ein drastisches Beispiel einer solchen Vereinnahmung stellt *G. Huntemann*, Herausforderung – bei aller Würdigung des ökumenischen Engagements und des politischen Widerstands Bonhoeffers – dar. Hier wird Bonhoeffer nicht nur als ein Kirchenvater der Evangelikalen reklamiert, sondern sein Leben und Werk auch dazu benutzt, in plakativer ideologischer Verzerrung Bonhoeffer zu einer Antithese zum – einseitig auf seine matriarchale Richtung reduzierten und als New-Age-Bewegung abqualifizierten – Feminismus zu stilisieren (vgl. bes. a. a. O., 33 (These 3), 139 ff.).
6. 1966, 65-68. Diese legt auch K.-M. Kodalle seinem Entwurf zugrunde, wobei der Dialog historisch an Kierkegaard angeknüpft wird (vgl. Kritik, 15-19.21-33).

vorgestellt, in Zusammenhang mit Grundlinien seiner Theologie gebracht und als Anregungen für den Entwurf einer Segenstheologie gedeutet werden.

Die beiden vorausgeschickten Zitate lassen bereits eine erste biographische und theologische Verortung des Segensthemas zu, die im weiteren vertieft und begründet werden soll: Hier kommt der Christ und Theologe zu Wort, der zunehmend wahrnimmt, wie alttestamentlich er denkt und empfindet[7] und wie ihn das »Alte Testament« an das Diesseits, das irdische Leben, das Vorletzte verweist. Und hier spricht sich eine *Treue zur Welt* aus, eine Liebe zur Erde und zum geschöpflichen Leben, die Bonhoeffer in letzter Konsequenz in den politischen Widerstand führte und ihn die Übernahme des damit verbundenen Leidens und riskierten Todes nicht scheuen ließ. Wie überhaupt in Bonhoeffers Werk, so laufen auch in seinen Segenstexten theologische und biographische Linien untrennbar ineinander.[8] Denn nicht zufällig gewinnt für Bonhoeffer der Segen da an Bedeutung, wo einerseits die intensive Lektüre der hebräischen Bibel ihm die Diesseitsgebundenheit des jüdischen und christlichen Glaubens vor Augen führt und wo er andererseits – nach Kriegsbeginn und angesichts der eskalierenden Gewalt gegen das jüdische Volk – mit zunehmender Teilnahme an der Verschwörung gegen Hitler[9] die Bedrohung des Lebens, Entbehrung und Not am eigenen Leib zu spüren bekommt. Wie in der Situation der Haft mit dem Ausgeschlossensein von der Welt die leidenschaftliche Liebe zu dieser wächst, so wächst auch die Segensbedürftigkeit, wo die Erfahrung des Mangels an täglichem Brot (im Sinne Luthers verstanden) immer stärker wird, – und zugleich mit ihr die theologische Reflexion über den Segen.[10]

---

7. Vgl. WEN, 175 (Brief an E. Bethge vom 5.12.43). P. Lapide geht über diese Selbstwahrnehmung Bonhoeffers noch hinaus, wenn er – das Werk Bonhoeffers »mit hebräischen Brillen« lesend – zu dem Schluß kommt, daß hier »ein christlicher Theologe unter den brutalen Schlägen eines Judenschicksals zum jüdischen Denken und zu judäo-christlichen Glaubensstrukturen bekehrt« wurde, und in Bonhoeffer aus jüdischer Sicht den »Pionier und (...) Vorläufer einer schrittweisen Re-Hebraisierung der Kirchen in unseren Tagen« sieht (Bonhoeffer, 120,129).
8. C. Gremmels hat die zum Allgemeingut der Bonhoeffer-Forschung gehörende Formel »Einheit von Theologie und Biographie« geprägt (vgl. den Hinweis bei *H. E. Tödt*, Auslegung, 45; und *C. Gremmels/H. Pfeifer*, Theologie und Biographie).
9. Vgl. *E. Bethge*, DB, 763 ff.
10. Eine deutliche Parallele zeigt sich bei D. Bonhoeffers (theologischem) Verständnis der *Freundschaft*: Auch wenn sich in seinem Werk schon seit und mit seiner Dissertation »Sanctorum Communio« (1927) wichtige Aussagen über die Bedeutung von Freundschaft (im Gegenüber zur Bruderschaft) finden, so kommt es doch erst in der Zeit der Konspiration und – vollends – in der Haft zu Äußerungen, in denen sich eine »Theologie der Freundschaft« anbahnt. Auch hier wird die theologische Reflexion auf den Weg gebracht durch die eigene Erfahrung, vor allem die Begegnung mit dem *einen* Freund E. Bethge. Es muß darum überraschen, daß auch die Beiträge der jüngsten Bethge-Festschrift, die eindrücklich »den unauflösbaren Zusammenhang von Theologie und Freundschaft« dokumentieren und damit exemplarisch zeigen, »in welchem konkreten Sinn Wahrheitserkenntnis aus Begegnung entsteht und auf immer neue Bewahrheitung in der Begegnung

Den beiden letzten Gedanken Bonhoeffers über den Segen gehen nur wenige, ebenfalls fragmentarisch bleibende Äußerungen zum Thema voraus. Doch schaut man diese verstreuten Belege zusammen, so ergeben sich wesentliche Impulse für den Entwurf einer biblisch orientierten und in Zeitgenossenschaft verantworteten Segenstheologie. Als einer der wenigen systematischen Theologen, die dem Segensthema Beachtung schenken, hat H.-G. Fritzsche diese Notizen Bonhoeffers in sein vierbändiges »Lehrbuch der Dogmatik« aufgenommen und im Kontext verschiedener Loci ausgearbeitet.[11] Aber nicht allein dieses wirkungsgeschichtliche Beispiel, sondern auch der Vergleich mit K. Barths Segensverständnis – seine Äußerungen zum Thema folgen denen Bonhoeffers nur wenige Jahre später innerhalb der Schöpfungslehre der »Kirchlichen Dogmatik«[12] – läßt ahnen, welche Bedeutung Bonhoeffers Segensfragmenten zukommt.

1. Alttestamentlich vom Segen reden

»Wer zu schnell und zu direkt neutestamentlich sein und empfinden will, ist m. E. kein Christ.«[13] Von diesem Urteil Bonhoeffers her sind auch seine Gedanken über den Segen in den Blick zu nehmen. Die Besinnung auf das Alte Testament gehört konstitutiv zur christlichen Existenz. Nur von ihm her sind die neutestamentlichen Schriften angemessen zu verstehen. Diese Hochschätzung der hebräischen Bibel steht am Ende einer Entwicklung Bonhoeffers, die mit einer Neuentdeckung der Bibel überhaupt als der entscheidenden Kehre in seinem Leben anfangs der 30er Jahre einsetzt. Zum historisch-kritischen, mit wissenschaftlichem Ehrgeiz betriebenen Umgang mit der Bibel tritt nun die tägliche Schriftmeditation, die Bonhoeffer immer deutlicher in den kirchlichen Dienst einweist. E. Bethge spricht von der »Wendung des Theologen zum

---

zielt«, kein Wort über die segenstheologischen Motive Bonhoeffers verlieren (C. Gremmels/W. Huber (Hg.), Freundschaft, 12).
11. Vgl. Lehrbuch I, 78 ff., 126 ff.; Lehrbuch III, 200 ff. (u. ö.); Lehrbuch IV, 388 ff. (u. ö.).
12. Vgl. KD III/1, 187 ff.; KD III/2, 705 ff.
13. WEN 176 (Brief an E. Bethge vom 5.12.43). Ausgehend von dieser Formulierung D. Bonhoeffers ist F. Crüsemann kürzlich der Frage nachgegangen, wie alttestamentlich evangelische Theologie sein müsse. Sein leidenschaftliches Plädoyer für die wesensmäßige und bleibend notwendige Bezogenheit evangelischer Theologie auf die Schrift(en) – so wird im Neuen Testament selbst der hebräische Teil der Bibel bezeichnet – mündet in die Feststellung ein: »Evangelische Theologie muß grenzenlos, muß durch und durch alttestamentlich sein, wenn sie schriftgemäß sein will. (...) Je intensiver sich Kirche und Theologie auf das Alte Testament einlassen, um so klarer werden sie erkennen, was es mit Jesus als dem Christus auf sich hat und was nicht« (Evangelische Theologie, 18).

Christen«[14]. Zunehmend wichtiger wird von nun an für Bonhoeffer die Orientierung am Alten Testament. Von einer christologischen Auslegung alttestamentlicher Texte über die Entdeckung des »Christus im Alten Testament« bis hin zum Verstehen des Neuen Testaments vom Alten her gewinnt Bonhoeffer schrittweise nicht nur die Einsicht in die Unaufgebbarkeit der hebräischen Bibel als Teil des Kanons, sondern er nimmt auch manchen Überschuß gegenüber dem Neuen Testament in ihr wahr.[15] Die Begegnung mit der heiligen Schrift von Juden und Christen lehrt ihn – gegen alle vergeistigenden, verinnerlichenden und weltflüchtigen Tendenzen im Christentum – der Erde treu zu bleiben, das Vorletzte nicht zu überspringen und vor allem »von Gott nicht an den Grenzen, sondern in der Mitte, nicht in den Schwächen, sondern in der Kraft, nicht also bei Tod und Schuld, sondern im Leben und im Guten des Menschen zu sprechen« (WEN, 307). Die Lektüre der hebräischen Bibel verpflichtet Bonhoeffer zur Verantwortung für das irdische Leben. Daß seine Treue zur Erde und seine Bereitschaft zum Leiden (nun verstanden als Mitleiden am Leiden Gottes in dieser Welt[16]) zunehmend die Gestalt der Solidarisierung mit den verfolgten jüdischen Zeitgenossen, den »schwächsten und wehrlosesten Brüder(n) Jesu Christi«[17] angenommen hat, wirkt wiederum gleichsam als Katalysator auf die Lektüre des Alten Testaments zurück. Im Spiegel der Entrechtung und Vernichtung jüdischer Mitmenschen erschließen sich viele biblische Texte neu.[18]

---

14. DB, 246-250. In einem Rückblick schreibt Bonhoeffer am 27. 01. '36 aus Finkenwalde an eine Bekannte: »Ich stürzte mich in die Arbeit in sehr unchristlicher und undemütiger Weise. Ein wahnsinniger Ehrgeiz, den manche an mir gemerkt haben, machte mir das Leben schwer und entzog mir die Liebe und das Vertrauen meiner Mitmenschen. Damals war ich furchtbar allein und mir selbst überlassen. Das war sehr schlimm. Dann kam etwas anderes, etwas, was mein Leben bis heute verändert und herumgeworfen hat. Ich kam zum ersten mal zur Bibel. Das ist auch wieder sehr schlimm zu sagen. Ich hatte schon oft gepredigt, ich hatte schon viel von der Kirche gesehen, darüber geredet und geschrieben – und war noch kein Christ geworden, sondern ganz wild und ungebändigt mein eigener Herr. (…) Ich war bei aller Verlassenheit sehr froh an mir selbst. Daraus hat mich die Bibel befreit und insbesondere die Bergpredigt. Seitdem ist alles anders geworden. Das habe ich deutlich gespürt und sogar andere Menschen um mich herum. Das war eine große Befreiung. Da wurde es mir klar, daß das Leben eines Dieners Jesu Christi der Kirche gehören muß und Schritt für Schritt wurde es deutlicher, wie weit das so sein muß« (in: GS 6, 367f.). Für den Bibelgebrauch nach der »Wendung des Christen zum Zeitgenossen« (*E. Bethge*, DB, 760ff.) vgl. D. Bonhoeffers Brief an E. Bethge vom 31.01.1941: »Es gibt manchmal Wochen, in denen ich sehr wenig in der Bibel lese. Irgendetwas hindert mich daran. Dann greife ich eines Tages wieder dazu und auf einmal ist alles viel stärker und man kommt gar nicht davon los. Ich habe kein ganz gutes Gewissen dabei; es hat so menschliche Analogien. Aber dann frage ich mich, ob nicht vielleicht auch diese Menschlichkeit mitgetragen ist und wird vom Wort Gottes« (GS 2, 397).
15. Zur Entwicklung in Bonhoeffers Gebrauch und theologischer Wertung des Alten Testaments vgl. *M. Kuske*, Buch von Christus.   16. Vgl. WEN, 23 f.,395,402.
17. Ethik, 130.
18. Zur wechselseitigen Abhängigkeit von Bonhoeffers Auslegung der hebräischen Bibel, seiner theologischen Haltung gegenüber dem Judentum und seinem Einsatz für die Juden in Deutschland s. *E. Bethge*, Juden, sowie *B. Klappert*, Weg und Wende.

Welche Konsequenzen hat nun diese erfahrungsbezogene, kontextuelle Lektüre des Alten Testaments für Bonhoeffers Segensverständnis?

Alttestamentlich vom Segen reden, heißt zunächst – ich beginne mit zwei formalen Bestimmungen – überhaupt vom Segen reden und auf dieses Theologumenon nicht etwa deshalb zu verzichten, weil es im Neuen Testament scheinbar kaum noch eine Rolle spielt. Alttestamentlich vom Segen reden, heißt darüber hinaus, am Gehalt und an der vielfältigen Gestalt des Segens, wie er in den hebräischen Schriften bezeugt ist, festzuhalten und beides weder für vom Neuen Testament überholt noch für in ihm aufgehoben zu betrachten. Damit ist der Interpretation biblischer Rede vom Segen ein eindeutiger Richtungssinn gegeben. Die alttestamentlichen Segenstexte sind nicht im Licht des Christusereignisses zu interpretieren, sondern umgekehrt: was im Neuen Testament Segen heißt, erschließt sich erst vom Alten Testament her. Die Bedeutung und die Praxis des Segens in Israel verlieren für die christliche Theologie und Kirche nicht an Verbindlichkeit, sie bleiben gültig und bilden ein unverzichtbares Korrektiv zu jeder Vergeistigung des Segens. Für ihr eigenes Segenshandeln werden ChristInnen an das Segensverständnis Israels gewiesen, das vom Neuen Testament weder völlig eingeholt, geschweige denn überholt worden ist. Die neutestamentlichen Auffassungen vom Segen ersetzen es nicht, sondern ergänzen und akzentuieren es neu. Der Segen »enthält alle Verheißungen« (WEN, 406), d. h. doch, daß auch vom Neuen Testament her nicht von einer Erfüllung aller Segensverheißungen Israels gesprochen werden kann. Indem der Segen alle Verheißungen in sich schließt, bewahrt er sie vielmehr gerade als *Verheißungen*, deren Verwirklichung in der Zukunft liegt.[19] Eben darin gründet ja die Segens*bedürftigkeit* der Welt, daß ihre Erlösung noch aussteht. Durch den Segen wird die Welt als Schöpfung auf ihre Erlösung und Vollendung im Reich Gottes hin erhalten. Bonhoeffer hält damit grundsätzlich an der eigenständigen Bedeutung und bleibenden Gültigkeit der Segensverheißungen des Alten Testaments fest. Dies hat Konsequenzen für die inhaltliche Bestimmung des Segensbegriffs.

---

19. M.E. liegt hier eine strukturelle wie sachliche Parallele zu Bonhoeffers bekanntem Satz vom Herbst 1940 vor: »Der Jude hält die Christusfrage offen« (Ethik, 95).

2. Segen als Bejahung und »Inanspruchnahme des irdischen Lebens für Gott«

In seiner Vorlesung »Schöpfung und Fall« vom WS 32/33, in der Bonhoeffer Gen 1-3 noch ausschließlich von Christus her liest[20], nennt er – bei der Auslegung von Gen 1, 28 – den »Segen Gottes über den Menschen (...) seine Verheißung, seine gewisse Zusage. Segen heißt Aussonderung des Gesegneten.« Bonhoeffer deutet das dominium terrae auf den Segen und fährt fort:

»Dieser Segen (...) bejaht den Menschen ganz in der Welt des Lebendigen, in die er gestellt ist, es ist seine ganze empirische Existenz, die hier gesegnet wird, seine Geschöpflichkeit, seine Weltlichkeit, seine Erdhaftigkeit. (...) was bezeugt dieser Segen vorerst anderes als daß Gott sah, daß sein Werk sehr gut war« (SF, 64).

Der göttliche Segen trägt somit den doppelten Charakter von Zuspruch und Anspruch, von Bejahung und Beauftragung. Der Segen ist zunächst die Anerkennung des Menschen in seiner Geschöpflichkeit und in seiner irdischen Schöpfungsgemeinschaft mit Tieren und Pflanzen. Mit dem Segen bezeugt und bestätigt Gott die Güte des Geschaffenen. Gerade die Leiblichkeit, die Erdverbundenheit des Geschöpfes Mensch[21] erfährt im göttlichen Segen ihre Rechtfertigung. Im Schöpfungssegen spricht sich Gottes Zustimmung zur Welt als seiner Schöpfung aus. Der Segen, der – wie Bonhoeffer 1944 formuliert –

---

20. Daß aber auch damit schon jeder Ablehnung oder auch nur Geringschätzung des Alten Testaments eine Absage erteilt ist, macht der allen marcionitischen Bestrebungen widersprechende Schlußsatz der Einleitung unmißverständlich klar: »Daß Gott der Eine Gott ist in der ganzen Heiligen Schrift, mit diesem Glauben steht und fällt die Kirche und die theologische Wissenschaft« (SF, 23).
21. In seiner Auslegung von Gen 2,7 beschreibt Bonhoeffer eindrücklich den Menschen als »Adam«, als Erdwesen: »Der Mensch, den Gott nach seinem Ebenbilde, d.h. in Freiheit geschaffen hat, ist der Mensch, der aus Erde genommen ist. Stärker konnte selbst Darwin und Feuerbach nicht reden, als hier geredet ist. Aus einem Stück Erde stammt der Mensch. Seine Verbundenheit mit der Erde gehört zu seinem Wesen. Die ›Erde ist seine Mutter‹, aus ihrem Schoß kommt er. Aber freilich, noch ist der Ackerboden, von dem der Mensch genommen ist, nicht der verfluchte, sondern der gesegnete Acker. Es ist die Erde Gottes, aus der der Mensch genommen ist. Aus ihr hat er seinen *Leib*. Sein Leib gehört zu seinem Wesen. Sein Leib ist nicht sein Kerker, seine Hülle, sein Äußeres, sondern sein Leib ist er selbst. Der Mensch ›hat‹ nicht einen Leib und ›hat‹ nicht eine Seele, sondern er ›ist‹ Leib und Seele. (...) Der Mensch, der sich seines Leibes entledigt, entledigt sich seiner Existenz vor Gott, dem Schöpfer. Der Ernst des menschlichen Daseins ist seine Gebundenheit an die mütterliche Erde, sein Sein als Leib« (a.a.O., 71 f.). Diese und andere Äußerungen Bonhoeffers zur Leiblichkeit und Erdverbundenheit des Menschen stellen m. E. ein wichtiges Korrektiv zur gerade auch in der befreiungstheologisch orientierten feministischen Theologie beklagten Leibfeindlichkeit des Christentums dar und harren als Bausteine zu einer Theologie der Leiblichkeit noch ihrer – nicht nur feministischen – Rezeption (vgl. *E. Moltmann-Wendel,* Mein Körper, wo ebenfalls jeder Bezug auf Bonhoeffers Gewichtung der Leiblichkeit fehlt).

»alle irdischen Güter in sich schließt« (WEN, 406), zielt auf ein gelingendes Leben im Diesseits, in den irdischen Bindungen und Begrenzungen. Er ist keine geistige, sondern gleichsam eine dinghafte Größe, sinnlich erfahrbar, mit Händen zu greifen. Wenn Bonhoeffer in seinen Ethik-Fragmenten den Begriff des »Natürlichen« für die evangelische Ethik hinsichtlich einer rechten Unterscheidung des Vorletzten vom Letzten zurückgewinnt:

>»Wir sprechen vom Natürlichen im Unterschied zum Geschöpflichen, um die Tatsache des Sündenfalls mit einzuschließen, wir sprechen vom Natürlichen im Unterschied zum Sündhaften, um das Geschöpfliche mit einzuschließen. Das Natürliche ist das nach dem Fall auf das Kommen Jesu Christi hin Ausgerichtete. Das Unnatürliche ist das nach dem Fall dem Kommen Christi Sich Verschließende.« (Ethik, 165),

dann kann in der Verlängerung der Aussagen von »Schöpfung und Fall« der Segen auch als eine Bejahung des natürlichen Lebens gedeutet werden.[22] Vielleicht läßt sich sogar sagen, daß durch den Segen das Natürliche wieder zu seiner Geschöpflichkeit befreit wird.[23]

Aber Gottes Segen ist mehr als die Zusage an sein Geschöpf: »So, wie du bist, bist du sehr gut!« In ihm drückt sich auch die *Zugehörigkeit* der Welt zu Gott und sein Anspruch auf sie aus. Bonhoeffer veranschaulicht dies gleich doppelt in dem eindrücklichen Bild, daß da, wo Menschen segnen, sie der Welt die Hand auflegen, um ihr zu sagen, sie gehöre Gott.[24] In dieser Geste liegt ja eine doppelte Absicht: Sie bietet Schutz, und sie nimmt in Beschlag. Mit dem Segen wird die Welt darauf angesprochen, daß sie *mehr* ist als Welt, nämlich *Schöpfung* Gottes. Sie wird daran erinnert, daß sie keine verlassene, einem hoffnungslosen Schicksal ausgelieferte, gottlose Welt ist, sondern in Beziehung zu ihrem Schöpfer steht, der sein Werk nicht aufgibt. Im Segen begleitet er es vielmehr, ist auf seine Zukunft und Erneuerung aus und schenkt seinen Geschöpfen darum die Lebensgüter, deren sie zu ihrer Erhaltung bedürfen. Wer der Welt und seinen Mitmenschen Gottes Segen zuspricht, bringt sie in den Herrschaftsbereich Gottes und entzieht sie damit der Verfügung anderer Herren. Wird mit dem Segen gesagt: »Du gehörst trotz allem Gott«, so liegt darin die Verneinung jeder anderen Herrschaft über den Menschen. Der Rede vom Segen eignet bei Bonhoeffer in seinen letzten Lebensjahren nicht nur eine große theologische Bedeutung, sie birgt auch politische Sprengkraft in sich, denn der Segen befreit

---

22. Den Segen nicht nur als Anerkennung des Geschöpflichen, sondern auch des Natürlichen zu verstehen, legt Bonhoeffer selbst nahe, wenn er im Zusammenhang mit der Erörterung des Natürlichen die Geburt von Kindern als den Segen, den Gott auf die Ehe gelegt hat, bezeichnet (a.a.O., 204,208 Anm. 8). Ausdrücklich betont Bonhoeffer aber, daß die Fruchtbarkeit der Ehe kein Befehl und die Fortpflanzung nicht der Zweck der Ehe, sondern beides Ausdruck des Segens Gottes ist.
23. Vgl. dazu die Auslegung von Gen 3,14-19 unter dem Titel »Fluch und Verheißung« (SF, 123-127).
24. Vgl. GS 4, 596.

aus der Abhängigkeit von allen irdischen Mächten und Gewalten, die Anspruch auf den Menschen erheben: Wer Gott gehört, gehört keinem anderen.[25]

Wiederholt betont Bonhoeffer, daß es im Segen um Gottes »Inanspruchnahme des *irdischen* Lebens«[26] und damit um den Menschen in seiner Leiblichkeit und Sinnlichkeit, und nicht nur um Geistiges und Geistliches geht, denn »der Segen ist ja nicht etwas rein Geistliches, sondern etwas in das irdische Leben tief Hineinwirkendes. Unter dem rechten Segen wird das Leben gesund, fest, zukunftsfroh, tätig, eben weil es aus der Quelle des Lebens, der Kraft, der Freude, der Tat heraus gelebt wird.«[27] Wie ein Kraftstrom verbindet der Segen die Geschöpfe mit Gott und ermächtigt sie dadurch zu einem tätigen Leben: Er weckt Lust am Leben, überwindet Resignation und eröffnet Zukunftsperspektiven. Als sehr gute wie als gefallene Schöpfung soll die Welt nicht sich selbst überlassen bleiben, sondern wird beansprucht, in Dienst genommen durch ihren Schöpfer. Der Segen *orientiert* die Welt als Schöpfung auf Gott hin und ist damit Inbegriff einer schöpferischen und tragfähigen Beziehung. Im Segen geschieht Vermittlung von Gott und Welt – auch das meint Bonhoeffers Rede vom Segen als dem theologischen »Zwischenbegriff im AT zwischen Gott und dem Glück (...) des Menschen« (WEN, 406). Wenn er darüberhinaus den Segen als »die Aussonderung des Gesegneten« (SF, 64) charakterisiert, dann geht es um eine Inanspruch- und Indienstnahme, die die Menschen nicht aus ihren irdischen Beziehungen herauslöst, sondern sie gerade *in* ihnen verpflichtet. Die Aussonderung, die sich mit dem Segen vollzieht, enthebt die Gesegneten nicht ihrer Weltverantwortung, sondern weist sie in diese ein. Sie kommt somit einer verschärften Bindung gleich. Insofern gilt auch für den Segen, was Bonhoeffer bei seinem Widerspruch gegen die Identifikation des Christentums mit einer Erlösungsreligion über die Auferstehungshoffnung sagt:

> »Die Christliche Auferstehungshoffnung unterscheidet sich von den mythologischen darin, daß sie den Menschen in ganz neuer und gegenüber dem A.T. noch verschärfter Weise an sein Leben auf der Erde verweist. Der Christ hat nicht wie die Gläubigen der Erlösungsmythen aus den irdischen Aufgaben und Schwierigkeiten immer noch eine letzte Ausflucht ins Ewige, sondern er muß das irdische Leben wie Christus (...) ganz auskosten und nur indem er das tut, ist der Gekreuzigte und Auferstandene bei ihm und ist er mit Christus gekreuzigt und auferstanden. Das Diesseits darf nicht vorzeitig aufgehoben werden. Darin bleiben Neues und Altes Testament verbunden. Erlösungsmythen entstehen aus menschlichen Grenzerfahrungen. Christus aber faßt den Menschen in der Mitte seines Lebens« (WEN, 369).

Deshalb kann Bonhoeffer auch davon sprechen, daß nicht nur der Fluch, sondern auch der Segen eine *Last* ist, die Gott auf den Menschen legt.[28] Das Se-

---

25. In dieser Hinsicht korrespondiert Bonhoeffers Segensverständnis mit der 2. These der Barmer Theologischen Erklärung (1934).
26. WEN, 406 (Hervorhebung M. F.).
27. GS 6, 572f. (Brief vom 25.8.42 an R. v. Wedemeyer).
28. Vgl. SF, 64. Eine Last ist der Segen m.E. in dreifacher Hinsicht: 1. Er kann sich in Fluch

genshandeln Gottes soll, ja wird seine Entsprechung im Verhalten der Gesegneten finden, denn »wer (...) selbst gesegnet wurde, der kann nicht mehr anders, als diesen Segen weitergeben, ja er muß dort, wo er ist, ein Segen sein« (GS 4, 596).

3. Segnen als menschen(un)mögliche Mitarbeit an der Schöpfung

Gesegnete werden zu MitarbeiterInnen Gottes an der Schöpfung. In der Traupredigt für Renate und Eberhard Bethge heißt es: »Gott hat auf die Ehe einen Segen und eine Last gelegt. Der Segen ist die Verheißung der Nachkommenschaft. Gott läßt die Menschen teilnehmen an seinem immerwährenden Schaffen; aber es ist doch immer Gott selbst, der eine Ehe mit Kindern segnet« (WEN, 58). Gottes Segnen ist ein Moment seiner creatio continua und seiner Erhaltung der Welt. Die Menschen nehmen teil an Gottes schöpferischem Handeln durch die Erfüllung des Auftrags von Gen 1, 28 und in der Wahrnehmung der beiden Mandate Arbeit und Ehe.[29] Über das Mandat der Ehe schreibt Bonhoeffer: »In der Ehe werden die Menschen eins vor Gott, wie Christus mit seiner Kirche eins wird. (...) Solchem Einswerden gibt Gott den Segen der Fruchtbarkeit, der Erzeugung neuen Lebens. Der Mensch tritt mitschaffend in den Willen des Schöpfers ein.«[30] Zwar bleibt Gott damit die einzige Quelle des Segens, aber sein schöpferischer Segen pflanzt sich fort im Tun der Menschen. Besonders deutlich wird dies, wo in Entsprechung zu Gottes Handeln in Christus auch Menschen, die den Segen Gottes erfahren haben, dem Fluch, der sie

verwandeln. 2. Er behaftet den Menschen bei seiner Geschöpflichkeit und damit auch bei seiner Endlichkeit; er impliziert ein Ja zur Begrenzung menschlichen Lebens, die gern tabuisiert und verdrängt wird. 3. Er verbindet sich mit einem Auftrag, nämlich die Geschöpflichkeit Gottes Weisungen gemäß zu gestalten und zu gebrauchen.

29. »Es geht bei der Arbeit, die im Paradies begründet ist, um ein mitschöpferisches Tun der Menschen. (...) Es ist keine Schöpfung aus dem Nichts, wie die Schöpfung Gottes, aber es ist ein Schaffen von neuem aufgrund der ersten Schöpfung Gottes. (...) Durch das göttliche Mandat der Arbeit soll eine Welt entstehen, die – darum wissend oder nicht – auf Christus wartet, auf Christus ausgerichtet ist, für Christus offen ist, ihm dient und ihn verherrlicht« (Ethik, 58 f.).
Zu Bonhoeffers Mandatenlehre als Rezeption von Luthers Reiche-, Regimenten- und Ständelehre vgl. z. B. U. *Duchrow*, Ethik der Institutionen.

30. A. a. O., 223. Zu Kindern als dem Segen der Ehe vgl. auch a. a. O., 204, 192 und GS 5, 413 (im Rahmen der Seelsorge-Vorlesung, wiederholt gehalten von Sommer 1935 bis Winter 1939/40): »Auf solcher Ehe (sc. der patriarchalen, M. F.) ruht Gottes Wohlgefallen und Segen. Als sichtbares Zeichen seines Segens schenkt Gott der Ehe Kinder. Kinder sind nicht unser Werk, über das wir verfügen können, sondern Gottes Geschenk.«

trifft, mit dem Zuspruch des Segens begegnen. Bonhoeffers Auslegung von 1 Petr 3,9 mündet in den Satz: »Nur aus dem Unmöglichen kann die Welt erneuert werden, dieses Unmögliche ist der Segen Gottes.«[31] Unmöglich ist der Segen Gottes zum einen, weil er keine eigene Möglichkeit der Welt darstellt: Die Welt kann sich nicht selbst segnen, sich nicht selbst erneuern, Hoffnung und Zukunft zusprechen. Der Segen kommt von außen; er ist der Welt als solcher nicht inhärent. Der Segen ist *Gottes* Möglichkeit, die Welt zu retten. Aber er kommt nicht zur Welt ohne menschliche Vermittlung. Und es sind gerade diejenigen, denen die Welt übel mitgespielt hat, die unter ihr gelitten haben, welche sich ihr mit Segen zuwenden, anstatt sich mit Verachtung von ihr abzuwenden. Es sind, wie Bonhoeffer mit Ps 34,20 sagt, die *leidenden Gerechten*, die der Welt durch ihr segnendes Handeln Zukunft schenken. Hierin liegt die zweite Unmöglichkeit des Segens: Wo es nach menschlichem Ermessen viel näher läge, auf erlittenes Unrecht und Gewalt mit Haß und Vergeltung, mit Ablehnung und Gegengewalt zu antworten, begegnet der Gerechte der Welt mit Segen. »Die Welt hätte keine Hoffnung, wenn dies nicht so wäre« (595 f.), denn nur so wird ihr Unheilszusammenhang, der Teufelskreis des Bösen durchbrochen, Gleiches nicht länger mit Gleichem vergolten, die Spirale der Gewalt nicht noch höher geschraubt. Ein solches »unmögliches« Tun eines Menschen braucht die Welt, um Zukunft zu haben, weil es die heillose Festschreibung des status quo – »Die Welt sagt: das ist nun einmal so, wird immer so sein und muß so sein« (595). – unterbricht. Als Kontrastverhalten zum Gewohnten überrascht es und zeigt der Welt, daß sie mehr und andere Möglichkeiten hat, als sie bisher wahrnimmt, daß sie selbst nicht nur segens*bedürftig* ist, sondern auch segens*fähig* werden kann. *Möglich* ist ein solches Tun nur aus der Erfahrung des eigenen Gesegnetseins, die so bezwingend sein muß, daß der/die Gesegnete »nicht mehr anders kann, als diesen Segen weiterzugeben, (...) ein Segen (zu) sein« (596).

Nicht ohne einen Schuß Überheblichkeit hatte Bonhoeffer in seiner Schrift »Nachfolge« (1937) zu Mt 5,44 (ergänzt aus Luk 6,27: »segnet, die euch fluchen«) ausgeführt:

»Trifft uns die Verfluchung des Feindes, weil er unsere Gegenwart nicht ertragen kann, so sollen wir die Hände zum Segen erheben: Ihr, unsere Feinde, ihr Gesegneten Gottes, euer Fluch kann uns nicht verletzen, aber eure Armut möge erfüllt werden von dem Reichtum Gottes, von dem Segen dessen, gegen den ihr vergeblich anlauft. Auch wollen wir euren Fluch wohl tragen, wenn ihr nur den Segen davontragt.«[32]

---

31. GS 4, 596 (Seitenzahlen im Text).
   Davon, daß »durch Gottes gnädiges Regiment in der Geschichte« der Fluch in Segen verwandelt werden kann, spricht Bonhoeffer im »Ethik«-Abschnitt »Schuld, Rechtfertigung, Erneuerung« (Ethik, 134).
32. Nachfolge, 123 f. Zu beachten ist, daß Bonhoeffer hier die Feinde bereits als »Gesegnete Gottes« anspricht und ihnen gleichwohl wünscht, daß sie mit dem Segen Gottes erfüllt werden mögen. Daß ihnen der Segen Gottes gilt, ist unabhängig von ihrem Tun. Dieser

Anstelle dieses selbstherrlich-selbstlosen Tauschangebots Fluch gegen Segen, das die Macht des Fluches verharmlost und das Verhalten von ChristInnen heroisiert[33], tritt 1944 die Einsicht, daß gerade der unschuldig an der Welt Leidende, der von Verwundungen nicht verschont bleibt, diese Welt retten kann, wenn er ihr den im Leiden erfahrenen Segen weitergibt. Was sich zwischen diesen beiden Auslegungen verändert hat, ist die *Beziehung* der Segnenden *zur Welt*: Waren sie in Bonhoeffers Bergpredigt-Exegese immun gegen den Fluch der Feinde, so lassen sie sich nun davon betreffen und verletzen; sie leiden in und an der Welt[34], und dennoch segnen sie sie und lassen damit die Welt ihres eigenen Mangels wie der Fülle Gottes ansichtig werden. Die Unberührtheit ist der Solidarität im Leiden gewichen.

Beide Texte hat Bonhoeffer in Wir-Form verfaßt; zumindest die Meditation über 1 Petr 3, 9 läßt darauf schließen, daß Bonhoeffer sich selbst in der Rolle des leidenden Gerechten gesehen hat und darum hier auch seine eigene Segenspraxis reflektiert, während er 1937 eher ein heiliges Ideal vor Augen hatte. Zwischen beiden Auslegungen liegt seine Entdeckung, »daß man erst in der vollen Diesseitigkeit des Lebens glauben lernt« (WEN, 401), und die Neuinterpretation des eigenen Leidens als Teilnahme am Leiden Gottes in der Welt: »Christen stehen bei Gott in Seinen Leiden.«[35] Sie wirft die Frage auf, wie Bonhoeffer insgesamt das Verhältnis von Segen und Leiden bestimmt.

4. Segen als Erlaubnis zu unbekümmertem Lebensglück und als Ermächtigung zu solidarischem Mitleiden

Wer alttestamentlich vom Segen redet, kann Segen und Leiden weder in einen unversöhnlichen Gegensatz zueinander bringen, noch beide miteinander identifizieren. Als theologischer »Zwischenbegriff« zwischen Gott und dem Glück

---

Zuspruch soll sie offenbar dazu motivieren, ihre Feindschaft zu überwinden, damit sich der Segen, den sie mit ihrem Verhalten unterdrücken, entfalten kann.

33. Zu Bonhoeffers eigener Kritik an seinem Buch »Nachfolge« s. WEN, 401: »Ich dachte, ich könnte glauben lernen, indem ich selbst so etwas wie ein heiliges Leben zu führen versuchte. Als das Ende dieses Weges schrieb ich wohl die ›Nachfolge‹. Heute sehe ich die Gefahren dieses Buches, zu dem ich allerdings nach wie vor stehe, deutlich.« Vgl. *E. Bethge*, DB, 523-527,760-762.

34. »Daran vor allem wird man den Gerechten erkennen, daß er in dieser Welt leidet. Er bringt gewissermaßen das Sensorium Gottes in die Welt; darum leidet er, so wie Gott unter der Welt leidet« (GS 4, 595).

35. A.a.O., 382. Dieser Satz aus Bonhoeffers Gedicht »Christen und Heiden« kann als eine Art Wegzeichen zu einer Theologie nach dem Holocaust verstanden werden, zumal wenn man P. Lapide zustimmt, daß diese Theologie »nicht mehr fragen kann: Wo war Gott? Sondern zu fragen hat: Wo war der Mensch, der Mitmensch? Wo war ich?« (Bonhoeffer, 117).

des Menschen verbindet sich der Segen zunächst und vor allem mit dem gelingenden Leben, mit Gesundheit, Erfolg, Kraft, Besitz irdischer Güter, langem Leben etc.[36] Der Segen, der alle Verheißungen inkludiert, intensiviert das (Er-)Leben, macht stark und tatkräftig, lebensfroh und hoffnungsvoll und setzt Energien frei. Ein gesegnetes Leben ist ein sinn(en)volles Leben.[37] Mit dem Begriff des Segens wird ein Leben bejaht, das sich ganz im Diesseits bewegt und das irdische Dasein in vollen Zügen auskostet.

Man muß dieses Segensverständnis in Verbindung bringen mit dem Thema, das Bonhoeffer in Tegel besonders bewegt hat: »die Inanspruchnahme der mündig gewordenen Welt in Jesus Christus« (375)[38], um es in seiner Tiefe auszuloten. Die Frontstellung ist klar: Bonhoeffer wehrt sich gegen eine christliche Apologetik, die mit der »Arbeitshypothese: Gott« (356) die Menschen, die längst – selbst im Bereich der Religion – ohne Gott zu leben gelernt haben, bevormunden will. Er widerspricht einer Theologie, die den Menschen ihr Glück, ihre Stärke und Lebenslust mißgönnt, ihnen ein schlechtes Gewissen einredet, sie in die Verzweiflung treibt und zu Sündern abstempelt, um somit Platz für Gott in der Welt zu schaffen.[39] Faktisch wird damit aber Gott immer mehr aus der Welt hinausgedrängt, und man erklärt die Grenzfragen zu seinem Zuständigkeitsbereich. Auf diese »Arbeitshypothese: Gott« will Bonhoeffer ebenso

---

36. Noch unmißverständlicher formuliert E. Lange: »Was das Alte Testament ›Segen‹ nennt, ist die Fülle des irdischen Glücks, höchst irdische Bedürfniserfüllung. Und eben sie wird von Gott erwartet, erbeten, gelegentlich protestierend eingeklagt. Was die ganze Bibel als ›Shalom‹, als Frieden verheißt und ersehnt, ist der endgültige Sieg dieses Segens über den Fluch der menschlichen Selbstzerstörung, des Lebens über den Tod. (...) Die christliche Überlieferung mag mit dem Herzen des Menschen nicht einig sein, was denn das Glück sei und wie es sich erfülle, aber zum Feind menschlichen Glücks, zum Bestreiter des menschlichen Rechts auf Glück kann der Gott der Christen nur gemacht werden, wenn man ihn mißbraucht« (Konsequenzen, 67f.).
37. »Der unbiblische Begriff des ›Sinnes‹ ist ja nur eine Übersetzung dessen, was die Bibel ›Verheißung‹ nennt« (WEN, 426; Seitenzahlen im Text).
38. Vgl. dazu die Briefe an E. Bethge vom 8.6.44 (355-360), 30.6.44 (372-375), 8.7.44 (376-381), 16.7.44 (391-394) und 18.7.44 (394-397) sowie *E. Feil*, Theologie, bes. 355-399. E. Feil hat überzeugend nachgewiesen, daß sich Bonhoeffers Begriff der »Mündigkeit« wie seine Sicht der neuzeitlichen Entwicklung der Welt zur Autonomie der Lektüre Wilhelm Diltheys verdanken, und nachgezeichnet, wie Bonhoeffer die Analysen Diltheys – unter Rückgriff auf eigene frühe Gedanken zum christlichen Weltverständnis und -verhältnis (schon aus der Zeit des Vikariats in Barcelona) – für die Reflexionen über die »mündig gewordene Welt« fruchtbar gemacht hat.
39. »Die Attacke der christlichen Apologetik auf die Mündigkeit der Welt halte ich erstens für sinnlos, zweitens für unvornehm, drittens für unchristlich. Sinnlos – weil sie mir wie der Versuch erscheint, einen zum Mann gewordenen Menschen in seine Pubertätszeit zurückzuversetzen, d.h. ihn von lauter Dingen abhängig zu machen, von denen er faktisch nicht mehr abhängig ist, ihn in Probleme hineinzustoßen, die für ihn faktisch nicht mehr Probleme sind. Unvornehm – weil hier ein Ausnutzen der Schwäche eines Menschen zu ihm fremden, von ihm nicht frei bejahten Zwecken versucht wird. Unchristlich – weil Christus mit einer bestimmten Stufe der Religiosität des Menschen, d.h. mit einem menschlichen Gesetz verwechselt wird« (a.a.O., 358).

verzichten wie auf Gott als Lückenbüßer, der sein Dasein jenseits der Grenzen unserer Erkenntnis fristet. Die Erkenntnis und Erfahrung Gottes gehört vielmehr – wie Bonhoeffer einschärft – ins Zentrum des Lebens: »Nicht erst an den Grenzen unserer Möglichkeiten, sondern mitten im Leben muß Gott erkannt werden; im Leben und nicht erst im Sterben, in Gesundheit und Kraft und nicht erst im Leiden, im Handeln und nicht erst in der Sünde will Gott erkannt werden. Der Grund dafür liegt in der Offenbarung Gottes in Jesus Christus. Er ist die Mitte des Lebens« (341). Eine Theologie, die Gott als Lösung für die sog. »letzten Fragen« anpreist und die Menschen statt an ihrer stärksten an der schwächsten Stelle mit Gott konfrontiert, nimmt weder Gott noch die Menschen ernst. Und sie kann sich keineswegs auf die Praxis Jesu berufen, denn »niemals hat Jesus die Gesundheit, die Kraft, das Glück eines Menschen an sich in Frage gestellt und wie eine faule Frucht angesehen. Warum hätte er sonst Kranke gesund gemacht, Schwachen die Kraft wiedergegeben? Jesus nimmt das ganze menschliche Leben in allen seinen Erscheinungen für sich und das Reich Gottes in Anspruch« (374 f.).

Bis in die Formulierungen hinein konvergieren hier *christologische* und *segenstheologische* Motive: In beidem, im Segen und in Christus, dokumentiert sich Gottes Anspruch auf das ganze Leben; in beidem vermittelt sich Gott der Welt so, daß es keine Bereiche gibt, die er unbeansprucht läßt. Der Segen und Christus bezeugen, daß wir es gerade auch auf den Sonnenseiten des Lebens mit Gott zu tun haben. *Vor* jedem Anspruch liegt darin eine große Erlaubnis, das Lebensglück als Gabe Gottes und insofern als Segen unbekümmert und – im wahrsten Sinne des Wortes – unverschämt zu genießen.

Gleichwohl erschöpft sich der Segen nicht im Glück; es gibt auch den Segen *im* Leiden sowie den Segen, der *aus* dem Leiden erwächst.[40] Dies zeigt sich allein schon am Beispiel der Segensträger in Israel, von den Erzvätern bis hin zu Jesus, denen die Verheißung des Segens nicht die Verschonung von Leiden garantierte. Auch in Israel ist der Segen nicht einfach ein Synonym für Glück, ein Begriff für äußerlich sichtbares Wohlergehen und Abwesenheit von Not. Wer deshalb Segen und Leiden bzw. Kreuz zu einer Alternative erhebt, baut nicht nur einen falschen Gegensatz zwischen den beiden Testamenten auf (als mache

---

40. Vgl. die Auslegung von 1 Petr 3,9 (GS 4, 595 f.). Vom »Segen des Leidens« spricht Bonhoeffer auch im »Ethik«-Abschnitt »Erbe und Verfall«, in einer Passage über die besondere Entwicklung der Kirche(n) in den USA. Während seiner Amerikareise (Juni-Juli 1939) hatte er dort einen »völligen Verfall der Kirche an die Welt« wahrgenommen, die er auf eine mangelnde Unterscheidung der beiden Reiche zurückführte. Daß es bei dieser kirchlichen Anpassung an die Welt »nicht zu einer radikalen Kirchenfeindschaft kommt, hat seinen Grund in der nie vollzogenen Unterscheidung der Ämter. Die Gottlosigkeit bleibt verhüllter. Sie entzieht damit der Kirche allerdings auch den Segen des Leidens und der aus ihm hervorgehenden Wiedergeburt« (Ethik, 118). Demnach bestünde der Segen des Leidens darin, daß eine nichtangepaßte Kirche, die den Widerspruch und die Feindschaft der Welt provozieren würde, im dadurch verursachten Leiden zu ihrem eigenen Wesen und Auftrag finden könnte. Das Leiden würde dann Segen wirken, wenn es die Kirche zur Besinnung auf ihre christusgemäße Identität brächte.

das »Wort vom Kreuz« die alttestamentlichen Segensverheißungen zunichte), sondern macht aus dem Leiden ein Prinzip, indem er ein kontingentes Geschehen zum Kontinuum erhebt und so mit dem Glück auch den Segen disqualifiziert. Nach Bonhoeffer führt diese einseitige Betonung des Kreuzes, die Segen und Leiden voneinander trennt, zu einem »ungesunde(n) Methodismus« (407). Was ist damit gemeint?[41]

Mit dem Etikett »Methodismus« versieht Bonhoeffer alle jene (apologetischen) Versuche, mit denen die säkularisierte, mündig gewordene Welt mittels *religiöser Methoden* für Gott ansprechbar gemacht werden soll. Er zielt dabei vor allem auf die oben bereits erwähnten Formen der Bevormundung, die die Menschen erst erniedrigen, um sie dann in ihrer Schwäche mit Gott zu konfrontieren. Doch wo durch eine Methode, sei es eine religiöse, existenzphilosophische oder psychotherapeutische[42], Menschen in den Zustand der Abhängigkeit, Sorge und Not versetzt werden, um sie davon zu überzeugen, daß sie Gott brauchen, wird das menschliche *Leiden* zum ausschließlichen Anknüpfungspunkt für Gottes Handeln. Glück, Gelingen, Gesundheit, Stärke etc. kommen als Gaben Gottes und als »Orte« der Gotteserfahrung nicht in den Blick. Erst der mit Lebensangst und Verzweiflung infizierte Mensch erscheint als der geeignete Adressat des Evangeliums. Zufriedenheit, Selbstsicherheit und Glück werden damit eher zu Hindernissen für die Begegnung mit Gott; mit ihnen scheint das Evangelium, ja Gott selbst nicht konkurrieren zu können. Mit seiner sensiblen Wahrnehmung und kritischen Entlarvung jeder religiösen Methode, wittert Bonhoeffer, daß selbst das Gebet dazu mißbraucht werden könnte, Menschen mit Gott zu konfrontieren. Deshalb stehe in den Gebeten, die er für seine Mitgefangenen geschrieben habe[43], auch die Bitte um Sündenvergebung nicht im Mittelpunkt: »Ich würde es für seelsorglich und sachlich ganz verfehlt halten, hier methodistisch vorzugehen«, schreibt Bonhoeffer in diesem Zusammenhang an E. Bethge (239). »Methodistisch« wäre es also, Menschen in der Notsituation der Haft zu Sündenbekenntnissen zu bewegen, um ihnen damit zu zeigen, daß sie auf Gottes Vergebung angewiesen sind. Die scharfe Abwehr jeder methodischen Präparierung des Menschen für das Evangelium korrespondiert mit dem Verständnis des Segens als »Inanspruchnahme des irdischen Lebens für Gott«, die eine Beschränkung der Gotteserfahrungen auf Leidenssituationen ebensowenig zuläßt wie das Bestreben, das Kreuz zum Kontinuum des Lebens zu machen.

Die Unmöglichkeit jedes methodisch noch so raffinierten religiösen Weges des Menschen zu Gott begründet Bonhoeffer in den »Ethik«-Fragmenten mit der Unterscheidung und Zuordnung von *Letztem und Vorletztem*[44]: Ist die Rechtfertigung des Sünders aus Gnade allein das letzte Wort Gottes über das menschliche Leben, so gibt es für den Menschen keine Möglichkeit, dieses Letzte auf eigenem Weg zu erreichen: »Das qualitativ letzte Wort schließt ein für allemal jede Methode aus. Es ist ja das vergebende und nur durch Vergebung rechtfertigende Wort« (141). Wird so jede menschliche Vermittlung

---

41. Vgl. zu den folgenden Überlegungen auch *K.-M. Kodalle*, Kritik, 131 ff., bes. 138-147.
42. Vgl. WEN, 357-360,373-375. Im Blick auf Existenzphilosophie und Psychotherapie spricht Bonhoeffer von »säkularisierte(m) Methodismus« (358). Zu Bonhoeffers Ablehnung der Psychotherapie vgl. *E. Feil*, Theologie, 367f., bes. Anm. 61.
43. Vgl. WEN, 158-161.
44. S. Ethik, 137-162 (Seitenzahlen im Text).

von Vorletztem und Letztem verneint, steht beides doch nicht beziehungslos nebeneinander. Das Verhältnis der letzten und vorletzten Dinge zueinander findet allein in Jesus Christus, mit dem die Wirklichkeit Gottes in die Weltwirklichkeit eingegangen ist[45], seine angemessene Gestalt. Mit der Menschwerdung, Kreuzigung und Auferweckung Jesu wird »vom Letzten her ein gewisser Raum für das Vorletzte offengehalten« (151), d. h.: das Letzte bedeutet weder einen völligen Abbruch, eine Zerstörung des Vorletzten, noch dessen Sanktionierung.[46] Die christologisch begründete Einheit, in der das Letzte das Vorletzte bedingt, frei- und in Kraft setzt, gibt dem irdischen Leben, der Weltwirklichkeit, ihre eigene Würde und unverzichtbare Bedeutung für die letzten Dinge. Das Vorletzte, das »um des Letzten willen gewahrt bleiben« (152) muß, wird zum Ort der *Wegbereitung* für das Letzte.[47] Die Aufgabe der Wegbereitung stellt den Gegensatz zu jeder »methodistischen« Anstrengung, vom Vorletzten zum Letzten zu gelangen, dar. Sie impliziert einen grundlegenden Richtungswechsel, denn Wegbereitung setzt voraus und erkennt an, daß Gott selbst in Jesus Christus zur Welt kommt und wir deshalb nicht unseren Weg zu Gott, sondern Gottes Weg zu uns zu bereiten haben: »Methode ist der Weg vom Vorletzten zum Letzten. Wegbereitung ist der Weg vom Letzten zum Vorletzten« (159). Mit dem Auftrag, dem uns immer schon entgegenkommenden Gott den Weg zu bahnen, wird sowohl die Einheit von Letztem und Vorletztem als auch die unumkehrbare Perspektive vom Letzten auf das Vorletzte bewahrt und bewährt. Wegbereitung ist die menschliche Entsprechung zu und Antwort auf die in Jesus Christus geschenkte Einheit von Welt- und Gotteswirklichkeit. In der Wegbereitung gewinnt Gottes Anspruch auf das Vorletzte Gestalt.

Was folgt nun aus dieser Alternative von »Methodismus« und »Wegbereitung« für Bonhoeffers Verhältnisbestimmung von Segen und Leiden?

Daß die Entgegensetzung von Kreuz und Segen[48] die Gefahr des »Methodis-

---

45. Vgl. a. a. O., 31 ff.
46. Bonhoeffer lehnt damit sowohl eine Radikallösung als auch eine Kompromißlösung ab, die beide Letztes und Vorletztes in einen ausschließlichen Gegensatz zueinander bringen würden: »Die radikale Lösung denkt vom Ende aller Dinge, von Gott dem Richter und Erlöser her, die Kompromißlösung denkt von dem Schöpfer und Erhalter her; die einen setzen das Ende absolut, die anderen das Bestehende. So gerät Schöpfung und Erlösung, Zeit und Ewigkeit in einen unlösbaren Widerstreit, und so wird die Einheit Gottes selbst aufgelöst, der Glaube an Gott zerbricht« (a. a. O., 146).
47. Vgl. a. a. O., 152-162.
48. Bonhoeffer grenzt sich an dieser Stelle von Kierkegaard ab (zu weiteren Kierkegaard-Bezügen in den Briefen aus der Haft vgl. WEN, 141,217,257). Ein wörtliches Zitat, in welchem Kierkegaard den (alttestamentlichen) Segen gegen das Kreuz Christi stellt, konnte ich bisher (auch nach Rücksprache mit Christian Gremmels, einem der Herausgeber von »Widerstand und Ergebung« im Rahmen der DBW) nicht ausfindig machen.
Da Bonhoeffer in der Haft – diesen Hinweis verdanke ich Ilse Tödt, Heidelberg/Hannover – keine Kierkegaard-Bücher benutzte, sondern aus der Erinnerung »zitierte«, legen sich vor allem zwei wesentliche Motive in den Schriften Kierkegaards nahe, aus denen Bonhoeffer schließen konnte, daß Kierkegaard »aus dem Kreuz ein Prinzip gemacht« und damit »dem Leiden den Charakter der Kontingenz einer göttlichen Schickung (ge)raubt« (WEN, 406 f.) habe:
1. Durchgängig, besonders aber in seinem »Evangelium der Leiden« (in: Erbauliche Reden, 225 ff.) entfaltet Kierkegaard die Nachfolge Christi ausschließlich als Leidensnachfolge: In

mus« in sich birgt, wie Bonhoeffer konstatiert, hängt offenbar damit zusammen, daß hier die rechte Zuordnung von Letztem und Vorletztem nicht mehr gegeben ist. Wo allein das *Kreuz* Christi den Schnittpunkt von Gottes- und Weltwirklichkeit bildet und die Einheit beider garantiert, wird eine Theologie

den Fußspuren des Vorbildes Christi zu gehen, heißt für Kierkegaard – mit Luk 14, 27 – sein Kreuz zu tragen (vgl. zur Entsprechung von Leidensnachfolge und weitgehender Verkürzung der Christologie auf das Vorbild des leidenden Christus: *S. Hansen*, Christusbild).
2. Insofern diese Kreuzesnachfolge Selbstverleugnung wie Weltverzicht impliziert, geht sie mit einer scharfen Entgegensetzung von irdischen Gütern und »Gütern des Geistes« einher. Während für Bonhoeffer der Segen als »Inanspruchnahme des irdischen Lebens für Gott« gerade auch die zeitlichen Güter inkludiert, qualifiziert Kierkegaard diese allesamt als »ungerechte(n) Mammon«: »*Alles irdische oder weltliche Gut ist an und für sich selbstisch, neidisch; sein Besitz neidend oder ein Neid*, muß so oder so andre ärmer machen: was ich habe, kann ein andrer nicht haben; je mehr ich habe, um so weniger kann ein andrer haben. (...) *Anders steht es mit des Geistes Gütern. Des Geistes Gut ist seinem Begriff zufolge Mitteilung, sein Besitz neidlos und gütig, an und für sich selbst Mitteilung*« (Christliche Reden, 122, Hervorhebungen im Original). Segensreich nennt Kierkegaard darum ausdrücklich nur die »Güter des Geistes« (vgl. a.a.O., 124 f. sowie insgesamt die Reden »Stimmungen im Streit mit Leiden«, a.a.O., 97 ff.).
Bonhoeffers Einschätzung, daß damit Kierkegaard einem zweckorientierten Leidens-Methodismus das Wort geredet habe, hat K.-M. Kodalle entschieden widersprochen. Für ihn ist Kierkegaards philosophisch-theologisch-existentielle Leidenschaft für das Leiden nicht nur Grundlage für eine »Kritik der Apathie«, sondern er hat gerade im Anschluß an Kierkegaard eine »Kritik des Wunschdenkens und der Zweckrationalität« entworfen (Eroberung, bes. 87 ff.). Bonhoeffer mit Kierkegaard interpretierend, versteht Kodalle die Ohnmacht des an der gottlosen Welt leidenden Gottes als Bedingung menschlicher Freiheit (vgl. Bonhoeffers Gedicht »Stationen auf dem Wege zur Freiheit«, WEN, 403) und kann vom menschlichen Mitleiden mit Gott in der Sicht Bonhoeffers sagen: »Es gewinnt also ganz wie bei Kierkegaard seinen *Sinn* in der Herrlichkeit des freien Einsseins mit Gott, dessen Ohnmacht es nicht mehr als Anfechtung und Versuchung nimmt und nicht mehr in Eigenmächtigkeit ausbeutet« (Kritik, 169; vgl. bes. Anm. 6 mit der Berücksichtigung von WEN, 406 f.; Hervorhebung im Original).
Allerdings scheint mir diese (fast) völlige Abbildung des Bonhoefferschen Modells der Leidensnachfolge auf das Kierkegaardsche (inklusive der Entsprechung in den beiden Biographien) nur möglich unter Ausblendung der segenstheologischen Motive Bonhoeffers. In seiner Interpretation von WEN, 394 ff. läßt Kodalle die Sätze zum Segen unberücksichtigt (vgl. Kritik, 167-170). Ich stimme Kodalle aber darin zu, daß Bonhoeffer den Gedanken der wesentlichen Ohnmacht Gottes nicht radikal zuende gedacht hat (wie dies etwa *H. Jonas*, Gottesbegriff, getan hat). Doch dachte Kierkegaard hier wirklich radikaler?
Daß sich die gewichtigsten segenstheologischen Aussagen Bonhoeffers gerade inmitten der Gedanken über die Ohnmacht und das Leiden Gottes finden, unterstreicht, daß selbst die Nachfolge bis in den Tod jeder Romantisierung und Verherrlichung des Leidens und Nekrophilie entbehrt, daß sie vielmehr einhergeht mit einer tiefen Wertschätzung und – wo möglich – dem Genuß der irdischen Segensgüter und des diesseitigen Lebens.
H.-G. Fritzsche, Lehrbuch I, 78 f., verweist dort, wo er – diese Briefpassage Bonhoeffers zitierend – von der Zuordnung einer Theologie des Segens zu einer Theologie des Kreuzes spricht, lediglich auf Kierkegaards Auslegung von Gen 22 in »Furcht und Zittern« (vgl. auch *H.-G. Fritzsche*, Lehrbuch III, 273 f.).
Bei Kierkegaard kommt der Segen vor allem als Abschiedssegen in den Blick. Die dichtesten Äußerungen finden sich in der letzten »Rede (...) beim Altargang am Freitag«, einer

des Kreuzes unsachgemäß von einer Inkarnations- und Auferstehungstheologie getrennt, werden Schöpfung, Erhaltung und Erlösung auseinandergerissen. Doch Gottes Kommen zur Welt geht aufs Ganze und umfaßt diese drei Ereignisse als Einheit: »In Jesus Christus glauben wir den menschgewordenen, gekreuzigten und auferstandenen Gott. In der Menschwerdung erkennen wir die Liebe Gottes zu seiner Kreatur, in der Kreuzigung das Gericht Gottes über alles Fleisch, in der Auferstehung den Willen Gottes zu einer neuen Welt« (148f.). Wo entsprechend behauptet wird, daß das menschliche *Leiden* prinzipiell und ausschließlich für Gott ansprechbar macht, wird geleugnet, daß Gott auch jede andere Lebenssituation beansprucht. Christliches Leben darf nicht verwechselt werden mit einem permanenten Leidens- und Elendsweg. Indem ChristInnen an der Begegnung Gottes mit der Welt in Jesus Christus teilnehmen, heißt christliches Leben »Menschsein inkraft der Menschwerdung, (...) gerichtet und begnadigt sein inkraft des Kreuzes, (...) ein neues Leben leben in der Kraft der Auferstehung. Eins ist nicht ohne das andere« (150).

Wer Segen und Kreuz trennt und aus dem Leiden ein Prinzip macht, reduziert den Bereich der vorletzten Dinge auf das irdische Jammertal und schließt eine Teilnahme an der Inkarnation wie an der Auferstehung Jesu aus. Wer Segen und Kreuz trennt, sieht das Vorletzte allein unter der Perspektive des Gerichtes Gottes und kann deshalb dem Vorletzten ein eigenes Recht gar nicht konzedieren. Wer Segen und Kreuz trennt, verunglimpft so das Vorletzte und nimmt ihm die Würde, Ort der Wegbereitung für das Kommen Gottes sein zu können. Anders formuliert: nur wo Segen und Kreuz in einen differenzierten Zusammenhang gebracht werden – Bonhoeffer spricht z.B. davon, »daß im AT der Segen auch das Kreuz, im NT das Kreuz auch den Segen in sich schließt«[49] –, können ChristInnen unbelastet und mit gutem Gewissen ganz im Vorletzten, ganz weltlich[50] leben, müssen sie sich nicht selbstquälerisch ihr Glück und ihre Zufriedenheit miesmachen, um erst im Leiden Gott zu begegnen. Denn mit der Menschwerdung Gottes, mit Kreuz und Auferweckung Jesu Christi ist das natürliche Leben in allen seinen Schattierungen gerechtfertigt. Nur wo das Leiden

---

Auslegung von Luk 24, 51 (in: Christliche Reden, 319-323), vgl. auch: Furcht und Zittern, 7f.,17f.

49. WEN, 407. Mit dieser Akzentverschiebung zwischen Altem und Neuem Testament, die eben keinen Gegensatz impliziert, trägt Bonhoeffer der zentralen kreuzestheologischen Gestalt neutestamentlicher Soteriologie Rechnung, ohne damit aber – wie Luther – den Gekreuzigten selbst mit dem Segen zu identifizieren und das Gesegnetsein primär im Licht der kreuzestheologischen Figur »sub contrario« wahrzunehmen. Die lutherische Unterscheidung von geistlichem und leiblichem Segen ist in Bonhoeffers Konzeption ausgeschlossen.

50. »Weltliches« Christentum ist bei Bonhoeffer in den späten Briefen identisch mit »religionslosem« Christentum: »(...) ›religionslos‹ und ›weltlich‹ (sind) Adjektive des christlichen Glaubens selbst, wobei das ›religionslos‹ den negativen Aspekt im Hinblick auf die Tradition, wie sie vor allem im Kulturprotestantismus Gestalt angenommen hat, das ›weltlich‹ den positiven Aspekt im Hinblick auf die Zukunft bezeichnet« (*E. Feil*, Theologie, 320).

nicht für das Ganze gehalten wird, sondern kontingent und begrenzt bleibt, wirkt es Segen. Und *das* Leiden, aus dem Segen erwächst, kann kein selbstgemachtes sein, keine Methode, um sich der letzten Dinge und Gottes zu vergewissern und zu bemächtigen, sondern es ist als »Teilnahme an der Christusbegegnung mit der Welt« (151) Teilnahme am Leiden Gottes in der Welt, kontingentes »Hineingerissenwerden in das messianische Leiden Gottes in Jesus Christus« (WEN, 395). Darüber, daß uns dieses Leiden trifft und Gott uns darin seinen Segen schenkt, verfügen wir nicht. Nicht zufällig begegnet bei Bonhoeffer die Ablehnung jeder religiösen Methodik auch im Zusammenhang mit dem Aufruf, am Leiden Gottes an der gottlosen Welt teilzunehmen: »Nicht der religiöse Akt macht den Christen, sondern das Teilnehmen am Leiden Gottes im weltlichen Leben (...). Nichts von religiöser Methodik, der ›religiöse Akt‹ ist immer etwas Partielles, der ›Glaube‹ ist etwas Ganzes, ein Lebensakt. Jesus ruft nicht zu einer neuen Religion auf, sondern zum Leben« (WEN, 395 f.). Spätestens hier wird deutlich, daß Bonhoeffer mit der entschiedenen Ablehnung jedes religiösen »Methodismus« auf frühere Äußerungen zur Kritik der Religion zurückgreift. Schon in seinem Christologie-Vortrag von Barcelona (»Jesus Christus und vom Wesen des Christentums«[51]) hieß es – hier noch stark unter dem Einfluß der Religionskritik K. Barths[52] -:

»Der religiöse Weg des Menschen zu Gott führt von sich aus zum Abgott unseres Herzens, den wir nach unserem Bilde schufen. Nicht Wissen, nicht Moral, nicht Religion führt zu Gott (...), es gibt schlechterdings keinen Weg des Menschen zu Gott (...). Sollen Menschen und Gott zusammenkommen, so gibt es nur einen Weg, den Weg Gottes zum Menschen. Dann hören alle Ansprüche menschlicherseits auf, dann hat Gott allein die Ehre. (...) So kann Religion und Moral der gefährlichste Feind des Kommens Gottes zu den Menschen, d.h. der christlichen frohen Botschaft werden; und so ist die christliche Botschaft grundsätzlich amoralisch und areligiös, so paradox das klingen mag. (...) Christus ist nicht der Bringer einer neuen Religion, sondern der Bringer Gottes, also als der unmögliche Weg des Menschen zu Gott steht die christliche Religion neben andern Religionen« (GS 5, 148f.,154).

Auch wenn sich Bonhoeffers Religionsbegriff unter dem Einfluß der Dilthey-Lektüre von den Barcelona-Vorträgen bis zu »Widerstand und Ergebung« verändert hat[53], so halten sich doch wesentliche Motive seiner Religionskritik (menschlicher Versuch, zum Göttlichen vorzudringen; Partikularität) durch. Indem nun Bonhoeffers Zuordnung von Segen und Kreuz zum einen jeden religiösen »Methodismus« ausschließt und zum anderen mit seinen Äußerungen zu einem weltlich-religionslosen Christentum korrespondiert, ist auch der Segen des (Mit-)Leidens (wie der Segen überhaupt) eine *nichtreligiöse* Größe. Und dann liegt Segen in diesem Mitleiden mit Gott an der Welt, das jede reli-

---

51. GS 5, 134-156.
52. Zur Entwicklung in Barths und Bonhoeffers Religionsverständnis sowie einem differenzierten Vergleich beider s. E. Feil, Theologie, 324-354.
53. Vgl. E. Feil, Theologie, 345 ff.

giöse Verklärung und Vertuschung ihrer Gottlosigkeit durchkreuzt, auch deshalb, weil hier die Welt von einem falschen Gottesbild zur Begegnung mit dem biblischen Gott befreit wird, mit dem Gott, »der durch seine Ohnmacht in der Welt Macht und Raum gewinnt«, der »kraft seiner Schwachheit, seines Leidens«[54] hilft. Segen liegt in diesem Mitleiden mit Gott, weil es – statt Verachtung und Verteufelung der Welt – eine tiefe Solidarität mit ihr bezeugt. Wer sich im Leiden nicht von der Welt abwendet, sondern ihr die Treue hält, gönnt ihr Gottes Segen und hofft damit auf ihre Erneuerung. Auch das Mitleiden ist dann eine Gestalt der Wegbereitung. Dem entgegenkommenden Gott kann aber nur dort der Weg geebnet werden, wo dem Vorletzten ein eigener Raum und eine eigene Zeit vor dem Letzten verbleibt, wo es bejaht und geliebt wird. Eben dies ereignet sich, indem die Welt Gottes Segen empfängt.

5. Segen als gemeinschaftsstiftende Lebensmacht angesichts von Trennung und Tod

Der Segen als Inbegriff einer heilvollen Beziehung wird für Bonhoeffer – angesichts des immer dämonischer sich gebärdenden, die Weltlichkeit der Welt und die Menschlichkeit des Menschen zerstörenden Terrors der NS-Diktatur – zur einzigen Hoffnung auf Erneuerung der Welt. Aber nicht nur im Verhältnis von Gott und Welt ist die Erfahrung des Gesegnetseins und Segnens zunehmend wichtig; auch in den zwischenmenschlichen, besonders in den innerfamiliären Bindungen (welche ja nach Bonhoeffer nicht weniger durch Christus vermittelt sind als Gott und Welt) erweist sie sich als Quelle des Trostes, der Kraft und der Ermutigung.

Vom Segen der Gemeinschaft spricht Bonhoeffer zuerst in seiner kleinen Schrift »Gemeinsames Leben« (1939)[55], in der er die Praxis der christlichen Gemeinschaft im Predigerseminar Finkenwalde und im sog. Bruderhaus von 1935-37 beschreibt und reflektiert. Der Gebrauch des Segensbegriffs mutet hier zunächst ganz umgangssprachlich, noch nicht mit dem theologischen Gewicht der späten Belege befrachtet, an. Berücksichtigt man jedoch, daß »nicht klösterliche Abgeschiedenheit, sondern innerste Konzentration für den Dienst nach außen (…) das Ziel« der Finkenwalder Gemeinschaft ist, wie Bonhoeffer dem Rat der

---

54. WEN, 394. Unübersehbar bedingen sich Gottes- und Weltverständnis bei Bonhoeffer gegenseitig.
55. Es ist die auflagenstärkste Arbeit D. Bonhoeffers, die er in nur wenigen Wochen im September/Oktober 1938 schrieb und die 1939 als Heft 61 der »Theologische(n) Existenz heute« und 1987 in kritischer Ausgabe erschien (vgl. GL; Seitenzahlen im Text).

Evangelischen Kirche der APU mitteilt[56], ist auch hier bereits der Weltbezug des Segensthemas präsent: Der Segen des gemeinsamen Lebens im Bruderhaus ist kein Privatbesitz der dort lebenden Kandidaten, sondern *Gabe zum Weitergeben* am jeweiligen Ort der Verantwortung. Allein unter diesem Vorzeichen ist das Segensverständnis von »Gemeinsames Leben« angemessen zu erörtern.[57]

Bereits mit dem – gleichsam als Motto vorangestellten – Psalmvers (133,1): »Siehe, wie fein und lieblich ist es, daß Brüder einträchtig beieinander wohnen« (15.34) – liegt ein impliziter Bezug auf das Segensthema vor, wie die Fortsetzung des Psalms verdeutlicht:

«(2) Es ist wie das feine Salböl auf dem Haupte Aarons,
das herabfließt in seinen Bart, das herabfließt zum Saum seines Kleides,
(3) wie der Tau, der vom Hermon herabfällt auf die Berge Zions!
Denn dort verheißt der HERR den *Segen* und Leben bis in Ewigkeit.«[58]

In seiner kanonischen Endgestalt preist dieses Wallfahrtslied die lebensförderliche Ausstrahlung brüderlicher Gemeinschaft, wie sie sich beim Festgottesdienst auf dem Zion einstellt, wohin Jhwh seinen Segen und damit Heil, Leben, Schutz, Frieden etc. entboten hat, und veranschaulicht sie in zwei eindrücklichen Vergleichen: Eine solche Gemeinschaft[59] wirkt wie von den Bergen des Nordens herabströmender, lebensspendender Tau und wie das wohlduftende Öl der Freude und des Festjubels.[60]

Indem Bonhoeffer Ps 133,1 seiner Darstellung der Finkenwalder Lebens- und Lerngemeinschaft vorausschickt, ist jedes Mißverständnis des gemeinsamen Lebens im Sinne eines selbstzwecklichen Rückzugs aus der Welt in einen frommen Zirkel Gleichgesinnter und in eine Innerlichkeit des Glaubens ausgeschlossen: Wie der belebende Tau und das festliche Freude symbolisierende Öl sich verströmen und wie der – von den Priestern am Ende des Gottesdienstes

---

56. GS 2, 449 (Brief vom 26.9.1935).
57. Vgl. dazu auch das Nachwort der Herausgeber, das die Kontinuität in Bonhoeffers theologischem Ansatz hervorhebt und »Gemeinsames Leben« »im Schnittfeld von Christus – Kirche – Welt« ansiedelt (a.a.O., 133-171; Zitat: 154).
58. Übersetzung nach M. Luther in der revidierten Fassung von 1956/64.
59. E. Zenger unterscheidet von der jetzigen Gestalt des Psalms, die mit V. 2c und V. 3c-d Spuren einer zionstheologischen Bearbeitung trägt, eine ursprüngliche Form, die für das »Ethos sozial engagierter Brüderlichkeit«, wie es im Deuteronomium als unverzichtbares Kriterium des Gottesvolkes begegnet, wirbt. »Das ist also keine bloße Brüderlichkeit der Gesinnung oder der Sympathie, sondern eine sozialpolitische Option« (a.a.O., 120f.). Erst die Zionsredaktion überträgt das Lob der Brüderlichkeit aus dem gesellschaftspolitischen Alltag auf die gottesdienstliche Gemeinschaft. Anknüpfungspunkt ist dabei die Erwähnung des Bartes (V. 2b), mit der der (übermäßig lange) Bart des Hohenpriesters assoziiert wird, dessen die Gemeinde dann ansichtig wird, wenn der Priester sich ihr am Ende des Gottesdienstes *segnend* zuwendet. Damit ist auch die Einführung des Zionstheologumenons »Segen« (V. 3) motiviert.
60. Zum motivgeschichtlichen Hintergrund für diese Deutung des vom Kopf herabfließenden Öls (V. 2a-b) im Kontext des Sprachspiels Fest vgl. *J. Assmann*, Schöner Tag.

gespendete – Segen vom Zion aus die Festpilger in ihren Alltag begleitet, soll auch die Finkenwalder Gemeinschaft ausstrahlen auf die Welt. Zu beachten ist allerdings, daß Bonhoeffer diese Gemeinschaft in Christus begründet sieht und damit auch Ps 133,1 christologisch interpretiert. Am Ende des Abschnitts »Gemeinschaft« heißt es im Anschluß an ein erneutes Zitat des Psalmverses: »(...) das ist der Lobpreis der Heiligen Schrift auf ein gemeinsames Leben unter dem Wort. In rechter Auslegung des Wortes ›einträchtig‹ aber darf es nun heißen: ›wenn Brüder durch Christus beieinander wohnen‹; denn Jesus Christus allein ist unsere Eintracht. ›Er ist unser Friede.‹ Durch ihn allein haben wir Zugang zueinander, Freude aneinander, Gemeinschaft miteinander« (34). Vor und mit dieser Ausstrahlung nach außen schenkte das gemeinsame Leben den Brüdern selbst Segen, weil es ihnen, die als Mitglieder der Bekennenden Kirche meist als Vereinzelte ihren Dienst in einer feindlichen Umwelt taten und unter Repressalien litten, *leibhaft erfahrbare, sichtbare* Gemeinschaft und lebendigen Austausch untereinander eröffnete.[61]

Schon 1931 hatte Bonhoeffer in einem Briefwechsel mit Helmut Rößler geschrieben: »Die Unsichtbarkeit macht uns kaputt. Wenn wirs nicht in unserem persönlichen Leben sehen können, daß Christus da war, dann wollen wir's wenigstens in Indien sehen, aber dies wahnwitzige dauernde Zurückgeworfenwerden auf den unsichtbaren Gott selbst – das kann doch kein Mensch mehr aushalten.«[62] Weil Gott selbst sich mit seiner Menschwerdung in Jesus von Nazareth sichtbar und leiblich-sinnlich erfahrbar gemacht hat, wird die leibliche Nähe von MitchristInnen zu einem Zeichen der Gegenwart Gottes und damit zu einer »Quelle unvergleichlicher Freude und Stärkung« (16). Bonhoeffers Hochschätzung von F. C. Oetingers Dictum »Leiblichkeit ist das Ende der Wege Gottes«[63] entspricht in »Gemeinsames Leben« die schöpfungs-, inkarnations- und trinitätstheologische Begründung der sichtbaren Gemeinschaft, mit der er das paulinische Bild von der Gemeinde als Leib Christi aufnimmt:

»Es bedeutet keine Beschämung für den Gläubigen, als sei er noch gar zu sehr im Fleische, wenn es ihm nach dem leiblichen Antlitz anderer Christen verlangt. Als Leib ist der Mensch erschaffen, im Leibe erschien der Sohn Gottes um unsertwillen auf Erden, im Leibe wurde er auferweckt, im Leibe empfängt der Gläubige den Herrn Christus im Sakrament, und die Auferstehung der Toten wird die vollendete Gemeinschaft der geistleiblichen Geschöpfe Gottes herbeiführen. Über der leiblichen Gegenwart des Bruders preist darum der Gläubige den Schöpfer, den Versöhner und den Erlöser, Gott Vater, Sohn und Heiligen Geist« (17).

---

61. »Sie freuten sich auf den theologisch reichlich gedeckten Tisch ›im Angesicht der Feinde‹, nachdem einige von ihnen schon mit Gefängnis, Ausweisungen, alle aber mit Diskriminierungen und groben Benachteiligungen Bekanntschaft gemacht hatten. (...) Sie kamen aus den versprengten Häuflein der Bekennenden Gemeinden und freuten sich auf den Austausch« (Nachwort der Herausgeber, a.a.O., 137). Vgl. auch *S. Bobert-Stützel*, Freund.
62. GS 1, 61.
63. Vgl. *E. Bethge*, DB, 174.

Zu den sichtbaren Zeichen dieser leiblichen Gemeinschaft, die Gott in der Welt inkarniert, gehört auch der Segen, den sich die Kandidaten gegenseitig zusprechen (vgl. 17 f.), und der Segen im Abendgebet, der das bedrohte Leben da, wo die eigene Arbeit und Sorge ruht, unter den Frieden und die Bewahrung Gottes stellt.[64] Der Abendsegen begegnet der Ohnmacht der Schlafenden und nimmt ernst, daß der eschatologische Kampf Gottes um seine Geschöpfe mit dem Bösen auch während des Schlafes nicht unterbrochen ist, denn »auch im Schlafen sind wir in der Hand Gottes oder in der Gewalt des Bösen. Auch im Schlafen kann Gott an uns Wunder schaffen oder der Böse in uns Verheerung anrichten« (63 f.). Der Segen Gottes für die Nacht ist ein Moment seiner *Erhaltung* der Geschöpfe.

Segnend wirkt die Gegenwart Christi auch in der *Tischgemeinschaft*. Dem Segen über das tägliche Brot eignet eine Art hermeneutischer Kraft, indem er – wie dies die Emmausgeschichte (Luk 24,13-35) erzählt – die gehaltenen Augen öffnet und »Jesus Christus erkennen (läßt) über den Gaben« (56). Der Tischsegen führt zu einer dreifachen Erkenntnis: erstens, daß Gott, der Schöpfer und Herr der Welt, der Geber aller Gaben auch des leiblichen Lebens ist und ihm dafür Dank gebührt; zweitens, daß diese Welt und je unser Leben allein um Christi willen erhalten wird; und drittens, daß jede Mahlzeit eine Tischgemeinschaft mit Christus selbst ist, wenn um sein Kommen gebetet wurde. Bonhoeffer wehrt den Verdacht ab, daß »damit eine krankhafte Vergeistigung der leiblichen Gaben gesucht (würde), vielmehr erkennen die Christen gerade in der vollen Freude über die guten Gaben dieses leiblichen Lebens ihren Herrn als den wahren Geber aller guten Gaben« (57). Eine Vergeistigung ist auch noch in anderer Hinsicht ausgeschlossen: Der Segen über dem täglichen Brot verbindet die Tischgemeinschaft nicht nur untereinander und mit Christus, sondern er nimmt auch in Pflicht, das Brot, das *unser*, nicht *mein* Brot ist, miteinander zu teilen, es dem Hungrigen zu brechen (Jes 58,7).[65] Die Bedeutung der täglichen Tischgemeinschaft als Moment der sinnlich wahrnehmbaren Nähe Gottes und der Mitmenschen sowie der in ihr wirksame Segen können bei Bonhoeffer nur schwerlich überschätzt werden. Im Bereich des Vorletzten bietet das Teilen des täglichen Brotes einen Vorgeschmack auf die eschatologische Tischgemeinschaft im Reich Gottes. Für Bonhoeffer ist sie zugleich ein alltäglicher Vorgriff auf den Sabbat: »Sie ist die mitten in der Werktagsarbeit uns immer wieder geschenkte Erinnerung an die Ruhe Gottes nach seiner Arbeit, an den Sabbath als den Sinn und das Ziel der Woche und ihrer Mühe. Unser Leben ist nicht nur

---

64. »Wann könnten wir tiefer um Gottes Macht und Wirken wissen, als in der Stunde, da wir die Arbeit aus den Händen legen und uns seinen treuen Händen anbefehlen? Wann sind wir zum Gebet um Segen, Frieden und Bewahrung bereiter als dort, wo unser Tun am Ende ist? Wenn wir müde werden, tut Gott sein Werk. ›Der Hüter Israels schläft noch schlummert nicht‹« (62 f.).
65. »Solange wir unser Brot gemeinsam essen, werden wir auch mit dem wenigsten genug haben. Erst wo einer sein eigenes Brot für sich selbst behalten will, fängt der Hunger an. Das ist ein seltsames Gesetz Gottes« (58).

Mühe und Arbeit, sondern es ist auch Erquickung und Freude an der Güte Gottes. Wir arbeiten, aber Gott ernährt und erhält uns« (57 f.).[66]

Schließlich kann Bonhoeffer auch vom Segen des gemeinsamen Singens sprechen, wobei für ihn das Singen, besonders das einstimmige, eher eine geistliche als eine musikalische Sache ist (vgl. 49-53). Segen liegt auf dem gemeinsamen Lied, insofern es an der Verkündigung des Evangeliums teilnimmt und in das Lied der weltweiten Christenheit einstimmt.

Noch eindrücklicher als diese Belege aus »Gemeinsames Leben« bezeugen einige Briefe aus der Haft die verbindende Kraft des Segens. Wo die leiblich und sinnlich erfahrbare Nähe von Menschen fehlt, schenkt der Segen eine Gemeinschaft, die die Abwesenden gegenwärtig sein läßt. Diese Macht des Segens spricht besonders aus zwei Briefen an Ruth von Wedemeyer, die Mutter seiner Verlobten. Am 25.8.1942 schreibt Bonhoeffer ihr anläßlich des Todes ihres Mannes an der Ostfront:

»Es war vor etwa 7 Jahren, als Ihr Gatte in meinem Finkenwalder Zimmer saß, um über den Konfirmandenunterricht, den Max bekommen sollte, zu sprechen. Ich habe dieses Zusammensein nie vergessen. Es hat mich durch die Zeit des Unterrichts begleitet. Ich wußte, daß Max das Entscheidende schon vom Elternhaus empfangen hatte und weiter empfangen würde. Es war mir auch klar, was es heute für einen Jungen bedeutet, einen frommen Vater zu haben, der zugleich mitten im Leben steht. Als ich dann im Laufe der Jahre fast alle Ihre Kinder kennenlernte, da bin ich von der Macht des Segens, die von einem Christus-gläubigen Vater ausgeht, oft sehr beeindruckt gewesen. (…) Der Segen ist ja nicht etwas rein Geistliches, sondern etwas in das irdische Leben tief Hineinwirkendes. Unter dem rechten Segen wird das Leben gesund, fest, zukunftsfroh, tätig, eben weil es aus der Quelle des Lebens, der Kraft, der Freude, der Tat heraus gelebt wird. Aus solchem Segen lebend und solchen Segen in letzter Verantwortung weitergebend steht das Bild Ihres Gatten mir heute vor Augen (…). Wenn ein Mensch den Segen, den er selbst empfing, an die Seinen und an Viele weitergegeben hat, dann hat er wohl das Wichtigste im Leben erfüllt, dann ist er wohl selbst ein in Gott glücklicher Mensch geworden und hat andere in Gott glücklich gemacht. Der Segen aber, in dem er lebte, bleibt über ihm als das Leuchten des Angesichtes Gottes über ihm. Es wird der Geist sein, in dem er gelebt hat, in dem Sie jetzt mit Ihren Kindern zusammen sind. (…) meine Gedanken gehen zu Max. Wie muß ihm gerade jetzt der Vater fehlen. Und doch bin ich ganz gewiß, daß er nicht mehr vergessen und verlieren kann, was er von seinem Vater empfangen hat, daß er geborgen ist wie sein Vater geborgen war und ist« (GS 6, 572 f.).

In einem Geburtstagsbrief aus Tegel an seine Schwiegermutter erinnert Bonhoeffer am 10.4.44 an die beiden Kriegstoten der Familie, ihren Mann und

---

66. Damit wird auch verständlich, warum Bonhoeffer in der Haft unter dem Verzicht auf dieses Moment des gemeinsamen Lebens besonders gelitten hat: »Ich entbehre sehr die Tischgemeinschaft; jeder materielle Genuß, den ich von Euch kriege, verwandelt sich mir in eine Erinnerung an die Tischgemeinschaft mit Euch. Ob sie nicht darum doch ein wesentlicher Bestandteil des Lebens ist, weil sie eine Realität des Reiches Gottes ist?« (WEN, 154).

ihren Sohn Max, den ehemaligen Konfirmanden Bonhoeffers, der kurz nach seinem Vater 1942 an der Ostfront starb:

»Ich habe die Losungen des 19.4. aufgeschlagen.[67] Sie weisen uns auf die hin, die aus der Ewigkeit uns rufen und bei uns sind, auf Vater und auf Max. Du wirst in Deinen Gedanken ganz bei ihnen sein und doch auch ganz bei uns und bei denen, die Dich auf dieser Erde brauchen. Die Zeit zwischen Ostern und Himmelfahrt ist mir immer besonders wichtig gewesen. Schon richtet sich unser Blick auf das Letzte, aber noch haben wir unsere Aufgaben, unsere Freuden und unsere Schmerzen auf dieser Erde und die Kraft des Lebens ist uns durch Ostern zuteil. Ich sage nichts anderes als was ich erfahren habe, wenn ich Dir heute dafür danke, daß Du uns auf diesem Wege zwischen Ostern und Himmelfahrt vorangehst; es ist der Segen, den Vater und Max Dir und uns hinterlassen haben. Auch ich will mit Maria diesen Weg gehen, ganz bereit für das Letzte, für die Ewigkeit und doch ganz gegenwärtig für die Aufgaben, für die Schönheiten und für die Nöte dieser Erde. Nur auf diesem Wege können wir miteinander ganz froh und ganz ruhig werden. Mit ausgestreckten, offenen Händen wollen wir empfangen, was Gott uns schenkt und uns daran freuen aus ganzem Herzen und mit stillem Herzen wollen wir hingeben, was Gott uns noch nicht gewährt oder nimmt« (WEN, 277).

In diesen Briefen an R. v. Wedemeyer beschreibt Bonhoeffer nicht nur die Wirkung, die gesegnete Menschen auf ihre Umwelt ausüben und die er geradezu als Lebenserfüllung begreifen kann[68]; er veranschaulicht vor allem die gemeinschaftsbildende Kraft des Segens in Abschiedssituationen, insbesondere in der Trennung angesichts des Todes. Der Tod stellt für den Segen keine Grenze dar; dem Tod zum Trotz stiftet er vielmehr Trost und Lebenskraft. Die Zurückgebliebenen sollen dessen gewiß werden, daß Gott dem Toten den Segen, den er ihm im Leben geschenkt hat, nicht entzieht. Unter demselben gnädig zugewandten Angesicht Gottes diesseits und jenseits des Todes bleibt die Beziehung aufrechterhalten, wird der Tote nicht ersetzt, sondern unverlierbar. Das Band des Segens läßt die Lebenden der Toten eingedenk sein. Es sind die ausdrucksstarken Bilder des aaronitischen Priestersegens, die für Bonhoeffer in der Situation der Trennung ihre Kraft entfalten. Darüberhinaus wird ihm die Abschiedsszene am Ende des Lukasevangeliums transparent für die eigene Situation. Ausgeschlossen vom Leben außerhalb der Gefängnismauern, sieht er sich selbst in der Rolle eines Jüngers, den Jesus verläßt und der doch nicht allein ist, weil der Auferstandene ihm mit seinem Segen gegenwärtig bleibt.[69] Dieser ermächtigt ihn zu einer Existenz auf dem »Wege zwischen Ostern und Himmelfahrt«.

67. Ps 31,6; Phil 1,23.
68. »(...) ich wünsche, daß dieses Pfingsten für uns beide ein gesegnetes sei. Segen – das heißt sichtbare, spürbare, wirksam werdende Nähe Gottes. Segen will weitergegeben sein, er geht auf andere Menschen über. Wer gesegnet ist, ist selbst ein Segen. Das wollen wir füreinander und für alle Menschen, die unserer Arbeit oder unserer Fürbitte anvertraut sind, sein. Es gibt nichts Größeres als daß ein Mensch ein Segen für andere ist, nicht wahr? Nicht nur eine Hilfe, ein Gefährte, ein Freund, sondern ein Segen. Das ist viel mehr« (Brautbriefe, 185 f.; s. auch GS 4, 595 f.; zu den Brautbriefen vgl. *R. Schindler*, Verhaftet).
69. Die Segensbedürftigkeit des Häftlings Bonhoeffer kommt noch deutlicher in einer Bemer-

Das Leben unter dem Segen vereint die Treue gegenüber den Toten mit der Treue zur Erde. Weil Gesegnete wissen, daß sie ihr Leben mit allen seinen Gütern Gott verdanken, müssen sie sich nicht krampfhaft daran klammern, können haben, als hätten sie nicht (1 Kor 7,29-31); weil aber der Segen sie gleichzeitig ganz in das irdische Leben hineinstellt, wehrt er weltflüchtigen Tendenzen, einer Verklärung des Leidens und Todessehnsüchten, bindet die Gesegneten an ihre Verantwortung für die Welt. Indem ein solcher Abschiedssegen Zeit und Ewigkeit zusammenhält, läßt er das Ausgespanntsein zwischen Himmel und Erde nicht nur ertragen, sondern auskosten, ohne die Menschen heillos zu zerreißen. Er bewahrt damit die *Mehrdimensionalität* des Lebens und läßt dessen *Polyphonie* erklingen.[70] So erscheinen auch die Unvollkommenheit und das Bruchstückhafte des Lebens nicht mehr als bedrohlich und zwingen nicht länger zur Flucht in trügerische Ganzheits- und Vollkommenheitsideale. Wo durch den Segen ein Mensch an der Fülle Gottes teilhat, kann er sein Leben gelassen als *Fragment* bejahen – und leben.[71]

kung gegenüber E. Bethge vom 21.11.43 zur Sprache: »Ich habe die Anweisung Luther's sich ›mit dem Kreuz zu segnen‹ bei Morgen- und Abendgebet ganz von selbst als eine Hilfe empfunden. Es liegt darin etwas Objektives, nach dem man hier besonders Verlangen hat« (WEN, 154). In der Isolation der Haft bedarf es der sichtbaren, leibhaft erfahrbaren Vergewisserung des göttlichen Segens. Hier wird das Segens*wort* ergänzungsbedürftig durch das Zeichen, die Geste.
70. Vgl. WEN, 331-334,340f.,348.
71. Eine beeindruckende theologische Rechtfertigung der Fragmentarizität des Lebens (unter Berücksichtigung Bonhoeffers) bietet H. *Luther*, Fragment. Für Bonhoeffers Gedanken zum Fragment vgl. WEN, 241 f.,245 f.,324 f. und K.-M. *Kodalle*, Kritik, 147-152.

IV. Karl Barth

Als *Kronzeugen* für das Fazit seiner Untersuchung zum »Segen im Neuen Testament«, nämlich »daß es keine christlichen Segenshandlungen gibt«, daß »der Begriff des Segens (...) im christlichen Bereich dem der Fürbitte unterzuordnen« und überhaupt »nur noch traditionell als alttestamentlich-jüdisches Begriffsmaterial da ist, aber keine Eigenbedeutung mehr hat«[1], führt W. Schenk Karl Barth an: Daß es im Neuen Testament keinen Hinweis auf Segnungen in den urchristlichen Gemeinden gebe und daß deshalb heutigen kirchlichen Segenshandlungen das biblische Fundament fehle, »das ist bisher wohl einzig von K. Barth gesehen und klar ausgesprochen worden«[2]. Das von W. Schenk als Beleg angeführte, aber nicht weiter kommentierte Zitat Barths:

»Eines ist freilich auffällig, daß der Begriff und die Anschauung des alttestamentlichen *Segens* in der neutestamentlichen Sprache und Darstellung durchaus erhalten und lebendig geblieben ist, daß aber offenbar die *Aktion* des Segnens und Gesegnetwerdens von Mensch zu Mensch, die für die alttestamentliche Situation so bezeichnend ist, in der neutestamentlichen Gemeinde *nicht* aufgenommen und fortgesetzt worden ist.«[3]

deutet darauf hin, daß W. Schenk sich zumindest dann mit Recht auf K. Barth berufen kann, wenn er die *Schriftgemäßheit* christlicher Segenshandlungen infragestellt. Doch ist damit schon der Kern des Barthschen Segensverständnisses getroffen? Läuft seine Lektüre der alt- und neutestamentlichen Segenstexte und deren dogmatische Entfaltung auf eine Bestreitung (der biblischen Legitimation) christlichen Segenshandelns hinaus? Hebt auch er – wie Schenk es in deutlicher Abgrenzung von alttestamentlich-jüdischer Segenspraxis tut – das Segnen in die Fürbitte auf? Sind die Segenstraditionen Israels für die christliche Gemeinde nicht mehr relevant? Welche Bedeutung haben dann aber der biblische Segensbegriff und die Erfahrungen, die sich mit ihm verbinden, überhaupt noch für die gegenwärtige kirchliche Praxis und die sie kritisch begleitende theologische Reflexion?

Gerade im Vergleich zu D. Bonhoeffer fällt die ganz andere Wahrnehmung des Themas sofort ins Auge: Während für Bonhoeffer die Erkenntnis der theologischen und anthropologischen Bedeutung des Segnens und Gesegnetwerdens zunehmend aus Erfahrungen der eigenen Segensbedürftigkeit in der konkreten lebensgeschichtlichen Situation der Haft und des Widerstandes erwächst und seine bibelorientierten segenstheologischen Reflexionen diesen Erfahrungen nachdenken, finden sich Barths Ausführungen zum Segen in das große Ge-

---

1. W. *Schenk*, Segen, 132 f.
2. A.a.O., 133; zur Kritik an W. Schenk vgl. C. *Westermann*, Segen in der Bibel, 70-75, und unten Teil C, I.2.
3. K. *Barth*, KD III/2, 707 (die Hervorhebungen Barths sind bei Schenk getilgt).

bäude seiner »Kirchlichen Dogmatik« eingebettet und damit der inneren Logik und argumentativen Stringenz eines christologisch begründeten dogmatischen Entwurfs ein- und untergeordnet. Was für K. Barth Segen heißt und welche Bedeutung er der menschlichen Segenspraxis beimißt, ist nicht primär am *biographischen*, sondern am *dogmatischen* Ort und in bezug auf die Grundentscheidungen seiner Theologie zu erarbeiten.[4] Denn bei der Interpretation Barthscher Aussagen zum Segen stellt sich der Eindruck ein, daß hier mit der Christozentrik der »Kirchlichen Dogmatik« nicht nur über die Auswahl und Auslegung biblischer Segenstexte, sondern auch über den Sinn, die Gestalt und die Grenzen von Segenshandlungen in der Kirche vorentschieden ist.

Barths Erörterung der Segensthematik konzentriert sich auf zwei Passagen innerhalb der Schöpfungslehre der KD.[5] Dem entspricht im folgenden die Zweiteilung meiner Darstellung, an die sich in einem dritten Kapitel eine kritische Würdigung anschließt. Die darin an Barth gerichteten Anfragen verdanken sich nicht zuletzt auch manchen seiner eigenen theologischen Grundentscheidungen und stellen den Versuch dar, die fragwürdigen Aspekte seines Segensverständnisses von seinen »besseren Einsichten« her zu überholen.

1. Das Verständnis des Schöpfungssegens in der Zuordnung von Schöpfung und Bund

Der Segen rückt in der KD zum ersten Mal in den Blick, wo Barth mit der Auslegung des priesterlichen Schöpfungsberichtes (Gen 1, 1 - 2, 4a) die Schöpfung als den äußeren Grund des Bundes entwirft (KD III/1, § 41.2). In der konsequenten, erwählungstheologisch-christologisch begründeten Zuordnung von

---

4. Meine Darstellung und Kritik des Barthschen Segensverständnisses orientiert sich demzufolge an den einschlägigen Passagen der »Kirchlichen Dogmatik« und bemüht sich um eine ausführliche Deutung seiner insgesamt knappen Berücksichtigung des Themas im unmittelbaren Kontext des jeweiligen Locus und auf dem Hintergrund der theologischen Hauptlinien der KD. Die verstreuten und spärlichen Bemerkungen zum Segen in anderen Barth-Schriften werden dort herangezogen, wo sie weiterführende und vertiefende Einsichten ermöglichen.
5. Wie schon im Blick auf Luthers und Calvins Segenstheologie erweisen sich auch für Barth die Ausführungen U. Manns im Handbuch Systematischer Theologie als unzulänglich. Ihm reichen zwölf Zeilen, um das Segensverständnis Barths (und O. Webers) zu erheben, und seine Darstellung bleibt gänzlich formal, wenn er resümiert: »B. äußert sich i. a. nur knapp, lediglich an einer Stelle zu diesem Thema etwas eingehender, aber doch, erinnert man sich an Calvin, verhältnismäßig zurückhaltend« (Wunder, 75). Eine eigene Untersuchung zum »Segen« in der Theologie K. Barths gibt es m. W. nicht.

Schöpfung und Bund[6] kommt dem göttlichen Schöpfungssegen für Tiere und Menschen (Gen 1, 22.28) eine Schlüsselfunktion zu.

1.1 Der Schöpfungssegen als Präfiguration des Bundes

Schon die Segnung von Vögeln und Fischen kann Barth als »das Vorspiel und die Präfiguration des Gnadenbundes« verstehen, weil im Segnen »zum ersten Mal ein Handeln Gottes *mit* seinem Geschöpf« (190) geschieht und damit die die Schöpfung fortsetzende, eigentliche Geschichte als Bundesgeschichte anhebt. Als Schnittpunkt von Schöpfungs- und Bundesgeschehen eröffnet und begleitet der Segen des Schöpfers die Eigenständigkeit und Eigenbewegung des animalischen Geschöpfes, der נפש חיה. Das explizite Segenswort hebt nicht nur das Schöpfungswerk des fünften Tages, die Erschaffung der Vögel und Fische, von den vorausgehenden Schöpfungswerken ab, sondern es bewirkt zugleich eine auch und gerade in ihrer beider Segensbedürftigkeit und in ihrem tatsächlichen, ursprünglichen und bleibenden Gesegnetsein gründende *Schöpfungsgemeinschaft* von Tier und Mensch. Zwar zielt Gottes Schöpfungshandeln auf die Erschaffung des Menschen als seinen Abschluß, zwar hebt die Bestimmung des Menschen, zum Ebenbild Gottes geschaffen und mit dem dominium terrae beauftragt zu sein, ihn von allen anderen Geschöpfen ab, aber daß er seine geschichtliche Existenz, seine Erhaltung und Bewahrung dem Segen Gottes verdankt, verbindet ihn unauflösbar mit den Tieren. Er hat keine andere Geschöpflichkeit als sie, mehr noch: Während sie seiner nicht bedürfen, bleibt er auf die Gemeinschaft mit ihnen angewiesen, bedarf er ihrer als *Gefährten*, *Vorläufer* und *Zeugen*, die ihn mit ihrem Lobpreis des Schöpfers an seine eigene (Segens-)Bedürftigkeit erinnern. Die durchgängige Anthropozentrik der Barthschen Exegese des priesterlichen Schöpfungsberichtes[7] erfährt in der Entfaltung der Segensgemeinschaft von Tier und Mensch eine einschneidende Relativierung: Indem alle lebendigen, selbstbeweglichen Geschöpfe zu ihrem Fortbestehen des göttlichen Segens bedürfen, und indem sich Gott mit der Segnung der Vögel und Fische »zum ersten Mal dem Geschöpf verpflichtet als ein treuer Gott« (195), zeigt kein anderes Motiv aus Gen 1,1-2,4a so deutlich die geschöpfliche Entsprechung von Mensch und Tier wie der Segen. Auch wenn

---

6. KD III/1, §41 (Seitenzahlen im Text); zu Barths Schöpfungslehre vgl. *C. Link*, Schöpfung, 257-329 (bes. 277-293 zur wechselseitigen Bezogenheit von Schöpfung und Bund) sowie *C. Link*, Theologische Aussage; *J. Moltmann*, Karl Barths Schöpfungslehre, und *W. Krötke*, Licht- und Schattenseite.
7. Zwar unterscheidet Barth zwischen dem *Abschluß* der Schöpfung mit dem Werk des sechsten Tages und ihrer *Vollendung* in der Ruhe und Koexistenz des Schöpfers mit seinen Geschöpfen am siebenten Tag und bezeichnet den Menschen nur unter Vorbehalt als »die Krone der Schöpfung« (vgl. 203), doch ist auch sein Sabbatverständnis (vgl. KD III/1, 240-258; KD III/4, 51-79) anthropozentrisch geprägt. Daß es gleichwohl in einer Zeit wachsenden ökologischen Bewußtseins entscheidende Impulse für die Bewahrung der Schöpfung geben kann, zeigt z.B. der ausgiebige Gebrauch, den Jürgen Moltmann von Barths Sabbatlehre und -ethik macht (vgl. *J. Moltmann*, Schöpfung, 281-298).

Mann und Frau als Ebenbild des Schöpfers an der Spitze der Schöpfungsgemeinschaft stehen – darin aber nicht nur mit einer größeren Würde, sondern auch mit einer größeren Verantwortung begabt –, ist seine Unterschiedenheit von den anderen Geschöpfen umschlossen von der gemeinsamen Segensbedürftigkeit, wie Barths parallele Deutung von Gen 1, 22 und 1, 28 veranschaulicht:

> Mit dem Segen bringt der fünfte Schöpfungstag ein qualitativ neues Element in die Schöpfung ein. Zwar konzediert Barth, daß die Geschöpfe der ersten vier Tage »gesegnet zu sein (scheinen), indem sie sind, was sie sind« (189), daß sie »gewissermaßen von Haus aus gesegnet« sind (190) und daß deshalb mit V. 22 »ein bis jetzt nicht sichtbares Element des göttlichen Sprechens und Handelns sichtbar wird« (ebd.). Aber das ausdrückliche Segenswort ist insofern doch von dem impliziten »Von-Haus-aus-Gesegnetsein« der voraufgehenden Geschöpfe deutlich unterschieden, als es durch die besondere Geschöpflichkeit der Vögel und Fische als נפש חיה notwendig wird. Denn bei ihnen handelt es sich – im Gegensatz zur Pflanzenwelt – um selbständig lebende, zu eigener Bewegung und spontanen Aktionen befähigte Geschöpfe, die zum Wagnis ihrer geschichtlichen Existenz, und das heißt zunächst zu ihrer Fruchtbarkeit, Vermehrung und Ausbreitung, »der göttlichen Erlaubnis und der göttlichen Verheißung« bedürfen (ebd.). Solche *Erlaubnis und Verheißung* sind nach Barth die wesentlichen Elemente des Segens, wenn er definiert: »Gesegnet wird ein Wesen, wenn es zu einem bestimmten Tun von einem anderen, dem das zusteht, autorisiert, ermächtigt und zugleich mit der Verheißung des Gelingens versehen wird« (189f.), bzw.: »Segnung ist das Wort Gottes, sofern dieses einem Geschöpf eine bestimmte Kraft oder Wohltat zuspricht und damit – weil es das Wort Gottes ist – zueignet, die ihm in seiner künftigen geschöpflichen Eigenbewegung zugute kommen soll« (194).[8] Es ist also ihre Fähigkeit zur Eigenbewegung, insbesondere zur selbständigen Erzeugung von Nachkommen, die die Tiere eines ausdrücklichen Segenswortes des Schöpfers bedürftig macht. Warum? Das selbständige Geschöpf unterliegt einer doppelten Gefährdung: Seine schöpfunsgemäße Eigenständigkeit und Selbstbeweglichkeit, sein eigenes Tun und besonders die Möglichkeit zur schöpferischen Selbsterneuerung durch geschlechtliche Fortpflanzung rücken es in die Nähe des göttlichen Tuns. Seine *Mitarbeit an der Schöpfung* könnte in Konkurrenz zum göttlichen Schaffen treten, die geschöpflichen Grenzen überschreiten, die heilsame Unterscheidung von Schöpfer und Geschöpf aufheben und damit die eigene Geschöpflichkeit pervertieren. Soll deshalb die Selbsttätigkeit der Geschöpfe »nicht frevelhaft und nicht aussichtslos sein« (190), bedarf sie der bleibenden Bezogenheit auf den Schöpfer und der Erhaltung in den von ihm gesteckten Grenzen. Mit dem Segen bejaht, erlaubt und ermächtigt Gott also nicht nur die Eigentätigkeit seiner Geschöpfe, sondern er *orientiert* sie zugleich so auf sein eigenes Handeln

---

8. Zur Charakterisierung des Wortes Gottes als (schöpferisches) Tatwort vgl. KD I/1, § 5 »Das Wesen des Wortes Gottes«, bes. 5.1 »Die Rede Gottes als Tat Gottes«.

hin, daß sie zu einer diesem entsprechenden *cooperatio* wird. Der Segen vermag damit jeweils beides zusammenzuhalten: die Gottähnlichkeit der selbstbeweglichen Geschöpfe wie ihre bleibende Unterscheidung vom Schöpfer, die Eigenständigkeit ihres Tuns wie dessen gehorsame Entsprechung zum göttlichen Wirken. Der Ort einer solchen cooperatio ist die *Beziehungsgeschichte des Bundes*, die sich bereits – so Barths These – in der Segnung der Vögel und Fische präludierend und präfigurierend ankündigt. Als ein solches »ankündigend vorwegnehmendes Vorspiel« der Bundesgeschichte zeugt der Schöpfungssegen von der Güte Gottes, der die Geschöpfe »nicht ohne Erlaubnis und Hoffnung existieren lassen, sondern sie gerade in der Ausübung der ihr gegebenen Freiheit freundlich tragen, umgeben und regieren will« (ebd.).

Damit wird zugleich der zweiten Gefährdung begegnet: Was sich bewegt, hat die Möglichkeit, sich vom Schöpfer zu entfernen, eigene Wege zu gehen; es kann sein Scheitern riskieren, seine Geschöpflichkeit aufs Spiel setzen. Damit sich das Geschöpf in seiner Eigenständigkeit nicht verliert oder gar selbst vernichtet, »bedarf (es) des Segens, d.h. es bedarf des Wortes Gottes auch mit Rücksicht auf die von ihm spontan zu vollziehenden Lebensakte. Es bedarf nicht nur der Gegenwart, sondern der *Begleitung* des kräftigen Wortes Gottes. Diese Begleitung des Geschöpfes durch den Schöpfer, vermöge dessen es in die Lage kommt und in der Lage bleibt, eigene Lebensakte (...) zu vollziehen, ist der Segen Gottes« (194). Wenn dies bereits für Vögel und Fische gilt, um wieviel mehr für den Menschen, dem die Herrschaft über die Tiere anvertraut ist, »zu deren legitimer und erfolgreicher Ausführung ihm die Autorisierung, die Ermächtigung, die Verheißung des Schöpfers so unentbehrlich ist, wie dessen Schöpferwort zu seiner Existenz« (211). Die Gottebenbildlichkeit des Menschen hebt seine Segensbedürftigkeit ebenso wenig wie seine Geschöpflichkeit auf, im Gegenteil: Weil er als Gottes Abbild und Nachbild, wie Barth übersetzt, geschaffen ist und als Gottes Zeuge und Stellvertreter seine begrenzte Herrschaft über die Tiere ausüben soll, steht der Mensch mit seinem Tun in unvergleichlich größerer Nähe zu Gottes Schöpferhandeln als jedes andere Geschöpf, ist darum auch erheblich stärker durch die Möglichkeit des Mißbrauchs wie des Mißlingens seiner Bestimmung gefährdet und um so mehr auf Gottes segnende Begleitung angewiesen. Und noch ein weiteres Moment kommt verschärfend hinzu – und darin sieht Barth den entscheidenden sachlichen Unterschied zwischen der Segnung von Gen 1,22 und 1,28 –: Der menschlichen Antwort auf Gottes schöpferische und segnende Anrede eignet, eben weil der Mensch als einziges Geschöpf gottebenbildlich geschaffen ist, der Charakter der Entscheidungsfreiheit. Während die Tiere sich – nach Barth – dem göttlichen Schöpfungsauftrag nur fügen können, steht der Mensch vor der Alternative von Gehorsam und Ungehorsam, was »die Erfüllung des Willens Gottes zu einer Offenbarung der Freiheit (macht), die das Geheimnis der dem Geschöpf zugewendeten Gnade ist: zu einer Offenbarung, der das Tier nur als passiver, aber nicht als aktiv beteiligter Zeuge beiwohnen kann« (195).

Diese aktive Beteiligung der menschlichen Zeugen am Handeln Gottes macht es von Anfang an nötig, daß er unter dem Segen Gottes lebt, um seine Freiheit schöpfungsgemäß gebrauchen zu können. Die besondere Auszeichnung des Menschen vor anderen Geschöpfen bedeutet zugleich seine größere Gefährdung. Je größer die Freiheit eines Geschöpfes ist, desto notwendiger ist seine Bindung an den Schöpfer, seine Erhaltung, Begleitung und Regierung. Der Mensch ist deshalb das segens- und erhaltungsbedürftigste aller Geschöpfe. Der Segen dient der Bewahrung und dem rechten Gebrauch der Freiheit. Darum zielt Barths Auslegung von Gen 1, 20-23 (paradoxerweise mehr noch als die von 1, 24-31) auf die Vergewisserung des *Menschen* darüber, tatsächlich gesegnet zu sein, nämlich mit der Erlaubnis, sich die Spielräume der Freiheit in selbständigem Tun erschließen zu können, und mit der Verheißung, daß diesem Tun Gelingen eignen wird, beschenkt zu sein. In einer sich steigernden Argumentation entfaltet Barth die Erschaffung und Segnung der Vögel und Fische als »zutrauenerweckendes Schauspiel« (189), um so den Lebensmut des Menschen schon am Gesegnetsein der geringsten Gefährten und Vorläufer zu entzünden.

1.2 *Die gesegneten Tiere als Bundeszeugen in der Schöpfungsgemeinschaft*

Barths Auslegung von Gen 1, 20-23 ist ebenso anthropozentrisch wie seelsorgerlich ausgerichtet und – hinsichtlich des Vergleichs zwischen der Erschaffung und Segnung der Tiere und der des Menschen – durchgängig von dem rhetorischen Schluß a minore ad maius bestimmt. Seine Würdigung der Tiere als des Menschen Gefährten, Vorläufer und Zeugen der Bundestreue des Schöpfers wirft die Frage auf, inwiefern nun der Mensch, wenn er auf die Erschaffung und Segnung der Fische und Vögel blickt, dessen gewiß werden kann, daß er selbst Partner in der Geschichte des Bundes Gottes mit seinen Geschöpfen ist und daß mit dem Empfang des Schöpfungssegens diese Geschichte tatsächlich ihren Anfang genommen hat. Folgende Antworten lassen sich in Barths Erwägungen ausmachen:

1. Mit den Geschöpfen des fünften Schöpfungstages bevölkert Gott das Meer und den Luftraum und damit »die dem Menschen von Natur *ferneren* und *fremderen* Gebiete des unteren Kosmos« (188), die den Chaosmächten benachbart sind und deshalb eine besondere Bedrohung für den Menschen darstellen, welche seine Lebensangst verschärft. Indem Gott zuerst Leben schafft und segnet in der unmittelbaren Nachbarschaft zum Chaos, macht er die Vögel und Fische[9] zu Zeugen seines Gnadenbundes, die den Menschen zu einem furcht-

---

9. Unter Absehung von allen naturwissenschaftlichen und erbaulichen Spekulationen über die Zusammenstellung von Vögeln und Fischen als dem fünften Schöpfungswerk begründet Barth die Einheit dieser beiden Tierarten streng theologisch: Weil der allererste Segen des Schöpfers den Bewohnern der Grenzbereiche Meer und Luftraum gilt, bezeugt er, daß »auch dort (...) niemand und nichts (ist), was nicht dem Willen und Wort Gottes sein Dasein und seine Natur verdankte: niemand und nichts, was dem Zusammenhang, in wel-

losen, vertrauensvollen Leben in dem ihm eigenen Lebensraum ermutigen sollen.[10] Wenn schon in den Grenzbereichen des menschlichen Daseins Leben gelingen kann, getragen und geschützt wird, unter göttlicher Erlaubnis und Verheißung steht, um wieviel mehr muß dies – so Barths Schlußfolgerung – für die zentralen Lebensfelder des Menschen gelten.

2. Wenn Barth die Vögel und Fische als Zeugen[11] des Bundes gegenüber den Menschen aufbietet und in ihrer Segnung dessen Präfiguration erblickt, dann kann er dies tun, weil den Tieren eine den Menschen entsprechende geschöpfliche Natur eignet, weil mit dem Segen über beide eine analoge Geschichte beginnt, die in der »für die biblische Bundesgeschichte so charakteristischen Form des Problems der Generationenfolge, der Vaterschaft und Sohnschaft sichtbar wird« (190). Die Generationenfolge als »Vaterschaft und Sohnschaft« birgt also eine Entsprechung der kreatürlichen Geschichte von Mensch und Tier in sich, die in ihrer Tiefe – und darin scheint mir der eindeutige Fluchtpunkt der Barthschen Interpretation von Gen 1,22.28 zu liegen – *teleologisch* auf den einen *Menschensohn* Jesus von Nazareth zielt: Indem Barth aufgrund des Segens das Tier als »stummes, aber beredtes Vorbild dessen, was als Geheimnis der Vaterschaft und Sohnschaft das Thema der menschlichen Geschichte bilden wird« (199) charakterisiert, münden in letzter Konsequenz seine Überlegungen zu Gen 1,22 in eine *christologische* Deutung des Schöpfungssegens ein. Inwie-

---

chem der Mensch geschaffen ist und seine Bestimmung hat, grundsätzlich fremd wäre« (191). Und wieder ist die Pointe dieser Argumentation eine dem Menschen geltende, tröstende und ermutigende Erkenntnis: Der Blick »in die Tiefe des Ozeans und in die Höhe des Luftraums« soll ihn dessen vergewissern, daß auch dort »Gott Geschöpfe und Zeugen seines Wortes (hat), auch dorthin blickend braucht der Mensch sich nicht erschrecken und befremden zu lassen« (194).

10. Die anthropozentrische wie seelsorgerliche Tendenz der Barthschen Auslegung wird hier besonders anschaulich: »Es sollte schon jener äußerste, wunderliche Kreis der animalischen Kreatur, dessen helle Mitte dann der Mensch sein wird, von diesem Bunde zeugen. Daß Gott auch diesen Kreis *gut* geschaffen und daß der Mensch Anlaß hat, auch im Blick auf ihn nicht in Furcht, sondern im Vertrauen und mit Mut zu leben, dieser Bericht und diese Mahnung der Sage hat offenbar jetzt erst, indem sie auch von diesem *Segen* berichtet, spezifischen Gehalt und überzeugende Kraft gewonnen« (191). Also nicht schon die Erschaffung der Vögel und Fische als solche, sondern erst ihre *Segnung* bezeugt dem Menschen den heilvollen Willen Gottes mit seinen Geschöpfen, denn mit dem Segen dokumentiert Gott, daß seine Schöpfung eine Fortsetzung und seine Geschöpfe eine *eigene Geschichte* haben werden, eine Geschichte, in der sie sich nicht selbst überlassen bleiben, sondern von ihrem Schöpfer begleitet und erhalten werden, und in der gerade diese göttliche Begleitung ihnen den größtmöglichen Gebrauch ihrer geschöpflichen Freiheit eröffnet und garantiert.

11. Bei aller Anthropozentrik seiner Schöpfungslehre verleiht Barth mit dem *Zeugenbegriff* den Tieren doch eine außerordentliche Würde, insbesondere wenn man seine Feststellung berücksichtigt, daß – im Gegensatz zum menschlichen Zeugnis – das Zeugnis der Tiere nicht verstummt und versagt, sondern manchmal sogar lauter und eindringlicher spricht (vgl. 198-200). Entsprechendes gilt für Barths Bezeichnung der Vögel und Fische als Lehrer der Menschen in Sachen Lebensmut und Vertrauen (vgl. 192).

fern auch immer das gesegnete Tier Gefährte und Vorläufer des gesegneten Menschen ist[12], sein Zeugendienst gipfelt darin, daß es dem Menschen

»auch in seiner tiefsten Erniedrigung und gerade in ihr: als das geschlachtete, getötete und geopferte Tier das letzte Geheimnis seiner (sc. des Menschen, M. F.) eigener Geschichte, nämlich das seiner eigenen Vaterschaft und Sohnschaft: die notwendige, aber heilvolle Dahingabe des verheißenen Menschensohns als den eigentlichen Inhalt der ihm gegebenen Erlaubnis und Verheißung vor Augen führen wird. Wie könnte das Tier in seiner ganzen tierischen Begrenztheit und Ohnmacht dem Menschen gewichtiger vorangehen, als indem es ihm gerade dieses Bild (…) vor Augen führen wird« (199 f.)?

M. a. W.: daß dem Menschen aus der Segnung von Vögeln und Fischen die tröstliche Gewißheit seiner eigenen Inklusion in den Gnadenbund erwachsen kann, läßt sich nicht allein mit der gemeinsamen Natur von Tier und Mensch begründen, sondern hat seinen tiefsten Grund darin, daß die durch den Tiersegen eröffnete kreatürliche Geschichte als Generationenfolge von Vätern und Söhnen von Anfang an ausgerichtet ist auf den *einen* Sohn, in dem die Geschichte Gottes mit seiner Schöpfung zum Ziel kommt. Die Segnung der Tiere präludiert also insofern den Gnadenbund, als sie eine Geschichte in Bewegung setzt, die ihren Sinn und ihre Mitte, ihr Ziel und ihre Erfüllung in der Menschensohnschaft Jesu von Nazareth hat. Noch deutlicher: es gibt die durch den Schöpfungssegen ermöglichte Abfolge von Vaterschaft und Sohnschaft und damit die geschöpfliche Geschichte nur um dieses *einen* Sohnes willen. Daraus folgt, daß auch der *Schöpfungssegen* schon *Christussegen* ist.

Erweist sich mit der wechselseitigen Zuordnung und Begründung von Schöpfung und Bund die Barthsche Schöpfungslehre grundsätzlich als christologischer Entwurf, so stellt der Segen von Gen 1, 22.28 als Schnittpunkt von Schöp-

---

12. In einer Vielzahl von Motiven bestimmt Barth das Angewiesensein des Menschen auf das Tier: (1) In der ihn umgebenden Tierwelt kann der Mensch die faktische Antwort auf das göttliche Schöpfungswort wahrnehmen, denn »das Tier geht dem Menschen voran in selbstverständlichem Lobpreis seines Schöpfers, in der natürlichen Erfüllung seiner ihm mit seiner Schöpfung gegebenen Bestimmung, in der tatsächlichen demütigen Anerkennung und Betätigung seiner Geschöpflichkeit« (198). Damit lebt es ihm (2) eine Bejahung seiner geschöpflichen Grenzen vor und erinnert ihn (3) an die Schutz- und Erhaltungsbedürftigkeit seines eigenen Lebensraumes. Und darüberhinaus stellt es (4) dem Menschen seine durch den Herrschaftsauftrag auferlegte Verantwortung vor Augen. Bei aller in der *Freiheit* des Menschen begründeten geschöpflichen Differenz gegenüber den Tieren verbindet beide doch eine Gefährtenschaft, aus der der Mensch die Tiere auch in *Mitleidenschaft* ziehen kann: »Es wird das Tier, nicht als selbständiger Partner des Bundes, aber als Begleiter des Menschen (…) mit im Bunde, Mitgenosse seiner Verheißung und auch des seine Verheißung beschattenden Fluches sein. Es wird mit dem Menschen voller Angst, aber auch voller Gewißheit auf seine Erfüllung warten und wird mit ihm aufatmen, wenn sie vorläufig geschehen ist und endgültig geschehen wird« (199). Eindrücklicher als im Blick auf diese Verheißungs- und Leidensgemeinschaft kann man die Verantwortlichkeit des Menschen für die Tiere kaum begründen. Inmitten der kritikwürdigen Anthropozentrik der Schöpfungslehre Barths finden sich damit wichtige Impulse für eine theologische Tierethik.

fung und Bundesgeschichte eine Konzentration der christologischen Erkenntnis der Schöpfung in einem zentralen Motiv des priesterlichen Berichtes dar. Im Segen des Schöpfers als der Ouvertüre des Bundesgeschehens bündelt sich die christologische Fundierung und Entfaltung der Schöpfungslehre Barths.

Von dorther fällt nicht zuletzt auch ein klares Licht auf den schier unerträglichen *Patriarchalismus* in Barths Gedankengang: Die exklusive, einseitige und wiederholte Kennzeichnung der tierischen und menschlichen Generationenkette als Abfolge von »Vaterschaft und Sohnschaft« und der geschlechtlichen Fortpflanzung allein als Zeugung – wo bleiben Mutterschaft und Tochterschaft, wo Empfängnis, Schwangerschaft und Geburt? – verdankt sich unübersehbar dem christologischen Richtungssinn der Barthschen Argumentation: Wo das »Geheimnis der Vaterschaft und Sohnschaft (als) das Thema der menschlichen Geschichte« (199) ausgegeben wird, geht es a priori um den *einen Sohn* – und zwar als den *Menschen*sohn *und Gottes*sohn. Barths Auslegung von Gen 1, 22.28 impliziert m. E. auch diesen im engeren Sinn *theologischen* Aspekt der Rede von Vaterschaft und Sohnschaft: Wo er nämlich den Schöpfungssegen bestimmt als »Aufrichtung eines *Bundes* zwischen Gott und seiner in Ähnlichkeit mit ihm selbst selbständig sich regenden und in Hervorbringung von Wesen ihresgleichen sich selbsterneuernden Kreatur« und den Segen als Beweis dafür nimmt, »daß es eine solche gottähnliche, zur Vaterschaft und Sohnschaft bestimmte und im Verhältnis von Vaterschaft und Sohnschaft fortexistierende Kreatur geben soll« (190), dort macht Barth die Gottähnlichkeit der Geschöpfe auch und gerade an der geschichtsstiftenden Abfolge von Vaterschaft und Sohnschaft fest. Damit hebt der Schöpfungssegen von Anfang an nicht nur auf die Erfüllung aller kreatürlichen Vater- und Sohnschaft im *Menschen*sohn Jesus von Nazareth ab, sondern diese hat ihre göttliche Entsprechung in der Vaterschaft Gottes und in der *Gottes*sohnschaft Jesu von Nazareth. Mit der doppelten Bewegung der Barthschen Christologie gesprochen: im Schöpfungssegen, der – im wahrsten Sinne des Wortes – *Geschichte macht*, Kreatur- und Gottesgeschichte, ist sowohl »der Weg des Sohnes Gottes in die Fremde«[13] als auch »die Heimkehr des Menschensohnes«[14] präfiguriert. Wenn auf diese Weise Barths Charakterisierung der kreatürlichen Geschichte als Vaterschaft und Sohnschaft christologisch-theologisch begründet ist, dann hat dies zur Folge, daß jede Kritik am Androzentrismus der Barthschen Anthropologie – will sie nicht auf halbem Wege stehenbleiben – auch als Kritik am patriarchalen Gepräge seiner Christologie und Theologie überhaupt geübt werden muß. Ansonsten wird weder die immanente Logik und Stringenz der Barthschen Systematik noch die eigene Kritik ernstgenommen.[15]

3. Diese christologisch-teleologische Auslegung des Schöpfungssegens, mit der Barth den Trost- und Ermutigungscharakter der Segnung von Vögeln und Fischen für den Menschen begründet, findet noch von einem anderen Aspekt her ihre Bestätigung:

Sieht Barth – wie bereits zitiert – den größten Zeugendienst des Tieres am Menschen darin, daß es »ihm auch in seiner tiefsten Erniedrigung und gerade in ihr: als das geschlachtete, getötete und geopferte Tier das letzte Geheimnis sei-

---

13. KD IV/1, §59.1.
14. KD IV/2, §64.1.
15. Vgl. zu dieser konsequenten Barth-Lektüre: *J. C. Janowski*, Geschlechterdifferenz.

ner eigenen Geschichte« (199) enthüllt, dann rekurriert er hier nicht nur auf die Beziehungsanalogie von Vaterschaft und Sohnschaft in der Tier- und Menschenwelt, sondern spielt auf die christologische Metaphorik vom geschlachteten (Gottes-)Lamm an. Der Schöpfungssegen über die Tiere antizipiert also auch insofern die Bundesgeschichte, als er auf »die notwendige, aber heilvolle Dahingabe des verheißenen Menschensohns als den eigentlichen Inhalt« (ebd.) des Segens zielt, also den Menschensohn als geschlachtetes Opfertier und damit die sühnetheologische Deutung des Kreuzestodes Christi vor Augen hat.

Gleichsam auf dem Weg zu dieser Pointe gibt Barth dem Schöpfungssegen von Gen 1,22 als dem ersten Akt der Bundestreue Gottes einen eindeutigen Richtungssinn, indem er die Segenslinie von Gen 1,22 bis ins Neue Testament auszieht und von so etwas wie einer soteriologischen Bedeutsamkeit der genannten Tiere handelt. Die Segnung der Fische und Vögel wird nicht nur auf den Abrahamsegen von Gen 12,1-3 bezogen[16], sondern findet im Neuen Testament ihre messianische Erfüllung: Wie der Fisch – neben dem Brot – zu *dem* Lebensmittel schlechthin wird und die Fischerei als *der* irdische Beruf der Jünger erscheint, in dem sie nach dem Ruf in die Nachfolge als »Menschenfischer« bestätigt werden, wie »darum gerade der wunderbar reiche Fischfang (…) als Inbegriff der messianischen Segnung des Menschen und zugleich als die Darstellung der Entstehung der Kirche« (196) verstanden wird und der Fisch zum bevorzugten Glaubenssymbol (ΙΧΘΥΣ) im Urchristentum avanciert, so findet die Segnung der Vögel ihre Bestätigung in der großen Rolle der Taube, z.B. in den Berichten über die Taufe Jesu. Mit einem solchen Überblick über die biblische Funktion von Fischen und Vögeln untermauert Barth seine messianisch-teleologische Auslegung des Schöpfungssegens.

4. Weil Barth in den Schöpfungssegen immer schon die Menschen- und Gottessohnschaft Jesu Christi und damit die Erfüllung des Bundes im Christusgeschehen eingezeichnet sieht, ist – im Duktus seiner Argumentation – über den *Ausgang* der mit dem Segen beginnenden Geschichte bereits entschieden: Der Schöpfungssegen, der den ersten Tieren und den ersten Menschen zugesprochen wurde, hat für immer Gültigkeit, kann nicht aufgehoben oder zerstört werden. Als Anfang der Bundesgeschichte enthält er zugleich schon deren heilvolle Erfüllung. Und eben in dieser messianischen *Entelechie* liegt nun der letzte und tiefste Grund für die unerschütterliche Gewißheit des Menschen, daß ihm die Bundestreue Gottes schon seit der Segnung der Tiere bleibend gilt; denn wo Gott seine Erlaubnis und Verheißung eines gelingenden geschöpflichen Lebens zurücknehmen würde, hörte er auf, der Schöpfer zu sein, gäbe er

---

16. »Das (sc. der Inhalt der Segensverheißung an Abraham, M. F.) ist die Vermehrung und die Füllung der Erde und so die Erfüllung des hier über Fische und Vögel und über den Menschen gleich lautend gesprochenen Segens: was in der nachher folgenden *Heils*geschichte, deren Sinn im Reich des Messias *Jesus* offenbart ist, Ereignis werden wird« (196). Auch diese Verknüpfung von Gen 1,22 mit Gen 12,1-3 unterstreicht die Identifikation des *Schöpfungssegens* als *messianischer Segen*, markiert den Schöpfungssegen als Anbruch der Bundesgeschichte.

seine Gottheit preis. Weil mit der Christushaltigkeit des universalen Schöpfungssegens der versöhnende und erlösende Zielpunkt der kreatürlichen Geschichte feststeht, kommt sie, indem sie aus dem Segen entspringt, immer schon von diesem Ende her. Was auch immer den ursprünglichen Segen bedroht und gefährdet, kann nicht mehr als ein »Zwischenfall« sein, der die Segenslinie tangiert, aber nicht abbricht, denn

»es muß und wird Alles, was auf dieser Linie geschehen wird, wesentlich und eigentlich Heilsgeschichte und nur beiläufig – auch in seiner furchtbarsten Gestalt nur beiläufig! – auch Unheilsgeschichte, es wird, weil sein erster Grund dieser göttliche Segen ist, im letzten Grund immer Friedens- und Bundesgeschichte und nicht Feindschafts-, Kriegs- oder Zornesgeschichte sein. Es wird wohl zur Verkehrung des Segens im Fluch kommen können, d. h. dazu, daß die Erlaubnis den Charakter einer Preisgabe, die Verheißung den Charakter einer Belastung bekommt – es wird aber auch der Fluch nur eine Verkehrung des Segens sein« (212).[17]

Der Segen als Grund der Bundesgeschichte kann nicht unterlaufen und hintergangen werden – selbst von Gott nicht, will er sich treu bleiben. Damit trifft auf den Schöpfungssegen die christologische Gewißheit des Paulus zu: »(...) einen anderen Grund kann niemand legen als den, der gelegt ist, nämlich Jesus Christus« (1 Kor 3,11). Von diesem Segen ist auch die menschliche *Freiheit* so eingenommen, daß selbst ihr Mißbrauch, daß sogar der »Sündenfall« nur ein »Zwischenfall« im Heilsgeschehen sein kann. Denn Gott verbürgt sich in diesem ersten Akt seiner Bundestreue dafür, daß er selbst die menschliche Verkehrung des Segens in Fluch aufheben wird und noch unter dem Fluch den Menschen und die übrigen Geschöpfe gesegnet sein läßt. Gesegnet bleiben aber Tiere und Menschen allein deshalb, weil sich in dem einen Menschen Jesus Christus mit der Bestätigung der Schöpfung auch die Erfüllung des Schöpfungssegens ereignet. Damit steht und fällt dessen Funktion als Präfiguration des Bundes mit der christologischen Deutung, d. h.: mit der Überzeugung, daß das Christusgeschehen die Erfüllung aller (Segens-)Verheißungen und das Ende jeder Geschichte gebracht hat.[18]

---

17. Die Äußerungen Barths zur Unwiderruflichkeit des Segens, zur Relativierung der Unheilsgeschichte, zur Unterordnung des Fluches unter den Segen leben von der Überzeugung, daß im Christusereignis das Böse, Sünde, Hölle, Tod und Teufel entmachtet sind, das Chaos endgültig besiegt ist, und sie konvergieren mit Barths Erörterung über »Gott und das Nichtige« (KD III/3, §50). An ihnen entzündet sich vor allem die grundlegende Frage an die Barthsche Theologie, insbesondere Christologie, ob nämlich mit der vorrangig perfektischen Eschatologie seiner »Kirchlichen Dogmatik« die Unterscheidung von *Versöhnung* und *Erlösung*, von *Vollbringung* (»es ist vollbracht!«) und *Vollendung* nicht letztlich aufgehoben ist und die faktische Unerlöstheit der Welt übersprungen wird; vgl. dazu unten 2.3 und 2.4.1 (bes. Punkt 8).
18. Hier liegt, wie Abschnitt 2 zeigen wird, das Bindeglied zwischen den beiden dogmatischen Orten, an denen Barth das Segensthema behandelt; sowohl seine Auslegung des Schöpfungssegens wie sein Verständnis der menschlichen Segnungen im Kontext der Zeitlehre haben sein christologisch begründetes Geschichtsverständnis zur Voraussetzung.

1.3 Der Schöpfungssegen als Inbegriff der Vorsehung Gottes

Bereits in seiner Münsteraner Ethik-Vorlesung von 1928 verknüpft Barth das Segensthema mit der Vorsehungslehre:

»Alles Geschaffene existiert im Segen und durch den Segen des Herrn, das ist der tiefe Sinn des die Lehre von der Schöpfung ergänzenden und erklärenden Dogmas von der Vorsehung. (...) Darum ist in der Bibel so viel vom Segen der Eltern die Rede als von dem eigentlich und letztlich Entscheidenden, was sie für ihre Kinder tun und ihnen hinterlassen können. Sie können gewiß als Geschöpfe, aber nach der Ordnung Gottes, wahrhaft segnen. Und darin besteht letztlich alles Sorgen für die Kinder, alle Erziehung und Leitung durch Weisung und vor Allem durch Vorbild, alles wirkliche Lieben und Betreuen der Kinder, daß man sie als Mittler des göttlichen Segens selber segne.«[19]

Obwohl in der Auslegung von Gen 1,22.28 die Vorsehung nicht ein einziges Mal expressis verbis angesprochen wird, sind doch alle wesentlichen Inhalte der Vorsehungslehre in Barths Verständnis des Schöpfungssegens als Präludium des Bundes präsent. Welche Aussagen Barth auch immer über den universalen Segen des Schöpfers trifft, sie konvergieren allesamt mit der Lehre von der Vorsehung Gottes, wie sie Barth in KD III/3 entfaltet. Ohne hier noch einmal das bisher Gesagte unter Einbeziehung von §§ 48.49 zu wiederholen und ohne Barths Vorsehungslehre im einzelnen nachzuzeichnen[20], nenne ich summarisch die folgenden fünf Punkte, die den Schöpfungssegen als ein zentrales Moment der göttlichen Vorsehung ausweisen:

1. Unter der Überschrift »Der Schöpfer und sein Geschöpf« (Kap. 11) entfaltet Barth im dritten Teil seiner Schöpfungslehre das Thema der göttlichen Vorsehung, bei der es um »die Geschichte des geschaffenen Seins als solchen (geht), und zwar darum, daß auch sie in jeder Hinsicht und in ihrem ganzen Umfang unter der väterlichen Herrschaft Gottes des Schöpfers verläuft, dessen Wille in seiner Gnadenwahl und also in der Geschichte des Bundes zwischen ihm und dem Menschen und also in Jesus Christus geschieht und erkennbar ist.«[21] Die Vorsehung setzt – nach Barth – eine abgeschlossene Schöpfung voraus; sie kann

---

19. Ethik I, 412. Im Blick auf den elterlichen Segen für die Kinder fällt nicht nur die Nähe der Barthschen Aussagen zu späteren Gedanken Bonhoeffers über die Weitergabe des Segens in der Familie (vgl. oben III.5) auf, sondern auch die Unbefangenheit, mit der Barth hier noch über eine menschliche Segensvermittlung sprechen kann (vgl. dagegen unten 2.3).

20. Zur Interpretation der Barthschen Vorsehungslehre vgl. *C. Link*, Schöpfung, 308-323; *W. Krötke*, Fürsorge; *E. Saxer*, Vorsehung; *M. Plathow*, Zusammenwirken.

21. So lautet der Leitsatz von § 48 (KD III/3,1; Seitenzahlen im Text). Wenn Barth – im Gegensatz zur mittelalterlichen Scholastik – die Vorsehungslehre nicht gemeinsam mit der Prädestinationslehre in der Lehre vom Sein Gottes, sondern in der Lehre von der Schöpfung, verankert, hängt dies mit einer klaren Unterscheidung von Prädestination und Providenz zusammen: Die Prädestination, d.h. bei Barth »die ewige Erwählung des Sohnes Gottes zum Haupt seiner Gemeinde und aller Geschöpfe« (3), ist die *Voraussetzung* der Schöpfung, während die Vorsehung zur *Ausführung* dieses Dekrets gehört und ihrerseits die Schöpfung voraussetzt, denn sie ist »Gottes Wissen, Wollen und Handeln in seinem Verhältnis als Schöpfer zu seinem Geschöpf als solchem« (ebd.).

darum nicht als creatio continua oder continuata, sondern muß als »continuatio creationis« verstanden werden: »Die Vorsehung betreut und bestätigt das Werk der Schöpfung« (4), und darin ist sie Gottes Bewährung als Schöpfer. Er erweist seinen Geschöpfen die Treue, indem er ihnen eine eigene Geschichte eröffnet, sich ihnen zugesellt, sie erhält, begleitet und regiert. Um die Ermöglichung und Ermächtigung derselben Geschichte, welche die Schöpfung fortsetzt, ist es dem Schöpfer mit seiner Segnung von Mensch und Tier zu tun.

2. Wie die Schöpfung der äußere Grund des Bundes und der Bund der innere Grund der Schöpfung ist, so verhalten sich auch die Geschichte des Bundes und die Vorsehung zueinander: »Auch die auf die Schöpfung folgende *Geschichte des Bundes* bedarf eines äußeren Grundes. Ihr äußerer Grund ist eben das Walten der göttlichen Vorsehung« (5). Damit erweist sich der Schöpfungssegen, mit dem die Bundesgeschichte anhebt, zugleich als ein Ursprungsmoment der göttlichen Vorsehung.[22]

3. Im Anschluß an die dreifache Gestalt, in die die Orthodoxie die Vorsehung unterschieden hat: conservatio – concursus – gubernatio, gliedert auch Barth die »väterliche Herrschaft des Schöpfers« in Erhaltung (§ 49.1), Begleitung (§ 49.2) und Regierung (§ 49.3). Wie ein roter Faden ziehen sich diese drei Motive des göttlichen Vorsehungshandelns durch Barths Interpretation des Schöpfungssegens. Um nur einige Beispiele anzuführen: Der Segen verbürgt, daß Gott die geschöpfliche Natur »gerade in der Ausübung der ihr gegebenen Freiheit freundlich *tragen, umgeben und regieren* will«.[23] Die »*Begleitung* des Geschöpfs durch den Schöpfer (…) ist der Segen Gottes. (…) Dieser Segen blickt darauf hin, daß (…) eine Geschichte der *Erhaltung* und *Erneuerung* des geschaffenen Lebens als solchen ihren Gang nehmen soll und wird.«[24] Mit der Segnung der Geschöpfe steht Gott dafür ein, daß »er nicht aufhören wird, ihr Schöpfer zu sein, sie als ihr Schöpfer zu *regieren* und zu *erhalten*«.[25]

4. Die entscheidende, durchgehende Korrektur, die Barth an den traditionellen Entwürfen der Vorsehungslehre vornimmt, ist die *christologische* Begründung auch dieses dogmatischen Themas.[26] Während sich – wie Barths Vorwurf lautet – die Tradition in ihrem Reden von der Vorsehung einem allgemeinen Gottesglauben – jenseits der Selbstbezeugung Gottes in Jesus von Nazareth – verpflichtet weiß, geht es Barth mit der unumkehrbaren Reihenfolge der Trias

---

22. Da Barth die Vorsehungslehre aus seiner Sabbattheologie heraus entwickelt – mit dem Sabbat als erstem Tag der Koexistenz des Schöpfers mit seinen Geschöpfen, der Weltimmanenz des gleichwohl transzendenten Gottes, beginnt nicht nur die Geschichte des Bundes, sondern auch das Walten der göttlichen Vorsehung (vgl. 5-7) –, wäre es spannend, nach dem Verhältnis von Schöpfungssegen und Sabbat in ihrem Bezug auf Bundesgeschichte und Vorsehung zu fragen. Beides scheint ja in der Segnung des Sabbats (Gen 2,3) zusammenzukommen. Doch dem Sabbatsegen schenkt Barth innerhalb der Auslegung von Gen 2,1-3 keine besondere Aufmerksamkeit.
23. KD III/1, 190 (Hervorhebung M. F.).
24. A.a.O., 194 (Hervorhebung M. F.).
25. A.a.O., 212 (Hervorhebung M. F.).
26. Vgl. KD III/3, § 48.3.

»Erwählung-Schöpfung-Vorsehung« darum, Jesus Christus als Sach- und Erkenntnisgrund des göttlichen Vorsehungshandelns vorauszusetzen, weil nur so eine *christliche* Vorsehungslehre möglich sei. Was ist damit gewonnen? Eindeutigkeit über den Willen des Schöpfers gewinnt man nicht aus der Schöpfung selbst, sondern aus dem Entschluß Gottes, der der Schöpfung vorausgeht: der Erwählung der Geschöpfe zum Leben, zum Heil. Nur von dorther können wir wissen, daß Gott für seine Geschöpfe sorgt, daß auch seine Herrschaft über das eigenständige geschöpfliche Geschehen bestimmt und begrenzt wird von seiner erwählenden Liebe. Zu *erkennen* ist diese Qualifizierung der göttlichen Vorsehung nur am Ort der Selbstoffenbarung Gottes, in der Geschichte Jesu von Nazareth. Hier nimmt die Erwählung greifbare Gestalt an, erfüllt sich die Bundesbeziehung zwischen Schöpfer und Geschöpf, kann es deshalb Gewißheit darüber geben, mit welchem Gott wir es im Walten der Vorsehung zu tun haben.[27] Entsprechend begründet Barth seine bundestheologische Deutung des Schöpfungssegens: Erst von der Erfüllung aller Segensverheißungen in Jesus Christus her erweist sich dieser erste Segen über Tier und Mensch als Präfiguration des Bundes, wird er erkennbar als bleibende, auf das messianische Friedensreich ausgerichtete Erlaubnis und Verheißung Gottes für eine aussichtsreiche Eigengeschichte der Geschöpfe. Nur wer in Christus die Fülle des göttlichen Segens wahrnimmt, entdeckt auch bereits im Schöpfungssegen einen ersten Akt der Bundestreue des Schöpfers.

5. Gottes Vorsehung in Gestalt der Erhaltung, Begleitung und Regierung aller Geschöpfe begegnet – wie der Segen – ihrer Bedürftigkeit innerhalb der Grenzen und angesichts der permanenten Bedrohung ihres irdischen Lebens. Aber sie stellt keinen Einbahnverkehr vom Schöpfer zum Geschöpf dar. Nicht nur verhindert sie die geschöpfliche Eigentätigkeit nicht, sie begründet, ermöglicht und bestätigt sie vielmehr und ist um ihr Gelingen besorgt, wie Barth nirgendwo eindrücklicher als in der Darstellung des göttlichen Begleitens als praecursus, concursus und succursus (§ 49.2) unterstreicht: »Gottes unbedingte und unwiderstehliche Herrschaft bedeutet nicht nur keine Bedrohung und Unterdrückung, sondern vielmehr gerade die Begründung der Freiheit des geschöpflichen Wirkens in seiner Eigenart und Mannigfaltigkeit« (165). Oder: »Das vorherbestimmende Wirken dieses (sc. des barmherzigen, M. F.) Gottes ist *per se* keine Vergewaltigung, keine Entwürdigung, keine Entmächtigung seines Geschöpfes« (147).

Entsprechend verweist auch der Schöpfungssegen als Ermächtigung der geschöpflichen Eigentätigkeit auf den Gott, der nicht allein wirksam sein will, sondern, indem er alles in allem wirkt, dem verheißungsvollen eigenen Wirken

---

27. »Ist der Vorsehungsglaube christlicher Glaube und also Glaube an Jesus Christus als an das Wort Gottes und also an Gottes Selbstoffenbarung, dann gibt es für ihn keine Dunkelheit des Wesens, Willens und Wirkens des Herrn der Geschichte, so auch keine Zweideutigkeit seines Charakters und seiner Absicht, und so auch keine Unsicherheit darüber, daß er für seine Ehre in dieser Geschichte wohl zu sorgen weiß« (39).

seiner Geschöpfe Raum gibt. Wie das göttliche Vorsehungshandeln auf seine geschöpfliche Entsprechung in der Mitarbeit an der Schöpfung zielt – sei es im unbewußten, selbstverständlichen Lobpreis des Schöpfers vonseiten der außermenschlichen Kreatur, sei es, wie Barth in §49.4 (»Der Christ unter der Weltherrschaft Gottes des Vaters«) ausführt, in der freien Entscheidung des Menschen, mit der ganzen Existenz Gottes Fürsorge zu verantworten –, sind auch die gesegneten Geschöpfe dazu autorisiert, ihre Bundespartnerschaft in einem gottentsprechenden Handeln zu bestätigen und zu betätigen. Barth sieht in §41.2 die menschliche Entsprechung zum Schöpfungssegen in der Erfüllung seiner Gottebenbildlichkeit als auf Beziehung angelegtes Wesen, konkret: in der Befolgung des Auftrags von Gen 1, 28. Es bleibt aber darüberhinaus zu fragen, ob nicht auch die menschliche Segenspraxis eine Konkretion dieses gottähnlichen beziehungsreichen Lebens als Antwort auf den Schöpfungssegen sein könnte. Doch gerade an dieser Stelle springt eine *Leerstelle* innerhalb der Barthschen Vorsehungslehre ins Auge: In §49.4 expliziert Barth das christliche Verhalten gegenüber der göttlichen Vorsehung in den drei Formen von Glauben (279-287), Gehorsam (288-301) und Gebet (301-321) ohne einen einzigen Hinweis auf den Segen, nicht einmal in Form der Segensbitte bei der Behandlung der Fürbitte als der wesentlichen Gestalt des Gebets.

Überhaupt fehlt – und dies überrascht gegenüber Barths Feststellung von 1928, daß es beim Segen um den »tiefe(n) Sinn« des Dogmas von der Vorsehung gehe, und mehr noch angesichts der vielfältigen sachlichen und terminologischen Übereinstimmungen zwischen Vorsehungslehre und Auslegung des Schöpfungssegens – jede Berücksichtigung des Segensthemas innerhalb von §§48.49. Barths Auslegung des Schöpfungssegens spricht die Sprache der Vorsehungslehre, seine Vorsehungslehre jedoch schweigt vom Segen.[28] Um so dringlicher stellt sich die Frage, ob nun dort, wo Barth von menschlichen Segensaktionen handelt, diese Leerstelle aufgefüllt wird.

2. Die Bedeutung menschlicher Segenspraxis im Kontext der christologisch begründeten Zeitlehre Barths

Die pointiertesten Äußerungen Barths zum Segen finden sich im anthropologischen Teil der Schöpfungslehre der Kirchlichen Dogmatik, in §47 »Der Mensch in seiner Zeit«, genauer: im Unterabschnitt 47.4: »Die anfangende Zeit«.[29]

---

28. Dieses Segensschweigen der Vorsehungslehre findet – das sei hier thetisch vorweggenommen – seine genaue Entsprechung im nicht weniger inkonsequenten Segensschweigen der Tauflehre Barths in KD IV/4 (vgl. unten 2.3 und 3.2).
29. KD III/2, 695-713 (Seitenzahlen im Text). Barth verortet damit das Segensthema in seiner

Barth nimmt hier die Segnungen im Alten Testament als Antwort Israels auf die allgemein menschliche Frage nach dem Woher der eigenen Existenz und damit als Orte der Vergewisserung über die heilvolle Zuwendung Jhwhs zu seinem Volk in den Blick.

2.1 Die universal-anthropologische Frage nach dem Woher des Lebens

Die dem Menschen von Gott gegebene Zeit ist befristet – als anfangende und aufhörende Zeit. Auch wenn faktisch die Frage nach dem *Wohin* unseres Lebensweges die beunruhigendere, weil aktuellere ist, denn unser Dasein bewegt sich unumkehrbar auf die ihm aus der Zukunft entgegenkommende Grenze

> theologischen Zeitlehre. In §47 geht es um das Verhältnis von Gotteszeit und Menschenzeit, präziser: um Gottes Ewigkeit als Bedingung der Möglichkeit dafür, daß Menschen überhaupt Zeit haben und in der Zeit vor dem Angesicht Gottes und in der Gemeinschaft mit ihren Mitgeschöpfen leben können. Im ganzen Paragraphen befindet sich Barth in einem expliziten und impliziten Gespräch mit dem theologischen und philosophischen Zeitverständnis von Augustin bis Heidegger. Eine philosophisch-phänomenologische Theorie der Zeitlichkeit des Menschen kann nicht die Selbstbehauptung, Selbstvergewisserung und Selbsterhaltung des Menschen in seiner Zeit begründen. Sie kommt – so Barth – über eine Analyse des vulgären Zeitbegriffs nicht hinaus. Denn im Blick auf alle drei Zeitmodi lebt der Mensch unter ständigem Zeitverlust; er kann weder die Einheit von Vergangenheit, Gegenwart und Zukunft selbst erzeugen, noch gelingt es ihm, dem unausgedehnten Moment der Gegenwart Dauer zu verleihen. Seine eigene Zeit wird ihm erst durch die Begegnung von Gottes Ewigkeit mit der Menschenzeit gegeben. Diese ereignet sich in der Lebenszeit des einen wahren Menschen Jesus von Nazareth. Deshalb beginnt §47 – wie alle anthropologischen Paragraphen der KD – mit der christologischen Begründung des Themas, hier der Relation von geschöpflicher Zeit und Gottes Ewigkeit. In seiner Selbstoffenbarung in Jesus von Nazareth hat Gott eine bestimmte Spanne der menschlichen Zeit als Offenbarungszeit so für sich beansprucht, daß damit *jede* Zeit in Beziehung zu seiner Ewigkeit gesetzt und ihre Leere aufgefüllt wird. In Jesus als dem »Herr(n) der Zeit« (§47.1) wird die ursprüngliche, schöpfungsgemäße Bestimmung der Zeit aufgedeckt und die verlorene Zeit des Menschen gewendet. Gottes Ewigkeit setzt sich im Leben Jesu so durch, daß dieser seine Zeit a) als Zeit für Gott, b) als Zeit für seine Mitmenschen lebt und damit c) jede Zeit neu qualifiziert, sie in ihrem Wesen als geschöpfliche Zeit freilegt (vgl. 527f.).
> Die Ausführungen Barths zum Segen stehen also mitten in einer christologisch begründeten Lehre von der Zeitlichkeit des Menschen. Sie erschließen sich deshalb nur von der Einsicht her, daß die Identität des Menschen in seiner Zeit keine selbstbegründete sein kann, sondern sich Gottes Selbstoffenbarung verdankt. Dadurch, daß Gott seine Ewigkeit in die Lebenszeit Jesu einbringt und damit das ursprüngliche Wesen der Zeit realisiert, kommt die menschliche Zeit überhaupt zu ihrer Erfüllung, haben Menschen allererst Zeit, müssen sie die Befristung ihres Daseins nicht länger als Bedrohung empfinden und sich gegen diese auflehnen. Denn in ihrer in beide Richtungen begrenzten Lebenszeit haben sie durch die Herrschaft Jesu Christi über die Zeit, die zugleich ihre Befreiung ist, Anteil an Gottes Ewigkeit, wie kurz oder lang die Spanne ihres Lebens auch immer sei.
> Zu Barths christologischem Zeitverständnis vgl. G. *Oblau,* Gotteszeit; K. H. *Manzke,* Ewigkeit, 490-534; K. *Stock,* Anthropologie, 191-233; D. *Clausert,* Zeitbegriff. Die Segensthematik findet bei keinem dieser Autoren Berücksichtigung.

hin, so läßt uns doch auch die Frage nach dem Woher nicht los[30]; sie motiviert unser Interesse an der Geschichte: Der Mensch kann sich nicht damit abfinden, daß es eine Zeit gab, in der er noch nicht war; er wird beunruhigt von seinem eigenen Nichtsein, das rückwärts sein Leben begrenzt. Er kann »die Geschichte nicht geschehen sein lassen« (700). Deshalb versucht er, über seine eigene Lebenszeit (und seinen Lebensraum) hinaus zurückzugreifen, um sich gegen die Bedrohung durch das Nichts selbst Raum und Zeit zu verschaffen: »Er möchte den Schatten, der von dort her auf ihm liegt, zerstreuen; den Mangel, an dem er von dorther leidet, beheben« (ebd.). Der leidenschaftliche Versuch der rückwärts gerichteten Selbstausdehnung kann zu einer »Flucht in die Geschichte« werden, um dort – in der eigenen Vorvergangenheit – Schutzmauern gegen die Konfrontation mit dem Nichts zu errichten. Doch nur um den Preis der Verdrängung können solche Selbstsicherungsversuche beruhigen.

An die Stelle der traditionellen, auf Abwehr der Emanationslehre zielenden theologischen Modelle, den Ursprung, die Herkunft der Seele zu erklären (Traduzianismus und Kreatianismus), setzt Barth die grundsätzliche – in § 47.3 (»Die befristete Zeit«) entfaltete – Einsicht, »daß es uns gut und heilsam ist, begrenzt zu sein, weil es der ewige, gnädige Gott ist, der uns begrenzt« (701); und dies gilt für den *Ausgang* unseres Lebens aus der Zeit ebenso wie für seinen *Eingang* in die Zeit. Weil Gott als der Schöpfer das Chaos, das jedes geschöpfliche Leben bedroht und dem kein Geschöpf aus eigener Kraft gewachsen wäre, verneint und gebändigt *hat* und weil er seine Schöpfung ständig gegen Übergriffe der Chaosmächte bewahrt und am Leben erhält[31], kann die Zeit, in der wir noch nicht existierten, unser Leben in jeder neuen Gegenwart nicht mehr gefährden. Wo *wir* noch nicht waren, war *Gott* schon: Wir kommen »vom Sein, Reden und Tun des uns vorangegangenen ewigen Gottes« her (702). Von daher sind alle Anstrengungen, unser Leben über seinen Anfang hinaus auszubreiten und abzusichern, um das Nichts so weit wie möglich vom Hier und Heute fernzuhalten, überflüssig, denn

»unser Leben in unserer befristeten Zeit ist jedenfalls von dorther gesehen tragbar, weil es jedenfalls von dorther nicht ohnmächtig und verloren über einem Abgrund hängt, sondern gehalten und getragen, in höchster Zuverlässigkeit garantiert und gesichert ist. Mehr noch: es steht gerade von dorther unter einer Verheißung. Es steht sein Fortgang, es steht aber auch sein Ende im Lichte dieses seines Anfangs« (ebd.).

Woher können Menschen wissen, daß ihre Lebenszeit von Gottes Ewigkeit umfangen ist, daß Gott ihnen von jeher als gnädiger Gott vorausgeht und sie deshalb über dem Abgrund ihres Nichtseins vor (und nach) ihrem irdisch-ge-

---

30. Nach Barth ist es gerade die unbeantwortete Frage nach dem *Woher* des Lebens, die uns vor seinem *Ende* zurückschrecken läßt: Das Nichts, das jenseits des Ursprungs unseres Lebens lauert, begleitet unseren gesamten Lebensweg als permanenter Schatten und Mangel und läßt uns auch der zukünftigen Grenze nur als Bedrohung und Vernichtung unserer Lebenszeit entgegensehen (vgl. a.a.O., 695 f.,698 f.).
31. Vgl. dazu ausführlich KD III/3, § 50: »Gott und das Nichtige«.

schichtlichen Dasein gehalten sind? Diese Zuversicht weckende und Gelassenheit schenkende Antwort auf das universal-anthropologische Problem der Ungewißheit über die eigene Herkunft ist jedem Menschen nur deshalb zugänglich, weil sie – so Barths pointierte These – *in Israel* bekannt ist: Daß – mit dem Bekenntnis von Ps 90,1 f. – »Jahve von Geschlecht zu Geschlecht Israels und aller Israeliten Zuflucht gewesen ist, diese massive geschichtliche Wirklichkeit ist die Gestalt des Gottes, der war, ehe der Mensch war, ehe die Erde und die Welt geschaffen wurden« (703). Der Erkenntnisweg verläuft also unumkehrbar *vom Besonderen zum Allgemeinen*: Weil Jhwh Israels Gott ist, ihm die Bundestreue hält und es wie seinen Augapfel behütet, ist er auch der Erhalter der ganzen Welt und jedes einzelnen Menschen. »Jahve ist zuerst Israels Zuflucht von jeher, dann und als solcher der Gott, der vor aller Welt war« (ebd.). Um sich dieses tragfähigen Grundes zu vergewissern, *erinnert* sich Israel je neu seiner (Volks-)Geschichte, macht sich in jeder neuen Generation erzählend seinen Vätern und Müttern und deren Gotteserfahrungen *gleichzeitig* und bleibt lobend und dankend der Taten Gottes in seiner Geschichte *eingedenk*. In dem Bedürfnis, Gewißheit über den eigenen Ursprung zu erlangen, liegen die zahlreichen Selbst- und Fremdermunterungen begründet, des Früheren zu gedenken (Barth führt Dtn 32,7 f.; 4,32; Ps 77,6 f.; 44,2 f.; 78,2 f.; 143,5; Jes 45,21 f.; 46,9; Jer 6,16 und Hi 8,8 an). In ihm wurzelt auch die große Rolle, die im kollektiven Gedächtnis[32] den Vätern und Müttern als den Trägern der Verheißung und Partnern des Gottesbundes zukommt. Und nicht zuletzt gehört auch das Elterngebot mit seiner zentralen Stellung zwischen erster und zweiter Tafel des Dekalogs – so kennzeichnet Barth seinen Ort – in diesen Zusammenhang, denn es ist ja vor allem der generationenübergreifende Familienverband, in dem die Erinnerung an die heilvolle göttliche Begrenzung des Lebens weitergegeben und wachgehalten wird.

Das Eingedenksein des Anfangs macht sich fest an der Person Abrahams und der ihm von Gott zugesprochenen Segensverheißung (Gen 12,2 f.). Deshalb – und damit mündet der bisherige Argumentationsgang in die eingangs vorweggenommene Barthsche Verortung der Segenspraxis Israels ein – spricht sich im von Generation zu Generation weitergegebenen Segen am eindeutigsten die Gewißheit aus, von Anfang an unter der Verheißung Jhwhs zu leben:

»(...) daß also das Segenswort, der gesegnete und segnende Name Abrahams immer wieder *ausgesprochen* und damit in höchster Realität weitergegeben werden darf von den Vätern den Kindern, von den Kindern den Kindeskindern, diese *Freiheit zu segnen und Segen zu empfangen*, ist die alttestamentliche Antwort auf die Frage nach dem Woher? des natürlichen menschlichen Lebens« (706).

---

32. Zum Begriff und zur Bedeutung des »kollektiven Gedächtnisses« vgl. *M. Halbwachs*, Gedächtnis; *ders.*, Das kollektive Gedächtnis, sowie die Aufnahme und Weiterführung seiner Thesen in den Arbeiten von Aleida und Jan Assmann.

2.2 Die alttestamentliche Antwort: die Segensverheißung an Abraham und ihre Wiederholung in menschlichen Segensakten

Im Segen, den Barth als den »Inbegriff des Guten«, als »ein Wort, das göttliche Kraft hat, einem Anderen Gutes zuzuwenden« (705), charakterisiert, empfängt Israel also nicht nur äußere Lebensgüter, sondern vor allem Gewißheit über seine Herkunft, weil »das Gute, die Wohltat, die Gabe, die der Segnende dem Gesegneten zuwendet, (...) in seinem Kern und Gehalt (...) immer darin besteht, daß die Gesegneten von Jahve herkommen, im Lichte seines Angesichts und unter seiner Gnade leben dürfen« (706).[33] Im Segnen und Gesegnetwerden erfahren sich die Menschen in Israel als Geschöpfe des ihnen gnädig zugewandten Gottes, gewinnen sie Eindeutigkeit auf der Suche nach ihrem Ursprung. Der Segen wirkt geradezu *identitätsstiftend* – im Blick auf das Woher der eigenen Existenz. Unter dem Segen kann das verzweifelte Fragen nach dem tragfähigen Grund des Lebens zur Ruhe kommen und der gebannte, angsterfüllte Blick auf den Abgrund des Nichts, der sich vor der eigenen Lebenszeit aufzutun scheint, gelöst werden. Segen begegnet dem Mangel, den ein Mensch wahrnimmt, wenn er in den Raum und die Zeit vorzustoßen beginnt, in der er noch nicht war. Wo nämlich im Akt des Segnens Gottes erhaltendes Wirken schon für die Vorvergangenheit des geschöpflichen Lebens – als Bändigung des Chaos und Verneinung des Nichts – vergegenwärtigt wird, erübrigt sich die »Flucht in die Geschichte«, um dort selbst den Kampf mit dem Chaos aufzunehmen. Im Segnen und Segenempfangen liegt damit zugleich auch eine Einwilligung in die Begrenzung, in das Fragmentarische des eigenen Lebens, und ein Bekenntnis zur Hoffnung, daß Gott den Mangel dieses Lebens auffüllt, wie er ja überhaupt die menschliche Zeit mit seiner Ewigkeit erfüllt. So ermöglicht der Segen die Bereitschaft zum Verzicht, das Leben selbst verlängern oder gar ganz machen zu wollen.

Doch diese Bedeutung kommt ante Christum natum dem Segen allein in Israel zu. Nur Israel selbst hat die Freiheit, *im Namen Abrahams* zu segnen und sich segnen zu lassen. Weil Jhwh zuerst Abraham Segen verheißen und ihm zugesprochen hat, daß er selbst zum Segen(swort) werden wird, ist überall dort, wo der Name Abrahams (segnend) ausgesprochen wird, Israels Anfang mit seinem Gott, sind »Jahves Erwählung Israels, Jahves Bund mit ihm, Jahves Taten und Wunder als des Bundes Erfüllung, Jahves Gebote und Weisungen, Jahves durch Israels Schuld oft verdunkelte und doch dauernde Treue« (704) präsent. Jedes Mal, wenn mit dem Namen Abrahams gesegnet wird, stellen sich Segnende und Gesegnete selbst an den Anfang der Geschichte Jhwhs mit seinem Volk. In jedem Segensakt wird Gottes Segensverheißung an Abraham *wiederholt* und für die eigene Gegenwart *konkretisiert*. Das menschliche Segnen lebt dabei von

---

33. Barth hat hier besonders die Bilder des aaronitischen Segens (Num 6, 24-26) und die Bitten aus Ps 121, 7 f. vor Augen.

der Autorität und Vollmacht des vorgängigen göttlichen Segensworts.[34] Israel hat aber nicht nur die *Freiheit*, dieses zu wiederholen, sondern es muß es *notwendig* wiederholen, um sich seiner je neu zu vergewissern. Denn das Segenswort konkurriert im Laufe der Geschichte Israels mit dem Fluch, dem Droh- und Gerichtswort. Die Macht des Segens über den Fluch, der Gnade über das Gericht, des Lebens über den Tod erweist ihre Realität eben jeweils erst da, wo in der Segenspraxis mit dem Namen Abrahams die Erwählungs-, Verheißungs- und Bundesgeschichte Jhwhs mit Israel gegenwärtig, ja – in der Verschränkung der Zeiten – zur »erinnerten Zukunft« wird. Der Name Abrahams verbürgt die Erwählung Israels und seine einzigartige Gottesbeziehung. Abraham ist gleichsam die Inkarnation der verheißungsvollen Zuwendung Jhwhs zu seinem Volk in ihrer Ursprungssituation. Im Namen Abrahams läßt Gott sich selbst von Israel als seine »Zuflucht von Geschlecht zu Geschlecht« identifizieren, bei seiner Selbsterschließung als Gott dieses Volkes behaften. Der Name Abrahams ist die *Realpräsenz* der göttlichen Segensverheißung in Israel.

Nun hat aber bereits die erste Segensverheißung Gottes, überhaupt das erste Wort Gottes an Abraham, die Völker im Blick (Gen 12, 3). Nicht nur für Israel, sondern für alle Geschlechter der Erde gilt, daß sie sich im Namen Abrahams ihrer Herkunft von dem Gott Israels, der der Schöpfer und Erhalter der Welt ist, vergewissern können. Nur – und darin liegt der *Erkenntnisvorsprung Israels* – wissen die Völker nichts von dieser universalen Tragweite der Abrahamverheißung; ja, selbst der Schöpfungssegen von Gen 1, 28 ist nur in Israel bekannt. Barth spricht davon, daß unter der (israel-)soteriologischen Bestimmung der Abrahamverheißung ihre universal-anthropologische Geltung verhüllt und allein Israel erschlossen sei. Wie kann es aber in der Völkerwelt nicht nur zur Erkenntnis, sondern auch zur Teilhabe an dem in der Abrahamverheißung zugesprochenen Segen Gottes kommen? Oder anders formuliert: wie können die Heidenvölker ihrer Herkunft vom Gott Israels gewiß werden? Nach Gen 12, 3 kann dies nicht anders geschehen als in einem erneuten Bezug auf den Namen Abrahams, in der Terminologie Barths: durch ein Segenswort, wie es *nur in Israel* gesprochen werden kann. Auch hier bleiben wir also an die Erkenntnisordnung vom Besonderen zum Allgemeinen gebunden. Dieses in Israel gespro-

---

34. Auf Gottes Segenswort als Ermöglichung und Bestätigung zwischenmenschlicher Segenspraxis hat Barth bereits in einem anderen Kontext aufmerksam gemacht. In KD I/2, 652, versteht er die Autorität der Kirche vom Elterngebot (Ex 20, 12) und von Lev 19, 32 her und ergänzt: »Dieselbe Ordnung nehmen wir wahr in dem, was das Alte Testament über den Segen sagt, den die Väter ihren Kindern, den aber auch die Priester dem ganzen Volk spenden dürfen und sollen: daß hier Menschen segnen, das bedeutet nicht die Leugnung, sondern vielmehr die Bestätigung des Eigentlichen: Jahve segnet und behütet, Jahve läßt sein Angesicht leuchten und ist gnädig, Jahve hebt sein Angesicht auf die Gesegneten und gibt ihnen Frieden (Num. 6, 22 f.); wiederum daß Jahve segnet, behütet und gnädig ist, das bedeutet nicht die Negation, sondern gerade die Einsetzung und Bestätigung auch des menschlichen, des in seinem Volk gespendeten väterlichen und priesterlichen Segens.«

chene Segenswort, durch das die universal-anthropologische Bedeutung der Abrahamverheißung den Völkern bekannt und für sie erfüllt wird, ist Jesus von Nazareth, der als der Heiland der Welt – so Barth – zugleich der Messias Israels und damit die Erfüllung aller Abraham (und seinen Nachkommen) gegebenen Verheißungen ist. Damit wird, wie Barth unterstreicht, zwar die alttestamentliche Antwort auf die Frage nach dem Woher nicht obsolet, aber »sie lebt jetzt vielmehr in einer Intensität und Konkretion auf, die sie so im Alten Israel praktisch vielleicht nie gehabt hat« (706). Diese vorsichtige Formulierung hat jedoch weitreichende und problematische Implikationen, was die Segenspraxis im Christentum und vor allem das Verhältnis von Kirche und Israel anbetrifft. Wo das Segnen zum bevorzugten Akt der Vergewisserung über die eigene Herkunft von Gottes gnädigem Bundesschluß wird, da geht es – diesen weiten Horizont reißen Barths Überlegungen zum Segen auf – um nichts weniger als um das Verständnis von Zeit und Geschichte (im Lichte des Christusereignisses).

2.3 Die neutestamentliche Antwort: das inkarnierte Segenswort Jesus Christus und die Taufe

Wer in Israel nach dem Grund seiner Existenz fragt, blickt zurück auf die lange Geschichte seines Volkes und macht sich fest an dessen Erwählung und Berufung in Abraham. Das Sich-Hineinstellen in die gemeinsame Geschichte ist dabei konstitutiv für die Partizipation am verheißenen Segen. »Diese Geschichte und die in ihr sich vollziehende Vermittlung der göttlichen Verheißung und des göttlichen Gebotes hat (...) *prinzipielle* Bedeutung« (709). Indem der Segen von Generation zu Generation weitergegeben wird, wiederholt sich in jedem Segensakt das ursprüngliche, in Abraham verbürgte Ja Gottes zu seinem Volk, realisiert und konkretisiert es sich unter den Bedingungen der jeweils neuen Gegenwart.

Davon unterscheidet sich – nach Barth – der Rückblick von ChristInnen auf den Anfang ihrer Existenz grundlegend. Denn dieser Anfang liegt »in dem als Ziel der Geschichte Israels gekommenen Jesus Christus« (708). Es kann sich also um keinen Geschichtsrückblick im eigentlichen Sinne handeln, denn wo ChristInnen auf den Ursprung ihrer Existenz schauen, erkennen sie zugleich den »*Abschluß* nicht nur der israelitischen, sondern *aller* menschlichen Geschichte, das Vergehen dieses Äons, de(n) Ablauf der Zeit, deren Pendel jetzt gewissermaßen nur noch im Ausschwingen ist, so daß es nur noch offenbar werden muß, daß sie schon abgelaufen ist« (ebd.). Wo das Christusgeschehen als die Erfüllung aller alttestamentlichen Verheißungen verstanden wird, kommt die Kirche, kommt jede/r einzelne ChristIn immer schon vom Ziel und Ende der Geschichte her und kann nur noch erwarten, daß die in Jesus Christus umfassend und endgültig Ereignis gewordene Offenbarung Gottes weltweit sichtbar wird. Inhalt eschatologischer Hoffnung ist damit keine neue, sondern allein die universale Anerkennung der ein für allemal geschehenen Selbstbekundung Gottes. M. a. W.: nur auf der *noetischen*, aber nicht mehr auf der *ontischen* Ebene kann sich Neues ereignen.[35] Dies hat Konsequenzen für die christliche Segenspraxis. Diente das Segnen im Alten Testament gerade der *Integration* einer neuen Generation und jedes/jeder Einzelnen in die Geschichte des Volkes und ihrer *Partizipation* an der Abrahamverheißung, ermöglichte es den

[35] Daß damit aber weder ein grundsätzlicher Eschatologie-Verlust der Barthschen Theologie einhergeht noch daß es sich bei der weltweiten Anerkennung der in Kreuz und Auferstehung Jesu von Nazareth schon geschehenen Versöhnung, Neuschöpfung und Erlösung der Welt um einen rein kognitiven Akt handelt, hat Gotthard Oblau in seiner beeindruckenden Arbeit über die eschatologischen Grundentscheidungen in der Kirchlichen Dogmatik nachgewiesen. Was hier zur Debatte steht, ist der Sinn der Endzeit, der Zeit zwischen der ersten Parusie Christi zu Ostern und seiner letzten am Ende der Zeit, ist die Wahrnehmung dieser Zwischenzeit als Spielraum der Freiheit, die dem Menschen Gelegenheit schenkt, Gottes Schöpfungs-, Versöhnungs- und Erlösungshandeln zu entsprechen. Für Barth ist die Zeit, die den Menschen nach Ostern noch geschenkt ist, Ausdruck der *Menschenfreundlichkeit Gottes*, oder in der trefflichen Formulierung G. Oblaus: »Das Faktum der Zeit post Christum ist zunächst ein Ausdruck der Ungenügsamkeit Gottes als des Schöpfers, seiner Treue zur Welt, seiner überschießenden Lust an immer weiteren Menschengenerationen, seiner Freude am Durchspielen immer neuer Facetten der übergroßen Fülle naturhafter und kultureller Daseinsmöglichkeiten« (Gotteszeit, 280).
Gleichwohl halte ich es aber für unverzichtbar, mit F.-W. Marquardt über Barths Eschatologie hinauszugehen und der Hoffnung trotz, nein gerade wegen der Vollkommenheit des Glaubens eigene, vom Glauben noch nicht eingeholte (biblische) Inhalte (wieder) zu geben. Mit seinem Verständnis von Eschatologie knüpft Marquardt an die altkirchliche Bezeichnung des Locus mit »de novissimis« an und nennt als ihren Gegenstand »die allerletzten *Neuigkeiten*, – im Sinne von: Am Ende werden uns große Novitäten erwarten, noch nie Gehörtes, nie Gesehenes, nie Erfahrenes; und es wird die Qualität von etwas schlechthin Neuem haben: Eschatologie ist die Lehre de novissimis, revolutionär« (Eschatologie 1, 28). Gerade weil in Jesus Christus Gott nicht nur das Ja zu allen seinen Verheißungen, sondern auch das Amen – »Amen, das ist: es werde wahr« (a. a. O., 65) – gesprochen hat (2 Kor 1, 20), bekommen die Glaubenden noch etwas zu hoffen, denn »*das Amen ist die geschichtliche Gutschreibung*, besser: die Selbstentfaltung des *göttlichen Ja in die Zukunft hinein*, das Amen ist die Ewigkeit des Ja« (a. a. O., 66). Damit bleiben die Verheißungen Gottes an Israel als Verheißungen in Geltung. Und zu den letzten Neuigkeiten gehört – darin gipfelt Marquardts Eschatologie und darin liegt wohl auch der deutlichste Unterschied zu Barth – die Selbsterneuerung Gottes: »Nicht nur wir sehen Neuem entgegen: auch Gott bestimmt sich dazu, neu zu sein. Dies, daß Eschatologie im letzten von einer neuen Selbstbestimmung und Selbstsetzung Gottes sprechen muß, ist das tiefste Motiv dafür, nicht nur eine axiologische Eschatologie zu entwickeln, sondern teleologisch denken zu müssen. In der Spitze ist Eschatologie *Lehre von einer Selbsterneuerung Gottes*. Er will nicht der alte bleiben, wenn er vor hat, alles neu zu machen« (a. a. O., 142). Schon die Einschränkung im Titel: »Was dürfen wir hoffen, wenn wir hoffen dürften?« zeigt an, daß für Marquardt der Ausgang der Geschichte Gottes mit der Welt offen ist, daß die Erlösung der Welt, aber auch die Gottes noch auf dem Spiel steht.
Es geht also um eine schärfere Differenzierung von Versöhnung einerseits, Erlösung und Vollendung andererseits, als sie in Barths KD gegeben ist, um eine Relativierung und Ergänzung der perfektischen Eschatologie durch eine futurische. Darauf, daß auch bei K. Barth selbst schon die perfektischen Aussagen noch einmal vom eschatologischen Vorbehalt umklammert sein könnten, weisen Aussagen im Nachlaßband zur Ethik der Versöhnungslehre hin (*K. Barth*, Das christliche Leben, bes. 279 ff.).

Brückenschlag von jeder Gegenwart zum Ursprung der Verheißungsgeschichte, so ist diese Funktion im Christusgeschehen – im doppelten Sinne des Wortes – aufgehoben. Wo der Anfang der eigenen christlichen Existenz und das Ende der Geschichte in eins, besser: in einen, nämlich Jesus Christus, fallen, da bedarf es keiner Wiederholungen der Segensverheißungen in zwischenmenschlichen Segensakten. Denn ihnen kam ja nicht zuletzt die Funktion zu, den Spannungsbogen zwischen Verheißung und Erfüllung aufrechtzuerhalten und das Leben in der Erwartung zu gestalten, indem sie die Erinnerung an die Abrahamverheißung wachhielten und zugleich augenblickhafte, fragmentarische Erfüllungen antizipierten. Wenn aber Geschichte im eigentlichen Sinne zuende, weil mit Gottes Ewigkeit erfüllt ist, werden diese beiden Funktionen des Segnens überflüssig.

Barths Deutung von Tod und Auferstehung Jesu Christi als Ziel, Ende und Erfüllung aller Zeit und Geschichte und die daraus resultierende Aufhebung der alttestamentlichen Segenspraxis korrespondieren mit seiner Einschätzung des neutestamentlichen Befunds:

> »Eines ist freilich auffällig: daß der Begriff und die Anschauung des alttestamentlichen *Segens* in der neutestamentlichen Sprache und Darstellung zwar durchaus erhalten und lebendig geblieben ist, daß aber offenbar die *Aktion* des Segnens und Gesegnetwerdens von Mensch zu Mensch, die für die alttestamentliche Situation bezeichnend ist, in der neutestamentlichen Gemeinde nicht aufgenommen und fortgesetzt worden ist« (707).

In dem Gebot, dem Fluch mit Segen zu begegnen (Barth bezieht sich auf Mt 5,44 par., 1 Kor 4,12; Röm 12,14; 1 Petr 3,9), findet Barth im Neuen Testament den einzigen Hinweis auf menschliches Segnen; im übrigen sei immer nur Gott oder Christus Subjekt der Segnung (als Belege nennt Barth Mk 10,16; Luk 24,50; Eph 1,3; Apg 3,26; Röm 15,29 sowie Luk 1,42 und Mt 21,9). Barth unterstreicht besonders das Fehlen des aaronitischen Segens bzw. einer Parallele im Neuen Testament und kann auch in der Handauflegung dafür keinen wirklichen Ersatz finden. Vielmehr legt sich ihm eine andere Erklärung nahe: Die alttestamentliche Segenspraxis braucht und kann in der christlichen Gemeinde nicht fortgeführt werden, weil

> »das göttliche Segenswort in der Fleischwerdung von Gottes Wort nach neutestamentlicher Erkenntnis (anders als in der Erwählung und Berufung Abrahams) *ein für allemal* gesprochen ist und darum (anders als in Israel) *nicht wiederholt* werden kann, wie die ganze Kontinuität ›von Geschlecht zu Geschlecht‹, die ja auf das Kommen des Reiches im Messias zielte, mit der Beschneidung durch dieses Kommen hinfällig geworden ist« (708).[36]

---

36. Offenbar hat also nicht die völlig unterschiedliche Gewichtung der Segensthematik in den beiden Testamenten Barth motiviert, innerhalb seiner Zeitlehre vom Segen zu handeln, sondern sein christologisch begründetes Zeit- und Geschichtsverständnis hat ihm vielmehr den Schlüssel an die Hand gegeben, mit dem sich dieser biblische Befund allererst erklären läßt.

In diesem Grundsatz kulminiert Barths Segensverständnis: An die Stelle der in einer Vielzahl von Segnungen wiederholten und auf neue Situationen applizierten Abrahamverheißung, die eine geschichtliche Kontinuität und Identität Israels stiftet, es ebenso an seinen Ursprung in Gottes Bund mit Abraham bindet wie auf die inner- und endzeitliche Erfüllung der Verheißungen hin ausrichtet, tritt nun der Segen in Person des Gekreuzigten und Auferstandenen, in dem alles schon erfüllt ist, worauf Israel gehofft hat. Darum, so folgt aus Barths Position, muß nicht nur die Kirche nicht an Israels Weitergabe des Segens anknüpfen, sondern diese ist auch für Israel selbst überflüssig geworden, da ja auch seine Geschichte (der Hoffnung auf den Messias) zu ihrem Ende gekommen ist.

Es ist damit deutlich, daß Barths Auslegung alt- und neutestamentlicher Segenstexte – wie bei Luther – aufs engste mit den *Grundentscheidungen seiner Theologie* überhaupt verknüpft ist: Die christologische Begründung aller dogmatischen Themen, hier insbesondere des Zeit- und Geschichtsverständnisses, prägen auch seine Deutung der biblischen Segenstheologie und -praxis. Bevor ich einige kritische Anfragen an die Rolle richte, die Barth dem Segen innerhalb seiner Schöpfungslehre, insbesondere im Rahmen von deren Zeitverständnis, einräumt, seien zunächst noch einmal die Differenzen, die Barth hinsichtlich der alt- und der neutestamentlichen Aussagen zum Segen markiert, hervorgehoben:

Beide, Israel und die Kirche, kommen von einem Schon-Gesegnetsein her – in Abraham die einen, in Jesus Christus die anderen. Doch während der Abraham geschenkte Segen ein *verheißungsvoller* Segen ist, also auf Anreicherung im Verlauf der Geschichte angewiesen bleibt, ist in Jesus Christus die *Fülle* des Segens gegenwärtig. Der Segen ist nun ganz Wirklichkeit geworden und trägt keine Verheißung mehr in sich. Er kann nicht vermehrt werden. Jede Bitte um Gottes Segen zielt nun auf nichts mehr, aber auch nichts weniger als die Wahrnehmung der in Christus vorhandenen Segensfülle. Es kann keinen anderen und nicht mehr Segen geben, als es in Christus bereits gibt. Mit der christologischen Personalisierung des Segens geht also der Verlust seines Verheißungscharakters einher. Pointiert formuliert: *während das Segnen in Israel gleichsam Geschichte machte, nämlich Verheißungsgeschichte, hat es in der Kirche keine Geschichte mehr*. Denn die eine, alle anderen Verheißungen begründende Segensverheißung an Abraham erfüllt sich im Christusgeschehen. Das ein für allemal gesprochene, inkarnierte Segenswort Gottes ist weder *über*holbar noch *wieder*holbar; und es bedarf nicht mehr der menschlichen Vermittlung, sei es im Kult, sei es in der Familie, denn »der christliche Mensch (...) ist *unmittelbar zu Jesus Christus selber*. Daß er ein ›Kind Gottes‹ werden darf, das verdankt er dem *Heiligen Geist*, und daß er sich als solches erkennen und dieser Erkenntnis *gewiß* sein darf, das verdankt er seiner *Taufe*« (711). An die Stelle einer durch wiederholte Segensakte vermittelten Gottesbeziehung tritt nun eine unmittelbare Beziehung des/der einzelnen zu Jesus Christus.[37] Mehr noch: während die Segensvermittlung in Israel sich in einem sichtbaren Natur- und Geschichtszusammenhang ereignete, geht es in der christusunmittelbaren Vergewisserung der eigenen Herkunft in der christlichen Gemeinde um ein pneumatologisches Geschehen. Weil Gott selbst in Jesus von Nazareth Mensch geworden ist, bedarf es nicht mehr der Weitergabe des Segens durch die natürliche Generationenkette Israels hindurch, um an der Abrahamverheißung und ihrer Erfüllung in Christus teilhaben zu können. Hierin sieht Barth den Grund dafür, daß »der Trost, den der christliche Mensch im Rückblick auf den ihm in seiner Taufe gezeigten Anfang seiner Existenz empfangen und haben darf, nun doch unvergleichlich viel größer, tiefer und gewisser ist, als es der des israelitischen Menschen, obwohl er in der Sache derselbe war, je sein konnte« (713).[38] Dem ein für allemal in Jesus von Nazareth gesprochenen Segenswort Gottes entspricht als menschliche Antwort die einmalige Taufe:

»Die Vermutung ist zu wagen, daß es in Wahrheit die *Taufe* ist, die in der neutestamentlichen Gemeinde sinngemäß an die Stelle des alttestamentlichen *Segens* getreten ist. Sie verhält sich jedenfalls als durch menschlichen Dienst vollzogene Aktion zum Werk Jesu Christi selber eben so, wie sich dort der menschliche Segensakt zu dem eigentlichen Segenswort verhält, dessen Kraft doch nur die Kraft Gottes, das also auch nur durch Gott selber gesprochen sein kann« (711f.).[39]

Diese Verhältnisbestimmung impliziert eine Nachordnung *menschlicher* Segenspraxis gegenüber dem *göttlichen* Segenswort und eine Unterordnung der Segens*aktion* unter das Segens*wort*. In den Segnungen von Mensch zu Mensch vollzieht sich die Entsprechung zu Gottes vorgängigem Segenshandeln. So verstanden gehören die alttestamentlichen Segensakte wie ihr neutestamentliches Pendant, die Taufe[40], in den Bereich der Ethik.

---

37. Dies impliziert ebenso wie die Unmöglichkeit einer eigenen Geschichte der Kirche nach der Erfüllung der Zeit durch Tod und Auferstehung Jesu Christi (vgl. a.a.O., 708f.) eine klare Selbstbeschränkung der Kirche. Genauso wenig wie sie Mittlerin des Heils ist, kann sie Mittlerin des Segens sein.
38. Für Barth liegt also nicht in der Sache selbst eine Überbietung des Segens in Israel durch den Segen in der neutestamentlichen Gemeinde vor, denn es geht hier wie dort um denselben Segen des einen gemeinsamen Gottes. Barth findet aber eine größere Gewißheit und einen stärkeren Trost in dem Rückblick auf das Segenswort Jesus Christus, weil dieser keiner menschlichen Vermittlung bedarf.
39. Ausgeschlossen ist damit, die Taufe als neutestamentliche Entsprechung zur Beschneidung zu verstehen (vgl. a.a.O., 709).
40. Vgl. KD IV/4 »Die Taufe als Begründung des christlichen Lebens«.

3. Begründung und Kritik der christologischen Aufhebung israelitisch-jüdischer Segenspraxis

Die beiden wichtigsten Beiträge K. Barths zu einer systematisch-theologischen Reflexion über die biblischen Segenstexte sind nicht nur und nicht primär dadurch miteinander verknüpft, daß sie im Kontext der Schöpfungslehre der KD stehen: der eine inmitten des – im engeren Sinn – *theo*logischen Abschnitts »Schöpfung und Bund« (§41), der andere im *anthropo*logischen Abschnitt »Der Mensch in seiner Zeit« (§47). Die Deutung des *Schöpfungs*segens als göttliche Erlaubnis, als Autorisierung und Ermächtigung des Geschöpfs zu seiner eigenen Geschichte und zu einer dem göttlichen Handeln konformen Betätigung seiner Freiheit und das Verständnis des *Abraham*segens als in Israel je neu zu wiederholende, identitätsstiftende Vergewisserung über Gottes heilvolle Begrenzung und gnädige Bewahrung der geschöpflichen Existenz gegen die lebensbedrohlichen Chaosmächte konvergieren vor allem darin, daß beide Segensmotive in Jesus Christus ihren *Erkenntnis- und Realgrund* haben:

Daß *alle* Menschen (in Schöpfungsgemeinschaft mit den Tieren) mit dem Segen des Schöpfers begabt sind und daß die an Abraham gerichtete Segensverheißung *universal*-soteriologische Reichweite hat, erschließt sich nach Barth nur von dem einen, endgültigen, keiner Wiederholung bedürftigen und keiner Überholung fähigen Segenswort Jesus Christus her. Der Erkenntnisvorsprung Israels, an dem Barth im Blick auf beide Segensgestalten festhält, gründet darin, daß Gott dieses Segenswort nur in Israel gesprochen hat; inkarnationstheologisch formuliert: daß es im Juden Jesus »Fleisch« geworden ist. *Schöpfungs*- und *Abraham*segen sind nur als *Christus*segen, genauer noch: als in Jesus von Nazareth personifizierter Segen Gottes identifizierbar.

An dem menschgewordenen, authentischen göttlichen Segenswort entzündet sich aber nicht nur die *Gewißheit*, mit dem Segen des Schöpfers begabt zu sein und am Abraham verheißenen Segen teilzuhaben. Vielmehr haben beide Konkretionen des Gottessegens auch ihren *Ursprung* und ihr *Ziel* in Jesus Christus: Der Schöpfungssegen, der als Inbegriff der göttlichen Fürsorge für seine Geschöpfe gelten kann, läuft in der von ihm bewegten Generationenfolge auf den Menschensohn Jesus von Nazareth zu, in dessen Auferweckung die neue Schöpfung vorweggenommen ist und in dem sich so der Schöpfungssegen als Begabung zu einem Gott entsprechenden Leben *erfüllt*. Zugleich aber geht Gott überhaupt um Jesu Christi willen – in trinitätstheologischer Terminologie: um des präexistenten Gottessohnes willen – die Beziehung zu seiner Schöpfung ein, schenkt er seinen Geschöpfen ihre Eigenzeit, erhält und begleitet er sie mit seinem Segen. Damit ist segenstheologisch das ausgesagt, was seine dogmatische Entfaltung traditionell im Theologumenon der Schöpfungsmittlerschaft Christi findet. Im Kontext der Barthschen Zuordnung von Schöpfung und Bund läßt sich dieser Begründungszusammenhang am treffendsten bundes- und erwählungstheologisch formulieren: Indem das Segnen das erste Handeln Gottes an seinen Geschöpfen, der grundlegende Ausdruck der *providentia Dei* für das von ihm Geschaffene sowie der Beginn seiner *Koexistenz* mit der Schöpfung ist, markiert es gleichzeitig den Auftakt der *Bundesgeschichte*. Und diese hat – nach Barths Erwählungslehre in KD II/2 – kein anderes Fundament als das decretum concretum: die Erwählung Jesu Christi als ursprüngliche Selbstbestimmung Gottes zum Partner seiner Geschöpfe. Diese »Gnadenwahl ist der ewige Anfang aller Wege und Werke Gottes« und hat inklusive Gestalt: In diesem *einen* hat Gott *alle* Menschen »erwählt zur Teilnahme an seiner eigenen Herrlichkeit«[41], und um dessentwillen macht er sich zu ihrem Bundesgenossen. Entsprechendes gilt für die Segensverheißung an Abraham: Zum einen findet sie nach Barth ihre Erfüllung im Ereignis des Kreuzestodes und der Auferweckung Jesu Christi, die die Völkerwelt partizipieren läßt am Abraham/Israel verheißenen und geschenkten Segen; zum anderen gründet die mit ihr anhebende Geschichte Gottes mit seinem erwählten Volk Israel in der Erwählung Jesu Christi. Auch sie hat ihr Worumwillen im decretum concretum: In der Berufung und Segnung Abrahams und seiner Nachkommen gewinnt die Erwählung des Gottes- und Menschensohnes irdisch-geschichtliche Gestalt.

So läßt sich der Hauptsatz der Erwählungslehre Barths, daß Jesus Christus »der erwählende Gott und der erwählte Mensch in Einem ist«[42], segenstheologisch umformulieren: Barths christologische Bestimmung des Erkenntnis- und Sachgrundes des göttlichen Segnens und des geschöpflichen Gesegnetseins folgt aus der Einsicht, daß Jesus Christus zugleich der segnende Gott und der gesegnete Mensch ist.

Angesichts dieser deutlichen Übereinstimmungen in der christologischen Begründung des Schöpfungs- und Abrahamsegens überrascht es, daß Barth nur im Zusammenhang des identitätsstiftenden Abrahamsegens von menschlichen Segenshandlungen (in Israel) spricht, während er den Schöpfungssegen als *unvermittelte* Gottesgabe versteht, die offenbar keiner Wiederholungen und Entsprechungen im zwischenmenschlichen Segnen bedarf und infolgedessen auch nicht in ein (einmaliges) kirchliches Handeln wie die Taufe aufgehoben werden kann. Der erste Abschnitt (3.1) meiner kritischen Würdigung des Barthschen Segensverständnisses geht deshalb der Frage nach, ob wir angesichts unserer wesensmäßigen Segensbedürftigkeit, die Barth in § 41.2 so eindrücklich entfaltet hat, nicht doch angewiesen sind auf eine wiederholte gegen-

---

41. KD II/2, 101 (im Leitsatz zu § 33). Daß Barth für den Schöpfungs- wie für den Abrahamsegen den Erkenntnis- und Realgrund christologisch bestimmt, muß m. E. auf die ratio cognoscendi und essendi seiner Erwählungslehre zurückgeführt werden: Die beiden Grundsätze von § 33.1, nämlich daß Jesus der erwählende Gott und der erwählte Mensch ist, sind in unumkehrbarer Reihenfolge einander zuzuordnen: »Nur wenn Jesus Christus auch der Realgrund, und zwar der von nirgendswoher in Frage zu stellende Realgrund unserer Erwählung ist, kann er laut des zweiten Satzes auch ihr Erkenntnisgrund sein, gibt es also eine Gewißheit unserer eigenen Erwählung« (KD II/2, 128).
42. KD II/2, 1 (im Leitsatz zu § 32).

seitige Bezeugung, auf eine je neue Vergegenwärtigung des Schöpfersegens. M. a. W.: Gibt es hinsichtlich des göttlichen Segens, der ein eigenes Leben der Geschöpfe überhaupt erst ermöglicht, wirklich eine geringere Vergewisserungsbedürftigkeit als im Blick auf den Segen, der uns in Erinnerung an die heilvollen Absichten Gottes mit unserem Leben, an seine in Freiheit und Liebe getroffene Selbstdefinition, Gott mit uns, »Immanuel«, sein zu wollen, von der Sorge befreit, unsere Identität selbst begründen und insbesondere gegen ihre Gefährdung durch die Vergangenheit sichern zu müssen? Mehr noch: Lassen sich nicht im Gefälle der Barthschen Argumentation selbst menschliche Segensworte und -rituale begründen, die dem Segenshandeln des Schöpfers *entsprechen* und den Schöpfungssegen *wieder-holen*?

Ein zweiter Abschnitt (3.2) bezieht sich auf Barths Hauptthese, daß im Neuen Testament die Taufe die Rolle übernimmt, die die menschliche Segenspraxis im Israel des Alten Testaments wahrgenommen hat: Kann die einmalige Taufe – insbesondere nach der Interpretation, die Barth ihr in seiner Tauflehre (KD IV/4) gibt – der Funktion der wiederholten Segnungen und verschiedenen Segensanlässe gerecht werden? Und welche Berücksichtigung finden angesichts der Überzeugung von der »Aufhebung« der vielfältigen jüdischen Segnungen in die Taufe die Segenstexte des Neuen Testaments?

Der dritte Abschnitt (3.3) bemüht sich darum, Barths eigenwillige Analogie zwischen der neutestamentlichen Taufe und den alttestamentlichen Segnungen und damit sein christologisch begründetes Segensverständnis im Horizont der Zeitlehre von § 47 in theologische Grundentscheidungen der KD einzuzeichnen und von ihnen her sowohl zu plausibilisieren als auch zu kritisieren. Dabei stehen insbesondere das Verhältnis von Israel und Kirche und die Eschatologie Barths, wie sie sich in seiner Auslegung der biblischen Segenstexte niederschlagen, zur Diskussion. Es wird auch in diesem Zusammenhang deutlich werden, daß vor allem die Weichenstellungen in der Barthschen Erwählungslehre verantwortlich sind für seine Überzeugung, daß die christliche Kirche keiner Fortsetzung der alttestamentlichen Segenspraxis bedarf.[43]

---

43. Wenn ich damit K. Barths Segensverständnis einer ungleich ausführlicheren Kritik unterziehe, als es im Blick auf die segenstheologischen Motive M. Luthers, J. Calvins und D. Bonhoeffers der Fall ist, so hat dies vor allem den folgenden Grund: Barths christologische und israeltheologische Auslegung des Schöpfungs- und Abrahamsegens, die zu den eindrücklichsten dogmatischen Erörterungen des Segensthemas überhaupt gehört, erweist sich in vieler Hinsicht als *anschlußfähig* für meinen eigenen Entwurf einer biblischen und dogmatischen Segenstheologie (vgl. unten Teil C) – und zwar gerade deshalb, weil Barths provokative These von der Aufhebung der wiederholten israelitisch-jüdischen Segenspraxis in die einmalige christliche Taufe in deutlicher Spannung zu Grundentscheidungen der KD steht. Ich möchte darum im folgenden zeigen, daß Barths christologische Interpretation alttestamentlicher Segenstraditionen nicht notwendig dazu führen muß, eine urchristliche Segenspraxis zu bestreiten und kirchlichen Segnungen das biblische Fundament zu entziehen. Im Gegenteil: Indem ich Barths Ausführungen zum Schöpfungs- und Abrahamsegen mit Hauptlinien der KD ins Gespräch bringe, können jene gerade einen we-

3.1 Zur fehlenden Bezeugung des göttlichen Schöpfungssegens im menschlichen Segenshandeln

Wenn der Schöpfungsbericht in Gen 1 vom Segnen Gottes als seinem ersten Handeln an seinen Geschöpfen spricht und damit die grundlegenden Segensabsichten Gottes mit seiner Schöpfung kundtut, dann geht es offenbar um ein göttliches Handeln, das keiner menschlichen Vermittlung bedarf, um die unmittelbare Koexistenz Gottes mit seiner Schöpfung, um seine lebensförderliche Weltimmanenz, die geschöpfliches Leben bewegt, fruchtbar macht und erhält. Als göttliche Begabung und Autorisierung seiner Geschöpfe zu einem eigenständigen Leben wirkt der Segen offenbar unabhängig davon, daß Menschen ihn ausdrücklich zusprechen und weitergeben. Er ist zugleich gottgegebene *und* natürliche, unverfügbare *und* der Schöpfung inhärente Lebenskraft.

Damit ist aber noch nicht darüber entschieden, ob es nicht eine menschliche Segenspraxis geben kann, die – um es zunächst möglichst allgemein zu formulieren – in Beziehung zum Schöpfungssegen steht. Ein menschliches Segnen, das sich für seine Legitimation und seine Bedeutung auf das Segnen des Schöpfers berufen kann, hat K. Barth weder für das alttestamentliche Israel noch für die christliche Kirche im Blick gehabt. Dennoch – und das möchte ich im folgenden zeigen – lassen sich mit seiner Interpretation der Segensmotive des biblischen Schöpfungsberichts (§ 41.2) – in Verbindung mit Grundaussagen der »Kirchlichen Dogmatik« zur Entsprechung bzw. zur Partnerschaft zwischen Gott und Mensch – menschliche Segenshandlungen begründen, die als *Bezeugung* des göttlichen Schöpfungssegens verstanden werden können.

Schon in den Prolegomena der KD betont K. Barth, was er dann in der Lehre von Gottes Gnadenwahl (KD II/2) ausführlich entfaltet und in der Providenzlehre, insbesondere unter dem Aspekt der göttlichen Begleitung der Geschöpfe (concursus), konkretisiert (KD III/3, § 49.2), daß nämlich Gott und Mensch keine sich gegenseitig verdrängenden Subjekte sind, daß das göttliche Handeln das menschliche nicht verunmöglicht, daß die Freiheit Gottes die Freiheit des Menschen nicht erstickt, daß der Mensch gerade als Objekt des göttlichen Wirkens seinerseits ein autonomes Subjekt sein kann. Göttliche und menschliche Subjektivität, göttliche und menschliche Tat konkurrieren nicht miteinander, sondern stehen in einem *Entsprechungsverhältnis* zueinander: »Der handelnde Mensch ist das Gott *entsprechende* Subjekt.«[44] Der *freien Gnade* Gottes entspricht die *freie Antwort* des Menschen:

»Gottes Freiheit konkurriert nicht mit der menschlichen Freiheit; aber wie sollte sie die Freiheit der dem Menschen zugewandten göttlichen Barmherzigkeit sein, wenn sie die menschliche Freiheit unterdrückte und auslöschte? Daß Gott seine Freiheit betätigt und

---

sentlichen Beitrag für eine theologisch reflektierte und biblisch begründete gegenwärtige Segenspraxis leisten.
44. U. H. J. Körtner, Der handelnde Gott, 29.

bewährt gerade an dem freien Menschen, das ist die Gnade der Offenbarung« (KD I/2, 400).

Wie aber läßt sich diese *Entsprechung* zwischen göttlichem und menschlichem Handeln näher bestimmen? Welche Gestalt hat ein menschliches Tun, das Gottes vorgängige Tat be- und verantwortet? Folgt man der Erkenntnisbewegung der Barthschen Theologie, nämlich dem »Weg von der *Wirklichkeit* über die *objektive Möglichkeit* zur *subjektiven Möglichkeit* der Offenbarung« als dem »Weg vom Hören zum Lehren, vom Empfangen zum Bezeugen«[45], so ist das *Zeugesein* der (biblische) Inbegriff jener menschlichen Lebensform, die dem Handeln Gottes entspricht. Von den Prolegomena bis zum dritten Teil der Versöhnungslehre begreift K. Barth das Bezeugen als die »Empfangsanzeige«[46] auf menschlicher Seite, ohne die die Offenbarung Gottes auf halbem Wege stehen bliebe. Gottes Offenbarung wäre gar nicht Offenbarung, wenn sie nicht beim Menschen ankäme und seine eigene, freie, spontane Antwort hervorrufen würde.[47] Im *Bezeugen* der freien Gnade Gottes wird die Offenbarung zur *subjektiven Möglichkeit* des Menschen, eignet dieser sich das *an*, was Gott ihm zuvor *zu*geeignet hat.

Wenige Hinweise sollen hier genügen, um die kaum zu überschätzende Bedeutung der Kategorie des Zeugen in der Kirchlichen Dogmatik zu dokumentieren:

Bereits im Leitsatz von § 18 (»Das Leben der Kinder Gottes«) nimmt Barth die Zeugenexistenz als die der Offenbarung Gottes entsprechende Gestalt des menschlichen Lebens wahr: »Gottes Offenbarung schafft, wo sie im Heiligen Geist geglaubt und erkannt wird, solche Menschen, die ohne Gott in Jesus Christus zu suchen nicht mehr da sein und die es nicht lassen können, zu *bezeugen*, daß er sie gefunden hat.«[48] Als Zeuge ist der Mensch »Täter des Wortes« (§ 18.1): Sein Zeugendienst ist dabei keine beliebige Beschäftigung, die ihm zu tun oder zu lassen freisteht; sie ist vielmehr die mit innerer Notwendigkeit sich ereignende *Bestätigung*, ja die wesenhafte *Betätigung* seiner neuen Existenz, die gleichwohl einer freien, eigenen Entscheidung des Menschen bedarf. In der Sprache der Erwählungslehre: Gottes *Vorherbestimmung* des Menschen zielt auf dessen konforme *Selbstbestimmung*: »Indem das eine Wort Gottes als Offenbarung und Werk seiner Gnade uns angeht, ist es auf eine Konformität unseres Seins und Handelns mit dem seinigen abgesehen« (KD II/2, 567). Wozu aber hat Gott den Menschen erwählt? Dazu, »daß er ihn in seinen Dienst nehmen, ihm den Auftrag zur Teilnahme an seinem eigenen Werk geben, daß er ihn zu einem *Zeugen* Jesu Christi und so zum *Zeugen* seiner eigenen Herrlichkeit machen will.«[49] Dieser erwählungstheologischen Grundlegung des menschlichen

---

45. *W. Lienemann*, Hören, 541. Vgl. dazu *K. Barth*, KD I/2, 397: »Wir begannen (...) mit einer Darstellung erst der Wirklichkeit, dann der Möglichkeit der Offenbarung, jetzt nach ihrer objektiven Seite, wie sie *von Gott* herkommt, jetzt nach ihrer subjektiven Seite: wie sie *zum Menschen* kommt (...).«
46. KD III/4, 79.95.
47. Vgl. etwa KD I/2, 399.
48. KD I/2, 397 (Hervorhebung M. F.).
49. KD II/2, 565 (Hervorhebung M. F.).

Zeugenamtes entspricht innerhalb der *Versöhnungslehre* die Entfaltung des *prophetischen Amtes* Jesu Christi. Wie jedes anthropologische Motiv so hat auch die Zeugenexistenz des Menschen ihren *christologischen* Real- und Erkenntnisgrund. Bevor der Begriff und die Existenz des Zeugen zu einer anthropologischen Bestimmung werden können, sind sie christologische (und damit zugleich *theologische*) Prädikate: Im Juden Jesus von Nazareth ist Gott selbst zum ursprünglichen und authentischen Zeugen seiner Offenbarung geworden. Weil Jesus aber die prophetische Institution ebensowenig wie die (hohe)- priesterliche und königliche exklusiv wahrnimmt, weil alle drei Funktionen auf Entsprechung im menschlichen Handeln zielen, ohne dabei allerdings im Sinne einer Vorbildchristologie das Wirken Jesu Christi wiederholen zu müssen (der *stellvertretende* und der *inklusive* Charakter des Christusgeschehens lassen sich nicht aufeinander reduzieren!), geht auf seiten der Menschen, die sich Gottes Tun in und an Jesus Christus gefallen lassen, die »tätige(.) Erkenntnis der Wahrheit« mit der Berufung zum Zeugen einher. Zum Zeugen berufen (§ 71.4), nimmt der Mensch am prophetischen Amt Jesu Christi und damit am Tun des wahrhaftigen Zeugen (§ 70.1) teil. Jesus erfüllt sein munus propheticum auch darin, daß er Menschen »als seine bedrängten, aber wohl ausgerüsteten Zeugen in den Dienst seines prophetischen Werkes stellt«[50].
Die Bedeutung, die Barth dem Bezeugen beimißt, wäre aber noch nicht angemessen erfaßt, wenn unberücksichtigt bliebe, daß »die Haltung des biblischen Zeugen« (KD I/1, 913) für die Kirchliche Dogmatik selbst *normierend* ist. Die »biblische Haltung«, die ihr Ur- und Vorbild in der Haltung der biblischen Zeugen selbst hat, gilt Barth als »erstes, immer wieder zu bedenkendes, auf der ganzen Linie zu beachtendes konkretes Formprinzip« der Dogmatik (KD I/2, 914).

Worin besteht nun nach Barth die besondere Aufgabe des Zeugen? Nicht sein eigenes Wort hat ein Zeuge mitzuteilen, nicht von sich aus etwas zu sagen, sondern das weiterzugeben, was er sich zuvor hat sagen lassen. Bezeugen kann er nur, was er mit eigenen Ohren gehört oder mit eigenen Augen gesehen, was er mit seinen eigenen Sinnen wahrgenommen und was ihm am eigenen Leib widerfahren ist (vgl. 1 Joh 1,1-4), doch über die Wahrheit seines Zeugnisses verfügt er gleichwohl nicht. Denn es hat *Hinweis*charakter, indem es seine HörerInnen an den verweist, der als wahrhaftiger Zeuge die Wahrheit des göttlichen Wortes nicht nur verbürgt, sondern sie selbst verkörpert, eben: inkarniert. Nirgendwo findet K. Barth die deiktische Funktion des Zeugen anschaulicher ins Bild gesetzt als in der Gestalt Johannes des Täufers, wie ihn Mathias Grünewald mit übergroßem, von sich selbst wegweisendem und auf den Gekreuzigten hinweisendem Zeigefinger in der Kreuzigungsszene des Isenheimer Altars darstellt.[51]

»Die Haltung der biblischen Zeugen als solchen« – so definiert Barth – »ist (...) dadurch bestimmt, daß sie in der Lage und daß sie aufgerufen sind, auf eine ihnen von außen gestellte Frage Auskunft zu geben. Sie sind von Gott allen anderen Menschen gegenüber aufgerufen als Zeugen seines eigenen Tuns. Sie sollen und können Gott vor aller Welt,

---

50. So im Leitsatz zu § 71 (»Des Menschen Berufung«) in KD IV/3, 2. Hälfte, 553.
51. Zur theologischen Rezeption des Isenheimer Altars bei K. Barth vgl. *R. Marquard*, Isenheimer Altar; dazu kritisch: *M. L. Frettlöh*, Wider die Halbierung.

und damit alle Welt es höre, bestätigen, daß und wie er gesprochen und gehandelt hat in Jesus Christus und an seinem Volke. Von diesem Sprechen und Handeln Gottes kommen sie her, denkend und redend vom Angesicht desselben Gottes, der jetzt als Richter nichts Anderes von ihnen fordert als eben die Wahrheit über diese Wirklichkeit (...). Unter dieser doppelten Voraussetzung reden sie: in dem Gefälle dieser Voraussetzung und darum mit dem unaufhaltsamen Tempo eines bergabstürzenden Baches« (KD I/2, 913).

Was tragen nun diese grundsätzlichen Überlegungen zum Begriff und zur Existenz des Zeugen für die Frage nach einer Entsprechung des göttlichen Schöpfungssegens im menschlichen Segenshandeln aus? Sie führen zunächst zu einer überraschenden Beobachtung: Barth hat – wie oben (1.2) gezeigt – in seiner Auslegung der Segensmotive des priesterschriftlichen Schöpfungsberichts den gesegneten Tieren eine Funktion und Würde zugesprochen, die er in diesem Zusammenhang den gesegneten Menschen gerade vorenthält, nämlich die Auszeichnung, Zeugen (des Bundes) zu sein. Während die gesegneten Tiere von sich aus gar nicht anders können, als mit ihrer Lebendigkeit und Fruchtbarkeit den Schöpfungssegen als göttliche Verheißung und Erlaubnis zu einem eigenständigen Leben aller Geschöpfe und damit als Beginn der Bundesgeschichte zu bezeugen, fehlt dagegen jeder Hinweis auf ein Zeugnis der gesegneten Menschen. Dies fällt um so mehr ins Gewicht, als Barth in der Ethik der Schöpfungslehre, die er als Freiheitsethik entwirft und die als solche mit einer Auslegung des Sabbatgebots beginnt (KD III/4, §53.1), unter dem Titel »Das Bekenntnis« (§53.2) die »Einladung und Verpflichtung des Menschen zum ausdrücklichen Zeugnis von Gott« (KD III/4, 79) als zweite Gestalt der besonderen *geschöpflichen* Verantwortung des Menschen nennt:

»Denn *daß* er ist und *was* er ist, das verdankt er dem Worte Gottes und also dem Evangelium. Er selbst ist, indem er ist (...) eine Empfangsanzeige für das schöpferische Wort Gottes. Will er sein, was er ist, dann muß er wollen, daß diese Empfangsanzeige klinge und nicht stumm sei oder sich selbst widerspreche. Ist er ein vor Gott freier Mensch, dann ist er frei, das zu wollen und das Entsprechende zu tun« (KD III/4, 79).

Gibt es aber eine ausdrückliche *Empfangsanzeige* auf seiten des gesegneten Menschen, die dem Handeln Gottes *konformer* ist als die Beantwortung des empfangenen Segens im eigenen, freien Segenswirken? Wird der Segen Gottes angemessener zur *subjektiven Möglichkeit* des Menschen als dadurch, daß er sich zu seinem Gesegnetsein bekennt, indem er für andere, präziser noch: auch und zuerst für Gott, zum Segen wird?[52] Alle Kriterien, die Barth für die biblische Haltung des Zeugen, welche die Grundgestalt einer dem Wirken Gottes entsprechenden Existenz des Menschen ist, benennt, versammeln sich in einem

---

52. Wenn Barth in §53.2 das Bekenntnis als jenes »ausdrückliche Zeugnis von Gott«, mit dem Menschen ihre Gott verdankte Geschöpflichkeit bestätigen und betätigen, biblisch als Loben Gottes belegt (vgl. KD III/4, 80f.), dann ist auch damit eine Einbruchstelle für ein menschliches Segenshandeln gegeben, das dem Segnen des Schöpfers entspricht, ist doch biblisch das Gottsegnen die intensivste Form des Gotteslobs (vgl. dazu bes. unten Teil C, II.2.2.1).

menschlichen Segnen, das sich als *Bekenntnis* zum Segen des Schöpfers versteht: Setzt menschliches Segnen ein vorgängiges Gesegnetsein der Segnenden voraus, so wahrt es den Bezug des Zeugnisses auf das den ZeugInnen zuvor widerfahrene Wort und Werk Gottes, ohne daß es sich des empfangenen Segen bemächtigen kann. Ist – wie einleitend beschrieben – auch der Schöpfungssegen Christussegen, so gründet das menschliche Segnen, das diesen bezeugt, im Segenswirken Jesu Christi. Zudem haben menschliche Segenshandlungen Hinweischarakter, indem sie im Namen Gottes geschehen und damit auf Gott als die einzige Quelle des Segens verweisen. Mehr noch: Was Entsprechung zwischen göttlichem und menschlichem Handeln bei Barth heißt, läßt sich gerade am Segnen deutlich machen: Wie die Rahmenverse des aaronitischen Segens ausdrücklich belegen[53], segnet *Gott selbst*, wo Menschen einander Gottes Segen zusprechen. Der in seinem Segenswirken Gott entsprechende Mensch gibt *Gottes* Handeln in der Welt Raum. Pointierter: »Gott handelt, indem der Mensch ihm entsprechend handelt.«[54] Eben darum stellt das menschliche Segnen nicht nur keine Konkurrenz zu Gottes Segenshandeln dar, sondern es ist Ausdruck der Autonomie des Menschen, die nach Barth durch das christologisch begründete Entsprechungsverhältnis nicht etwa zerstört, sondern allererst konstituiert wird. Gerade am menschlichen Segnen zeigt es sich, daß diese Autonomie durch Passivität, genauer: Rezeptivität, *und* spontane Aktivität zugleich bestimmt ist: Nur wer sich Gottes Segnen selbst hat gefallen lassen, kann für andere zum Segen werden.

Wenn, wie W. Krötke dies in seinem Vortrag über das zentrale Motiv der *Partnerschaft* von Gott und Mensch in der Kirchlichen Dogmatik eindrücklich nachgezeichnet hat, Barths Entdeckung der Menschenfreundlichkeit Gottes in der Einsicht gipfelt, »daß uns Menschen die Ehre gegeben wird, uns auf menschliche Weise am Ja Gottes zu uns zu beteiligen«[55], dann erweist sich diese Beteiligung dort als besonders sachgemäß, wo sie segnend dem Segen des Schöpfers entspricht, denn dieser ist – in der Auslegung Barths – die grundlegende Bejahung, Autorisierung und Ermächtigung der Geschöpfe zu einem eigenständigen Leben. Wenn Menschen ihre Mitgeschöpfe segnen, bekennen sie sich zum ursprünglichen Ja Gottes und bezeugen es in einer sich selbst verneinenden Welt.

Auf dem Hintergrund dieser Überlegungen markiert die fehlende menschliche Bezeugung des göttlichen Schöpfungssegens eine Leerstelle, die in unübersehbarer Spannung zu Hauptlinien der Kirchlichen Dogmatik steht, insbesondere zur Figur der Entsprechung zwischen göttlichem und menschlichem Handeln, wie sie sich in der Zeugenschaft konkretisiert, und zur Rede von der (Bundes-)Partnerschaft zwischen Schöpfer und Geschöpf. Darüberhinaus läßt aber auch Barths Deutung des Schöpfungssegens von Gen 1,28 selbst heute

---

53. Vgl. oben Teil B, II.3.1.3.
54. *U. H. J. Körtner*, Der handelnde Gott, 30.
55. *W. Krötke*, Gott und Mensch, 163.

eine menschliche Segenspraxis geboten sein, die der Erinnerung an Gottes ursprüngliches Segnen dient. Dazu einige Hinweise: Barths segenstheologische Überlegungen in § 41.2 korrespondieren darin mit der gegenwärtigen Diskussion um Gottes Segen und kirchliche Segenshandlungen, daß er den Menschen als besonders segensbedürftig, ja als das segens- und erhaltungsbedürftigste aller Geschöpfe wahrnimmt. Das menschliche Angewiesensein auf Gottes Segen gründet nach Barths Auffassung aber nicht in einem je und dann auftretenden Mangel an gelingendem Leben, an Lebensglück und -fülle, es gehört vielmehr zum geschöpflichen Wesen des Menschen und hängt mit seiner doppelten Gefährdung zusammen: Indem nur dem Menschen die *Entscheidungsfreiheit* eignet, entweder seine Existenz als Gott verdankte anzuerkennen und entsprechend als Partner Gottes zu leben oder eigenmächtig über sein Leben zu verfügen, steht er mehr als seine Mitgeschöpfe in der Gefahr, seine Freiheit entweder verkümmern zu lassen oder sie zu mißbrauchen[56], sei es, daß er sich von Gott entfernt, sei es, daß er in seinem eigenen Tun mit Gott konkurrieren möchte. Beide Bewegungen, die der Distanzierung von Gott wie die der Identifikation mit ihm, entspringen dem Bestreben, wie Gott und darum gott-los sein zu wollen. Sie stellen heute nicht weniger als 1945, dem Erscheinungsjahr von KD III/1, eine illusionslose und treffende Beschreibung der menschlichen Situation dar. Mit einer Segenspraxis, die den Schöpfungssegen je neu vergegenwärtigt, wieder-holen Menschen nicht nur Gottes Ja, seine Erlaubnis und Ermächtigung zu einem eigenständigen Leben und seine Verheißung, daß dieses Leben allen Gefährdungen zum Trotz gelingen wird; sie erinnern zugleich daran, daß menschliches Tun in der ihm eigenen Freiheit durch den Segen einen von Gott gesetzten Maßstab findet: Der Segen orientiert den Gebrauch der menschlichen Freiheit so auf Gottes eigenes Handeln hin, daß die heilsame Unterscheidung zwischen göttlichem und menschlichem Tun bewahrt bleibt. Der Segen des Schöpfers stiftet ein *Entsprechungsverhältnis* zwischen Gott und Mensch, das der Mensch durch seine Antwort auf Gottes Wirken, die die Gestalt der cooperatio Dei trägt, bestätigen und betätigen kann. Gottes Segen ermöglicht nicht nur allererst das Eigenleben der Geschöpfe und begabt insbesondere die Menschen mit Fähigkeiten, sich die Spielräume ihrer Freiheit in selbständigem Tun zu erschließen; er bewahrt, begleitet und leitet die geschöpfliche Eigenbewegung zugleich in jenen Grenzen, deren Überschreitung Leben mindern und zerstören würde. Die je neue Bezeugung des göttlichen Schöpfungssegens ruft beides in Erinnerung und bewegt so dazu, die geschöpflichen Potentiale voll auszuschöpfen – eingedenk der von Gott aufgerichteten Gren-

---

56. Angedeutet sei hier nur, daß entsprechend den feministisch-theologischen Dekonstruktionen und Revisionen traditioneller Sündenlehren (vgl. etwa *C. Schaumberger/L. Schottroff,* Schuld und Macht, 30 ff., 153 ff.; *L. Scherzberg,* Sünde und Gnade; *G. Schneider,* Frauensünde; *H. Kuhlmann,* Ethik der Geschlechterdifferenz, 218-221) der mangelnde Gebrauch der von Gott geschenkten geschöpflichen Freiheit genderspezifisch eher als ein weibliches, der Mißbrauch der Freiheit dagegen eher als ein männliches Verhalten gelten kann.

zen, die die »Schöpfung als Wohltat«⁵⁷ erfahren lassen. Weil es zur Freiheit des Menschen gehört, eben diese Grenzen zu mißachten, ist er das segensbedürftigste aller Geschöpfe.

Und noch aus einem anderen Grund scheint die menschliche Bezeugung des göttlichen Schöpfungssegens heute besonders dringlich. Eindrücklich hat Barth ausgemalt, daß wir Menschen der Zeugenschaft der gesegneten Tiere bedürfen, weil diese uns über unsere eigene geschöpfliche Bestimmung belehren:

»Das Tier geht dem Menschen voran in selbstverständlichem Lobpreis seines Schöpfers, in der natürlichen Erfüllung seiner ihm mit seiner Schöpfung gegebenen Bestimmung, in der tatsächlichen demütigen Anerkennung und Betätigung seiner Geschöpflichkeit« (KD III/1, 198).

Ihrer Natur gemäß haben die Tiere nicht wie die Menschen die Freiheit, ihrer geschöpflichen Rolle zu entsprechen oder zu widersprechen. Ihr Gotteslob erfolgt gleichsam instinktmäßig. Deshalb kann Barth auch davon sprechen, daß die Tiere von sich aus in ihrem Zeugendienst nicht versagen, daß ihr Zeugnis nicht verstummt, daß sie sogar »manchmal lauter und eindringlicher reden werden als alle menschlichen Zeugen« (KD III/1, 199). Doch die unzähligen Tiere, die durch den Mißbrauch menschlicher Freiheit (und Herrschaft über sie) so in Mitleidenschaft gezogen wurden, daß sie ihrer natürlichen Bestimmung beraubt sind, bezeugen den Segen des Schöpfers wohl nur noch »sub contrario« – in der Gestalt des von Menschen heraufbeschworenen Fluchs: An die Stelle ihres selbstverständlichen Gotteslobs ist heute mehr denn je das ängstliche Seufzen und Stöhnen der gequälten Kreatur (Röm 8, 22) getreten. Wo das unzweideutige Zeugnis der natürlichen GotteslehrerInnen, auf das wir Menschen angewiesen sind, um unserer eigenen geschöpflichen Bestimmung (zum Gotteslob!) ansichtig zu werden, zum Verstummen gebracht wurde, können wir nicht länger vom Segen des Schöpfers schweigen, sondern schulden seine Bezeugung neben Gott selbst zunächst den vor uns gesegneten Tieren.

3.2 Zur Aufhebung der wiederholten alttestamentlichen Segnungen in die einmalige Taufe

Das Zurücktreten der zwischenmenschlichen Segnungen und die christologische Bestimmung des göttlichen Segenswortes im Neuen Testament liegt für Barth darin begründet, daß mit der endgültigen Erfüllung der an Abraham ergangenen, universalen Segensverheißung in Tod und Auferstehung Jesu Christi an die Stelle der wiederholten Segnungen in Israel die Erwachsenentaufe in

---

57. »Das Werk des Schöpfers besteht im Besonderen in der *Wohltat*, daß, was er geschaffen hat, in den Grenzen seiner Geschöpflichkeit als durch ihn verwirklicht *sein* und als von ihm gerechtfertigt *gut sein* darf« (Leitsatz zu §42 »Das Ja Gottes des Schöpfers«). »Schöpfung als Wohltat« ist der Titel von §42.1.

der neutestamentlichen Gemeinde getreten ist.[58] Im folgenden möchte ich fragen, ob Barth mit dieser These die neutestamentliche Rede vom Segen wirklich ausgeschöpft hat und ob die einmalige Taufe den Segenshandlungen im Alten Testament entsprechen bzw. sie sogar – wie Barth behauptet – hinsichtlich ihrer Vergewisserungs- und Trostfunktion überbieten kann.

1. Wenn überhaupt, dann verweisen – nach Barth – einzig und allein die Verse, die den Segen gegen den Fluch der Feinde, Verfolger etc. aufbieten (Mt 5, 44 par; 1 Kor 4, 12; Röm 12, 14; 1 Petr 3, 9), auf eine Fortsetzung der alttestamentlichen Segenspraxis und eine Deutung von εὐλογεῖν im Sinne von ברך hin.[59]

---

58. Daß es keiner Wieder-holung des in Jesus Christus gesprochenen Segenswortes bedarf, hat nach Barth eindeutig damit zu tun, daß dieses nicht (mehr) wie die Segensverheißungen Israels in Konkurrenz zum Fluch steht, daß es den Fluch nicht länger als seine stete Bedrohung mit sich führt. Denn gerade die permanente Gefahr, daß der Segen durch Fluch zunichte gemacht würde, machte es nach Barth notwendig, die Segensverheißung an Abraham in Israel von Generation zu Generation zu erinnern und weiterzugeben. In Kreuzestod und Auferweckung Jesu Christi ist dagegen – so würde Barth formulieren – der Fluch zur »unmöglichen Möglichkeit« geworden.
Übersieht diese Argumentation jedoch nicht, daß bereits im Alten Testament keine polare *Symmetrie* von Segen und Fluch vorliegt, daß auch für Israel der lebensverneinende und -vernichtende Fluch eine singuläre, von Gott nicht gewollte Möglichkeit darstellt, die der Mensch durch seinen Ungehorsam Gott gegenüber heraufbeschwört?

59. Barths Auslegung von Röm 12, 14 steht im ersten »Römerbrief« (1919) – unter der Überschrift »Besonnenheit« (12, 3-16) – ganz im Zeichen einer »dialektischen« *Kontrastethik*, erinnert an Luthers Überlegungen zum Leiden des Gesegneten (vgl. oben I.2.5) und ist paränetisch in direkter Anrede formuliert: »Gerade darum, weil ihr etwas Neues vertretet, wird die Welt voll Angst um ihr Recht und ihren Bestand euch ins Unrecht zu setzen suchen (...). Wie nahe würde es euch liegen, euch auf das Gebiet der persönlichen Gegensätze einzulassen, euch zu verteidigen und Gegenanklage zu erheben (...). Aber damit würdet ihr nicht *Gottes* Kriege führen; denn Gott kommt immer zu kurz, wenn wir uns unserer Haut wehren und wenn wir zehnmal Recht hätten. Gott hat uns nicht verflucht, sondern gesegnet, und so können wir ihn nur mit Segnen, d. h. mit jener persönlichen Unbefangenheit, Offenheit, Unempfindlichkeit und fröhlichen Güte, die gerade aus unserer sachlichen Unerbittlichkeit stammt, vertreten. Wenn wir ›in eigener Sache‹ das Wort ergreifen, so wird's fast immer ein ›Fluchen‹ und nicht in Gott getan und wir sind in dieser Lage fast unter allen Umständen im Unrecht (...). Gerade wenn wir merken, daß in unserer Person unsere Sache angegriffen wird, müssen wir die Sache durch ihre eigene Dialektik wirken lassen« (Römerbrief, 1919, 366). Demgegenüber zielt nach dem zweiten »Römerbrief« (1922) das Segnen anstelle des Fluches auf die *Erkenntnis Gottes im Mitmenschen* ab. Wo es der »Gestalt der Welt« (Röm 12, 2) entspräche, Gleiches mit Gleichem zu vergelten, zielt der Protestcharakter des christlichen Ethos auf »die große Störung«, wie Barth die Ethik des Römerbriefes (Röm 12-15) betitelt: Das Segnen, das im andern nicht den »Feind, sondern de(n) Bote(n) Gottes, der als solcher begrüßt sein will«, erkennt, »bedeutet dann zur Ehre Gottes mitten im Kampf ums Dasein in besonders starker Weise, daß wir im Andern den Einen erkennen« (Römerbrief 1922, 444). Segnen als Motiv eines »eros-fremde(n)«, »*relativ* positiv-ethischen Handeln(s)« (»*absolut* positiv-ethisch« handelt nach Barth nur Gott) heißt hier »etwas relativ Unzweideutiges zu tun, in diesem Fall den Griff nach der Waffe zu unterlassen« (a.a.O., 436,444) und damit den Mitmenschen als »die anschaulich gestellte und anschaulich zu beantwortende Gottesfrage« (a.a.O., 437) wahrzunehmen.

Angesichts der insgesamt sehr schmalen Segenstextbasis im Neuen Testament fallen diese recht zahlreichen Belege des Gebots, die Macht des Fluches durch Segnen zu brechen, aber so stark ins Gewicht, daß ihnen eine bloße Auflistung keineswegs gerecht werden kann. Berücksichtigt man außerdem noch die große Bedeutung, die ihnen im Segensverständnis Luthers[60] und Bonhoeffers[61] zukommt, läßt sich ihre Vernachlässigung durch Barth kaum rechtfertigen. Es erhebt sich vielmehr der Verdacht, daß sie bei Barth deshalb unterbelichtet bleiben, weil sie seiner Hauptthese widersprechen.

2. Barth deutet das Passiv-Partizip εὐλογημένος/η durchgängig im Sinne eines Passivum divinum, geht also von Gott als Subjekt des Segnens aus. Doch was spricht dagegen, an den betreffenden Stellen auch von einem menschlichen Segensakt auszugehen?

In Mt 21,9; 23,39; Mk 11,9; Luk 13,35; 19,38 und Joh 12,13 handelt es sich um ein Zitat von Ps 118,26a: »*Gesegnet* (sei/ist) der, der kommt, im Namen Jhwhs!«[62] Mit dem Segen im Namen Jhwhs antworten hier die Priester vom Tempel aus auf das vorangegangene Dank- und Bittgebet der Gemeinde und laden sie zum Reigentanz um den Altar ein. Zwar bleibt letztlich Gott überall da, wo man in seinem Namen segnet, Subjekt der Segnung, aber als solches verzichtet er nicht auf die menschliche Weitergabe seines Segens. Gerade die Fortsetzung von Ps 118,26 – »(...) wir *segnen* euch vom Haus Jhwhs her« – unterstreicht, daß die Priester hier zumindest eine Art *zweites Subjekt* der Segenshandlung sind. Wenn also Jesus bei seinem Einzug in Jerusalem mit den Worten von Ps 118,26a begrüßt wird, sprechen ihm Menschen den Segen Gottes zu. So läßt sich auch der Segensgruß Elisabeths an Maria (Luk 1,42) deuten.

3. Barth verbucht alle Hinweise auf ein Segenshandeln Jesu unter das göttliche Segnen und hebt es ausdrücklich von der menschlichen Segenspraxis in Israel ab. Nun handelt es sich zwar in Gal 3,13f.; Apg 3,26; Eph 1,3 und Röm 15,29 um ein Segensverständnis, welches das gesamte Heilshandeln Gottes in Christus einschließt und sich damit deutlich von zwischenmenschlichen Segnungen unterscheidet. Doch die Kindersegnung (Mk 10,16), der Segen über die Speisen (Mt 14,19; 26,26; Mk 6,41; 8,7; Luk 9,16; 24,30; 1 Kor 10,16) und auch der Abschiedssegen für seine JüngerInnen (Luk 24,50f.) zeigen Jesu Segenshandeln in Übereinstimmung mit dem segnenden Tun von Menschen im Alten Testa-

---

60. Vgl. oben I.2.6.
61. Vgl. oben III.3.
62. Syntaktisch ist es möglich, die adverbiale Bestimmung בשם יהוה entweder auf ברוך (Gesegnetwerden im Namen Jhwhs) oder auf הבא (Kommen im Namen Jhwhs) zu beziehen. M.E. legt es aber die Anspielung von V. 27aα auf Num 6,25 (ויאר לנו) nahe, mit Num 6,27 davon auszugehen, daß hier die Priester die ankommenden Festpilger im Namen Jhwhs segnen. So verdeutscht auch M. Buber V. 26a: »Mit SEINEM Namen gesegnet, der kommt!« (Preisungen, 173), während E. Zenger zwar die Anklänge an den aaronitischen Segen wahrnimmt, aber bei dem gewohnten Bezug von בשם יהוה auf הבא bleibt (Morgenröte, 125).
Zur messianischen Neuinterpretation von Ps 118,26 im Neuen Testament vgl. unten Teil C, I.2.

ment und zeitgenössischen Judentum. Barths Abkoppelung der Segnungen Jesu von anderen Segensaktionen von Mensch zu Mensch erweist sich aber noch aus einem anderen, m. E. gewichtigeren Grund als theologische *Inkonsequenz*: Wenn Barth seine gesamte Anthropologie in dem einen wahren Menschen Jesus von Nazareth gründet, warum zeigt sich dann nicht auch in dessen Segnen wahre *menschliche* Segenspraxis, zu deren Entsprechung alle Menschen durch Tod und Auferstehung Jesu befreit und ermächtigt werden? Wird Barth hier nicht seinen eigenen Kriterien untreu?

4. Simeons Segnung der Eltern Jesu (Luk 2, 34) als ein Beispiel für zwischenmenschliches Segnen, die zahlreichen Texte, die davon sprechen, daß Menschen Gott segnen (Luk 1, 64.68; 24, 53; Röm 1, 25; 9, 5; 2 Kor 1, 3; 11, 31; Eph 1, 3; 1 Petr 1, 3; Apk 5, 12.13; 7, 12) und die Anspielungen auf oder Zitate von alttestamentlichen Segenstexten (Gen 12, 3: Apg 3, 25, Gal 3, 8.9.14; Gen 22, 17: Hebr 6, 14; Gen 14, 19f.: Hebr 7, 1.6; Gen 27: Hebr 11, 20; 12, 17; Gen 48: Hebr 11, 21) bleiben in §47.4 unberücksichtigt.

5. Hinsichtlich Gal 3, 14:

»(…) damit zu den Völkern der *Segen* Abrahams komme in Christus Jesus, auf daß wir die Verheißung des Geistes empfangen durch die Treue.« -

ist diese Vernachlässigung bzw. Ausblendung neutestamentlicher Segensmotive besonders signifikant. Inwiefern?

Die Auslegung von Gal 3, 14[63] nimmt einen in seiner Wichtigkeit kaum zu überschätzenden Ort im dritten Teil der Versöhnungslehre (KD IV/3), in der Lehre vom munus propheticum ein, bei der es um »die Versöhnung in ihrem Charakter als Offenbarung, (um) die Prophetie Jesu Christi, das Leuchten des Lichtes in der Finsternis«[64] geht. Präziser: mit der Entfaltung von Gal 3, 14 (sowie Apg 2, 33 und Eph 1, 13)[65] eröffnet K. Barth die dritte sog. *Übergangsüberlegung*[66] vom *christologischen* in den *anthropologischen* Bereich, fragt also danach, wie, unter welchen Bedingungen und mit welchem Recht wir davon ausgehen können, daß das Sein und Wirken Jesu Christi unter den Menschen überhaupt und insbesondere in seiner Gemeinde ankommt, Ereignis wird und

---

63. Vgl. zum Text schon oben I.1.3 und ausführlich unten Teil C, I.2.1 ff. (bes. 2.6).
64. KD IV/3 (Erste Hälfte), 318 (Seitenzahlen im Text).
65. Vgl. a. a. O., 405-412.
66. KD IV/3 §69.4 (»Die Verheißung des Geistes«) entspricht damit den Übergangsüberlegungen in KD IV/1 §59.3 (»Das Urteil des Vaters«) und KD IV/2 §64.4 (»Die Weisung des Sohnes«), die sich auf das priesterliche bzw. auf das königliche Amt Jesu Christi beziehen.
Die eigentliche Überleitung beginnt in der Tat erst mit S. 405 ff., weil Barth nach einer kurzen Einleitung und Übersicht (317-320) zunächst noch einmal – gleichsam retardierend – die Einsichten zum munus propheticum vertieft, dabei zeigt, wie der Prophetie Jesu Christi selbst das Überschreiten in den geschöpflichen Bereich eigen ist, und so die Rede von der zweiten Gestalt der Parusie Christi, »dem neuen Kommen des zuvor Gekommenen in dieser seiner mittleren Gestalt, in der es sein neues Kommen auch zu uns, in unseren Bereich der Mitte ist« (404), vorbereitet.

seine Entsprechung findet. Die spezifische Übergangsüberlegung innerhalb der Lehre vom prophetischen Amt stellt sich dem Problem, wie es in der Geschichte der Geschöpfe zu einer *Kontinuität* des prophetischen Wortes Jesu Christi kommen, ja wie »eine *Realpräsenz* der Prophetie Jesu Christi« (320) möglich und wirklich werden kann, versteht sich doch der Schritt von der Person und dem Werk Jesu Christi in den geschöpflichen Bereich keineswegs von selbst.

Auf Gal 3,14 kommt Barth folglich da zu sprechen, wo er vom »Übergang und Eingang der Prophetie Jesu Christi zu uns, in unseren Bereich«, von unserer Einbeziehung in und Beteiligung an der Heilsgeschichte, mehr noch: der »Heils*offenbarungs*geschichte« (405) handelt – und damit von der besonderen Gestalt der Wiederkunft und Präsenz Jesu Christi zwischen Himmelfahrt und endgültiger Parusie: »Das ist die Wiederkunft Jesu Christi in ihrer mittleren Gestalt, in ihrem jetzt und hier stattfindenden Geschehen: Er kommt in der Verheißung des Geistes. Sie ist seine direkte, unmittelbare Gegenwart und Aktion unter, bei und in uns. In ihr ist er unser Aller Hoffnung« (ebd.).

Geht aber nach dem biblischen Text dem Empfang der »Verheißung des Geistes« die Zueignung des Abrahamsegens voraus[67], ja *bedingt* die durch Christus vermittelte Partizipation am Abrahamsegen geradezu den Zuspruch der Geistverheißung, so bleibt bei Barth genau diese Verknüpfung zwischen Segen und Verheißung des Geistes unberücksichtigt. Er beschränkt sich ausschließlich auf Vers 14b – mit der Folge, daß der Segen keine Bedeutung für die Realpräsenz Christi in der Welt und für die Kontinuität seines (prophetischen) Wirkens nach seiner Himmelfahrt hat, daß die biblischen Entsprechungen zwischen Segen und Geist (vgl. z. B. auch Jes 44,3) nicht in den Blick kommen. Umgekehrt: würde Barth die ἐπαγγελία τοῦ πνεύματος nicht aus ihrem Zusammenhang mit dem Abrahamsegen herauslösen, käme der Anteilgabe am Segen eine der Verheißung des Geistes entsprechende, eher noch: sie begründende Rolle für die »direkte, unmittelbare Gegenwart und Aktion (Jesu Christi) unter, bei und in uns« (ebd.) zu. Ich illustriere das Gemeinte beispielhaft an einer Formulierung Barths aus diesem Abschnitt. Von der Bedeutung der Geistverheißung für die ChristInnen[68] sagt er:

»Die Verheißung des Geistes stellt sie auf den Weg, der dorthin (sc. in die Zukunft der erfüllten Verheißungen, M. F.) führt, und sie begleitet sie auf dem Weg: als gewisse Zusage, daß er *ihr* Weg ist und daß sie ihn *gehen* dürfen und sollen, als die Zusage ihrer Freiheit, als das für sie gültige Gebot, als die ihnen erteilte Erlaubnis, als die ihnen fort und fort geschenkte Kraft, ihn zu gehen« (407).

---

67. Vgl. unten Teil C, I.2.6.
68. Den doppelsinnigen Ausdruck »Verheißung des Geistes« unterscheidet K. Barth hinsichtlich seiner Adressierung an ChristInnen im Sinne eines Genitivus subjectivus (»der Geist verheißt«) und an NichtchristInnen im Sinne eines Genitivus objectivus (»der Geist ist verheißen«), betont aber zugleich die *Einheit* dieser Verheißung in ihrer *Verschiedenheit*, denn es geht um *die* Gestalt des Kommens Christi, die nicht nur »aller Menschen *Hoffnung*« (411 u. ö.) ist, sondern auch für alle Menschen *Wirklichkeit* werden soll.

Würde man hier die »Verheißung des Geistes« ersetzen durch die »Teilhabe am Abrahamsegen«, ergäben sich Bestimmungen über die Funktion des Segens, die in mancher Hinsicht mit Barths schöpfungstheologischem Verständnis des Segens konvergierten: die Bejahung und Erlaubnis, die Befreiung und Ermächtigung zum je eigenen geschöpflichen Leben, die Präsenz Gottes in diesem Leben in Gestalt der Wegbegleitung sowie die Erhaltung dieses Lebens auf die verheißene Zukunft einer erlösten Welt hin. Was oben über den Schöpfungssegen und seine Bezeugung in menschlichen Segenshandlungen gesagt worden ist, würde sich hier – unter dem Vorzeichen der Neuschöpfung in Christus – wiederholen und vertiefen lassen.

Bedenkt man nun, daß auch in Eph 1,13 die »Verheißung des Geistes« in engem Zusammenhang mit der Benediktion von V. 3 steht, nämlich zur Explikation des »geistlichen *Segens*, mit dem Gott uns in den Himmeln in Christus *gesegnet* hat«, gehört, so liegt hier ebenfalls eine Verdrängung des Segensmotivs vor.

Was aber – so muß doch gefragt werden – hat Barth dazu genötigt, an diesen Stellen vom Segen zu schweigen und die Partizipation am Abrahamsegen nicht – der Verheißung des Heiligen Geistes entsprechend bzw. ihr sogar vorausgehend – als spezifische Gestalt der Präsenz Christi in den Blick zu nehmen?[69]

6. Wenn Barth im Neuen Testament vergeblich nach einer Aufnahme von Num 6,24-26 oder eines anderen priesterlichen Segenstextes sucht und aus seinem Fehlen schließt, daß mit dem einen, universalen Segenswort Jesus Christus nicht nur die innerfamiliäre, sondern auch die kultische Wiederholung von Segnungen aufgehoben ist, müßte er dann nicht konsequenterweise auch auf den gottesdienstlichen Schlußsegen verzichten, zumal er den aaronitischen Segen »nur« als Segen von Mensch zu Mensch versteht (vgl. 708). Doch auch von Barth gestaltete Gottesdienste haben mit dem Segen geendet.[70] Wie vereinbart sich aber diese Praxis mit den Ausführungen von § 47.4?

---

69. Um es noch einmal zu verdeutlichen: Meine Kritik richtet sich nicht gegen die *pneumatologische* Bestimmung sowohl der Realpräsenz Christi in der Welt nach seiner Himmelfahrt als auch seines prophetischen Weiterwirkens »unter, bei und in« den Menschen und seiner Gemeinde hier und heute. Und sie übersieht auch nicht die wichtige Funktion, die diese Übergangsüberlegung für Barths Verständnis der Eschatologie einnimmt, bietet sie doch mit der Unterscheidung von Christen und Nichtchristen und der wiederholten Betonung, daß auch die Christen als »selber noch unerlöste und unvollendete Menschen (...) in der noch unerlösten und unvollendeten Welt« leben (407), ein wichtiges Korrektiv zum Übergewicht einer perfektischen Eschatologie innerhalb der KD und daneben gleichzeitig deutliche Hinweise auf ein Verständnis der Erlösung in Richtung einer Apokatastasis panton.
Meine Kritik richtet sich vielmehr gegen Barths – unbegreifliche (?) – Ausblendung des Segensthemas, das biblisch unauflösbar mit der Geistverheißung verbunden ist. Barths einseitig geistorientierte Exegese von Texten wie Gal 3,14 oder Eph 1,13 wirft die Frage auf, ob nicht auch seine pneumatologischen Ausführungen dort *unterbestimmt* bleiben müssen, wo sie vom Segensmotiv abgespalten werden.
70. In dem Vorwort zu einer Sammlung von Gebeten Barths (Advent 1962) heißt es: »Sie (sc.

7. An Barths Hinweis auf die fehlende Fortsetzung der »Aktion des Segnens und Gesegnetwerdens von Mensch zu Mensch« (707) schließt sich die grundsätzliche Frage nach der Bedeutung des »Überschusses« des Alten gegenüber dem Neuen Testament an[71]: Wenn das Alte Testament die Bibel der ersten ChristInnen war und bis heute den unaufgebbaren ersten Teil der Hl. Schrift der Christenheit darstellt, kann dann allein die Segenspraxis, wie sie im Neuen Testament ihren schriftlichen Niederschlag gefunden hat, für verbindlich erklärt werden, ohne den vielfältigen Segenstexten im Alten Testament einen entsprechenden Ort in der christlichen Gemeinde zu geben? Sind nicht im Blick auf den Segen ähnlich wie bei anderen Themen, deren alttestamentliche Vielgestaltigkeit im Neuen Testament erheblich reduziert wurde – man denke z. B. an die Sozialgesetze – die israelitisch-jüdischen Traditionen wiederzuentdecken und so anzuzeigen, daß damit keine Enterbung Israels einhergeht, sondern der zweifachen Nachgeschichte der hebräischen Bibel Rechnung getragen wird, in diesem Fall in je eigenen und spezifischen, aber vielfältigen Formen des Segnens im Christentum und Judentum?

8. Mehr noch: wenn man Barths originelle und eindrückliche Bestimmung der alttestamentlichen Segnungen als Erinnerung an und Vergewisserung über die eigene Herkunft von Gottes verheißungsvollem Bund mit Abraham zustimmen kann und nicht hinter sie zurückfallen will, wäre zu überprüfen, ob Barth nicht selbst, indem er die Taufe zum neutestamentlichen Pendant dieser Segnungen erklärt, hinter seiner eigenen Interpretation des Segens im Alten Testament zurückbleibt. Kann die einmalige Taufe die Funktion der wiederholten Segnungen erfüllen?

Dieser entscheidenden Frage an Barths Gegenüberstellung alt- und neutestamentlicher Segenspraxis ist *erstens* unter dem Aspekt der *Wiederholung*[72] nachzugehen:

---

die Gemeinde, M. F.) wird mit der Erteilung des Segens durch das dienende Gemeindeglied: ›Der Herr segne euch ...!‹ (vgl. Num. 6, 24-26) (nicht uns!) entlassen.« (in *K. Barth, Predigten 1954-1967*, 285).
71. Vgl. *K. H. Miskotte*, Götter, 179 ff.; außerdem oben Teil B, III.1.
72. Im strengen Sinne ist bei Barth der Begriff der »Wiederholung« ein exklusiv theologischer: Gott wiederholt sich selbst, seine eigene beziehungsreiche Lebensform im Menschen als seinem Ebenbild, authentisch in dem einen wahren Menschen(sohn) Jesus von Nazareth, in dem sich die geschöpfliche Bestimmung des Menschen zur Gottebenbildlichkeit erfüllt. Auch wo Barth in seiner Auslegung von Gen 1, 24-31 davon sprechen kann, daß – im Sinne der analogia relationis – der Mensch »in seinem Gegenüber zu Gott und in seinem Gegenüber zu seinesgleichen das Gegenüber, das in Gott selber ist« wiederholt und darin seine Gottebenbildlichkeit praktiziert (KD III/1, 208), fügt er sogleich hinzu, »daß der im Urbild und nach dem Vorbild Gottes als Mann und Frau geschaffene Mensch seine Gottebenbildlichkeit nicht sich selbst verdankt und daß er sich auch seine Fortexistenz in ihr nicht selbst zu sichern weiß. Es wird sich zeigen, daß die Wiederholung seines Seins in diesem Urbild und nach diesem Vorbild nicht seine eigene Sache, sondern nur die einer göttlichen Wiederherstellung und Erneuerung sein kann« (a. a. O., 213). Also auch da, wo »das in Gott selbst stattfindende Zusammensein und Zusammenwirken in der Beziehung

Selbst wenn man Barths Deutung des Christusereignisses als Erfüllung aller Verheißungen Israels[73] folgen könnte, ist doch damit nicht ausgemacht, daß ChristInnen weniger der wiederholten Erinnerung an diese ihre Herkunft bedürften als Menschen in Israel ante Christum natum. Wenn mit den Segnungen im Alten Testament die Ursprungssituation der Abrahamverheißung in die je eigene Gegenwart eingeholt wird, dann kann auch im Christentum die Vergegenwärtigung des ein für allemal gesprochenen Segenswortes die Gestalt menschlichen Segnens und Gesegnetwerdens annehmen. Ist das Eingedenksein der erfüllten Verheißung nicht noch viel wichtiger als die Wiederholung der Verheißung selbst, weil nämlich die Gewißheit ihrer Erfüllung in einer unerlösten Welt permanent angefochten ist?

Wenn dem endgültigen Segenshandeln Gottes in Christus wirklich seine wiederholte Vergegenwärtigung in sichtbaren, leibhaft erfahrbaren Zeichen und Ritualen widerspräche, dann würde damit ja auch jede Abendmahlsfeier fragwürdig. Denn es geht weder bei den Segnungen im Alten Testament noch beim Herrenmahl der christlichen Gemeinde um eine menschliche Wiederholung des göttlichen Heilshandelns als einer eigenen, selbständigen, heilsvermittelnden Tat des Menschen, sondern um seine Beantwortung und Entsprechung durch diejenigen, die es für sich gelten lassen. Wenn ChristInnen in jeder Abendmahlsfeier der sühnetheologischen Bedeutung des Kreuzestodes eingedenk sind, gerade ohne dabei den Opfertod Christi zu wiederholen, warum ist ihnen dann die »Freiheit zu segnen und Segen zu empfangen« (706) verwehrt, während sie Israel durch die Abrahamverheißung gerade eröffnet wird? Wenn aber die Erfüllung der Verheißung

von Mensch zu Mensch zur Wiederholung kommt« (a. a. O., 207), bleibt Gott das Subjekt dieser Wiederholung. Zur Figur der Selbstwiederholung Gottes vgl. auch KD III/1, 244.

73. Von den eschatologischen Aussagen der Versöhnungslehre her muß diese Einsicht auch für Barth differenziert werden: Indem er z. B. in der oben angeführten Übergangsüberlegung (§ 69.4) hinsichtlich der Verheißung des Geistes (Gal 3, 14 u. ö.) zwischen Christen und Nichtchristen unterscheidet, räumt er z. T. gerade ein, daß *noch nicht* für *alle* Menschen alle Verheißungen erfüllt haben. So ist der Hl. Geist für Nichtchristen noch die »ausstehende, erst zu erwartende Wirklichkeit: der Inhalt gegebener aber noch nicht erfüllter Verheißung« (KD IV/3, 408). Das heißt jedoch weder, daß nicht von Gott her in Jesus Christus *alles* zur Versöhnung und Erlösung *aller* Menschen getan wäre, noch, daß *auf Dauer* irgendjemand von der Wirklichkeit des Christusereignisses ausgeschlossen bliebe (Barth wendet sich hier offensichtlich gegen Calvins Vorstellung einer doppelten Prädestination). Das heißt aber, daß es noch nicht bei *allen* Menschen zur *Erkenntnis* und damit zum tätigen *Gebrauch* der ihnen durch Kreuz und Auferstehung Jesu Christi geschenkten Freiheit gekommen ist. Barth läßt keinen Zweifel daran, daß es sich bei dem Nicht-Erkennen immer nur um ein Noch-nicht-Erkennen handelt, denn »es gibt keine nicht-christliche Abwendung, Rebellion und Resistenz, die, wenn die Stunde des in Jesus Christus durch den Heiligen Geist handelnden Gottes gekommen ist, stark genug sein wird, die Erfüllung der auch über die Nicht-Christen ausgesprochenen, auch ihnen, gerade ihnen geltenden, gerade sie visierenden und angehenden Verheißung des Geistes aufzuhalten, den Untergang ihrer Nichterkenntnis in ihrer Erkenntnis Jesu Christi und damit ihrer Selbstverkennung in ihrer Selbsterkenntnis als in ihm versöhnte Geschöpfe und damit die Entdeckung ihrer Freiheit als solche und damit das Anheben von deren Betätigung und also ihre christliche Veränderung und Erneuerung auch ihrer Existenz zu verhindern« (410f.).

nicht weniger der Applikation auf neue Lebenssituationen als die Verheißung selbst bedarf, dann liegt es m. E. näher, die alttestamentliche Segenspraxis nicht in der Taufe aufgehoben sein zu lassen, sondern parallel zur Abendmahlspraxis zu verstehen, ohne daß sie sich aber in dieser Parallele erschöpfen muß.

Zweitens läßt sich auch hinsichtlich der Kategorie der »*Vermittlung*« Barths These hinterfragen:

Zwar ist »Vermittlung« bei Barth ein exklusiv christologisch besetzter Terminus, denn Jesus Christus ist der einzige Mittler zwischen Gott und der Welt.[74] Deshalb schließt Barth auch eine Vermittlung des göttlichen Segens als menschliche Tat aus.[75] Ausgeschlossen kann damit m. E. aber nicht die menschliche *Entsprechung* zum vorgängigen göttlichen Segenswirken als Gestaltung christlichen Lebens sein. Wenn Barth in seiner Vorsehungslehre[76] nicht müde wird zu betonen, daß die Mitwirkung (cooperatio) des Menschen die Freiheit und Souveränität des göttlichen Handelns nicht einschränkt, sondern voraussetzt, dann bedeutet auch das menschliche Segnen keine Minderung der Souveränität Gottes, sondern eine je neue Antwort auf seine Selbstwiederholung in Jesus Christus. Gottes *All*wirksamkeit ist gerade nicht als seine *Allein*wirksamkeit zu verstehen.[77] Wenn im Segen von Mensch zu Mensch der göttliche Segen je neu Fleisch wird, ersetzt und überholt dies nicht – so muß man Barths Linien ausziehen – die ein für allemal geschehene Inkarnation des Segens in Jesus von Nazareth, sondern setzt sie als Ermöglichungsgrund voraus und »erdet« sie in neuen Lebenssituationen, läßt sie spürbar bei den Gesegneten ankommen. Dabei handelt es sich aber notwendig um ein *iteratives* Geschehen, dem die *einmalige* Taufe als die Begründung des christlichen Lebens nicht ent-

---

74. Vgl. KD IV/1, 133 ff.,149 f.,345 f. Bei aller christologisch-versöhnungstheologischen Profilierung des Mittleramtes – Christus »existiert in der Totalität dieses seines Mittlerseins und Mittlerwerkes: Er *allein* als der Mittler, aber ganz und gar lebendig und tätig in seinem Mittleramt« (a.a.O.,135). – fällt insgesamt doch eine deutliche Zurückhaltung Barths gegenüber dem Mittlerbegriff auf, die schon darin zum Ausdruck kommt, daß er eine *dritte* Größe zwischen dem versöhnenden Gott und dem versöhnten Menschen ausschließt und Christus als die Erfüllung des Bundes eher die *Mitte* der Versöhnung nennt (vgl. a.a.O., 133 f.).
75. Damit grenzt sich Barth deutlich von der früheren Ansicht, daß die Eltern den Kindern zu Mittlern des göttlichen Segens werden und gerade darin ihre Elternschaft erfüllen (vgl. oben 1.3), ab.
76. KD III/3, §§ 48-49.
77. Damit stellt Barth klar, daß Gottes Allwirksamkeit die selbständige Tätigkeit der Geschöpfe nicht unterdrückt, sondern allererst ermöglicht und bestätigt: »Das vorherbestimmende Wirken dieses Gottes ist *per se* keine Vergewaltigung, keine Entwürdigung, keine Entmächtigung seines Geschöpfes« (KD III/3, 147). »(...) indem sein Handeln als solches sein Gnadenhandeln ist, fällt auch dies dahin, daß seine Allmacht das eigene, freie Wirken des Geschöpfes aufhebe; man wird dann vielmehr gerade die Majestät, die Unbedingtheit, die Unwiderstehlichkeit des göttlichen Handelns als die Bestätigung und immer neue Begründung der Eigentümlichkeit des Geschöpfes, dem Gott gnädig ist, seiner Würde und seines eigenen Wirkens verstehen müssen« (a.a.O., 133). Zur Unterscheidung von Gottes Allwirksamkeit und Alleinwirksamkeit vgl. auch KD IV/4, 25.

sprechen und genügen kann. Um dies zu veranschaulichen, ist Barths These *drittens* dahingehend zu befragen, ob Barths *Tauflehre*, wie sie in KD IV/4 als Fragment der Versöhnungsethik vorliegt, nicht wenigstens indirekt Argumente an die Hand gibt, die zwischenmenschliche Segensformen in der christlichen Gemeinde theologisch begründen und Spielräume für eine vielfältige Segenspraxis eröffnen können.

Ohne der Tauflehre von KD IV/4 im einzelnen gerecht zu werden und ohne die Entwicklung und Retraktationen in Barths Taufverständnis berücksichtigen zu können[78], lassen sich m. E. doch folgende Grundentscheidungen in seiner späten Tauflehre auf § 47.4 zurückbeziehen:

Barths Tauflehre steht am Anfang seiner Versöhnungsethik und begründet damit seinen dogmatisch-ethischen Entwurf des christlichen Lebens. In der Ethik der Versöhnungslehre beabsichtigte Barth, »die christliche Ethik (...) als Darstellung der dem göttlichen Gnadenwerk und -wort (IV/1-3) entsprechenden freien menschlichen Tatantwort und also das christliche Leben in seinem intimsten Aspekt zu entfalten«.[79] Von dem ursprünglichen Plan, der eine Lehre der Taufe, eine Darstellung des christlichen Lebens anhand des Vaterunsers und eine Abendmahlslehre umfaßte, liegt mit KD IV/4 als »Spitze« der Versöhnungsethik der Paragraph über die Taufe in einer charakteristischen Zweiteilung vor: Barth unterscheidet die *Taufe mit dem Heiligen Geist* als Werk Gottes von der *Taufe mit Wasser* als gottesdienstliches Menschenwerk. In dem ersten, kurzen Abschnitt (3-44) legt Barth die Geisttaufe als »Ursprung, Anfang und Einsatz der auf die Treue Gottes antwortenden, ihr entsprechenden Treue eines Menschen« (3), als Ermöglichungsgrund der mit dem göttlichen Versöhnungswirken korrespondierenden und doch zugleich eigenständigen Tatantwort des Menschen aus. Hier konkretisiert sich Barths Ablehnung des Verständnisses der *All*wirksamkeit Gottes als *Allein*wirksamkeit, hier wird die eigene Würde des Geschöpfes darin gesehen, Gott entsprechen und ihm in freier Entscheidung treu werden zu können. Die Unterscheidung zwischen göttlichem und menschlichem Tun, die nicht als Trennung, sondern als eine »christologisch bedingte Entsprechungs-Unterscheidung von Gott und Mensch«[80] zu verstehen ist, begründet den *ethischen* Sinn der Wassertaufe und widerspricht damit ihrem *sakramentalen* Charakter.[81] Indem nämlich Christus als das einzige Sakrament der Kirche in der Geisttaufe als einer exklusiv *göttlichen* Tat wirkt, kommt der Wassertaufe als exklusiv *menschlichem* Werk keine sakramentale Wirklichkeit mehr zu. Dennoch kann Barth von ihr als einem »rettende(n ...)

---

78. Im Vorwort zu KD IV/4 weist Barth darauf hin, daß ihn die neutestamentliche Studie seines Sohnes M. Barth (Die Taufe ein Sakrament? 1951) dazu veranlaßt habe, dem sakramentalen Verständnis der Taufe – dies hatte Barth nicht nur in den Prolegomena (KD I/1, 56-73), sondern auch noch 1943 in seiner Schrift »Die kirchliche Lehre von der Taufe« (ThSt 14) vertreten – zu widersprechen. Zur Darstellung und Kritik der Barthschen Tauflehre vgl. die Arbeiten von *E. Jüngel*: Lehre von der Taufe; Thesen; Kritik.
Daß es methodisch nicht unproblematisch ist, Barths Tauflehre von 1967 mit seinen Ausführungen zum Segen von 1948 zu verknüpfen, ist mir bewußt. Doch die Tatsache, daß in KD IV/4 die Segensthematik völlig ausgeblendet bleibt, wirft ein neues Licht auf die Zuordnung von Segen und Taufe in § 47.4.
79. KD IV/4, IX (Seitenzahlen im Text).
80. *E. Jüngel*, Lehre von der Taufe, 256.
81. Vgl. KD IV/4, 117 ff.

Handeln« (231) sprechen, weil sie die *Wirklichkeit* der Sündenvergebung für den einzelnen Menschen *wahr*macht, die Zustimmung zur göttlichen Tat der Geisttaufe durch den Täufling bezeugt.

E. Jüngel hat nicht nur auf die Probleme eines mehrdeutigen Begriffs der Geisttaufe bei Barth aufmerksam gemacht[82], sondern auch die terminologischen und sachlichen Ungereimtheiten in der Unterscheidung und Zuordnung von einmaliger Wassertaufe und wiederholt sich vollziehender Geisttaufe herausgearbeitet.[83] M. E. stellen sich ähnliche Probleme ein, wenn nun der einmaligen Wassertaufe zusätzlich die Funktion zukommen soll, die Stelle der vielfältigen israelitischen Segenspraxis einzunehmen. Um nur einige Fragen zu nennen, die sich aus Barths Verständnis der Taufe als Ersatz zwischenmenschlicher Segensaktionen ante Christum natum ergeben:

– Bezeugt die Wassertaufe als erste Antwort des Menschen auf Gottes Versöhnungshandeln in Christus die Geisttaufe, erinnerte aber in Israel jede Segnung an die Herkunft des ganzen Volkes von der Segensverheißung an Abraham, wie verhalten sich dann das göttliche Segenstatwort und die Geisttaufe zueinander? Meinen sie ein und dasselbe Geschehen?

– Kann man die Segnungen – wie die Wassertaufe – exklusiv als menschliche Taten verstehen und damit eindeutig der Ethik zurechnen? Müßte hier nicht das Ineinander von göttlichem Ursprung und menschlichem Zuspruch des Segens, wie es die alttestamentlichen Texte widerspiegeln, stärker berücksichtigt werden?

– Gilt Barth die Wassertaufe als einmaliger Gründungsakt des christlichen Lebens, kam aber den Segenshandlungen in Israel die Aufgabe zu, wiederholt des segensverheißungsvollen Ursprungs der eigenen Existenz zu vergewissern, ergibt sich a priori eine Schieflage zwischen beiden Größen. Die gegenwärtig zunehmende Praxis von Tauferinnerungsfeiern, die ja nicht nur wegen der von Barth abgelehnten, aber in der Volkskirche grundsätzlich praktizierten Säuglingstaufe sinnvoll werden, weist darauf hin, daß es offenbar auch der wiederholten Vergegenwärtigung der eigenen Taufe bedarf.

– Barth bestimmt die Wassertaufe als einmalige *gottesdienstliche* Antwort auf die Geisttaufe. Aber weder die Segnungen im Alten Testament noch die heutige Segenspraxis des Judentums erschöpfen sich im gottesdienstlichen Handeln, sondern sind auch integrale Bestandteile des alltäglichen Lebens, besonders der Familie.

– Schließlich: wenn Barth die alttestamentlichen Segnungen in der Taufe aufgehoben sieht, muß es verwundern, daß diese gewichtige Funktion der Taufe in KD IV/4 keinerlei Erwähnung findet. Ist das *Segensschweigen* der Barthschen Tauflehre nicht das sprechendste Indiz dafür, daß in einem rein ethischen Verständnis der Taufe als dem Anfang des christlichen Lebens menschliche Segnungen keinen Ort haben, zumindest keine angemessene Entsprechung finden?

---

82. Vgl. *E. Jüngel,* Lehre von der Taufe, 264-268.
83. A. a. O., 282-284.

Das Taufverständnis Barths nach KD IV/4 spricht damit m. E. keineswegs für eine Erfüllung der alttestamentlichen Segnungen von Mensch zu Mensch in der Taufe und kann ebensowenig das Fehlen einer christlichen Segenspraxis erklären. Es fordert vielmehr zu einer – durchaus christologisch begründeten – Anknüpfung an die menschliche Weitergabe des Gottessegens in Israel heraus.

3.3 Zum Verhältnis von Kirche und Israel in Barths Segensverständnis

Nicht zuletzt geht es bei Barths Segensverständnis innerhalb seiner Zeitlehre mit der Gegenüberstellung von alt- und neutestamentlichen Segenstexten sowie israelitischer und christlicher Segenspraxis um die Verhältnisbestimmung von *Kirche und Israel*. Auch ohne hier die Überlegungen von §47.4 in den Horizont der gesamten Israellehre K. Barths in ihrer Entwicklung einzeichnen zu können[84], läßt sich doch folgendes festhalten:

1. Der Jude Jesus von Nazareth ist als das eine, endgültige, ein für allemal gegebene, menschgewordene Segenswort Gottes, wie es nur in Israel gesprochen werden konnte, die Erfüllung der Abraham zuteil gewordenen Segensverheißung. Denn weil er »in unzerreißbarer Einheit« der Heiland der Welt und der Messias Israels ist, werden in ihm die Heidenvölker hinzuerwählt zum Gott Israels und damit auch zu Mitadressaten der alttestamentlichen Verheißungen gemacht. Indem die neutestamentliche Gemeinde Jesus Christus als den Herrn des Bundes, von dem die Juden schon immer herkommen, »sein Leben als die Gegenwart des Reiches, sein Sterben und Auferstehen als die Tat aller Taten, das Wunder aller Wunder, auf die jene zurückblickten, seine Weisung als de(n) Sinn der Gebote, die jenen überliefert und vorgeschrieben waren, seine Person als die Gnade Gottes, bei der jene von Geschlecht zu Geschlecht ihre Zukunft suchten und fanden«, bekennt, verbindet sie sich mit Israel »aufs Intimste«. Allein wegen dieser in Christus begründeten *Intimbeziehung* kann sich die Kirche als »das neue Israel verstehen, das nun in der Erfüllung aller dem alten gewordenen Verheißung lebt« (707). Auch wenn die Selbstbezeichnung der Kirche als das »neue Israel« grundsätzlich höchst problematisch ist, gehört sie doch zum Wortfeld des Substitutionsmodells[85], das die Besonderheit Israels und seiner Erwählung eliminiert, und auch wenn m. E. Barths Gebrauch des Begriffes zumindest diese Assoziation nicht völlig ausschließen kann, ist doch unübersehbar, daß sich – in seiner Argumentation – dieses Selbstverständnis der Kirche einer *denkbar größten Nähe zu Israel* verdankt. Die christliche Gemeinde hält damit gerade an der bleibenden Gültigkeit der Erwählung Israels, des Bun-

---

84. Meine Deutung der Barthschen Zuordnung von Kirche und Israel im Blick auf den Segen setzt die grundlegende Arbeit von F.-W. *Marquardt*, Entdeckung, und ihre Weiterführung bei B. *Klappert*, Israel und die Kirche; ders., Das Judesein Jesu, voraus. Beide Autoren greifen aber das Segensthema nicht auf.
85. Vgl. B. *Klappert*, Israel und die Kirche, 14-17.

des, der Verheißungen und der Tora fest. Also nicht die Ersetzung und Enterbung Israels, sondern tiefste Solidarität mit ihm veranlaßt – nach Barth – die Kirche, sich nicht anders denn »*nur* als das neue Israel«[86] verstehen zu können. Anders ausgedrückt: die Kirche hat gar keinen eigenen Namen; als Gottesvolk aus den Heidenvölkern und den christusgläubigen Juden und Jüdinnen tritt sie in eine *Namens*gemeinschaft mit Israel und zugleich damit in eine Glaubens- und Segensgenossenschaft mit den ZeugInnen der Bundesgeschichte Jhwhs mit seinem Volk ein. Wenn Barth die ChristInnen als »Nachfolger und Genossen« (ebd.) des Abrahamglaubens bezeichnet, dann liegt auch hier wieder der Ton auf dem Verbindenden, der Kontinuität, der Gemeinschaft zwischen Israel und Kirche.[87] Bei aller Differenz in ihrer geschichtlich-irdischen Existenzform blicken Israel und Kirche doch, wenn sie sich ihres Ursprungs im göttlichen Segenswort vergewissern, in dieselbe Richtung: »Indem die neutestamentliche Gemeinde auf den in den evangelischen Berichten bezeugten *Jesus* zurückblickte, blickte sie mit allen Geschlechtern Israels auf eben den *Gott* zurück, der den Menschen in Israel der Anfang und Sinn aller Dinge und Wege gewesen war« (ebd.). Also auch in einer *Erinnerungs*gemeinschaft sind Kirche und Israel verbunden. Zugespitzt formuliert, kann man vielleicht sagen: Die Kirche hat nichts, was Israel nicht auch schon gehört. In Christus bekommt sie – mit der Erfüllung von Gen 12,3 – Anteil an allem, was Gott Israel zuvor geschenkt hat. Damit spricht Barths Bekenntnis zu Jesus als dem Segenswort in Israel die Sprache des christologisch-eschatologischen Partizipationsmodells[88] in der Zuordnung von Kirche und Israel.

Deutlicher als in diesen Vorstellungen vom Hinzukommen der Völker zum Messias Israels und von ihrem Teilhabendürfen an der Israel verheißenen Segensfülle kann sowohl der *zeitliche Vorsprung* Israels als auch seine *bleibende Besonderheit* gegenüber der Kirche kaum ausgedrückt werden. Der universale Geltungsbereich der Abrahamverheißung und ihre allen Völkern zugutekommende Realisierung im Segenswort, das den Namen Jesus Christus trägt, heben die doppelte, exklusive Verortung in Israel nicht auf, sondern setzen diese voraus: Daß Gott selbst sich dazu entschlossen hat, sich zuerst in Israel bekannt zu machen, um dann dieses Volk zum Zeugen gegenüber den Völkern, zum Licht der Völker zu berufen, wird in Jesus Christus nicht überholt, sondern bestätigt. Der gesegnete und segnende Name Jesus Christus konkurriert nicht mit dem gesegneten und segnenden Namen Abraham, setzt ihn nicht außer Kraft, sondern erfüllt ihn so, daß mit Abraham auch die ChristInnen »zum gesegneten und segnenden Wort jetzt für die ganze Welt geworden« sind (707). Vom An-

---

86. A.a.O., 707 (Hervorhebung M. F.).
87. Wo Barth allerdings – mit dem Hebräerbrief – von den alttestamentlichen Institutionen Israels wie z.B. dem Hohepriesteramt, dem Sabbat, dem Opferkult – »als lauter vorlaufende Schatten des jetzt erschienenen Lichtes« spricht (707), bleibt er immer noch typologischen Vorstellungen verhaftet, nach denen sich im Alten Testament nur Vorabbildungen, Vorausdarstellungen, Abschattungen des in Christus erfüllten Heils finden.
88. Vgl. *B. Klappert*, Israel und die Kirche, 32-37, 38-52.

fang bis zum Ende der Geschichte ist und bleibt also das vorgängige göttliche Segenswort, das alle menschlichen Segensworte erst ermöglicht, ein in *jüdischem* Fleisch und Blut verkörpertes Segenswort.[89]

2. Wie sind daneben aber die Sätze Barths vom Ende der Geschichte Israels, seine Rede vom »alten Israel« und sein häufiger Gebrauch des Plusquamperfekts bei der Beschreibung der Glaubenserfahrungen Israels zu verstehen? Wird angesichts des folgenden Zitats dem Judentum post Christum crucifixum nicht jede soteriologische Bedeutung abgesprochen?

»Es hat das alte *Israel* in seiner Konstituierung als das natürliche Volk der Nachkommen Abrahams nach dem Fleisch, nachdem der Heiland der Welt aus seiner Mitte hervorgegangen und als Messias erschienen ist, seine Mission *erfüllt* und es bleibt seinen Gliedern nur übrig, das dankbar anzuerkennen und sich in Bestätigung ihrer eigensten Erwählung und Berufung dem Volk dieses Heilands, ihres eigenen Königs, dessen Glieder zu sein nun auch die Heiden berufen sind, zuzugesellen. Seine Mission als natürliches Volk aber ist *abgelaufen*, hat keine Fortsetzung, findet auch in anderer Gestalt keine Wiederholung (...). Auch der israelitische Mensch ist jetzt vor eine Frage gestellt, die damit noch nicht beantwortet ist, daß er israelitischen Ursprungs ist. Auch dadurch nicht, daß er beschnitten ist! Auch dadurch nicht, daß er den Segen seines Vaters und den Segen des Hohepriesters empfangen hat! (...) Auch innerhalb von Israel vollzieht sich nun neue Wahl und Entscheidung, stellt sich nun die Frage neuer Berufung und neuen, je eigenen Glaubens« (711).

Zunächst ist noch einmal daran zu erinnern, daß Barths Rede vom Ende der israelitischen Geschichte eingebettet ist in seine Deutung von Tod und Auferstehung Jesu Christi als dem Ende und Ziel *aller* Geschichte. Darum impliziert Barths Feststellung, daß Israels Geschichte ihre Erfüllung im Christusereignis findet, gerade nicht, daß damit die Zeit der Kirche anhebt und Gottes Geschichte mit Israel in der Kirche fortgesetzt wird. Im Gegensatz zum Israel ante Christum natum hat die Kirche überhaupt keine eigene Geschichte:

»Was die Christen als Nachfolger und Genossen der alttestamentlichen Väter angesichts der Erfüllung von der diesen gewordenen Verheißung *hoffen*, das ist die allgemeine und umfassende Offenbarung dessen, daß in Jesus Christus alles schon vollbracht ist: keine zweite Geschichte mit weiteren Vollbringungen, keine Kirchengeschichte als weitere Heilsgeschichte, keine ›christliche Aera‹« (708).

Wer also Barths Aussagen vom Ende der Geschichte *israelkritisch* meint lesen zu müssen, müßte sie um so mehr *kirchenkritisch* lesen. Und umgekehrt gilt: Wer Barths Deutung des Christusgeschehens als Erfüllung und Ziel der Geschichte Israels, das ja jede eigene Geschichte des Judentums *post* Christum na-

---

89. S. dazu auch den israeltheologischen Exkurs in KD IV/1, 181-192, wo Barth der kirchlichen Inkarnations- und Versöhnungslehre den Vorwurf macht, daß sie davon abstrahiert habe, daß das Wort *jüdisches* Fleisch wurde und Gott sich in einem *israelitischen* Menschen inkarniert hat. Vgl. F.-W. *Marquardt*, Entdeckung, 208-225; B. *Klappert*, Das Judesein Jesu, bes. 232 ff.

tum ausschließt, infragestellt, stellt seine gesamte christologisch begründete Zeitlehre infrage. Damit wird noch einmal unterstrichen, wie sehr Barths Erörterung der Segensthematik mit den Grundlinien seiner Theologie vernetzt ist, wie eine Kritik seiner Gewichtung von alt- und neutestamentlichen Segenstexten im Kontext von §47 notwendig in eine Kritik des christologischen Geschichtsverständnisses seiner Dogmatik einmünden muß.[90]

3. Zu berücksichtigen bleibt in Barths Rede von der Erfüllung der Geschichte Israels noch ein zweiter Aspekt: Barth spricht in §47.4 gerade nicht allgemein vom Ende Israels, sondern vom Ende seines göttlichen Auftrages als *natürliches Volk;* d. h.: in Jesus von Nazareth ist die soteriologische Bedeutung der Blutsverwandtschaft, der natürlichen Generationenfolgen, biblisch gesprochen: der Nachkommenschaft Abrahams nach dem Fleisch erfüllt. Die christusunmittelbare Teilhabe am Abrahamsegen hebt die heilsvermittelnde Funktion der natürlichen Bindungen auf. Vom Ende der Mission des natürlichen Volkes Israel im Christusgeschehen kann Barth m. E. aus einem doppelten Grund sprechen: Weil das Segenswort jüdisches Fleisch geworden, weil der Messias Jesus von Nazareth ein Nachkomme Abrahams nach dem Fleisch, ist, kommt in ihm die soteriologische Funktion der *Natur* des jüdischen Volkes zu ihrem Ziel; indem aber Jesus als jüdischer Sohn seiner jüdischen Mutter Maria sich der Zeugung durch den Geist verdankt, wird die Heilsbedeutung der *natürlichen* Abstammung aus Israel zugleich *pneumatologisch* aufgebrochen. Das fleischgewordene Segenswort steht nicht nur in natürlicher Kontinuität zu Israel, sondern als Gottes Sohn in unmittelbarer Beziehung zu Gott. Die nicht biologisch, sondern als Rechtsverhältnis verstandene Gottessohnschaft Jesu läßt uns in dem Bekenntnis zur Jungfrauengeburt als

»einem Zeichen von Gottesmächtigkeit über Natur eine Verheißung für eine Freiheit Gottes auch gegenüber den Grenzen der uns bekannten Natur (…) sehen, damit aber auch für eine künftige Naturbefreiung (… Es ist) eines der Zeichen, mit denen Gott in der Jesusgeschichte (…) uns mehr zu hoffen geben will, als wir mögen: Unsere Natur wird in ihren bisherigen Grenzen nicht verkommen, und Gott bewegt auch Physis.«[91]

Aber auch dieses, den natürlichen Zeugungsvorgang durchbrechende, neuschöpferische Tun Gottes[92] steht in Kontinuität zur Geschichte Israels: Die biblische Rede von der Gottessohnschaft Jesu, die sich gegen eine Auslegung in

---

90. Im Rahmen dieser Arbeit kann der fundamentalen Frage, ob das Christusgeschehen notwendig als das Ende, das Ziel und die Erfüllung von Geschichte überhaupt und insbesondere der Geschichte Israels verstanden werden muß, nicht nachgegangen werden. Mir kommt es hier aber darauf an zu zeigen, wie sehr sich Barths Segensverständnis der christologischen Begründung seiner Dogmatik verdankt und wie deutlich es sich dem »System« der KD eingliedert. Oben (Abschnitt 2.3) habe ich angedeutet, wie in Sachen Eschatologie mit F.-W. Marquardt über Barth hinaus zu denken wäre.
91. *F.-W. Marquardt,* Christologie 2, 92 f.
92. Zu Barths Auslegung des Dogmas der Jungfrauengeburt vgl. KD I/2, 189 ff.; KD IV/1, 225 ff.

Gestalt der Zwei-Naturen-Lehre sperrt, kann nur im Horizont der Gottessohnschaft ganz Israels angemessen verstanden werden.[93] M. a. W.: Gottes Handeln relativiert die natürlichen Beziehungen auch schon in der Geschichte Israels ante Christum natum. Fragt man nun, worin die neutestamentliche Unmittelbarkeit zum göttlichen Segenswort die zwischenmenschliche Vermittlung des Segens in Israel übertrifft, so kann man wohl nicht nur mit Barth von einer stärkeren Gewißheit und einem größeren Trost reden – dagegen könnte ja eingewendet werden, daß gerade die sichtbare, leibhaft erfahrbare Vermittlung des göttlichen Segens durch die Mitmenschen die Gewißheit, gesegnet zu sein, verstärkt statt mindert. Entscheidend ist die *emanzipatorische* Tendenz, die in dieser Unmittelbarkeit zum Ausdruck kommt. Um nur zwei Beispiele zu nennen: Der Segen der Kinder hängt nicht mehr an der Segensvermittlung der Eltern, ebensowenig wie die Segensweitergabe im Gottesdienst an den Priester gebunden ist. Damit wird – trotz Hebr 7,7 – ein einseitig hierarchisches Gefälle zwischen Segnendem und Gesegnetem aufgehoben. Oder: die Kinderlosigkeit einer Frau muß nicht als das Ende einer Generationenkette von Segenswiederholungen verstanden werden, weil der Segensfluß in anderen Bahnen als denen der Blutsverwandtschaft strömen kann.

Doch gerade diese Schlußfolgerungen werfen die Frage auf, ob Barth mit der großen Differenz, die er zwischen der Segenspraxis in Israel und in der Kirche wahrnehmen zu müssen meint, den alttestamentlichen Segenstexten gerecht wird. M. E. orientiert er sich hier fast ausschließlich an den Familiengeschichten der Genesis. Kann man aber schon im Hinblick auf die kultische Vermittlung des Segens, wie sie im aaronitischen Segen geschieht und besonders in den Wallfahrtspsalmen reflektiert wird, nicht von einer *natürlichen* Weitergabe sprechen, so gilt dies um so mehr für die Texte, die von einer *Ethisierung des Segens* handeln, also den Empfang von Segen an das Halten der Tora binden. Wenn z. B. nach Dtn 7,12 ff. das Gesegnetwerden mit der Befolgung der Weisungen Jhwhs steht und fällt, dann geht es hier gerade nicht um eine zwischenmenschliche Segensvermittlung, die von den *natürlichen* Bindungen im Volk abhängt. Demzufolge kann sich die Behauptung einer größeren »Intensität und Konkretion« (706) der Segenserfahrung im Neuen gegenüber der des Alten Testaments nicht am Gegensatz zwischen einer einerseits unmittelbaren und andererseits durch natürliche, d. h. blutsverwandtschaftliche Beziehungen vermittelten Teilhabe am Segen festmachen.

So veranlaßt vor allem seine *mangelnde* Wahrnehmung der vielfältigen Segenstraditionen beider Testamente Barth zu der – in der Tauflehre selbst nicht aufgegriffenen und begründeten – Ansicht, daß in der christlichen Gemeinde, die anders als Israel nicht durch natürliche Familienbande konstituiert wird, die zwischenmenschliche Wiederholung des göttlichen Segenswortes in die einmalige Taufe aufgehoben ist.

4. Aber auch noch von einem anderen, ebenso konstitutiven wie bedenkli-

---

93. Vgl. F.-W. *Marquardt*, Christologie 2, 69-78.

chen Motiv der Zuordnung von Kirche und Israel mag ein Licht auf K. Barths Segensverständnis im Rahmen seiner theologischen Zeitlehre fallen: Im ekklesiologischen Abschnitt der Erwählungslehre (KD II/2 §34) begründet K. Barth die *doppelte* Gestalt der *einen* erwählten Gemeinde christologisch: *Israel* ist als der authentische Zeuge seines *gekreuzigten Messias* Zeuge des göttlichen *Gerichts* und verkörpert als solcher die auf die Verheißung *hörende* Gemeinde in ihrer *vergehenden* Gestalt, während die *Kirche* ihren *auferweckten Herrn* und so das göttliche *Erbarmen* bezeugt, womit sie die an die Verheißung *glaubende* Gemeinde in ihrer *kommenden* Gestalt darstellt. Wo aber auf diese Weise die bleibende(!) Erwählung Israels einseitig und ausschließlich auf die Bezeugung des göttlichen Nein beschränkt und ihr Ziel im Eingehen und Aufgehen Israels in der Kirche gesehen wird, bleibt kein Raum mehr für die jüdische Darstellung des göttlichen *Ja* zum geschöpflichen Leben, wie es sich im Segen ausspricht. Zwar lebt die Kirche von und aus den (Segens-)Verheißungen Israels, aber Israel selbst hat aufgehört, Zeuge dieser Verheißungen zu sein. Als Zeuge des Gerichts kann es nur noch – so muß man hier doch wohl folgern – vom *Fluch*, aber nicht mehr vom *Segen* Gottes reden.

Vieles spricht dafür, daß diese Entscheidungen in der Erwählungslehre (§34) die Weichen gestellt haben für Barths Segensverständnis im Rahmen der Schöpfungslehre, insbesondere für seine Argumentation in §47.4. So korrespondiert z.B. die Vorstellung, daß Israel die vergehende, ja die Todesgestalt der erwählten Gemeinde verkörpere (§34.4), eindeutig mit der Rede vom Ende der Geschichte Israels in Kreuz und Auferweckung Jesu Christi. Gerade das gegenüber früheren Aussagen völlig überraschende und inkonsequente *Segensschweigen* der Barthschen Vorsehungs- und Tauflehre und auch seine beschränkte Auswahl der Segenstexte lassen sich nur von dieser einseitigen Bestimmung Israels zum Zeugen des Gerichts her erhellen. Wo nämlich – wie Barth wiederholt einschärft – die Kirche zwar unabdingbar auf die Bezeugung des göttlichen Nein durch Israel angewiesen ist und bleibt, will sie nicht aufhören, Kirche zu sein, aber zugleich Israel nicht auch als Zeugen der *messianischen Hoffnung* und der *göttlichen Barmherzigkeit* anzuerkennen vermag, verlieren auch die Segnungen in Israel jede (soteriologische) Bedeutung für sie. Umgekehrt heißt dies: Jüdisches Segensverständnis und jüdische Segenspraxis geraten erst dort wieder als *konstitutive* Momente der einen erwählten Gemeinde in den Blick, wo die problematische These von der Erwählung Israels zum Zeugen des Gerichts aufgebrochen wird.

Nun hat B. Klappert in seinen Erwägungen zur Israellehre Barths darauf hingewiesen, daß Barth mit dieser negativen Qualifizierung der Erwählung Israels hinter eigene theologische Einsichten (wie z.B. die Neuformulierung des Verhältnisses von Evangelium und Gesetz) zurückfällt[94], und einen – gleichsam barthimmanenten – Anknüpfungspunkt für einen differenzierteren und erwei-

---

94. B. Klappert, Israel und die Kirche, 53-65.

terten Zeugenbegriff gefunden: in Gestalt einer »israelitische(n) Kontur« der Lichterlehre (§ 69.2), die nicht nur die Verwandlung der »Prophetie Jesu Christi in die Gestalt eines allgemeinen kreatürlichen«, sondern auch »des besonderen jüdischen Selbstzeugnisses kennt«[95]. Danach wäre zu differenzieren

> »(1) zwischen dem Selbstzeugnis des authentischen und überzeugenden Zeugen Jesus Christus, (2) zwischen dem Zeugendienst der (vorläufig und repräsentativ für ganz Israel) direkt bezeugenden Zeugen, der Ekklesia aus Juden und Heiden, (3) zwischen den Lichtern und auch Schatten (in dieser Reihenfolge!) der besonderen Israelgeschichte und der Geschichte der Juden als den indirekt bezeugenden Zeugen (die Synagoge als der Empfänger und Hörer der Verheißung) und – von der Partikularität zur Universalität schreitend – (4) den Lichtern und Schatten der allgemeinen Welt- und Menschheitsgeschichte als den indirekt verweisenden Zeichen«[96].

Appliziert man diese mithilfe der Lichterlehre gewonnene Ausdifferenzierung des Zeugenbegriffs auf die Segensthematik, so wäre zu unterscheiden zwischen

a) der *authentischen und überzeugenden Selbstbezeugung* des im Juden Jesus von Nazareth endgültig gesprochenen göttlichen Segenswortes, wie es als solches eben nur in Israel gesagt und nur im Hören auf die Abrahamverheißung be- und ergriffen werden kann,

b) der *direkten Bezeugung* dieses Segenswortes in der Kirche aus Juden- und HeidenchristInnen (wie könnte das menschgewordene Segenswort angemessener bezeugt, wie könnte ihm anschaulicher entsprochen werden als in einer vom Judentum lernenden kirchlichen Segenspraxis, die nicht nur den Zuspruch göttlichen Segens in Wort und Geste, sondern auch zwischenmenschliche Segnungen sowie das Segnen Gottes (Gen.obj.) kennt?),

c) der *indirekten Bezeugung* dieses Segenswortes durch die für das Judentum konstitutive tägliche B^{e}rachot-Praxis als Gottesdienst im Alltag der Welt, mit der Juden und Jüdinnen sich bleibend als die ersten Hörer und Empfängerinnen der Abrahamverheißung (auch und gerade der Kirche gegenüber) zu verstehen geben, und

d) den Segenssprüchen, -gesten und -ritualen der anderen Religionen als den *indirekt verweisenden Zeichen* auf das eine Segenswort Jesus Christus.[97]

Wenn der um die spezifische Gestalt der israelitisch-jüdischen Bezeugung des Gotteswortes erweiterte Zeugen- und Zeichenbegriff der Lichterlehre in dieser Weise auf das Segensthema Anwendung findet, dann rückt das gegenwärtige Judentum nicht nur aus dem Schatten heraus, ausschließlich Zeuge des göttlichen Fluches zu sein. Dann halten vielmehr seine bis heute lebendigen Segens-

---

95. A.a.O., 59.
96. A.a.O., 64.
97. Daß damit der israeltheologisch erweiterte und segenstheologisch konkretisierte Zeugen- und Zeichenbegriff auch eine Möglichkeit andeutet, im Rahmen Barthscher Theologie das Segensverständnis der jüdisch-christlichen Tradition ins Verhältnis zu setzen zum Segnen als einem allgemeinen und universalen Phänomen religiöser Interaktion, kann ich hier nur andeuten. Auch hinsichtlich des Segens- (und Fluch-)themas gilt, daß die Lichterlehre und die Lehre von den Gleichnissen des Himmelreiches einen Anknüpfungspunkt für den interreligiösen Dialog darstellen.

traditionen die Erinnerungen an die Segensverheißungen Israels und die Hoffnung auf ihre endgültige Erfüllung wach. Dann stellen sie eine Einladung an die Kirche dar, ihrerseits im Empfangen, Weiter- und Zurückgeben des göttlichen Segens an der Erhaltung der Welt auf ihre Vollendung als Schöpfung hin mitzuwirken.

Wäre K. Barth nicht infolge seiner erwählungstheologischen Identifizierung Israels als Zeuge des göttlichen Gerichts der Blick auf die *gegenwärtige* jüdische Segenspraxis und -theologie verstellt gewesen, hätte er wohl zu anderen Schlußfolgerungen über das Segnen in der christlichen Gemeinde kommen müssen. Deutlicher als mit den B^{e}rachot-Traditionen, die jedes Widerfahrnis als Anlaß zum (Gott-)Segnen wahrnehmen, so seine (vermeintliche) Selbstverständlichkeit hintergehen und vom Aufwachen bis zum Einschlafen alltäglich in ein Leben coram Deo einüben, kann der These von der Aufhebung der *wiederholten* Segnungen in die *einmalige* Taufe kaum widersprochen werden.

Teil C

Grundlinien einer biblischen und dogmatischen Theologie des Segens

I. Mitgesegnet mit Israel

In ihrem »Synodalbeschluß zur Erneuerung des Verhältnisses von Christen und Juden« nennt die Landessynode der Evangelischen Kirche im Rheinland 1980 als ein gemeinsames Bekenntnis von Christen und Juden:

»Wir bekennen beide Gott als den Schöpfer des Himmels und der Erde und wissen, daß wir als von demselben Gott durch den aaronitischen Segen Ausgezeichnete im Alltag der Welt leben.«[1]

Dieses Bekenntnis kann an die durch Luther wiedereingeführte Praxis, den Priestersegen von Num 6,24-26 als gottesdienstlichen Schlußsegen zu sprechen, anknüpfen.[2] Gleichwohl wirft es ebenso wie der liturgische Gebrauch des aaronitischen Segens im *christlichen* Gottesdienst selbst die Frage auf, woher wir – ChristInnen aus den Völkern – denn wissen, daß diese priesterlichen Segensworte nicht nur Israel, sondern *auch uns* gelten. Mit welchem (theologischen) Recht eignen wir uns einen Segen an, der – nach seinem biblischen Kontext – allein Israel gilt, ihm nur von aaronitischen Priestern zugesprochen werden soll (V. 23) und Israel mit dem Namen seines Gottes Jhwh – als Zeichen seiner Präsenz bei seinem Volk wie seines Anspruchs auf dieses – belegt (V. 27)? Die Landessynode der EKiR verknüpft die Gewißheit, gemeinsam *mit Israel* unter dem aaronitischen Segen zu stehen, mit dem Bekenntnis zu(m) Gott (Israels) als dem Schöpfer von Himmel und Erde. Kann aber das Wissen um den universalen Schöpfungssegen mit einer *Entgrenzung* des aaronitischen Segens auf alle Menschen einhergehen? Läßt sich der *besondere* Segen von Num 6,24-26 vom *allgemeinen* in Gen 1,28 her verstehen und aneignen?

Mit diesen Fragen ist eine christliche Segenstheologie und -praxis vor die Aufgabe gestellt, ihren allzu selbstverständlichen und unmittelbaren Gebrauch von Segensverheißungen und -worten, die an Israel adressiert sind (neben dem aaronitischen Segen etwa auch die hoffnungsvollen Schilderungen eschatologischer Segenszeit in der Prophetie oder die tröstenden Segensverse der Psalmen), zu überdenken. Inwiefern gehören die Israel zugeeigneten Segenstexte (auch) einer christlichen Kirche, die eben nicht Israel ist? Ich illustriere das Problem an einem kleinen Beispiel:

Ihrer Sammlung selbstverfaßter Segenstexte mit dem einladenden Titel »SEGEN – Herberge in unwirtlicher Zeit« stellt Hanna Strack mit Sach 8,13 eine biblische Verheißung als Motto voran. Sie kennzeichnet damit ihre Segenswünsche, die dazu ermutigen wollen, »eigene Lebenserfahrungen mit Gott zusammenzusehen, besser: Gottes Gegenwart mit ihnen in Verbindung zu bringen«[3], als Fortschreibung und Aktualisierung biblischer

---

1. Landessynode der Evangelischen Kirche im Rheinland, Erneuerung, 11.
2. Vgl. oben Teil B, I.3.1.
3. H. Strack, Herberge, 9.

Segensworte und setzt dabei voraus, daß die Segensverheißungen gerade auch der hebräischen Bibel *unmittelbar* allen segensbedürftigen Menschen heute gelten, daß sie *uns* zugesprochen sind und *uns* gehören. Dieser unmittelbaren Aneignung entspricht das »Zitat« von Sach 8,13: »Wer ein Fluch war, wird erlöst, daß er ein Segen werde. Fürchtet euch nicht! Stärket eure Hände!«[4] Demgegenüber lautet aber der biblische Text:

»Und wie ihr ein Fluch gewesen seid unter den Völkern,
Haus Juda und Haus Israel,
so werde ich euch erretten, daß ihr ein *Segen* werdet.
Fürchtet euch nicht! Stark werden eure Hände!«

Die Verheißung ist also eindeutig an das »Haus Juda und Haus Israel« bzw. »den Rest dieses Volkes« (V. 6.11.12) gerichtet und unterscheidet zudem zwischen dem jüdischen Volk und den Völkern (גוים): Durch das Befreiungshandeln seines Gottes wird Juda/Israel wieder zum Segen unter den Völkern. Jhwh Zebaoth setzt es instand, die an Abraham (und seine Nachkommen) ergangene Verheißung »Sei ein Segen!« zu erfüllen. Er erlöst es davon, länger ein Fluch unter den Völkern zu sein. H. Stracks (freie?) Wiedergabe von Sach 8,13 klammert dagegen – ohne auch nur eine Auslassung anzudeuten – die konkreten Adressaten dieses Segenswortes aus, läßt den Namen des befreienden und segnenden Gottes, Jhwh Zebaoth, im anonymen Passiv (»wird erlöst«) verschwinden und die Zuordnung von Juda/Israel und den Völkern unerwähnt. Die angeeignete Verheißung erscheint individualisiert (erste Vershälfte), entjudaisiert und enttheologisiert; sie entbehrt ihres konkreten geschichtlichen Ortes ebenso wie ihres literarischen Kontextes. Ist sie dadurch aber schon ein *allen* Menschen geltender Segenszuspruch, und kann sie nur so (zugerichtet) *unsere* Verheißung sein? Wird der aaronitische Segen durch bloßes Weglassen seiner Rahmenverse (V. 22 f.,27) zu einem universalen Segen?

Eine Aneignung, die den biblischen Text von seinen jüdischen Konkretionen »reinigt«, das Besondere und geschichtlich Konkrete ausscheidet, gerät in die Gefahr der *Enteignung* Israels. Ist deshalb, um dieser Gefahr zu entgehen, der christliche Besitzverzicht auf die Segenstraditionen Israels angesagt, oder läßt sich unser Anspruch auf sie biblisch-theologisch so begründen, daß das »Erstgeburtsrecht« Israels auf den Segen seines Gottes gewahrt bleibt und die Entgrenzung dieses Segens auf nichtjüdische Menschen im Sinne eines *Mitgesegnetseins mit Israel* verstanden wird?

Der rheinische Synodalbeschluß nennt das Bekenntnis zum gemeinsamen Ausgezeichnetsein durch den aaronitischen Segen eine Entdeckung, die sich erst in der *Umkehr* einstellt, in der Umkehr zu einer Theologie und Praxis, die die Identität und Priorität Israels als des bleibend erwählten Gottesvolkes, das proprium Israeliticum, wahren. Eine systematisch-theologische Entfaltung des biblischen Segensverständnisses, die sich in diese Umkehrbewegung hineinstellt, steht damit vor der Aufgabe zu prüfen, ob und – wenn ja – wie Nichtjuden und -jüdinnen *einwandern* können in die Verheißungsgeschichte Israels, wie sie am Israel verheißenen und geschenkten Segen Anteil bekommen können, ohne Israels »Erstgeburtsrecht« auf diesen Segen zu bestreiten.

4. A.a.O., 5.

Dieser grundlegenden theologischen und hermeneutischen Aufgabe stellt sich das erste Kapitel meiner eigenen segenstheologischen Skizze. Es verortet diese im Kontext der gegenwärtigen Bemühungen um eine Neuformulierung des Verhältnisses von Israel und Kirche, Israel und Völkerwelt, die sich vor allem an den biblischen Konzepten »Bund« und »Erwählung« orientieren[5], dabei aber bisher dem Segensthema keine besondere Aufmerksamkeit geschenkt haben.[6] Damit bindet es zugleich jede christliche Segenspraxis an ihren jüdischen Ursprung zurück und erinnert sie daran, daß sie – gerade vor dem Hintergrund, daß Segen ein allgemein-religiöses Phänomen ist – ihre *christliche* Identität nur wahren kann, wenn sie sich bleibend auf die jüdischen Segenstraditionen bezieht.[7]

1. Partikularität und Universalität des Segens in Gen 12,1-4a

Es ist das erste Wort Jhwhs an Abraham in Gen 12,1-3[8], welches *Universalität* und *Partikularität* des Segens, das Gesegnetwerden Abrahams/Israels[9] und der Menschheit ins Verhältnis setzt. Am Übergang von der Urgeschichte zu den Erzelternerzählungen wird nicht nur das Handeln Jhwhs an Abraham (und seinen Nachkommen, vgl. 22,18; 26,4; 28,14), sondern auch die Beziehung zwischen Abraham und den »Familien des Erdbodens« auf den Begriff des Segens gebracht. »Segen« wird zum *Interpretament der Geschichte Israels* mit seinem Gott, und zwar gerade auch in ihrer *Außenperspektive* (Nachkommen Abrahams als גוי), in ihrem Bezug auf die Menschheitsgeschichte. Die Segensankündigung schlägt den Bogen von der Verheißung, Abraham zum »großen Volk« zu machen (V. 2aα), zum Segen für »alle Familien des Erdbodens« (V. 3bβ). Das Segnen Abrahams (v.2aβ) zielt auf die universale Teilhabe aller BewohnerInnen der Erde an Gottes Segen: »Die spannungsvolle *Relation von ›großem Volk‹ und ›allen Sippen der Erde‹* unter dem Leitwort Segen wird so als das zentrale Thema der Segensankündigung markiert«[10]:

---

5. Vgl. etwa *F. Crüsemann*, Bundesschlüsse; *E. Zenger*, Israel und Kirche; *ders.*, Gottesbund; *ders.*, Bundestheologie; *ders.*, Juden und Christen; *R. Rendtorff*, Bund; *ders.*, Bundesformel; *N. Lohfink/E. Zenger*, Gott Israels; *N. Lohfink*, Bund.
6. Signifikant ist in diesem Zusammenhang die Bemerkung R. Rendtorffs, daß in Gen 12,1-3 »überhaupt kein geprägter theologischer Begriff gebraucht wird« (Israel, 129).
7. Vgl. dazu oben Teil B, I.2.1; II.1.3; III.1; IV. 2.2.
8. Zur Auslegung von Gen 12,1-3(4a) vgl. oben Teil B, I.1.1; IV. 2.2.
9. Zwar richtet sich die Segensverheißung nur an Abraham, doch indem als ihr erstes Motiv die Ankündigung eines großen Volkes ergeht, ist Abraham nicht als Einzelperson, sondern immer als Vater seines Volkes (vgl. Jes 51,1f.) angesprochen.
10. *M. Köckert*, Vätergott, 287.

»(1) Und es sprach Jhwh zu Abram:
›Geh für dich aus deinem Land und aus deiner Verwandtschaft
und aus dem Haus deines Vaters zu dem Land,
das ich dich sehen lassen werde!
(2) Und ich will dich zu einem großen Volk machen,
und ich will dich *segnen*, und ich will deinen Namen groß machen,
und werde (du) ein *Segen*!
(3) Und ich will *segnen*, die dich *segnen*,
und wer dich geringschätzt (wörtl.: leicht macht), den will ich verfluchen;
und *segnen* werden sich lassen in/mit dir alle Familien des Erdbodens!‹«[11]

Mit dem Leitwort »Seg(n)en« erweist sich »die Ätiologie aller Ätiologien Israels«[12] als ein dem ersten Schöpfungstag vergleichbarer Neubeginn, denn die fünfmalige Nennung von ברך/ברכה in V. 2 f. entspricht der fünffachen Wiederholung des Schlüsselbegriffs »Licht« im Schöpfungsbericht (Gen 1,3-5).[13] Die göttliche Segensverheißung an Abraham rückt in die Funktion eines *Schöpfungswortes* ein: Sie eröffnet Abraham die Perspektive auf ein großes Volk und einen großen Namen. Sie begründet die besondere Geschichte Abrahams/Israels inmitten der über die Erde zerstreuten Völker (Gen 9,18; 10; 11,1-9), und zwar nicht ohne Beziehung zur Völkerwelt. Dem schöpferischen Tatwort »Es werde Licht!« (1,3) korrespondiert die Aufforderung an Abraham: »Werde (du) ein Segen!« Daß Israel (bzw. der Gottesknecht) »Licht für die Völker« (Jes 42,6; 49,5 f.) sein wird, ist somit bereits in der Segensverheißung an Abraham impliziert. Inwiefern läßt sich aber Gen 12,1-4a nicht nur als Beginn der Geschichte Israels, sondern auch als schöpferischer Neuanfang für die Menschheit lesen? Welches Licht fällt von Gen 12,1-4a in die Völkerwelt?

Die Beantwortung dieser Fragen kann nicht absehen von den Bedeutungen, die Gen 12,1-3(4a) – vor allem aufgrund seiner exponierten Stellung als Bindeglied zwischen »Urgeschichte« und »Vätergeschichte« – in seiner Auslegungsgeschichte zugewachsen sind und dieses Verheißungswort zu einem der prominentesten biblischen Texte überhaupt gemacht haben[14]: So gewichtig Gen

---

11. Es handelt sich hier zunächst um eine möglichst wörtliche Verdeutschung, die den inneren Zusammenhang der durch die Kopula ו vieldeutig verbundenen Einzelmotive bewußt offenläßt. Die Gottesrede in V. 1-3 ist zweiteilig, zusammengesetzt aus der Weisung von V. 1 und der Verheißung in V. 2 f.; in letzterer folgt ein Imperativ (V. 2b) auf drei Kohortative (V. 2α-γ); an ihn schließen sich zwei weitere Kohortative an (V. 3a), die in eine AKcons.-Form einmünden (V. 3b). Imperativ und AKcons.-Form können nach den vorausgehenden Kohortativen konsekutiv verstanden werden (vgl. Ges-K §110b (zu V. 2b) und §112cb (zu V. 3b). Jedenfalls sind V. 2b und V. 3b, indem sie die Kohortativ-Reihe unterbrechen, einander eindeutig zugeordnet: Das Sichsegnen(lassen) »aller Familien des Erdbodens« steht in Beziehung zu Abraham als dem Segen in Person.
12. G. v. Rad, Hexateuch, 73.
13. Vgl. B. Jacob, Genesis, 339.
14. In der alttestamentlichen Wissenschaft hat die Auslegung dieser programmatischen Verse mit der Debatte um die theologische Konzeption und die historische Verortung des »Jah-

12, 1-4a für die Frage nach dem Verhältnis zwischen Israel und der Völkerwelt ist, so umstritten ist zugleich, welche Rolle innerhalb der Segensankündigung jeweils Jhwh, Abraham/Israel und einzelnen (bzw. allen) Menschen aus der Ökumene zukommt. Wie verteilen sich *Aktivität* und *Passivität, Reflexivität* und *Rezeptivität* auf Israel und die Völker? Im Zentrum des theologischen Interesses steht dabei die Alternative, ob Abraham/Israel als Segens*paradigma* oder als Segens*quelle, -träger* und *-mittler* zu verstehen ist.

Bevor ich die segenstheologischen Motive in Gen 12, 2 f. im Duktus von V. 1-4a und im Zusammenhang mit Gen 1-11 interpretiere, stelle ich deshalb die *Begründung* dieser Alternative zur Diskussion – in einem Vergleich der einander entgegengesetzten Positionen Gerhard von Rads (1.1.1) und Erhard Blums[15] (1.1.2). Im Anschluß an Darstellung und Kritik ihrer Argumentation versuche ich unter Heranziehung weiterer Texte der hebräischen Bibel, die die Beziehung zwischen Israel und (den) anderen Völkern über das Segensthema vermitteln, die *Notwendigkeit* dieser Alternative zu bestreiten (1.1.3). Dieses Gespräch mit zwei profilierten Positionen der Auslegungsgeschichte zielt darauf, eine differenzierte Zuordnung von *Universalität* und *Partikularität* des Segens in der Abrahamverheißung (1.2) vorzubereiten.

1.1 Abraham – als Gesegneter Segensparadigma und/oder Segensmittler für die Völker?

Die Alternative »Segensparadigma – Segensmittlerschaft«, die sich semantisch vor allem an der mehrdeutigen Wendung נברכו בך in V. 3b (und dem personifiziert gebrauchten Nomen ברכה in V. 2b) festmacht, läßt sich keineswegs rein

---

wisten« Forschungsgeschichte geschrieben (vgl. dazu *G. v. Rad,* Hexateuch, 58-81; *H. W. Wolff,* Kerygma; *F. Crüsemann,* Eigenständigkeit; *O. H. Steck,* Urgeschichte; *L. Schmidt,* Israel; *J. v. Seters,* Abraham, 269 ff.).

Wenn ich hier Gen 12, 1-4a als einen der wichtigsten biblischen Texte für die Beantwortung der Frage, mit welchem Recht sich ChristInnen aus der Völkerwelt auf die Segenstraditionen Israels berufen können, heranziehe, dann geschieht dies durchaus im Gespräch mit den *theologischen* Einsichten jener Diskussion, aber bei gleichzeitiger Außerachtlassung literarkritischer Fragen. Ich lese – im Einklang mit neueren Tendenzen der Bibelexegese – Gen 12, 1-4a *synchron* als *kohärenten* Text (s. dazu den überzeugend geführten Nachweis der Einheitlichkeit von Gen 12, 1-4a bei *M. Köckert,* Vätergott, 248-299) in seinen engeren und weiteren *literarischen Kontexten* (Urgeschichte, Pentateuch, hebräische Bibel, Kanon). Da Synchronie nicht Achronie bedeutet, schließt die Frage nach der Erzählzeit des Textes und damit nach seinem ursprünglichen »Sitz im Leben« nicht aus.

15. Mit G. v. Rads Deutung von Gen 12, 1-3 steht eine der wirkungsgeschichtlich bedeutendsten Auslegungen dieses Textes, die ihr theologisches Recht auch angesichts neuerer exegetischer Erkenntnisse behauptet (vgl. *F. Crüsemann,* Eigenständigkeit, 29), zur Diskussion. E. Blums Position markiert gegenwärtig eine entschiedene Alternative dazu, die sich in ihrer Deutlichkeit gerade auf dem Hintergrund von einseitiger Weiterentwicklungen bzw. problematischer Implikationen der von Radschen These erklären läßt. Für andere Positionen vgl. auch den Überblick bei *E. Zenger,* Jahwe.

philologisch entscheiden: Ist schon die Nif'al-Form von ברך mehrdeutig[16], so um so mehr noch der Gebrauch der Präposition ב[17]. Im Hintergrund dieser Alternative stehen also andere, nämlich theologische Fragen und Motive. Die Interpretation(sgeschichte) von Gen 12, 3b(2b) ist – wie der Vergleich der Positionen von Rads und Blums zeigen wird – ein klassisches Beispiel für die Abhängigkeit exegetischer Entscheidungen von vorgefaßten theologischen Konzeptionen.[18]

1.1.1 Die Position G. v. Rads: Abraham/Israel – gesegnet um der Völker willen

Für G. v. Rad stellt Gen 12,1-3 als »Verklammerung von Urgeschichte und Heilsgeschichte«[19] sowohl den Abschluß der (»jahwistischen«) Urgeschichte als auch den hermeneutischen Schlüssel zu ihr dar, denn dieser »Einsatz der Heilsgeschichte (gibt) die Antwort auf die offene Frage der Urgeschichte, die Frage nach dem Verhältnis Gottes zu den Völkern insgesamt«; er legt »Rechenschaft (ab) von dem Sinn und Zweck des Heilsverhältnisses, das Jahwe Israel gewährt hat«[20].

Diese Sicht verdankt sich neben einem bestimmten Verständnis der Turm-

---

16. Vgl. Ges-K § 51 sowie die Vielfalt der reflexiven, rezeptiven und passivischen Übersetzungen.
    Grammatikalisch ist die Unterscheidung von Segens*paradigma* und *-mittler* nicht identisch mit der von *reflexiver* und *passivisch-rezeptiver* Übersetzung der Nif'al-Form in V. 3b; auch das reflexive Verständnis schließt eine Segensvermittlung durch Abraham/Israel an die Völker nicht aus (vgl. C. *Westermann*, Genesis II, 175 f.; *J. Schreiner*, Segen, 5-8).
    Ebenso entscheidet sich die Frage, ob Abraham eine *aktive* oder eine *passive* Rolle für das Gesegnetwerden anderer spielt, nicht wirklich an dieser Alternative. Auch die Segensmittlerschaft kann rezeptive und passive Momente einschließen, je nachdem wie die Beteiligung des (grammatikalischen sowie des logischen) Subjekts in V. 3b gedeutet wird. Umgekehrt hängt die Entscheidung, ob nicht auch Abraham als Segensparadigma eine aktive Rolle zukommt, nicht zuletzt davon ab, in welcher Hinsicht er als beispielhaft gesegnet gelten soll.
    Schließlich: Ist für die Segensmittlerschaft das eigene Gesegnetsein eine notwendige Voraussetzung, so muß auch gefragt werden, ob nicht aus der Begabung mit Segen »zwangsläufig« die Aufgabe folgt, den Segen an andere weiterzugeben?
17. Vgl. Ges-K § 119.3b. Es ist zunächst offen, ob die Präposition ב hier Nähe und Gemeinschaft ausdrückt (mit dir zusammen sich segnen), instrumental gebraucht ist (durch dich/ mit dir sich segnen), als ב pretii (um deinetwillen sich segnen), oder ob sie Abraham zu einer – wie auch immer zu verstehenden – *Inklusions*figur des Segens macht.
18. Wenn Blum v. Rad und anderen mit Recht nachweist, daß bei ihnen »die übergreifende theologische Interpretation (...) die *Voraussetzung*, nicht die Konsequenz der Deutung von Gen 12,3b« (Vätergeschichte, 352) sei, so ist seine eigene Auslegung auch nicht über diesen Verdacht erhaben.
19. Hexateuch, 73.
20. A. a. O., 72 f. Entsprechend überschreibt v. Rad in seiner »Theologie des Alten Testaments« (1957) die Auslegung von Gen 12,1-3 mit »Jahwe und die Völker (Abschluß der Urge-

bauerzählung (Gen 11,1-9)[21] der Überzeugung, daß »die Urgeschichte als eines der wesentlichsten Elemente einer theologischen Ätiologie Israels verstanden werden muß«[22]:

In der Vergewisserung über seinen eigenen Ursprung habe sich Israel nicht *mythologisch* aus dem Bereich des Göttlichen herleiten und legitimieren, sondern sich immer nur *geschichtlich* als Teil einer vielfältigen Völkerwelt (Gen 10) wahrnehmen können, sich dabei in schöpfungstheologischer Hinsicht in nichts von dieser unterscheidend, sich mit seiner Erwählung im universalen Horizont der Geschichte (seines) Gottes mit allen Völkern vorfindend. Nun bleibe aber im Gefälle der Urgeschichte das Phänomen der Völkerwelt (und damit auch ihrer Gottesbeziehung) *uneindeutig*: Ausdruck des Schöpferreichtums einerseits, andererseits gezeichnet von wachsenden Ausbrüchen der Sünde und dem darauf antwortenden richterlichen und strafenden Eingreifen Jhwhs. Sei dieses auf den »Etappen« Sündenfall – Kain – Lamechlied – Engelehen – Sintflut noch jeweils überboten worden von Gottes rettendem und bewahrendem Handeln, seiner gnädigen Erhaltung und Begleitung der Menschen, so ende dagegen die Turmbaugeschichte »gnadenlos«[23] und werfe die Frage auf, ob nun nicht doch die Sünde mächtiger als die Gnade geworden und das Verhältnis Jhwhs zu den Völkern zerbrochen sei. »Diese universalste aller theologischen Fragen« finde für von Rad in dem mit der Berufung Abrahams »angedeutete(n) Geschichtsplan Jahwes, durch Abraham ›alle Geschlechter der Erde‹ zu segnen«, ihre definitive Antwort. Darum sei »die ganze Heilsgeschichte Israels von dem ungelösten Problem des Verhältnisses Jahwes zu den Völkern her«[24] zu verstehen.

Kommt aber damit der Abrahamverheißung ein kaum zu überschätzendes heils- und universalgeschichtliches Gewicht zu, so kann es »hermeneutisch (nur) mißlich (sein), ein derartiges programmatisches (...) Wort auf *einen* Sinn (nach unten hin) einzugrenzen«[25]. Dies wäre aber der Fall, verstünde man V. 3b(2b) – etwa unter Hinweis auf Gen 48,20 – so, als sollten sich NichtisraelitInnen mit einer Segens*formel*, die den Namen

---

schichte)«, während sie in seiner Arbeit über »Das formgeschichtliche Problem des Hexateuch« (1938) unter dem formalen Titel »Der Vorbau der Urgeschichte« begegnet.

21. Vgl. Genesis, 15f.,122-129; Theologie I, 167ff. (vgl. dazu: C. *Uehlinger*, Weltreich, 277ff.): Für von Rad ist die theologische Konzeption des Jahwisten von dem »eine(n) Grundgedanke(n)« bestimmt, nämlich dem »Mächtigwerden der Sünde in der Welt«. Alle von ihm gesammelten und komponierten Stoffe sollen allein zeigen, »wie alles Verderben in die Welt von der Sünde kommt« (Hexateuch, 72). In dieser »grosse(n) jahwistische(n) Hamartiologie« (Uehlinger) stellt Gen 11,1-9 den Höhepunkt dar; mit ihm endet die menschheitliche Urgeschichte in der Katastrophe: »Die Geschichte vom Turmbau schließt mit einem gnadenlosen Gottesgericht über die Menschheit« (Genesis, 128). Für den Zusammenhang von »jahwistischer« Urgeschichte, insbesondere von Gen 11,1-9, und Gen 12,1-3 führt von Rad Überlegungen O. Prockschs (Genesis, 96f.) weiter.
22. Theologie I, 178.
23. A.a.O., 177; vgl. Genesis, 128.
24. Theologie I, 177f.
25. A.a.O., 133.

Abrahams als eines *sprichwörtlich Gesegneten* nennt, Glück und Segen *wie* Abraham wünschen. Mit einer solchermaßen abgeschwächten, »verblaßten und abgegriffenen« Deutung würde der Zusammenhang zwischen Urgeschichte und Gen 12,1-3 zerstört und so »die ganze Urgeschichte mit dem Schlußbild der von Gott gerichteten Völker (...) zu einer Zutat von ornamentaler Bedeutung herabsinken«[26]; darüberhinaus wirke angesichts der klimaktischen Struktur von Gen 12,1-3, in der V. 3b unverkennbar den Höhepunkt darstelle, dieses Verständnis schlicht »trivialisierend«[27], denn das letzte Motiv der Verheißung falle dabei deutlich hinter die vorausgehenden zurück.

Es sind also das innere Gefälle der Abrahamverheißung und – mehr noch – der unauflösbare Bezug der Urgeschichte auf Gen 12,1-3 als *die* Antwort auf deren brennendste Frage (Wie steht es um Jhwh und die Völker?), die hier das Verständnis von V. 3b(2b) leiten: »Abraham wird von dem Heilsplan Jahwes die Rolle eines Segens*mittlers* zugewiesen für ›alle Geschlechter der Erde‹.«[28] Darin soll sich die *universale* Bestimmung der Existenz Israels verwirklichen.

Welche *Zuordnung* von Universalität und Partikularität des Segens in der Abrahamverheißung läßt sich diesem Entwurf entnehmen?

G. v. Rad ist durchaus der Provokation ansichtig geworden, die die Verheißung von Gen 12,1-3 birgt, indem sie die universale Menschheitsgeschichte engführt durch das Tor der partikularen Erwählungsgeschichte Abrahams/Israels. Daß es mit V. 3a einer eigenen *Stellungnahme* der Menschen aus der Völkerwelt zum Segenshandeln Gottes an Abraham und seinen Nachkommen bedarf, damit sie selbst Segen erlangen, wird für ihn auch durch V. 3b nicht aufgehoben. Vielmehr liest v. Rad dieses letzte Verheißungsmotiv als Fortsetzung, Steigerung und unüberbietbare Zielperspektive von V. 3a sowie als Realisierung von V. 2b: Nicht nur einzelne, sondern alle nichtjüdischen Menschen sollen durch die *Anerkennung* des Abrahamvolkes als eines von Gott gesegneten selbst Segen empfangen. *Darin* wird Abraham ihnen zum Segen werden. Nicht die Aktivität Abrahams/Israels, sondern die der Völker ist also gefordert, damit die Abrahamverheißung zum Ziel kommt. Ohne Israel gibt es kein »Heil«(!) für die Völker. Wenn v. Rad im Jahr 1938[29] diesen Zusammenhang zwischen der Zukunft der Völkerwelt und der Geschichte Israels betont und die Erfahrung der Gnade Gottes für die Völker konsequent an ihr Verhalten zu Israel bindet, dann ist dies eine theologische Aussage von eminent politischer Bedeutung.

Dennoch – und hier liegt aus heutiger Sicht die Problematik seiner Position – *entschärft* v. Rad gleichsam a priori das Anstößige der Segensmittlerschaft Abrahams/Israels: Er *funktionalisiert* und *verzweckt* – um es drastisch zu formulieren – die Erwählung und Berufung Abrahams auf das universale Heil aller

---

26. Hexateuch, 73.
27. Genesis, 133.
28. Ebd. (Hervorhebung M. F.).
29. In dieses Jahr fällt die Erstveröffentlichung von »Das formgeschichtliche Problem des Hexateuch«.

Menschen hin. Nur um eines heilvollen Gottesverhältnisses der *Völker* willen setzt Jhwh einen schöpferischen Neuanfang mit Abraham. Denn nur weil mit Gen 11,1-9 die gnädige Zuwendung Jhwhs zur Menschheit ins Zwielicht geraten ist, wird Abraham zum Segen/Licht für die Völker bestimmt. In der Beziehung zum bleibend gesegneten Israel sollen sie der Barmherzigkeit und Treue Gottes und seines endgültigen Heilswillens mit ihnen gewiß werden. Wenn alles theologische Gewicht von Gen 12,1-3 darauf liegt, daß »am Anfang des Weges in ein betont exklusives Bundesverhältnis (...) schon ein Wort über das Ende dieses Weges, nämlich eine Andeutung von einer schließlichen universalen Entschränkung des dem Abraham verheißenen Heiles«[30] steht, dann droht die *universalgeschichtliche Teleologie* der partikularen Israelgeschichte deren *eigenes* Gewicht und *eigene* Würde völlig zu »schlucken«. Gottes Geschichte mit Israel findet um der Völker willen, aber offenbar nicht um Israels (und Gottes) willen statt. Damit ist aber – über v. Rads Intention hinaus und nicht zuletzt auch gegen sie – sowohl den Auslegungen der Weg bereitet, die Israel einseitig mit der Verantwortung für das Heil der Völker belasten und demgegenüber die Völkerwelt von einer Anerkennung des bleibenden Gesegnetseins Abrahams/Israels und einer eigenen segnenden Zuwendung zu ihm entlasten (wie H. W. Wolff), als auch solchen, die das heilsgeschichtliche Ziel der Wege Gottes in einer Aufhebung der Differenz zwischen Israel und den Völkern sehen (wie M. Köckert).

1.1.2 Die Gegenposition E. Blums: Segen für Israel, nicht für die Völker

Nur auf dem Hintergrund dieser klassisch gewordenen Interpretation von Gen 12,1-3 – und vollends ihrer problematischen Fortschreibung durch H. W. Wolff[31] – läßt sich die Position E. Blums begreifen. Gegenüber einer ausschließ-

---

30. Genesis, 128f.
31. Daß Abraham/Israel Segens*mittler* für die Völker sein kann, hängt nach Wolff weniger von deren Verhalten zum Gottesvolk, als vielmehr von einer *aktiven* Rolle *Israels selbst* ab. In der Folge der Datierung des Jahwisten in die Zeit des davidisch-salomonischen Großreichs sieht Wolff Israel schon an der Erfüllung der Abrahamverheißung teilhaben: Selbst reichlich gesegnet, ist es ihm nun ebenso *möglich* wie *geboten*, für andere zum Segen zu werden. Auf die Frage, wie »alle Familien des Erdbodens« *in Israel Segen finden* sollen, antwortet Wolff: »Durch dessen Fürsprache bei Jahwe nach dem Vorbild Abrahams, durch Bereitschaft zur friedlichen Verständigung nach dem Muster Isaaks, durch Wirtschaftshilfe nach dem Modell Jakobs« (Kerygma, 365). Hat Jhwh erst einmal seine Verheißungen erfüllt, dann liegt es ganz bei Israel selbst, ob die Völker in den Besitz des Segens kommen. Das *christologische* und *ekklesiologische* Interesse, das diese Erkenntnis leitet, ist unübersehbar, wenn Wolff abschließend erwägt, ob nicht der »Jahwist« unsere Einsicht fördern könne, »warum, wie und wozu in dem Abrahamssohn Jesus der Segen des Gottes Israels als *die* Lebenshilfe zu allen Sippen der Erde kommt und wie die Kirche als das neue Israel in der Vorläufigkeit der Geschichte ihm dienen kann« (a.a.O., 373). In Gestalt des Substitutionsmodells, das die Kirche an die Stelle Israels setzt, ist demnach Wolffs Inpflichtnah-

lichen Indienstnahme Abrahams/Israels für das universale Heil aller Menschen lautet sein apodiktisches Urteil, »daß es einen ›Segen für andere‹ in den Verheißungen der Genesis nicht gibt«[32]:

Gen 12, 3b entsprechende bzw. verwandte Verheißungen begegnen innerhalb der Erzelternerzählungen an vier weiteren Stellen, wobei ברך sowohl in der Nif'al- wie in der Hitpa'elkonjugation erscheint: 18, 18; 28, 14 (nif.); 22, 18; 26, 4 (hitp.). Ohne sie in ihrem jeweiligen literarischen Kontext zu interpretieren, geht Blum davon aus, daß kein Bedeutungsunterschied zwischen den Nif'al- und den Hitpa'el-Wendungen besteht, daß folglich 12, 3b *nicht passivisch* oder *rezeptiv* verstanden werden kann. Allein unter dieser Voraussetzung lassen sich dann auch Ps 72, 17, wo es vom König heißt:

»Es bleibe sein Name für immer, angesichts der Sonne sprosse sein Name;
und *segnen* werden sich in/mit ihm (hitp.) alle Völker
und ihn glücklich preisen.«

und Jer 4, 2:

»Und schwörst du: ›So wahr Jhwh lebt!‹
in Wahrheit, in Recht und in Gerechtigkeit,
so werden sich in/mit ihm Völker *segnen* (hitp.)
und in/mit ihm sich rühmen.«

als Parallelen heranziehen. Entnimmt Blum diesen beiden Belegen ein Verständnis von נברכו בך in Gen 12, 3b als »sich segnen/Segen wünschen mit«, so erschließt sich ihm doch der eigentliche Vorgang erst von Gen 48, 20 her. Jakob segnet die Söhne Josephs mit den Worten:

»In/mit dir wird Israel folgendermaßen *segnen* (pi.):
›Es mache dich Gott wie Ephraim und Manasse!‹«

Damit gewinnt Blum für die vieldeutige Wendung ברך ב ein (vermeintlich) eindeutiges Verständnis: »Der mit ב beigefügte Ausdruck bezeichnet weder das Subjekt noch auch den Mittler des Segens, sondern einen exemplarisch Gesegneten, der in den Segenswünschen als Paradigma (»so-wie«) eingeführt wird« (351). In der Folge verwirft Blum auch die reflexiven Deutungen von V. 3b, die das בך auf eine Segensmittlerschaft Abrahams hin auslegen: »Die Völker erstreben nicht den ›Segen Abrahams‹ (Gen.subj.), sondern wollen gesegnet werden *wie* Abraham« (352).[33]

Ist damit der Weg bereitet für ein *ausschließliches* Verständnis Abrahams/Israels als Se-

me Israels für den Segen der Völkerwelt transparent für den Dienst der Kirche an der Welt. Wolffs Position verschärft die Frage danach, wie sich in Gen 12, 1-4a Passivität und Aktivität auf Abraham/Israel und die (Menschen aus der) Völkerwelt verteilen. Zur Kritik an Wolff vgl. *L. Schmidt*, Israel.

32. Vätergeschichte, 352 (Seitenzahlen im Text).
33. Trägt Gen 48, 20 die Hauptlast der Argumentation, so darf nicht übersehen werden, daß in MT ברך nicht im Nif'al oder Hitpa'el, sondern im Pi'el steht und daß es sich ausdrücklich um ein Segnen *in Israel* und also nicht um ein Segensgeschehen handelt, das das Verhältnis Israels zu den Völkern betrifft. In dem von Blum außerdem angeführten Beispiel Ruth 4, 11 ff. findet sich die Einleitung des Segenswunsches mit ברך בך gerade nicht.

gens*paradigma,* so wird auch V. 2b dieser Deutung eingepaßt: Ohne weitere Begründung führt Blum Sach 8,13[34] als Beleg dafür an, daß in Gen 12,2b Abraham »ebenfalls als beispielhafter Segensträger bezeichnet« (353) wird. Das hat Folgen für die Interpretation des Aufbaus von Gen 12,2f.:
Während die Motive in V. 2* in einem kausalen Zusammenhang stehen: »Jhwh wird Abraham segnen, als Folge dessen ist zu verstehen, daß Abraham einen ›großen Namen‹ erhält, d.h. sein Ruhm sich verbreitet, dies hat wiederum zur Folge, daß Abraham (für andere) zum Paradigma eines Gesegneten wird« (ebd.), stelle V. 3 lediglich eine *Explikation*, aber keine Folge oder Steigerung des in V. 2 versprochenen Segens dar: V. 3a interpretiert Blum ausschließlich als »Beistands- und Schutzverheißung« für Abraham/Israel; V. 3b summiere die vorausgehenden Aussagen, indem es die Verheißungen universal ausweite: »Alle Welt erkennt in Abraham/Israel das Paradigma eines Gesegneten« (ebd.).

Nicht in die Situation des davidisch-salomonischen Großreichs, sondern in die *Krisenzeit des Exils*[35] weisen die Segensverheißungen an Abraham, in denen Elemente der Königsideologie demokratisiert[36] werden. In dürftiger Zeit können ein großes Volk, ein großer Name und ein beispielhaftes Gesegnetsein nur Gegenstand der Hoffnung sein. Weit davon entfernt, bereits erfüllt zu sein, laufen die Segensverheißungen »geradezu auf die völlige Negation der gegenwärtigen Lage Israels/Judas hinaus« (356). Die Erinnerung an Abraham[37] hat dabei ermutigenden und motivierenden Charakter, indem sie mit der vergleichsweise hoffnungsvolleren Situation der Exilierten gegenüber der Abrahams argumentiert: »Bei Abraham ist das ›Mißverhältnis‹ zwischen seiner Situation und dem, was aus ihm geworden ist, noch eindeutiger. Er war nur *einer*. Gleichwohl hat Gott ihn gesegnet und gemehrt« (358). Dabei zielen die Verheißungen keineswegs auf die Wiederherstellung vorexilischer Verhältnisse, sondern auf deren Überbietung. Sie sprechen davon, »daß *Jhwh* Größeres mit Israel vorhat: Israel ist in Abraham verheißen, daß es gleichsam vor den Augen der Völker und beispielhaft für diese gesegnet wird« (356).

Es ist nicht zuletzt diese Verortung von Gen 12,1-3 im Kontext der Exilszeit, die Blums Verständnis von Abraham/Israel als Segens*paradigma* bestimmt: In

---

34. Vgl. dazu die Einleitung dieses Abschnitts. Daß es sich hier um den *Namen* Judas/Israels als Teil einer Segens*formel* und nicht um Juda/Israel als personifizierten Segen (und damit als Segensquelle und -träger) handelt, leitet Blum allein aus Gen 48,20 her. Doch ist diese Ableitung zwingend? Entsprechendes gilt für die angeführten Fluchbeispiele 2 Kön 22,19; Jer 24,9; 25,18 u.ö. Die These, daß auch hier der *Name* der Betreffenden als Fluchwort gemeint sei, verdankt sich allein der Deutung dieser Verse von Jer 29,22 her (zum Verständnis der Belege vgl. W. *Schottroff,* Fluchspruch, 9f.). Im übrigen gibt es zu denken, wenn die Zürcher Bibel im Fall von Israel bzw. Jerusalem betreffenden Texten paraphrasiert, daß der *Name* von NN zum Fluchwort werden soll, aber im Fremdvölkerspruch gegen Edom übersetzt, daß die Stadt Bozra selbst zum Fluch werden soll.
Daß Blum Jes 19,24 nicht zur Stützung seiner Argumentation anführen kann, ist ein deutlicher Hinweis darauf, daß sich das einseitige Verständnis von ברכה als Segenswort oder -*formel* nicht verallgemeinern läßt.
35. Zur Datierung von Gen 12,1-4a in die (nach)exilische Zeit vgl. außerdem F. *Crüsemann,* Eigenständigkeit, 29; M. *Köckert,* Vätergott, 294-299; J. v. *Seters,* Abraham, 271 ff.
36. Vgl. etwa Ps 21,4.7; 45,3; 72,15-17; dazu: M. *Köckert,* Vätergott, 276-287; J. v. *Seters,* Abraham, 274f.; E. *Ruprecht,* Tradition, 184f.; *ders.,* Hintergrund, passim.
37. Zur Bedeutung der Abrahamgestalt in der Exilszeit vgl. C. *Hardmeier,* Erzählen.

einer Situation, in der Israel vor dem Forum anderer Völker zum Spott und Fluch geworden ist, gehe es in der Abrahamverheißung »nicht um den Segen, den die Völker möglicherweise gewinnen werden, sondern um das Gesegnetsein *Abrahams/Israels*« (352) selbst. Während von Rad in seiner Auslegung dieses Gesegnetsein und seine Anerkennung in der Völkerwelt vorschnell *überspringt* auf »das Fernziel der von Gott in Israel gewirkten Heilsgeschichte (, nämlich) die Überbrückung der Kluft zwischen Gott und Menschen insgesamt«[38] hin, macht Blum damit ernst, daß nach diesem Wort Jhwhs an Abraham zuerst und vor allem Israel in Zeiten der Existenzgefährdung und des vielfältigen Mangels nicht nur des künftigen Segens seines Gottes, sondern auch dessen Wahrnehmung durch alle Völker gewiß sein darf. Nicht daß *andere* Abraham/Israel segnen (und so selbst Segen gewinnen können), sondern daß *Jhwh* Israel segnet, betont Blum. Nicht die Indienstnahme Israels für die Völkerwelt, sondern die nicht aufhörende Treue Jhwhs zu seinem erwählten Volk ist hier Grundton der Auslegung von Gen 12, 2-3. Zielen die Verse für von Rad auf die Teilhabe der Völker am *Abraham*segen, so für Blum auf das Gesegnetwerden Israels/Judas mit *Gottes* Segen.

Blum entspannt und entdramatisiert damit die enorme heilsgeschichtliche Aufladung, die die Abrahamverheißung bei von Rad, Wolff u. a. erfahren hat. Seine Intention und ihr Recht liegen auf der Hand: Blum geht es – angesichts der unvergleichlichen Entwürdigung des jüdischen Volkes in diesem Jahrhundert – um die eigene Würde, das eigene Gewicht der Geschichte Gottes mit Abraham/Israel. Er tritt den folgenschweren Enteignungen entgegen, die Israel widerfahren sind, indem andere sich seines Segens und Lebens bemächtigten. Wo Menschen aus der Völkerwelt sich im Namen des beispielhaft gesegneten Abraham untereinander Segen wünschen, bestätigen sie das Gesegnetsein Israels, anstatt es anzutasten. Wo es keinen *Abraham*segen für Menschen außerhalb Israels gibt, kann er Israel auch nicht genommen werden.[39]

Blum muß sich aber fragen lassen, ob er die Rolle Abrahams/Israels nicht

---

38. Hexateuch, 73.
39. Gleichwohl kann auch das Verständnis Abrahams/Israels als Segensparadigma Spuren antijüdischen Ressentiments tragen, wie die Auslegung H. Gunkels zeigt. Wie Blum hält Gunkel V. 2b und 3b für sachlich identisch: Der Name des von Jhwh mit Segen überschütteten Abrahams wird in einer Segensformel genannt. Für Gunkel spricht sich in einem solchen Segenswunsch die antike Art der »Bewunderung für das Glück eines Menschen aus«. Die heilsgeschichtlich-passivische Deutung von V. 3b lehnt er mit der Begründung ab, daß damit »der universale geistliche Ausdruck 3b in starkem Kontrast zu dem volkstümlichen Partikularismus 3a stehen« würde. Gen 12, 1-3 in eine »Glanzzeit Israels« datierend, schließt seine Auslegung mit den Worten: »Israel erscheint sich selber als ein sehr zahlreiches Volk, von Gott gesegnet und beschützt, hochgerühmt und gepriesen unter den Völkern. Auf sein Renommee unter den Völkern hat das ehrerbietende Israel immer einen hohen, oft zu hohen Wert gelegt« (Genesis, 165). Hier bestätigt sich durch die Deutung von V. 2b.3b auf Abraham als beispielhaft Gesegneten das Vorurteil eines an der Sünde des Selbstruhms leidenden Israels.

doch theologisch *unterbestimmt*, wenn er sie auf das Paradigma des Gesegneten reduziert:
Nivelliert nicht die Überzeugung, daß es den Völkern um einen Segen *wie* den Abrahamsegen geht, die Besonderheit Israels? Und: Könnte in der Berufung auf einen Stammvater Abraham, der als Gesegneter zugleich zum *Segensmittler für andere* wurde, nicht eine viel tiefergreifende Vergewisserung des eigenen Gesegnetseins für das Juda/Israel der Exilszeit liegen als in der Erinnerung an Abrahams *beispielhaften* Segen? Schließlich: Ist im Anschluß an die Abrahamverheißung Israels Gottesbeziehung – sei es unter dem Theologumenon des Segens oder der Erwählung oder des Bundes – überhaupt exklusiv, also ohne Beziehung zur Menschheit, zu denken? Blum kann in diesem Zusammenhang von der Frage nach dem Segen für die Völker fast ganz absehen, weil er anders als v. Rad Gen 12, 2 f. unter völliger Ausblendung der literarischen Bezüge zur Urgeschichte, genau genommen auch ohne den Zusammenhang mit V. 1.4a interpretiert.

1.1.3 Argumente für eine Überwindung der Alternative

Läßt sich die Alternative, Abraham/Israel nach Gen 12, 2b.3b entweder in der Rolle des Segensmittlers oder als Segensparadigma zu sehen, nicht unabhängig von der theologischen Zeitgenossenschaft und den daraus erwachsenen erkenntnisleitenden Interessen ihrer Vertreter begründen, so legt sich nahe, daß beide Bestimmungen nicht grundsätzlich *alternativ* sein müssen, sondern auch *komplementär* verstanden werden können. Die aktuell gebotene Hervorhebung des einen oder anderen wäre dann bei jeder neuen Lektüre der Abrahamverheißung zu prüfen.

Tatsächlich wird die Entgegensetzung von Segensparadigma und Segensmittler von einigen Exegeten als *unbegründet* angesehen.[40] Entschieden stellt C. Westermann fest: »Die reflexive Übersetzung sagt in Wirklichkeit nicht weniger als die passive oder rezeptive. (...) Wo man sich mit dem Namen Abrahams segnet, da wird tatsächlich Segen verliehen und Segen empfangen (...), da strömt der Segen Abrahams über, und für dieses Überströmen gibt es keine Grenzen.«[41]

Schon G. v. Rad hatte im Rahmen seiner heilsgeschichtlich-universalen Auslegung der Segensmittlerschaft Abrahams zu bedenken gegeben, ob es sich nicht um eine »moderne Verkennung des Segenswunsches« handeln könne, schlösse man für Segenswünsche mit dem formelhaften Gebrauch des Abrahamnamens die tatsächliche Weitergabe des Abrahamsegens aus: »Wünschen sich die Ge-

---

40. Vgl. etwa *B. Jacob*, Genesis, 337-339; *C. Westermann*, Genesis II, 175 f.; *M. Köckert*, Vätergott, 276 ff., 298.
41. Genesis II, 176.

schlechter der Erde den Segen Abrahams, so wünschen sie teilzuhaben an dieser Segenskraft, die letztlich von Gott kommt.«[42]

Hinter dieser Äußerung verbirgt sich mehr und anderes als der Hinweis auf den *performativen* Charakter, theologisch gesprochen: die wirklichkeitserschließende und -verändernde Kraft des Segenswunsches. Hier steht die grundsätzliche Frage zur Diskussion, ob nicht – nach Gen 12,1-4a – die Völker den Segen *Gottes* nur auf dem Wege der Teilhabe am *Abraham*segen empfangen können. Was im Blick auf Israel unstrittig ist, nämlich die *Identität* von Abrahamsegen und göttlichem Segen, versteht sich im Blick auf die Völkerwelt, wie die Position Blums dokumentiert, keineswegs von selbst.

Daß für diese Frage mit der einseitigen Bestimmung Abrahams/Israels zum Segen*paradigma* theologisch zu wenig gesagt ist, daß andererseits das Theologumenon der Segen*mittlerschaft* Abrahams die besondere Gottesbeziehung Israels und sein Gesegnetsein nicht aus dem Blick verlieren darf, möchte ich nun an zwei Textbeispielen entfalten, die beide die Alternative von Segensmittler und -paradigma hinter sich lassen. Dabei wird deutlich werden, daß sich das Verständnis von נברכו בך (V. 3b) als »sich segnen mit/in deinem Namen« keineswegs auf die Paraphrase »sich segnen mit einer Segensformel, die deinen Namen als den eines beispielhaft Gesegneten nennt (um *wie* du gesegnet zu werden)«, reduzieren läßt und daß ברכה in V. 2b nicht notwendig den *Namen* Abrahams als Segens*wort* meint.

1. Zur Klärung der Frage, *welchen/wessen* Segen nichtjüdische Menschen empfangen, wenn sie sich mit dem *Namen* Abrahams Segen wünschen, kann zunächst eine Berücksichtigung jener biblischen Texte weiterhelfen, die einen Zusammenhang zwischen »Segen« und »Name« aufweisen:

Häufiger als das (Sich)Segnen und Gesegnetwerden mit dem Namen eines anderen *Menschen* kennt die Bibel das Segnen mit dem Namen *Gottes*. Es ist Inbegriff des priesterlichen Amtes der Aaroniten und Leviten, das Volk/die Gottesdienstgemeinde mit dem Namen Jhwhs zu segnen (Dtn 10,8; 21,5; 1 Chr 23,13; 2 Sam 6,18 David als Priester aufgrund seines Königsamtes). Ps 118,26 ruft den Pilgern vom Tempel aus zur Begrüßung zu:

»*Gesegnet*, wer da kommt, im Namen Jhwhs;
wir *segnen* euch vom Haus Jhwhs her.«

Der aaronitische Priestersegen (Num 6,22-27) verdeutlicht diese Segenshandlung: Im dreigliedrigen Wortlaut (V. 24-26) wird dreimal der Name Jhwhs über Israel ausgerufen. In der Zeit des Jerusalemer Tempels war dies die einzige Gelegenheit, bei der, der einzige Ort, an dem das Tetragramm nicht mit Adonaj

---

42. Hexateuch, 73.

umschrieben, sondern ausgesprochen wurde.[43] Nach dem abschließenden Rahmenvers (V. 27):

»(Immer) wenn sie meinen Namen auf die Kinder Israels legen,
dann will ich, ich sie *segnen*.«[44]

erscheinen Segensakt und Kennzeichnung mit dem Namen Jhwhs als Synonym. Was kommt darin zum Ausdruck? In seinem Namen ist Jhwh selbst gegenwärtig. Wo sein Name genannt wird, geht es um seine Person, seine Identität, seine Geschichte.[45] So ist für Jüdinnen und Juden השם (»der Name«) zu einem Synonym für Gott selbst geworden.[46] Name und Segen sind einander korrespondierende Weisen der Anwesenheit Gottes. In Ex 20,24b bindet Jhwh sein Kommen und sein Segnen an den Ort seiner Namensoffenbarung:

»An jedem Ort, an dem ich meinen Namen bekanntmache,
will ich zu dir kommen und dich *segnen*.«

F. Crüsemann hat gezeigt, daß hier in »massive(r) Kritik an jeder rein kultischen Heiligtumsdefinition«[47] Gottes Selbstkundgebung in seinem Namen, wie sie dann in den Geboten und Bestimmungen des »Bundesbuches« – Ex 20,24 steht programmatisch am Eingang dieser Rechtssammlung – konkret wird, über seine Präsenz (im Segen) entschieden.

Im Zuspruch des Namens liegt nicht nur das Versprechen der *Präsenz* und damit auch der Begleitung und des Schutzes Gottes: Wo der Name Jhwhs auf Israel gelegt wird, da ist es förmlich »belegt«, gehört es zu diesem Gott, macht Jhwh sich sein Ergehen, sein Tun und Lassen so zu eigen, daß es dem Herrschaftsanspruch anderer Mächte entzogen wird. Es steht damit aber zugleich unter Jhwhs Weisungen. Gesegnet mit dem Namen Jhwhs, gewinnt es seine Identität aus jener Geschichte, die sich mit diesem Namen verbindet. Es ist eine Identität, die vor allem dort greift, wo der eigene Name auf dem Spiel steht, wo er belastet und entehrt, biblisch gesprochen: zum Fluch geworden ist, wo seinem Träger Namenlosigkeit droht,[48] und für deren Bewahrung Gott selbst einsteht.

---

43. Vgl. zur jüdischen Praxis des Priestersegens bSota VII, 6; dazu: *I. Elbogen*, Gottesdienst, 67-72; *E. Munk*, Gebete II, 145-154; *R. Gradwohl*, Bibelauslegungen 3, 86 ff.
44. Zur iterativen Übersetzung vgl. *B. J. Diebner*, Iterativ.
45. Vgl. *C. Link*, Spur, 420 ff.
46. Entsprechend kann auch vom Segnen des *Namens* Gottes die Rede sein, wo Gott selbst gesegnet werden soll (vgl. etwa Ps 96,2; 100,4; 103,1; 113,2; 145,1; Hi 1,21; Neh 9,5).
47. Tora, 203; vgl. 201-205.
48. So hält G. Sauter in seiner Predigtmeditation zu Num 6,22-27 am individuellen Zuspruch des Gottesnamens – nach dem biblischen Wortlaut des Segens – auch aus seelsorgerlichen Gründen fest: »Der Segen belädt jeden einzelnen (darum das unverzichtbare ›dich!‹) mit Gottes Namen. (...) Das gilt für jeden, der unter seiner Anonymität leidet, (...) ebenso aber für den, welchem das Gegenteil zu schaffen macht, sein biographisch verbrauchter Name, der für andere und für ihn selber zu einem Vorurteil geworden ist« (Trinitatis, 40). Zur Bedeutung des Namens für die Identität vgl. auch *F. Steffensky*, Name.

Diese Bedeutung des Segnens mit dem Namen Jhwhs findet dort ihre Bestätigung, wo ein solcher Segen verweigert werden soll: Ps 129, ursprünglich vielleicht ein Arbeitslied, in dem – den Spirituals schwarzer SklavInnen vergleichbar – israelitische Kleinbauern und Tagelöhner von der alltäglichen Schinderei und ihrer Hoffnung auf Jhwhs Gerechtigkeit sangen[49], mündet in eine Verwünschung derer ein, die sie bedrücken und ausbeuten. Sie soll man nicht grüßen:

»Der *Segen* Jhwhs (sei/komme) über euch;
wir *segnen* euch mit dem Namen Jhwhs!« (V. 8).

Die Verweigerung des Segens im Namen Jhwhs dient der Entmachtung derjenigen, die Unrecht tun. Ihnen werden die Präsenz und der Schutz Jhwhs entzogen: »Erst wenn die Existenzvernichter das Nichts an ihrer eigenen Existenz erfahren, wird ihnen aufgehen, was es um den Segen JHWHs ist – auch für sie selbst!«[50] Bringt aber das Segnen mit dem Namen Jhwhs nicht nur Gott und Mensch in Beziehung, sondern verbindet es auch die, die mit demselben Gottesnamen belegt werden, untereinander, so liegt in der Verweigerung des Segens auch die Aufkündigung mitmenschlicher Solidarität, also eine Art sozialer Ächtung. Wo dagegen der Segen mit dem Namen Gottes gewährt wird, stiftet er Gemeinschaft, lädt er die Gesegneten ein, mit den Segnenden auf den Wegen dieses Gottes zu gehen.

Die Rahmenverse des aaronitischen Segens enthalten noch einen weiteren Hinweis: Das Segnen *mit* dem Namen Gottes ist zugleich ein Segnen *im* Namen Gottes. Nicht in ihrem eigenen Namen treten die Priester auf, sondern indem sie mit dem Namen Jhwhs segnen, sprechen sie *seinen* Segen zu, segnet *Jhwh selbst* sein Volk. Der Segen im Namen Gottes ist hier identisch mit dem Segen Gottes selbst.

Es liegt darum nahe, davon auszugehen, daß dort, wo man mit bzw. in dem Namen Abrahams förmlich Segen wünscht, tatsächlich auch der Segen *Abrahams* weitergegeben wird. Abraham ist dann aber mehr als ein beispielhaft Gesegneter. Es geht nicht (nur) um paradigmatische Existenz, sondern um Teilhabe: Wer mit Abrahams Namen gesegnet wird, trägt diesen Segen als Signatur seiner Zugehörigkeit zur Segensgeschichte Israels mit seinem Gott und gewinnt aus ihr seine Identität.

2. Neben Gen 12,2f. par bestimmt kein anderer alttestamentlicher Text das Verhältnis Israels zu anderen Völkern so ausdrücklich über den Segensbegriff wie Jes 19,24f.[51]. Zieht man ihn zum Verständnis von ברכה in Gen 12,2b heran, dann läßt sich nicht nur die einseitige Deutung auf den Namen Abrahams als Bestandteil einer vergleichenden Segensformel nicht mehr halten – erscheint Israel hier doch als personifizierter, auf seine Umgebung ausstrahlender Se-

---

49. Vgl. E. Zenger, Morgenröte, 138-141.
50. E. Zenger, a.a.O., 141.
51. Zum Text vgl. schon oben Teil B, II.1.3.

gen –, sondern es ist auch nicht möglich, die Erfüllung der Abrahamverheißung in einer Aufhebung aller Unterschiede zwischen Israel und den Völkern zu sehen[52]:

»(24) An jenem Tag wird Israel Dritter sein für Ägypten und für Assur,
ein *Segen* inmitten der Erde,
(25) das Jhwh Zebaoth *gesegnet* haben wird mit den Worten:
Gesegnet mein Volk, Ägypten, und das Werk meiner Hände, Assur,
und mein Erbbesitz, Israel.«

Weder läßt sich dieser Verheißung entnehmen, »daß ›Segen für die Völker‹ bedeutet: Israel gleichgeordnet werden«[53], noch trifft auf sie gar die Beobachtung zu: »Alle drei stehen zusammen vor Gott als *sein Volk*. Er segnet sie *als Israel*.«[54] Und auch die vorsichtigere Formulierung M. Köckerts, daß »alle drei Größen gleichberechtigt vor dem einen Gott der ganzen Erde« stehen: »Israels Vorzug besteht allein darin, daß es bereits *ist*, was Ägypten und Assur ›an jenem Tage‹ nicht durch Israel, wohl aber in der einträchtigen Gemeinschaft unterschiedener Völker *mit* Israel sein *werden*«, wird dem Text nicht gerecht.[55] Es ist gewiß eine kühne Vision, Israel in einem Dreierbund mit den Feindvölkern Ägypten und Assur zu sehen, und mehr noch: die Prädikate, die die besondere Gottesbeziehung Israels kennzeichnen – »mein Volk« und »Werk meiner Hände« – auf Ägypten und Assur zu übertragen.[56] Doch geht der Universalismus hier wirklich »so weit, daß das Proprium Israeliticum begrifflich preisgegeben wird«[57]? Geht er gar »auf Kosten Israels«? Läuft Israel hier wirklich Gefahr, »seine Identität zu verlieren und in den Völkern aufzugehen«[58]? Entgegen dieser Auslegungstendenz enthält der Text mehrere Motive, die eine Einebnung der Unterschiede zwischen Israel und den Völkern verunmöglichen und die besondere Rolle Israels innerhalb der Völkerwelt bewahren:

– Nur Israel wird als ברכה bezeichnet; auch wenn Jhwhs Segen über Israel als *inklusiv* aufgefaßt werden muß, so ist es in dieser Rolle doch *unvertretbar*. Gesegnet sind/werden Israel, Ägypten und Assur; aber ein Segen selbst ist nur Israel.

---

52. In diesem Sinne wird Jes 19,24 f. meist gelesen: vgl. *W. Groß*, Israel und die Völker, 156 ff.; *M. Köckert*, Erwählung, 296 ff.; *J. Schreiner*, Segen, 20 ff.; *E. Zenger*, Jahwe, 60 ff.; *H. W. Wolff*, Kerygma, 371.
53. *H. W. Wolff*, Kerygma, 371.
54. *J. Schreiner*, Segen, 25 (Hervorhebung M. F.).
55. *M. Köckert*, Erwählung, 297. Nicht zufällig muß Köckert für seine Auslegung mit »formalen Asymmetrien in beiden Versen« (ebd.) rechnen.
56. Dieser Provokation hat z. B. die LXX nicht standgehalten und deshalb die Verheißung auf das *Diasporajudentum* in Ägypten und Assur beschränkt: »An jedem Tag wird Israel Dritter sein bei den Ägyptern und bei den Assyrern, ein Gesegneter auf der Erde, den der Herr Zebaoth gesegnet hat mit den Worten: Gesegnet mein Volk in Ägypten und bei den Assyrern und mein Erbbesitz Israel.«
57. *E. Zenger*, Israel und Kirche, 107.
58. *W. Groß*, Israel und die Völker, 157.159.

– Ob sich die adverbiale Bestimmung »inmitten der Erde« auf eine Angabe der »geographische(n) Mitte«[59] reduzieren läßt, erscheint mir fraglich. Impliziert sie nicht zumindest auch den besonderen *theologischen* Ort Israels als Quelle des Segens?[60] Diese inhaltliche Aussage gewinnt noch mehr an Gewicht, wenn man sie auf die formale Struktur von V. 24 f. bezieht: V. 24 beginnt (nach der wiederholten Zeitangabe »an jenem Tag«, vgl. V. 16.18.19.23) mit »Israel«, und V. 25 endet mit »Israel«: Israel steht also nicht nur im Zentrum, sondern »umgibt« auch Ägypten und Assur.

– Sodann ergeht der Segensspruch (V. 25) allein an Israel. Obwohl Ägypten und Assur nicht weniger als Israel gesegnet werden, bleibt doch Israel der Ansprechpartner Jhwhs. Von ihm können Ägypten und Assur erfahren, daß sie selbst Gesegnete Jhwhs sind.

– Und schließlich: Auch die Benennung Israels als »Erbbesitz« (נחלה) mag eine besondere Gottesbeziehung erkennen lassen.[61] Zwar spricht sich in Ps 82,8 die Hoffnung aus, daß Gott alle Völker zum Erbbesitz nehme[62], doch erinnert der Begriff zumindest an den zeitlichen Vorsprung Israels als Eigentum Jhwhs (vgl. Dtn 32,8 f.; 4, 20; 9, 26.29 u. ö.). In einer Zeit, in der Jhwh als Schöpfer der Welt und als Gott *jedes* Volkes gilt, liegt es nahe, ein schöpfungstheologisches Epitheton wie »Werk meiner Hände« auch auf andere Völker zu übertragen.

Vielleicht nicht je für sich, aber doch gemeinsam können diese Beobachtungen die Beweislast dafür tragen, daß auch in Jes 19, 24 f. die je eigene Identität Israels und der Völker gewahrt bleibt. Mehr noch (und auch darin stimmen sie mit Gen 12, 3 überein): das Gesegnetsein Ägyptens und Assurs ereignet sich nicht ohne Beziehung zu Israel.

Was nun – jenseits der Alternative von paradigmatischem Gesegnetsein *oder* Segensmittlerschaft Abrahams – Gen 12, 2 f. über diese Beziehung zwischen Israel und der Völkerwelt aussagt, soll im folgenden durch eine Analyse dieser beiden Verse im Duktus von V. 1-4a und vor allem im Zusammenhang mit Gen 1-11 erörtert werden. Dabei komme ich abschließend noch einmal auf die Frage zurück, ob Israel selbst auch eine aktive Rolle für die Partizipation der Völkerwelt am Abrahamsegen zukommt.[63]

59. M. *Köckert*, Erwählung, 296.
60. Vgl. H. *Wildberger*, Jesaja II, 744-746; W. *Groß*, Israel und die Völker, 156.
61. Für M. *Köckert*, Erwählung, 297, drückt sich darin »Kontinuität und dauernder Besitz« aus.
62. Zu beachten ist dabei allerdings, daß hier nicht das Substantiv נחלה sondern das Verb נחל qal steht, so daß keineswegs ein eindeutiger Hinweis darauf vorliegt, daß das spezifische Israel-Epitheton נחלה universal ausgeweitet wird.
63. Mir geht es im folgenden Abschnitt nicht darum, die Vieldeutigkeit von V. 2b.3b aufzulösen und *eine* Lesart von Gen 12,1-4a als die *richtige* zu behaupten. Das Ringen der biblischen Schriften selbst um ein in je ihrer Gegenwart angemessenes Verständnis der Abrahamverheißung zeigt ihren Bedeutungsüberschuß über jede eindeutige Interpretation hinaus. Meine Überlegungen zielen auf ein kohärentes Verständnis dieser Verse in ihrem

1.2 Universalität in der Partikularität – Gottes Segen als Abrahamsegen

Welches Licht fällt von Gen 12,1-4a in die Völkerwelt? So lautete die Frage, die sich aus der Korrespondenz von »Seg(n)en« in 12,2f. und »Licht« in 1,3-5 ergab. Sie verlangt zunächst eine negative Antwort: Jhwhs Segenswort an Abraham setzt nicht, wie die fünfmalige Nennung von »Seg(n)en« in Gen 12,2f. gegenüber dem fünffachen »Fluch(en)« in der Urgeschichte (3,14.17; 4,11; 5,29; 9,25) zunächst vermuten läßt, den Segen an die Stelle des Fluches, um diesen damit auszuschließen. Nach V. 3a bleibt der Fluch weiterhin eine *Möglichkeit Gottes*, der Macht des Bösen Einhalt zu gebieten.

Ist mit Gen 12,1-4a nicht ein Ende des Fluches gesetzt, so wird doch der Menschheit die Perspektive eröffnet, Segen statt Fluch bewirken und empfangen zu können. Denn hier – so schicke ich thetisch voraus – läßt Jhw Abraham wissen, wie nichtjüdische Menschen im Leben »jenseits von Eden«, das durch ein Ineinander von Lebens*förderung* und Lebens*minderung*, von Segen und Fluch gekennzeichnet ist, dennoch an dem immer wieder durch eigene Schuld verspielten Segen Gottes teilhaben können. Wie geschieht dies? Das Licht, das von Gen 12,1-4a in die Völkerwelt fällt, schafft Klarheit, wie in dieser *ambivalenten* Situation *eindeutig* zwischen Segen und Fluch zu unterscheiden ist, indem es den »Familien des Erdbodens« Abraham/Israel als (bleibend und je neu) von seinem Gott gesegnet vor Augen stellt. Es klärt den nachparadiesischen Menschen, der (nach Gen 3) *autonom* darüber zu befinden hat, was gut und böse ist, über das Kriterium auf, an dem sich entscheidet, ob seinem Tun Segen oder Fluch folgt. Damit wird nach Gen 12,1-4a – so meine im folgenden zu begründende These – *die Anerkennung des Gesegnetseins Abrahams/Israels zum Erkenntnis- und Realgrund des Segens für die Völker*: Nur an Abraham/Israel erkennen sie, was es heißt, von Gott gesegnet zu sein; nur mit/in Abraham/Israel haben sie selbst *Anteil* am Segen Gottes. Nur angesichts Abrahams/Israels können sie sich selbst als von Gott Gesegnete *wahrnehmen*. Zugespitzt formuliert: Gen 12,1-4a, im Kontext der Urgeschichte gelesen, bezeugt, daß der Segen *Gottes* fortan nur als *Abraham*segen zu »haben« ist.

1.2.1 Die Ambivalenz autonomen Lebens »jenseits von Eden«: Segen und Fluch in der Urgeschichte

Für das Neben- und Ineinander von Segen und Fluch in der Urgeschichte[64] setze ich bei einem rabbinischen Blick auf den Beginn der Bibel ein:

> literarischen Kontext und unter den Fragestellungen, die ich unter gegenwärtigen Herausforderungen für eine *schrift-* und *sachgemäße* sowie *zeitgenössische* Segenstheologie und – praxis an sie richte bzw. aus ihr allererst gewinne.

64. Vgl. dazu F. Crüsemann, Eigenständigkeit; ders., Autonomie; O. H. Steck, Urgeschichte. Methodisch sei hier ausdrücklich angemerkt, daß ich für das Verständnis von Gen 12,1-4a den Bezug auf die Gesamtkomposition von Gen 1,1-11,32 voraussetze, Gen 12,1-4a also

Jüdischer Auslegung ist es zur Frage geworden, warum die (Erzählung von der) Weltschöpfung, ja der Tanach überhaupt mit »Bet«, dem zweiten Buchstaben, und nicht mit »Alef« beginnt. Eine der zahlreichen Antworten darauf lautet, daß sie mit »Bet« beginne, weil dies der erste Buchstabe des Wortes ברכה (Segen) sei, während das Wort ארירה (Fluch) mit »Alef« anfange. Gott selbst habe bei sich beschlossen, sie mit der Initiale des Wortes ברכה beginnen zu lassen, weil er wolle, daß sie Bestand habe. Wie aber könne die Welt bestehen bleiben, wenn sie mit dem Anfangsbuchstaben des Wortes ארירה anfange?[65]

Nach dieser Weisheit ist es der Segen, durch den Gott die Welt erhält und ihr Bestand verleiht, während der Fluch gerade ihre Fortdauer gefährdet und die Schöpfung ins Chaos zurücksinken zu lassen droht. »Segen« und nicht »Fluch« steht am Beginn der Bibel wie der Geschichte der Welt und der Menschheit überhaupt. »Segen« ist das Vorzeichen vor der Schöpfung, hinter das nicht zurückgefragt werden soll nach einem früheren Sein und Tun Gottes, ist Inbegriff der Zuwendung Gottes zu seinen Geschöpfen und seiner Präsenz unter ihnen. Entsprechend gedenkt die Bibel des segnenden Tuns Gottes zunächst in *universaler* Perspektive: Nach dem priesterlichen Schöpfungsbericht, der »Familiengeschichte von Himmel und Erde« (Gen 2,4a), hat Gott die Wassertiere und Vögel (1,22), den Menschen als Mann und Frau (1,28) und den siebenten Tag (2,3) gesegnet. Der Segen ist hier die Gabe des Schöpfers, mit der er seine Geschöpfe *nach* ihrer Erschaffung zu *selbständigem* Dasein begabt, sie *erhält* und in ihrem Wachstum und Gedeihen, ihrer Mehrung und Ausbreitung fördert. Als göttliche *Ermächtigung*, nämlich Zuspruch und Zufluß von Lebenskraft, ist der Segen ein vor allem leib- und sinnenhaft erfahrbares Moment der *Fürsorge Gottes* für seine Schöpfung und eine der sinnfälligsten Weisen seiner *Immanenz* in der Welt.[66] Dabei stiftet der Segen nicht nur eine – wörtlich genommen – *innige* Beziehung zwischen Schöpfer und Geschöpf, er verbindet auch die Geschöpfe untereinander aufgrund ihrer gemeinsamen Segensbedürftigkeit.

Demgegenüber gehen mit dem Fluch *Lebensminderungen und -bedrohungen* einher, die sich sowohl auf den Bereich des Natürlichen wie des Sozialen erstrecken:

Die Verfluchung der Schlange (Gen 3,14f.) reduziert nicht nur deren Lebensmöglichkeiten, sondern setzt auch Feindschaft zwischen sie und die Menschen. Die Verfluchung des Ackerbodens (3,17-19; vgl. 5,29) geschieht um des Menschen willen; sie mindert nicht nur die ursprüngliche Fruchtbarkeit der Erde, sondern erschwert vor allem ihre Bebauung, macht die menschliche Arbeit zur Mühsal, zur entfremdeten Schufterei im

---

nicht als »jahwistischen« Schlüsseltext lese, der sich kontrastierend allein auf »jahwistische« Abschnitte der Urgeschichte beziehe. Diese Entscheidung liegt vor allem darin begründet, daß sich in Gen 12,1-3 wichtige Leitwortverbindungen gerade auch zu den sog. priesterschriftlichen Passagen in Gen 1-11 finden lassen.
65. Vgl. Midrasch Genesis rabba zu Gen 1,1.
66. Zum Schöpfungssegen vgl. oben Teil B, I.2.2; III.2; IV. 1. und unten Teil C, II.1.1. Zur Segnung des Sabbats vgl. unten Teil C, II.1.1.3.

»Schweiße des Angesichts«. Der denkbar natürlichste Zusammenhang zwischen Mensch und (Mutter) Erde, אדם und אדמה (2, 7), wird brüchig und erst im Tod wieder völlig hergestellt (3, 19). Vollends zerbrochen ist er für Kain, den der Fluch von der אדמה, von der das Blut seines getöteten Bruders Abel zum Himmel schreit, verbannt. Für ihn wird der Ackerboden gar keinen Ertrag mehr bringen (4, 11 f.). Die durch Mord zerstörte Bruderbeziehung zieht die Aufhebung der Beziehung von אדם und אדמה nach sich, macht Kain unstet und flüchtig.

Wo Menschen die von Gottes Gebot gezogenen Grenzen für eine lebensförderliche Gemeinschaft überschreiten (Gen 3), wo sie an den unbeabsichtigten negativen Folgen ihres autonomen Tuns scheitern und dem Drängen der Sünde nachgeben (Gen 4)[67], wird auch die Erde in Mitleidenschaft gezogen, wird der Bestand der Welt, die Erhaltung der Schöpfung zutiefst gefährdet. Angesichts dieses Zusammenhangs nimmt Gott es sich nach der Flut (8, 21 f.) als Selbstverpflichtung zu Herzen, die (in 3, 17 ff.) verfluchte אדמה nicht länger um des Menschen willen leicht zu nehmen (קלל pi). Er garantiert ihr ihre natürlichen Rhythmen, *unabhängig* von den *unverändert* bösen, also lebensfeindlichen »Gebilden« (יצר) des menschlichen Herzens (8, 21; vgl. 6, 5), und verleiht ihr mit dieser Bestandszusage eigenes *Gewicht* und eigene Würde.[68]

Der Fluch kann den Segen des Schöpfers nicht völlig aufheben und zunichte machen, aber seine uneingeschränkte Entfaltung verhindern, ihn beeinträchtigen und unterdrücken, ihm seine Eindeutigkeit nehmen. »Jenseits von Eden« vermengen sich Segen und Fluch; Gottes gute Schöpfung und ihre vom Menschen herbeigeführten, elementaren Gebrochenheiten sind nicht zu trennen. Nicht die zunehmende Steigerung der Fluchwirklichkeit, sondern diese *Ambivalenz* bestimmt das »urgeschichtliche« Leben der Menschheit (und unseres bis heute): So hat auch nach dem »Fall« die Segnung des Menschen als Mann und Frau Bestand (5, 2); so wiederholt Gott den Segen von Gen 1, 28* nach der Flut gegenüber Noah und seinen Söhnen (9, 1). Über die Katastrophe hinweg gewährleistet der Segen die *Kontinuität* zur ursprünglichen Schöpfung; in ihm *materialisiert* sich gleichsam die *Treue Gottes*. Doch die Verfluchung Kanaans ist damit nicht ausgeschlossen (9, 25). Beides steht nebeneinander: die Gleichheit aller gesegneten und zum Ebenbild Gottes bestimmten Menschen, deren einziger schöpfungsgemäßer Unterschied der von Frau und Mann ist, und das durch den Fluch über Kanaan unter den Nachkommen Noahs aufgerichtete Gefälle von Herrschaft und Knechtschaft. Lebensbejahende Mächte des Segens und lebensverneinende des Fluches kennzeichnen gleichzeitig das Dasein der Noah-Söhne und mit ihnen das der Völkerwelt (9, 18; 10). Und auch die sog. »Turmbau«-Erzählung (11, 1-9) trägt die Spuren von beidem und endet nicht »gnadenlos« (v. Rad) in der völligen Katastrophe:

Wie C. Uehlinger in seiner beeindruckenden und materialreichen, »theologisch-politi-

---

67. Vgl. *F. Crüsemann*, Autonomie, 62 ff.
68. Zum Zusammenhang von Gen 8, 21 und 3, 17 ff. vgl. *R. Rendtorff*, Urgeschichte.

schen« Deutung dieses Textes gezeigt hat, müssen weder die Sprachvermengung (V. 7), noch die Zerstreuung über die ganze Erde (V. 8a.9b) als Strafe Jhwhs für die Hybris der Menschen verstanden werden. Erschließen sich von altorientalischen Parallelen her die zentralen Motive dieser Erzählung: die »eine Rede«/»eine Sprache«, das Bauprojekt (Stadt und königliche Palastzitadelle), das »eine Volk« und der selbstgemachte Name als wesentliche Elemente einer Ideologie der *einen Weltherrschaft* und *einen Weltordnung*[69], dann bietet das Einschreiten Jhwhs einem solchen Projekt gewaltsam erzwungener Einheit Einhalt. Gen 10 und 11, 1-9 sind dann nicht länger als konkurrierende Texte, sondern komplementär zu verstehen[70]: Sie haben ihren gemeinsamen Nenner »in der *Vielfalt* von Völkern, Sprachen und Wohnorten (…), wie sie die Völkertafel als weltordnungsgemässen, aus genealogischer Abstammung und Verzweigung entstandenen Zustand präsentiert und wie sie die Babel-Erzählung als Resultat einer besonderen Intervention JHWHs darstellt«[71]. In Sprachverwirrung wie Zerstreuung liegt dann ein bewahrendes, ja vom Einheits- und Totalitätswahn befreiendes Handeln Jhwhs.

Ohne daß hier von Segen und Fluch explizit die Rede ist, läßt sich mit jüdischen Kommentatoren eine Beziehung zwischen Gen 11, 1-9 und dem Schöpfungssegen von 1, 28; 9, 1.7 ausmachen und die Zerstreuung des Einheitsvolkes der »Babel«-Erzählung durch Jhwh als *Reaktualisierung* dieses Segens auffassen.[72] Nach dieser Deutung liegt in der Angst, über die ganze Erde verstreut zu werden (V. 4b), die Weigerung, dem nach der Flut erneuerten Schöpfungssegen zu entsprechen. Wenn B. Jacob allerdings resümiert: »Mit der Vereitelung (sc. des Weltstadtplans, M. F.) ist Gottes Absicht erfüllt und *die Schöpfung endgültig abgeschlossen. Jetzt stellt sich die Erde so dar, wie sie Gott haben wollte*«[73], dann liegt darin doch eine ähnlich einseitige Sicht wie im main-stream der christlichen Auslegung dieses Textes. Jhwhs Eingreifen bewirkt keinen salto mortale zurück ins Paradies; die Ambivalenz des Lebens »jenseits von Eden« hebt es keineswegs auf, bewahrt aber davor, daß durch gewaltsame Vereinna(h)mung alles menschlichen Lebens für die Weltherrschaft *eines* Volkes mit *einer* Sprache der Segen sich völlig in Fluch verkehrt.

Während nach der Urgeschichte die universale Wirksamkeit des Segens dem Willen Gottes mit seiner Schöpfung entspricht, wird die Fluchbesessenheit des nachparadiesischen Lebens durchgängig als vom Menschen selbst verschuldete angesehen. Das wirft folgende Fragen auf: Wie kann sich, wo Segen und Fluch so miteinander im Streit liegen, der Segen gegen den Fluch behaupten? Genauer: Wird er sich auf Gottes Weg mit der Schöpfung nur *gegen* den menschlichen Willen und die Realisierungen seiner Wünsche und Pläne behaupten können, oder gibt es eine Beteiligung des Menschen daran, daß der Segen dem Fluch die Macht bestreitet? Und zuvor noch: Wie lassen sich in dieser Gemengelage von

---

69. Vgl. C. *Uehlinger*, Weltreich, 291 ff.
70. So auch ausdrücklich B. *Jacob*, Genesis, 303 f.
71. C. *Uehlinger*, Weltreich, 576.
72. Vgl. B. *Jacob*, Genesis, 301 f.; C. *Uehlinger*, Weltreich, 572-575.127-133.583 f.
73. B. *Jacob*, Genesis, 301.

lebensförderlichen und -feindlichen Kräften Segen und Fluch überhaupt eindeutig identifizieren?

1.2.2 Abraham/Israel segnen – das theologische Kriterium für die Teilhabe der Völker an Gottes Segen

Identifizierbar wird der Segen, indem er einen *Namen* bekommt, indem *Abraham* als von Jhwh Gesegneter den Segen *verkörpern*, »zureichender Grund und untrüglicher Prüfstein für Segen«[74] sein wird. Als *nam*hafter wird der Segen *eindeutig*. Der Name Abrahams, den Jhwh großwachsen (גדל pi.) lassen will, tritt an die Stelle des מגדל, des großen/hohen Bauprojekts, mit dem sich die Menschen selbst einen Namen machen wollten (11,4). Ihr Name wäre der des *einen* Volkes mit der *einen* Sprache, »konzentriert« an dem *einen* Ort gewesen, die Weltherrschaft des Einheitsvolkes und damit – ein Fluch. Diesen verhindert Gott nicht nur, sondern begegnet ihm mit dem Namen jenes großen Volkes (12,2aα), zu dem er Abraham machen will und das eine Vielfalt von »Familien des Erdbodens« gerade nicht ausschließt – Völker mit eigener Sprache und eigenem Land (vgl. 10,5.20.31 f.). Der Name Abrahams (und seines Volkes) birgt Segen auch für sie in sich. Um diesen zu erlangen, müssen sie aber gerade nicht (wie) Israel werden bzw. im Abrahamvolk aufgehen.[75] Als Gottes Gegenkonzept zum gescheiterten Babel-Projekt setzt Gen 12,2 f. die *bleibende* Unterscheidung zwischen Israel und den weltweit verzweigten Völkern gerade dort voraus, wo Gottes Wege mit ihnen am deutlichsten konvergieren. Die Teilhabe am Segen eliminiert nicht ihre je eigene kulturelle, territoriale und politische Identität, sondern stiftet und bewahrt sie vielmehr.

Die Völker müssen nicht mit Israel zu einem »Einheitsvolk« (Gen 11,1-9) werden, um am Segen Abrahams teilzuhaben, aber sie können sich genausowenig von Abraham dispensieren. Vielmehr kommen erst in einer qualifizierten Beziehung zu Israel die Menschen aus der Völkerwelt zu sich selbst und gewinnen ihre Identität als Gesegnete. Ihr *multikulturelles* Gedeihen bindet Gott an ihr Verhalten gegenüber Abraham/Israel. Dieses wird zum *theologischen*, nämlich gottgegebenen *Kriterium* für den Empfang des Segens oder die Verhängung des Fluchs:

»Und ich will *segnen*, die dich *segnen*,
und wer dich geringschätzt, den will ich verfluchen« (12,3a).

Nicht die totalitäre, und damit lebensfeindliche *Konzentration* aller Menschen in *einem* Namen und auf *ein* Weltprojekt (11,4), sondern ihre lebensförderliche *Orientierung* auf die Existenz und das Ergehen dieses einen Volkes hin, bewirkt Segen. Indem Menschen aus der Völkerwelt Israel segnen, d. h. für sein Lebensrecht und seinen Lebensraum in dem Land, das Jhwh Abraham hat sehen las-

---

74. B. Jacob, Genesis, 337.
75. Vgl. schon O. Procksch, Genesis, 97, und bes. J. Ebach, Gottes Geist, 37-40.

sen, eintreten, ihm Frieden (Ps 125, 5; 128, 6) wünschen, ihm als »großem Volk« mit »großem Namen« Gewicht verleihen und Ehre geben, wird auch bei ihnen, in der Ambivalenz eines von Segen und Fluch durchzogenen Lebens, der Segen gegenüber dem Fluch Raum gewinnen und sich entfalten können. Hier entscheidet sich, ob der Fluch, der immer noch eine *Möglichkeit* Gottes ist, zur *Wirklichkeit* werden muß oder nicht. Was zunächst und vor allem eine *Solidaritätserklärung* Jhwhs für sein Volk ist – jeder Geringschätzung Abrahams/Israels will er mit seinem (Gegen-)Fluch die Wirksamkeit und Wirklichkeit entziehen[76] –, ist hinsichtlich der Völker als Aufforderung zu verstehen, ihrerseits dem Handeln Gottes an Abraham/Israel zu *entsprechen*: Sie sollen *anerkennen*, daß Jhwh dieses Volk gesegnet hat; tun sie dies, können sie nicht anders, als es selbst zu segnen. Wie eine Bestätigung zu Gen 12, 3aα liest sich Jes 61, 9:

»Und be-/erkannt sein wird unter den Völkern ihre Nachkommenschaft,
und ihre Sprößlinge inmitten der Nationen;
alle, die sie sehen, werden sie anerkennen:
›Ja, sie sind die Nachkommenschaft, die Jhwh *gesegnet* hat.‹«

Allerdings ist dies keine Erkenntnis, die sich am Ort unbeteiligter ZuschauerInnenschaft einstellt. Daß Abrahams/Israels Gesegnetsein so attraktiv ist, daß es die Völker geradezu provoziert, ihrerseits das Gottesvolk zu segnen, verschließt sich dem neutralen Blick von außen. Bindet sich Jhwh mit der Abrahamverheißung selbst an die Geschichte Israels, so soll dem eine entsprechende *Selbstbindung* der Völker an Israel folgen. Ihnen wird hier also der Ort, die *Lebensverbindlichkeit* zugewiesen, in der sie Eindeutigkeit über Gottes Segen und den Segen selbst gewinnen können. Daß für »alle Familien des Erdbodens« Segen und nicht Fluch das letztgültige Wort Jhwhs sein wird (V. 3b), hängt an der *Konformität* ihres Verhaltens mit dem Handeln Gottes an Israel. Wen Gott gesegnet hat, sollen/dürfen sie nicht leichtnehmen. An seiner segnenden Zuwendung zu Abraham/Israel sollen sie sich – und damit beziehe ich Gen 12, 3a auf die Urgeschichte zurück – bei ihren autonomen Entscheidungen über gut und böse orientieren, um mit ihren Tatfolgen nicht den Fluch heraufzubeschwören.

Kommt das Segnen Abrahams/Israels dabei als *plurale*, seine Verachtung aber nur als *singulare* Möglichkeit in den Blick, so verweist dies nicht allein darauf, daß es in Israel von Anfang an *keine Symmetrie* von Segen und Fluch gegeben hat. Diese Zusage ist vor allem getragen von der Hoffnung, daß der Fluch dort, wo Gott schon gesegnet hat, nur eine »unmögliche Möglichkeit«

---

76. Im chiastischen Aufbau von V. 3a wird das menschliche Verhalten gegenüber Israel umklammert vom Handeln Jhwhs. Während aber V. 3aα menschliches und göttliches Tun – in der sprachlichen Gestalt der Paronomasie – einander völlig entsprechen läßt, übersteigt in V. 3aβ Jhwhs Beistand die Gefährdung: Jeden Verächter (מקלל) Abrahams/Israels will er verfluchen (אאר). Daß der Fluch als die Antwort Jhwhs auf jede Geringschätzung Israels betont am Ende steht, unterstreicht, daß V. 3a zuerst als Schutzzusage für Israel gelesen werden muß.

(K. Barth) darstellen kann[77], wie dies die Bileam-Erzählung (Num 22-24) eindrücklich illustriert:

Bileam kann dem Auftrag des Moabiterkönigs Balak, Israel zu verfluchen, um es zu entkräften[78] und aus dem Land zu vertreiben, nicht nachkommen, sondern muß es dreifach segnen. Sein Vermögen, wirkmächtig zu segnen und zu fluchen (»Denn ich weiß: Wen du segnest, der ist gesegnet, und wen du verfluchst, wird verflucht sein!« – so Balak in 22,6b) findet dort seine Grenze, wo es auf Gottes vorgängiges Segenswirken trifft:

»Und Gott sprach zu Bileam: (…) nicht verfluchen wirst/kannst du das Volk, denn *gesegnet* ist es« (22,12; vgl. auch 23,8.20).

Daß Israel schon gesegnet ist, erscheint als hinreichender Grund für neuerlichen Segenszuspruch. Wo sich Gottes Segen bereits manifestiert hat, zieht er offenbar weiteren Segen an, weist den Fluch ab.[79] Dem Ausgezeichnetsein mit Segen kommt so die Funktion eines Schutzschildes gegen die Lebensbedrohung durch den Fluch zu.

Ist aber die »unmögliche Möglichkeit« nicht nur zur singulären, sondern zur totalitären, auf »Endlösung« zielenden Wirklichkeit geworden, ist es geschehen, daß Abraham/Israel (und Sara) so entwürdigt, so leichtgemacht wurden, daß man sie wie Luft behandelte und »hochgehen« ließ, hat dann Gottes Segen seine Kraft, seine apotropäische Macht verloren? Hat Gottes bewahrende, erhaltende Präsenz versagt? Diese Fragen müssen gestellt, ja Gott ins Angesicht geklagt werden dürfen.

Was aber einer jüdischen Überlebenden an der Grenze zum Unsagbaren zu hoffen möglich ist, daß – Hiob 19,26 erinnernd – selbst die Schornsteine der Krematorien von Birkenau noch zu »Freiheitswege(n) für (…) Flüchtlinge aus Rauch« werden konnten[80], ist den Menschen aus der Völkerwelt nachzuspre-

---

77. Vgl. auch *M. Köckert*, Vätergott, 299.
78. Daß im Fluch ein Mittel gesehen wird, Israel seiner Stärke zu berauben, ist ein weiteres Indiz dafür, daß es umgekehrt beim Segnen um die Begabung mit Kraft und Macht geht.
79. Vgl. dazu auch *H. Junker*, Segen, 550ff. Nach Ri 17,1-6 eignet dem Segen sogar die Macht, den schon ausgesprochenen Fluch zu neutralisieren, das böse Wort also zurückzuholen: Daß eine Mutter ihren Sohn segnet, nachdem er ihr gestanden hat, daß er der Dieb ist, der sie um 1100 Silberstücke bestohlen und über den sie einen Fluch ausgesprochen hat, läßt sich nur damit erklären, daß der Segen den vorausgegangenen Fluch unwirksam machen soll und kann. Der Segen hat hier eindeutig *rettende* Wirkung; ihm wird Macht über den Fluch zugetraut. Da der Sohn eigens erwähnt, daß seine Mutter den Fluch »in« seine Ohren gesprochen habe (V. 2), läßt sich vermuten, daß der Fluch von vornherein auf das Geständnis des Täters abzielte und damit auch die Funktion hatte, die böse Tat zu begrenzen.
80. Mir ist kein anderer Text bekannt, der das »Leichtmachen« (קלל pi.) Abrahams/Israels so beklemmend ins Wort setzt wie Nelly Sachs' Gedicht »O die Schornsteine«, aus dem dieses Motiv stammt (Fahrt ins Staublose, 8). Zur spannungsvollen Einheit von Hiobmotto (»Und wenn diese meine Haut zerschlagen sein wird, so werde ich ohne mein Fleisch Gott schauen.«) und Gedicht vgl. die vorsichtigen Interpretationsversuche von *Georg Langenhorst*, Hiob, 182-185.
Wie sehr es für Nelly Sachs des Segens bedarf, um in der Zeit der »Sternverdunkelung« (so der Titel einer ihrer Gedichtsammlungen, 1949) zu überleben, zeigen die zahlreichen,

chen versagt. Für sie wandelt sich die Anklage gegen Gott in eine Rückfrage an ihr eigenes Tun (und Ergehen): Mit welchem Recht können sie Gottes Segen beanspruchen, ohne ihrerseits Abraham/Israel segnend zu begegnen?[81]

Nach V. 3a ist es offenkundig, daß für nichtjüdische Menschen Segens*erkenntnis* und Segens*teilhabe* in ihrer Lebensbeziehung zu Israel *koinzidieren*. Eine aktive Rolle Abrahams und seines Volkes ist dabei nicht im Blick; nicht Israel, sondern Jhwh segnet diejenigen, die Israel segnen.[82] Doch wie verhält sich dazu nun V. 3b? Als Folge von V. 3a[83] weitet er nicht nur die Segensverheißung *universal* auf »*alle* Familien des Erdbodens« aus; mit dem Wechsel von der Pi'el- zur Nif'al-Form von ברך erfolgt auch eine Akzentverschiebung:

Anders als E. Blum halte ich die Nif'al- und die Hitpa'el-Formulierungen in Gen 12, 3b; 18,18; 22,18; 26,4 und 28,14 nicht für Synonyme. Sie sind nicht stilistische Variationen, sondern Ausdruck des *theologischen Ringens* um die Beziehung zwischen Israel und den Völkern. Diese läßt sich demnach nicht auf *ein* Modell reduzieren. Während ich die Hitpa'el-Wendungen reflexiv übersetze, gehe ich bei 12, 3b von einem Nif'al toleratium[84] aus, in dem Aktives und Passives miteinander verschränkt sind. Ich verdeutliche deshalb: »(...), auf daß *sich segnen lassen* in dir alle Familien des Erdbodens.«

Sichsegnen*lassen* meint weder eine Selbstsegnung, noch geschieht es ohne eigene Beteiligung. Das *logische* Subjekt dieses Satzes ist Jhwh (nicht etwa Abraham/Israel). Die Bestimmung des aktiven Parts des *grammatikalischen* Subjekts (»alle Familien des Erdbodens«) richtet sich nach dem Verständnis des »in dir«. Im Anschluß an das zu V. 3a Gesagte läßt dieses sich nunmehr paraphrasieren als »in der Lebensbeziehung zu dir«[85]. Damit die Verheißung an Abraham zu ihrem Ziel kommt, bedarf es also des *Zusammenwirkens* zwischen dem Gott Israels und den Menschen aus der Völkerwelt: Nur wo diese in eigener

---

fast beschwörenden Segenswünsche in ihren Briefen an Paul Celan (und seine Familie); hier nur ein Beispiel: »So werden wir uns dennoch in der Hoffnung begegnen – in dunkler Sternzeit aber doch in der Hoffnung! Rembrandt: ›Segen Jakobs‹. In der Nacht blüht der Segen auf dem falsch – und doch Gott-richtig Gesegneten auf. In der Nacht möge er Ihnen aufblühen!« (*P. Celan/N. Sachs*, Briefwechsel, 40).

81. Unmißverständlich formuliert L. Schmidt: »Will jemand, der nicht zu diesem Volk (sc. Israel, M. F.) gehört, von Jahwe gesegnet werden, dann hat er zunächst einmal das anzuerkennen, was Gott in Israel geschaffen hat« (Israel, 144f.). Der Zusammenhang von Gen 12,1-3 läßt für Schmidt keinen Zweifel daran, »daß es für die Menschheit, abgesehen von jener Geschichte, die Jahwe mit Abraham begonnen hat, keinen göttlichen Segen gibt« (a.a.O., 144).
82. So dezidiert im Widerspruch zu H. W. Wolff auch *L. Schmidt*, Israel, 137 u. ö.
83. Vgl. oben Anm. 10.
84. Vgl. Ges-K § 51.2.a.
85. Vgl. *B. Jacob*, Genesis, 338: »So, sagt Gott zu Abraham (...), werden die Völker durch dich, d.h. als Folge der Verbindung mit dir gesegnet sein.« Mit V. 3aα läßt sich diese Deutung präzisieren als »darin, daß sie dich segnen« (ähnlich *L. Schmidt*, Israel, 138). Weitere Konkretionen wachsen ihr im Lauf der Geschichte zu, z. B. daß andere *um* Abrahams und seiner Nachkommen *willen* gesegnet werden (vgl. Gen 30, 27; 39, 5).

Lebensverbindlichkeit Abraham/Israel als die Verkörperung (Inkarnation) des Gottessegens *anerkennen, partizipieren* sie an diesem Segen.

Hier drängt sich nun unweigerlich die Frage auf: Macht sich Gott damit nicht abhängig vom Tun der Menschen? *Reagiert* er nicht lediglich? Steht und fällt seine Treue zu seinen Verheißungen damit, daß auch die Menschen ihre Rolle erfüllen, d. h. dieser Verheißung *entsprechen* und sie so ihrer Erfüllung entgegenführen?

Von Gen 12, 1-4a her läßt sich in aller Vorläufigkeit zumindest das Folgende zu dieser grundsätzlichen theologischen Frage sagen: Gott will offenbar nicht ohne Beteiligung der Menschen zu seinem Ziel kommen. Die Richtung des Weges, den seine Verheißung an Abraham bis zu ihrer Verwirklichung nehmen wird, bestimmen diejenigen mit, die sich auf diesen Weg begeben, aber auch diejenigen, die die Weggemeinschaft verweigern. Ihr Verhalten kann *nicht gleichgültig* sein für Gottes Entscheidungen, wenn man ernstnimmt, daß er sich mit seinem Segen in irdische Verhältnisse und Beziehungen eingebunden hat. Ob aber die Erfüllung der Verheißungen völlig dadurch *bedingt* und davon *abhängig* ist, daß sie auf Entsprechung und nicht auf Widerspruch treffen, ist eine andere Frage. Zur Diskussion steht hier die schwierige Gratwanderung zwischen der *Suspendierung des Ethischen* (als sei unser Tun und Lassen irrelevant für Gottes Weg mit seiner Schöpfung) und der *Ethisierung der Soteriologie* (als käme es allein auf uns an, daß die Welt – und sogar Gott selbst – »gerettet« würden).[86]

Daß selbst noch die Bereitschaft »aller Familien des Erdbodens«, sich segnen zu lassen, indem sie ihrerseits Abraham/Israel segnen, *gottgewirkt* und ihnen somit entzogen sein könnte, kann nur Gegenstand der *Hoffnung* sein, nämlich der Hoffnung darauf, daß Gott sich selbst und seinen Verheißungen letztlich auch *gegen* uns treu bleiben kann und wird; sie darf aber niemals zum Alibi für unser eigene *Gleichgültigkeit* und *Trägheit* angesichts der Verheißung V. 3aα werden. Hat diese Hoffnung irgendeinen Anhalt an Gen 12, 1-4a?

1. Die Abrahamverheißung läßt sich – wie oben gezeigt – als ein *Schöpfungswort* verstehen; sie verdankt sich einer voraussetzungs- und bedingungslosen, *souveränen* und *kontingenten Initiative* Gottes. Geht sie nicht auf in einer *Reaktion* Gottes auf die urgeschichtliche Pervertierung des Schöpfungssegens, so gibt sie grundsätzlich Anlaß zu hoffen, daß Gott auch in ihrer Verwirklichung *frei* und *unbedingt* bleibt. Zu beachten ist aber gleichzeitig, worin das Schöpferische dieses Neuanfangs liegt, den Gen 12, 1-4a setzt. Während ursprünglich

---

86. F. Crüsemann hat für die Jakob-Esau-Geschichten, die in dramatischen Szenen vom Ringen um den Segen erzählen, gezeigt, wie menschliches (Fehl-)Verhalten die (Nicht-)Erfüllung der Verheißungen mitbestimmt und auf Gott selbst zurückwirkt: »Daß ein Gotteswort nicht realisiert wird, daß es auch nicht einfach als Verheißung bestehen bleibt, sondern durch schuldhafte menschliche Realisierungsversuche verspielt wird, ist eine theologisch wichtige und aufregende Sache. Sie hat mit dem Gottesbegriff zu tun: Gott ist im Gespräch und ändert sich« (Herrschaft, 618 f.).

die Segnung der Geschöpfe zwar eine ausdrückliche (vgl. לאמר bzw. ויאמר in Gen 1,22.28), aber *unvermittelte* ist, werden von nun an auch Menschen tun, was bisher nur Gott getan hat: »Es ist eine zweite Welt, die mit Abraham ins Dasein gerufen wird, die Welt des Segens durch Menschen für Menschen.«[87] Es findet eine Art »*Personalisierung* der menschlichen Wirklichkeitsbeziehung«[88] statt, indem Menschen einander die Lebenskraft des göttlichen Segens wünschen oder zusprechen. Wenn Gott Menschen zu MitarbeiterInnen an seinem Segenswirken macht, hört er nicht auf, selbst der Segnende zu sein, aber er verzichtet – dogmatisch gesprochen – auf seine *Alleinwirksamkeit*.

2. Der Form nach ist Gen 12,1-3 eine Segens*ankündigung*, kein Segens*spruch*.[89] Während der Segensspruch einen performativen Sprechakt darstellt, also Segen zueignet, verheißt ihn die Segensankündigung für die Zukunft. Sie kann widerrufen oder verändert werden. Ergeht die göttliche Segensankündigung für die Angesprochenen *bedingungslos*, dann ist deren Erfüllung ihnen entzogen. Sie liegt ganz bei Gott selbst; allerdings wirft die (nicht nur zeitliche) Differenz zwischen Ankündigung und Realisierung die Frage nach der *Wahrhaftigkeit* und *Verläßlichkeit* Gottes auf. Handelt es sich um eine *bedingte* Ankündigung, hat Gott sich selbst für ihre Erfüllung an die Mitwirkung der Menschen gebunden. Ist diese Selbstbindung aber eine freiwillige, läßt sie sich auch wieder lösen, was aber hier ebenfalls zur Frage nach der Treue Gottes, konkreter noch: nach dem Verhältnis zwischen seiner *Gerechtigkeit* und *Barmherzigkeit* führen würde.

In ihrer sprachlichen Gestalt handelt es sich bei der Abrahamverheißung um eine *bedingungslose* Segensankündigung, deren Erfüllung aber gleichwohl auf Seiten der Menschen nicht *voraussetzungslos* zu sein scheint: Wie das Wirksamwerden aller Verheißungsmotive offenbar den Auszug Abrahams voraussetzt[90], so ist die universale Teilhabe aller Völker am Segen die Bedingung der Möglichkeit dafür, daß immer mehr Menschen eine Segensbeziehung zu Israel aufnehmen. Lassen sich aber diese Voraussetzungen selbst noch einmal als von *Gott* ermöglichte begreifen? Kann der Aufbruch Abrahams als durch die Verheißung motiviert und als Antwort auf diese verstanden werden, so *folgt* dem Segnen Israels durch die Menschen aus der Völkerwelt nicht nur das Segenshandeln Gottes, sondern *geht* ihm bereits *voraus*: Weil Gott selbst Abraham/Israel gesegnet hat, können andere ihrerseits ihm segnend begegnen. Gottes Segen macht *segenswürdig* und zieht so weiteren Segen nach sich. Darin zeigt sich, »daß bereits vorhandene Segenswirkung Voraussetzung, ja zureichender Grund neuer Segenszuwendung ist«. Daß diese »Dialektik von vor-

---

87. B. Jacob, Genesis, 339.
88. H.-P. Müller, Segen, 6.
89. Zur Unterscheidung vgl. H.-P. Müller, Ursprünge, 131-171; ders., Segen, 3-19.
90. Vgl dazu den nächsten Abschnitt.

gängigem Gesegnet-Sein und neuerlichem Segensempfang«[91] jedoch keinen Automatismus darstellt, zeigt V. 3aβ: Auch dem schon gesegneten Abraham/Israel gegenüber gibt es die Möglichkeit der Geringschätzung, so daß die Freiheit der Menschen, Gottes Segnen zu entsprechen oder zu widersprechen, nicht aufgehoben ist.

Beide Überlegungen unterstreichen, daß der Partizipation der Völker an Gottes Segensgeschichte mit Abraham/Israel das Segnen Israels (Gen.obj.) als Akt *göttlicher Freiheit* vorausgeht. Dieser ermöglicht allererst, daß Menschen aus der Völkerwelt sich segnend in Beziehung zu Israel setzen können. So deutlich dies geworden ist, so wenig läßt sich entscheiden, wie sehr sich Gott selbst *letztlich* von dem auf sein Handeln *antwortenden* Segenswirken der Menschen angehen und bedingen läßt. Die Verheißung von V. 3a, daß er es – im Sinn des Tun-und-Ergehenzusammenhangs – *beantworten* will, läßt sich nur *spekulativ* hintergehen bzw. überholen. Spekulation aber kann weder Hoffnung noch Gewißheit begründen. Auf die Treue zu seinen Verheißungen jedoch kann Gott angesprochen werden.

Im *Sichsegnenlassen* »aller Familien des Erdbodens« kommen göttliches und menschliches Tun zusammen: Das *Einwandern* der Völker in die Verheißungsgeschichte Abrahams/Israels mit seinem Gott ist zugleich ein *Hineingenommenwerden* durch ihn. Ihr Segnen Israels bedeutet zugleich, sich das Gesegnetsein Israels durch Gott *recht* sein zu lassen. Es ist eine Frage theologischer Zeitgenossenschaft, was jeweils im Vordergrund stehen muß.

In beidem ist es ein Sichsegnenlassen am (von Gott) gegebenen Ort, in der Lebensbeziehung mit Abraham/Israel, so daß hier »das Verhältnis zwischen Israel und den Völkern (...) als Relation von Partikularität und Universalität eigentümlich gewendet (ist): Die universale Geschichte der Völker ist in die partikulare Geschichte des einen Volkes eingebunden.«[92] Der Schöpfungssegen teilt sich den Völkern als Abrahamsegen mit. Ihre schöpferische Vielgestaltigkeit mit je eigener kultureller Identität wird gerade dort bewahrt und kann dort gedeihen, wo die Völker Zugang finden zur Segensgeschichte Gottes mit Israel.

So stellt die Abrahamverheißung für die »Familien des Erdbodens« das *Vorwort* am Eingang zu ihrer Ur(sprungs)geschichte dar; Gen 12,1-4a wird zum Tor zu Gen 1,28. Die verbindliche Lebensbeziehung zu Abraham/Israel erweist sich als *Erkenntnis-* und *Realgrund des Segens* für die nichtjüdische Menschheit. Einer biblisch orientierten christlichen Segenstheologie ist damit ein unumkehrbarer *Erkenntnisweg vom Besonderen zum Allgemeinen* aufgegeben.

---

91. *H.-P. Müller*, Segen, 16.
92. *J. Ebach*, Gottes Geist, 40; vgl. auch *J. Schreiner*, Segen, 5-8.

1.2.3 Gebotene Segensexistenz – wider die Bestreitung einer aktiven Rolle Abrahams/Israels in der Segensgeschichte Gottes mit den Völkern

War bisher – in der Auslegung von Gen 12,3 – ausschließlich vom segnenden Wirken Jhwhs *an* Abraham/Israel und seiner Entsprechung durch Menschen aus der Völkerwelt die Rede, so muß nun noch einmal die Frage aufgenommen werden, ob nicht auch Abraham/Israel selbst für die Verwirklichung der Segensankündigung eine *aktive* Rolle zukommt. Was heißt es, daß Abraham eine ברכה werden soll?

Im energischen Widerspruch zu heilsgeschichtlich-kerygmatisch-ekklesiologischen Deutungen von Gen 12,1-3 wurde einseitig die *Passivität* Abrahams/Israels betont: »Hier weist nichts auf eine Aufgabe hin, die Abraham mit seinem Tun wahrzunehmen hätte. (...) Die Rolle Abrahams bleibt völlig passiv. (...) Es geht nicht um eine Aufgabe, die Abraham/Israel mit seinem Tun auszuführen hätte, sondern um die Bedeutung, die das Handeln Jahwes an Abraham für die gesamte Menschheit bekommen soll. (...) In der Tat läßt sich durchgehend zeigen, daß es der Jahwist konsequent vermeidet, dem Ahnherrn oder Israel irgendeinen positiven Beitrag für die Verwirklichung der Verheißung zuzubilligen.«[93]

So unverzichtbar es ist, daran festzuhalten, daß die Abrahamverheißung darauf zuläuft, Israel in Zeiten tiefster Lebensminderung und -gefährdung für die Zukunft einer Segensfülle zu vergewissern, die weltweite Anerkennung hervorrufen wird, und darauf hinzuweisen, daß sie *bedingungslos* ergeht, so wenig muß dies doch eine Mitwirkung Abrahams/Israels an ihrer Erfüllung ausschließen. Daß Israel *nicht* nur *Objekt* göttlichen (V. 2aα) und menschlichen Segens (V. 3aα.b) ist, sondern *Partner* in einer Segensgeschichte, in die Gott Menschen zur Mitwirkung berufen hat, möchte ich im folgenden mit drei Beobachtungen belegen:

1. Die erste ist ebenso selbstverständlich wie grundlegend: Da es sich bei Gen 12,1-3 um ein Wort Jhwhs an *Abraham* handelt, können die »Familien des Erdbodens« *von sich aus* nicht um ihre Segensmöglichkeit *in* Abraham/Israel wissen. Daß nicht nur für Israel, sondern auch für sie das letzte Wort Jhwhs »Segen« sein soll, muß ihnen gesagt werden. Weil es mit dem Gesegnetsein Abrahams/Israels von Anfang an auch um das Heil der Völker geht, muß neben die Tradierung dieser Verheißung in Israel ihre Bezeugung vor dem Forum der Völkerwelt treten. Gefragt ist das *Zeugesein Israels*, sein *prophetisches Amt* gegenüber der nichtjüdischen Ökumene. Ob diese das jüdische Zeugnis auch *hören* wird, entscheidet sich daran, daß sie es *tut*, daß sie mit ihrem Verhalten gegenüber Israel V. 3a *wahr-nimmt*.

---

93. L. *Schmidt*, Israel, 137 f.,141. Im Hintergrund dieser Bestreitung einer aktiven Beteiligung Abrahams/Israels an der Erfüllung von Gen 12,2 f. steht bei L. Schmidt die These, daß das »jahwistische Geschichtswerk« als eine Doxologie zu verstehen sei, die jeden menschlichen Selbstruhm ausschließe.

2. Die Segensankündigung an Abraham beginnt mit einer Aufforderung zum Auszug (V. 1) und mündet in die unmittelbare Befolgung dieser Weisung ein (V. 4a). Haben – unter Voraussetzung ihrer Datierung in nachexilische Zeit – »Aufbruchsbefehl und Segensverheißung an Abraham eine klare *paradigmatische Bedeutung*: Die Bewohner der weltweiten Golah werden aufgefordert, wie Abraham ihre Bindungen an Familien und Länder aufzugeben und ins Land Israel zu ziehen. Daraus wird Segen für alle Sippen der Erde erwachsen«[94], so bedarf es offenbar eines radikalen Auszugs (dreifaches »heraus« in V. 1) aus »Babel«, dem Zentrum angestrebter Weltherrschaft (Gen 11,1-9), damit sich die Segensverheißung an Israel so erfüllt, daß alle Völker daran teilhaben können. Nicht die Zerstreuung Israels unter die Völker, sondern seine Rückkehr ins verheißene Land schenkt ihm die Segensfülle, an der auch die Völker teilhaben werden.[95]

Wieder kommen göttliches und menschliches Tun in der schon beschriebenen Weise zusammen: Ohne sich dadurch völlig bedingen zu lassen, bindet Gott die Erfüllung seiner Verheißung an den Aufbruch Abrahams; die Verheißung ermöglicht erst den Auszug aus den bestehenden Verhältnissen, sie bringt Abraham auf den Weg, der aber gegangen werden muß, damit sie zum Ziel kommt.[96] Die Spannung zwischen der *Prävalenz* der Verheißung[97] und der Befolgung des Auszugsbefehls als *Voraussetzung* ihrer Erfüllung kann nicht einseitig aufgelöst werden.

3. Dies findet seine Bestätigung in der syntaktischen Struktur von V. 2: Der Imperativ in V. 2b: »(...) und werde (du) ein Segen!« (והיה ברכה) kann nach den drei vorausgehenden Kohortativen als deren Folge (»daß du ein Segen wirst!«) verstanden werden.[98] Gleichwohl markiert der Subjektwechsel zwischen V. 2a und b einen Einschnitt. Es heißt eben nicht: »Und ich will dich zum Segen machen!« Die göttliche Initiative geht voran, aber sie will nicht exklusiv wirken, sondern schafft sich MitarbeiterInnen.[99] Ohne daß Jhwh ihn segnet, kann Abraham nicht zum Segen werden. Doch als Gesegneter ist es ihm *geboten*, ein Segen zu sein. Daß Abraham sich aber als Segen nicht selbst genügen, sondern ihn *für andere* verkörpern soll, erhellt sich erneut aus dem Zusammenhang von »Segen« und »Name«[100]:

Umklammert von der Zusage »Ich will dich segnen!« (V. 2aβ) und dem Gebot: »Werde

---

94. F. Crüsemann, Eigenständigkeit, 29; vgl. J. v. Seters, Abraham, 271 ff.
95. Mit dieser Aussage müssen sich solche theologischen Konzepte konfrontieren lassen, die vom *Segen der Diasporaexistenz des Judentums für die Völker* ausgehen (vgl. z. B. J. Moltmann, Juden und Christen, 59-63).
96. M. E. ermöglichen es allein solche dialektischen Formulierungen die Freiheit Gottes und seine Selbstbindung an die Geschichte seiner Geschöpfe zusammenzudenken.
97. Vgl. H. W. Wolff, Kerygma, 352 f.
98. Vgl. oben Anm. 10.
99. B. Jacob sieht in diesem Imperativ einen »Befehl an die Geschichte, ein Schöpfungswort« (Genesis, 336).
100. Vgl. dazu auch Gen 5,2 und Gen 32,26-29.

(du) ein Segen!« (V. 2b) steht die Verheißung des großen Namens (V. 2aγ). Appliziert man C. Links Bestimmung der Funktion des Namens auf Gen 12,2, dann zielen Name und Segensexistenz Abrahams/Israels auf die *Anerkennung* durch andere: »Einen Namen trägt niemand für sich allein. Wir tragen ihn für die andern und um der andern willen, denen wir uns bekannt machen und von denen wir, um das mindeste zu sagen, anerkannt sein wollen. (…) Der Name (…) ist darauf angelegt, daß es zur Begegnung, zum ›Treffen‹ kommt. Er will ausgesprochen, will angerufen werden. Im *Ereignis* des Ansprechens und Angesprochenwerdens, in dem Sprechakt, in dem das hier und jetzt geschieht (…), erschließt sich sein ›Wesen‹ und das heißt zugleich: Der einzig mögliche Sachverhalt, auf den der Name zielt, ist gerade *keine* Sache, kein dies oder das, zu dem ich mich so oder auch anders verhalten könnte, sondern eine *Beziehung*, die mich herausfordert und in Pflicht nimmt.«[101]

Der Name Abrahams steht nicht nur für seine Identität und seine Geschichte, sondern in ihm verdichtet sich die *universale* Segensgeschichte Gottes. Sie erschließt sich für die, die sich auf diesen Namen berufen, sich in Beziehung zu ihm setzen, indem sie ihn segnen (V. 3aα), also ihm Gewicht und Würde verleihen. Abraham muß sich nicht selbst einen großen Namen machen. Dafür sorgt Gott selbst, und dazu sollen die Völker beitragen. Aber diesem großen Namen soll Abraham entsprechen, in ihn hineinwachsen, ihn ausfüllen, indem er zum Segen wird.

Daß Gen 12,1-4a offenlassen muß, *worin* Abraham/Israel zum Segen wird, ist nur folgerichtig: Macht der Segen Verheißungsgeschichte, so wachsen dem ברכה-Sein Abrahams/Israels seine Bedeutungen erst unterwegs zu, auf den Wegen, auf denen sich die Verheißung erfüllt. Was seinen Namen wie sein Segensein *anreichert*, werden aber immer Erfahrungen sein, die Israel nicht nur mit seinem Gott, sondern auch mit den Völkern machen wird. Texte wie Gen 18,17-19; 22,18; 30,27; 39,5; Jes 19,24f.; Jer 4,2 und Sach 8,13 dokumentieren das theologische Bemühen, die Segensexistenz Israels *für andere* sowie das »in dir« von Gen 12,3b in jeder neuen Gegenwart zu konkretisieren.[102] Wie dabei auch immer das Zusammenspiel von vorgängiger göttlicher Initiative und menschlicher Antwort darauf *in Israel* und *in der Völkerwelt* akzentuiert wird, die angeführten Beispiele stimmen darin überein, daß es für die Menschheit an der partikularen Geschichte Abrahams/Israels vorbei weder eine *Erkenntnis* noch eine *Teilhabe* am Segen Gottes geben kann.

---

101. Spur, 422.
102. Vgl. dazu die Überblicke bei *E. Zenger*, Jahwe, 54 ff.; *J. Schreiner*, Segen, 8 ff.

2. Die Teilhabe der Völker am Abrahamsegen: nicht »aus Werken des Gesetzes«, sondern »durch die Treue Jesu Christi«

Zielt für Paulus nach Gal 3,14 das Christusgeschehen darauf,

»daß zu den Völkern der *Segen* Abrahams komme in Christus Jesus, damit wir die Verheißung des Geistes empfangen durch die Treue«,

dann interpretiert er es in eben dem Horizont, der durch die Segensankündigung an Abraham eröffnet ist. In Jesus von Nazareth erkennt der Apostel der (Heiden-)Völker den *einen* leiblichen Nachkommen Abrahams[103], *in dem* sich die Segensverheißungen Israels in ihrer *universalen* Dimension erfüllen werden. Leben, Sterben und Auferweckung Jesu sind Teil der Geschichte, die Gott mit Abraham und *in* ihm mit allen Menschen begonnen hat. Die *Abrahamgestalt* des Segens trägt für Paulus den Namen Jesu Christi.

In der Auseinandersetzung mit den galatischen Gemeinden rückt der HeidInnenapostel die Rechtfertigung aus Treue in die Segensgeschichte Gottes mit Abraham ein und versteht sie als Mitgesegnetwerden mit dem treuen Abraham im Abrahamsohn Jesus von Nazareth. Welche Bedeutung hat dies für die Völkerwelt und welche für Israel? Und was ist damit über das Verständnis der Rechtfertigung ausgesagt? Diese Fragen begleiten im folgenden meine segenstheologische Interpretation von Gal 3,6-14 im Kontext des Galaterbriefes. Dabei werden die in der Auslegung von Gen 12,1-4a gewonnenen Erkenntnisse über das Zusammenwirken von Gott, Israel und Völkerwelt und die *inklusive* Struktur der *partikularen* Israelgeschichte *christologisch* konkretisiert und vertieft. Im Nachbuchstabieren der dichten rechtfertigungstheologischen Argumentation in Gal 3 kommt insbesondere der Zusammenhang von *Segen und Tora* in den Blick. Damit berühre ich das komplexe und – angeregt vor allem durch die »neue Perspektive« auf Paulus in der angelsächsischen Exegese[104] – gegenwärtig wieder vieldiskutierte Thema des paulinischen Gesetzesverständnisses.[105]

---

103. Vgl. Gal 3,16: Paulus deutet den Kollektivsingular זרע (Same, Nachkommenschaft) *individuell* auf den einen leiblichen Nachkommen Abrahams, Jesus von Nazareth, hin. Zur segenstheologischen Deutung von Gal 3,6-14 vgl. oben Teil B, I.1.3; II.1.3.
104. Vgl. den informativen Überblick bei *C. Strecker*, Paulus, und die dort angegebene Literatur.
105. Weil ich im folgenden noch nicht einmal ansatzweise in eine Diskussion mit der kaum überschaubaren Literatur zum Themenkomplex »Paulus und die Tora« eintreten kann, möchte ich hier wenigstens darauf verweisen, daß ich für meine Pauluslektüre viel gelernt habe von den Exegeten, die mit einer gründlichen Kritik an den antijüdischen Stereotypen in der Interpretation der paulinischen Schriften einen *Paradigmenwechsel* in der Paulusforschung herbeigeführt haben. Anregungen für die folgende Auslegung von Gal 3,6-14 verdanke ich bes. *H. Thyen*, Studie; *L. Gaston*, Paul, 64-79; 100-106; *J. D. G.*

In kritischer Abgrenzung von solchen Positionen, die die neutestamentliche Rede vom Seg(n)en nur aus dem *Gegensatz* zum Segensverständnis und zur Segenspraxis in Israel und im Judentum verstehen können, kehre ich bei der Auslegung von Gal 3, 6 ff. die Perspektive um und bedenke, was es bedeutet, wenn die Rechtfertigung aus Glauben und mit ihr das gesamte Heilshandeln Gottes an und in Jesus Christus im Neuen Testament auf den alttestamentlich-jüdischen Begriff des *Segens*[106] gebracht wird.

2.1 Das galatische Konfliktthema: Die Bewährung der neuen Identität von HeidenchristInnen als ErbInnen Abrahams

Wie können Menschen, die nicht jüdischer Abstammung sind, dennoch Söhne und Töchter des Gottes Israels und damit ErbInnen der Abraham und seinen Nachkommen gegebenen Verheißungen *werden* und *bleiben*? Um diese grundsätzliche Frage der *Inklusion* der Heidenvölker in die Verheißungsgeschichte Gottes mit Israel geht es im Konflikt in Galatien, zu dem Paulus mit seinem Brief an die galatischen Gemeinden leidenschaftlich Stellung nimmt. Auf sie müssen seine Aussagen über Segen, Fluch und Tora, über Glauben und Gerechtigkeit bezogen werden – entgegen einer lange vorherrschenden existential-individualistischen Auslegung:

»Paul is not here speaking of those problems with which existentialist theologians have wrestled – ›achievement‹, ›accomplishment‹ and the like; not yet with those traditional in Protestantism, ›legalism‹ (or ›nomism‹), ›self-righteousness‹, and so forth. Nor is he offering an abstract account of ›how one gets saved‹. (…) He is expounding covenantal theology, from Abraham, through Deuteronomy and Leviticus, through Habakuk, to Jesus the Messiah.«[107]

Rhetorisch muten die Fragen des Apostels an, wenn er seine AdressatInnen mit der Alternative konfrontiert, ob sie den Geist »aus Werken des Gesetzes« oder »durch die Treue Jesu Christi«[108] (bzw. »aus der Predigt der Treue«)[109] empfangen hätten. Denn diese Alternative ist für sie keineswegs neu, und gerade darin liegt das Problem: Die galatischen ChristInnen stehen in der Gefahr, aus der

---

Dunn, Works; N. T. *Wright*, Climax, 137-156; E. W. *Stegemann*, Umgekehrte Tora, sowie einer bei H. Thyen entstandenen Seminararbeit von G. Etzelmüller (Tora des Mose, bes. 21 ff.).
106. Neben Gal 3, 6-14 vgl. auch Apg 3, 25 f.; Eph 1, 3; Röm 15, 29.
107. N. T. *Wright*, Climax, 150.
108. Ich übersetze die Wendung πίστις Ἰησοῦ Χριστοῦ (vgl. auch Röm 3, 22) nicht als Gen. obj. mit »der Glaube an Jesus Christus«, sondern im Sinne eines Gen.subj. als »den Glauben«, besser noch – in Verdeutschung des hebräischen Wortes אמונה -: »die Treue Jesu Christi selbst«, nämlich als sein Sichfestmachen an und Vertrauen auf die Verheißungen und die Weisungen Gottes (vgl. dazu auch K. *Barth*, Evangelium, 6; C. *Strecker*, Paulus, 14.18 (Anm. 72); M. D. *Hooker*, ΠΙΣΤΙΣ ΧΡΙΣΤΟΥ; L. *Gaston*, Paul, 65 f. Zur Begründung s. die folgende Auslegung von Gal 3, 6-14.
109. Vgl. Gal 2, 16; 3, 2.4.10.

Gnade herauszufallen (Gal 5,4), ihre in Christus gewonnene Freiheit zu verspielen (5,1.13), weil sie – verzaubert und verwirrt von einigen, die ihnen ein »anderes Evangelium« als Paulus predigen (1,6 ff.; 3,1) – durch »Werke des Gesetzes« die zu *werden* sich anstrengen, die sie bereits durch Gottes Handeln *sind*, nämlich:

»(...) Söhne und Töchter Gottes durch die Treue zu Christus Jesus; (...) ja Abrahams Nachkommenschaft, gemäß der Verheißung ErbInnen« (3,26.29).

Mit einem völlig *anachronistischen* Verhalten versuchen sie, sich selbst die *neue Identität* zu verschaffen, zu der sie von Gott schon berufen sind (5,8b.13), in der sie auch schon gelebt haben (1,6; 3,1 ff.; 5,7.25). Sie strecken sich nach dem verheißenen Geist Gottes aus und leugnen damit gerade jene Erfahrungen, die sie als πνευματικοί, als Geistbegabte, längst gemacht haben (3,2 ff.; 5,16 ff.,25; 6,1). Damit trennen sie sich nicht nur von Christus (5,4), sondern machen seinen Kreuzestod zur Farce, lassen Christus »umsonst« gestorben sein (2,21). Mit dem Versuch, »aus Werken des Gesetzes« zu leben, geht – so Paulus – die Aufhebung der soteriologischen Bedeutung des Kreuzestodes Jesu einher.[110] Ereignet sich aber nur durch diesen die Hineinnahme nichtjüdischer Menschen in die Gotteskindschaft, läßt sich mit einem Leben »aus Werken des Gesetzes« das Erbe Abrahams gerade nicht antreten, gibt es auf diesem Wege keinen Besitzanspruch auf die Verheißungen Israels und keine Partizipation an der *Gerechtigkeit*, die Gott Abraham zuteil werden ließ (3,6 f. in Aufnahme von Gen 15,6).

Was ist aber nun mit den »Werken des Gesetzes« gemeint; und inwiefern verkehren diese den *in* Jesus Christus empfangenen Segen in sein Gegenteil, den Fluch?

Im galatischen Konflikt steht die Wendung »ἔργα νόμου« für die Gesetzeswerke, mit denen die heidenchristlichen Gemeinden sich einen Zugang zur Geschichte Gottes mit Israel und ihren Verheißungen verschaffen zu können meinen, nämlich für die *Beschneidung* und für die *Speisegebote*, wenn man von einer Analogie zwischen der Auseinandersetzung mit Petrus in Antiochien (2,11-21) und dem, was in Galatien auf dem Spiel steht, ausgeht. Gelten sie neben dem *Sabbat* als die auch äußerlich wahrnehmbaren *Identitätsmerkmale Israels*[111], so muß es für die Galater nahegelegen haben, ihre eigene Zugehörig-

---

110. E. W. Stegemann hat gezeigt, »daß der neuralgische Punkt der paulinischen Interpretation der Tora die Gewißheit der eschatologischen Wende zur Erlösung ist« (Umgekehrte Tora, 17). Mit ihren »Werken des Gesetzes« leugnen die galatischen Gemeinden, »daß das Ziel der Tora mit Christus im Himmel schon erreicht ist und die Kräfte künftiger Erlösung im Evangelium schon auf der Erde wirksam werden, und zwar an jedem, der daran glaubt« (a.a.O., 16).
111. In seinen sozialanthropologischen Überlegungen zum Verständnis dieser Wendung bei Paulus hat J. D. G. Dunn die »ἔργα νόμου« als »identity and boundary markers« gekennzeichnet, die die nationale Existenz Israels als jüdisch identifizierbar machen und sie von der heidnischen abgrenzen (Works, 524 ff.; ders., Response, 100-104.114-116).

keit zum Gottesvolk über diese sichtbaren Kennzeichen zu erlangen oder – um es vorsichtiger zu formulieren – sich ihrer zumindest durch sie zu vergewissern. Doch mit der Beschneidung partizipieren sie keineswegs, so argumentiert Paulus, an dem Abraham und seinen Nachkommen verheißenen Segen, sondern geraten stattdessen unter den *Fluch*. Warum?

2.2 Stellvertretende Fluchübernahme und inklusiver Toragehorsam Jesu Christi

Mit der Übernahme auch nur *eines* ihrer Gebote setzen sich die galatischen Christen in ein *Schuldnerverhältnis* zur Tora, das die Erfüllung *aller* Gebote von ihnen fordert:

»Ich bezeuge aber wiederum jedem Menschen, der sich beschneiden läßt, daß er schuldig ist, das ganze Gesetz zu tun« (5, 3).

Diesem *ganzheitlichen* Anspruch der Tora (vgl. Dtn 27, 26) aber können sie als *Sünder* nicht gerecht werden und ziehen deshalb den Fluch auf sich:

»Welche nämlich aus Werken des Gesetzes sind, unter dem Fluch sind sie; denn es ist geschrieben:
›Verflucht ist jeder, der nicht bleibt in allem, was im Buch des Gesetzes geschrieben ist, es zu tun‹ (Dtn 27, 26 LXX)« (3, 10).

Wo mit der Beschneidungsforderung »Werke des Gesetzes« von den heidenchristlichen Gemeinden gefordert werden, wird die Tora genau in jener Hinsicht wieder aufgerichtet (vgl. 2, 18), in der sie in Christus zu ihrem Ende gekommen ist (Röm 10, 4), nämlich in ihrer den Sünder richtenden Funktion. Gerade die Sünde verführt zu eigenmächtigen »Werken des Gesetzes« und kann deshalb nur den todbringenden Fluch nach sich ziehen. Dagegen gelangt

---

Problematisch wird diese – an Ritualtheorien von Hans Mol und Mary Douglas orientierte – Bestimmung der *sozialen* Funktion der Tora dort, wo sie mit der *theologischen* ununterscheidbar zusammenfällt: Nach Dunn richtet sich die paulinische Kritik an den »Werken des Gesetzes« nicht gegen die Observanz der Tora als solche, sondern gegen deren jüdischen Gebrauch – eher noch: Mißbrauch – im Sinne der Garantie eines privilegierten, ja exklusiven Status Israels gegenüber anderen Völkern, womit diese aus dem Bund Gottes ausgegrenzt und der von Anfang an universale Heilswille Gottes geleugnet würde. Gegenüber diesem nationalistischen, ethnozentrischen Toraverständnis betone Paulus den *Glauben* als Erfüllung des Gesetzes. Nach Dunn handelt es sich bei dieser Alternative aber nicht um einen absoluten Gegensatz, sondern um »a question of priorities« (Works, 535). Damit bleibt Dunn aber nicht nur dem antijüdischen Vorurteil verhaftet, daß sich im Theologumenon der Erwählung und des Torabesitzes jüdischer Nationalstolz niederschlage und daß es eine rassische Komponente habe, sondern er *unterbestimmt* die Wendung »ἔργα νόμου« *theologisch*. Der Gegensatz »aus Werken des Gesetzes« und »durch die Treue Jesu Christi« läßt sich nicht auf eine Frage von Prioritäten reduzieren (zur Darstellung der Position Dunns vgl. C. Strecker, Paulus, 11-13; zur Kritik C. E. B. Cranfield, Works; G. Etzelmüller, Tora des Mose, 23 f.).

in Christus das Leben – in der Gestalt des Abrahamsegens und des Geistes Gottes – zu den Völkern. Wie aber geschieht dies?

»Daß aber im Gesetz niemand gerecht wird bei Gott, ist klar,
weil ›der Gerechte aus Treue leben wird‹ (Hab 2, 4).
Das Gesetz aber ist nicht aus Treue,
sondern ›der sie (sc. seine Bestimmungen, M. F.) tut,
wird in ihnen leben‹ (Lev 18, 5).
Christus hat uns losgekauft vom Fluch des Gesetzes,
indem er für uns zum Fluch geworden ist,
denn es steht geschrieben:
›Verflucht ist jeder, der am Kreuz hängt.‹ (Dtn 21, 23),
damit zu den Völkern der *Segen* Abrahams komme in Christus Jesus (...)« (3, 11-14a).

Was Paulus hier den galatischen Gemeinden zumutet, ist – in nur wenige Sätze verdichtet – eine mit den Mitteln des Schriftbeweises geführte *toratheologische* Begründung der Vermittlung des Abrahamsegens an die Völker im Ereignis von Kreuz und Auferstehung Jesu Christi:

Es ist die Art seines Todes, die Hinrichtung Jesu am Kreuz, die für Paulus – auf dem Hintergrund von Dtn 21, 23 – deutlich macht, daß Jesus als *Verfluchter* gestorben ist. Daß ihn aber der Fluch nicht infolge seiner *eigenen* Übertretung der Tora und damit zurecht getroffen hat, sondern daß er *stellvertretend* »für uns zum Fluch geworden ist« – dafür kann es nur einen *Erkenntnisgrund* geben: die *Auferweckung* des Gekreuzigten. In ihrem Licht erst kann der Kreuzestod Jesu als eine *stellvertretende* Übernahme des Fluches erscheinen, der eigentlich uns als SünderInnen in unserem Scheitern an der Tora gilt. Denn die Auferweckung des Gekreuzigten weist Jesus von Nazareth als den aus, der die Weisungen der Tora erfüllt hat; sie ratifiziert sein Leben als das eines Gerechten und bezeugt so die Treue Gottes. Von Lev 18, 5 her läßt sich der Toragehorsam Jesu gleichsam als der *Rechtsgrund* seiner Auferweckung begreifen. Anders formuliert: Wollte Gott seiner Verheißung treu bleiben, daß der, der den Weisungen des Gesetzes folgt, in ihnen *leben* wird, durfte er dem Tod nicht das letzte Wort über den Gekreuzigten lassen. Ist es aber die *Gerechtigkeit* Jesu Christi, die ihn allererst dazu ermächtigt hat, »in den Geboten der Tora« zu leben, dann erwächst sie gerade nicht aus dem Toragehorsam, sondern ist dessen Voraussetzung und findet in ihm den ihr gemäßen Ausdruck.

Worin aber hat sich Jesus von Nazareth als gerecht erwiesen? Darin, daß er die Treue Abrahams *wiederholt*:

»Wie Abraham ›auf Gott vertraute, wurde es ihm auch zur Gerechtigkeit angerechnet‹ (Gen 15, 6)« (Gal 3, 6).

Es ist die ihm von Gott als Gerechtigkeit angerechnete πίστις Jesu, seine Treue und sein Vertrauen in die Verheißungen und Weisungen Gottes, die ihn zu einem solchen Gerechten machen, der die Tora erfüllen kann. In der Auferweckung Jesu Christi erfüllt Gott selbst die Verheißungen von Hab 2, 4 und Lev

18, 5: »aus Treue/Glauben leben« und »in den Weisungen der Tora leben« interpretieren sich nunmehr wechselseitig.

Mit dem Zitat aus Lev 18,5 wird also keineswegs auf eine Gerechtigkeit angespielt, die *aus* dem Tun der Tora kommt. Der Verweis auf Abraham macht deutlich, daß die Gerechtigkeit, die bei Gott gilt, vom *Beginn* der Geschichte Gottes mit Israel an aus dem *Glauben* erwächst, daß es dagegen allein ein Unternehmen der Sünde ist, »aus Werken des Gesetzes« Gerechtigkeit erlangen zu wollen. Die sog. »Werk-« oder »Gesetzesgerechtigkeit«, die – ungeachtet der Frage, ob überhaupt je jemand in der Lage gewesen ist, alle Bestimmungen des Gesetzes zu erfüllen – immer wieder von christlichen Exegeten als legitimer jüdischer Heilsweg bis zum Kommen Christi ausgegeben worden ist, läßt sich weder mit Lev 18,5, noch mit der paulinischen Argumentation in Gal 3 behaupten; sie erweist sich vielmehr als eine antijüdische Stereotype, die dazu dient, einen Gegensatz zwischen Christus und der Tora aufzurichten.

Im Gefälle dieser Argumentation wird nun deutlich, was es heißt,

»daß kein Mensch gerecht wird aus Werken des Gesetzes, sondern allein durch die Treue Jesu Christi« (Gal 2,16; vgl. Röm 3,22.28).

Die Treue Jesu Christi wird darin offenbar, daß er für uns zum Fluch geworden ist (Gal 3,13b), um so dem Strom des Abrahamsegens einen Weg in die Völkerwelt zu bahnen. Die Segensmittlerschaft Jesu ereignet sich *sub contrario*: Indem er stellvertretend den todbringenden Fluch des Gesetzes auf sich zog, um alle anderen davon freizukaufen, wurde er selbst als Gekreuzigter zur Verkörperung, zur Personifikation des Fluches. Als *Fluch* erfüllt er den an Abraham/Israel gerichteten Imperativ von Gen 12,2b: »Werde (du) ein Segen!«. Wahrnehmbar wird dieser Segen, der sich ins Gewand des Fluches gekleidet hat, aber erst in dem Licht, das von der Auferweckung Jesu auf das Kreuz fällt. Jesu Kreuz für sich allein betrachtet, bezeugt nicht anders als alle übrigen Kreuze in der Weltgeschichte die tödliche Gewalt des Fluches. Es ist nicht transparent für das am Gekreuzigten sich vollziehende Segenshandeln Gottes. Weder das Gesegnetsein noch die Segensmittlerschaft Jesu sind an ihm abzulesen.

Daß sich der Segen in sein Gegenteil verkehren kann; daß er keine eindeutige Gestalt mehr hat, sondern dem Fluch zum Verwechseln ähnlich werden kann; daß nicht einfach vor Augen liegt, was Segen und was Fluch ist – das ist eine Erfahrung, die sich nicht erst angesichts des Gekreuzigten einstellt. Um sie weiß auf seine Weise schon das Hiobbuch.

Exkurs: Segen im Hiobbuch

Achtmal begegnet im Hiobbuch das Verb ברך (einmal das Nomen ברכה in 29,13), mit Ausnahme von 31,20 ausschließlich in der Rahmenerzählung: 1,5.10.11.21; 2,5.9; 42,12. Während in Hi 1,10 der Satan daran erinnert, daß Jhwh Hiob, dessen Haus und Besitz beschirmt und das Werk seiner Hände gesegnet hat – ein Segen, der sich vor allem in großen Viehherden (vgl. 1,3) niederschlägt –, und in 42,12 ff. die Wiederherstellung Hiobs als ein Gesegnetwerden durch Jhwh geschildert wird, welches Hiob das (von Jhwh) Genommene doppelt zurückbringt (nur die Zahl der Kinder, der sieben Söhne und der drei – nun namentlich genannten – Töchter[112], bleibt gleich), geht es in den übrigen ברך-Belegen der Hioberzählung um das *Segnen Jhwhs* (Gen.obj.) bzw. seines Namens.

Durchgängig wird in der Literatur zum Hiobbuch wie in den einschlägigen Arbeiten zum alttestamentlichen Segensbegriff für Hi 1,5.11; 2,5.9 – neben 1 Kön 21,10.13 und Ps 10,3 – ein *euphemistischer* Gebrauch des Verbs ברך angenommen; es gilt *fraglos* als *evident*, daß hier ein gotteslästerliches Reden und nicht ein Segnen Gottes gemeint ist. Läßt sich aber weder für 1 Kön 21,10.13[113] noch für Ps 10,3[114] eine eindeutig euphemistische Verwendung von ברך nachweisen, so muß die standardisierte Übersetzung von ברך in Hi 1,5.11 und 2,5.9 mit »fluchen«[115] ebenfalls hinterfragt werden.

Die Anfangsszene des Hiobbuches zeigt Hiob als »untadeligen und rechtschaffenen, gottesfürchtigen und dem Bösen fernen« Mann (1,1) in seiner gewissenhaften Fürsorge für seine Söhne: Nach deren von Zeit zu Zeit reihum veranstalteten Trinkgelagen

»schickte Hiob (nach ihnen) und heiligte sie: Er stand früh am Morgen auf
und brachte Brandopfer dar – nach ihrer aller Zahl; denn Hiob sagte (sich):
›Vielleicht haben meine Söhne gesündigt und Gott *gesegnet* in ihren Herzen!‹
So tat Hiob an all' den Tagen« (1,5).

Das Nebeneinander von »sündigen« und »segnen« sowie die Überlegung, daß

---

112. Zu diesen Schlußsätzen des Hiobbuches vgl. *J. Ebach*, Hiobs Töchter.
113. Wenn nach 1 Kön 21,10.13 Isebel mithilfe der gekauften Falschaussage zweier »Männer der Schlechtigkeit«, Naboth habe Gott und König »gesegnet«, diesen zu Tode steinigen läßt, um ihren Mann in den Besitz des Weinbergs zu bringen, den Naboth ihm zu Lebzeiten nicht verkaufen wollte, dann lautet vordergründig die Anklage gegen Naboth auf Gotteslästerung und Beleidigung des Königs – und ברך ist hier im Sinne von »fluchen« zu verstehen. Hintergründig sagen die »nichtswürdigen« falschen Zeugen aber gerade die Wahrheit, daß nämlich Naboth Gott und König gesegnet, also ihnen die gebührende Würde und Ehre gegeben hat, als er sich weigerte, die נחלה seiner Väter an den König zu veräußern (21,1-4).
114. Vgl. *T. Linafelt*, Undecidability, 159 f.; *G. Wehmeier*, Segen, 166;
115. Die meisten Ausleger gehen davon aus, daß ברך hier קלל vertritt, und übersetzen mit »fluchen«; für G. Wehmeier ist es dagegen nicht möglich, ein an Gott gerichtetes ברך euphemistisch als »fluchen« zu verstehen; es könne nur meinen »das Ansehen herabsetzen«, »seinen Willen mißachten«. Entsprechend liegt für ihn in Hi 1,5.11 und 2,5.9 eine »verzweifelte Absage an Gott« vor (Segen, 166). Andere verstehen ברך hier im Sinne der lateinischen Floskel »vale« als »Gott den Abschiedssegen erteilen«, »ihm Lebewohl sagen«. F. Horst (Hiob, z. St.) übersetzt mit »entsagen«; M. Buber ahmt den hebräischen Wortlaut mit der Verdeutschung »absegnen« nach.
Die LXX variiert in der Wiedergabe von ברך: in Hi 1,5 paraphrasiert sie mit »Schlechtes über Gott denken«; in 1,11 und 2,5 entspricht sie mit εὐλογεῖν dem hebräischen ברך; in 2,9 legt sie der Frau Hiobs einen Midrasch in den Mund, der in die Aufforderung einmündet: »(…) sag' irgendein Wort zu dem/gegen (εἰς) den Herrn und stirb!«.

für Hiob kein Anlaß zur Entsühnung seiner Söhne bestünde, wenn diese wirklich Gott *gesegnet* hätten, hat dazu geführt, hier einen Euphemismus und damit ein *Gottfluchen* der Hiobsöhne vorauszusetzen. Dieses Verständnis von Hi 1, 5 ist möglich und sinnvoll, aber nicht zwingend. Es gibt gute Gründe, an einer wörtlichen Übersetzung von ברך als »segnen« festzuhalten:

– Übersetzt man die Kopula ו als ו-adversativum (»gesündigt, aber (dennoch) Gott gesegnet«), dann ist es gerade die Spannung, der Widerspruch zwischen dem Sündigen und dem Gottsegnen seiner Söhne, die Hiob dazu veranlaßt, sie zu heiligen und für sie zu opfern. Der Zusammenhang von »sündigen« und »segnen« wäre dann so zu verstehen, daß durch das Sündigen das faktische Segnen Gottes (Gen.obj.) zur Blasphemie verkehrt würde.
– Denkbar ist auch, hier ein ו-explicativum zu lesen: »(...) gesündigt, indem sie Gott segneten«. Hier läge im Akt, vielleicht in der Art und Weise des Gottsegnens selbst die Verfehlung.[116] Beträfe die eventuelle Schuld seiner Söhne »nur« eine unangemessene Beracha, erschiene Hiob noch skrupelhafter in seinem Bemühen, das Wohlergehen seiner Söhne abzusichern.
– Drittens könnte auch der Ton auf »gesegnet *in ihren Herzen*« liegen, d. h.: die Söhne Hiobs waren zwar willig, Gott zu segnen, haben aber die Berachot bei ihren Gastmählern nicht ausgesprochen. Hiobs Entsühnungsmaßnahmen würden sich dann auf die möglicherweise unterlassenen oder vergessenen Segenssprüche beziehen.

Welche Deutungsmöglichkeit auch immer vorgezogen wird, von einem *ausschließlichen* Verständnis von ברך als »fluchen« kann für Hi 1, 5 keineswegs ausgegangen werden. Hat aber der (vermeintlich) *selbstverständliche* Euphemismus an dieser Stelle bislang als hinreichender Grund gegolten, auch für Hi 1, 11; 2, 5.9 einen entsprechenden Sprachgebrauch anzunehmen, müssen nun auch diese Verse ohne ein solches einseitiges Vorverständnis neu gelesen werden.

Was sich schon in der Reaktion Hiobs auf eine befürchtete Verschuldung seiner Söhne angedeutet hat, daß er nämlich durch Opfer die Harmonie von Tun und Ergehen nach der Art eines Tauschgeschäfts zwischen Gott und Mensch zu sichern versucht, wird in der ersten Himmelsszene ausdrücklich vom Satan zu der Frage erhoben, die das Hiob-Experiment auf den Weg bringt: »Fürchtet Hiob Gott denn *umsonst?*« (1, 9).[117] Damit ist unterstellt, daß Hiob gottesfürchtig ist, *weil* Jhwh ihn so reichlich gesegnet hat und weil er mit seiner Frömmigkeit diesen Segen garantieren zu können meint, daß seine Gottesfurcht aber auf der Strecke bleibt, sobald ihm dieser Segen wieder entzogen wird:

»Recke hingegen deine Hand aus und rühre alles an, was ihm gehört, –
ob er dir dann nicht ins Angesicht ›*segnen*‹ wird?« (1, 11).

---

116. Zum Verständnis von »sündigen« und »segnen« als Hendiadyoin (»sündhaft gesegnet«) vgl. T. Linafelt, Undecidability, 163.
117. Zur Vieldeutigkeit des »umsonst« (חנם) im Hiobbuch und der hebräischen Bibel vgl. J. Ebach, Marginalien; ders., Hiob Teil 1, 13 f.

Aus der Perspektive des Satans gilt diese Frage als rhetorische – mit einem ironisch-euphemistischen ברך: »Natürlich wird Hiob dir dann ins Angesicht fluchen!« Im Sinne des satanischen Verdachts gibt es nach dieser Interpretation dort, wo Jhwh Hiob den Segen aufkündigt, keinen Grund für Hiob, seinerseits Jhwh zu segnen. Im Gegenteil: dem, der ihm *trotz seiner Gottesfurcht* Hab und Gut nimmt, kann er nur *fluchen*.

Wiederum ist aber hier das euphemistische Verständnis von ברך nicht das einzig mögliche. Es bieten sich selbst bei einem ausschließlich negativ konnotierten על פניך (»gegen dich/dir ins Angesicht«) grammatikalische Auflösungen von V. 11b an, nach denen ברך die Bedeutung »segnen« behält. In Verbindung mit על פניך würde es sich dann um ein Segnen *Jhwh(s Verhalten) zum Trotz* handeln – ein Segnen, das Jhwhs Entzug des Segens ein »Dennoch« entgegensetzt und ihm damit die Stirn bietet:

– Als Anakoluth konstruiert, könnte ein *negativer Bedingungssatz* vorliegen: »Wenn er dich dann nicht – dir zum Trotz – segnen wird (, dann …)!« Würde der von Jhwh seiner Segensgüter beraubte Hiob ihn nicht länger segnen, fiele dies auf Jhwh selbst zurück: Er hätte sich in seinem Urteil über Hiob (vgl. 1,9) getäuscht und müßte dem Verdacht des Satans beipflichten.

Auf eine ähnliche Bedeutung würde ein Verständnis von V. 11b als *offener Fragesatz* hinauslaufen: »Wenn er dich dann nicht (mehr) – dir zum Trotz – segnen würde?« Auch eine solche Frage würde Jhwh zur Revision seines Urteils über Hiob herausfordern.[118]

– Grammatikalisch möglich wäre aber auch ein negativ formulierter *Wunschsatz*, also die Befürchtung des Satans: »(…) wenn er dich dann (bloß) nicht – dir zum Trotz – segnen wird!« Würde Hiob dies nämlich tun, wäre der Satan mit seiner Unterstellung, daß Hiobs Frömmigkeit in seinem Wohlergehen gründet, widerlegt.

Genau dies aber trifft mit der Reaktion Hiobs auf die Katastrophe, die über ihn hereinbricht (vgl. die »Hiobsbotschaften« in 1,13-19), ein. Im Vollzug der üblichen Trauerriten (1,20) *segnet* er den Namen Jhwh(s) (1,21), *obwohl* ihm – mit Ausnahme seiner Frau – alles genommen wurde:

»Nackt bin ich aus dem Schoß meiner Mutter herausgekommen,
und nackt werde ich dorthin zurückkehren.

---

118. In seiner Relecture der ברך-Belege des Hiobprologs schlägt Tod Linafelt vor, V. 11b als Teil eines *Schwursatzes* aufzufassen. Bei einem nichteuphemistischen Verständnis von ברך würde dieser eine *Verfluchung Jhwhs* implizieren für den Fall, daß Hiob ihn nicht auch dann noch segnen wird, wenn er ihm seinerseits den Segen verweigert: »If he does not bless you to your face – (may something horrible happen to you)« (Undecidability, 164f.). Vorausgesetzt, daß es grammatikalisch möglich ist, den אם־לא-Satz in dieser Weise zum Schwursatz zu ergänzen, wäre es aber von der Logik des satanischen Verdachts her schwierig, ein »Fürwahr, er wird dich dann – dir ins Angesicht – segnen!« zu begründen. Im Duktus der Erzählung läge eher ein Schwursatz mit einer Selbstverfluchung des Satans, der aber einen euphemistischen Gebrauch von ברך voraussetzen würde: »(Der Fluch soll mich treffen,) wenn er dir dann nicht ins Angesicht fluchen wird!« Dies käme einem: »Fürwahr, er wird dir dann ins Angesicht fluchen!« gleich.

Jhwh hat gegeben, Jhwh hat genommen.
Es sei der Name Jhwh(s) *gesegnet*!«

Setzt man hier zunächst – wie dies in der Hiobauslegung grundsätzlich der Fall ist – ein wirkliches Gottsegnen Hiobs voraus, dann bestätigt Hiob mit seinem Verhalten das Urteil Gottes über seine Frömmigkeit. Jhwh hat sich nicht in ihm getäuscht. Er gelangt vielmehr in der zweiten Himmelsszene zu der bestürzenden Einsicht, daß er selbst sich vom Satan hat reizen lassen, Hiob »umsonst«(!) zu verderben (2,3b). Dennoch läßt er sich auf ein zweites Experiment unter verschärften Bedingungen ein. In 2,5 wiederholt der Satan seine Frage von 1,11; doch soll Hiob nun die Verweigerung des göttlichen Segens am eigenen Leib erfahren:

»Recke hingegen deine Hand aus und rühre sein Gebein und sein Fleisch an –
wenn er dich dann nicht ins Angesicht ›*segnen*‹ wird?«

Wie in 1,11 ist auch hier ברך doppeldeutig und kann »segnen« wie »fluchen« meinen. Damit verbleibt als letzter Beleg für einen vermeintlich klaren Euphemismus von ברך der einzige Satz, den im ganzen Hiobbuch die Frau Hiobs sagt:

»Noch immer hältst du fest an deiner Frömmigkeit. ›*Segne*‹ Gott und stirb!«

An keiner der genannten Stellen ist die Wiedergabe von ברך mit »fluchen« so vehement vertreten worden wie im Fall von Hiobs Frau; und an keiner anderen ist sie so wenig eindeutig. Für eine euphemistische Deutung von ברך werden hier weniger die bekannten (theologischen) Gründe angeführt, vielmehr dominiert eine unübersehbar frauenfeindliche Tendenz die Lektüre: Rät Hiobs Frau ihrem Mann, Gott zu verfluchen, greift sie – von welchen Motiven sie auch immer bewegt sein mag – die Worte des Satans aus 1,11 und 2,5 auf. Sie nimmt selbst eine teuflische Rolle wahr. So ist sie von Augustin zur »diaboli adiutrix« gemacht worden; anderere haben sie mit – einer ihrerseits schon patriarchal verzeichneten – Eva identifiziert.[119]

Hi 2,9 legt aber keineswegs eine solche Diabolisierung der Frau Hiobs nahe. Ihre Aufforderung: »Segne Gott und stirb!« stellt keine Verführung des auch im größten Leid noch untadelig gottesfürchtigen Hiob zum Gottfluchen dar, sondern kann als eine zynisch-verzweifelte Reaktion auf Hiobs Beharrlichkeit und sein Gottsegnen in 1,21 verstanden werden: Soll Hiob Gott nur weiterhin segnen, es wird ihm nichts nützen; er wird dennoch sterben.

Und auch unter der Voraussetzung, daß sie ihren Mann tatsächlich dazu auffordert, Gott zu *verfluchen*, muß ihre Äußerung nicht als Anstiftung Hiobs verstanden werden, sich an Gott zu rächen, diesem die Verursachung seines eigenen Leids heimzuzahlen und sich – psychohygienisch – durch einen solchen Fluch zu erleichtern, um dann – gleichsam quitt mit Gott – sterben zu können. Versteht man ihren Rat nach der Logik von Lev 24,16:

---

119. Vgl. zur Entlarvung dieser frauenfeindlichen Auslegungen *J. Ebach*, Hiob 1. Teil, 37-39 (mit einer anderen Perspektive auf die Verbindungen zwischen Hi 2,9f. und Gen 3); ders., Hiobs Töchter; *T. Linafelt*, Undecidability, 165-167.

»Wer den Namen Jhwhs lästert, verfällt der Todesstrafe;
Steinigen, steinigen wird ihn die ganze Gemeinde.
Gleich, ob ein Fremder oder ein Einheimischer: wenn er den Namen lästert, wird er sterben«,

dann könnte er auch durch Mitleid motiviert sein: Weil ihr jede Hoffnung auf eine Veränderung der Situation Hiobs fehlt und sie sein Leid nicht länger mitansehen kann, wünscht sie ihm einen raschen Tod. Einen solchen würde er aber als Strafe für eine Verfluchung Gottes auf sich ziehen.

Wie in Hi 1,5.11 und 2,5 entzieht sich auch hier ברך einer *einseitigen* Festlegung auf »segnen« *oder* »fluchen«. Es läßt sich nicht mehr klar zwischen Segen und Fluch unterscheiden. Der Anfang des Hiobbuches spielt – todernst – mit der Doppeldeutigkeit des Wortes ברך. Läßt sich dann aber noch für Hi 1,21 *eindeutig* sagen, daß Hiob den Namen Jhwhs tatsächlich *gesegnet* hat? Der nachfolgende Vers scheint keine andere Deutung zuzulassen:

»In all' dem versündigte sich Hiob nicht und gab nichts für Gott Ungehöriges (von sich).«

Ist es aber anstößig und Ausdruck von Sünde, einem Gott zu fluchen, der sich vom Satan dazu hinreißen läßt, Hiob »umsonst« ins Elend zu stürzen, der sich nicht einmal durch ein selbstkritisches Gewahrwerden dessen, was er Hiob zumutet, von einer wiederholten Erprobung der Frömmigkeit Hiobs abhalten läßt? Schließt der Fluch gegen Gott zwangsläufig jede Gottesfurcht aus – in einer Situation, in der Tun und Ergehen bis zum Widerspruch auseinandertreten und Gottes Treue nicht weniger als menschliche Frömmigkeit auf dem Spiel steht?

In der Hiobforschung wurde mit der Entscheidung, ברך in Hi 1,5.11 und 2,5.9 als Synonym für קלל (oder ein anderes Verb gotteslästerlichen Redens), in Hi 1,21 aber als eigentliches »segnen« zu lesen, nicht nur ein Gegensatz zwischen Hiob auf der einen und dem Satan, Hiobs Frau und Hiobs Söhnen auf der anderen Seite, sondern auch zwischen dem Hiob der Erzählung und dem Hiob der Reden aufgerichtet. Wenn aber – nach J. Ebach –

»das Hiobbuch auszulegen bedeutet, es in der Verbindung des erzählenden Rahmens mit den Dialogen im Kern des Buches zu verstehen, d.h. den frommen Dulder Hiob der Erzählung und den hartnäckig nach dem Grund seines Leidens fragenden, ja gegen die von den Freunden angebotenen Deutungen wie gegen Gott selbst widerständigen, rebellischen Hiob der Dialoge als *eine* Gestalt zu begreifen«[120],

dann liegt mit der Mehrdeutigkeit von ברך ein Motiv vor, das nicht nur die beiden Teile des Hiobbuches miteinander verknüpft, sondern auch die antithetische Stilisierung der beiden Hiobgestalten aufbricht. T. Linafelt hat jüngst gezeigt, daß das semantische Oszillieren von ברך zwischen »segnen« und »fluchen« im Hiobprolog indiziert, daß es im gesamten Hiobbuch um eine *Neudefinition* dessen geht, was Segen (und Fluch) bedeutet:

---

120. Hiob Teil 1, 1.

»The prologue sets up the tension of what constitutes blessing or curse by means of the semantic undecidability of ברך, which the rest of the book then functions to explore. Just as the blessing/curse of God is under redefinition, so too the propper human response to God is under redefinition. (…) Perhaps, in the world constructed by the book of Job, to ›curse‹ God *is* the propper response to the unwarranted suffering inflicted on Job as a result of God's ›blessing‹.«[121]

Wo sich Gottes Segen nicht mehr an der Stimmigkeit von Wohlverhalten und Wohlergehen ablesen läßt, wo er nicht einfach identisch ist mit Erfolg und Reichtum, langem Leben, Gesundheit und Glück, wo er vielmehr ins Gegenteil, den Fluch, verkehrt zu sein scheint oder wirklich ist, wo Gott es sogar verhindert, daß jener Segen sich realisiert, den Hiob vom Mutlosen (29,13) und vom Armen (31,20) für sein wohltätiges Verhalten ihnen gegenüber empfangen hat, versteht sich auch das Gottsegnen nicht von selbst, trägt es offenbar nicht nur die Gestalt des hymnischen Gotteslobs, sondern kann sich auch als Klage, Anklage und Protest – und vielleicht sogar sub contrario: als Fluchen – äußern.[122] Jedenfalls fordert das uneindeutige ברך dazu heraus, die Reden Hiobs als eine *angemessene Explikation* dessen zu verstehen, was Hiob nach 1,21 und 2,10 tut: den Namen Jhwhs zu segnen und Gutes wie Böses mit dem einen Gott zusammenzubringen – und diesen damit nicht aus seiner Verantwortung für die ganze Wirklichkeit zu entlassen.[123]

Das mehrdeutige ברך im Hiobbuch kann die Wahrnehmung für den Segen schärfen, der sich in die Gestalt des Fluches verbirgt. Von den Erfahrungen Hiobs her ist es keine unmögliche Möglichkeit mehr, daß ein Verfluchter zum Segensmittler werden kann. Wie aber gehören nun Fluchtod und Segensmittlerschaft Jesu zusammen?

Die stellvertretende Fluchübernahme Jesu muß als ein Akt der Treue Gott gegenüber angesehen werden. Erweist sich in ihr der Gekreuzigte als gerecht, so läuft sich der tödliche Fluch des Gesetzes zwangsläufig selbst an ihm tot. Denn während er dort, wo er auf Sünder trifft, übermächtig ist, kann er in der Konfrontation mit einem Gerechten letztlich nur unterliegen. Zwar bringt er dem, der stellvertretend zum Übertreter der Tora geworden ist, den Tod; doch angesichts des Urteils, das Gott über den Gekreuzigten spricht, hat der Fluch nicht mehr das letzte Wort. Als Auferweckung lautet dieses Urteil auf Frei-

---

121. Undecidability, 169f.
122. Vgl. dazu auch *S. Quinzio*, Wurzeln der Moderne, 34ff.: »Der semantische Wandel, die Verschiebung und schließlich die Ausweitung auf neue Bedeutungen bis hin zum Verlust dessen, was die mächtige ursprüngliche Bedeutung des Segens war, ist nicht nur die Geschichte eines Wortes, sondern die Geschichte des Verschwimmens einer Sache, des Ausbleibens wenn nicht gerade der Sache selbst, so doch ihrer Erfahrung« (35).
123. Vgl. *J. Ebach*, Hiob Teil 1, 38f.

und Gerechtsprechung. Es setzt das Leben und Sterben Jesu ins Recht. Mit Röm 2, 13:

»Denn nicht die Hörer des Gesetzes sind gerecht vor Gott,
sondern die Täter des Gesetzes werden gerechtgesprochen«,

bezeugt die Auferweckung des Gekreuzigten, daß er ein Täter der Tora ist. Sie kann ihrerseits als ein göttliches *Segenshandeln* am Gekreuzigten verstanden werden, denn in ihr empfängt er das Leben und den Segen, den Gott denen zugesagt hat, die die Gebote der Tora beachten. Die Auferweckung besiegelt die Entmachtung des Fluches. Daß er an dem einen Abrahamsohn ohnmächtig und wirkungslos geworden ist, begründet die Hoffnung auf eine universale und endgültige Überwindung des Fluches durch Segen.

Richtet man auch an dieses Geschehen die Frage nach *Aktivität* und *Passivität*, *Reflexivität* und *Rezeptivität* der Beteiligten, so wird deutlich, daß in ihm Jesu freiwillige Übernahme des Fluches der Tora und sein stellvertretendes Erleiden des Todes als »der Sünde Sold« (Röm 6, 23) und Gottes gerechtsprechendes und neuschöpferisches Handeln am Gekreuzigten koinzidieren. Die Vermittlung des Abrahamsegens an die Völker im Kreuzestod und in der Auferweckung Jesu Christi ereignet sich als ein Akt der Treue und Gerechtigkeit Jesu *und* Gottes. Dafür steht gerade das Zitat aus Gen 15, 6 in Gal 3, 6 ein. Einerseits erklärt es die πίστις Jesu in Entsprechung zur אמונה Abrahams zum Grund seiner Gerechtigkeit: Wie Abraham hat Jesus sich angesichts einer verschlossenen Zukunft und gescheiterter Hoffnungen dennoch an den Verheißungen Gottes festgemacht (אמן), wider Augenschein und Erfahrung auf ihre Erfüllung vertraut und sich darin als gerecht, als gemeinschaftstreu erwiesen. Mehr noch: Als Gesegneter nimmt der Abrahamsohn Jesus von Nazareth die Bestimmung Israels zum Segen (und Licht) für die Völker wahr. Indem er die Treue Abrahams Gott gegenüber wiederholt und darin sowohl von Gott als gerecht anerkannt wird als auch die Gerechtigkeit Gottes selbst offenbart, entspricht er in seinem messianischen Wirken der an Abraham ergangenen Weisung: »Werde (du) ein Segen!«[124] Zu-

---

124. Die dogmatische Tradition, insbesondere reformierter Prägung (vgl. etwa *J. Calvin*, Inst II,15; *F. Schleiermacher*, Der christliche Glaube, §§ 100-105; *K. Barth*, KD IV/1, § 59; VI/2, § 64; IV/3, § 69; *F.-W. Marquardt*, Christologie 2, 135-237; *B. Klappert*, Jesus als König, sowie oben Teil B, II.3.1.2 bes. Anm. 157), hat das Werk Jesu Christi als »Wiederholung der Wege und des Berufs Israels« (*B. Klappert*, Jesus als König, 25 u. ö.) in der Lehre vom dreifachen Amt (»munus triplex«) entfaltet: »Danach hat er in allen seinen Taten die alttestamentlichen Funktionen des Königs in Israel, des Priesters im Tempel von Jerusalem und des Propheten im jüdischen Volk gleichzeitig ausgeübt und in sich zusammengefaßt« (*F.-W. Marquardt*, Christologie 2, 135).
M. E. – und darauf kann ich hier nur hinweisen – ermöglicht es diese traditionelle Lehre, die über das *messianische* Wirken Jesu Christi in *jüdischer* Form reflektiert, über Gal 3, 6 ff. hinaus Jesu Segensmittlerschaft so zu differenzieren, daß sie nicht nur seinen Kreuzestod und seine Auferweckung betrifft, sondern sich auf sein ganzes Leben entschränken läßt und Aspekte seines Segenshandelns einbezieht, die bisher noch nicht in

mindest in dieser Hinsicht ist er als der *Messias Israels* nicht nur Messias *aus* Israel (für die Völkerwelt), sondern auch Messias *für* Israel.[125]

Gleichzeitig – und diese Lesart von Gal 3,6 ist ebenso möglich – läßt sich die Treue Abrahams und Jesu als ein Erweis der Gerechtigkeit *Gottes* verstehen: Gen 15,6b kann ebenso bedeuten, daß Abraham selbst sein eigenes Vertrauen in Gott *diesem* als Gerechtigkeit angerechnet hat.[126] Im Sinne dieser Mehrdeutigkeit von Gen 15,6 verbinden sich auch in der πίστις Jesu menschliches und göttliches Tun. Beides zusammen *ermöglicht*, daß der Fluch, der die trifft, die Gottes Weisungen mißachten, die Völker nicht länger von der Teilhabe am Abrahamsegen ausschließt. Doch wie kommt es zu dieser Partizipation, war doch bisher allein davon die Rede, daß in seiner Auferweckung der Gekreuzigte selbst von Gott gesegnet wird?

Zur Deutung des Kreuzestodes Jesu als *stellvertretende Fluchübernahme* muß ein *inklusives* Verständnis seiner Treue, die Gott ihm zur Gerechtigkeit anrechnet und die es ihm ermöglicht, das Gesetz zu erfüllen, hinzukommen. Nur wenn die Menschen aus der Völkerwelt eingeschlossen sind in den Toragehorsam Jesu, nur wenn Gott die Treue Jesu als ihre eigene Treue anerkennt, wenn seine Gerechtsprechung auch ihre ist, gewinnen sie Anteil am Segen. In dogmatischer Terminologie: die paulinische Argumentation in Gal 3,6ff. verweist auf die wechselseitige Bedingtheit von *Stellvertretungs-* und *inklusiver Christologie.* Nur wo stellvertretender Fluchtod und inklusive Erfüllung des Gesetzes als komplementär betrachtet werden, befreit das Christusgeschehen nicht nur *von* der Fluchverfallenheit eines durch die Sünde pervertierten Lebens, sondern auch *zur* Teilhabe an Abrahamsegen und -kindschaft.

Damit aber die Wirklichkeit dieser Stellvertretung und Inklusion auch für die *wahr* wird, denen Gott sie zugutekommen lassen will, müssen diese aus der Rolle von Unbeteiligten und ZuschauerInnen heraustreten. Es bedarf ihrer *eigenen Stellungnahme* zu dem, was in Kreuz und Auferweckung Jesu Christi als Offenbarung der Treue Gottes *für sie* geschehen ist.

---

den Blick gekommen sind. Sie könnte dazu anleiten, sein irdisches Segenshandeln – von den Segensworten der Bergpredigt über die Krankenheilungen, die Kindersegnung und die wiederholten Segenssprüche bei den Mahlzeiten bis hin zum Abschiedssegen für seine JüngerInnen – als ein Segensein für andere im Sinne von Gen 12,2b darzustellen.

125. Mit dieser Bemerkung deute ich meinen Standpunkt in der gegenwärtigen Diskussion um die Messianität Jesu nur eben an, ohne ihn hier entfalten zu können: Den Titel »Messias Israels« auf die Herkunft Jesu aus dem jüdischen Volk zu beschränken, käme nicht nur einem christologischen Besitzverzicht, sondern auch einer erneuten Enterbung Israels gleich. Allerdings – und diese Ergänzung ist unverzichtbar – steht der Messiastitel als »Hoffnungsname Jesu« unter eschatologischem Vorbehalt; d.h. Jesus als Messias für Israel ist »als eine Hoffnung zu denken, die wir Israel schuldig sind, nicht mehr als eine Erkenntnis, die Israel bisher angeblich Gott schuldig geblieben ist« (F.-W. Marquardt, Christologie 2, 217).

126. Zur Auslegung von Gen 15,6 als eines synthetischen Parallelismus membrorum vgl. M. Oeming, Anrechnung.

2.3 An Jesus Christus glauben: als mit Abraham Gesegnete in den Weisungen der Tora leben

Wenn Paulus die galatischen HeidenchristInnen zu der Erkenntnis führt,

»daß die aus Treue Söhne und Töchter Abrahams sind« (3,7), und daß
»die aus Treue *gesegnet* werden zusammen mit dem treuen Abraham« (3,9),

dann ist diese Erinnerung an Abraham doppeldeutig. Vordergründig scheint Abraham als Glaubensparadigma für die GalaterInnen zu fungieren: Wie er auf Gott vertraut hat, so sollen auch sie es tun. Doch im Verlauf der paulinischen Argumentation wird dieser *unmittelbare* Bezug der galatischen HeidenchristInnen auf Abraham christologisch aufgehoben. Ihre Abrahamkindschaft wird *vermittelt* über den einen Abrahamsohn Jesus von Nazareth. Zu *ihm* müssen sie sich glaubend in Beziehung setzen, dann sind sie Kinder und ErbInnen Abrahams (V. 7), dann werden sie zusammen mit dem gläubigen Abraham gesegnet (V. 9).

Mit diesen *segenstheologischen* Sätzen interpretiert Paulus das, was er in der Auseinandersetzung mit Petrus in Antiochien *rechtfertigungstheologisch* so formuliert hat:

»Wir, von Natur Juden und nicht Sünder aus den Völkern,
wissend, daß kein Mensch gerecht wird aus Werken des Gesetzes,
sondern allein *durch die Treue Jesu Christi*,
auch wir haben *den Glauben an Christus Jesus* angenommen,
damit wir gerecht würden *aus der Treue Christi* und nicht aus Werken des Gesetzes,
denn: aus Werken des Gesetzes ›wird kein Sterblicher gerecht‹ (Ps 143,2)« (2,15 f.).

»Gesegnet werden zusammen mit dem treuen Abraham« und »durch die Treue Jesu Christi gerecht werden« meinen ein und dasselbe Geschehen. Und es ist der *Glaube*, der in *Beziehung* zu diesem Geschehen setzt.[127] Im Glauben erst wird es auch für die galatischen ChristInnen *wahr*, daß in Jesus Christus der

---

127. Spätestens hier ist der Hinweis nötig, daß ich das paulinische »wir« in Gal 3,13 f. für ein inklusives, Juden- und HeidenchristInnen umfassendes, halte. Gal 3,6-14 ist weder von 3,1-5 noch von 2,11-21 zu trennen, so daß es Paulus um die Geltung des Christusgeschehens sowohl für Israel als auch für die Völker geht, was aber keineswegs heißt, daß diese nicht adressatInnenspezifisch differenziert werden muß. Weil es mir in diesem Zusammenhang um die Partizipation der *Heiden*christInnen am Abrahamsegen geht, beschränke ich mich zunächst auf die Frage, welche Bedeutung Kreuzestod und Auferweckung Jesu Christi für die Völker haben, und sistiere vorläufig die jüdische bzw. judenchristliche Perspektive.
Mit einem differenziert inklusiven Verständnis des »wir« in Gal 3,13 f. widerspreche ich den Auslegern, die dieses für exklusiv judenchristlich (z.B. N. T. Wright) oder exklusiv heidenchristlich (z.B. L. Gaston) halten:
N. T. Wright bietet eine anregende *bundestheologische* Interpretation von Gal 3,10-14 in der Tradition von Gen 15 und Dtn 27-30. Seines Erachtens geht es in V. 10-14 primär um die Bedeutung des Christusgeschehens für das *jüdische Volk*, so daß das paulinische »wir« in V. 13 f. als ein *ausschließlich* jüdisches bzw. judenchristliches zu verstehen sei. In sei-

Abrahamsegen zu den Völkern gekommen ist. Wie Jesus die Treue Abrahams Gott gegenüber wiederholt und darin wie Abraham als gerecht erwiesen wird, so sollen auch die GalaterInnen wie Abraham Gott vertrauen. Sie tun dies aber, indem sie *an* Jesus Christus glauben: Der πίστις ’Ιησοῦ Χριστοῦ entspricht das πιστεύειν εἰς Χριστὸν ’Ιησοῦν (2, 16; vgl. Röm 3, 22).

Was aber heißt konkret – vor dem Hintergrund des galatischen Konflikts – »an Christus glauben«? Es heißt: das, was sich ἐν Χριστῷ ’Ιησοῦ (3, 14) für sie ereignet hat, auch wahrzu*nehmen*; also nicht selber tun zu wollen, was Gott – *an* und *durch* Jesus Christus und in cooperatio *mit* ihm – schon getan hat; die Treue Jesu und Gottes nicht ins Leere laufen zu lassen durch eigenmächtige »Werke des Gesetzes«, welche die neue Identität als Töchter und Söhne Gottes und damit auch Kinder und ErbInnen Abrahams (Gal 3, 7.26.29) heraufführen sollen, obwohl diese *in* Christus schon Wirklichkeit geworden ist (vgl. 2 Kor 5, 17; Gal 2, 20). An Christus glauben, heißt für die galatischen Gemeinden, das Christusereignis als eine *stellvertretende* Fluchübernahme wahrzunehmen, die sie aus

nem Kreuzestod nehme Jesus als Jude stellvertretend den Fluch der Tora über Israel auf sich; mit der Auferweckung des Gekreuzigten beende Gott das Leben Israels im Exil und erfülle an ihm die Abrahamverheißung. Wo Israel nun aber selbst nicht mehr unter dem Fluch stehe, könne es auch – entsprechend der universalen Perspektive von Gen 12, 3 – zum *Segen für andere* werden. Daß der Abrahamsegen in Jesus Christus zu den Völkern gelangt, stellt also im Gefälle der Wrightschen Argumentation eine *Folge* der Befreiung *Israels* vom Fluch des Gesetzes dar, der sich – nach Dtn 28, 64 ff.; 30, 3 ff. – als Verstreutsein ins Exil zeigtet. In Jesus von Nazareth handelt der Gott Israels befreiend an seinem Volk, und das kommt den anderen Völkern zugute. Die bundestheologische Interpretation von Gal 3, 10-14 in ausschließlich judenchristlicher Perspektive legt sich für Wright nicht nur aufgrund der traditionsgeschichtlichen Verbindungen zu Gen 15 und Dtn 27-30 nahe; für Heiden(christInnen) könne grundsätzlich nicht von der Vorstellung eines Lebens »aus Werken des Gesetzes« ausgegangen werden (vgl. Climax, 137-156). Daß die galatischen Gemeinden aber – in der Wahrnehmung des Paulus – genau darin begriffen sind, »aus Werken des Gesetzes« ihre neue Identität als Erben Abrahams zu sichern, kann m. E. für V. 10-14 nicht außer acht bleiben, so daß es nicht möglich ist, die Aussagen über das Gesetz in Gal 3, 10-14 *exklusiv* auf jüdische bzw. judenchristliche AdressatInnen zu beziehen.
Hinzu kommt, daß Paulus in Röm 2, 14 f. – also im Zusammenhang von 1, 18-3, 20, wo er das analoge Sündersein von Heiden und Juden beschreibt – die Heiden als solche kennzeichnet, die zwar die Tora nicht haben, aber doch von Natur aus ihre Bestimmungen halten, »weil ihnen »das Werk des Gesetzes« ins Herz geschrieben ist (die Singular-Wendung »Werk des Gesetzes« ist nicht mit dem Plural »Werke des Gesetzes« zu verwechseln!). Eben diese Überlegung erlaubt es aber nicht nur, sondern erfordert es geradezu, die Aussagen über den Fluch des Gesetzes in Gal 3 auch auf die Völker und nicht nur auf Israel zu beziehen (vgl. dazu auch *E. W. Stegemann*, Umgekehrte Tora, bes. 12 ff.).
Eine der Position Wrights entgegengesetzte Ansicht vertritt L. Gaston, der – vor dem Hintergrund eines »two-covenant-concepts« (Paul, 79 u. ö.) im Anschluß an Franz Rosenzweig – Gal 3 in einer konsequent *heidenchristlichen* Perspektive liest: Nur außerhalb des Bundes, also nur für NichtisraelitInnen, habe die Tora die Wirkungen, wie sie hier beschrieben würden. Doch wie läßt sich diese Überzeugung mit den Fluchankündigungen des Deuteronomiums (und des Heiligkeitsgesetzes) in Einklang bringen?

Sündern zu Gerechten gemacht hat, und mehr noch: als eine sie selbst *inkludierende* Erfüllung der Tora, durch die sie am Abrahamsegen partizipieren können.

Wo die Galater aber meinen, nur durch Beschneidung Erben Abrahams werden zu können, da lassen sie sich Gottes Tun gerade nicht gefallen und recht sein. Vielleicht läßt sich sogar sagen, daß sie darin ihr *Schon-Beschnittensein* leugnen: Der in der Tradition der paulinischen Theologie stehende Kolosserbrief spricht von der Taufe als einer *Beschneidung* der ChristInnen (2, 11 f.):

»In ihm seid ihr auch beschnitten worden durch eine nicht mit Händen vollzogene Beschneidung im Ausziehen des Fleischesleibes, in der Beschneidung Christi,
indem ihr mit ihm begraben wurdet in der Taufe;
in ihm seid ihr auch mitauferweckt durch den Glauben an die Kraft Gottes,
der ihn auferweckt hat von den Toten.«

Die Anspielung von V. 11 auf Gal 3, 27 und von V. 12 auf Röm 6, 4 könnte vermuten lassen, daß auch Paulus die Inklusion in den Kreuzestod im Sinne einer Beschneidung – nach Röm 2, 29 in der Tradition von Jer 4, 4; 9, 26 und Dtn 10, 16 als eine (geistgewirkte) *Beschneidung des Herzens* – verstanden hat. Diese innere Beschneidung im Geist würden die Galater zunichtemachen, wo sie sich einer äußerlichen im Fleisch unterzögen.[128]

Entspricht der *Glaube an Jesus Christus* aber der *Treue Jesu* selbst, die ihn zu einem Gerechten macht, der die Weisungen der Tora erfüllt, dann kann dieser Glaube nicht in Gegensatz zur Tora treten. Davon, daß Paulus hier beschreibe, »wie der Abrahamsegen *dem Gesetz zum Trotz* zu den Heiden gelangt«[129], kann keine Rede sein. Das Leben »aus Glauben« (Hab 2, 4) und das Leben »in den Geboten der Tora« (Lev 18, 5) schließen sich bei den Galatern ebensowenig wie bei Jesus gegenseitig aus. Sie sind zwei Perspektiven auf dieselbe Gottesbeziehung. Denn »in der Tora« zu leben, d. h. sie zu erfüllen, ist nicht identisch und darf nicht verwechselt werden mit »*aus* Werken des Gesetzes« leben; beides ist bei Paulus terminologisch scharf zu unterscheiden: Nicht weil Christus »es an ›Werken des Gesetzes‹ nicht hat fehlen lassen, wurde er gerechtfertigt, sondern weil er der Gerechte war, vermochte er das Gesetz zu erfüllen, ohne es zu einem ›Gesetz der Werke‹ zu korrumpieren«[130].

So gilt auch für die galatischen Gemeinden, daß der Glaube an Jesus Christus davon befreit, »aus Werken des Gesetzes« leben zu müssen, ohne damit selbst aber ein *torafreier* Glaube zu sein. Denn *im Glauben* nehmen die GalaterInnen ihre *neue Identität als Gerechte* an, die ihnen durch den Kreuzestod Jesu Christi als einem *stellvertretenden* und *inklusiven* Geschehen zugeeignet wird und die sie dazu ermächtigt, selbst »*in den Geboten der Tora*« zu leben, worin ihr In-

---

128. Von diesen Überlegungen her müßte man die Unterscheidung, daß das Evangelium für die heidenchristlichen Gemeinden zwar kein *gesetzesfreies*, aber doch ein *beschneidungsfreies* sei, noch einmal überprüfen. Statt Christus und die Tora zur Antithese zu erklären, würde bei diesem Verständnis der Taufe nicht einmal die Beschneidungsforderung der Tora im Blick auf die HeidenchristInnen abrogiert.
129. G. Ebeling, Wahrheit, 235.
130. H. Thyen, Studie, 125.

Christus-Sein seinen sichtbaren Ausdruck findet. Die Freiheit, zu der sie berufen sind (5, 13), ist sowohl die Freiheit *von* dem zum Scheitern verurteilten Bemühen, »durch Werke des Gesetzes« die Identität als Erben der Abrahamverheißung selbst zu verwirklichen, wie auch die Freiheit *dazu*, das Gesetz erfüllen zu können, weil sie mithineingenommen sind in seine Erfüllung durch Jesus Christus. Als der Glaube an den, der in den Bestimmungen der Tora lebt, kann ihr Glaube selbst keiner sein, für den das Gesetz nicht länger Gültigkeit hat. Denn der Glaube hebt das Gesetz nicht auf, sondern hält es gerade aufrecht (vgl. Röm 3, 31). Deshalb ist es den GalaterInnen geboten, die in Christus geschenkte Identität mit ihrem Tun und Lassen zu *bewahrheiten*:

»Wenn wir leben im Geist, laßt uns auch dem Geist folgen!« (5, 25)
»Einander tragt die Lasten, und so werdet ihr das Gesetz des Christus erfüllen!« (6, 2)
»Das ganze Gesetz ist nämlich in dem einen Wort erfüllt, in dem:
›Liebe deinen Nächsten wie dich selbst!‹« (5,14).

Dem geforderten Erfüllen des Gesetzes kann gerade nicht das Aussein auf »Werke des Gesetzes«, sondern allein der *Glaube* entsprechen, der in der *Liebe* tätig ist (vgl. 6, 2). So können die GalaterInnen den ihnen geschenkten Segen als Abrahams und Gottes Töchter und Söhne bewähren und bewahren.

2.4 Die Treue zu Jesus Christus als Segen für Abraham/Israel

Nach Gen 12, 2aβ.3aα empfangen Menschen aus der Völkerwelt den Segen Gottes, indem sie in ihrem Verhalten seiner Treue zu Israel entsprechen und ihrerseits Abraham/Israel segnen. Im Segnen des von Gott gesegneten Israel werden nichtjüdische Menschen selbst segenswürdig. Eine analoge *Konformität* zwischen göttlichem und menschlichem Handeln läßt sich auch im Anschluß an Gal 3, 6 ff. aufzeigen[131]:

Die Segensmittlerschaft Jesu Christi, mit der er Gottes Weisung an Abraham

---

131. Auch wenn Paulus in Gal 3, 6-14 begründet, daß und wie der Segen Abrahams den Völkern zuteil wird, so darf angesichts dieser universalen Zielperspektive der paulinischen Argumentation nicht übersehen werden, daß das Handeln Gottes an Jesus von Nazareth zuerst seinem Volk Israel und erst dann – über dieses vermittelt – den übrigen Völkern zugutekommt. Kreuzestod und Auferweckung Jesu dürfen in ihrer Bedeutung für Israel nicht vorschnell auf die Inklusion der Völker in die Segensgeschichte Gottes mit Israel hin übersprungen werden. Wie in Gen 12, 1-4a geht es auch in Gal 3 darum, daß zunächst und vor allem *Israel selbst* gesegnet wird, bevor es für andere zum Segen werden kann. Dafür kann N. T. Wrights bundestheologische Auslegung von Gal 3, 10-14 sensibilisieren, auch wenn man sie in ihrer ausschließlich judenchristlichen Perspektive nicht teilt. Adressatenspezifisch, aber ohne ein Zwei-Wege-Modell der Erlösung zu vertreten, unterscheidet er zwischen der Bedeutung des Christusgeschehens, das Paulus als »corporate christology« entfalte, im Sinne einer *Bundeserneuerung* für Israel, die ihren Ausdruck in der Geistbegabung findet (V. 14b), und einer *Hineinnahme* der Völker in die Abrahamfamilie (V. 14a). Durch seine stellvertretende Fluchübernahme ermöglicht der Messias es Israel, Segen und Licht für andere zu sein, und bahnt so den Weg des Abrahmsegens in die Völkerwelt.

erfüllt: »Werde (du) ein Segen!«, gründet – wie bei Abraham – in seinem eigenen Gesegnetsein. Bei der segens- und toratheologischen Interpretation von Gal 3,13 f. hat sich die Erkenntnis eingestellt, daß die Auferweckung Jesu als ein *Segenshandeln* Gottes am Gekreuzigten zu verstehen ist, das dessen Treue ins Recht setzt und ihm jenes Geschenk des Lebens macht, das dem Täter der Tora verheißen ist.

Israels Erfahrung aus der Wüstenzeit, die Dtn 23,6 – in Erinnerung an die Bileamerzählung – festhält:

»Und Jhwh, dein Gott, wollte nicht auf Bileam hören,
und Jhwh, dein Gott, verwandelte für dich den Fluch in *Segen*,
denn Jhwh, dein Gott, liebt dich«,

wiederholt sich in der Auferweckung Jesu Christi. In ihr verwandelt Gott aus Liebe zu Israel in eschatologischer Endgültigkeit – so Paulus – den Fluch in Segen und erweist sich darin als der Gott, der seinem Volk treu bleibt (vgl. das dreifache »Jhwh, dein Gott« in Dtn 23,6). An der Auferweckung dieses einen Juden wird offenbar, daß Gott nicht noch einmal seine Segensgaben und den Segen selbst verfluchen will (Mal 2,2), daß Israel nicht länger »ein Fluch unter den Völkern«, sondern ein Segen sein wird (Sach 8,13), daß Juden und Jüdinnen »die Nachkommenschaft der Gesegneten Jhwhs sind, sie und ihre Kinder mit ihnen« (Jes 65,23). In der Auferweckung des Gekreuzigten identifiziert sich Gott mit dem Leben und Sterben des Nazareners und läßt ihn an seiner Lebensfülle teilhaben. Er erweist dem Treue, der seinen Verheißungen und Weisungen treu geblieben ist, indem er an ihm die Abrahamverheißung erfüllt: »Ich will dich segnen!«. Gott segnet *Israel*, wo er dem tödlichen Fluch nicht das letzte Wort über den Gekreuzigten läßt, sondern ihn seiner Gewalt entreißt und ins Leben ruft.

Ist der Glaube an/das Vertrauen auf Jesus Christus jene *Stellungnahme* zum Handeln Gottes an dem Gekreuzigten, mit der nichtjüdische Menschen es sich gefallen lassen, daß der Gott Israels ihnen den Tod Jesu als stellvertretende Fluchübernahme und seinen Toragehorsam als inklusiven anrechnet, sie so gerecht macht und ihnen Anteil gibt an seinem Segen, der kein anderer ist als der Segen Abrahams, dann entsprechen sie mit diesem Glauben nicht nur der Treue Jesu Christi (und Abrahams), sondern auch Gottes. Die Treue Gottes, die sich in der Auferweckung des Gekreuzigten offenbart, findet ihre menschliche *Antwort* im Glauben an Jesus Christus. Indem sie an Christus glauben, anerkennen Menschen aus der Völkerwelt, daß Gott ihn und mit ihm Israel gesegnet hat, und geben ihm damit Ehre und Gewicht. Auch hier gilt: Wen Gott gesegnet hat, können/dürfen Menschen nicht leichtnehmen. Im Glauben an Jesus Christus segnen sie den von Gott Gesegneten und so auch Israel.

Wie das ἐν Χριστῷ Ἰησοῦ von Gal 3,14a das בְּךָ bzw. בְזַרְעֲךָ aus Gen 12,3; 22,18 (u. ö.) nicht aufhebt, sondern wiederholt und bestätigt, so ist der Glaube an Jesus Christus die *Lebensverbindlichkeit*, mit der sich Nichtjuden und -jüdinnen in Beziehung setzen zur Segensgeschichte Abrahams/Israels und durch die sie selbst gesegnet werden. Dieser Glaube schließt grundsätzlich jedes Leichtnehmen, jede Entwürdigung des Gottesvolkes aus, oder er ist nicht der Glaube an den gekreuzigten und auferweckten Abrahamsohn. Der Glaube an Jesus Christus ist ein bescheidener Glaube darin, daß er um die jüdische Vermittlung der Gottesbeziehung, um das Gesegnetsein als *Mitgesegnetsein* mit Abraham/Israel weiß. Er anerkennt Israel als unser erstes »extra nos«.

Wird im Glauben an Jesus Christus das Gesegnetsein Israels bejaht und bestätigt, so daß dieser selbst – im Anschluß an Gen 12,3aα – einem Segnen Abrahams/Israels entspricht, dann läßt er sich als nachösterliche Aufnahme der Segenswünsche verstehen, die das irdische Leben Jesu von Anfang an begleitet haben:

– Der Engel Gabriel begrüßt Maria bei der Ankündigung der Geburt Jesu (Luk 1,28) mit den Worten: »*Freue dich, Begnadete, der Herr (ist/sei) mit dir!*«[132]
– Mit einem ausdrücklichen Segenswort heißt Elisabeth die schwangere Maria willkommen (Luk 1,42):

»*Gesegnet* (bist/seist) du unter Frauen, und *gesegnet* (ist/sei) die Frucht deines Leibes!«

Während der Maria selbst geltende Segenswunsch die B^{e}racha auf Jael in Ri 5,24 und auf Judit in Jdt 13,18 aufnimmt, zitiert der Segen für das Kind im Mutterbauch Dtn 28,4: Die Schwangerschaft Marias wird also in die Tradition der (bedingten) Segensankündigungen des Deuteronomiums gestellt. Hier deutet sich bereits an, daß der – schon pränatal – Gesegnete zum Segen für andere werden wird.

– Das acht Tage alte Kind Marias und Josephs auf den Armen haltend, segnet Simeon Gott,

»denn meine Augen haben deine Rettung/deinen Retter gesehen,
die/den du bereitet hast im Angesicht aller Völker,
Licht zur Erleuchtung der (Heiden-)Völker und zur Verherrlichung deines Volkes Israel« (Luk 2,30-32).

In dem zur Beschneidung in den Tempel gebrachten Säugling erkennt der geistbegabte Simeon – wie zuvor Elisabeth und Zacharias mit »geliehenen« Worten – den ersehnten »Trost Israels« (2,25), der Israel damit Gewicht, Ehre, Würde und Glanz geben wird, daß er dessen Aufgabe erfüllt, »Licht der Völker« (vgl. Jes 42,6; 49,6) zu sein, und sich darin als »Retter« Israels und der Völkerwelt erweist.

---

132. Wichtige Textzeugen (vgl. den textkritischen Apparat z. St.) ergänzen: »Gesegnet (bist/seist) du unter Frauen!« Zum Mitsein Gottes als Segensmotiv vgl. unten Teil C, II.1.2.
In künstlerischen Darstellungen dieser Verkündigungsszene wie der von Fra Angelico (»Die Verkündigung«, ca. 1437, Fresko im Kloster San Marco, Florenz) kommentieren die ausgebreiteten Flügel Gabriels seine Worte mit einer entsprechenden Segensgebärde. Zur segnenden Gebärde von Flügeln, nämlich der den Geist symbolisierenden Taube auf dem Bild René Magrittes »La Grande Famille«, vgl. *G. Müller-Fahrenholz*, Erwecke die Welt, 24 ff.

– Übereinstimmend erinnern alle Evangelien daran, daß Jesus beim Einzug in Jerusalem von der Volksmenge mit dem Segensgruß aus Ps 118,26 empfangen wurde: »*Gesegnet (ist/sei), der kommt, im/mit dem Namen des Herrn!*« (Mk 11,9).[133] Diese Segnung, die den Festpilgern bei der Ankunft am Tempel entgegengerufen wird, belegt die Ankommenden – in der Tradition des aaronitischen Segens – mit dem Namen Gottes.[134] Wenn aber alle Evangelien davon berichten, daß Jesus bei seinem Kommen nach Jerusalem zum Pessachfest mit dem Segensspruch aus Ps 118,26a gegrüßt wird, dann geht es ihnen dabei offenbar um mehr als die übliche Begrüßung eines Pilgers am Tempel (vgl. Ps 118,26b; 134,3 u.ö.) aus Anlaß eines der Wallfahrtsfeste. Das Zitat des *einen* Verses vergegenwärtigt den *ganzen* Psalm und die mit ihm in seiner christlichen Rezeption verbundenen messianischen Konnotationen[135]:

Ps 118 bildet den Abschluß des »Hallel« (Ps 113-118), jener Psalmengruppe, die nicht nur zu den großen Festtagen im Synagogengottesdienst, sondern auch in der Sederfeier jüdischer Familien am Pessachvorabend gesungen wird – als Lobpreis auf den Gott, der sein Volk (in jeder Generation!) aus Ägypten heraus(ge)führt (hat). Das Dankgebet Israels (V. 5-18), das auf vielfältig widerfahrene Rettung und Befreiung antwortet, ist eingebunden in einen liturgischen Wechselgesang (V. 1-4.19-29). Dieser nimmt die erfahrene Güte Gottes zum Anlaß für die Bitte, Jhwh möge seine mit der Befreiung aus dem »Sklavenhaus Ägypten« begonnene Geschichte *vollenden*. Folgt der Segensgruß von V. 26a dem Klageruf:

»Ach, Jhwh, rette doch! Ach, Jhwh, laß doch gelingen!« (V. 25),

so begrüßt er die Ankommenden in der Erwartung, daß sie zum Gelingen des göttlichen Handelns ihrerseits beitragen.

Wer Jesus mit diesem Segenswort in Jerusalem willkommen heißt, verbindet mit ihm offenbar messianische Hoffnungen, *anerkennt* seine messianische Aufgabe und *bestärkt* ihn darin. Das Gesegnetwerden mit dem Namen des Gottes Israels nimmt Jesus für dessen Befreiungsgeschichte in Pflicht. Mit ihm soll sie glücken (Ps 118,25b). Die Erfahrung des Wunders, daß »das von den als ›Bauleute‹ der Geschichte Auftretenden mißachtete und mißhandelte Israel (…) von JHWH zum ›Eckstein‹ jenes Hauses gemacht worden (ist), das *er* selbst baut«[136], soll sich in Jesus von Nazareth wiederholen und erfüllen. In ihm wird – so das neutestamentliche Verständnis der Metapher von Ps 118,22 – der verworfene Stein Israel zum »Eckstein« (vgl. Mk 12,10f. par; Apg 4,11f.; Eph 2,19-22; 1 Petr 2,7f.), zum Grundstein, der über Gestalt und Standfestigkeit des Hauses entscheidet.

Damit ist aber das Verhältnis von Universalität und Partikularität auch ein Thema der christologischen Neuinterpretation der »Eckstein«-Metapher: Wer den Baustein »Israel« aus dem Fundament herausreißen will, bringt das ganze Gebäude der Geschichte Gottes zum Einstürzen.

Dem Glauben an Jesus Christus gehen aber nicht nur diese Segnungen des irdischen Jesus voraus, er mündet selbst auch wiederum in eine eschatologische

---

133. Vgl. Mt 21,9; Luk 19,38; Joh 12,13; Mt 23,39; Luk 13,35.
134. Vgl. oben Teil C I,1.1.3.
135. Vgl. zum Folgenden *E. Zenger*, Morgenröte, 114-125.
136. *E. Zenger*, a.a.O., 124.

Bᵉracha ein, wie sie die apokalyptischen Loblieder (vgl. Apk 4, 11; 5, 12 f.; 7, 12) vorwegnehmen:

»Und jedes Geschöpf, das im Himmel und auf der Erde
und unter der Erde und auf dem Meer (lebt), und alles, was in ihnen (lebt), hörte ich sagen:
›Dem, der auf dem Thron sitzt, und dem Lamm (gehört) der *Segen* und die Ehre
und die Herrlichkeit und die Macht in alle Ewigkeit!‹« (Apk 5, 13).

In dieser Bᵉracha spricht sich die weltweite Anerkennung des Gottes Israels und des Gekreuzigten und Auferweckten durch alle Geschöpfe (nicht nur die Menschen!) aus. Wo sie ihm – als dem geschlachteten und doch nicht vom Tod besiegten (Pessach-)Lamm (vgl. Apk 5, 6 ff.) – den ihm gebührenden Segen geben, wird offenbar, daß der Fluch endgültig vom Segen überwunden ist.

Denen, die aus der Erinnerung an diese Zukunft, die in der Auferweckung des Gekreuzigten in die Gegenwart eingebrochen ist, leben, werden solche apokalyptischen Hoffnungsbilder, die von der Macht der Ohnmächtigen sprechen, zur Bedingung der Möglichkeit, hier und heute dem Fluch mit Segen zu begegnen; sie bestärken sie darin, dem alltäglichen Leben Spuren der Segensgeschichte Gottes einzuprägen:

»Als Geschmähte *segnen* wir; als Verfolgte halten wir aus; als Verlästerte reden wir freundlich« (1 Kor 4, 12b-13a).

Den Geboten der neutestamentlichen Kontrastethik, die dazu auffordern, dem Bösen mit Gutem zu begegnen und es so zu »entwaffnen«[137], kann nur entsprechen, wer aus dem Vertrauen darauf lebt, daß Gott selbst den Fluch durch Segen entmachtet hat, und sich von der erinnerten Hoffnung motivieren läßt, daß den Opfern, deren Lebensgeschichte christologisch im Bild des geschlachteten Lammes bewahrt wird, Anerkennung und Ehre widerfährt.

Solange noch nicht alle Menschen in diese Bᵉracha auf den Gott Israels und seinen Messias einstimmen können, bleibt es ein Ausdruck christlichen Triumphalismus, von der *universalen* und *endgültigen Erfüllung* der Abraham und seinen Nachkommen gegebenen Segensverheißungen im Christusgeschehen zu sprechen. Zwischen dem eschatologischen Handeln Gottes an uns und an Jesus Christus als dem »Erstgeborenen der ganzen Schöpfung« (Kol 1, 15) und »Erstling der Entschlafenen« (1 Kor 15, 20) ist zu unterscheiden. Denn als Vorwegnahme des Ziels seiner Segensgeschichte hat Gott seine Verheißungen in der Auferweckung Jesu von den Toten nur an dem einen Abrahamsohn erfüllt. Diese Vorwegerfüllung, welche die – im wörtlichen Sinn – »vorläufige« Exklusivität Jesu Christi ausmacht (vgl. Hebr 6, 20), besiegelt die bleibende Gültigkeit der Verheißungen und macht die Hoffnung darauf gewiß, daß Gott seinen Versprechen treu bleiben und sie einlösen wird. Die Differenz zwischen dem *Anbruch* der Erfüllung in Jesus Christus und ihrer universalen *Vollendung* eröff-

---

137. Vgl. oben Teil B, I.2.6; III.3.

net den Menschen Raum und läßt ihnen Zeit, Gottes Segenswirken zu entsprechen.

2.5 Die befreite Tora – Gewährung und Bewahrung von Segen und Leben

Was in der bisherigen segens- und toratheologischen Interpretation von Kreuz und Auferweckung Jesu Christi immer schon mitgedacht war, soll nun explizit zur These erhoben werden: Der Abrahamsegen, der in Christus zu den Völkern kommt, ist *kein anderer Segen* als der, den – nach dem Zeugnis der Tora – Gott denen bewahren und weiterhin gewähren wird, die nach seinen Weisungen leben. Mit dem Zitat von Dtn 27,26 (LXX) und der Anspielung auf Dtn 28,58 und 30,10 in Gal 3,10 interpretiert Paulus das Christusereignis im Zusammenhang mit den *bedingten Segens- und Fluchankündigungen* des Deuteronomiums. Indem die Menschen aus der Völkerwelt sich den in Kreuz und Auferweckung Jesu Christi ermöglichten Identitätswechsel als ein neuschöpferisches Wirken Gottes Recht sein und gefallen lassen, haben sie teil am Abrahamsegen, sind sie Töchter und Söhne des Gottes Israels. Damit ist aber auch das Gesetz selbst zu seiner ureigenen Bestimmung befreit, nämlich Segen und Leben (jenseits des »Sklavenhauses Ägypten«) zu erhalten und zu fördern:

Solange die Tora es mit von der Sünde pervertierten Menschen zu tun hat, die unfähig sind, ihren Weisungen zu folgen, die sie vielmehr zu einem »Gesetz der Werke« (Röm 3,27) und damit zu einem »Gesetz der Sünde und des Todes« (Röm 8,2) verkehren, kann sie selbst auch – um der Gerechtigkeit Gottes willen – weder Leben noch Segen noch Freiheit bewahren, sondern nur den Fluch bringen. Wo die Tora aber auf Gerechtgewordene trifft, die ihre Gebote erfüllen können, wirkt sie selbst als ein »Gesetz des Geistes des Lebens« (vgl. Röm 8,2ff.), wird zu einer »Gestalt des Evangeliums«[138], manifestiert sich als »Gottes in Gebote des Lebens gefaßte Liebe«[139]. Indem Jesus

»unter das Gesetz getan wurde, damit er die, die unter dem Gesetz waren, freikaufte, damit wir die (Tochter- und)Sohnschaft empfingen« (Gal 4,4b.5),

befreite er auch das Gesetz davon, als von der Sünde zum Unterdrückungsinstrument mißbrauchtes *über* die Menschen zu herrschen und als solches den Fluch über sie zu bringen; und er eröffnete damit den Spielraum der Freiheit, *in* dem die Gerechtgesprochenen ihre neue Identität bewähren können. Das heißt aber, daß in diesem Geschehen die bedingten Segens- und Fluchankündigungen der Tora gerade *nicht aufgehoben*, sondern bestätigt und ins Recht gesetzt werden. Ebensowenig wie Christus gegen die Tora ausgespielt werden darf, kann ein Gegensatz zwischen der (unbedingten?) Abrahamverheißung

---

138. K. Barth, KD II/2, 564 u.ö.
139. F. Crüsemann, Tora, 238.

und der an den Toragehorsam gebundenen göttlichen Segenszuwendung behauptet werden.

Exkurs: Gesegnetsein verpflichtet – die bedingten Segensankündigungen des Deuteronomiums

Was Segen *konkret* heißen kann, wird in keinem anderen biblischen Text so anschaulich wie in den Segensankündigungen des Dtn. Hier durchdringt Gottes lebensförderliche Zuwendung das gesamte alltägliche Geschehen und reicht tief in das diesseitige, irdische Leben hinein. G. v. Rad spricht von einem »im Alten Testament kaum mehr überbotene(n) Heilsmaterialismus, der bis in die Backschüsseln der einzelnen Haushaltungen reicht«[140]:

»*Gesegnet* wirst du sein in der Stadt, und *gesegnet* wirst du sein auf dem Feld.
Gesegnet wird die Frucht deines Leibes sein und die Frucht deines Ackers
und die Frucht deines Viehs, der Wurf deiner Rinder und der Zuwachs deiner Schafe.
Gesegnet sein wird dein Korb und dein Backtrog.
Gesegnet wirst du sein bei deinem (Heim)Kommen,
und *gesegnet* wirst du sein bei deinem (Hinaus)Gehen« (Dtn 28,3-6; vgl. 7,13 f.).

Der Ertrag des Feldes, das Gedeihen des Viehs und die Fruchtbarkeit menschlichen Lebens und Handelns in jeder Hinsicht werden als Wirkung göttlichen Segens verstanden. Gleichsam zum Synonym für die Größe des jeweiligen Besitzes kann die Wendung »wie Jhwh, dein Gott, dich gesegnet hat« (vgl. Dtn 16,10.17) werden. »Segen Gottes meint im Dtn zentral Arbeitserfolg, Besitz und Wohlstand.«[141] Die wiederholte Erinnerung oder Verheißung, daß Jhwh das angesprochene »Du« bei jedem Tun oder Erwerb seiner Hand gesegnet hat bzw. segnen wird (vgl. 2,7; 14,29; 15,10.18; 16,15; 23,20f.; 24,19; 28,8.12), teilt mit der älteren Weisheit (vgl. Prv 10,22; Ps 127) die Einsicht, daß Gelingen und Erfolg menschlicher Unternehmungen weder hergestellt noch garantiert werden können, sondern sich Gottes Segen verdanken.

Nach Auskunft des Dtn stellt sich diese Erkenntnis aber nicht von selbst ein, sondern hat – ebenso wie das angeredete »Du« – einen konkreten *geschichtlichen* und *theologischen* Ort: Theologisch gehört sie in die *Bundesbeziehung* Gottes mit seinem erwählten Volk; Segen ist gemäß dem Dtn zunächst – ebenso wie die Befreiung aus Ägypten, die Begleitung und Bewahrung in der Wüste und die Hineinführung ins Land – Ausdruck der *unbedingten*, bundespartnerschaftlichen Zuwendung Gottes zu Israel. Er ist die Weise der Gegenwart Gottes in allem Geschehen, die das Leben *im Land* gelingen läßt. Segen ist eine Gabe Gottes, auf die jene angesprochen werden (können), die – und damit kommt der geschichtliche Ort in den Blick – als aus der Knechtschaft befreite

---
140. Theologie I, 242; vgl. dazu oben Teil B, II.2.1-3.
141. R. Albertz, Segen Gottes, 106.

Menschen in den Genuß der Güter des geschenkten Landes kommen, es erfolgreich bewirtschaften und zu Wohlstand gekommen sind.[142] Sie, die freien Landbesitzer, sind die Adressaten der *bedingten* Segensankündigungen, die das spezifische Profil des dtn Segensverständnisses ausmachen.[143] Verdanken sich die Fruchtbarkeit ihrer Felder und ihres Viehs sowie der Ertrag ihrer Arbeit dem Segen Gottes, dann können sie darüber nicht verfügen wie über selbsterwirtschaftetes Eigentum. Als Segensgaben Gottes entziehen jene sich einem ausschließlichen Eigenbedarf und verpflichten zum Teilen mit denen, deren Leben durch Mangel statt durch Segen gekennzeichnet ist, die nicht an der Freiheit und dem Besitz des Landes partizipieren.

Die am Ort der Bundesbeziehung mögliche Wahrnehmung des Gesegnetseins *motiviert* die konkreten Weisungen der deuteronomischen *Sozialgesetze*. Freiheit und Landbesitz, die Früchte biologischen und ökonomischen Wachsens und Gedeihens können nur bewahrt werden, wenn sie *solidarisch* an die weitergegeben werden, deren Lebensrechte das Deuteronomium sichern möchte:

»Die vom Gesetz gewollte Sicherung sozialer Problemgruppen, der recht- und landlosen traditionellen personae miserae, der Fremden, Witwen und Waisen, aber auch der Sklaven, der massiv Verschuldeten, von land- und arbeitslosen Leviten und von Hungernden beruht natürlich auf der Arbeit der angeredeten freien Grundbesitzer. Der göttliche Segen für ihre Arbeit wird explizit daran gebunden, daß ein Teil ihrer Produkte den gesellschaftlich Schwächsten zugute kommt. Die solidarische Einbeziehung der Schwachen in den Reichtum der Produktion gewährleistet den Segen für die Arbeit, die solches möglich macht.«[144]

Dazu einige Beispiele:
Erneuter Segen Jhwhs wird denen verheißen, die in jedem dritten Jahr ihren Zehnten an die Leviten, die Fremden, die Witwen und Waisen ihres Ortes abführen, damit diese sich sattessen können (14, 27 ff.); an die, die von ihren Segensgütern nicht hartherzig und mißmutig, sondern freiwillig und gern – selbst noch kurz vor dem Erlaßjahr und also ohne Aussicht auf Rückerstattung – den Armen Darlehen geben (15, 7 ff.); die ihre Schuldsklaven nicht mit leeren Händen entlassen, sondern ihnen – nach dem Maß ihres eigenen Besitzes – einen Lohn geben von ihren Schafen, ihrem Getreide und ihrem Wein (15, 12 ff.); die ihren Brüdern keinen Zins auferlegen (23, 20 f.); die auf die Nachlese in ihren Weinbergen und auf ihren Feldern verzichten um der Fremden, Witwen und Waisen willen (24, 19-21).

Daß Jhwh seinen Segen nicht entziehen wird, daß Landbesitz, Freiheit und Erfolg gewährt bleiben, macht das Deuteronomium in seinen Sozialgesetzen so vom *freudigen* Besitzverzicht zugunsten der Verarmten und Besitzlosen abhängig. Nicht etwa Mitleid und Wohltätigkeit sollen das Teilen mit den Zu-kurz-Gekommenen motivieren, sondern die Einsicht in die *Sozialverpflichtung* der

---

142. Vgl. zum historischen Ort und zur rechtsgeschichtlichen Einordnung des Deuteronomiums F. Crüsemann, Tora, 235-273.
143. Vgl. dazu schon oben Teil B, II.1.4.
144. F. Crüsemann, Tora, 263.

empfangenen Segensgüter läßt es selbstverständlich werden. Die Bedürftigen sollen nicht in die Rolle von AlmosenempfängerInnen gedrängt werden und bloße Objekte guter Werke sein, sondern als »Brüder« und »Schwestern« in der Familie des befreiten Gottesvolkes anerkannt werden; mehr noch: sie spielen selbst – nach Dtn 15, 9; 24, 13.15 – eine *aktive* Rolle im Blick auf die Gerechtigkeit oder die Schuld der Besitzenden:

> Die Klage des Armen zu Gott über das verweigerte Darlehen kurz vor dem Erlaßjahr läßt – im Sinne des Tun-Ergehen-Zusammenhangs – *Schuld* auf den unsolidarischen Reichen kommen (15, 9), während der Segen des Armen für die Rückgabe des gepfändeten Mantels vor Sonnenuntergang bewirkt, daß dem Gläubiger dieses Tun vor Gott als *Gerechtigkeit* angerechnet wird (24, 13). Wer den Tagelöhnern ihren täglichen Lohn nicht vorenthält, entgeht der Schuld, die ihr Hilfeschrei zu Gott auf ihn legen würde (24, 15).[145]

Im Gefälle der *konkreten* Bestimmungen der Sozialgesetzgebung lassen sich nun auch die *grundsätzlichen* Segens- und Fluchankündigungen in den Rahmenkapiteln des Deuteronomiums verstehen. Auch hier gilt, daß das Allgemeine seine Bedeutung vom Besonderen gewinnt.

Der Segen, der bis in den Obstkorb und Backtrog reichen wird (Dtn 28, 3 ff.; vgl. 7, 12 ff.), steht unter der Bedingung des Toragehorsams:

> »Wenn du hören, hören wirst auf die Stimme Jhwhs, deines Gottes,
> indem du darauf achtest, alle seine Gebote zu tun, die ich dir heute geboten habe,
> dann wird dich Jhwh, dein Gott, zum höchsten über alle Völker der Erde machen;
> und über dich werden alle diese *Segnungen* kommen und dich erreichen,
> wenn du auf die Stimme Jhwhs, deines Gottes, hörst;
> *Gesegnet* sein wirst du (...)!« (28, 1 f.).

Mit der Gabe des Gesetzes verbindet sich die *Wahl* zwischen Segen und Fluch, Gutem und Bösem, Leben und Tod (vgl. Dtn 11, 26 ff.; 28, 1 ff., 15 ff.; 30, 1 ff.). In einer Zeichenhandlung sollen beim Einzug ins Land nach der Überschreitung des Jordan Segen und Fluch sichtbar auf die Berge Garizim und Ebal gelegt werden (Dtn 11, 29 f.; 27, 11 ff.; vgl. Jos 8, 33 f.) – als Erinnerung daran, daß Jhwh mit der Gabe des Landes treu zu seinen Verheißungen steht, als Mahnung dafür, daß die Befreiung aus dem »Sklavenhaus Ägypten« sowie das Land mit seinen Gütern verspielt werden können, und als Hinweis darauf, daß es die Weisungen der Tora sind, deren Befolgung ein solches Leben im Land ermöglicht, das die Bundestreue Gottes be- und verantwortet. Mit den bedingten Segens- und Fluchankündigungen hebt das Deuteronomium keineswegs grundsätzlich die Unbedingtheit und Unverfügbarkeit des göttlichen Segens auf und läßt Gott lediglich auf Toragehorsam und -ungehorsam Israels *reagieren*.[146] Es

---

145. Vgl. dazu R. *Kessler*, Rolle des Armen.
146. H. P. Müller kann in den konditionalen Segens- und Fluchsprüchen – anders als in Segens*ankündigungen* wie Gen 12, 2 f. – nur ein Segens- und Fluchhandeln erkennen, das »ein vorgegebenes Regelsystem wie den Tun-Ergehens-Zusammenhang bestärkt« und

geht ihm vielmehr um den *Umgang* mit dem gratis geschenkten Segen. Es zielt auf die menschliche Bestätigung und Betätigung der Bundesbeziehung, die Gott voraussetzungslos eröffnet hat und die er je neu durch seine Segensgaben aufrecht erhält. Wo das Deuteronomium Segen und Leben an das Halten der Gebote knüpft, läßt es menschliches Tun *nicht gleichgültig* sein für die Erfüllung der Segensverheißungen, sondern nimmt die Bundes*partner*schaft des Gottesvolkes ernst.

Dieser bundestheologische Kontext scheint mir zu wenig berücksichtigt, wenn R. Albertz zu bedenken gibt, »ob die deuteronomischen Theologen mit solchen konsequenten ethischen Bedingungen nicht einen gewichtigen Teil der Realität des Segens Gottes einfach überspringen: haben sie womöglich nicht mehr genügend im Blick, daß der Segen Gottes (...) zunächst eine unbedingte Gabe des Schöpfers an alle Lebewesen darstellt?«, und wenn er die Stärke der bedingten Segensankündigungen (allein) darin erkennt, daß sie die »soziale Verpflichtung des Eigentums« theologisch rechtswirksam motivieren.[147]

Die Befürchtung, daß durch eine Ethisierung des Segens seine Unverfügbarkeit aufgehoben werden könnte und das freie Handeln Gottes in Abhängigkeit vom Menschen geraten könnte, ist eine Folge der Umkehrung der Erkenntnisordnung: Wo – im Anschluß an C. Westermann[148] – »die Einbindung des Segens in die Geschichte Gottes mit seinem Volk« als ein gegenüber der Wahrnehmung des universalen Schöpfungssegens späteres Stadium in der religionsgeschichtlichen Entwicklung des Segensverständnisses des Alten Testaments aufgefaßt wird und wo das »grundsätzliche Problem« seiner Segenstheologie darin gesehen wird, »wie das von Haus aus universale Segenshandeln Gottes, das es mit so kreatürlichen Vorgängen wie Fruchtbarkeit, Wachsen und Gedeihen zu tun hat, in das partikulare Geschichtshandeln Jahwes an seinem Volk, in dem es zentral um Befreiung aus Unterdrückung (Exodus) und Rettung aus mannigfachen politischen Bedrohungen geht, integriert werden kann«[149], hat dies zwar die kanonische Abfolge der biblischen Texte, aber kaum die ratio cognoscendi auf seiner Seite: So wie Israel in seinem Gott den Schöpfer des Himmels und der Erde erst wahrnahm, als es ihn schon längst als den befreienden Gott kennengelernt hatte, so kommt auch das *universale* Segenswirken

---

»über eine ›Gesetzlichkeit‹ im Sinne des theologischen lex-Begriffs nicht hinausreicht. (...) Kontingenz bleibt aus. Anders als Gottes rettendes Kommen und Eingreifen, anders natürlich auch als die Inkarnation Gottes in Christus stiftet das Segnen seitens eines Menschen oder Gottes normalerweise keinen voraussetzungslosen kreatorischen Neuanfang; (...) vor allem die bedingten Segens- und Fluchsprüche in Gesetzeszusammenhängen beschränken auch das Handeln Gottes auf re-actio gegenüber dem, was Gott vorfindet« (Segen, 17 f.). Nach H.-P. Müller gehorchen Segen und Fluch einem »nomistische(n) Regelsystem« (a. a. O., 18) und unterscheiden sich damit grundsätzlich von Gottes rechtfertigendem Handeln.
Zu dieser »gesetzlichen« Sicht der bedingten Segens- und Fluchworte (sowie des Tat-Folge-Zusammenhangs) kann Müller nur gelangen, weil er in die Westermannsche Unterscheidung zwischen einem kontingenten Rettungshandeln und einem steten Segenshandeln Gottes die lutherische Unterscheidung von Gesetz und Evangelium einträgt, wobei der Segen »normalerweise« auf der Seite des Gesetzes zu stehen kommt.

147. Segen Gottes, 107 f.
148. Vgl. C. *Westermann*, Segen in der Bibel, bes. 52 ff.; *ders.*, Theologie, 90 ff.
149. R. *Albertz*, Segen Gottes, 100.

des Schöpfers erst von dem *partikularen* Ort der besonderen (Bundes-)Geschichte Gottes mit Israel in den Blick. In den Segensverheißungen, die an den Toragehorsam gebunden sind, eine Tendenz der Vergesetzlichung der freien Gnade Gottes zu vermuten, heißt, die Bundesbeziehung zu unterlaufen und ihre – wenn auch asymmetrische – Wechselseitigkeit auszuhöhlen. Gerade das Stehen in dieser Beziehung und das Einstehen für sie lassen doch erst den Schluß zu, daß sich gelingendes Leben dem unverdienten Segen Gottes verdankt.

Das *bundestheologische Vorzeichen* vor der Klammer der bedingten Segens- und Fluchankündigungen des Dtn wahrt die Unverfügbarkeit des göttlichen Segens ebenso wie es die Gesegneten in Pflicht nimmt, sich auch ihren Mitmenschen und Gott gegenüber[150] als Gesegnete zu erweisen, d.h. den empfangenen Segen zu teilen.

Daß Paulus in Gal 3,6-14 nicht nur mit der Segensverheißung an Abraham, sondern auch mit den bedingten Segens- und Fluchankündigungen der Tora argumentiert, bestätigt zum einen den im vorherigen Abschnitt erbrachten Nachweis, daß der Glaube an Christus sowohl *von* den eigenmächtigen »Werken des Gesetzes« als auch *zur* Erfüllung des Gesetzes, nämlich zur Praxis der Liebe, befreit und darum kein torafreier Glaube sein kann.[151] Er ist – dafür steht auch das Zitat von Gen 15,6 ein – Glaube in der von Gott in Jesus Christus auch für die Völker erschlossenen Beziehung des Bundes, ja die praktische Inanspruchnahme dieser Beziehung selbst; er entspricht dem Gesegnetsein mit dem Segen Abrahams im Weitergeben dieses Segens an andere (vgl. dazu die Paränesen des Galaterbriefes).

Andererseits wird mit dem Verständnis des Christusereignisses als Vermittlung des Abrahamsegens an die Völker deutlich, warum – nach Röm 10,4 – »*das Ziel und Ende* (τέλος) *des Gesetzes Christus ist zur Gerechtigkeit für jeden, der glaubt.*« Christus ist das *Ende* des Gesetzes in seiner von der Sünde pervertierten Gestalt: daß es nur und nichts anderes als den Fluch verhängen kann, solange es auf Menschen trifft, die nicht in seinen Weisungen leben (können), indem er diesen Fluch als Gerechter auf sich nimmt und Gott seine Fluchübernahme als *stellvertretend* für alle anerkennt. Christus ist das *Ziel* des Gesetzes, weil er es zu seiner ursprünglichen Bestimmung befreit, Segen und Leben zu bewahren, indem er dessen Weisungen als Gerechter erfüllt und Gott seinen Toragehorsam als einen *inklusiven* anerkennt. In beidem realisiert sich die Gerechtigkeit Gottes und Jesu Christi. *Wahr* wird aber beides nur für die,

---

150. Als dem Gesegnetsein entsprechendes Verhalten kennt das Deuteronomium nicht nur die Weitergabe des Segens an die sozial Schwachen, sondern auch seine Rückgabe an Gott im Segnen Gottes (Gen.obj.): Dtn 8,10; 33,20.

151. Vgl. dazu auch *E. W. Stegemann*, Umgekehrte Tora, 16ff.

die *glauben*. Außerhalb des Glaubens gilt weder die Aufhebung des Fluches noch die Partizipation am Segen Abrahams.

Diejenigen, die mit ihrem Glauben an Jesus Christus dessen eigene Treue beantworten, sind daran erkennbar, daß sie den gratis empfangenen Segen teilen. Ebenso wie der Exodus und die Gabe des Landes mit seinen Früchten als *voraussetzungsloses* Segensgeschenk die freien israelitischen Grundbesitzer in Pflicht nimmt, Hunger und Armut, Arbeits- und Obdachlosigkeit, Benachteiligung, Unterdrückung und Entrechtung zu bekämpfen, so entspricht der neuen Identität als Erben Abrahams, als Töchter und Söhne des Gottes Israels ein Glaube, der in der Liebe »energisch« ist (Gal 5,6; vgl. 5,13 f.,22).

Hier drängt sich nun wieder die Frage auf, ob ein solcher Glaube zur *Bedingung* dafür wird, den voraussetzungslos erhaltenen Segen auch bewahren zu können. Ist er der unverzichtbare menschliche Beitrag dazu, daß Gott seinen Segen nicht wieder entzieht, sondern »jeden Morgen neu« gewährt? Macht Gott sich vom Glauben, dem Vertrauen und der Treue der Menschen abhängig? Die dazu in der Auslegung von Gen 12,3[152] bereits gegebenen Antwortversuche ließen sich hier wiederholen. Auch vom Neuen Testament her ist die Spannung zwischen der Einsicht, daß unser menschliches Tun und Lassen *nicht gleichgültig* ist für Gottes Wahrnehmung seiner Beziehung zur Welt, und der Hoffnung, Gott möge doch jeden lebenswidrigen Tatfolgezusammenhang so unterbrechen können, daß er seinen Verheißungen, an deren Erfüllung er uns beteiligen will, treu bleibt und sie – wo nötig – auch *gegen* uns zum Ziel bringen kann, nicht einseitig aufzulösen:

– In Mt 25,34 spricht Jesus jene als »die Gesegneten meines Vaters« und damit als Erben seiner Königsherrschaft an, die Hungrige gespeist, Durstenden zu trinken gegeben, Fremde beherbergt, Nackte bekleidet, Kranke besucht und Gefangene nicht im Stich gelassen, also den selbst empfangenen Segen im Sinne des Dtn mit den Bedürftigen geteilt haben.

– 1 Petr 3,9 nimmt die kontrastethische Forderung, dem Segen mit Fluch zu begegnen, auf und gibt ihr eine eigene Motivation:

»Vergeltet nicht Böses mit Bösem oder Beschimpfung mit Beschimpfung, sondern *segnet* stattdessen, weil ihr dazu berufen seid, daß/damit ihr *Segen* erbt!«

Der innergemeindlich gebotenen Einigkeit, Sympathie, Liebe, Barmherzigkeit und Bescheidenheit (V. 8) soll nach außen ein Handeln entsprechen, das Anfeindungen mit Segen beantwortet. Die *Doppeldeutigkeit* in der Begründung dieses Gebots entspricht dabei genau der genannten unaufhebbaren theologischen Spannung:

Einerseits läßt sich der ὅτι-Satz so verstehen, daß die Angeredeten dazu berufen sind, Segen zu ererben, und *deshalb* ihrerseits nicht nur keine Vergeltung üben, sondern das

---

152. Vgl. oben 1.2.2.

Böse mit Segen überwinden sollen. Demnach motiviert die Gewißheit, selbst *unverdientermaßen* Erbin des göttlichen Segens zu sein, die Gemeinde zur *bedingungslosen* Zuwendung des Segens an die ihr feindlich Gesinnten. Denn wem Gnade widerfährt, der vermag auch selbst gnädig zu sein.[153]

Andererseits kann auch gemeint sein, daß die Gemeinde zum Segnen berufen ist. Dann stünde und fiele das Ererben des Segens mit der eigenen Durchbrechung des Teufelskreises der Gewalt: »Das Verhalten Gottes zum Menschen wird dem des Menschen zu anderen Menschen entsprechen.«[154] Die in V. 10 ff. mit einem Zitat aus Ps 34, 13-17 gegebene Begründung spricht eher für diese Deutung; allerdings wird auch damit nicht ein vorgängiges göttliches Handeln bestritten, denn die *Berufung* zum Segnen ist nicht denkbar ohne die *Befähigung* dazu.

– Im Zusammenhang der Kollekte für Jerusalem, die Paulus als εὐλογία bezeichnet, motiviert er in einer eindringlichen Bitte die Freigebigkeit der korinthischen Gemeinde mit der Aussicht auf entsprechenden göttlichen Lohn (2 Kor 9, 5 f.):

»Für nötig hielt ich es nun, die Brüder aufzufordern, daß sie zu euch vorausreisten und eure im voraus angekündigte *Segens*gabe vorbereiteten,
damit diese bereit sei – so wie eine Gabe des *Segens* und nicht wie eine Gabe des Geizes.«
Dies aber (bedenkt): »›Wer spärlich sät, wird auch spärlich ernten;
wer in *Segensfülle* (= mit vollen Händen) sät, wird auch in *Segensfülle* ernten.‹«

Die paulinische Argumentation in 2 Kor 8 f. läßt sich als neutestamentlichen Anwendungsfall der dtn Sozialgesetzgebung verstehen: Ein Güterausgleich zwischen den Gemeinden (vgl. 8, 13 ff.) ist nur möglich, wo diejenigen, die selbst reich beschenkt sind, ihren Überfluß mit den armen Gemeinden teilen, damit alle *genug* haben. Paulus verlangt also weder Opfer noch radikalen Besitzverzicht. Die korinthischen Gemeindeglieder sollen selbständig *nach dem Maß ihres eigenen Gesegnetseins* die Höhe ihrer Gaben festlegen (8, 11 f.); nur so kann es eine freiwillige und freudige Spende werden (9, 7 f.). Die Wahrnehmung der eigenen Begabungen der Gemeinde (8, 7 ff.) und die Gewißheit, daß das Teilen mit denen, die weniger oder nichts haben, sie selbst nicht ärmer macht oder gar in Bedrängnis bringt (8, 13), weil Gott ihnen je neu aus seiner Fülle mehr als genug zu schenken vermag (9, 8 ff.), begründen die Kollektenmahnung des Apostels. Die diakonische Dienstleistung (9, 12) ist also auch hier nicht die Voraussetzung für Gottes Segnen, sondern ihre Folge. Deshalb kann Paulus seine ausführliche Aufforderung auch in einen Dank für »das unbeschreibliche Geschenk Gottes« (9, 15) einmünden lassen: Was die KorintherInnen ihren Jerusalemer MitchristInnen zugutekommen lassen, ist nichts anderes als ein Teil der übergroßen Gabe Gottes, die nicht ihnen allein gehört.

---

153. Bei dieser Deutung wäre εἰς τοῦτο auf den nachfolgenden ἵνα-Satz zu beziehen; entsprechend interpretieren etwa *L. Goppelt,* Petrusbrief, 228 f.; *H. Balz/W. Schrage,* Petrus, 98; *K. H. Schelkle,* Petrusbriefe, 94 f. (in deutlich antijüdischer Tendenz).
154. *N. Brox,* Petrusbrief, 154; in diesem Fall ist εἰς τοῦτο auf die vorausgehenden Imperative und das sie fortsetzende Partizip εὐλογοῦντες zu beziehen.

– Einen noch ernsteren Ton schlägt der Hebräerbrief an, wenn er in der Überzeugung, daß für einmal »Erleuchtete« eine zweite Umkehr unmöglich ist, die *Verantwortung* für den Segen, den die Gemeinde erfahren hat[155], im Bild eines Erntegleichnisses veranschaulicht (Hebr 6, 7 f.; vgl. 12, 16 f.):

»Denn die Erde, die den häufig auf sie strömenden Regen trinkt
und brauchbares Gewächs für jene hervorbringt, um deretwillen sie auch bebaut wird,
empfängt *Segen* von Gott.
Wenn sie aber Dornen und Disteln hervorbringt, ist sie untauglich und dem *Fluch* nahe,
der am Ende zur Verbrennung führt.«

Diese (eschatologische) Warnung, die Dtn 11, 11 mit Gen 3, 18 kontrastiert, gilt Gemeinde(glieder)n der zweiten oder dritten urchristlichen Generation, die im Begriff sind, den ihnen geschenkten Segen in Fluch zu verkehren, weil sie ihn mit ihrem Tun nicht verantworten, gleichsam nichts aus ihm machen und ihre Begabungen verkümmern lassen:

Statt längst mit der Lehre für Vollkommene vertraut und Lehrer für andere zu sein, bedürfen sie selbst immer noch des christlichen Elementarunterrichts. Als »wanderndes Gottesvolk« *unterwegs* zwischen der – im wörtlichen Sinn – *vorläufigen* Erfüllung der Verheißungen Israels in Jesus Christus (vgl. 6, 20) und ihrer Vollendung, die der Hebr als Eintritt in die Sabbatruhe Gottes erhofft, sind sie ermüdet, lahm, schlaff und schwerhörig geworden. Verlieren sie aber das Ziel aus den Augen, schwindet auch der Grund ihrer Hoffnung: Sie verspielen den Segen, den Gott ihnen geschenkt hat in der Anerkennung des Kreuzestodes Jesu als eines einmaligen, stellvertretend für alle erbrachten und damit letzten Opfers zur Vergebung der Sünde, das sie von der lebenslänglichen Unterdrückung durch Todesmächte (2, 14 ff.) und von jedem weiteren Opfer im Namen Gottes befreit hat (10, 18). Sie kreuzigen Christus erneut (6, 6), wo sie seine Erhöhung nicht als Treue Gottes zu seinen Verheißungen wahrnehmen und an der Wahrhaftigkeit Gottes zweifeln.

Nach dem Hebr ist damit der Segen die Gabe Gottes, die – wie Regen die Erde – das von der unterdrückenden und zerstörenden Macht der Sünde und jeder Opferforderung befreite Leben der Gemeinde fruchtbar macht und die Bewährung dieser Freiheit ermöglicht. Als *Unterpfand* künftiger Teilhabe an der Ruhe Gottes ist er die Lebenskraft, die der Gemeinde Ausdauer schenkt für die lange Wegstrecke zwischen der Einsetzung zu Erben der göttlichen Verheißungen und dem Antritt dieses Erbes. Von ihr muß sie aber auch Gebrauch machen, damit sie nicht verkümmert; von ihr muß sie sich zur Zuversicht und zum Tun des Willens Gottes bewegen lassen, um das Ziel, die Erfüllung der Verheißungen, nicht zu verfehlen.

So sehr jedoch der Hebräerbrief die *Verantwortung der Gemeinde* für den Segen betont, den sie – wie ihr »Glaubensvater« Abraham vom urzeitlichen Priesterkönig Melchisedeq (Gen 14, 17-20) – vom ewigen und himmlischen Hohenpriester Jesus durch dessen freiwillige und stellvertretende Lebenshingabe

---

155. Vgl. *O. Michel*, Hebräer, 150 f.

empfangen hat, so gewiß ist er sich zugleich, daß *Gott* für seine Verheißungen einsteht und sie zum Ziel bringt.[156] Diese Gewißheit gipfelt in dem Motiv des *göttlichen Selbstschwurs*, das im Hebr an zwei Stellen begegnet und auf eindrückliche Weise die Abrahamverheißung mit dem Christusgeschehen verbindet.

Als »theologisches Exposé«[157] zum christologischen Hauptteil des Briefes *begründet* Hebr 6,13-20 die Zuverlässigkeit der Verheißungen, um die Gemeinde(n) im Festhalten am »zukünftigen Hoffnungsgut« (V. 18) – nach dem Vorbild der alttestamentlichen GlaubenszeugInnen, allen voran Abraham – zu bestärken:

(13) »Denn als Gott Abraham die Verheißung gab, da schwor er bei sich selbst,
da er bei keinem Größeren schwören konnte, (14) und sprach:
›Ganz gewiß will ich dich *segnen, segnen* und dich mehren, mehren!‹
(15) Und so ausharrend erlangte er die Verheißung.
(16) Menschen schwören nämlich bei einem Höheren,
und zur Bekräftigung dient ihnen der Eid, der jede Widerrede beendet.
(17) Weil Gott aber den Erben der Verheißung in höherem Maße die Unverbrüchlichkeit seines Willens beweisen wollte, hat er sich mit einem Eid verbürgt.«

Die göttliche Verheißungszusage an Abraham mittels einer eidlichen Bekräftigung gilt dem Hebr als »*das* Modell einer unumstößlichen Heilsgarantie« (373). Den Abraham gegebenen Eid, mit dem Gott sich für seine Treue verbürgt – denn er kann nicht lügen (6,18) –, wiederholt er bei der Einsetzung Jesu zum Hohenpriester nach Melchisedeq-Weise im Anschluß an Ps 110,4 (vgl. Hebr 7,20-22.28). Wo Gott mit der Berufung des erhöhten Christus ins hohepriesterliche Amt den Kreuzestod Jesu als einmaliges, für alle gültiges Sühnopfer eidlich beglaubigt, gibt er den ChristInnen auf dieselbe Weise Anteil an den Verheißungen wie Abraham. *Deshalb* können sie Abrahams zuversichtliche Beharrlichkeit im Warten auf deren Erfüllung nachahmen. Gott steht mit seinem Schwur dafür ein, daß ihre Hoffnung nicht ins Leere gehen wird.

Der Schwur, mit dem Gott sich selbst, sein Gottsein an die Vollendung seiner Verheißungsgeschichte bindet und sich so – *unabhängig* vom menschlichen Verhalten – zur Erfüllung der Verheißungen verpflichtet, ist eine gewagte theologische Aussage, denn nur der, von dem man annimmt, daß er lügen kann, muß schwören. Deshalb gilt die eidliche Selbstverpflichtung als »das eigentlich unangemessene Mittel für Gott« (374). Das Vertrauen in seine Wahrhaftigkeit schließt die Lüge aus; und das Bekenntnis zu seiner Treue rechnet damit, daß einhält, was er verheißt. Was bedeutet es dann aber, von einem *Schwur Gottes* zu sprechen? Läßt sich dieser Gedanke nur als Zugeständnis an das menschliche Bedürfnis nach unumstößlicher Heilsgewißheit erklären? Handelt es sich also um »die unreflektierte Vorstellung«, die »den Eid die Verbindlichkeit und ewige Gültigkeit der göttlichen Zusage betonen läßt«(375)?

156. Nicht zuletzt deshalb kann er seinen Adressaten auch die schwerverständliche Lehre (5,11) für Vollkommene in Gestalt einer Hohenpriesterchristologie (7,1-10,18) und eine Fülle von Paränesen zumuten.
157. *E. Gräßer*, Hebräer 1-6, 373 (Seitenzahlen im Text).

Hebr 6,13-15 rekurriert auf Gen 22,16f. – auf die Erneuerung der Segensverheißung an Abraham nach der Akeda Isaaks. Das, wessen in Gen 12,1-3 weder Abraham noch Jhwh bedurften, nämlich der Bekräftigung der Verheißungen durch einen göttlichen Selbstschwur, war nun offenbar nötig, nachdem Jhwh für Abraham zu dem Gott geworden war, der von ihm die Schlachtung seines Sohnes verlangt hatte. Weil im Kreuzestod Jesu die Verheißungen Gottes ebenso wie im Befehl an Abraham, den Erben der Verheißung zu opfern, unglaubwürdig geworden waren, bedurfte es zu ihrer Bestätigung des göttlichen Eides, um dem menschlichen Vertrauen in sie wieder neuen Grund zu geben. Es geht aber auch um Gott selbst, wie Manfred Josuttis vorsichtig andeutet:

»Gott hat geschworen, wahrscheinlich nicht nur unseres Mißtrauens wegen. Gott hat sich festgelegt, das wird auch bedeuten: Gott hat in seinem Eid das Dunkle, das Unheimliche, das Bös-Bedrohliche, das zu ihm gehört, gebannt. Er will nicht alles tun, was er tun könnte. Er will vor allem nicht das geschehen lassen, was wir mit unserem Tun verdient haben.«[158]

Ist damit nicht die Warnung davor, den empfangenen Segen zu mißachten und zu verspielen, in das Bekenntnis zur Treue Gottes aufgehoben, das von der unverbrüchlichen Qualität der göttlichen Verheißungen, ihrer bleibenden Gültigkeit und verbürgten Erfüllung überzeugt ist? Der Hebräerbrief läßt beides nebeneinander stehen: Gottes eidlich bezeugte Zuverlässigkeit und das auf sie antwortende Vertrauen des Menschen. Gottes Treue ermöglicht allererst den beharrlichen und geduldigen Glauben Abrahams.[159] Aber nur in diesem Glauben erlangt Abraham auch die Segensgüter, die ihm zugesagt wurden (V. 15). Entsprechend erweist sich auch das Vertrauen der christlichen Gemeinden nicht gleichgültig für die Vollendung der Verheißungsgeschichte Gottes. Hat Gott sich dafür verbürgt, *daß* sie zu dem von ihm gesteckten Ziel kommt, so entscheiden die Menschen durch ihre Antwort auf die Treue Gottes doch darüber mit, *wie* sie dieses Ziel erreicht.

2.6 Mitgesegnetsein mit Abraham: Neuschöpfung und Hinzuerwählung der Völker

Die Einzeichnung der Glaubensgerechtigkeit der HeidenchristInnen in die partikulare Geschichte Israels in Gal 3,6ff. erschöpft sich noch nicht in der bisher aufgewiesenen segens-, tora- und bundestheologischen Deutung. Paulus greift auf eine weitere, in den Kommentaren allerdings kaum berücksichtigte Motivverbindung zurück, wenn er der Teilhabe der Völker am Abrahamsegen (V. 14a) die Geistbegabung zuordnet (V. 14b):

---

158. Engel, 70.
159. Während in Hebr 6,13-15 der Selbstschwur Gottes den entscheidenden Grund für das geduldige Warten Abrahams auf das ihm Verheißene darstellt, ist es in Gen 22,16f. der Gehorsam Abrahams, der Jhwh dazu bewegt, seine Verheißungen unter Eid zu erneuern.

»(...) damit zu den Völkern der *Segen* Abrahams komme in Christus Jesus, auf daß wir die Verheißung des Geistes empfangen durch die Treue.«

Die Auslegung dieses Verses wird durch die *Identifikation* von Segen und Geist bestimmt. Mit der Erfüllung der Abrahamverheißung sei der Geist zur eschatologischen Segensgabe schlechthin geworden:

»Der dem Abraham verheißene Segen wird (...) von uns (...) als der verheißene Gottesgeist empfangen (...). Der Inhalt des Gottessegens ist nach V. 14 der Geist Gottes.«[160] Für F. Mußner wird in V. 14 deutlich, »was in 3,2 schon angedeutet war, daß die Segensverheißung, die einst dem Abraham für die Völker gegeben wurde, konkret im Pneuma besteht.«[161] »Der Abraham verheißene Segen wird von der Erfüllung her zur Rettungstat Gottes in Christus abgewandelt. Die Gabe des Geistes ist nicht mehr das große Volk bzw. die Fruchtbarkeit des Landes, sondern der verheißene Geist Christi (V. 14).«[162]

Gegenüber dieser Reduktion der vielfältigen alttestamentlich-jüdischen Segensinhalte auf den Geist und damit einer Spiritualisierung des Segens läßt sich V. 14b, wenn man die beiden Vershälften nicht auf zwei Menschengruppen – V. 14a auf HeidenchristInnen; V. 14b auf JudenchristInnen[163] – verteilt, grammatikalisch und sachlich als Konsequenz aus V. 14a lesen[164]:

Daß Gott seinen belebenden, erquickenden und ermächtigenden Geist nicht nur auf »alles Fleisch« in *Israel* (vgl. Joel 3,1 ff.) ausgießt, sondern auf *alle* Menschen, setzt die Inklusion der Völkerwelt, ihr Einwandern in die Verheißungsgeschichte Gottes mit Abraham/Israel durch den Glauben an Jesus Christus voraus. Im Pfingstereignis manifestiert sich die neue Identität der HeidenchristInnen als Töchter und Söhne Abrahams. Die *universale* eschatologische Begabung mit dem Gottesgeist ereignet sich in der Teilhabe an der *partikularen* Segensgeschichte Gottes mit Israel. Dies hat Folgen für eine biblisch orientierte Pneumatologie. Um nur ein Beispiel zu nennen: die Freiheit, die der Geist des

---

160. W. *Schenk*, Segen, 45; ähnlich 50-52 u. ö.; vgl. H. D. *Betz*, Galaterbrief, 276f.; L. *Brun*, Segen und Fluch, 23f.
161. Galaterbrief, 235.
162. H.-G. *Link*, Segen, 1126, im Anschluß an C. Westermann (vgl. Segen in der Bibel, 76f.).
163. Vgl. N. T. *Wright*, Climax, bes. 153-155: »Paul (...) is not here producing a general statement of atonement theology applicable equally, and in the same way, to Jew and gentile alike. Christ, as the representative Messiah, has achieved a specific task, that of taking on himself the curse which hung over Israel and which on the one hand prevented him from enjoying full membership in Abraham's familiy and thereby on the other hand prevented the blessing of Abraham flowing out to the Gentiles. The Messiah has come where Israel is, under the Torah's curse (see 4.4), in order to be not only Israel's representative but Israel's *redeeming* representative. (...) He *is* Israel, going down to death under the curse of the law, and going through that curse to the new covenant life beyond. (...) The dual problem caused by the clash of Torah and Abrahamic promise is given a dual solution: blessing for the Gentiles, which they had looked like being denied, and new covenant for Israel, which she had look like failing to attain« (a. a. O., 151 f.,154).
164. Vgl. für die doppelte ἵνα-Konstruktion auch Gal 4,5; 1 Kor 4,6; 2 Kor 12,7 und Eph 5,26f.

Herrn nach 2 Kor 3,18 schenkt, ist nicht unabhängig von der Bindung an die Freiheitsgeschichte des aus Sklaverei und Exil befreiten jüdischen Volkes zu haben.

Ebenso wichtig wie diese Verortung der universalen Geistausgießung in der Segensgeschichte Israels ist die Beobachtung, daß die Verknüpfung von Segens- und Geistmotiv außer in Gal 3,14 nur noch einmal in der Bibel begegnet, nämlich in Jes 44,1-5, einem deuterojesajanischen Heilsorakel. Dieses vergegenwärtigt die *Schöpfung* und *Erwählung* Israels, um so die Hoffnung auf Neubelebung des Volkes in dürftiger Exilszeit zu wecken:

(1) »Aber nun höre, Jakob, mein Knecht, und Israel, das ich erwählt habe!
(2) So spricht Jhwh, der dich (ge)macht (hat)
und dich gebildet hat von Mutterleib, er wird dir helfen:
›Fürchte dich nicht, mein Knecht Jakob, und Jeschurun, den ich erwählt habe!‹
(3) Denn ich werde Wasser ausgießen auf durstigen Boden und Bäche auf trockenes Land;
ich werde meinen *Geist* ausgießen auf deine Nachkommenschaft
und meinen *Segen* auf deine Sprößlinge.
(4) Dann werden sie sprossen wie zwischen Wassern das Schilfgras,
wie Weidenbäume an Wasserbächen.
(5) Der eine wird sagen: ›Jhwh gehöre ich‹;
und der andere wird sich mit dem Namen Jakobs nennen;
und ein dritter wird in seine Hand schreiben: ›Jhwh eigen‹;
und wird mit dem Namen ›Israel‹ genannt werden.«

Spielt Paulus in Gal 3,14 auf dieses Prophetenwort an, dann bestätigt sich nicht nur, daß er die als Mitgesegnetwerden mit Abraham interpretierte Gerechtsprechung der HeidenchristInnen in den Horizont der Bundesgeschichte Gottes mit Israel einrückt. Die Verbindung von Gal 3,14 mit Jes 44,1-5 unterstreicht auch das Verständnis der Abrahamverheißung als eines *Schöpfungswortes* nicht nur für Israel, sondern auch für die Völkerwelt.[165] Rechtfertigung in Gestalt der Partizipation am Abrahamsegen ist *Neuschöpfung*:

Was nach Jes 44,1-5 den Exilierten in Babylon verheißen wird, daß Jhwh als Schöpfer und Bundespartner sein »dürstendes« Volk nicht »verdursten«, sondern es so aufleben lassen wird, wie der Regen das ausgedörrte Land tränkt und zum Grünen und Blühen bringt, das sieht Paulus nun ausgeweitet auf die Völkerwelt: In der Begabung mit Segen und Geist manifestiert sich auch in ihr die Treue des Gottes Israels. Während unter den Verhältnissen des Exils schon die Hoffnung auf das Hinzukommen *einzelner* Proselyten zum Gottesvolk (V. 5) als Utopie anmutet, ist für Paulus in Kreuzestod und Auferweckung Jesu Christi die Zugehörigkeit der Völker zum Gott Israels *universale* Wirklichkeit geworden. Als Segnung und Begeisterung kommt die Gerechtsprechung aus Glauben der Erfahrung neugeschenkten Lebens gleich (vgl. 2 Kor 5,17).

Wo aber Segen und Geist – im Sinne von Jes 44,1-5 – als Gaben des schöpferischen und des erwählenden Gottes in der Auferweckung des Gekreuzigten

---

165. Vgl. oben die Einleitung zu Abschnitt 1.

entbunden werden, da deutet sich auch die Überwindung der Diastase von Natur und Geschichte, von Natur und Kultur an[166], da läßt sich die Rechtfertigung als Identitätswechsel von Sündern zu Gerechten auch nicht länger auf ein »geistliches«, inneres Geschehen reduzieren. Wo die Rechtfertigung segenstheologisch interpretiert wird, bestimmt die neue Identität als Gerechte nicht nur das Bewußtsein, sie betrifft vielmehr die gesamte Existenz und schließt damit gerade auch das natürliche Dasein mit seinen Bedürfnissen ein. Gal 3,14 bezeugt vor dem motivgeschichtlichen Hintergrund von Jes 44,1-5 nicht die Ersetzung des Segens durch den Geist, sondern die *Komplementarität* der beiden Gaben Gottes, die die Beschenkten als Töchter und Söhne Abrahams und Gottes ausweisen.

Mit der Anspielung von Gal 3,14 auf Jes 44,1-5 rundet Paulus das segenstheologische Verständnis der Gerechtsprechung der HeidenchristInnen aufgrund der Treue Jesu Christi ab. Unter dem Bogen von Gen 12,1-4a zu Gal 3,14 haben sich zum Verständnis dessen, was herkömmlich als »Rechtfertigung des Gottlosen« bezeichnet wird, wesentliche Elemente alttestamentlich-jüdischer Segenstheologie versammelt. Wo die Rechtfertigung als universale Teilhabe am Abrahamsegen in den Blick kommt, kann sie angemessen nur aus der partikularen Perspektive der Segensgeschichte Gottes mit Israel und damit nicht ohne Berücksichtigung des Zusammenhangs von Segen und Fluch, Segen und Erwählung, Segen und Tora, Segen und Schöpfung wahrgenommen werden. Damit widerspreche ich der Mehrzahl der Exegeten, die die Verwendung des Segensmotivs in Texten wie Gal 3,6ff.; Apg 3,25f.; Eph 1,3ff.; Röm 15,29 für eine *christologisch-soteriologische Neuprägung* halten, die nur noch den alttestamentlich-jüdischen *Begriff*, aber nicht mehr die *Sache* selbst bewahrt habe, wie sich am Beispiel von W. Schenk und C. Westermann zeigen läßt:

In seiner »begriffsanalytische(n) Studie« zum Segen im Neuen Testament kommt W. Schenk für die Segenstexte, die von einem Handeln Gottes am Menschen sprechen[167],

---

166. M. Welker (Gottes Geist, 132-143) hat gezeigt, daß in Jes 44,1-5 keineswegs nur ein Bild aus der Natur herangezogen wird, um die neuschöpferische, lebensspendende Kraft des Geistes (ich ergänze: und des Segens) zu illustrieren, daß hier vielmehr natürliche und kulturelle Lebendigkeit einander entsprechen, ja füreinander durchlässig werden: Die Ausgießung von Geist und Segen bewirkt, daß die Kinder der Exulanten sprossen und gedeihen werden wie Bäume an Wasserbächen (V. 4); gleichzeitig wird dieses natürliche Wachstum des Volkes begleitet und gesteigert durch die Selbstzuordnung von Menschen aus der Völkerwelt zu Jakob/Israel und seinem Gott (V. 5). In Segen und Geist sind Kräfte wirksam, die natürliches und kulturelles Aufleben katalysieren.
Daß das Wirken von Geist und Segen sich gleichermaßen auf Natur und Geschichte bezieht, liegt nicht zuletzt darin begründet, daß sich in der Begabung mit beidem Schöpfung und Erwählung Israels (V. 1f.) aktualisieren und fortschreiben.
Zu Segen und Geist vgl. auch G. *Müller-Fahrenholz*, Erwecke die Welt, 35-42 u. ö.
167. W. Schenk (Segen, 42-66,131f.; Seitenzahlen im Text) rechnet dazu elf Belege und unterscheidet zwischen einem eschatologisch-präsentischen (Gal 3,8f.14; Apg 3,25f.; Röm 15,29; Eph 1,3; Hebr 7,1-7; Luk 24,50f.) und einem eschatologisch-futurischen Heils-

zu dem Ergebnis, »daß der Begriff (sc. des Segens, M. F.) nur noch traditionell als alttestamentlich-jüdisches Begriffsmaterial im Neuen Testament da ist, aber keine Eigenbedeutung mehr hat« (132).

Daß er den »Segen« zum toten Begriff, zu einer bloßen alttestamentlich-jüdischen Worthülse für die »großen neutestamentlichen Heilsbegriffe« (ebd.) erklärt, entspricht den Ergebnissen der Einzeluntersuchungen Schenks. Dazu einige Beispiele:

In Gal 3, 8-14 wird »Gottes Segnen (...) als sein gerechtmachendes Tun verstanden« (43). In Röm 15, 29 steht der »Segen Christi« für »das geistgewirkte Handeln des erhöhten Herrn im Vollzug der Verkündigung seiner Boten« (49). Auch in Eph 1, 3 »ist die göttliche Segensgabe (...) der Geist des erhöhten Christus, und der göttliche Segensakt umfaßt die Erwählung, Erlösung, Begnadigung und Offenbarung« (51). Das heißt für Schenk aber, daß es »keinen ›Segen im ursprünglichen Sinne‹ mehr als eigene, besondere Gottesgabe neben dem Pneuma« geben kann. Und apodiktisch fügt er hinzu: »Damit ist jede andere Füllung des Segensbegriffs abgewiesen« (50). Mit der »Pneuma-Formulierung des Segens« finde der Segensbegriff im Neuen Testament »eine endgeschichtliche Erfüllung und damit einen Abschluß« (52).

C. Westermann hat der Arbeit W. Schenks heftig widersprochen und deutlich gemacht, daß Schenk genau die Frage nicht gestellt hat, »die sich von seinem Ergebnis her notwendig ergibt: Warum ist dann das Wort überhaupt im Neuen Testament gebraucht worden? Er ist mit der Feststellung der Bedeutungslosigkeit des Begriffs im Neuen Testament vollauf zufrieden. Er hat sich die Konsequenz offenbar nicht klar gemacht, daß die neutestamentlichen Schriftsteller, die den Begriff gebrauchen, damit erheblich an Glaubwürdigkeit verlieren würden. Sie sagen Segen, sie meinen aber nicht Segen. Sie meinen, so behauptet der Verfasser, wenn sie Segen sagen, Gerechtsprechung, Geist (...)«.[168]

Betrachtet man aber nun Westermanns eigene Auslegung von Gal 3, 8 f. 14, so gerät sein Fazit – trotz entgegengesetzter Prämissen, Intentionen und Beobachtungen zu anderen neutestamentlichen Segenstexten[169] – in erstaunliche Nähe zu Schenks Urteil:

»Für Paulus ist also das dem Abraham Verheißene, das in Christus erfüllt wurde, *nicht*

handeln Gottes (Mt 25, 34; 1 Petr 3, 9; Hebr 6, 7-14; 12, 17). Es gibt zu denken, daß Schenk mit Luk 24, 50 f. den Abschiedssegen des Auferstandenen als *göttliches* Segnen deutet, die übrigen Segenshandlungen Jesu wie etwa die Kindersegnung und den Brotsegen aber als *zwischenmenschliches* Segnen versteht. Steht für Schenk a priori fest, daß das, was er den *soteriologischen* Segensbegriff nennt, nämlich die Rede vom göttlichen Segnen, »keine Beziehung zum zwischenmenschlichen Segensbegriff« hat (132), bestreitet er mit diesen Zuordnungen die Identität des Auferweckten mit dem Gekreuzigten: Vor der Auferweckung segnet Jesus als Mensch, danach als Gott!

Was sich schon bei diesem einen Beispiel der Kategorisierung der neutestamentlichen Segenstexte andeutet, bestätigt sich insbesondere im Blick auf die Auslegung der Texte, die von menschlichen Segenshandlungen sprechen: Schenks *Ergebnis*, kirchliche Segenshandlungen in jeder Form als *nicht schriftgemäß* auszuweisen und damit eine christliche Segenspraxis grundsätzlich abzulehnen, ist gleichzeitig das erkenntnisleitende *Interesse* der gesamten Untersuchung: Vorurteil und Resultat sind identisch.

168. Segen in der Bibel, 72 (Seitenzahlen im Text).
169. Westermanns Frage nach dem Segen im Neuen Testament zielt auf eine *gesamtbiblische* Begründung und Orientierung christlicher Segenspraxis. Die Kirche kann sich in ihrem Segenshandeln auf *beide* Testamente berufen, weil es keinen kategorischen Gegensatz, sondern wesentliche *Kontinuität* zwischen dem alttestamentlich-jüdischen und dem neutestamentlichen Segensverständnis gibt.

mehr der Segen, *sondern* die Gerechtmachung in Christus durch den Glauben. (...) Es liegt also eine bewußte und betonte Abwandlung des alttestamentlichen Segensbegriffes vor« (76). Ähnlich: »An die Stelle des Segens tritt die Rettungstat Gottes in Christus und die Rechtfertigung« (97). Auch in Eph 1, 3 ist mit dem Segensbegriff »bewußt und betont das Rettungswirken Gottes in Christus bezeichnet (...). Auch hier liegt also eine betonte ›Christianisierung‹ des Segensbegriffes vor« (77).

Auch für Westermann ist der Begriff »Segen« in das universale Heilshandeln Gottes an Jesus von Nazareth aufgehoben und zum Synonym für »Rechtfertigung« geworden, und die Segensgabe ist mit dem Geist identisch. Was in dieser christologisch-soteriologischen Neuinterpretation vom alttestamentlichen Segensverständnis erhalten bleibt, ist nicht mehr als eine *begriffliche* Kontinuität zur Verheißungsgeschichte Gottes mit Abraham/Israel. Womit aber läßt sich diese – angesichts der harschen Kritik Westermanns an Schenk unerwartete – Konvergenz in der Auslegung von Gal 3, 6 ff. begründen?

Beide nehmen bei ihrer Auslegung dieselbe Perspektive wahr: Es ist für sie selbstverständlich, danach zu fragen, was es für den Gebrauch des *Segensbegriffs* heißt, daß dieser in Gal 3, 14 u. ö. mit der Gerechtsprechung aus Glauben zusammenfällt und das Christusgeschehen überhaupt bezeichnen kann. Formal betrachtet ist dabei das Verständnis der Rechtfertigung die Konstante, der Segensbegriff dagegen die Variable. Inhaltlich ist es das Denken im heilsgeschichtlichen Schema von Verheißung und Erfüllung, das dazu führt, die *sachliche* Kontinuität preiszugeben: Weil in Jesus Christus die Abrahamverheißung universal erfüllt sei, habe sich der Segensinhalt gewandelt: »In der Erfüllung ist aus dem Segen Gottes die Rettungstat Gottes in Christus geworden.«[170]

Demgegenüber habe ich zu zeigen versucht, daß es *sach-* und *schriftgemäßer* ist, die Perspektive genau *umzukehren*, also zu bedenken, was es für das Verständnis der *Rechtfertigung* aus Glauben an Jesus Christus bedeutet, wenn diese auf den Begriff des Segens gebracht wird.

3. Die »Rechtfertigung aus Glauben« als Mitgesegnetsein mit Israel (Zusammenfassung)

Mit welchem Recht dürfen sich Menschen aus der Völkerwelt auf die Segenstraditionen Israels berufen und sich diese aneignen? So lautet die Ausgangsfrage dieses Kapitels. Sein erkenntnisleitendes Interesse zielte darauf, für eine heutige christliche Segenstheologie und kirchliche Segenspraxis die Segenstexte der hebräischen Bibel so zurückzugewinnen, daß Israel damit weder seiner

---

170. *C. Westermann*, Segen in der Bibel, 76.

Verheißungen enteignet noch seines Segens beraubt oder gar – wie dies immer wieder in der Geschichte christlicher Kirchen geschehen ist – als (von Gott) verflucht betrachtet und behandelt worden ist. Die Reflexion darauf, wie ChristInnen am Abraham/Israel zugesprochenen und zugeeigneten Segen partizipieren und dabei gleichzeitig das Gesegnetsein Israels würdigen können, bildet das Fundament eines schrift- und sachgemäßen und in kritischer Zeitgenossenschaft verantworteten Umgangs mit Gottes Segen – insbesondere für eine Theologie, die sich von Dietrich Ritschls Einsicht, daß »die unversöhnliche Trennung zwischen Juden und Christen (...) die offene Wunde (ist), die die Gläubigen und ihre Theologie an sich tragen«[171], zum Gespräch mit dem Judentum bewegen läßt.

Dabei geht es nicht um die religionsgeschichtliche Frage, ob und wie Israel die Segensmotive seiner Umwelt rezipiert und bei der Integration in seinen Jhwh-Glauben verändert, wie es also dem allgemein religiösen Phänomen des Segens israelspezifische Konturen verliehen hat, sondern um die theologische Frage, ob und wie nichtjüdische Menschen Anteil haben am Segen des Gottes Israels. Zur Diskussion und Disposition steht nicht der Abrahamsegen als eine Art jüdisch-nationaler Spezialfall des universalen Schöpfungssegens, der allen Menschen und mit ihnen auch den übrigen Geschöpfen gilt. Die Auslegung von Gen 12,1-4a und Gal 3,6-14 hat vielmehr – unter Heranziehung zahlreicher anderer alt- und neutestamentlicher Segenstexte – gezeigt, daß nach gesamtbiblischem Zeugnis den Völkern der *Segen Gottes* »*nur*« *als Abrahamsegen* zukommt. Wie Num 11 die Begabung mit dem *Geist Gottes* als Begeisterung mit dem *Mosegeist* erzählt, so bezeugt Gal 3,14 die Identität von Gottes- und Abrahamsegen. Zu *rechtmäßigen Miterben* der Segensgeschichte Gottes mit seinem erwählten Volk Israel werden nichtjüdische Menschen durch den *Glauben an Jesus Christus*. Darin lassen sie für sich gelten, daß Gott in der Auferweckung des Gekreuzigten die tödliche Gewalt des Fluches entmachtet und ihnen Anteil am Segen Abrahams/Israels gegeben hat. Wo mit Paulus Gottes Heilshandeln in Jesus Christus als Zuwendung des Abrahamsegens an die Völker interpretiert wird, da handelt es sich um mehr als »eine allgemeine Wohltat«[172]; da treten nichtjüdische Menschen in den Horizont einer Erfahrung ein, die bisher Israels eigenste Erfahrung war. Im Messias Jesus von Nazareth *mit Israel gesegnet*, gewinnen sie eine neue Identität: Sie werden Töchter und Söhne Abrahams und erhalten als solche Erbrecht auf die ihm und seinen Nachkommen gegebenen Verheißungen.

Was Gen 12,3 zunächst einzelnen, dann aber in universaler Perspektive allen Menschen aus der Völkerwelt verheißt, nämlich daß Gott sie segnen wird, indem sie sich in eine Lebensbeziehung zu Abraham/Israel einweisen lassen, die Israel Segen, Heil und Frieden gönnt, bezieht Paulus auf den einen Abrahamsohn Jesus von Nazareth: In der Treue zu ihm treten nichtjüdische Menschen in

---

171. Logik, 161 f.
172. H. D. Betz, Galaterbrief, 275.

jenes Lebensverhältnis zu Israel ein, in welchem sie sich als von Gott Gesegnete wahrnehmen können, weil sie darin Israel als Segensträger und -mittler anerkennen und ihm selbst segnend begegnen. Der Glaube an Jesus Christus wird zum Interpretament für das Segnen Israels (Gen.obj.). Damit ist aber ein *individualistisches*, in der Gefahr des »Heilsegoismus« stehendes Verständnis der Rechtfertigung aus Glauben ausgeschlossen. Bewirkt die Rechtfertigung die Partizipation der nichtjüdischen Menschheit an der Verheißungsgeschichte Israels, so begründet sie *kein Privatverhältnis* des/der einzelnen zu Gott. Paulus hat sie – nicht nur in Gal 3,6-14 – von der Berufung Abrahams her als *Mitberufung* in die Gemeinschaft derer verstanden, die ihr Leben nach den Weisungen des Gottes ausrichten, der aus der Knechtschaft in die Freiheit führt. Die damit eröffnete Gottesbeziehung ist nicht zu »haben« ohne die Beziehung zu Israel, was in mehrfacher Hinsicht gilt: Mit seinem Leben, Leiden und Sterben hat *Jesus* die Treue Abrahams Gott gegenüber wiederholt und ist darin zum Segen für die Völker geworden. In der Auferweckung Jesu von den Toten hat *Gott* zuerst Israel Treue erwiesen und die Abraham geschenkten Verheißungen am Gekreuzigten vorwegerfüllt und so für alle bestätigt. Im Glauben an Jesus Christus entsprechen *Menschen aus der Völkerwelt* dieser Treue Gottes zum gesegneten Abrahamsohn, anerkennen damit, daß das Heil von den Juden kommt (Joh 4,22), würdigen Israel als ihr erstes »extra nos« und wirken daran mit, daß die mit der Segensverheißung an Abraham begonnene Geschichte zu Gottes Ziel kommt.

Mehr noch als ein individualistisches Verständnis der Rechtfertigung ist mit der segenstheologischen Interpretation des Christusgeschehens ein solches verunmöglicht, das die »Rechtfertigung aus Glauben« als Werk der freien Gnade Gottes auf dem dunklen Hintergrund eines angeblichen jüdischen Heilsweges der Toraobservanz zum Leuchten bringt. Die Glaubensgerechtigkeit kann nicht länger gegen eine vermeintliche Werkgerechtigkeit profiliert werden; Christus und Tora können nicht gegeneinander ausgespielt werden. Paulus beantwortet mit der Lehre von der »Rechtfertigung aus Treue« die Frage, die ihn als Apostel der Heidenvölker leidenschaftlich bewegt: Wie kann es für all' diejenigen Gerechtigkeit, Leben und Segen geben, die *ethnisch* als Nichtjuden und Nichtjüdinnen und *theologisch* als ἄνομοι, als von der Tora Getrennte (vgl. Röm 3,21a), vom Heil ausgeschlossen sind? Er »erfindet« dabei keinen neuen Weg, sondern erinnert an den, der immer schon verheißen und – nach Röm 3,21b – von der Tora selbst und den Propheten bezeugt worden ist: Durch Treue und nicht aus »Werken des Gesetzes« werden Menschen gerecht vor Gott. Die *segens*theologische Interpretation von Kreuzestod und Auferweckung Jesu Christi in Gal 3,6ff. vertieft Paulus *tora*theologisch durch die Verknüpfung des Segensmotivs mit dem Zusammenhang von Glauben/Treue und Gerechtigkeit (Zitat von Gen 15,6 in V. 6; von Hab 2,4 in V. 11): Die Rechtfertigung wird nicht nur zum Synonym für das Mitgesegnetsein mit Abraham, sondern auch für die Teilhabe an dem Segen, den Gott denen gewährt und bewahrt, die nach seinen Weisungen leben. Die Identität von *Gottessegen* und *Abrahamsegen* wird erweitert um den *Torasegen*. Die paulinische Argumentation bewegt sich dabei – und das macht ihre Dichte aus – auf vier Ebenen: Die Aussagen sind jeweils transparent für die Treue und Gerechtigkeit Gottes, Abrahams, Jesu und der galatischen ChristInnen. Unter Aufnahme von Lev 18,5 sowie Dtn 27,26 und 21,23 deutet Paulus den Kreuzestod Jesu als einen Treueakt stellvertretender Fluchübernahme und seine Auferweckung als einen Segensakt, mit dem Gott seinen Verheißungen, damit aber auch Israel und sich selbst, treu bleibt: Wer seinen Geboten folgt, wird in ihnen leben. Wie bei Abraham wirken göttliche und menschliche Treue zur Gerechtsprechung zusammen. Haben aber Abraham und der gekreuzigte und auferweckte Abrahamsohn im Vertrauen auf die Verheißungen und in der Treue zu den Weisungen Gottes den Segen empfangen, so gilt Analoges für die galatischen Gemeinden und mit ihnen für alle HeidenchristInnen: Ihr Mitgesegnetsein mit dem *gläubigen* Abraham bewahrheitet sich in ihrem *Glauben* an Jesus Christus, durch welchen sie Gott und Israel Treue erweisen. In Entsprechung zu Gottes Treue zum Gekreuzigten ist dieser Glaube als *Segen für Israel* zu verstehen; als Entsprechung zur Treue Abrahams und Jesu Christi Gott gegenüber gewinnt er Gestalt im *Tun der Tora*. Statt »aus Werken des Gesetzes« leben zu müssen, d.h. ihre neue Identität als Töchter und Söhne Gottes und ErbInnen Abrahams selbst herstellen zu wollen, sind sie dazu befreit, nach dem »Gesetz des Lebens« zu handeln, also die ihnen geschenkte Identität als Gerechtgesprochene in der Liebe untereinander – der Erfüllung des Gesetzes – zu verantworten und so selbst zum Segen für andere zu werden. Damit ist der Glaube an Jesus Christus als Lebensverbindlichkeit derer, die sich mit Israel segnen lassen, frei von »Werken des Gesetzes«, aber nicht gesetzesfrei.

Dem Verdacht, hier werde die Soteriologie *ethisiert*, kann mit dem Argument begegnet werden, daß Paulus mit der Rezeption von Gen 15,6 und der Segens- und Fluchankündigungen des Deuteronomiums sowie mit der Anspielung auf Jes 44,1-5 in Gal 3,14 die Rechtfertigung in den Horizont alttestamentlicher *Bundestheologie* einrückt und infolgedessen die Inklusion der Völker in die Segensgeschichte Israels als deren *Hinzuerwählung* zum Bund Gottes mit Israel begreift.[173] Was für die Dogmatik nicht selten in Rechtfertigung und

---

173. Daß nach Paulus im Abrahamsohn Jesus von Nazareth die partikulare Bundesbeziehung zwischen dem Gott Israels und seinem auserwählten Volk universal auf die Völkerwelt hin geöffnet wird, bedarf – im Hinblick auf unsere heutige Verwendung der Bundesvorstellung im jüdisch-christlichen Gespräch – einer Erläuterung:
Zunächst ist mit den bundestheologischen Aussagen des Paulus nicht darüber entschieden, daß auch schon in der hebräischen Bibel der »Bund« ein Theologumenon ist, das sich auf die Beziehung aller Völker zum Gott Israels erstreckt (vgl. bes. F. Crüsemann, Bundesschlüsse, und die in Anm. 5 angegebene Literatur).
Sodann macht es keinen geringen Unterschied, ob Paulus als *Juden*christ seine Berufung zum Völkerapostel theologisch darin begründet sieht, daß in Jesus Christus die Völker in den Bund Gottes mit Israel hineingenommen sind, oder ob *ChristInnen aus der Völkerwelt* für sich selbst diese Bundespartnerschaft reklamieren.

Heiligung auseinanderfällt, kann in dieser Beziehung *asymmetrischer Reziprozität* zusammengehalten werden: Sie gründet in und lebt von der freien, voraussetzungslosen und kreativen Initiative Gottes, ohne daß deshalb die Beteiligung der menschlichen PartnerInnen *gleichgültig* wird. Gottes *vorgängiges* Handeln zielt auf menschliche *Entsprechung*. Daß sich diese selbst noch einmal dem Wirken Gottes verdankt und nicht eine menschliche Leistung ist, die Gott zum *R*eagieren zwingt, ist dabei ebensowenig zu bestreiten wie die Einsicht, daß Gott seine Verheißungsgeschichte nicht ohne die Mitarbeit seiner Geschöpfe ans Ziel bringen will.

Die Segensverheißung an Abraham ist nicht nur für Israel, dessen Geschichte sie ins Leben ruft, ein Schöpfungswort; auch für die Völker stellt sie einen Neuanfang dar: Sie macht den Segen, der im Leben »jenseits von Eden« oft ununterscheidbar mit dem Fluch verquickt oder ganz in Fluch verkehrt ist, identifizierbar; sie benennt das Kriterium dafür, wie dem Segen gegen den Fluch zum Durchbruch verholfen werden, wie die Menschheit Segen statt Fluch gewinnen kann, nämlich die Einweisung in das Lebensverhältnis zu Israel, mit dem sie der segnenden Zuwendung Gottes zu Abraham entspricht. Nimmt nach Gal 3,6 ff. der Glaube an Jesus Christus jene Beziehung der Menschen aus der Völkerwelt zum Gott Israels und zu seinem Volk wahr, mit der sie sich ihre Rechtfertigung als Mitgesegnetsein mit Abraham gefallen lassen und verantworten, dann bewahrheiten sie darin ihre neue Identität als Gerechtgesprochene. Sie erweisen sich als neue Geschöpfe, die nun – wie Abraham – zum Segen für andere werden können. Im Glauben an Jesus Christus eignen sie sich nicht nur den ihnen zugeeigneten Abrahamsegen *an;* sie gewinnen auch Eindeutigkeit darüber, was sie selbst dazu beitragen können, daß die in Kreuzestod und Auferweckung Jesu Christi *Wirklichkeit* gewordene Entmachtung des tödlichen Fluches zunehmend *offenbar* und für immer mehr Menschen (und nicht nur für sie) auch *wahr* wird. Denn der Glaube an Jesus Christus, der Jesu eigener Treue zu Gott entspricht, gewinnt Gestalt in der Erfüllung der Weisungen Gottes.

Wer sich auf ein solches Treueverhältnis zum Abrahamsohn Jesus von Nazareth als dem Messias Israels und der Völkerwelt einläßt, hat einen legitimen, rechtskräftigen, von Gott selbst verbürgten Anspruch auf die jüdischen Segenstraditionen von der Abrahamverheißung über den aaronitischen Segen bis hin zu den eschatologischen Segensbildern der Prophetie. Denn diese Treue bewahrt die Menschen aus der Völkerwelt davor, Gottes Segen auf Kosten oder anstelle Israels besitzen zu wollen. Wer an Jesus Christus glaubt, würdigt Juden

> Daß letzteres immer wieder auf Kosten Israels geschehen ist, führt drittens dazu, daß aus der paulinischen Deutung des Christusereignisses als einer Bundeserneuerung in universaler Perspektive noch nicht folgt, daß wir heute bedenkenlos die Kategorie des Bundes für die theologische Verhältnisbestimmung von Judentum und Kirche, Israel und Völkerwelt heranziehen können. Allerdings schützt der Verzicht auf einen belasteten Begriff vor seinem weiteren Mißbrauch nicht. Seine »Rettung« wird nur möglich durch die Aufarbeitung der mit seiner christlichen Usurpation verbundenen Schuldgeschichte.

und Jüdinnen als die Gesegneten Gottes. Mit ihnen gemeinsam tut sie/er bis zur endgültigen, von Gott selbst heraufgeführten Erfüllung der Israel gegebenen und in der Auferweckung Jesu bejahten Verheißungen alles Menschenmögliche, um mit den geschenkten Segensgütern dem Mangel anderer abzuhelfen und Überfluß für Gott zu schaffen (vgl. 2 Kor 9, 12).

II. »Ich will dich segnen ..., und du werde ein Segen!«

»Alles Geschaffene existiert im Segen und durch den Segen des Herrn, das ist der tiefe Sinn des die Lehre von der Schöpfung ergänzenden und erklärenden Dogmas von der Vorsehung.«[1] Innerhalb der Klammer des *christologisch-soteriologischen* Segensverständnisses, das ich im vorangehenden Kapitel als israel- und toratheologische Reinterpretation der paulinischen Rechtfertigungslehre im Brückenschlag von Gen 12,1-4a zu Gal 3,6-14 dargelegt habe, gilt es nun, in einem zweiten Schritt das Segensthema an dem dogmatischen Ort zu entfalten, den K. Barth ihm mit diesem Zitat in seiner Münsteraner Ethik-Vorlesung (1928) angewiesen hat.

Die Beschäftigung mit dem Segensverständnis Luthers und Calvins, Bonhoeffers und Barths, ansatzweise aber auch schon die Darstellung von Grundzügen biblisch-theologischer Arbeiten zum Segen und selbst die Sammlung der spärlichen Segensmotive in der gegenwärtigen Dogmatik haben gezeigt, daß sich die *soteriologische* und die *schöpfungs-* bzw. *vorsehungstheologische* Dimension des Segensthemas weder aufeinander reduzieren lassen, noch beziehungslos nebeneinander stehen.[2] Dies unterstreicht die dogmatische Tradition mit ihrem Bemühen um eine angemessene Verhältnisbestimmung beider Momente:

In den reformatorischen Entwürfen rückt die soteriologische Bedeutung des Seg(n)ens in den Vordergrund. Das Verständnis des Segens als Motiv der Fürsorge des Schöpfers für seine Geschöpfe wird dieser auch dort zu- und untergeordnet, wo man es für ursprünglich hält. M. *Luthers* Hermeneutik eines christologischen Literalsinns biblischer Texte läßt ihn im kanonischen Zusammenhang von Gen 22,18 und Gal 3,6-14.16 einen rechtfertigungstheologischen

---

1. K. *Barth*, Ethik I, 412; vgl. oben Teil B, IV. 1.3.
2. Davon aber, daß das Thema des Segens »einen Indifferenzraum, eine Neutralitätszone zwischen natur- und mythosorientierter Schöpfungstheologie einerseits und geschichts- und offenbarungsorientierter Soteriologie andererseits« eröffnet, wie H. P. Müllers These zum Segensverständnis des Alten Testaments lautet (Segen, 20), kann nach den bisherigen Ausführungen nicht die Rede sein. Steht das Segensmotiv im Zentrum der Rechtfertigungslehre wie der Vorsehungslehre, läßt es sich nicht in den »archaischen Hintergrund« (a.a.O., 1) der biblischen Botschaft verbannen und zu ihren »komplementären Randmotiven« zählen, die zur sog. Mitte, welche für Müller »beim rettenden Kommen und Eingreifen Gottes in die Geschichte (liegt), das sich durch die Inkarnation Gottes in Christus vollendet (...), in einem Spannungs- und Kompensationsverhältnis stehen« (a.a.O., 3). So zutreffend Müllers Wahrnehmung ist, daß es beim Segen um »eine Vermittlung der radikalen Transzendenz Gottes mit einer Immanenz seiner wirkenden Kraft, eine Vermittlung auch zwischen der strengen Unterscheidung von Gott und Welt und dem Zugeständnis von so etwas wie Gotthaltigkeit der Welt« (a.a.O., 1) handelt, so entschieden ist seiner Verortung des Segensthemas in einer »paganen Vorgeschichte des Kerygmas« (ebd.) zu widersprechen.

Segensbegriff entdecken, der für ihn die Summe des Evangeliums darstellt. Erst im Zuge der verschiedenen dualen Ausdifferenzierungen dieser grundlegenden Bestimmung des göttlichen Segens als Christus- und Abrahamsegen findet sich bei ihm ein schöpfungstheologisches Segensverständnis, das im Segen die Kraft zum Wachsen und Gedeihen, die Begabung mit Fruchtbarkeit und den Auftrag zur Mehrung erkennt. Auf den ersten Blick mag es sich nahelegen, den Vorrang der christologisch-soteriologischen Dimension des Segens in Luthers Konzeption (und darüber hinaus) auf den Erkenntnisweg zu beschränken, können wir doch erst im Licht des durch Christus vermittelten Abrahamsegens erkennen, daß sich die natürliche Entwicklung, die Förderung und Erhaltung geschöpflichen Lebens dem Segenswirken des Schöpfers verdanken. Dieser Einschränkung steht jedoch Luthers Überzeugung entgegen, daß die Schöpfung ein Werk der Trinität und damit auch der Schöpfungssegen christologisch vermittelt ist. Gerade Luthers trinitarische Auslegung des aaronitischen Priestersegens unterstreicht – im Sinne des trinitätstheologischen Grundsatzes: »Opera trinitatis ad extra sunt indivisa.« – die *Einheit* des vorsehungstheologischen und soteriologischen Segensverständnisses.

Indem *J. Calvin* das göttliche Segenswirken erwählungs- und bundestheologisch begründet und damit schon in Gottes Selbstbestimmung vor der Schöpfung angelegt sieht, besteht für ihn eindeutig ein noetischer und ontischer Vorsprung der christologisch-soteriologischen Bedeutung des Segens vor der vorsehungstheologischen. Es ist die ihnen eingestiftete Kraft der Verweisung auf die Bundestreue Gottes, die die irdischen Segensgüter für Calvin zu sichtbaren Zeichen der providentia Dei macht. Erst wenn man sie in den Horizont des Bundes Gottes einrückt, werden die alltäglichen Lebensmittel, die notwendigen ebenso wie die »luxuriösen«, als Ausdruck göttlicher Fürsorge für seine Schöpfung wahrgenommen. Erst in dem Licht, das von der Erwählung auf die Gemeinde fällt, kann sie sich ihre Segensbedürftigkeit eingestehen und sie zur Bitte um den Segen Gottes werden lassen, kann sie sich im dankbaren Empfangen und Genießen der Segensgüter in einen verantwortlichen Umgang mit ihnen einweisen lassen. Auf Gott gewendet, folgt aus dieser Zuordnung von soteriologischem und vorsehungstheologischem Segensverständnis: Ohne die beständige Erhaltung, Begleitung und Leitung seiner Geschöpfe im Segen hörte er nicht nur auf, ihr Schöpfer zu sein, sondern würde seinen Verheißungen untreu und damit bundesbrüchig.

In *K. Barths* Interpretation des Schöpfungssegens konvergieren als Folge seiner doppelten Verschränkung von Schöpfung und Bund (KD III/1, §.41) – die Schöpfung als äußerer Grund des Bundes, der Bund als innerer Grund der Schöpfung – der soteriologische und der vorsehungstheologische Aspekt: Indem der Segen des Schöpfers die Menschen zu einer eigenständigen Be(s)tätigung ihrer Geschöpflichkeit autorisiert und ermächtigt und sie dabei zugleich davor bewahrt, die ihnen geschenkte kreatürliche Freiheit im Entfernen von oder im Konkurrieren mit Gott zu mißbrauchen, beginnt mit der eigenen Geschichte der Geschöpfe gleichursprünglich die Geschichte der Fürsorge Gottes für sie. Die aber hat ihren Grund, ihr Worumwillen in der Erwählung Jesu Christi: Weil Gott ihn zum Partner seines Bundes und in ihm alle zu seinen PartnerInnen erwählt hat, erhält er sie – so Barths christozentrische Argumentation – um seinetwillen. Insofern hebt mit dem Schöpfungssegen auch die in der Erwählung Jesu Christi be- und erschlossene Bundesgeschichte Gottes mit den Menschen an, welche durch die Segnung der Wassertiere und Vögel präfiguriert wird. Das christologische Profil des Schöpfungssegens gewährleistet den Zusammenhang von soteriologischem und vorsehungstheologischem Segensbegriff. Dies findet seine Bestätigung in Barths Deutung der Segensverheißung an Abraham: In ihrer je neuen Wieder-holung vergegenwärtigt sich Israel von Generation zu Generation den Anfang der mit dem Namen Abrahams verbundenen Erwählungs-, Verheißungs- und Bundesgeschichte. *Zugleich* vergewissert es sich damit Gottes gnädiger Bewahrung und Begleitung, die mit der Bändigung des lebensbedrohlichen Chaos Israels eigener Existenz immer schon vorausliegt und diese so vor jeder möglichen Bedrohung aus einer ungewissen Vorvergangenheit schützt.

D. *Bonhoeffers* erfahrungsbezogene Fragmente zum Segensthema entziehen sich einem systematisierenden Zugriff und lassen sich darum nicht so eindeutig einem der beiden Segensbegriffe zuordnen. Sein Verständnis des Schöpfungssegens als Bejahung, Rechtfertigung und »Inanspruchnahme des irdischen Lebens für Gott« spricht ebenso die Sprache der Providenzlehre wie seine Definition des Segens als »Zwischenbegriff (...) zwischen Gott und dem Glück«, der alle irdischen Güter ebenso wie alle Verheißungen einschließt. Entsprechendes gilt für Bonhoeffers Überzeugung, daß Gottes Segen lebensförderliche Gemeinschaft auch über räumliche Distanzen und selbst über die Todesgrenze hinaus stiftet und dabei Abwesende und Anwesende, Lebende und Tote in der Fürsorge Gottes und unter seinem leuchtenden Angesicht verbindet. Doch schon die Ausführungen zur segnenden Mitarbeit des Menschen an der Schöpfung sprengen den Rahmen der Vorsehungslehre, denn es ist nicht allein die Begabung mit dem Schöpfungssegen, die den Menschen zu einer solchen cooperatio mit dem göttlichen Segenswirken ermächtigt. Gottes Durchbrechung und Überwindung des innerweltlichen Fluchzusammenhangs durch Segen, wie sie sich für Bonhoeffer im Kreuzestod Jesu als Passion Gottes an und in der Welt ereignet, ermöglicht ein menschliches Segenshandeln, das als Solidarität im Leiden der göttlichen Beantwortung des Fluches mit Segen entspricht. Mit der Verknüpfung von Segen und Kreuz holt Bonhoeffer die soteriologisch-christologische Dimension in seine segenstheologischen Überlegungen ein. Er begreift Gottes Leiden im Gekreuzigten als den Segen, der die Welt aus ihrer heillosen Selbstabschließung befreit und ihr Zukunft schenkt. Wer das Leiden Gottes teilt, praktiziert eine Treue zur Welt, die dieser mehr zutraut als sie sich selbst, indem sie sie auf ihre Zugehörigkeit zu Gott und damit als Schöpfung anspricht. Die kreuzestheologische Interpretation des menschlichen Segenshandelns läßt aber nicht nur das solidarische Mitleiden mit der Welt im Leiden Gottes begründet sein, sondern lädt zugleich zum Genießen der irdischen Güter ein und erlaubt unbekümmertes Lebensglück, befreit sie doch gerade davon, das Leiden Gottes im Gekreuzigten wiederholen zu müssen und damit Leiden und Kreuz zum Prinzip christlichen Lebens zu (v)erklären. So hält Bonhoeffer mit der These vom göttlichen Segenswirken in der Passion Jesu die vorsehungstheologische und die soteriologische Dimension des Segens zusammen. Der im Leiden Gottes (und in dem ihm entsprechenden menschlichen Mitleiden) der Welt zukommende Segen erneuert den göttlichen Schöpfungssegen und schafft ihm neue Spielräume in einem Leben, das nicht länger vom Fluch beherrscht wird.

Unter der programmatischen Überschrift »Mitgesegnet mit Israel« habe ich nicht nur versucht, die noetische und ontische Vorordnung der christologisch-soteriologischen Dimension alt- und neutestamentlicher Segenstraditionen zu begründen, sondern diese auch konsequenter, als es in den bisherigen biblisch-theologischen und dogmatischen Überlegungen zum Segen der Fall ist, aber gleichwohl angeregt durch sie[3] *israeltheologisch* zu profilieren. Beides kommt in der Formel »Universalität *in* der Partikularität« zusammen. Nicht nur das Wissen um den, sondern auch die Teilnahme an dem universalen Schöpfungssegen erschließt sich Nichtjuden und -jüdinnen in der Treue zu Jesus von Nazareth, dem einen Abrahamsohn, den sie als den Messias Israels bekennen. In dessen Auferweckung eignet der Gott Israels den durch stellvertretende Fluchübernahme und inklusiven Torageshorsam erworbenen Segen den Menschen aus der Völkerwelt zu. Dieser Segen setzt als Einheit von Abraham-, Tora- und Christussegen den ursprünglichen Schöpfungssegen neu ins Recht und bringt ihn zur Verwirklichung. Das als göttlicher Segensakt verstandene Christusgeschehen ist *Neuschöpfung*. Als Mitgesegnete mit Abraham/Israel, eingesetzt in das Erbrecht als Töchter und Söhne Abrahams, erfahren diejenigen, die sich den durch Christus vermittelten Segen aneignen, ihr *natürliches* Leben als *geschöpfliches* und damit als Gott verdanktes und durch seinen Segen erhaltenes und gefördertes. Die Teilhabe an der Segensgeschichte Gottes mit Israel eröffnet ihnen eine Wahrnehmung, in der Gesundheit, Anerkennung und Glück, FreundInschaft und tägliches Brot, gelingende Arbeit und erfüllte Hoffnungen ihre *Selbst*verständlichkeit verlieren.

Weil die *universale* schöpfungs- und vorsehungstheologische Dimension des Segensthemas erst am *partikularen* Ort der Segensgeschichte Gottes mit Abraham/Israel in den Blick kommt, bedürfen die folgenden Überlegungen einer Leseanweisung: Jede Aussage steht in einer Klammer, deren Vorzeichen »Mitgesegnet mit Israel« lautet. Es ist der hermeneutische Schlüssel für ein angemessenes Verständnis der nun im Rahmen der Providenzlehre zu erhellenden Entsprechung zwischen göttlichem und menschlichem Segenshandeln. Dies trifft bereits für die Überschrift zu. Es mag zunächst befremden, daß ich diesem zweiten Teil meiner segenstheologischen Skizze ausgerechnet zwei Sätze der

---

3. Vgl. oben Teil B, I.1.1-2; 2.1; II.1.3; 3.1; III.1; IV. 2.2; 3.3.

Segensverheißung Jhwhs an Abraham voranstelle. Nach dem bisher beschrittenen Erkenntnisweg ist dies aber nur folgerichtig: Der Geschichte des Segens von Gen 12 zu Gal 3 nachdenkend, ist nämlich zum einen deutlich geworden, daß sich nichtjüdische Menschen dann mit Recht auf die Segensverheißungen Israels berufen dürfen, wenn sie sich in der Treue zu Jesus Christus als *Mitgesegnete* mit Abraham/Israel erkennen. Zum anderen hat sich die Abrahamverheißung, mit der Gott die partikulare Geschichte Israels inmitten der Völkerwelt ins Leben ruft, als *schöpferisches* Wort nicht nur für Israel erwiesen. Angesichts der beständigen Gefährdung des Segens durch den Fluch im Leben »jenseits von Eden« schenkt sie auch den Völkern allererst die Gewißheit, daß Gott *eindeutige* Segensabsichten mit seiner Schöpfung hat und sie nicht dem Fluch preisgeben will. Die Segensverheißung an Abraham ist als schöpferisches Gotteswort eine Wieder-holung des durch menschliche Schuld verspielten Schöpfungssegens und kann darum auch zur Überschrift der Erörterung des Segens als biblischer Grundgestalt der göttlichen Vorsehung werden.

Und noch aus einem dritten Grund trägt dieses Kapitel die Überschrift: »Ich will dich segnen, (…) und werde du ein Segen!« Wie auch immer das »und« näher zu verstehen ist, das diese beiden Sätze verknüpft, es bindet in jedem Fall die menschliche Segensexistenz zurück an Gottes zuvorkommenden Segenswillen, an sein vorgängiges Segenswirken. Wen Gott (ge)segnet (hat), der/die kann ihrerseits zum Segen werden, genauer noch: dem/der ist es *geboten*, ein Segen zu werden. »Segnen ist Ausdrücklich-Machen, daß wir von Gott gesegnet sind.«[4] Gottes Segenshandeln setzt die menschliche Segensexistenz aus sich heraus, begründet, ermöglicht und gebietet sie – als Entsprechung zu seinem eigenen Wirken. Genau diese Gestalt des Verhältnisses von Gott und Mensch, in dem Gottes Segnen Menschen nicht nur ermächtigt, sondern auch förmlich verpflichtet, selbst Segnende zu werden, führt ins Zentrum der Vorsehungslehre.

Thema der Vorsehungslehre ist die *bleibende Zusammengehörigkeit* zwischen Gott und Welt, die *gegenseitige Beziehung* von Schöpfer und Geschöpf: Während diese im Akt der Schöpfung allein durch Gottes Handeln begründet wird, wirken in ihrer Geschichte Gott und Mensch (und auf ihre Weise auch die übrigen Geschöpfe) zusammen. Betont die Schöpfungslehre die Verschiedenheit von Gott und Mensch, so die Vorsehungslehre ihre Entsprechung. »Vorsehung« bringt ein Verhältnis zwischen Gott und Welt auf den Begriff, das seinen Ursprung darin hat, daß – wie K. Barth pointiert formuliert – Gott »seinem Geschöpf gerade in seiner Transzendenz auch völlig *immanent* sein wollte«[5]. Es ist ein Verhältnis, das der Initiative Gottes entspringt, von seiner Gegenwart bestimmt wird und auf die Erfüllung seiner Verheißungen zugeht, aber auf diesem Weg von geschöpflicher Seite *mitgestaltet* wird. Die dogmatische Tradition hat Gottes Zuwendung zur Welt unterschieden in Erhaltung (conservatio), Be-

---

4. A. Gerhards/H. Becker, Mit allem Segen, 25.
5. K. Barth, KD III/3, 6.

gleitung (concursus) und Regierung (gubernatio)[6] und die Beteiligung des Menschen an ihr als *cooperatio Dei* vorrangig im Zusammenhang des concursus erörtet.

Der Glaube an einen Herrn der Geschichte, »der alles so herrlich regieret« (eg 317,2), und die tiefe Gewißheit: »Es kann mir nichts geschehen, als was er hat ersehen und was mir selig ist« (eg 368,3) sind nicht erst in diesem Jahrhundert grundlegend erschüttert worden. Uns ist nicht nur der Vorsehungsglaube, wie er aus diesen Kirchenliedern des 17. Jahrhunderts spricht, abhanden gekommen; die traditionelle Lehre von der göttlichen Vorsehung bringt uns überhaupt in Verlegenheit. Als Versuch einer theologischen Welterklärung hat sie längst ausgedient. Ist deshalb der Verzicht auf dieses Theologumenon angesagt – mit der Folge, daß nun die Verantwortung nicht nur für Wohl und Wehe der Welt, sondern auch für Gott selbst in den Händen der Menschheit liegt, wie D. Sölle schon 1965 am Ende ihres Buches »Stellvertretung« formuliert hat: »Als die Zeit erfüllt war, hatte Gott lange genug etwas für uns getan. (...) Es ist nunmehr an der Zeit, etwas für Gott zu tun.«[7]?

C. Heyward hat diesen Gedanken in ihrer feministischen Beziehungstheologie aufgenommen und vertieft: »Die Erlösung der Welt, des menschlichen und göttlichen Lebens, unser selbst und der transpersonalen Bindung zwischen uns hängt von unserer Bereitschaft ab, Liebe/Gerechtigkeit in dieser Welt zu verwirklichen.«[8] Und H. Jonas hat in seinem Vortrag »Der Gottesbegriff nach Auschwitz« die Zuständigkeit des Menschen für das Schicksal Gottes schöpfungstheologisch radikalisiert: Bereits mit der Schöpfung hat Gott seiner Allmacht entsagt und sein Geschick in die Hände der Menschen gelegt. Weil sie ihr Dasein der Selbstentäußerung Gottes verdanken, tragen sie nun für die Gottheit Gottes Verantwortung: »Nachdem er sich ganz in die werdende Welt hineingab, hat Gott nichts mehr zu geben: jetzt ist es am Menschen, ihm zu geben.«[9]

Ist an die Stelle der Fürsorge Gottes für die Welt die alleinige Verantwortung des Menschen für Welt und Gott getreten, oder können wir auch heute noch von einer aktiven Gegenwart Gottes in der Welt reden, die diese nicht sich selbst überläßt, sondern auf ein Ziel hin erhält und begleitet?

Ich möchte im folgenden skizzenhaft das Segensmotiv als ein *biblisches Sprachangebot* an die Dogmatik entfalten – von dem erkenntnisleitenden Interesse bestimmt, diese im Blick auf ihr Reden von Gottes Vorsehung dadurch wieder sprachfähig(er) zu machen. Daraus folgt aber nicht, daß das theologische Nachdenken über die Weltimmanenz Gottes und seine Fürsorge für die Schöpfung auf das Segenswirken einzugrenzen ist. An der Zusammengehörigkeit von göttlichem und menschlichem Segnen soll vielmehr *beispielhaft* deutlich wer-

---

6. Vgl. *K. Barth*, KD III/3, der mit der Entfaltung der göttlichen Vorsehung in §49 ganz in den Bahnen der Tradition verbleibt, nachdem er in §48 eine christologische Grundlegung der Vorsehung vorausgeschickt hat (s. dazu *C. Link*, Schöpfung, 308 ff.).
7. *D. Sölle*, Stellvertretung, 173.
8. *C. Heyward*, Theologie der Beziehung, 44.
9. *H. Jonas*, Gottesbegriff, 47.

den, wie die zentralen Anliegen der klassischen Vorsehungslehre heute erfahrungsbezogen zur Sprache kommen können.

1. Gottes Seg(n)en als biblisches Grundmotiv seiner Weltimmanenz

Gelingendes Leben als Ausdruck der *Gegenwart Gottes im Segen* zu begreifen, versteht sich nicht von selbst. Daß das natürliche Wachsen und Gedeihen nicht weniger als das Aufblühen verkümmerten und die Erneuerung verfehlten Lebens, ja daß Lebendigkeit überhaupt auf den Segen Gottes und nicht nur auf die Selbstorganisation des Lebens und seine Regenerationsmöglichkeiten zurückgeführt wird, kann nicht *behauptet*, sondern nur *bezeugt* werden. Es ist nur *praktischer*, nicht aber *theoretischer* Erkenntnis zugänglich, und zwar einer praktischen Erkenntnis, die – wie J. Fischer gezeigt hat – von einer *Anwesenheit* Gottes in der Geschichte ausgeht, besser noch: die sich nur denen erschließt, welche sich von Gott selbst »in den Raum seiner Anwesenheit stellen« lassen und so an seiner wirklichkeitsbestimmenden Gegenwart teilhaben.[10] Die Erhaltung des Lebens *als* Wirkung göttlichen Segens zu sehen, entspricht einer »perspektivische(n) Wahrheit«, gegenüber der wir keinen neutralen BeobachterInnenstandort beziehen können, denn »es gibt keine Perspektive, von der aus wir unsere Perspektive sehen können«[11]. D. Ritschl hat in diesem Zusammenhang vom »›Drin-Stehen‹ und Bleiben in einer Story«, vom »Bewohnen einer Perspektive« gesprochen.[12] Im vorangehenden Kapitel habe ich gezeigt, von welcher Perspektive aus wir auf die *Welt als* durch Gottes Segen erhaltene *Schöpfung* schauen können. Es ist jene Perspektive, die uns zuteil wird, wenn wir uns in die Geschichte Gottes mit Israel rufen lassen, die er mit der Segensverheißung an Abraham eröffnet hat und die von Anfang an auf die Partizipation aller Menschen am Segen Gottes zielt. Der Wahrheitsanspruch der Rede von der providentia Dei läßt sich diskursiv nicht auf neutralem Boden, sondern nur unter der gemeinsamen Voraussetzung des »Drin-Stehens« in dieser Segensgeschichte begründen.

C. Link hat die Einsicht in die perspektivische Wahrheit aller Aussagen auf die Vorsehungslehre bezogen und beschreibt entsprechend die Erkenntnis der providentia Dei als einen »*Lebens*vorgang«, der erst in einem zweiten Schritt zu einem *kognitiven* Akt werden kann, denn »Vorsehung ist (...) die Erfahrung, die man in und mit der eigenen Natur und Geschichte macht, wenn man sie (...)

---

10. *J. Fischer*, Handeln Gottes, 220.
11. *D. Ritschl*, Logik der Theologie, 56.
12. A.a.O., 55 u.ö.

von der Nähe des kommenden Gottes in Anspruch nehmen läßt«[13]. Damit gewinnt die Rede von Gottes Gegenwart im Segen – entgegen dem konservativen Grundzug der traditionellen Vorsehungslehren – eine unübersehbar eschatologische Ausrichtung. Gottes Segenshandeln[14] zielt auf die Vollendung der Welt als *neue Schöpfung*, wie sie sich in der Auferweckung des Gekreuzigten vorwegereignet hat.

1.1 Der Schöpfungssegen: Beginn der göttlichen Erhaltung und Ursprung der Freiheitsgeschichte der Geschöpfe

»Wer ›Vorsehung‹ sagt, der muß (...) schon bei dem Ziel der verheißenen ›neuen Schöpfung‹, er muß eschatologisch einsetzen!«[15] Den Schöpfungssegen als Ausgangspunkt für das vorsehungstheologische Segensverständnis zu wählen, scheint dieser von C. Link eröffneten Perspektive, Vorsehung als Verheißung wahrzunehmen, diametral entgegenzustehen – doch nur, solange man die biblischen Schöpfungstraditionen (ausschließlich) protologisch und nicht (auch) eschatologisch deutet. Liest man aber mit Jürgen Ebach den Schöpfungsbericht von Gen 1,1-2,4 als Geschichte von »Ursprung und Ziel«, als »erinnerte Zukunft und erhoffte Vergangenheit«[16], dann rückt auch hier, insbesondere bei der Segnung des siebten Tages (Gen 2,2f.), der Segen am Anfang ins Licht der Zukunft Gottes. In diesem Licht besehen, läßt er sich nicht auf das traditionelle Verständnis, göttliche Lebenskraft zu Fruchtbarkeit, Mehrung, Wachstum und Gedeihen zu sein, reduzieren.

---

13. *C. Link*, Schöpfung, 558f.
14. Die hier nicht problematisierte Rede vom Segens*handeln* Gottes markiert ein Defizit meiner Arbeit: Die *Prolegomena* zu einer Theologie des Segens müssen allererst noch geschrieben werden. Ihnen käme vorrangig die fundamentaltheologische Aufgabe zu, die Anwendung des Handlungsbegriffs auf Gott selbst zu klären. Die theologische Erörterung steckt in dieser Frage noch in den Anfängen. Das Problem kann nicht dadurch als gelöst gelten, daß man vom »Wirken« statt vom »Handeln Gottes« redet (vgl. *W. Härle*, Dogmatik, 282ff.); überzeugender ist dagegen schon der im Zusammenhang der Providenzlehre gemachte Vorschlag D. Ritschls, im Licht der Selbstbescheidung Gottes zugunsten seiner Geschöpfe von »Gottes Interpretation und Kritik der Geschichte« zu sprechen – vorausgesetzt, daß »Gottes Kritik und Interpretation auch Geschichte ändert und sehr wohl partiell auch ›macht‹ (Vorsehung, 132). Als Interpretation und Kritik der Weltgeschichte verstanden, wäre Gottes Handeln *pneumatologisch* zu entfalten. Zur Bedeutung der Rede vom »handelnden Gott« vgl. vorläufig *J. Fischer*, Handeln Gottes; *U. H. J. Körtner*, Der handelnde Gott; *R. Preul*, Handeln Gottes; *C. Schwöbel*, Action and Revelation; *ders.*, Handeln Gottes; *H. Kessler*, Begriff des Handelns; *T. F. Tracy*, Action and Embodiment.
15. *C. Link*, Schöpfung, 569, in Kritik an W. Krötke, der die Vorsehung als »nicht-eschatologisches Tun Gottes« von seinem Heilshandeln unterscheidet (Gottes Fürsorge, 83).
16. J. Ebach nimmt mit dieser Verschränkung Karl Kraus' Satz »Der Ursprung ist das Ziel« (Werke 7, 59) auf, der als Motto der XIV. Benjaminschen These über den Begriff der Geschichte voransteht (GS I/2, 701), vgl. die Aufsätze in *J. Ebach*, Ursprung und Ziel.

1.1.1 Die Segnung der Wassertiere und Vögel – Begabung mit Lebenskraft zur Wahrnehmung und Entfaltung ihrer Geschöpflichkeit

Nicht Menschen, sondern Tieren, genauer: den Wassertieren und Vögeln, gilt der erste Segen, von dem die Bibel berichtet. Im Zusammenhang der Darstellung des sechsten Schöpfungswerks (Gen 1, 20-22) erschließt sich grundsätzlich die Funktion, die dem ursprünglichen Segnen Gottes zukommt:

(20) »Und Gott sprach:
›Wimmeln sollen die Wasser von Gewimmel, lebendigen Wesen,
und Fluggetier soll fliegen über der Erde an der Feste des Himmels.‹
(21) Und Gott schuf die großen Meeresungeheuer und alle lebendigen, sich regenden Wesen,
von denen die Wasser wimmeln, nach ihren Arten.
Und Gott sah, daß es gut war.
(22) Und es *segnete* sie Gott folgendermaßen:
›Seid fruchtbar und werdet zahlreich und füllt die Wasser in den Meeren,
und das Fluggetier soll zahlreich werden auf der Erde‹.«

Erst bei der Erschaffung lebendiger Wesen, der נפש חיה, tritt zum göttlichen *Schöpfungsakt* das göttliche *Segenswort* hinzu; es ergeht im Blick auf die Wassertiere als direkte Aufforderung (Imperativ) zu Fruchtbarkeit, Mehrung und Füllung des ihnen eigenen Lebensraums und für die Vögel als indirekter Auftrag (Jussiv), zahlreich zu werden. Der Segen setzt die Geschichte dieser ersten Generation von Lebewesen in Gang, damit *auf Dauer* das Wasser von Fischen wimmeln und Vögel am Himmel fliegen sollen. Das Segenswort vermittelt so zwischen der Anordnung Gottes, die auf eine »dauernde Daseinsgestalt«[17] zielt (V. 20), und der Ersterschaffung der Tiere (V. 21). Es ist aufgefallen, daß beim Bericht über den fünften Schöpfungstag nicht die sog. »Entsprechungsformel« (ויהי־כן: »dementsprechend geschah es«)[18] steht. Wenn die Position von ויהי־כן zwischen Wortbericht und Tatbericht (vgl. V. 7.9.11.15.24.30)[19] aufzeigt, »daß das vorangehende Wort in einem ebenfalls, meist anschließend berichteten Geschehen eine ihm entsprechende, also folgerichtige Verwirklichung erfahren hat«[20], dann deutet sein Fehlen an dieser Stelle darauf hin, daß die Ersterschaffung der Wassertiere und Vögel offenbar noch nicht die volle Verwirklichung

---

17. Vgl. *E. Zenger*, Gottes Bogen, 54 ff., 198 f., im Anschluß an O. H. *Steck*, Schöpfungsbericht, 61 ff.
18. Vgl. *O. H. Steck*, a.a.O., 32 ff.; E. *Zenger*, a.a.O., 51 ff.; erst O. H. Stecks Neuinterpretation dieser Wendung, die zuvor als »Vollzugsformel« oder »Ausführungsformel« verstanden wurde, hat die damit einhergehende Differenzierung des göttlichen Schaffens in Wortschöpfung und Tatschöpfung hinter sich gelassen, denn nach Steck verbindet ויהי־כן jeweils das Wortelement, nämlich die Anordnung der dauernden Daseinsgestalt, und das Tatelement, die Ersterschaffung, zu einem einzigen Schöpfungsakt und kann deshalb nicht länger die Beweislast für eine Konkurrenz zwischen einer Wortschöpfungs- und einer Tatschöpfungstheologie tragen.
19. Zur Stellung von ויהי־כן im einzelnen vgl. *E. Zenger*, Gottes Bogen, 54 ff.
20. *O. H. Steck*, Schöpfungsbericht, 35.

des Gotteswortes in V. 20 bringt. Damit das Leben im Wasser und in der Luft nicht schon nach einer Generation zu Ende ist, bedarf es entweder einer wiederholten göttlichen Erschaffung der Lebewesen oder ihrer Befähigung, sich selbst zu vermehren. Wo aber, wie dies in Gen 1,1-2,4 der Fall ist, die Schöpfung als abgeschlossenes (Sieben-Tage-)Werk am Anfang verstanden wird, »werden die Tiere nicht ständig neu erschaffen, vielmehr wird ihnen hier die für die Fortdauer des Geschaffenen entscheidende Fähigkeit zu zahlreicher Weiterexistenz durch wirkungsmächtiges Segenswort von Anfang an mitgegeben«[21]. Der Segen steht hier – dogmatisch gesprochen – an der Schnittstelle zwischen Schöpfung und Erhaltung des Erschaffenen: Er ist selbst schöpferisches Tatwort, indem er die gesegneten Geschöpfe allererst zu dem befähigt und ermächtigt, was ihnen zu tun geboten wird. Wo ein Befehl Gottes als *Segenswort* ergeht, inkludiert er die Befähigung, ihm zu entsprechen. Der Segen begabt die Geschöpfe mit der Lebenskraft, die ihnen zum Wachsen und Gedeihen, zur Fortpflanzung und Mehrung, zur Füllung und Nutzung der ihnen zugewiesenen Lebensräume, kurzum: zur Wahr-nehmung ihrer geschöpflichen Bestimmung verhilft. Im Empfangen des Segens, in der geschöpflichen Rezeptivität, verwandelt sich die Passivität der Lebewesen – ihre Erschaffung ist allein Gottes Werk – in eigene Aktivität. Der Schöpfungssegen initiiert die geschöpfliche Eigenbewegung. Er begründet die Selbständigkeit der Geschöpfe, die allerdings nicht so zu verstehen ist, als bedürften sie darin nicht länger des göttlichen Inter-esses, seiner Gegenwart bei und fürsorgenden Zuwendung zu ihnen. Gegen das deistische (Miß-)Verständnis einer abgeschlossenen Schöpfung am Anfang[22] ist mit W. H. Schmidt zu betonen, daß die Segensworte in Gen 1,22.28 »von der ›Schöpfung‹ in die ›Erhaltung‹ hinüberweisen: Das Leben entstand aus dem Gotteswort und besteht auch nur aus dem Gotteswort weiter.«[23] Zurecht hat C. Westermann dieser Einsicht hinzugefügt, daß damit aber »nicht das Erhalten eines status gemeint ist, sondern vorwärtsdrängende, in die Zukunft wirkende Kraft«[24]. Die Erhaltung durch den Segen ist zielgerichtet auf die volle Entfaltung der Geschöpflichkeit alles Lebendigen hin.

Daß und vor allem inwiefern der Segen des Schöpfers dem Eigenleben der Fische und Vögel »nach ihren Arten« Bestand verleiht, läßt sich aber im Zusammenhang von V. 20-22 noch konkreter bestimmen. Dem göttlichen Segenswort

---

21. A.a.O., 65.
22. Ein solches Mißverständnis liegt z.B. bei O. H. Steck vor: Für ihn spiegelt die Segnung der Geschöpfe, die nach der einmaligen und erstmaligen Erschaffung der Lebewesen ihren Fortbestand auf Dauer ermöglicht, den Sachverhalt wider, »daß die Schöpfungswelt nach ihrer Erschaffung (...) als solche keiner weiteren Erhaltung durch Gott bedarf« (Schöpfungsbericht, 65 Anm. 236; vgl. auch *B. Jacob*, Genesis, 66). Damit bleibt der Segen aber theologisch unterbestimmt; er kommt bei Steck nicht als den Geschöpfen eingestiftete Gestalt der Präsenz Gottes in den Blick. Die spannungsvolle Einheit eines Gottes, der seiner Schöpfung im Segen einwohnt und von ihr zugleich unterschieden bleibt, wird von Steck einseitig zugunsten einer Welttranszendenz Gottes aufgelöst.
23. *W. H. Schmidt*, Schöpfungsgeschichte, 148f.
24. *C. Westermann*, Genesis I, 222.

geht die sog. *Billigungsformel* voraus: »Und Gott sah, daß es gut war.« (V. 21bβ).[25] B. Jacob hat sie die »göttliche Approbation« des Schöpfungswerks genannt: Mit ihr »soll als festgestellt gelten, daß die Schöpfung im einzelnen wie in ihrer Gesamtheit vollkommen und zweckmäßig, also schön und gut ist. Jedes Ding, das Gott geschaffen hat, ist mit allen Fähigkeiten und Anlagen für seine Aufgabe aufs beste versehen«[26]. Was aber kann der Segen einer »vollkommen« erschaffenen Schöpfung überhaupt noch hinzufügen? Ihm kommt – das erschließt sich gerade aus der Komplementarität von Billigungsformel und Segenswort – die Funktion zu, die den Geschöpfen verliehenen Anlagen und Begabungen, ihre geschöpflichen Potentiale zur Entfaltung zu bringen.[27] Daß das *Gewimmel* auch tatsächlich die Wasser *wimmeln* läßt, daß die *Flugtiere* auch wirklich den Luftraum *fliegend* bevölkern – das verdankt sich dem göttlichen Segenswort. Die doppelte figura etymologica in V. 20 ist mehr als ein rhetorisches Stilmittel. Sie ist transparent für die Bedeutung des Schöpfungssegens, der die – buchstäbliche – Entsprechung zwischen Verb und Nomen in Kraft setzt: Er bringt die mit dem Schöpfungsakt in den Lebewesen angelegte Bestimmung, ihr *inneres* Wesen zum *Aus*druck, zur Darstellung. Er sorgt dafür, daß die jeweilige geschöpfliche Potenz ausgeschöpft, daß mit den Talenten »gewuchert« wird.

Was dies für menschliche Lebewesen heißt, veranschaulicht eindrücklich Ps 115. Die antithetisch-chiastische Einheit von V. 4-8 und V. 12-15[28] zeigt ebenso konkret wie grundsätzlich, was es für Menschen bedeutet, mit dem Segen Gottes, des Schöpfers, beschenkt zu sein, nämlich: einen Mund zu haben und damit reden zu können, mit eigenen Augen sehen, mit eigenen Ohren hören, mit eigener Nase riechen, mit eigenen Händen tasten, mit eigenen Füßen gehen und aus eigener Kehle tönen zu können, also: zu einem eigenständigen, bewegten, sinn(en)vollen, gelingenden Leben begabt zu sein und darin der schöpferischen Lebendigkeit Gottes selbst zu entsprechen, ja sie am eigenen Leib zu verkörpern und mit allen Sinnen wahr-zunehmen.

Es ist die geschöpfliche Bestimmung der Wasser- und Flugtiere, ihre Lebensräume zu füllen, welche sie – wie dann auch die Menschen (1, 28) – zu *segensbedürftigen* Lebewesen macht. Als נפש חיה bleiben sie darauf angewiesen, daß Gott ihre Existenz fortan in Gestalt des ur-sprünglichen Segenswortes begleitet, das ihnen erlaubt und sie dazu ermächtigt, sich eigenständig von Generation zu Generation fortzupflanzen. In der Freiheit, die ihnen damit gewährt ist, liegt ihre besondere geschöpfliche Würde und zugleich ihre Gefährdung, weil sie

---

25. Zur Bedeutung und Funktion der Billigungsformel in Gen 1, 4.10.12.18.21.25.31 vgl. W. H. Schmidt, Schöpfungsgeschichte, 59-63; E. Zenger, Gottes Bogen, 59-62.
26. B. Jacob, Genesis, 32. E. Zenger hat diesen Grundsinn der Billigungsformel unter Berücksichtigung der Konnotationen des Wortes »טוב« (»gut«) präzisiert (vgl. Gottes Bogen, 59 ff.; s. auch D. Bonhoeffer, SF, 42-44).
27. Vgl. T. Willi, Segen und Segnung.
28. Zur chiastischen Struktur von Ps 115 und zur Interpretation seiner Segensmotive vgl. ausführlich M. L. Frettlöh, Gott segnen; zur Entsprechung zwischen V. 4-8 und 12-15 bes. 493-496.

ihre Geschöpflichkeit verfehlen können, sei es durch eine mangelnde Verwirklichung ihrer Möglichkeiten, sei es durch deren Wahrnehmung entgegen der göttlichen Bestimmung.[29] Wenn es in Gen 6,12 heißt, daß »*alles Fleisch* seinen Lebensweg auf der Erde verderbte«, dann schließt dies die Verfehlung, hier: die Gewalttaten (חמס), von Tieren und Menschen ein. Der Schöpfungssegen wirkt nicht nur einer möglichen Verkümmerung der geschöpflichen Potentiale entgegen, er begegnet auch deren (gewalttätigem) Mißbrauch, indem er mit der Kontinuität des Lebens, die er ermöglicht, zugleich eine Grenze aufrichtet: In ihrer Eigenschaft als נפש חיה können Tiere und Menschen das *empfangene* Leben zwar selbständig *weitergeben*, sie können es aber weder selber schaffen noch dürfen sie es selber zerstören. Als gottgegebenes bleibt es ihrer eigenmächtigen Verfügung entzogen. Im ursprünglichen Segenswort des Schöpfers ist die Erinnerung aufbewahrt, daß weder die Erschaffung des Lebens noch seine Erhaltung eine eigene Möglichkeit der Geschöpfe darstellt, daß sie aber *ihrer geschöpflichen Veranlagung gemäß* als *gesegnete* Lebewesen zur *Mitarbeit* an Gottes Schöpferhandeln autorisiert und aufgefordert sind, was im Blick auf die Menschen gleich noch näher auszuführen ist.

Wenn auch nach alttestamentlichem Verständnis die Flora nicht als נפש חיה gilt, so folgt daraus keineswegs zwangsläufig, daß die von der Erde – auf Gottes Wort hin – hervorgebrachten Gräser, Pflanzen und Bäume keinen Segen in sich tragen, der sie wachsen, gedeihen, blühen und Früchte tragen läßt. Zwar fehlt beim fünften Schöpfungswerk (V. 11 f.) ein explizites göttliches Segenswort, doch führt die Winzerregel, die in Jes 65,8 als Vergleich in ein prophetisches Heilswort integriert ist, auch das Wachstum der Pflanzen auf den Segen zurück:

»So spricht Jhwh: ›Wie man (noch) Saft in der Weintraube findet und sagt:
›Vernichte sie nicht, denn *Segen* ist (noch) darin!‹,
so werde ich um meiner Knechte willen handeln, daß ich nicht das Ganze vernichte.‹«

Der als Segen begriffene Pflanzensaft schützt selbst eine kümmerliche Traube vor der Vernichtung. Denn mit dem Segen birgt jene die Möglichkeit in sich, noch wachsen, gedeihen und reifen zu können. Bewahrt der Segen so auch das (Über-)Lebensrecht der Pflanzenwelt, so bedarf diese doch offenbar, weil sie nicht als mit geschöpflicher Freiheit ausgestattetes Lebewesen gedacht ist, das sich zeugend, empfangend und gebärend fortpflanzt, keines besonderen Auftrags zur Bewahrung und Bewährung ihrer Geschöpflichkeit in Gestalt eines Segens*wortes*. K. Barth konnte davon sprechen, daß die Geschöpfe, die nicht als נפש חיה gelten und darum keine geschöpflichen Eigenbewegungen vollziehen, »gewissermaßen von Haus gesegnet sind«[30].

---

29. Vgl. dazu auch K. Barths Verständnis des Schöpfungssegens oben Teil B, IV. 1 und 3.1.
30. *K. Barth*, KD III/1, 194; vgl. oben Teil B, IV,1.1 sowie Luthers Auslegung des Schöpfungssegens oben Teil B, I.2.2.

1.1.2 Die Segnung der Menschen – Ermächtigung zu menschlicher Herrschaft

Auch der Segen, den Gott dem ersten Menschenpaar nach seiner Erschaffung zuspricht, ergeht als *Beauftragung* (1, 28):

(26) »Und Gott sprach: ›Laßt uns Menschen machen als unser Bild, uns ähnlich! Und sie sollen herrschen über die Fische des Meeres und über die Vögel des Himmels und über das Vieh und über alle wilden Tiere der Erde und über jeden Wurm, der auf der Erde kriecht!‹
(27) Und Gott schuf den Menschen als sein Bild, als Bild Gottes schuf er ihn, männlich und weiblich schuf er sie.
(28) Und Gott *segnete* sie, indem er zu ihnen sprach:
›Seid fruchtbar und werdet zahlreich und füllt die Erde und unterwerft sie euch! Und herrscht über die Fische des Meeres und über die Vögel des Himmels und über alles Lebendige, das sich auf der Erde regt!‹«

Bei der Einleitung dieses Segens fällt gegenüber V. 22 ein kleiner, aber theologisch und anthropologisch bedeutsamer Unterschied auf: Das Segenswort an die Menschen ist als *direkte Anrede* formuliert. Anders als bei den Wassertieren und Vögeln spricht Gott den Segen für die Menschen nicht nur aus, sondern redet sie segnend als sein Gegenüber an. Gott ähnlich, als sein Bild erschaffen, sind die Menschen Ansprech-, ja Gesprächspartner Gottes. Mit dem Segenswort *be-an-sprucht* Gott sie in ihrer Geschöpflichkeit.[31] Die schöpferische Kraft dieses Wortes impliziert nicht nur ihre Befähigung, dem als Segen zugesprochenen Auftrag zu entsprechen, es fordert diese Entsprechung vielmehr als *freie Antwort* des Menschen heraus. Von Gott angeredet, werden die Menschen zu Gott gegenüber *verantwortlichen* Lebewesen. In welche Verantwortung Gott die Menschen stellt, erschließt sich zunächst von der ihnen im Segenswort zugemuteten geschöpflichen Bestimmung her. Daß die spezifisch menschliche Beantwortung des Schöpfungssegens in der Befolgung des Auftrags von Gen 1, 28 jedoch nicht aufgeht, wird noch deutlich werden.[32]

In ihren ersten Motiven: Fruchtbarkeit – Mehrung – Füllung des Lebensraums entspricht die Segnung der Menschen jener der Wassertiere und Vögel. Wie diese die Meere und die Luft bevölkern sollen, so wird den Menschen die Erde zugewiesen. Sie teilen sich diesen Lebensraum mit den zuvor erschaffenen (anderen) Landtieren, doch der Auftrag, ihn zu füllen, ergeht allein an die Menschen. Überhaupt fehlt ein eigener Schöpfungssegen für die wilden Tiere, das Vieh und das Kriechgetier. Unter den zahlreichen Begründungen, die für diese auffällige Leerstelle gegeben worden sind[33], halte ich die Erwägung, daß der

---

31. Vgl. D. Bonhoeffers Definition des Segens als »Inanspruchnahme des irdischen Lebens für Gott« (oben Teil B, III.2).
32. Zur Beantwortung des Schöpfungssegens im Gotteslob der Menschen, genauer noch: im menschlichen Gottsegnen vgl. unten 2.3.
33. Vgl. C. Westermann, Genesis I, 196, O. H. Steck, Schöpfungsbericht, 118 ff.

Wortlaut eines möglichen Segens für die Landtiere identisch mit dem Segenswort an die Menschen sein müßte, so daß er zu einer gottgewollten Konkurrenz um den gemeinsamen Lebensraum »Erde« führen würde[34], für die überzeugendste. Daß den Landtieren aber nicht um der Menschen, sondern um einer *lebensförderlichen Ordnung* im Zusammenleben aller Geschöpfe, um der *Integrität* der gesamten Schöpfung willen, ein solcher Segen vorenthalten worden ist, gewinnt gerade von der Fortsetzung des Segensworts in V. 28 her an Wahrscheinlichkeit: Über den mit den Wassertieren und Vögeln gemeinsamen Segen hinaus ergeht an die Menschen der Auftrag zur Herrschaft über die Erde und über die Tiere.

Auch wenn neuere Untersuchungen nachgewiesen haben, daß dieses sog. »dominium terrae« nicht – wie gewöhnlich behauptet – als entscheidender Legitimationsgrund für die neuzeitliche Naturbeherrschung und -ausbeutung gedient hat[35], so mutet gleichwohl vor dem Hintergrund einer Wirkungsgeschichte dieses Verses, die C. Amery auf den Begriff der »gnadenlosen Folgen des Christentums« gebracht hat, seine Interpretation als *Segens*wort fast zynisch an. Angesichts der gegenwärtigen ökologischen Katastrophe(n) scheint Gen 1,28 eher *Fluch*- statt Segenswirkungen gezeigt zu haben. Läßt sich aber jenseits solcher Auslegungstraditionen, die in Gen 1,28 die Erlaubnis zu einer uneingeschränkten und brutalen Verfügungsgewalt, einer schonungslosen, bis zur Vernichtung reichenden Herrschaft der Menschen über die Tiere gesehen haben[36], ein Verständnis dieses Verses (zurück-)gewinnen, das dessen *Segens*dimension nicht nur im Kontext der Entstehungszeit, sondern auch noch für heute erhellen kann?

Es sind die nicht retuschierbaren *Gewaltkonnotationen* der beiden die Herrschaft des Menschen über die Erde und über die Tiere charakterisierenden Verben כבש und רדה, welche dem *Segens*gehalt von Gen 1,28 zumindest aus heutiger Perspektive diametral entgegenzustehen scheinen: כבש meint »niedertreten«, »unterjochen«, »unterwerfen«, »vergewaltigen«, »jdm./etw. seinen Willen aufzwingen.«[37] Auch für רדה kann von der Grundbedeutung »treten« ausgegangen werden; gewöhnlich wird es mit »(be)herrschen« übersetzt und schließt in den meisten Fällen gewalttätige Handlungen ein.[38]

In den letzten beiden Jahrzehnten haben Bibelwissenschaftler, die im Blick auf die Bewahrung der Schöpfung die ökologische Brisanz biblischer Schöpfungstraditionen (wieder)entdeckten, versucht, Gen 1,28 davor zu »retten«, länger als Legitimation einer

---

34. Vgl. *W. H. Schmidt*, Schöpfungsgeschichte, 147; *U. Rüterswörden*, Dominium terrae, 106f.
35. S. insbesondere *U. Krolzik*, Umweltkrise.
36. Vgl. den Überblick bei *U. Krolzik*, Wirkungsgeschichte.
37. Zum alttestamentlichen Gebrauch von כבש vgl. im qal: Jer 34,11.16; Mi 7,19; Sach 9,15; Est 7,8; Neh 5,5; 2 Chr 28,10; im niph'al: Num 32,22.29; Jes 18,1; Neh 5,5; 1 Chr 22,18; im pi'el: 2 Sam 8,11. Eine Sichtung dieser Texte bietet *U. Rüterswörden*, Dominium terrae, 102-105.
38. Neben Gen 1,26.28 vgl. Lev 25,43.46.53; 26,17; Num 24,19; 1 Kön 5,4.30; 9,32; Jes 14,2.6; 41,2 (hiph'il); Ez 29,15; 34,4; Joel 4,13; Ps 49,15; 68,28; 72,8; 110,2; Thr 1,13; Neh 9,28; 2 Chr 8,10; dazu ausführlich *U. Rüterswörden*, a.a.O., 82-124.

schrankenlosen Verfügung und gewaltsamen Herrschaft über die Erde und die Tiere im Namen Gottes mißbraucht zu werden, indem sie die gewalthaften Aspekte beider Begriffe abschwächten oder ganz bestritten:

N. Lohfink möchte כבש »möglichst undramatisch übersetzen« und schließt aus einer ursprünglichen Bedeutung »den Fuß auf etwas setzen, auf etwas treten«, analog zu »die Hand auf etwas legen«, daß כבש in Gen 1,28 die *Inbesitznahme* der Erde meine.[39] Für K. Koch heißt כבש »gestalten«; ein Land, das נכבשה ist (vgl. Num 32,22.29), bezeichnet er als »willfährig, dienstbereit, bebauungsreif«; es sei »frei und geeignet zu Ansiedlung und Bebauung«, »für Viehzucht und Siedlung (zu) nutzen«[40]. Wenn Koch auch mit Recht gegen die Übersetzung von כבש mit »niedertreten« zu bedenken gibt: »Den Boden würde das Volk gerade nicht zu seinem Segen nützen, sobald es anfinge, ihn zu zertrampeln!«[41], so sind damit aber keineswegs die gewaltsamen Momente einer Um- und Ausgestaltung der natürlichen Umwelt ausgeschlossen. Mit jeder Form der kulturellen Nutzung (vom Aufbrechen des Bodens bei der Saat für den Anbau von Nutzpflanzen über die Einrichtung von Bewässerungsanlagen bis hin zum Abbau von Bodenschätzen) greift der Mensch nicht weniger als bei der Besiedelung des Landes in die Integrität der Erde ein und verletzt sie.[42] Der Unterwerfungsaspekt von כבש schwingt auch hier unüberhörbar mit.[43]

Was die Stellung des Menschen zu den Tieren betrifft, so hat vor allem E. Zenger darauf aufmerksam gemacht, daß mit רדה dem Menschen eine Herrschaft über die Tiere zugesprochen wird, die ihn zum *Hirten* der Tiere macht: Gegenüber der Übersetzung von רדה im Sinne einer »Unterwerfungsanthropologie« macht Zenger als eigentliche Bedeutung des Verbs »das Umherziehen des Hirten mit seiner Herde, der seine Herde auf gute Weide führt, der die Tiere gegen alle Gefahren schützt, sie vor Raubtieren verteidigt und die schwachen Tiere seiner Herde gegen die starken schützt und dafür sorgt, daß auch sie genügend Wasser und Nahrung finden«[44], geltend. Widerspricht dieses Zitat

---

39. *N. Lohfink*, Erde, 19-21; zur Kritik an dieser verharmlosenden Übersetzung vgl. *U. Rüterswörden*, Dominium terrae, 102 f.
40. *K. Koch*, Gestaltet die Erde, 27 f.
41. A.a.O., 29.
42. Vgl. *C. Link*, Schöpfung, 395.
43. Es sei hier zumindest darauf aufmerksam gemacht, welche Konsequenzen eine Verharmlosung der Gewaltkonnotationen von כבש für die konkreten Gewalterfahrungen von Frauen haben kann: Est 7,8 berichtet davon, daß König Ahasveros gerade noch die Vergewaltigung seiner Frau Esther durch Hamann verhindern konnte. Die (versuchte) Gewalttat wird von Ahasveros selbst mit כבש bezeichnet. Dazu K. Koch: »Der Erzähler hat wohl weniger den Aspekt einer brutalen Verletzung im Sinn, wie es der deutsche Ausdruck (sc. Vergewaltigung M. F.) nahelegt, sondern die Absicht, sich die Frau durch Zwang willfährig zu machen« (Gestaltet die Erde, 30). Ähnlich N. Lohfink, der כבש als »in-Besitz-Nehmen« in Est 7,8 unter den Fall subsumiert, daß »ein Mann durch Verkehr eine Frau zu seinem ›Eigentum‹ macht« und dazu vermerkt: Es scheint mir nicht nötig, hier eine dritte Bedeutungsentwicklung von Niedertreten über Pressen zu Vergewaltigen anzunehmen« (Erde, 20). Daß es auch anderen Exegeten »nicht nötig erscheint«, in diesem Fall von versuchter Vergewaltigung zu sprechen, zeigt schon ein flüchtiger Blick in die Kommentare zum Esther-Buch.
44. *E. Zenger*, Gottes Bogen, 91; zur hirtenmetaphorischen Deutung von רדה vgl. schon N. Lohfink, der mit »regieren, kommandieren, leiten, anweisen« übersetzt (Erde, 22),

– wie andere von Zenger angeführte Belege[45] – einem Gebrauch von רדה in Gen 1,28, der dem Menschen grenzenlose Verfügungsgewalt über die Tiere erlaubt und diese zu Objekten seiner Herrschaft macht, so schließt es doch nicht den völligen Gewaltverzicht ein, denn die Anwendung von Gewalt kann für den Schutz der (schwächeren) Tiere gerade notwendig werden.[46] Auch als »Hirte der Tiere« *herrscht* der Mensch über die Tiere. Die Begründung einer solchen Gewalt inkludierenden Herrschaft läßt sich – daran hat J. Ebach erinnert – im antiken Kontext zweifach untermauern: Zum einen wurden Tiere als reale Bedrohung des Menschen erlebt und dementsprechend mythologisch als Repräsentation der lebensfeindlichen Chaosmächte verstanden.[47] Mit ihrer Beherrschung nahm der Mensch somit die Aufgabe wahr, die von Gott geschaffene *Weltordnung* zu sichern. Zum anderen verkörperten Tiere in der Umwelt Israels nicht nur lebensbedrohliche Mächte, sondern auch Gottheiten. »Über die Tiere zu *herrschen*, ihnen nicht zu dienen, ist von daher auch die Forderung nach der Verehrung des einen Schöpfergottes«[48], der den Menschen zu seinem Bild geschaffen und ihn als Mandatar eingesetzt hat.

Auch mit dem Hinweis darauf, daß der Mensch mit der Ausübung der Herrschaft über die Erde und die Tiere als Bild Gottes ein *königliches Amt*, das in Gen 1 demokratisiert worden ist, wahrnehme und damit für eine gerechte Durchsetzung und Wahrung der Lebensrechte aller Geschöpfe Sorge trage[49], lassen sich die Gewaltaspekte von כבש und רדה nicht gänzlich ausklammern.[50]

Während mit כבש und רדה der menschlichen Herrschaft nur bedingt Grenzen gesetzt sind und die Ausübung von Gewalt weder gegenüber der Erde noch gegenüber den Tieren grundsätzlich ausgeschlossen wird, ist es der Kontext von V. 28, der die »königliche« Freiheit des Menschen einschränkt und ihm jede willkürliche und grenzenlose Verfügungsgewalt über die Erde und die Tiere nimmt. Um ihre Rivalität als Bewohner desselben Lebenshauses »Erde« einzudämmen, wird den Menschen und den Tieren unterschiedliche Nahrung zugewiesen (V. 29 f.):

»Und Gott sprach: ›Siehe, ich gebe euch alles Samen samende Kraut,
das auf (dem Angesicht) der ganzen Erde ist, und jeden Baum, an dem Baumfrucht ist,
die Samen samt – euch sollen sie zur Nahrung dienen.
Und allem Wildgetier der Erde und allem Fluggetier des Himmels und allem,
was auf der Erde kriecht, was in sich Leben hat, gebe ich alles Blattwerk des Krauts zur Nahrung.‹ Und dementsprechend geschah es.«

Wichtiger noch als die mit der *Übereignung* der ganzen Erde[51] einhergehende

---

K. Koch, der רדה »als einen allgemein üblichen Ausdruck für leitendes, weidendes, hegendes Verhalten des Menschen zu seinen Tieren« versteht (Gestaltet die Erde, 33).
45. Vgl. Gottes Bogen, 84-96.
46. Vgl. J. Ebachs Kritik an E. Zengers »Pazifizierung« von רדה (Bild Gottes, 31 f.).
47. Vgl. *J. Ebach*, Bild Gottes, 34 f.; *U. Rüterswörden*, Dominium terrae, 109 ff.
48. *J. Ebach*, Bild Gottes, 35.
49. Vgl. *C. Westermann*, Genesis I, 218 ff.; *E. Zenger*, Gottes Bogen, 84 ff.
50. Vgl. die Belege bei *U. Rüterswörden*, Dominium terrae, 109 ff.
51. Zum Verständnis von V. 29 f. als Rechtsakt vgl. *E. Zenger*, Gottes Bogen, 96-98.

Scheidung der Lebensbereiche von Menschen und Landtieren entsprechend ihrer je eigenen Nahrung ist die Tatsache, daß beide *vegetarisch* leben sollen. Ihr Leben soll nach Gottes ursprünglichem Willen nicht mit Blutvergießen verbunden sein. Darin erfährt die Herrschaft des Menschen über die Tiere eine entscheidende Grenze: Weder soll der Mensch auf Kosten der Tiere leben, noch sollen die Tiere sich untereinander töten. Gleichzeitig beschränken sie die Herrschaft des Menschen über die Erde, denn diese darf nie dazu führen, daß die Lebensbereiche, in denen die Tiere ihre Nahrung finden, zerstört werden. Zur Herrschaft des Menschen gehört die Bewahrung aller Kräuter und Gräser auf der ganzen Erde.

Doch nicht nur V. 29 f., sondern auch schon V. 26 f. enthalten einen *göttlichen Maßstab* für das dominium terrae, der heute nicht weniger aktuell und provokant ist als die Erinnerung an eine gottgewollte Herrschaft ohne Blutvergießen: Mit der Herrschaft über die Tiere wird *der Mensch* beauftragt, den Gott männlich und weiblich – dies ist die einzige schöpfungsgemäße anthropologische Differenz – zu seinem Bild geschaffen hat. Indem das Segenswort von Gen 1, 28 der Menschheit als ganzer gilt, zielt es auf eine *menschliche* Herrschaft, die jede Herrschaft von Menschen über Menschen ausschließt, und erweist sich so als eminent *herrschaftskritisch*.[52] Keine Herrschaft über die Erde und über die Tiere, die mit einer Hierachie unter Menschen einhergeht, also auch keine Herrschaft, an der nicht Mann und Frau gleichermaßen Anteil haben, kann sich darum auf Gen 1, 28 berufen. In diesem Sinne ist – wie J. Ebach feststellt – Gen 1, 28 »eine *utopische Erinnerung* – es gibt wohl keinen Imperativ, der in so hohem Maße *nicht* eingelöst ist«[53]. Erst dadurch, daß Gen 1, 28 aus seinem Kontext herausgelöst wurde, verloren die beiden Bestimmungen des dominium terrae, כבש und רדה, ihre von Gott gesetzten lebensförderlichen Grenzen, so daß mit der Auslegung dieses Verses eine Geschichte des Fluches beginnen konnte.

Was aber heißt es nun angesichts einer solchen *kontextuellen* Deutung von Gen 1, 28, daß der Herrschaftsauftrag an den Menschen als Segenswort formu-

---

52. Auf diese herrschaftskritische Pointe hat J. Ebach wiederholt aufmerksam gemacht (vgl. etwa Bild Gottes, 32 ff.; Schöpfung, 114-116).
53. Bild Gottes, 36. Schon D. Bonhoeffer hat in seiner Vorlesung »Schöpfung und Fall« (1932/33) festgehalten, daß wir dem Herrschaftsauftrag von Gen 1, 28 nicht nachgekommen sind: »Wir herrschen (…) darum nicht, weil wir die Welt nicht als Gottes Schöpfung kennen und weil wir unsere Herrschaft nicht von Gott her empfangen, sondern selbst an uns reißen« (SF, 45). Als sein Bild hat – so legt Bonhoeffer die Bestimmung des Menschen, imago Dei zu sein, aus – Gott den Menschen in Freiheit geschaffen. Frei ist der Mensch aber nicht an und für sich, sondern er hat seine Freiheit für andere: »Nur in der Beziehung auf den anderen bin ich frei« (a.a.O., 41). Wie »Gott nicht für sich frei sein will, sondern für den Menschen« (a.a.O., 42), so heißt Freiheit für den Menschen: als Bild Gottes frei sein *für* Gott und die Mitgeschöpfe. Wo der Mensch nicht über die Welt als *Schöpfung* und die Tiere als *Geschöpfe* herrscht, praktiziert er seine Herrschaft eigenmächtig – in Freiheit *vom* Schöpfer und der Schöpfung. Damit pervertiert er das Segenswort von Gen 1, 28 in Fluch, denn in Wahrheit herrscht er nicht, sondern wird beherrscht.

liert ist? Muß das dominium terrae als »authentische(r) Kommentar«[54] zur Erschaffung des Menschen zum Bild Gottes gelesen werden, ja *realisiert* sich diese spezifische geschöpfliche Bestimmung von Mann und Frau in der Ausführung des Herrschaftsauftrags, dann eignet Gott mit dem Segen – wie zuvor schon den Wassertieren und Vögeln (V. 22) – auch den Menschen die Befähigung zu, dem Auftrag zu entsprechen, ihn innerhalb der von Gott selbst gesetzten, heilvollen Grenzen zu erfüllen und sich dabei an seinen Weisungen zu *orientieren*. Mit dem Schöpfungssegen eröffnet Gott den Menschen den Spielraum zur Be(s)tätigung ihrer Geschöpflichkeit, teilt ihnen die Begabungen mit, die sie brauchen, um ihr spezifisches geschöpfliches Wesen zur Entfaltung zu bringen, begründet ihr durch Arbeit vermitteltes Weltverhältnis und schenkt ihnen darin *Freiheit zur Geschichte*. Bild Gottes zu sein, ist ebenso Ursprungs- wie Zielbestimmung des Menschen. Indem der Segen die Verwirklichung der Talente und Potentiale katalysiert, mit denen Gott als der Schöpfer die Menschen begabt hat, hält er diese beiden Dimensionen der Gottesbildlichkeit zusammen.

Umgekehrt gilt: Nur wo sich die Menschen das dominium terrae als *Segenswort* aneignen, d. h.: ihre Herrschaft nicht *eigenmächtig* ausüben, sondern sich als von Gott *ermächtigte* Mandatare verstehen, sich die von Gott aufgerichteten Grenzen gefallen lassen und als Bilder Gottes seiner Herrschaft auf Erden als menschliche Herrschaft (ohne Blutvergießen, ohne Hierarchien zwischen Menschen) Gestalt geben, kann sich diese selbst für die Schöpfungsgemeinschaft aller Lebewesen als Segen erweisen.

So verstanden markiert Gen 1,28 nicht das »Ende der Vorsehung« (C. Amery), sondern – was die Menschen betrifft – gerade ihren Beginn: Mit dem Schöpfungssegen entläßt Gott die Menschen in die *Eigenständigkeit* und *begleitet* sie zugleich darin; mit dem Schöpfungssegen schenkt er ihnen *Freiheit*, deren Bewahrung und Bewährung aber an die Wahr-nehmung von *Grenzen* gebunden bleibt; mit dem Schöpfungssegen ermächtigt er sie dazu, das zu *werden*, was sie schon *sind:* Bilder Gottes. Diese paradoxalen Formulierungen machen deutlich, daß es sich beim Segen um eine ebenso starke wie behutsame Präsenz Gottes bei seinen Geschöpfen, um eine zugleich vorsichtige wie entschlossene Partizipation Gottes an ihrer Geschichte, um ein nicht weniger zurückhaltendes wie leidenschaftliches Inter-esse Gottes an ihrer Existenz handelt. Mit dem Segen verabschiedet sich Gott nicht aus der Schöpfung, sondern wirkt – zielgerichtet auf ihre Vollendung hin – erhaltend an und in ihr weiter.

Berücksichtigt man in diesem Zusammenhang T. Arndts Überlegungen zu ברך[55], so läßt sich der Schöpfungssegen als Gottes ursprüngliche *Beachtung* seiner Geschöpfe, als ungeteilte *Aufmerksamkeit* für sie, ja als ein *intensiver Gruß* verstehen, mit dem er sie bejaht und im Leben willkommen heißt. Mit dem Segen spricht er ihnen – im Sinne von εὐ-λογεῖν/bene-dicere – das Gute, die Güter zu, die ihr Gedeihen fördern und ihre Lebendigkeit erhalten. Die ety-

---

54. *C. Link*, Schöpfung, 392.
55. Vgl. oben Teil A, I.2.

mologische Herleitung von »segnen« aus dem lateinischen »signare« aufnehmend, ohne sich dabei von der christlichen Assoziation des »cruce signare« vorschnell den Blick einengen zu lassen, kann der Schöpfungssegen als Gottes *Signatur* seiner Geschöpfe, als seine Unterschrift unter ihre Erschaffung gelten. Wie eine Autorin mit ihrem Namenszug ihre Bücher autorisiert und sie als handsignierte und damit unverwechselbare, durch bleibende Zugehörigkeit zu ihr gekennzeichnete in die Hände ihrer LeserInnen gibt, so entläßt Gott seine signierten Geschöpfe und gibt ihnen Freiheit zu einem eigenen Leben, einer je individuellen Geschichte. Als durch Gottes Segen Gezeichnete[56] bleiben sie auf ihren Schöpfer bezogen wie er auf sie. Die Signatur des Segens kennzeichnet ebenso ihre Zugehörigkeit zu Gott wie seine Gegenwart bei ihnen.

Gelten aber alle diese Bestimmungen des Schöpfungssegens für die Menschen auch nach dem »Fall« bzw. nach der Flut? Oder sind sie »nur« Reminiszenzen an einen utopischen, unwiederbringlich verlorenen Ursprung? Mit Gen 5,1 f. ist grundsätzlich – über Gen 2-4 hinweg – die *Kontinuität* zum Anfang gewahrt:

»(1) Dies ist das Buch der Genealogie ›Adams…
Am Tag, als Gott ›Adam‹ schuf, machte er ihn Gott ähnlich,
(2) männlich und weiblich schuf er sie,
und er *segnete* sie und nannte ihre Namen ›Adam‹ an jenem Tag, als sie geschaffen wurden.«

Die Wiederholung des ursprünglichen Segens leitet das Buch der Genealogie »Adams« und damit der Menschen überhaupt ein. Erst der Schöpfungssegen macht es möglich, daß es überhaupt zu einer Genealogie, einer Familien*geschichte* der Menschheit kommen kann. Ohne Gottes Segen als deren progressive Kraft gibt es keine Geschichte[57] – dafür steht die betonte Erinnerung am Tor des Genealogienbuches ein. Gegenüber 1, 28 fällt auf, daß an die Stelle des Wortlauts des Segens die *Namensgebung* getreten ist. Der Name schenkt Identität, menschliche Identität in diesem Fall. Wie in 1, 28 der als Segenswort formulierte Herrschaftsauftrag die Bestimmung des Menschen zum Bild Gottes interpretierte, so tut es hier der Gattungsname »Mensch«. Alles, was Menschenantlitz trägt, ist Bild Gottes, Mann und Frau gleichermaßen. »Adam« wird sich diese Bestimmung zueigen machen und seine Identität finden, wo er sich auf die mit Gottes Schöpfungssegen beginnende Geschichte einläßt.[58]

---

56. Wenn Jakob in Gen 32, 23-32, der wohl dramatischsten biblischen Segensgeschichten, aus dem Segenskampf mit Gott und den Menschen siegreich, aber doppelt gezeichnet hervorgeht, so ist dies m. E. als Sonderfall der (Aus-)Zeichnung zu verstehen, die sich grundsätzlich in jedem Segnen vollzieht. Im Hinken Jakobs hat ebenso wie in seinem neuen Namen »Israel« der erkämpfte Segen seine sichtbare und benennbare Spur hinterlassen, die Jakobs Lebensweg fortan unauslöschbar begleitet.
57. Vgl. dazu Barths Verständnis des Abrahamsegens (oben Teil B, IV. 2).
58. B. Jacob interpretiert die Namensnennung in V. 2 ausschließlich im Blick auf die in den

Noch ein zweites Mal wird der Schöpfungssegen wiederholt, nämlich nach der Flut in Gen 9,1 ff. – dieses Mal mit zwei einschneidenden Veränderungen gegenüber 1,28:

»(1) Und Gott *segnete* Noah und seine Söhne, indem er zu ihnen sprach:
›Seid fruchtbar und werdet zahlreich und füllt die Erde!
(2) Und Furcht vor euch und Schrecken vor euch soll auf allen Tieren der Erde sein und auf allen Vögeln des Himmels und auf allen Kriechtieren des Erdbodens und auf allen Fischen des Meeres; in eure Hand sind sie gegeben.
(3) Alles, was sich regt, und was lebendig ist, soll euch zur Nahrung dienen; wie das Blattwerk der Pflanzen gebe ich euch alles.
(4) Nur Fleisch mit seinem Leben, seinem Blut, werdet ihr nicht essen.
(5) Aber euer Blut von eurem Leben werde ich fordern;
aus der Hand jedes Tieres werde ich es fordern und aus der Hand des Menschen,
aus der Hand jedes Mannes, der sein Bruder ist,
werde ich das Leben des Menschen fordern.
(6) Wer Menschenblut vergießt, dessen Blut wird durch Menschen vergossen werden, denn nach dem Bild Gottes hat er den Menschen gemacht.
(7) Ihr aber, seid fruchtbar und werdet zahlreich,
wimmelt auf der Erde und werdet zahlreich auf ihr!‹«

Bei allen Brüchen gegenüber Gen 1 gibt es auch hier unübersehbare Kontinuitäten zum Ursprung, die nicht in der das Segenswort eröffnenden und es abschließenden Beauftragung zu Fruchtbarkeit und Mehrung (und Füllung der Erde, V. 1b) und in der durch die Flut hindurch geretteten Gottesbildlichkeit des Menschen aufgehen. Zwar ändert sich das Verhältnis zu den Tieren grundlegend: Mit dem Ende der vegetarischen Ernährungsweise, mit der Übereignung der Tiere in die Hand der Menschen werden diese zum »Schrecken« der Tiere. Damit schließt die Herrschaft des Menschen (todbringende) Gewalt ein; dennoch wird auch hier keine grenzenlose Verfügung über die Tiere erlaubt: Nur zu Nahrungszwecken dürfen sie getötet werden. Und: »Zum Blut*vergießen* soll nicht das Blut*genießen* treten«[59] (V. 4). Das Blut der Tiere ist tabu. Die entscheidende Einschränkung erfährt aber auch hier – wie schon in Gen 1, 26-28 – die Herrschaft über die Tiere dadurch, daß mit ihr keine Herrschaft von Menschen über Menschen einhergehen soll. Die gegenüber den Tieren nun erlaubte Gewalt soll nicht in zwischenmenschliche Gewalt umschlagen. Es ist die Gottesbildlichkeit des Menschen, die jeder Hierarchie unter Menschen eine gottgege-

---

Genealogien sich ausdrückende *Fruchtbarkeit* der Menschheit: »(...) wenn Gott selbst einen Namen gibt oder einen früheren ändert, so ist damit immer ein Segen der Fruchtbarkeit und Nachkommenschaft verbunden«. Jacob führt dafür Gen 16,10; 17,4 ff.16.19; 35,9 f.; 48,3 f. an: »Der gottverliehene Name ist eine Erneuung zum Stammvater, also die Gewähr für die Fortdauer des Geschlechts, das sich nach ihm nennt« (Genesis, 162). Diese Auslegung korrespondiert mit seinem Verständnis des Schöpfungssegens von 1,28a, den er nicht im Herrschaftsauftrag ausgesprochen sieht, sondern als »*Stiftung und Sanktion der Ehe* innerhalb der einheitlichen Gattung Mensch« (a.a.O., 61) interpretiert.
59. J. Ebach, Bild Gottes, 45.

bene Grenze entgegenstellt (V. 6): Der Bluttäter verfällt der Rache Gottes, denn er hat sich am Bild Gottes vergriffen (V. 5). Wenn auch hier der veränderte Herrschaftsauftrag als *Segens*wort ergeht, dann impliziert dies wiederum, daß Gott auch die Menschheit nach der Flut dazu *ermächtigt* hat, ihre Herrschaft über die Tiere in *Grenzen*, wenn auch erweiterten, wahrnehmen zu können. Realistisch hält Gen 9,1 ff. fest, daß es nunmehr keine Herrschaft ohne das Vergießen tierischen Blutes sein wird, daß auf ihr aber dennoch Gottes Segen liegen wird, solange es eine Herrschaft ohne zwischenmenschliche Hierarchie ist, die faktisch in den meisten Fällen die Gewalt gegenüber den Tieren (und der Erde) allererst hervorbringt. So interpretiert, erweist sich nicht nur der Herrschaftsauftrag von Gen 1,28, sondern auch der von 9,1 ff. als unerfüllt.[60] Auch er bildet nicht die Verhältnisse ab, wie sie sind. Aber als Segenswort trägt er nach wie vor die Kräfte zu seiner Verwirklichung in sich, die bis heute ihrer Aneignung durch die *Menschheit als ganzer* harren.

Daß es auch in Gen 9,1 ff. um die Herrschaft *des Menschen* und damit um eine *menschliche* Herrschaft über die Tiere geht, scheint mir gleichwohl nur die halbe Wahrheit zu sein. Gilt der Schöpfungssegen von 1,28 dem Menschen als *Mann und Frau*, so werden hier nur Noah und seine Söhne, nicht aber seine Frau und seine Schwiegertöchter (vgl. 6,18) gesegnet. Während in 5,1 f. die Verwendung von »Adam« noch zwischen Eigenname und Gattungsbezeichnung schillert, sind bei der Reformulierung des Schöpfungssegens die Frauen ausgeschlossen. Diese zweite Differenz gegenüber Gen 1,28 wiegt nicht weniger schwer als die erste, wurde aber dennoch bisher kaum beachtet.[61] J. Ebach hat für diese Reduktion des wiederholten Schöpfungssegens auf die Männer eine zweifache Erklärung erwogen: Nach der einen könnte sich hier die in den priesterschriftlichen Texten »mit fortschreitender Geschichte fortschreitende Minderung der Frau (auf dem Wege von Gen 1,27 zu Kapiteln wie Lev 12)« ausdrücken. Nach der anderen wäre sie im Sinne einer realen Wahrnehmung patriarchaler Verhältnisse »als gemeinten (und darum gerade nicht sanktionierten) Verlust der ›besten aller denkbaren Welten‹ zu lesen. Die Welt des nunmehr *halbierten Segens* entspräche dann auf andere Weise der unter dem Fluch stehenden Herrschaft des Mannes über die Frau in Gen 3.«[62] Unabhängig davon, welche der beiden Erklärungen die wahrscheinlichere ist, macht der Vergleich von Gen 1,26-28 und 9,1 ff. deutlich, daß dort, wo den Frauen der Segen vorenthalten wird, die Herrschaft des Mannes über die Tiere (und die Erde) nicht länger eine *menschliche* Herrschaft sein kann, geht sie doch mit einer Hierarchie zwischen den Geschlechtern einher. Durch die Ausgrenzung der Frauen von dem Noah und seinen Söhnen erteilten Segen, die nach 1,28 gerade

---

60. J. Ebach hat darum die »Verschiebung zwischen Gen 1 und Gen 9 als *innerutopische Differenz*« beschrieben und dabei Gen 1 als »utopischen Ursprung« und Gen 9 als »utopischen Realismus« gekennzeichnet (Bild Gottes, 44 ff.; vgl. ders., Umweltzerstörung, 150 ff.).
61. Zu den Ausnahmen gehören W. Zimmerli, Urgeschichte, 318 (ohne nähere Erläuterung) J. Ebach, Bild Gottes, 38 (Anm. 118).
62. Ebd.

nicht als gottgewollte und schöpfungsgemäße gelten kann, steht dieser Segen von Anfang an in der Gefahr, zum *Fluch* pervertiert zu werden, dadurch nämlich, daß Männer das ursprünglich Mann *und* Frau übertragene dominium terrae nun zur Aufrichtung und Stabilisierung ihrer Herrschaft über Frauen mißbrauchen.[63]

1.1.3 Die Segnung des siebten Tages – Gottes Ewigkeit in der Zeit der Schöpfung

Das Segenswort an die Menschen ist weder der erste noch der letzte Segen im Schöpfungsbericht von Gen 1,1-2,4. Wie der Mensch nicht die Krone der Schöpfung darstellt, sondern die Schöpfung als Sieben-Tage-Werk sich erst in der Ruhe Gottes vollendet, so schließt der Schöpfungssegen die Segnung (und Heiligung) des siebten Tages (2,2-3) ein, gewinnt in ihr erst seine kosmische Dimension:

»(2) Und Gott vollendete am siebten Tag seine Arbeit, die er getan hatte,
indem er am siebten Tag aufhörte mit seiner Arbeit, die er getan hatte.
(3) Und Gott *segnete* den siebten Tag, indem er ihn heiligte;
denn an ihm hörte er auf mit seiner Arbeit,
die Gott durch sein Tun geschaffen hatte.«

Anders als die vorausgehenden Segnungen der Tiere und Menschen bezieht sich dieser Segen nicht auf eine נפש חיה, ja überhaupt nicht auf etwas zuvor Erschaffenes; er ergeht nicht als Segens*wort*, verbindet sich nicht mit einem Auftrag, allerdings mit einer Begründung (V. 3b): Die Segnung (und Heiligung) dieses Tages gründet in Gottes Aufhören mit seiner Schöpfungsarbeit. Vor allem ist es aber die Zusammenstellung von ברך und קדש[64], die die Segnung des siebten Tages qualifiziert.

Die exegetische und biblisch-theologische Diskussion um die Segnung des

---

63. Darüberhinaus wäre zu überlegen, ob nicht die Tatsache, daß in der hebräischen Bibel – von zwei Ausnahmen abgesehen (Ri 17,1-6; Ruth 2,19f.) – kein Segen von Frauen überliefert ist, nicht nur allgemeiner Ausdruck einer patriarchalen Verfassung der Lebenswelt ist, sondern als Folge der »Halbierung« des ursprünglichen Schöpfungssegens verstanden werden kann. Wenn nur Gesegnete Segen weitergeben können, wird Frauen dann mit diesem Ausschluß nicht die Möglichkeit genommen, für andere zum Segen zu werden? Selbst der Segen einer Mutter für ihren Sohn, den sie ihrem vorausgegangenen Fluch folgen läßt, um diesen unwirksam zu machen (Ri 17,1-6), erweist sich als ambivalenter Segen, weil sie ihn mit einem Verhalten begleitet, das wiederum Fluchfolgen zeitigt (vgl. dazu *R. Jost*, Fluch der Mutter).
Und umgekehrt: Wo Frauen heute alte Segenstraditionen wiederbeleben und neue Segensanlässe entdecken, eigene Segenswünsche, -lieder, -tänze und -rituale entwerfen, bricht sich da nicht die utopische Erinnerung an Gen 1,26-28 Bahn und schafft neue und zugleich ursprüngliche Wirklichkeit? So könnten m. E. schon die Segensgrüße im Buch Ruth gelesen werden.
64. Außer in Gen 2,3 findet sie sich nur noch im Sabbatgebot des Dekalogs in Ex 20,11.

siebten Schöpfungstages⁶⁵ konzentriert sich auf wenige Probleme: Während seine *Heiligung* im allgemeinen als Ausgrenzung dieses Tages aus dem neutralen Ablauf der Zeit, als seine Aussonderung und Aneignung durch Gott verstanden wird, gibt es auf die Frage nach dem Sinn und der Funktion seiner Segnung zahlreiche, z. T. recht unterschiedliche Antworten. Dies gilt nicht nur für die Positionen, die den Zusammenhang von Segnen und Heiligen als zwei aufeinanderfolgende, voneinander zu unterscheidende Aktionen Gottes bestimmen⁶⁶, sondern auch für jene, die – wie es grammatikalisch naheliegt⁶⁷ – die Heiligung als *modale* Näherbestimmung der Segnung auffassen⁶⁸. Denn auch wo die Segnung des siebten Tages als seine Heiligung verstanden wird, fügt sie der gängigen Vorstellung von Heiligung segensspezifische Aspekte hinzu und geht nicht in der »Reservierung« dieses Tages für Gott auf. Eng verbunden mit der Frage nach dem Verhältnis von Segnung und Heiligung ist die Frage danach, wem der Segen dieses Tages zugute komme: (allein) Gott oder (auch) den Menschen? Demgegenüber wird die Frage, was es für die *Zeit* selbst heißt, daß Gott mit dem siebten Tag einen bestimmten Teil von ihr gesegnet hat, nur wenig bedacht.⁶⁹ Bevor ich unter dem Aspekt der *gesegneten Zeit* nach der Bedeutung des Segens für den siebten Tag frage, seien zunächst einige der Antworten referiert, die sich darum bemühen, diese Segnung in Analogie zum Segnen von Lebewesen zu verstehen:

Die Mehrzahl der Exegeten geht davon aus, daß die grundlegende Bedeutung des Schöpfungssegens als »Kraft der Fruchtbarkeit« auch hinsichtlich des siebten Tages gelte, »wenn auch stärker abstrahiert«⁷⁰. Nach F. Delitzsch »begabte (die göttliche Segnung) den siebenten Tag mit einem aus der Ruhe des Schöpfers fließenden Schatze der Gnade, welcher sich dem Feiernden erschließt, und die göttliche Heiligung enthob ihn den Werk-

---

65. Vgl. den Überblick bes. über die jüdische Auslegung bei *A. Schenker*, Segnung, 24-26. Anders als der siebte Schöpfungstag selbst, und zwar vor allem hinsichtlich seines Bezugs zum Sabbat, hat dessen *Segnung* kaum systematisch-theologische Aufmerksamkeit gefunden (als Ausnahme s. *J. Moltmann*, Schöpfung, 284-286).
66. So z. B. *A. Schenker*, Segnung, 20-23,26 f. Schenkers Argumentation verdeutlicht die problematischen Konsequenzen einer antithetischen Deutung von Segnung und Heiligung, wird doch bei ihm die Segnung des siebten Tages zu einer erst durch die Heiligung notwendig gewordenen Folgemaßnahme: Der Segen verhindert es, daß durch die Heiligung auch der natürliche Prozeß des Lebens unterbrochen wird. So verstanden, hat sie aber keinerlei eigenständige Bedeutung und bringt keine besondere Qualifizierung des siebten Tages mit sich; im Gegenteil: sie reiht ihn wieder – was den Fluß des natürlichen Lebens betrifft – in die Kette der übrigen Tage ein.
67. Die fehlende Renominalisierung (ויברך אלהים ... ויקדש) deutet darauf hin, daß – wie bereits in V. 2 (ויכל אלהים ... וישבת) – mit dem zweiten Begriff die Art und Weise angegeben wird, in der sich das erstgenannte Tun Gottes vollzieht.
68. Vgl. *B. Jacob*, Genesis, 67; *O. H. Steck*, Schöpfungsbericht, 193 ff.
69. Vgl. die Wahrnehmung dieser Frage bei *J. Moltmann*, Schöpfung, 284-286; ansatzweise auch bei *O. H. Steck*, Schöpfungsbericht, 193-199; zur Segnung der Zeit als »Kategorialbenediktion« vgl. *A. Gerhards/H. Becker*, Mit allem Segen, 20 ff.; *H. Becker/A. Gerhards*, Zeitlichkeit.
70. *C. Westermann*, Genesis I, 237.

tagen und bekleidete ihn mit einer besonderen auszeichnenden Würde, im Rückblick oder Hinblick darauf, daß Er (...) zur Ruhe eingegangen war«[71]. Für B. Jacob hat Gott den siebten Tag »mit der Kraft ausgestattet, Gutes zu schaffen, so wie der Segen über Tiere und Menschen Fruchtbarkeit und Vermehrung verlieh«. Allerdings – und insofern gehörten Segnung und Heiligung zusammen – wohne ihm diese Kraft nur dann inne, wenn Menschen ihn nach dem Vorbild Gottes durch Ruhe heiligten.[72] Auch C. Westermann geht von einer Fruchtbarkeit des gesegneten Tages für die Menschen aus: »Der heilige, abgesonderte Tag, der ein Tag der Ruhe ist, erhält im Segen die fördernde, belebende, das Dasein bereichernde und erfüllende Kraft. Das heißt gesegnet wird nicht eigentlich der siebte Tag als Größe für sich, gesegnet wird vielmehr der Tag in seiner Bedeutung für die Gemeinschaft bzw. hier im Zusammenhang der Schöpfung: der Tag in seiner Bedeutung für die Welt und die Menschheit.«[73] E. Zenger sieht von Gen 1,22.28 her mit dem Segnen des siebten Tages »den Aspekt der ›Lebensfülle‹ betont, den der Schöpfergott diesem Tag ein für allemal eingestiftet«[74] hat, bringt diesen letzten Tag der Schöpfungswoche in Zusammenhang mit den Ruhetagsgeboten des Privilegrechts (Ex 34,21) und des Bundesbuches (Ex 23,12) und erhebt seine schöpfungstheologische Bedeutsamkeit von der »vorexilischen Institution des ›siebten Tages‹ als einem geschichtstheologischen Proprium (!) Israels her«, nämlich der Aussonderung dieses Tages für die Exodus-Erinnerung: Die Lebensfülle, die dem gesegneten siebten Tag einwohnt, ist die eines aus dem Sklavenhaus befreiten Volkes.

O. H. Steck sieht die Segnung des siebten Tages ebenfalls auf der Linie der beiden vorausgegangenen Segnungen – allerdings unter Annahme einer anderen Grundbedeutung des Schöpfungssegens: Für ihn ist mit dem göttlichen Segen in 1, 22.28 wie in 2, 3 intendiert, daß »einem bislang erst einmalig Bestehenden – dort den ersterschaffenen Tieren und Menschen, hier dem erstmals eingetretenen siebten Tag – von Gott Fortbestand auf Dauer auch über das zeitlich und sachlich begrenzte Schöpfungsgeschehen hinaus zugeeignet wird«. Mit der Segnung des siebten Tages bestimmt Gott also, daß über den Abschluß der Schöpfung hinaus »immer wieder siebte Tage sein sollen«, und zwar als von Gott durch sein Ruhen geheiligte und damit von den anderen Tagen ausgegrenzte siebte Tage. Erst dadurch, daß die Heiligung des siebten Tages mit seiner Segnung einhergeht, entsteht eine Ordnung, die an die Stelle einer »neutralen Folge von Tagen von nun an eine Gliederung in Einheiten zu jeweils sieben Tagen« setzt, »deren letzter diese Einheiten markiert und als besonderer Gott zugehöriger Tag vor den anderen Tagen der Einheit qualifiziert ist«[75]. Ohne den Segen des Schöpfers – so die These Stecks – gäbe es nur einen einzigen siebten Tag, nämlich den der Schöpfungswoche, gäbe es aber keine Gliederung, keine Ordnung der Zeit in Gestalt eines fortwährenden Sieben-Tage-Rhythmus; erst die Segnung macht diesen einen besonderen Tag, der dadurch ausgezeichnet ist, daß Gott ihn geheiligt hat, indem er nach sechs Tagen aufhörte zu arbeiten, zu einem regelmäßig wiederkehrenden Tag. Das heißt aber auch, daß der siebte Schöpfungstag erst durch den

---

71. Genesis, 71.
72. Genesis, 67.
73. Genesis I, 237. C. Westermann sieht im geheiligten und gesegneten Schöpfungstag mehr als das Vorbild des Sabbats Israels. Er betont die *menschheitsgeschichtliche* Bedeutung, die der göttlichen Heiligung dieses Tages zukomme, nämlich »die Sonderung des Heiligen im Fluß des Geschehenden als Andeutung des Ziels des Geschöpfs« (a.a.O., 236).
74. E. Zenger, Gottes Bogen, 101.
75. O. H. Steck, Schöpfungsbericht, 193-196.

Segen seine Ausrichtung auf den Sabbat Israels erhält, zu dessen göttlichem Vorbild werden kann. Die von Gott der Zeit mit der Segnung des siebten Tages eingestiftete Ordnung läßt sich so als ursprüngliche Ermöglichung des kultisch wiederholten Ruhetages verstehen. Im durch den Sabbat bestimmten wöchentlichen Lebensrhythmus von Arbeit und Ruhe nimmt Israel die göttliche Heiligung und Segnung des siebten Schöpfungstags wahr und entspricht ihr.

Was bedeutet es – über diese Interpretationen hinaus – für das Verständnis und die Erfahrung der *Zeit*, daß Gott den siebten Tag *durch Heiligung gesegnet* hat?

Gott heiligt den siebten Tag, indem er sich an diesem Tag anders als an den vorangehenden sechs Tagen verhält: Er hört auf mit seiner Schöpfungsarbeit. Seine Ruhe an diesem Tag gleicht nicht einer Erholungspause nach anstrengender Arbeit, um am nächsten Tag mit dieser fortzufahren, sondern setzt seinem Schaffen eine Grenze. Gott qualifiziert den siebten Tag gegenüber den übrigen Tagen dadurch, daß er von seiner Arbeit Abstand nimmt und als ruhender Gott dem Geschaffenen in besonderer Weise gegenwärtig sein kann.

In einer der eindrücklichsten dogmatischen Auslegungen des siebten Schöpfungstages hat K. Barth die Ruhe Gottes als den Beginn seiner *Weltimmanenz* beschrieben, die seine *Freiheit* wie seine *Liebe* offenbart: Die Freiheit Gottes zeigt sich darin, daß Gott nicht an eine *grenzenlose* Schöpfertätigkeit gebunden, an eine *endlose* Arbeit versklavt ist, denn »frei ist nur ein solches Wesen, das sein Tun zu bestimmen und zu begrenzen vermag«. Die Liebe Gottes drückt sich im Verweilen bei seinen Geschöpfen aus: »Liebe hat einen bestimmten, begrenzten Gegenstand. Liebe ist ein durch einen solchen Gegenstand selber begrenztes und bestimmtes Verhalten.«[76] Mit der Beendigung seines Schaffens zieht Gott sich nicht von seiner Schöpfung zurück, um sie sich selbst und einer eigengesetzlichen Entwicklung zu überlassen; mit der Ruhe am siebten Tag gesellt sich Gott vielmehr seinen Geschöpfen zu, bestimmt sich selbst dazu, ein ihnen *koexistierender* Gott zu sein.

Die Heiligung dieses Tages ereignet sich als Freiheit, besser noch: als Selbstbefreiung, Gottes *von* weiteren Schöpfungsakten und darin zugleich als Freiheit *für* seine Geschöpfe. Weil dieser Tag nicht der Arbeit, sondern der Ruhe Gottes gehört, gehört Gott an ihm (zu) seiner Schöpfung. Inwiefern geschieht darin aber eine *Segnung* dieses Tages? Nach J. Moltmann »vermittelt der ruhende Gott dem Tag seiner Ruhe die Kraft, alle seine Geschöpfe zur Ruhe kommen zu lassen«[77]. Der Segen des siebten Tages liegt demnach darin, daß die Ruhe Gottes universal auf alle Geschöpfe, die diesen Tag miterleben, ausstrahlt und übergeht: »Weil die Geschöpfe in der ruhenden Präsenz seines Daseins ganz da sein können, erwacht im Sabbatsegen die Daseinsfreude aller Geschöpfe unbehindert und ungetrübt.«[78] Damit ist aber der Segen des siebten Tages, den Moltmann unterschiedslos auch als »Sabbatsegen« bezeichnen kann, primär *geschöpf*bezogen und nicht *zeit*bezogen interpretiert: Der Segen des siebten Tages ist ein Segen für alle Geschöpfe, weil er sie an Gottes Ruhe teilhaben läßt.

---

76. K. *Barth*, KD III/1, 243.
77. J. *Moltmann*, Schöpfung, 284.
78. A.a.O., 285.

J. Moltmann kommt zu dieser Deutung, weil er erstens Segnung und Heiligung des siebten Tages trennt[79], zweitens das Segnen des siebten Tages von dem der Tiere und Menschen als etwas »Unvergleichliches und Einmaliges« abhebt[80] und drittens den siebten Schöpfungstag mit dem Sabbat Israels identifiziert. Läßt sich aber umgekehrt ein auf die Zeit bezogener Sinn dieses Schöpfungssegens erheben, wenn man die Segnung des siebten Tages als seine Heiligung und in Entsprechung zum Segen für die Lebewesen und die Ruhe Gottes nicht gleichzeitig als Ruhe seiner Geschöpfe versteht?

Der Schöpfungssegen verleiht den Lebewesen (Gen 1, 22.28) die Kraft, ihre geschöpflichen Anlagen zu verwirklichen. Entsprechend zielt auch die Segnung des siebten Tages darauf, das ihm von Gott mit der Heiligung eingestiftete Potential zur vollen Entfaltung zu bringen, so daß es sich auf die übrigen Tage, auf die Zeit als ganze und infolgedessen dann auch auf die Geschöpfe auswirkt. Die besondere Gewichtung dieses Tages besteht nach dem bisher Gesagten in der Heiligung, die Gott ihm durch seine Ruhe schenkt, in der er ganz bei sich selbst und zugleich ungeteilt in seiner Schöpfung präsent ist. Eine Leerstelle im Text qualifiziert diese Einwohnung Gottes in der Welt – und damit hängt m. E. der entscheidende Sinn der Segnung dieses Tages zusammen – als die Vorwegnahme des eschatologischen Ziels der Schöpfung. Der Tag, an dem Gott die Schöpfung vollendet, indem er zu arbeiten aufhört, ist nicht – wie die übrigen Tage (vgl. 1, 5.8.13.19.23.31) – durch die »Tagesformel« abgeschlossen. Der Tag der Ruhe Gottes ist ein offener Tag. Und gerade als *offener* Tag markiert er die Voll*end*ung der Schöpfung, denn er öffnet die Schöpfung schon in ihrem *Ursprung* für die *Zukunft* Gottes. Mit der Segnung des siebten Tages liegt ihr diese aber nicht – dem chronologischen Zeitverständnis entsprechend – als Futurum voraus. Sie ist ihr vielmehr insofern gleichzeitig, als Gott selbst mit seiner Gegenwart in der Schöpfung am siebten Tag seine eigene Zeit der Zeit der Welt gleichzeitig macht.[81] Indem Gott seiner Schöpfung *koexistiert*, bricht mit dem siebten Schöpfungstag die göttliche Eigenzeit, die Ewigkeit, in die kreatürliche Geschichte ein und läßt diese an den unerschöpflichen Möglichkeiten Gottes, an seiner eschatologischen Lebensfülle partizipieren. Der siebte Tag bringt damit nicht nur, wenn er durch den Segen dauernde Daseinsgestalt erhält, einen siebentägigen Rhythmus in die neutrale, ununterschiedene Abfolge der Tage (der dann mit dem Sabbatgebot, das eine lebensförderliche Unterbrechung der Arbeit an jedem siebten Tag fordert, geschichtliche Gestalt gewinnt), er bricht überhaupt die lineare Zeitstruktur zugunsten eines Vorrangs der Zukunft auf. Indem der offene siebte Tag zum durch Gottes Ruhe geöffneten Einfallstor der Ewigkeit in die Zeit wird, begleitet fortan die Ewigkeit Gottes die Zeit der Welt

---

79. Er behandelt sie im Kapitel »XI. Der Sabbat: Das Fest der Schöpfung« in unterschiedlichen Paragraphen unter dem Titel »Die Segnung der Schöpfung« (a. a. O., 284-286) und »Die Heiligung der Schöpfung« (a. a. O., 286-290).
80. A. a. O., 284.
81. »Kein Mensch, nur Gott selbst, kann zwischen Ewigkeit und Zeit eine Beziehung stiften« (C. *Link*, Schöpfung, 499; vgl. *ders.*, Weltentwurf, bes. 411-415).

und erneuert sie von Tag zu Tag. Anders formuliert: Der Segen des siebten Tages qualifiziert die Geschichte der Welt nicht als *Fortschritts-*, sondern als *Adventsgeschichte*, als eine Geschichte, die sich von ihrer Zukunft her bestimmen und sich je und je neu unterbrechen läßt von dem ihr entgegenkommenden Gott, der ihr (im doppelten Sinne des Wortes) immer schon voraus ist.[82]

So offenbart sich im Segen des siebten Tages der grundlegende Sinn des Schöpfungssegens als Beginn der göttlichen Erhaltung der Welt auf ihr im Ruhen Gottes vorabgebildetes Ziel hin.[83] Diese Segnung der Zeit, die die kosmische Dimension des Schöpfungssegens zum Ausdruck bringt, wird zum Segen für die Menschen und die übrige Schöpfung mit der Einhaltung des Sabbatgebots. Gen 2,2f. ist keine Ätiologie des Sabbatgebots, aber seine *theo*logische Voraus-setzung. Die Ruhe Gottes am siebten Schöpfungstag ist die Bedingung der Möglichkeit dafür, daß die Geschöpfe selbst zu einem lebensförderlichen Rhythmus von Arbeit und Ruhe befreit werden. Der Segen des siebten Tages, der die Zeit mit Gottes Ewigkeit füllt, schließt die Verheißung ein, daß in der Gegenwart Gottes alle Geschöpfe ihre Ruhe finden – eine Ruhe, die allererst ein ver-antwort-liches Handeln ermöglicht.[84] Wo mit der Entsprechung zu Gottes Heiligung des siebten Schöpfungstages der Sabbat geheiligt wird, ist die Vollendung der Welt als Schöpfung für einen Tag vorweggenommen.

1.2 Das Mitsein Gottes im Segen: concursus und gubernatio Dei auf dem Weg zu einem Leben in Genüge

Als göttliche Begabung der Geschöpfe mit Leben ermöglichender, bejahender und fördernder Segenskraft beginnt die Präsenz Gottes in der Welt. Im Segen wohnt Gott seiner Schöpfung seither ein und erhält durch diese Gestalt seiner Fürsorge ihre Lebendigkeit und Fruchtbarkeit. Im natürlichen Wachsen und Gedeihen, im Schutz und in der Bewahrung des gefährdeten geschöpflichen Lebens, in den Erfahrungen (be)glückender Beziehungen und gelingender Arbeit sowie im Widerstand gegen alle Mächte und Gewalten, die das Leben in seiner Entfaltung behindern, und im Durchstehen dessen, was nicht zu ändern ist, wirkt sich der Segen Gottes aus, ohne daß dies jedes Mal *ausdrücklich* werden muß und wird. Die segnende Gegenwart Gottes im Alltag des Lebens ist zunächst und zumeist eine *unausgesprochene*, die nur von Zeit zu Zeit ins Bewußtsein und zur Sprache kommt. Dies geschieht dort, wo Menschen dessen

---

82. Mit diesen Überlegungen habe ich ansatzweise versucht, in der Auslegung der Segnung des siebten Schöpfungstages der Einsicht C. Links Raum zu geben, daß »der Wahrheitsgehalt der klassischen Providenzlehre (...) wie der theologische Gehalt der Schöpfungslehre unter der Perspektive der Zukunft Gottes neu entschlüsselt werden« muß (Schöpfung, 558; zum Primat der Zukunft in einem theologischen Zeitverständnis vgl. a.a.O., 494ff.).
83. G. v. Rad hat in der Ruhe, mit der Gott den siebten Tag segnet und heiligt, »die Vorbereitung eines hohen, ja eigentlich des letzten Heilsgutes« gesehen (Genesis, 49; vgl. ders., Ruhe).
84. Vgl. *J. Ebach*, Arbeit und Ruhe.

gewahr werden, daß sie sich ihr Leben nicht selber machen, seine Erhaltung nicht garantieren und über sein Gelingen nicht verfügen können. Eine solche Erkenntnis entdeckt den Segen Gottes *in, mit* und *unter* den alltäglichen Lebensvollzügen, indem sie ihn *doxologisch* zum Ausdruck bringt. Der *Hymnus* ist der primäre Ort der Rede vom göttlichen Segenswirken:

»Daß unsre Sinnen wir noch brauchen können/
und Händ und Füße, Zung und Lippen regen,/
das haben wir zu danken seinem *Segen./*
Lobet den Herren!« (eg 447,3).

»Der Herr ist noch und nimmer nicht/ von seinem Volk geschieden;/
er bleibet ihre Zuversicht,/ ihr *Segen,* Heil und Frieden./
Mit Mutterhänden leitet er/ die Seinen stetig hin und her./
Gebt unserm Gott die Ehre!« (eg 326,5).

»Gott ist's, der das Vermögen schafft,/ was Gutes zu vollbringen;/
er gibt uns *Segen,* Mut und Kraft/ und läßt das Werk gelingen;/
ist er mit uns und sein Gedeihn,/ so muß der Zug *gesegnet* sein,/
daß wir die Fülle haben.« (eg 494,2).

»Er gibet Speise reichlich und überall,/ nach Vaters Weise sättigt er allzumal;/
er schaffet frühn und späten Regen,/ füllet uns alle mit seinem *Segen,/*
füllet uns alle mit seinem *Segen.*« (eg 502,4).

»Herr, die Erde ist *gesegnet/* von dem Wohltun deiner Hand./
Güt und Milde hat geregnet,/ dein Geschenk bedeckt das Land:/
auf den Hügeln, in den Gründen/ ist dein *Segen* ausgestreut;/
unser Warten ist gekrönet,/ unser Herz hast du erfreut.« (eg 512,1).[85]

Für die Wahrnehmung des Segens kommt dem Gotteslob die Rolle eines *hermeneutischen Schlüssels* zu: Gott lobend erschließen sich der Gebrauch unserer Sinne, die Bewegung unseres Körpers, die Ermutigung und Ermächtigung zu gutem, gelingendem Tun, das tägliche Brot und der Regen zur rechten Zeit, eine reiche Ernte ebenso wie der politische und soziale Friede als Wirkung göttlichen Segens. Was Gott »gar zart und künstlich« ins natürliche und kulturelle Geschehen »einwickelt« (eg 508,2), wird im Gotteslob entborgen und bekannt. Die theologische Reflexion kann dieser hymnischen Anerkennung des Segens nur *nach*denken und sie auf den Begriff bringen: Welche Erfahrungen auch immer als Segenswirken Gottes identifiziert werden, sie kreisen allesamt um die nicht länger für selbstverständlich gehaltene Gewährung, Erhaltung und Mehrung des Lebens und haben ihren traditionellen dogmatischen Ort in der Lehre von der providentia Dei.

Ihren zweiten Sitz im Leben findet die Rede vom Seg(n)en Gottes in der *Se-*

---

85. Zu den Segensmotiven im Evangelischen Gesangbuch vgl. oben Einleitung, Anm. 6.

gensbitte. Wer im Gotteslob eigener Segenserfahrungen ansichtig geworden ist, erkennt sein bleibendes Angewiesensein auf Gottes Segen und muß dessen gewiß werden, daß Gott ihm auch zukünftig seinen Segen nicht entzieht. Mit der Erinnerung an die ursprüngliche Bejahung geschöpflichen Lebens im göttlichen Schöpfungssegen allein läßt sich dieses *Vergewisserungsbedürfnis* nicht stillen. Dazu braucht es vielmehr die je neue Zusage der tröstenden Präsenz und behütenden Begleitung Gottes. Auf sie richten sich die Segensbitten:

»Bewahre uns, Gott,/ behüte uns, Gott,/ sei mit uns auf unsern Wegen./
Sei Quelle und Brot in Wüstennot,/ sei um uns mit deinem *Segen*.« (eg 171,1).

»Ach bleib mit deinem *Segen*/ bei uns, du reicher Herr;/
dein Gnad und alls Vermögen/ in uns reichlich vermehr.« (eg 347,4).

»Der Herr, der Schöpfer, bei uns bleib,/ er *segne* uns nach Seel und Leib,/
und uns behüte seine Macht/ vor allem Übel Tag und Nacht.« (eg 140,2).

»Unsern Ausgang *segne* Gott,/ unsern Eingang gleichermaßen,/
segne unser täglich Brot,/ *segne* unser Tun und Lassen,/
segne uns mit sel'gem Sterben/ und mach uns zu Himmelserben.« (eg 163,1).

»Sieh dein Volk in Gnaden an./ Hilf uns, *segne*, Herr, dein Erbe;/
leit es auf der rechten Bahn,/ daß der Feind es nicht verderbe./
Führe es durch diese Zeit,/ nimm es auf in Ewigkeit.« (eg 331,9).

Diesen Segensbitten begegnen die Segensverheißungen und -zusagen Gottes, die allerdings unterbestimmt blieben, verstünde man sie nur als *Antwort* auf die menschliche Segensbedürftigkeit. Wie die Wahrnehmung bereits geschenkten Segens im Gotteslob der Einsicht in die Segensbedürftigkeit *vorausgeht*, so *begründet* Gottes Bekundung seines Segenswillens den menschlichen Segenswunsch. Weil Gott uns seinen Segen bereits geschenkt und uns seine bleibende Gegenwart zugesagt hat, wissen wir überhaupt erst, daß wir sie zum Leben brauchen, erkennen wir, worum wir Gott bitten und angehen können. Nach biblischem Verständnis umfassen die Segensverheißungen Gottes alle Räume des irdischen Lebens[86] und dokumentieren damit, daß es weder einen Ort gibt, der gott-los ist, noch daß wir bestimmte Bereiche aus der Zutändigkeit Gottes ausklammern können.[87] Im Segen begleitet Gott den Weg seiner Schöpfung. Als »der Hüter Israels« ist er der mit seiner Schöpfung mitgehende und sie bewahrende Gott, der nicht schläft und die Welt nicht sich selbst überläßt (vgl. Ps 121). Etwa in der Verheißung des Mit-Seins Gottes: »Ich werde mit dir sein und dich *segnen*« (Gen 26,3) findet der ursprüngliche Segen des Schöpfers seine

---

86. Vgl. bes. Dtn 28,3 ff.; dazu oben Abschnitt I.2.5 (Exkurs) und die eindrückliche Nachdichtung dieses Textes in J. Kleppers Mittagslied »Der Tag ist seiner Höhe nah« (eg 457).
87. Vgl. dazu D. Bonhoeffers Definition des Segens als »Inanspruchnahme des irdischen Lebens für Gott« (s. oben Teil B, III.2).

Wiederholungen in der Geschichte der Schöpfung.[88] Auch *unterwegs* bedarf es der je neuen Zusicherung der Aufmerksamkeit und des Beistands, der Verbundenheit und des Interesses Gottes.

Herkömmlich wird die Weltimmanenz Gottes trinitarisch ausgelegt und als Gegenwart im *Geist* bestimmt[89]: das pneumatologische Verständnis der göttlichen Einwohnung in seiner Schöpfung ermöglicht es, die Unterschiedenheit von Gott und Welt zu wahren und gleichzeitig Gott *in* der Schöpfung zu denken; der Geist vermittelt zwischen der Transzendenz und der Immanenz Gottes, er läßt Gott bei seinen Geschöpfen anwesend sein und doch nicht im Geschaffenen aufgehen. Ebenso wie für die Geistesgegenwart Gottes bietet sich für seine Koexistenz im Segen der Begriff der »immanente(n) Transzendenz«[90] an: Im Segen geht Gott in seine Schöpfung ein und bleibt für sie gleichzeitig ein Gegenüber, das die Freiheit hat, den geschenkten Segen auch wieder zu entziehen. Segen und Geist konkurrieren nicht miteinander, sondern ergänzen sich und legen sich gegenseitig aus.[91] Als schöpferische Kräfte Gottes durchwirken beide die Welt und führen sie ihrer Vollendung als neue Schöpfung entgegen. Die Wirkungen beider reichen über die Offenbarung Gottes im Wort hinaus, auch wenn sie seiner Interpretation bedürfen, um eindeutig werden zu können. Diese enge Beziehung zwischen Segen und Geist lädt nicht nur zu einer Reformulierung des dritten Artikels ein, um neben dem Geist anderen Gestalten der Immanenz Gottes Raum zu geben (außer an den Segen wäre hier besonders an die Schechina, die Weisheit oder die Tora zu denken). Sie könnte auch den Anstoß zu einer Neuverortung der Lehre von der providentia Dei in der Pneumatologie geben[92], womit deren eschatologischem Gefälle mehr als durch die bisherige Zuordnung zur Schöpfungslehre entsprochen wäre. Denn Gottes concursus mit seiner Schöpfung im Segen ist – darauf habe ich einleitend bereits aufmerksam gemacht – nicht ziellos. Er geht in einer bloßen Bestandserhaltung der Welt nicht auf, sondern hat eine Ausrichtung, leitet und lenkt die Eigenbewegung seiner Geschöpfe auf ein Ziel hin (directio, deductio), nämlich auf ein Leben in שלום: ein Leben, in dem alle *Genüge* haben und *vergnügt* sein können, weil ihnen *Genugtuung* widerfahren ist; ein Leben im *Frieden*, in dem alle *zufrieden* sein können, weil alles Unausgeglichene und Unabgegoltene *befriedet* ist[93]: »Jhwh wird seinem Volk Stärke geben, Jhwh wird sein Volk *segnen* mit Genüge« (Ps 29, 11). Gottes Segen zielt darauf, daß es keinen Mangel mehr gibt. Lassen sich Menschen auf diese Dynamik des göttlichen Segenswirkens ein, tragen sie dazu bei, daß die Welt wieder das wird, was sie im Ursprung war: sehr gute Schöpfung Gottes.

---

88. Zum Mit-Sein Gottes als Segensmotiv vgl. *D. Vetter*, Jahwes Mit-Sein.
89. Vgl. bes. *J. Moltmann*, Schöpfung, 27 ff.110 ff.; *ders.*, Geist des Lebens, bes. 44 ff.
90. *J. Moltmann*, Geist des Lebens, 44 u. ö.
91. Vgl. schon oben Abschnitt I.2.6.
92. Vgl. *D. Ritschl*, Vorsehung, 130 f.
93. Zur Grundbedeutung von שלום als »Genüge«, verbunden mit einer Kritik am Ganzheits-Jargon vgl. *G. Gerleman*, שלם, bes. 921-923,927-930.

Im Wortlaut des aaronitischen Priestersegens (Num 6, 24-26)[94] wird diese Bewegung des Segens auf den שלום hin anschaulich:

»*Segne* dich ER und bewahre dich.« יברכך יהוה וישמרך
»Lichte ER sein Antlitz dir zu und sei dir günstig.« יאר יהוה פניו אליך ויחנך
»Hebe ER sein Antlitz dir zu und setze dir Frieden.«[95] ישא יהוה פניו אליך וישם לך שלום

K. Seybold hat gezeigt, daß das »diagonale Sinngefälle« dieser drei Zeilen, die steigernd darauf zulaufen, daß Gottes Segen (V. 24a) als Setzung von שלום (V. 26b) zum Ziel kommt, sich konkretisiert in »drei Handlungsweisen Jahwes: Begegnung, Erhörung, Entschließung, drei Wirkungsweisen: Schutz, Gnadenerweis, Friedenssetzung, drei Wirkungsbereiche(n): das alltägliche Leben in seiner Bedrohung, das kultische Leben mit seinen Möglichkeiten und Gewährungen und das soziale Leben in der Labilität seiner Ordnungen«[96], so daß dieser Segen in umfassender Weise die Präsenz Gottes für das menschliche Leben zuspricht, das »schutzbedürftig (ist), rechtlos auf Gnade angewiesen, ohne verläßliche Friedensordnung, unmittelbar und jederzeit bedroht, nur durch die Gewährungen des Segens über dem Abgrund gehalten«[97].

Läßt sich jeweils die erste Hälfte der drei Zeilen als Zusage einer wachsenden Nähe Jhwhs im Leben der Gesegneten verstehen, die vom intensiven Gruß (V. 24a) über das Leuchten des Angesichts, das freundliche Zustimmung, Wohlwollen und Einverständnis signalisiert (V. 25b), bis zum erhobenen Angesicht als Ausdruck der vollen Aufmerksamkeit und ungeteilten Zuwendung Jhwhs (V. 26b) reicht, so spricht die zweite Hälfte die Wirkungen zu, die eine solche Gegenwart Gottes zeitigt: die Gewährung seines Schutzes (V. 24b), den Erweis seiner Gunst (V. 25b) und die Stiftung von שלום (V. 26b). Was mit dem Gruß Gottes beginnt, wird zum Leben in Genüge, zum Frieden führen. Der inhaltlichen Bewegung des göttlichen Segens entspricht die klimaktische Struktur. Die Mehrung und Ausbreitung des Segens drückt sich formal im Anwachsen der Wörter von drei in der ersten über fünf in der zweiten bis zu sieben in der dritten Zeile aus. Fällt beim Rezitieren dieses Segens das Atemholen jeweils in die Zeilenzäsuren, so wachsen die Atemzüge mit den länger werdenden Versen an: Der Segen Gottes schenkt einen langen Atem für den Weg zu einem Leben in שלום. Wie der zugesprochene Segen das angesprochene Du dazu bewegt, auf dieses Leben zuzugehen, so ist ihm Gott immer schon voraus und kommt ihm von diesem Ziel her entgegen.

---

94. Zu Num 6, 22-27 vgl. oben Teil B, I.3.1; II.3.1.3; zur Struktur und Motivik, zur Theologie, zur Traditions- und Auslegungsgeschichte des aaronitischen Segens vgl. *K. Seybold*, Segen; *F. Delitzsch*, Priestersegen, *P. D. Miller*, Blessing of God; *M. C. A. Korpel*, Priestly Blessing; *J. G. Plöger*, Segen des Herrn; *O. Loretz*, Altorientalischer Hintergrund; unter sprechakttheoretischem und liturgischem Aspekt vgl. *B. J. Diebner*, Segen; *ders.*, Iterativ, *R. Wonneberger*, Segen; *J. Fangmeier*, Demut. Zum jüdischen Verständnis und zur jüdischen Praxis des Priestersegens vgl. *I. Elbogen*, Gottesdienst, 67-72; *R. Gradwohl*, Bibelauslegungen 3, 86-95.
95. Übersetzung nach M. Buber und F. Rosenzweig.
96. *K. Seybold*, Segen, 43.
97. A. a. O., 51.

Gerade M. Luthers trinitätstheologische Explikation dieses Textes unterstreicht die *eschatologische Dynamik* des göttlichen Segens, indem er die dritte Zeile dem Wirken des *Heiligen Geistes* zuordnet und im Zuspruch des Friedens die Ausrichtung des göttlichen Segens auf die Erlösung der Welt erkennt.[98] Dafür, daß Gott mächtig ist, sie allen lebensfeindlichen Gewalten zum Trotz heraufzuführen, bürgt sein Name, unter dem er sich Israel bekannt gemacht hat: יהוה. Der Text des aaronitischen Segens läßt sich selbst als eine Auslegung dieses Namens verstehen, denn mit ihm nennt Gott »sich nicht den Seienden, sondern den Daseienden, den Dir Daseienden, dir zur Stelle Seienden, dir Gegenwärtigen, bei Dir Anwesenden oder vielmehr zu dir Kommenden, dir Helfenden.«[99] Wo Menschen mit diesem Namen belegt werden, wirkt Gottes Segen.

Darüber, wie sich dabei göttliches und menschliches Segnen zueinander verhalten, geben die Rahmenverse des aaronitischen Segens wichtige Aufschlüsse[100]. Zunächst: Gott selbst betraut Menschen mit der Bezeugung seines Segenswillens und -wirkens, in diesem spezifischen Fall die aaronitischen Priester, und vertraut ihnen seinen Segen an:

»Und Jhwh sprach folgendes zu Mose:
Sprich zu Aharon und seinen Söhnen wie folgt:
So sollt ihr die Kinder Israels *segnen*, indem ihr zu ihnen sprecht: …!« (V. 22 f.).

Gott will, daß seinem eigenen Segenshandeln im menschlichen Segenszuspruch entsprochen wird. Gegenüber dieser Einleitung überrascht es, daß die Verben, die Gottes segnende Präsenz konkretisieren, im Imperfekt (Jussiv) stehen, so daß es sich vom Wortlaut her nicht um einen *performativen Sprechakt* handelt. Nicht schon im Aussprechen dieser Segensworte geschieht die Segnung des angeredeten Du; der Segen Jhwhs wird diesem vielmehr für die Zukunft gewünscht. Doch was im Blick auf den Adressaten als Wunsch zu verstehen ist, richtet sich zugleich als Bitte an Jhwh, er möge diesen Wunsch nicht ins Leere laufen lassen. Erst dadurch, daß sich Jhwh selbst an den Wortlaut dieses Segens bindet und seine Erfüllung zusagt, wird aus dem priesterlichen Segenszuspruch die Mitteilung des göttlichen Segens: »(Immer) wenn sie meinen Namen auf die Kinder Israels legen, will ich, ich sie *segnen*« (V. 27).

Erst diese Selbstverpflichtung Jhwhs macht den aaronitischen Segenstext zu dem, was er von sich aus nicht ist: zu einem performativen Sprechakt, der mit sich bringt, was er verspricht. Es kommt aber alles darauf an, daß die Spannung zwischen dem Wunsch- und Bittcharakter der Segensworte und der ihnen geltenden göttlichen Zusage erhalten bleibt. Denn darüber, daß Jhwh sie erfüllt, verfügt niemand, der diesen Segen spricht. Doch *im* Aussprechen appelliert der Segnende an Gott, sein Wort wahrzumachen. Nicht in der temporalen Differenz, nicht darin, daß »die im Segen genannte heilvolle Kraft (…) ja erst au-

---

98. Vgl. oben Teil B, I.3.1.
99. *F. Rosenzweig,* Briefe und Tagebücher 2, 1161 (Brief an Martin Goldner vom 23.6.1927).
100. Vgl. oben Teil B, II.3.1.3; I.2.4.

ßerhalb des ›gottesdienstlichen Raumes‹ greifen«[101] soll, liegt die Notwendigkeit, den Segen nicht im Indikativ, sondern im Optativ zu formulieren; ihr könnte auch eine futurische Formulierung entsprechen. Vielmehr steht das Wissen um die Freiheit Gottes, Segen zu gewähren oder zu verweigern, jeder Identifizierung menschlicher Segenswünsche mit göttlichem Segnen entgegen. Wenn aber *Gott selbst* sich zur Identifikation mit unseren Segensworten entschließt und sie damit zu göttlichen Tatworten werden läßt, vollzieht sich *in, mit und unter unserem* Segnen Gottes Segenswirken, verkörpern wir den segnenden Gott und können so für andere zum Segen werden.

2. Menschliches Segnen als cooperatio Dei zur Bewahrung und Vollendung der Schöpfung

Menschliches Segenshandeln *gründet* nicht nur im vorgängigen göttlichen Segenswirken. Es hat in diesem auch seinen *Maßstab*. Gott gewährt seinen Segen auf menschliche Segenszusagen hin, wenn diese den göttlichen Segensverheißungen *entsprechen*. Die Wirksamkeit menschlicher Segenspraxis steht und fällt damit, daß es ihr um den Segen im *Namen* und *Auftrag* Gottes geht. Daraus folgt zum einen, daß keinem die Zusage des göttlichen Segens vorenthalten werden darf, den Gott selbst seines Segens gewürdigt hat. Zum anderen hat menschliches Segnen seine Grenze dort, wo Gott seinen Segen verweigert. Um die Wahrnehmung von beidem muß theologisch gestritten werden – nach dem bisher Gesagten unter folgenden Kriterien: Zielt Gottes Segnen ursprünglich darauf, daß geschöpfliches Leben gefördert wird und sich in einer Schöpfungsgemeinschaft aller Lebewesen voll entfalten kann, dann fallen zwischenmenschliche Segenshandlungen dort aus der Entsprechung zu Gottes Segenswillen heraus, wo es um die Absegnung von Verhältnissen geht, die ein Leben, in dem alle Genüge haben können, gefährden, behindern und ersticken. Weil Gottes Segen dem Mangel geschöpflichen Lebens entgegenwirkt, bedürfen seines Zuspruchs zunächst und zumeist diejenigen, denen es fehlt am täglichen Brot im umfassenden Sinn dieses Wortes. Drückt sich in Gottes Segen die Bejahung und Anerkennung der je eigenen Identität seiner Geschöpfe aus und würdigt er sie segnend mit seiner Gegenwart, so sind vor allem diejenigen auf menschliche Vermittlung des göttlichen Segens angewiesen, denen es an (persönlicher und öffentlicher) Beachtung und Anerkennung, am Interesse, der FreundInschaft und Unterstützung anderer mangelt. Wer für sie um Gottes Segen bittet und ihnen diesen zuspricht, nimmt sich dabei selbst in Pflicht, ihrem

---

101. B. J. Diebner, Segen, 212 f.

Mangel tatkräftig abzuhelfen. Was K. Barth im Blick auf die Vaterunser-Bitte: »Geheiligt werde dein Name!« unterstrichen hat, gilt auch für jede Segensbitte:

»Wer wirklich Gott mit dieser Bitte in der Gewißheit ihrer Erhörung inkommodiert und engagiert, der inkommodiert und engagiert (...) – in den Grenzen seiner menschlichen Zuständigkeiten und Möglichkeiten – auch *sich selber*, der erklärt und macht sich selbst innerhalb seiner Grenzen verantwortlich dafür, daß in der Sache, im Blick auf die er zu Gott betet, auch seinerseits ein Entsprechendes geschehe.«[102]

Ein Segen für andere zu werden, erschöpft sich nicht darin, ihnen den Segen Gottes zuzusprechen. Wirksames Segnen verbindet sich mit einer Lebensgestaltung, die den Gesegneten diesen Segen auch gönnt[103] und darum für eine gerechte Verteilung der Segensgüter Sorge trägt. (Kultisches) Segensritual und Ethik bedürfen der wechselseitigen Ergänzung.

Darauf, daß Menschen nicht nur füreinander und für ihre übrigen Mitgeschöpfe[104], sondern auch für Gott zum Segen werden können, soll im folgenden die Betonung liegen.[105] Während ersteres der Bewahrung der Schöpfung auf ihre Vollendung durch Gott selbst hin dient und darin *Mitarbeit an der providentia Dei* ist, läßt sich letzteres als *Mitarbeit an der Erlösung*[106] verstehen.

2.1 Wenn Menschen einander (und ihre übrigen Mitgeschöpfe) segnen

Individuell oder institutionell gebunden, spontan oder ritualisiert, im privaten oder öffentlichen Bereich, zu einem besonderen Anlaß oder im alltäglichen Fluß des Lebens – vielgestaltig sind die Formen, in denen Menschen dem segnenden Handeln Gottes untereinander und ihren übrigen Mitgeschöpfen gegenüber entsprechen können. Sie haben ihren gemeinsamen Ursprung darin,

---

102. *K. Barth*, Das christliche Leben, 283.
103. Einen sprechenden Ausdruck findet diese Lebenshaltung in der Wendung »das Zeitliche segnen«. Sie ist alles andere als eine euphemistische Bezeichnung des Todes; in ihr drückt sich vielmehr eine Sterbehaltung aus, die über den eigenen Tod hinaus den Zurückbleibenden ohne Mißgunst eine volle Entfaltung ihrer Lebensmöglichkeiten zuspricht. Können wohl nur die das Zeitliche segnen, die in ihrer eigenen Lebenszeit Segenserfahrungen gemacht haben, so zielt menschliches Segenswirken nicht zuletzt auch darauf, immer mehr Menschen ein Sterben zu ermöglichen, das nicht länger – in der Gestalt eines zu frühen und qualvollen Todes – der Unerlöstheit der Welt Tribut zahlt, sondern mit einer segnenden Bejahung und Anerkennung der geschöpflichen Grenzen als Wohltat des Schöpfers einhergeht. Zur Wendung »das Zeitliche segnen« vgl. *H. Becker/A. Gerhards*, Zeitlichkeit, 326; *J. Zink*, Sinn und Gestalt, 193 ff.
104. Vgl. dazu ausführlich schon oben Teil B, I.2.4; 2.6; 3.2; II.3; III.2.3.5; IV. 2.2; 3.1.
105. Für die Realbenediktionen verweise ich auf die Dissertation von *C. Eyselein*, Einweihungshandlungen, sowie das Werkbuch zum »Benediktionale«: *A. Heinz/H. Rennings* (Hg.), Heute segnen. Sie kommen hier nur unter dem Aspekt der über den Dingen ausgesprochenen Berâcha in den Blick (vgl. unten 2.2.2).
106. Zur Mitarbeit des Menschen an der Erlösung vgl. *F. Rosenzweig*, Stern der Erlösung, bes. 278 ff. 295 ff.; *C. Link*, Vollendung der Welt.

daß Gott die Segnenden zuvor selbst mit Segen begabt und darin ermächtigt und beauftragt hat, für andere zum Segen zu werden: »Gott ruft Menschen *nicht nur* dazu, *Adressaten* seiner Verheißungen, sondern selbst ein Segen, selbst eine Verheißung für andere zu werden: *vielversprechende Menschen*, denen zu begegnen für andere nur etwas Verheißungsvolles bedeuten kann.«[107]
Vielversprechend sind segnende Menschen, weil sie von Gottes Verheißung bewegt werden, seine Schöpfung auf ein Leben im שלום hin zu erhalten, sie in einer Schöpfungsgemeinschaft zu befrieden, in der alle Geschöpfe zurechtgekommen sind, zu *ihrem* Recht. In jedem Segen im Namen Gottes schwingt darum Gottes Versprechen mit, die Welt zu begleiten und ihre Geschichte auf dieses Ziel hin zu bewegen. Menschliches Segnen verspricht darum viel, aber nicht zuviel, wenn es sowohl *affirmativ* als auch *kritisch* an Gottes Erhaltung und Vollendung der Schöpfung mitwirkt:

Die *kritische* Dimension des Segnens liegt zunächst darin, daß segnende Menschen den Unterschied zwischen gottgewollter und vorfindlicher Lebenswirklichkeit wahrnehmen und benennen, daß sie aufdecken, worin unsere Verhältnisse hier und heute hinter Gottes sehr guter Schöpfung, die als unser Ursprung noch vor uns liegt, zurückbleiben. Indem ihr Segnen auf die Aufhebung dieses Mangels zielt, *spricht* es den Gesegneten diese Zukunft Gottes bereits in der Gegenwart *zu* und *widerspricht* damit zugleich denen, die wollen, daß die Welt so bleibt, wie sie ist, und darum die Anstrengungen für ein Leben, in dem alle genug haben, unterdrücken und bekämpfen. Dieser segnende Widerspruch gegen alles Lebensfeindliche kann die Gestalt des *Fluches* annehmen – insbesondere dort, wo aus einer Situation der *Ohnmacht* heraus das gebannt werden muß, was geschöpfliches Leben behindert, bedroht und zerstört.[108]

Die *affirmative* Kraft des Segnens kommt darin zum Zug, daß jene, die sich selbst von Gott beachtet, anerkannt und zu einem Leben ermächtigt wissen, in welchem sie die ihnen von Gott geschenkten Möglichkeiten entfalten können, darauf aus sind, diese Bejahung auch anderen entgegenzubringen. In der segnenden Zuwendung zu anderen trauen sie ihnen darum mehr zu als diese sich selbst. Denn segnend sprechen sie sie auf die *Identität* an, die Gott ihnen zugedacht und in ihnen angelegt hat und auf deren Verwirklichung er mit seinem Segen aus ist. Wer andere segnet, *beansprucht* für sie schon die Zukunft, für die Gott ihnen Leben in Genüge verheißen hat:

»Ein Segen ist (...), sprachlich wie sachlich, ein Urteil über zukunftsweisende, in den Personen, Handlungen, Dingen liegende Anlagen, die oft noch verborgen sind, aber durch die Segnung zutagegefördert und zur Entfaltung gebracht werden. Der Segen vermag die schlummernden Potenzen in aktive Entwicklungen umzusetzen. Er spricht die Bestimmung der Sache, der Handlung, des Lebewesens, des Menschen aus, über denen er gesprochen wird. Sie treten dadurch in das Licht Gottes und seines schöpferischen

---

107. F.-W. *Marquardt*, Eschatologie 1, 155.
108. Vgl. oben Teil B, I.2.6 sowie S. *Wyss*, Fluchen.

Willens. Nur in dieser Atmosphäre können die entsprechenden Anlagen richtig gedeihen.«[109]

Wie Gottes Segen die natürlichen Lebensprozesse durchströmt, das alltägliche Leben unterlegt und sich Ausdruck verschafft in schöpfungsgemäßer Lebendigkeit, ohne dabei als Segen Gottes *identifiziert* und *namhaft* gemacht werden zu müssen, so kann sich auch das menschliche Segenshandeln fast unbemerkt und wie selbstverständlich vollziehen: Überall dort, wo Menschen dem göttlichen Segenswort von Gen 1, 28 entsprechen und als Bilder Gottes eine menschliche Herrschaft über die Tiere und die Erde ausüben, die nicht mit einer Herrschaft von Menschen über Menschen einhergeht[110], gilt ihrem Tun die göttliche Verheißung, daß es sich zum Segen auswirken wird. Im konziliaren Prozeß ist dieses Handeln, dem Gott seinen Segen gibt, mit der Trias »Gerechtigkeit, Frieden und Bewahrung der Schöpfung« bezeichnet worden.

Segnen beginnt dort, wo die *Gleichgültigkeit* und das *Desinteresse* gegenüber den Mitmenschen und übrigen Mitgeschöpfen durchbrochen, wo den anderen Beachtung und Aufmerksamkeit geschenkt werden, wo man sie nicht übersieht und nicht achtlos an ihnen vorübergeht: im zugewandten Blick, mit erhobenem Gesicht, mit einer Geste oder einem Wort des Grußes, aber auch mit einer schützenden Hand, mit einem mutigen Eingreifen, wo Gefahr für Leib und Leben droht. Wie Gottes Segnen selbst als intensives Grüßen verstanden werden kann, so ist auch zwischenmenschlich der Gruß die elementarste Form des Segnens.[111] In ihm drückt sich – für einen Augenblick – ein unverkennbares Interesse an der Geschichte, am Tun und Ergehen des anderen aus. Im Gruß würdigen Menschen einander und geben einander Gewicht und Bedeutung. Wo ein solcher Gruß *ausdrücklich* Gottes segnende Nähe zuspricht, stellt er nicht nur die Gegrüßten unter den Schutz und die Fürsorge Gottes, sondern *bezeugt* auch, daß Leben nur gelingen kann, wenn es teilnimmt an der Lebendigkeit Gottes. Jeder explizite Segensgruß ist damit Wunsch und Bekenntnis zugleich.

Auch die Bitte »Gib mir deinen Segen!« und die Zusage »Meinen Segen hast du!« sind für diejenigen, die in ihrem Leben Gottes Segenswirken wahrnehmen, transparent für seine Billigung und Autorisierung der Freiheitsgeschichte der Schöpfung. Wo Menschen einander Segen zu einem Vorhaben und Unternehmen geben, das in Einklang steht mit Gottes Segenswillen, übermitteln sie in, mit und unter *ihren* Segensworten *Gottes* Zustimmung und Anerkennung, seine Gewährung und Ermächtigung zu gelingender Verwirklichung. So kann die schlichte Ermutigung »Ich traue dir das zu!« oder »Du schaffst das schon!« einen Menschen als Segenswort begleiten. Das Vertrauen und Zutrauen in die Fähigkeiten und Begabungen des Gesegneten, das aus ihr spricht, motiviert und bestärkt, beflügelt und setzt neue Kräfte frei. Aber auch in diesem Segenswort gehören die affirmative und die kritische Funktion des Segens zusammen:

---

109. T. *Willi*, Segen und Segnung, 3.
110. Vgl. oben II.1.2.
111. Vgl. oben Teil A, I.2.

Wenn Menschen voneinander Segen erbitten, gestehen sie sich ein, der Beachtung und Anerkennung, des Interesses und der Würdigung durch andere bedürftig zu sein. Jede Bitte um Segen und jede Gewährung von Segen *protestiert* damit gegen das unmenschliche Ideal eines autarken Lebens.

Nach biblischem Zeugnis hat Gott seinen Segen nicht nur dem geschöpflichen Leben von Anfang an als Kraft des Wachsens und der Fruchtbarkeit eingestiftet, um fortan seiner Schöpfung im Segen zu koexistieren. Er hat ihn auch an bestimmte Orte gebunden, damit Menschen sich zu diesen Orten aufmachen, um dort je neu ihres Gesegnetseins vergewissert zu werden. Denn zur Realisierung der Segensverheißungen gehört das Herausgerufenwerden aus angestammten Verhältnissen (vgl. Gen 12,1.4a) ebenso wie die regelmäßige Unterbrechung des zur Routine gewordenen Lebens. Erfahrungen mit dem Mitsein, der Begleitung und dem Schutz Gottes macht man am ehesten *unterwegs* – auch auf den Wegen hin zu und zurück von den besonders *segensträchtigen* Orten. Nach Ex 20,24b handelt es sich dabei um die Orte, an denen Gott seinen Namen offenbart hat:

»An jedem Ort, an dem ich meinen Namen bekanntmache,
will ich zu dir kommen und dich *segnen*.«[112]

Als ein solcher Segensort gilt vor allem der Zion: »Es *segne* dich Jhwh vom Zion aus, der Himmel und Erde gemacht hat« (Ps 134,3; vgl. Ps 128,5; 133,3). Besonders an den Wallfahrtsfesten sind die Tempelgottesdienste der Ort, an dem Israel für empfangenen Segen danken kann und sich zukünftiger Segensweise seines Gottes vergewissern darf, wobei diese Gewißheit sich nicht unabhängig vom solidarischen Gebrauch der vorhandenen Segensgüter einstellen wird.[113] Gerade die Sammlung der Wallfahrtspsalmen (Ps 120-134) hält »in einer Zeit der Enttäuschung, ja inneren Anfechtung und politischen Unterdrückung« daran fest, »daß allen Bedrohungen zum Trotz das Leben in der *Solidarität* derer, die auf den vom Zion her segnenden Gott setzen, gelingen wird«[114].

Mit der Bindung des göttlichen Segens an besondere Orte geht die Beauftragung von auserwählten Menschen zu einem *Segensamt* und damit die Begründung der *kultischen* Segensvermittlung einher. Bei der (be)vollmächtig(t)en gottesdienstlichen Segnung tritt die Wechselseitigkeit des Segenswunsches gegenüber dem Segenszuspruch zurück: »*Gesegnet* sei, der kommt, im Namen Jhwhs; wir *segnen* euch vom Haus Jhwhs her!« (Ps 118,26). Die Rollen der Segnenden und der Gesegneten sind hier nicht austauschbar. Daran ändert auch die Voraussetzung des PriesterInnentums aller Gläubigen nichts.[115] Wird der Segen an den Orten in besonderer Weise zugeeignet, an denen Gott sich mit

---

112. Vgl. oben Abschnitt I.1.1.3.
113. Vgl. den Exkurs zu den bedingten Segensverheißungen des Deuteronomiums oben Abschnitt I.2.5.
114. E. Zenger, Morgenröte, 128f. (Hervorhebung M. F.).
115. Darum greift auch die Paraphrasierung des aaronitischen Segens als Segens*bitte* »Herr, segne uns ...!« zu kurz; sie enthält der Gottesdienstgemeinde eine Zusage des göttlichen

seinem Namen bekannt gemacht hat, dann vollzieht sich auch die Segnung unter ausdrücklicher Nennung des Gottesnamens (vgl. das dreifache Jhwh im aaronitischen Segen). So anonym Gottes Segen im alltäglichen Geschehen auch wirksam sein mag, zum gottesdienstlichen Segnen gehört es konstitutiv, Gott als die Quelle und den Geber des Segens *namhaft* zu machen. Hier, wo es »um den wirkmächtigen, durch den Einbezug der Gottheit angereicherten Zuspruch von Zukunft geht«[116], ist die Segenshandlung immer auch eine *Bezeugung* des segnenden Gottes.

Geht der christliche Glaube davon aus, daß Gott – auf Zeit (vgl. 1 Kor 15, 28) – seinen Segen an den Namen des einen Abrahamsohnes Jesus von Nazareth gebunden hat, dann gibt es mit Ex 20, 24b auch über Israel hinaus Orte, an denen Gott seinen Segen konzentriert: nämlich überall dort, wo Menschen sich im Bekenntnis zu Jesus von Nazareth als dem messianischen Segensmittler für die Völker zusammenfinden. Der Maßstab für die Gewährung wie für die Verweigerung des Segens kann auch an diesen Orten – wie schon im alltäglichen zwischenmenschlichen Segnen – kein anderer sein als die Übereinstimmung mit dem Ziel des göttlichen Segens, ein Leben zu ermöglichen, in dem alle Genüge haben. Weder in ihrem affirmativen noch in ihrem kritischen Aspekt läßt sich christliche Segenspraxis darum auf ein *seelsorgerlich-priesterliches* Handeln beschränken. Sie hat als *Bezeugung* des göttlichen Segenswillens mindestens ebenso Anteil am *prophetischen* Amt Jesu Christi. Prophetie geschieht aber wesensmäßig *öffentlich*. Die Bejahung und Ermächtigung, die sich im persönlichen Segenswunsch wie im gottesdienstlichen Segenszuspruch mitteilen, sind nicht auf den privaten Lebensbereich zu begrenzen, sie wirken ins öffentliche Leben hinein. Wer darum meint, bei kirchlichen Segenshandlungen, die den Bereich der traditionellen Kasualien überschreiten, trennen zu können und zu müssen zwischen den Menschen, die für ihren persönlichen Lebensweg den Segen Gottes erbitten, und denen, die mit dem »kirchlichen Segen« zugleich öffentliche Anerkennung und Zustimmung suchen, um dann jenen den Segen zu gewähren und ihn diesen zu verweigern, reißt gerade auseinander, was im Segen zusammengehört. Will kirchliche Segenspraxis dem Schöpfungssegen Gottes entsprechen und darin Mitarbeit an der Erhaltung der Schöpfung sein, dann hat sie auch mit dem *persönlich(st)en* Zuspruch von Segen *öffentlich* Zeichen zu setzen – Zeichen, die in der noch nicht erlösten Welt daran erinnern, welche Zukunft Gott ihr verheißen hat. Mit solchen Zeichen wird sie ebenso gegen eine Abdrängung dieser Zukunft in eine unerreichbare Ferne *protestieren* als auch alle Anstrengungen *bejahen*, die Zukunft der Welt als Schöpfung hier und heute – wie fragmentarisch auch immer – wirklich und wahr werden zu lassen. Nur so kann sie der eschatologischen Dynamik des göttlichen Segens gerecht werden und verkommt nicht zur Absegnung bestehender Verhältnisse.

Segens für das Leben jenseits der Kirchenmauern vor (vgl. auch *B. J. Diebner*, Segen, bes. 214 ff.; *J. Fangmeier*, Demut; *M. Josuttis*, Weg, 309-314).
116. *M. Josuttis*, a.a.O., 309.

2.2 Wenn Menschen Gott segnen

»Das Geheimnis des Alten Testaments ist in den Psalmen am deutlichsten ausgesprochen, wo dasselbe Wort Segen von Gott auf den Menschen ergeht und von dem Menschen, dem Ebenbilde des Schöpfers, auf Gott. Geheimnisvoll und ungeheuerlich, mögen Sie sagen, (...) aber es steht wirklich in den Psalmen, auch in der genauesten Übersetzung von Martin Buber, daß das Volk und der Beter Gott segnen, so wie er sie. (...) Wir Menschen segnen Gott. Das Benediktus geht nicht nur von Gott auf uns zu, sondern in der Kraft unseres Wortes geben wir ihm den Segen zurück.«[117] Was E. Rosenstock-Huessy hier als das »Geheimnis des Alten Testaments« bezeichnet, nämlich das *wechselseitige Segnen* von Gott und Mensch, begegnet keineswegs nur in den Psalmen, auch nicht bloß im Alten, sondern ebenso im Neuen Testament.[118] Mit der Schlußszene des Lukasevangeliums (Lk 24, 50-53) sei einleitend auf ein neutestamentliches Beispiel hingewiesen:

Segnend nimmt der auferweckte Gekreuzigte in Bethanien Abschied von seinen Jüngerinnen und Jüngern. Manche Ausleger legen ihm dabei die Worte des aaronitischen Priestersegens in den Mund.[119] Noch im Segnen entschwindet Jesus den Blicken der Zurückbleibenden. An die Stelle seiner leibhaftigen Präsenz tritt nun der Segen Gottes, der den Auferstandenen (und mit ihm Gott) offenbar noch einmal anders, leib- und sinnenhafter, gegenwärtig sein läßt als im verheißenen Geist. Für die Gesegneten macht der Segen den Abschied nicht nur erträglich, sondern läßt ihn zu einem Neubeginn, zur Rückkehr ins Leben werden. Denn

»sie kehrten nach Jerusalem zurück mit großer Freude.
Und sie waren die ganze Zeit im Tempel, *Gott segnend*« (24, 53).

Das Lukasevangelium mündet in das Gottsegnen der ihrerseits gesegneten JüngerInnen ein. Vom empfangenen Segen geben sie an Gott zurück. Was ihnen widerfahren ist, las-

---

117. E. Rosenstock-Huessy, Sprache des Menschengeschlechts, 436.
118. Gottes Segenshandeln an Menschen und menschliches Gottsegnen stehen in unmittelbarem Zusammenhang in Gen 24,1.27.31.35.48; 1 Kön 1,47f.; Ps 28,6.9; 115,12f.15.18; 134,1-3; Lk 24,50f.53; Eph 1,3.
Zum biblischen Motiv des Gottsegnens vgl. insgesamt: ברך als qal Ptzp. pass.: Gen 9,26; 14,20; 24,27; Ex 18,10; Dtn 33,20; 1 Sam 25,32.39; 2 Sam 18,28; 22,47; 1 Kön 1,48; 5,21; 8,15.56; 10,9; Ez 3,12; Sach 11,5; Ps 18,47; 28,6; 31,22; 41,14; 66,20; 68,20.36; 72,18f.; 89,53; 106,48; 119,12; 124,6; 135,21; 144,1; Ru 4,14; Esr 7,27; 1 Chr 16,36; 29,10; 2 Chr 2,11; 6,4; im pi'el: Gen 24,48; Dtn 8,10; Jos 22,33; Ri 5,2.9; Ps 16,7; 26,12; 34,2; 63,5; 66,8; 68,27; 96,2; 100,4; 103,1.2.20-22 (2×); 104,1.35; 115,18; 134,1.2; 135,19 (2×).20 (2×); 145,1.2.10.21; Neh 8,6; 9,5 (2×); 1 Chr 29,10.20 (2×); 2 Chr 20,26; 31,8; außerdem im (auch) euphemistischen Sinn (= קלל): 1 Kön 21,10.13; Hi 1,5.11; 2,5.9; als pu'al Ptzp.: Ps 113,2; Hi 1,21.
εὐλογεῖν: Lk 1,64; 2,28; 24,53; 1 Kor 14,16; Jak 3,9; εὐλογητός: Mk 14,61; Lk 1,68; Röm 1,25; 9,5; 2 Kor 1,3; 11,31; Eph 1,3; 1 Petr 1,3; εὐλογία: Apk 5,12f.; 7,12.
119. Vgl. oben Teil B, III.5.

sen sie nun selbst Gott zugutekommen.[120] Der Segensstrom von Gott zu den Menschen und dann wieder zu ihm zurück umfaßt aber nicht nur den Auferstandenen und den engsten Kreis seiner NachfolgerInnen. Bevor Jesus segnet, hat er selbst den Segen Gottes empfangen; das erste Mal schon pränatal, nämlich in der Begegnung zwischen den beiden schwangeren Frauen Maria und Elisabeth, als Elisabeth Maria segnend begrüßt – mit Worten aus Dtn 28, 3 f.: »*Gesegnet* bist du unter den Frauen, und *gesegnet* ist die Frucht deines Leibes« (Lk 1, 42)[121]; und dann in einer entscheidenden Schwellensituation seines Lebens, beim Einzug in Jerusalem, als Jesus mit dem Tempelgruß aus Ps 118, 26 willkommen geheißen wird: »›*Gesegnet*, der da kommt‹, der König, ›im Namen des Herrn‹!« (Lk 19, 38)[122]. Den ihm selbst zugesprochenen Gottessegen gibt Jesus vor seiner Himmelfahrt denen weiter, die ihm über den Tod hinaus die Treue halten, damit Gott ihn zurückempfängt, und zwar angereichert mit den Erfahrungen menschlicher Geschichte, auf die er sich in Jesus von Nazareth vorbehaltlos eingelassen hat.

Doch daß Gott, Ursprung und Quelle des Segens, Segens*geber* schlechthin, selbst zum Segens*empfänger* wird – dieses von Rosenstock-Huessy mit Staunen genannte Geheimnis können nur die wenigsten BibelleserInnen wahrnehmen, denn ברך und εὐλογεῖν werden dort, wo sie sich an Gott richten, (fast) durchgängig und wie selbstverständlich mit »loben«, »preisen«, »rühmen«, »danken« etc. übersetzt und interpretiert[123], obwohl es für diese Sprechakte im

120. Vielleicht kann man sogar sagen, daß von diesem Schlußsatz her das ganze Lukasevangelium, das Nacherzählen der »*Ereignisse, die sich unter uns zugetragen haben*« (1, 1), zu einer Segnung Gottes wird, laden doch die Evangelienschlüsse ihre LeserInnen dazu ein, wieder mit dem Anfang anzufangen. Zumindest werden diese mit 24, 53 implizit dazu aufgefordert, in das Gottsegnen der JüngerInnen einzustimmen. Grund, Anlaß und Inhalt der Gott geltenden εὐλογία werden sich ihnen im Wieder-holen des Evangeliums erschließen.
121. Käthe Kollwitz hat die Begegnung zwischen Maria und Elisabeth als (gegenseitige) Segnung mit besonderer Innigkeit ins Bild gesetzt (vgl. »Maria und Elisabeth«, Kreidezeichnung zu einem Holzschnitt (1929?), u. a. abgedruckt in: *dies.*, Ich will wirken, Abb. 32).
122. Vgl. oben Teil C, I.1.1.3.
123. J. Fangmeiers Auskunft in dieser Sache steht für viele ähnlich lautende: »Bekanntlich braucht gerade das Alte Testament das Verbum ›berech‹ auch so, daß der Mensch Subjekt und Gott Objekt ist. Das hieße, daß der Mensch Gott segnete? Es handelt sich dabei indes um die dem Menschen entsprechende Antwort auf Gottes Segnen, und das ist der *Lobpreis*; schlicht darum geht es in diesem Fall« (Segen, 421). Und wenn Fangmeier fortfährt: »Dabei ist *nicht* auf Steigerung der Kraft Gottes (durch den Menschen) abgezielt!« (ebd.), wird die Voreingenommenheit seiner Position deutlich: Auch sie verdankt sich der Abgrenzung von S. Mowinckels kultischem Segensverständnis (vgl. oben Teil A, I.2). Die Frage nach der Bedeutung des menschlichen Gottsegnens stellt sich hier ebensowenig wie bei den Untersuchungen, die a priori von einer kategorialen Differenz zwischen göttlichem und menschlichem ברך/εὐλογεῖν ausgehen, wie dies vor allem W. Schenk tut. Das Fazit seiner Arbeit über den »Segen im Neuen Testament« bestätigt auch in diesem Fall ihre Prämisse, wenn er konstatiert: »Zwischen dem doxologischen Anwendungsbereich einerseits und dem im engeren Sinne ›theologischen‹ wie auch dem zwischenmenschlichen Anwendungsbereich von *eulogein* andererseits liegen keinerlei direkte Beziehungen sachlicher Art vor (…). Mag der Sprachgebrauch auch das Andenken einer ursprünglichen Wechselseitigkeit des Segnens andeuten: ›Gott segnet Menschen – und auch Menschen segnen Gott‹, faktisch ist das schon im Alten Testament nicht mehr der Fall und

Hebräischen und Griechischen je eigene Begriffe gibt, die nicht selten auch im unmittelbaren Kontext begegnen. Mit dieser Übersetzung gerät aus dem Blick, daß hier eine Gott geltende Zuwendung des Menschen auf ein und denselben Begriff gebracht wird wie Gottes Handeln am Menschen. Eine solche auf *Gegenseitigkeit* beruhende Beziehung von Gott und Mensch erscheint protestantischerseits vielen, wie Rosenstock-Huessy mit Recht vermutet hat, als »ungeheuerlich«, denn sie befürchten, daß Menschen mit dem Segen Gott beeinflussen und bezwingen, ihn manipulieren und sich seiner bemächtigen könnten.[124] Hinter dieser Sorge stehen die Erfahrung und das Wissen, daß es beim *göttlichen* Segen um ein *machtvolles* Geschehen geht, um die Begabung mit Lebenskraft, um die Autorisierung und Ermächtigung dazu, die eigenen geschöpflichen Möglichkeiten zu verwirklichen. Wie aber könnten Menschen Gott, »den *Allmächtigen*, den Schöpfer des Himmels und der Erde«, wie wir mit dem Apostolikum bekennen, *ermächtigen*? Wird nicht die fundamentale Differenz von Gott und Welt, von Schöpfer und Geschöpf, nur in einer Übersetzung von ברך bzw. εὐλογεῖν anerkannt und gewahrt, die sich jeweils danach richtet, wer Geber und wer Empfänger ist? Wird von daher nicht gerade die Verdeutschung eines auf Gott bezogenen »bene-dictus« mit »gelobt«/»gepriesen« dem Sachverhalt gerecht?

In den folgenden Überlegungen geht es mir nicht darum, jegliche *Differenz* zwischen dem Segnen der Menschen durch Gott und dem Segnen Gottes durch die Menschen aufzuheben. Doch erst wenn die begriffliche und sachliche Konformität zwischen beidem ernstgenommen wird, können die spezifischen Unterschiede von göttlichem und menschlichem Segenshandeln in den Blick kommen. Denn das Verständnis des *göttlichen* Segnens bliebe auf halbem Wege stehen, wenn nicht berücksichtigt würde, daß Gottes Segen erst dort zu seinem Ziel kommt, wo er zu Gott zurückströmt; und die Deutung des menschlichen Segnens wäre dort *theologisch* unterbestimmt, wo die Möglichkeit tabuisiert würde, daß Menschen segnend nicht nur mit Gott *zusammen*wirken, sondern auch auf Gott *ein*wirken können. Ebensowenig beabsichtige ich, das *doxologische* Verständnis von ברך und εὐλογεῖν als unangemessen oder gar sinnwidrig abzutun; im Gegenteil: es kann zu einem vertieften Verständnis des Gotteslobs kommen, wo dieses in seiner intensivsten Form, dem Gottsegnen, und damit in Entsprechung zu Gottes eigenem Segenshandeln und im Kontext einer durch Gegenseitigkeit ausgezeichneten Beziehung von Gott und Mensch begriffen wird.[125] Denn darin unterscheidet sich ברך z. B. von הלל, dem häufigsten Begriff für das Gotteslob in der Hebräischen Bibel: הלל markiert nur die eine Seite der

---

erst recht nicht im Neuen Testament« (Segen, 139; vgl. 32 f.; zur Kritik an Schenks Position s. bereits oben Abschnitt I.2.6).
124. Vgl. oben Teil A, I.2 (Exkurs).
125. Vgl. *I. Baldermann*, Psalmen, 117-119; *F.-W. Marquardt*, Eschatologie 1, 96 f.,335; *C. Schönborn*, Sinn des Segnens, bes. 162-165; *J. Kirchberg*, Theo-logie in der Anrede, 128 ff.; *L. Brun*, Segen und Fluch, 48 ff.; *S. Quinzio*, Wurzeln der Moderne, 38 f.

Beziehung, nämlich den menschlichen Lobpreis Gottes, ohne eine (genaue) Entsprechung im Handeln Gottes am Menschen zu haben.

Beim Gottsegnen der Menschen handelt es sich keineswegs um den Versuch einer magischen Beeinflussung oder gar Bemächtigung Gottes, die Gott in Abhängigkeit von Menschen bringt. Das Segnen Gottes (Gen.obj.) läßt sich vielmehr als *doxologische, von Gott selbst erbetene Mitarbeit des Menschen an der Erlösung* verstehen; denn wer Gott segnet, anerkennt Gottes (von ihm selbst zurückgehaltene) Allmacht, zielt auf ihre universale Freisetzung, ihre Realisierung auf Erden wie im Himmel und nimmt sie so in Anspruch für die Erlösung der Welt. Damit geht es auch hier um den Zusammenhang von *Segen und Macht* – um die Frage nach der Macht von Menschen, die Gott segnen, und nach der Macht eines Gottes, der darauf aus ist, mit ihnen in einer *wechselseitigen* Segensbeziehung zu stehen.

Die Bedeutung und Funktion des Gottsegnens soll in dreifacher Hinsicht erhellt werden: zunächst für die segnenden Menschen, dann hinsichtlich der Personen, Dinge, Ereignisse, Handlungen, über denen Gott gesegnet wird, und schließlich im Blick auf Gott selbst.

2.2.1 Die B^eracha als intensives Gotteslob – oder: von der Menschlichkeit des Menschen

Gottes Segen ermöglicht es den Menschen durch die ursprüngliche Vermittlung von Lebenskraft, die Begleitung und Bewahrung auf ihrem Lebensweg und ihre Erhaltung und Ausrichtung auf ein Leben in voller Genüge (בשלום), die ihnen innewohnenden Fähigkeiten und Anlagen so zur Entfaltung zu bringen, daß sie ihrer geschöpflichen Bestimmung gerecht werden können. Dies geschieht, indem sie in ihrem Tun und Lassen Gottes Anspruch ver*antwort*en. Weil dieser aber von Anfang an (Gen 1, 28) als Zuspruch von *Segen* ergangen ist, findet er die ihm konforme Antwort im Gott*segnen* der Menschen. In nichts verwirklichen Menschen so sehr ihre Geschöpflichkeit und Lebendigkeit wie im Gottsegnen. Gott zu segnen und damit anzuerkennen, daß ihr eigenes Dasein durch seinen Segen erhalten wird, ist nach biblischem Verständnis der tiefste Ausdruck der Humanität des Menschen:

»*Segne*, meine Seele, Jhwh und alles in mir seinen heiligen Namen!
Segne, meine Seele, Jhwh und vergiß nicht alle seine Taten!« (Ps 103, 1 f.)

Indem die Beterin sich selbst zum Gottsegnen auffordert, vergegenwärtigt sie sich die Fülle der heilvollen, lebensförderlichen Gotteserfahrungen in ihrem Leben, ja sie segnet Gott im hymnischen Erzählen seiner Taten:

»Er ist es, der vergibt all' deine Schuld, er ist es, der heilt all deine Gebrechen, er ist es, der auslöst aus der Grube dein Leben, er ist es, der dich krönt mit Güte und Erbarmen,

er ist es, der dich sättigt mit Gutem, solange du bist,
daß sich erneuert wie beim Adler deine Jugend« (Ps 103, 3-5).[126]

Gott segnend, ist sie zugleich ganz bei sich selbst. Der Grund, Anlaß und Inhalt ihrer B^eracha ist (zunächst) ihr Leben im Licht der von Gott erfahrenen Vergebung, Heilung und Befreiung, der Güte und des Erbarmens, der Sättigung und Erneuerung. Gott zu segnen, ist die Gestalt des Gotteslobs, in der das Gelingen der eigenen Existenz trotz Schuld, Gebrechen und (Todes-)Gefahr als Wirkung des göttlichen *Segens* wahrgenommen wird – und zwar *coram Deo*. Es ist Ausdruck einer *Identität*, die sich dort einstellt, wo Menschen ihr Leben in allen seinen Bereichen als durch Gottes Segen ermöglichtes, bewahrtes und immer wieder erneuertes erfahren. Nicht um die Vergöttlichung des Menschen geht es im Gottsegnen, wie E. Rosenstock-Huessy meinte[127], sondern um seine Befreiung zum vollen Menschsein. Damit kommt die ursprüngliche Funktion des göttlichen Segnens, nämlich die Verwirklichung der geschöpflichen Identität des Menschen, im Segnen Gottes (Gen.obj.) zum Ziel.

Diese schöpfungstheologisch-anthropologische Deutung des Gottsegnens bestätigt und vertieft die Einsicht G. v. Rads zum Zusammenhang von *Loben und Leben*: Im Blick auf jene Psalmenverse, nach denen es im Tod keinen Lobpreis Gottes mehr gibt[128], erkennt v. Rad, daß das »Loben (...) die dem Menschen eigentümlichste Form des Existierens (ist). Loben und nicht mehr Loben stehen einander gegenüber wie Leben und Tod. Der Lobpreis wird zum elementarsten ›Merkmal der Lebendigkeit‹ schlechthin.«[129] »Die Möglichkeit, daß es auch Leben geben könne, in dem es kein Loben gibt, Leben, das Gott *nicht* preist« – so kommentiert C. Westermann diese Texte, »ist hier noch gar nicht in den Blick gekommen. Wie der Tod charakterisiert ist dadurch, daß in ihm nicht mehr das Loben gibt, so gehört zum Leben das Loben, (...) Wirkliches Leben kann es ohne das Loben nicht geben.«[130]

Die Erkenntnis, daß der Mensch wesensmäßig das Gott lobende Geschöpf ist, begegnet auch in G. v. Swietens Libretto zu J. Haydns Oratorium »Die Schöpfung«. Nach der Erschaffung der Tiere besingt der Erzengel Raphael den Glanz und die Lebendigkeit der Schöpfung – und muß bei aller Lebensfülle doch einen Mangel feststellen:

»Nun scheint in vollem Glanz der Himmel, nun prangt in ihrem Schmucke die Erde.
Die Luft erfüllt das leichte Gefieder, die Wasser schwellt der Fische Gewimmel,
den Boden drückt der Tiere Last.

---

126. Übersetzung im Anschluß an *E. Zenger*, Morgenröte, 193.
127. Vgl. Sprache des Menschengeschlechts, 436.
128. Ps 6, 6; 30, 10; 88, 11-13; 115, 17 f. und auch Jes 38, 18 f.; Sir 17, 27 f.; dazu *C. Hardmeier*, Kein Gedenken.
129. Theologie I, 381.
130. Loben Gottes, 121; vgl. auch *I. Baldermann*, Psalmen, 108 ff.

Doch war noch alles nicht vollbracht. Dem Ganzen fehlte das Geschöpf,
das Gottes Werke dankbar sehn, des Herren Güte preisen soll.«[131]

Die Schöpfung bleibt unvollständig[132], solange es kein Geschöpf gibt, das den Schöpfer
preist, das sein Tun dankbar anerkennt und diesem Dank im Gotteslob Ausdruck gibt.

Erzählen aber nicht auch die Himmel die Ehre (כבוד) Gottes (Ps 19,1)? Können
nicht auch die Felder und die Berge jubeln, die Bäume des Waldes jauchzen und
die Ströme in die Hände klatschen (Ps 96,12; 98,8)?

In Ps 103 fordert die Beterin nicht nur sich selbst, sondern auch andere auf,
Gott zu segnen: »Segnet Jhwh, all' seine Werke, an allen Orten seiner Herrschaft! Segne, meine Seele, Jhwh!« (V. 22). Das Gottsegnen ist nicht den Menschen vorbehalten, aber die menschlichen B^erachot unterscheiden sich von denen der übrigen Geschöpfe darin, daß sie den schöpferischen Anspruch Gottes
im ursprünglichen (und je neuen) Segenswort aufnehmen, indem sie ihrerseits
Gott ansprechen. Im Gottsegnen ent*sprechen* sie Gott als einem *ansprechenden*
Gegenüber. Zur Gottesbildlichkeit bestimmt, sind die Menschen *frei*, den Segen
Gottes an ihn zurückzugeben oder nicht. Im Gottsegnen findet ihre Freiheit
denjenigen Ausdruck, der die von Gott eröffnete Gesprächspartnerschaft mit
ihnen zu einer *gegenseitigen* macht.[133] Während das Gotteslob der Tiere keines
eigenen Entschlusses ihrerseits bedarf, sondern einfach geschieht, indem sie
ihrer Natur gemäß leben, und wortlos ist, aber nicht stumm, sondern eher sehr
beredt sein kann, hat das menschliche Gottsegnen den Charakter einer freiwilligen Antwort.

Wo sie Gott segnen, anerkennen und bekennen Menschen, daß nichts von
dem, was ihnen zum Leben dient, ursprünglich ihnen gehört und ihnen wie
selbstverständlich zur Verfügung steht. Gott segnend, nehmen sie die Welt als
Schöpfung wahr. Im Genuß jedes Lebensmittels als einer Gabe des Schöpfers
partizipieren sie an seiner Segensfülle. Entsprechend vielfältig, ja unzählig sind
die alltäglichen und besonderen Anlässe, Gott zu segnen, wie die jüdische B^erachot-Praxis nach dem Traktat »Berakhot« bezeugt, der in Mischna, Tosefta und
beiden Talmudim das Tor zu allen weiteren Regeln jüdischen Lebens bildet.
Vom Gottsegnen als Inbegriff jüdischer Spiritualität läßt sich lernen, warum
ein Gebrauch der Güter dieser Erde der B^erachot bedarf, will er *rechtmäßig*
und *lebensförderlich* sein.

---

131. Arie Nr. 22.
132. Daß nicht schon mit der Erschaffung des Menschen, sondern erst mit der Ruhe Gottes am
siebten Tag die Schöpfung vollendet ist, erfährt man in Haydns Oratorium nicht. Hier ist
der Mensch als »Mann und König der Natur« die Krone der Schöpfung. Zum Fehlen des
siebten Schöpfungstages vgl. J. Ebach, Schöpfung und Umweltzerstörung.
133. »Will der Schöpfer sein eigenes Bild schaffen, so muß er es in Freiheit schaffen. Und erst
dies Bild in Freiheit würde ihn ganz preisen, würde die Ehre seines Schöpfertums ganz
verkündigen« (D. Bonhoeffer, SF, 57).

2.2.2 Die Beracha als »Lizenzempfang« – oder: vom Genuß des Heiligen ohne Lebensgefahr

»Es ist dem Menschen verboten, von dieser Welt ohne Segensspruch zu genießen; wer von dieser Welt ohne Segensspruch genießt, begeht eine Veruntreuung« (bBer 35a). Diese Grundregel rabbinischer Segenspraxis erwächst aus der Konfiguration zweier Psalmenverse, die einander zu widersprechen scheinen. So heißt es in Ps 24,1: »*Jhwh gehört die Erde und ihre Fülle, das Festland und die auf ihm wohnen.*« Nach Ps 115,16 ist »*der Himmel ein Himmel für Jhwh, aber die Erde gab er den Menschenkindern*«. Wie kann das zusammengehen, daß die Erde Eigentum Gottes *und* der Menschen ist, denen Gott sie übereignete? Anstatt diese beiden Aussagen zu einem Gegensatz zu erheben und sich dann alternativ für die eine oder die andere entscheiden zu müssen, bewahrt rabbinische Exegese ihre Spannung. Beide sind und bleiben wahr, wenn sie segenstheologisch vermittelt werden. Ps 24,1 gilt *vor*, Ps 115,16 *nach* dem Sprechen der Beracha. Aus dieser Zuordnung lassen sich mehrere Funktionen des Gottsegnens erschließen: Durch den Segen wird das, was Gott gehört, freigegeben für den menschlichen Gebrauch und Genuß. Es wechselt den Eigentümer und geht von Gott in die Verantwortung der Menschen über. So verstanden ist die Beracha eher ein *Rechtsakt* denn ein *Kultakt*. R. Stuhlmann hat sie als »Lizenzempfang«[134] charakterisiert. Im Gottsegnen empfangen Menschen die Erlaubnis und Berechtigung, das Eigentum Gottes – und dazu gehören ja auch ihre Mitgeschöpfe – dankbar zu gebrauchen. Im Gottsegnen drückt sich nicht nur die Einsicht aus, daß wir Gott berauben, seine Güter veruntreuen würden, wenn wir ohne seine Zustimmung über sie verfügten. Mit ihm verbindet sich ebenso das Eingeständnis, daß wir immer auch auf Kosten anderer Geschöpfe leben und darum ständig gefährdet sind, sie zu mißbrauchen. Wer, statt *eigenmächtig* über sie zu verfügen, Gott über ihnen segnet und darin von Gott das Recht gewährt bekommt, sie zu genießen, läßt sich verpflichten, verantwortlich mit ihnen umzugehen. Sein Gebrauchen und Genießen bleibt durch die Beracha an Gott als den Schöpfer seiner Mitgeschöpfe und Geber aller Güter gebunden. *Doxologie und Ethik* gehen in der Beracha einen unauflösbaren Zusammenhang ein. Insofern findet gerade der Auftrag von Gen 1,28; 9,1 ff. seine Erfüllung in einer Herrschaft über die Erde und die Tiere, die sich unter das Vorzeichen der Beracha stellt und sich von Gott begrenzen läßt:

»Nur in der Vergewisserung der Gemeinschaft mit Gott können Menschen wagen, nach Gottes Eigentum zu greifen, ohne sich an ihm zu vergreifen. Nur in der Gewißheit der Verbundenheit mit dem Schöpfer dürfen sie die Solidargemeinschaft der Geschöpfe zu verletzen wagen. Wenn Menschen über den zum Verzehr bestimmten Geschöpfen Gott segnen, ist das Ausdruck ihrer Selbstbescheidung, ihrer Ehrfurcht vor dem Schöpfer und ihres Wissens um das Geheimnis des Lebens.«[135]

---

134. *R. Stuhlmann*, Trauung und Segnung, 495 f.
135. *R. Stuhlmann*, a.a.O., 496. In einer eindrücklichen Analogisierung von Tischsegen und

Verbunden mit der Anerkennung der Eigentumsrechte Gottes und dem Empfang der Lizenz zu einem vor Gott verantworteten »Verzehr« jeder Art von »täglichem Brot«[136] kommt der B^eracha eine Bedeutung zu, die sie zum Gegenteil einer *Weihehandlung* macht: »Nicht verwandeln heilige Menschen durch heilige Riten Profanes in Heiliges. Genau umgekehrt: Etwas Heiliges wird zu alltäglichem Genuß freigegeben.«[137] Erst durch den Segensspruch werden die Güter gebrauchsfähig und genießbar.[138] Denn als Eigentum Gottes sind sie heilig. Die Begegnung mit der Heiligkeit Gottes aber ist für Menschen lebensgefährlich.[139] Weil die tägliche Nahrung ebenso wie der Frühlingswind und das Lächeln im Gesicht des Menschen, der vorübergeht, Anteil hat an Gottes Heiligkeit, bedarf es zu ihrem lebensförderlichen Gebrauch der B^eracha. Nichts von dem, was Gott uns zum Leben zuwendet, müssen wir ihm weihen, denn es gehört ihm bereits und ist deshalb schon heilig.[140] Die Heiligkeit des Geschöpflichen macht seinen *natürlichen* Status aus, den es nur durch menschlichen Mißbrauch verlieren kann. Darum bedarf nicht das, was wir gebrauchen und genießen, der Heiligung, sondern wir als seine »VerbraucherInnen« bedürfen ihrer. Im Sprechen der B^eracha anerkennen wir die Heiligkeit Gottes und alles Geschaffenen und entsprechen ihr. Durch die B^erachot findet darum auch keine Ent-heiligung, keine Profanierung des göttlichen Eigentums statt[141], damit es

Segnung vor der sexuellen Gemeinschaft hat R. Stuhlmann diese Einsichten der jüdischen B^erachot-Traditionen für die gegenwärtige Diskussion um Trauung und Segnung fruchtbar gemacht. Vgl. auch Sexualität und Lebensformen, 72-74.
136. Vgl. M. Luthers Auslegung der Brotbitte des Vaterunser im Kleinen Katechismus (BSLK, 514); dazu oben Teil B, I.3.1.
137. R. *Stuhlmann*, Trauung und Segnung, 495.
138. Vgl. oben Teil B, II.2.3.
139. Diese Erfahrung hat nach biblischem Zeugnis vor allem Mose wiederholt machen müssen – angefangen mit seiner Gottesbegegnung am brennenden Dornbusch (Ex 3) bis hin zur Theophanie am Sinai (Ex 33): Dem brennenden Dornbusch, aus dem Jhwh zu ihm spricht und sich als Gott Abrahams, Isaaks und Jakobs vorstellt, darf Mose sich nur barfuß nähern. Aus Furcht, Gott zu schauen, verhüllt er sein Gesicht (Ex 3, 4-6). Auch am Sinai kann Mose der Herrlichkeit (כבוד) Jhwhs, die an ihm vorübergeht, nur nachschauen – in einer Felsspalte stehend und durch Jhwhs Hand geschützt, »denn« – so hat Jhwh ihn wissen lassen – »*kein Mensch schaut mich und bleibt am Leben*« (Ex 33, 20). So kann auch Jakob nach seinem Gotteskampf um den Segen nur staunend bekennen: »*Ich habe Gott von Angesicht zu Angesicht gesehen, aber mein Leben wurde gerettet*« (Gen 32, 31) – eine Erfahrung, die er in der Benennung des Ortes mit »Pniel« festhält.
140. »Wenn der Mensch Dinge segnet, setzt er sie mit Gott nicht erst in Beziehung; vielmehr macht er durch seinen Segen ausdrücklich, daß die Dinge mit Gott in Beziehung stehen. (...) Sachbenediktionen haben den Sinn, die Transparenz der Dinge auf Gott hin zu verdeutlichen. So gereichen die Dinge dem Menschen ›zum Segen‹« (A. *Gerhards*/ H. *Becker*, Mit allem Segen, 20).
141. So deutet L. A. Hoffman die Funktion der B^erachot: »Statt etwas zuvor Profanes mit Heiligkeit auszustatten, wird der betreffende Gegenstand oder das betreffende Ereignis gerade aus dem Bereich des Heiligen herausgeholt, so daß die Menschen, die ja keine Engel, sondern Menschen sind, nunmehr mit ihm umgehen und verkehren können. (...) Der Segen, der über die Nahrung ausgesprochen wird, ist daher ein *sprachliches Handeln*,

für uns brauchbar werde, sondern *wir* erweisen uns als *heilig* im Umgang mit ihm. Nur wo wir als Geheiligte diese »*Erde und ihre Fülle, das Festland und die auf ihm wohnen*« (Ps 24,1) genießen, begehen wir keine Veruntreuung, sondern bleiben der Erde als Gottes Schöpfung und darin Gott selbst treu.

Die eingangs genannte talmudische Grundregel der B^{e}rachot-Praxis ist in bBer 35b noch mit einer entscheidenden Ergänzung überliefert: »*Wenn jemand von dieser Welt ohne Segensspruch genießt, so ist dies ebenso, als beraube er den Heiligen, gesegnet sei er, und die Gemeinde Jisraél.*« Der Genuß ohne B^{e}racha beraubt Gott, weil er sich am Eigentum Gottes vergreift, ohne Gott als Schöpfer anzuerkennen und seiner Heiligkeit zu entsprechen. Daß er auch Israel beraubt, heißt zunächst *innerjüdisch*, daß die Segensgüter gemeinsames Gut des ganzen Volkes sind. Erst der Segensspruch orientiert den individuellen Genuß auf das Eigentum Gottes als Gabe an alle und geht darum mit dem Einsatz für eine gerechte Verteilung der Lebensmittel und mit dem Engagement dafür einher, daß *alle genug* haben. Wo die B^{e}racha vergessen wird, liegen ungerechte Verhältnisse, der Überfluß der einen auf Kosten der Armut und des Hungers der anderen, nicht fern. Auch darin zeigt sich der unauflösbare Zusammenhang von Doxologie und Ethik. Auf die *Völkerwelt* bezogen, stellt der Gebrauch ohne B^{e}racha eine Beraubung Israels dar, weil Israel der *erste* Empfänger aller Gaben Gottes ist, und wir nur als *Mitempfangende* in deren lebensförderlichen Genuß kommen können. Gott segnend über unserem täglichen Brot, bekennen wir uns darum auch und nicht zuletzt dazu, *Mitgesegnete mit Israel* zu sein.

2.2.3 Die B^{e}racha als menschliche Mitarbeit an der Erlösung – oder: von der eschatologischen Einheit und Allmacht Gottes

Im Gottsegnen als intensivem Gotteslob geben Menschen ihrer geschöpflichen Bestimmung zu Bildern Gottes einen Ausdruck, wie er in keinem anderen Tun *authentischer* sein kann, und empfangen zugleich die göttliche Erlaubnis zu einem ver-antwort-lichen Gebrauch und Genuß der Güter dieser Erde, der die Heiligkeit Gottes und der Schöpfung anerkennt und ihr im eigenen Tun und Lassen zu entsprechen sucht. Daß damit nicht nur Menschen der Erfüllung ihrer Menschlichkeit näherkommen, sondern auch die Welt als Schöpfung auf ihre Vollendung hin erhalten wird, ist deutlich geworden. Daß in diesem doxologischen Geschehen aber auch Gott »gewinnt«, daß die menschlichen B^{e}rachot – wie es in 2 Kor 9,12[142] heißt – einen »Überfluß für Gott« selbst bewirken, läßt sich bisher allererst erahnen. Gewiß: wo Menschen durch ihr Gottsegnen sein vorgängiges Segnen zu einem *responsorischen* Geschehen werden lassen, wo sie sich zu einer Lebenspraxis ermächtigen lassen, in der dem Gotteslob der

---

durch das etwas Heiliges in etwas Profanes verwandelt wird, so daß nunmehr auch gewöhnliche Menschen sie genießen können« (Jüdische Spiritualität, 199,201).
142. Vgl. oben Abschnitt I.2.5.

Berachot eine Ethik der Verantwortung korrespondiert, da kann Gott nicht verlieren, da findet er Anerkennung – und MitarbeiterInnen zur Bewahrung der Schöpfung.

Nun hat schon die Explikation des Schöpfungssegens, insbesondere die Segnung des siebten Tages[143] gezeigt, daß die göttliche Erhaltung und Begleitung seiner Geschöpfe nicht mit der Aufrechterhaltung des status quo zu verwechseln ist. Denn »die Zusage der Erhaltung gilt uneingeschränkt der *Schöpfung*, nicht aber ihrer bestimmten zeitlichen Ausformung als *Natur*«[144]. Als Schöpfung wird die Welt aber allererst in dem Licht der Zukunft wahrnehmbar, die ihr schon im Ur-sprung mit dem Segen des ihr *koexistierenden* Gottes eingestiftet ist. Menschliche Mitarbeit an der Bewahrung der Schöpfung zielt ebenso wie die providentia Dei auf die Vollendung der Schöpfung im Reich Gottes. Insofern ist sie nicht weniger als die göttliche Fürsorge für seine Geschöpfe ein *eschatologisches* Handeln, das an der Erlösung der Welt zu ihrer *ursprünglichen* Bestimmung mitwirkt. In der Gestalt des Gottsegnens geschieht diese *Mit*wirkung als doxologisches *Ein*wirken auf Gott, das sich mit 1 Kor 15, 28 danach sehnt, daß »Gott alles in allem sei«. Die Vision des Sacharjabuches von *dem* Tag Jhwhs, der kein Ende mehr haben wird, konkretisiert diese Hoffnung:

»Dann wird Jhwh König sein über die ganze Erde,
an jenem Tag wird Jhwh einer/einzig sein, und sein Name einer/einzig« (Sach 14, 9).

Daß Menschen das Kommen dieses Tages *beschleunigen* und an der universalen Aufrichtung der Herrschaft des Gottes Israels sowie an seiner Einigung und der seines Namens *mitwirken* können, indem sie Gott *segnen*, sei mit den folgenden Überlegungen wenigstens angedacht.

Ich gehe noch einmal von einer Passage des Talmud-Traktats Berakhot aus. Sie zählt zu den Texten, in denen die spezifisch jüdische Freiheit Gott gegenüber[145] einen theologisch besonders aufregenden Ausdruck gefunden hat:

»R. Jochanan sagte im Namen R. Joses: Woher, daß der Heilige, gesegnet sei er, betet? – es heißt: *ich werde sie nach meinem heiligen Berge bringen und sie in meinem Bethause erfreuen*. Es heißt nicht ›ihrem Bethause‹, sondern ›meinem Bethause‹, woraus zu entnehmen, daß der Heilige, gesegnet sei er, betet. – Was betet er? R. Zutra b. Tobia erwiderte im Namen Rabhs: ›Es möge mein Wille sein, daß meine Barmherzigkeit meinen Zorn bezwinge, daß meine Barmherzigkeit sich über meine Eigenschaften (des Rechtes) wälze, daß ich mit meinen Kindern nach der Eigenschaft der Barmherzigkeit verfahre und daß ich ihrethalben innerhalb der Rechtslinie trete‹[146]. Es wird gelehrt: R. Jischmaél b. Elischa erzählte: Einst trat ich in das Allerinnerste (= Allerheiligste) ein, um die Spezereien zu räuchern und sah Ochteriél[147], Jah, den Herrn der Heerscharen, auf einem

---

143. Vgl. oben II.1.1.3.
144. C. *Link*, Schöpfung, 562.
145. Vgl. F.-W. *Marquardt*, Jüdische Freiheit.
146. Mit »innerhalb der Rechtslinie treten« ist gemeint, daß Gott nicht im Sinne einer strafenden Gerechtigkeit verfahren will.
147. »Ochteriél« ist ein im rabbinischen Schrifttum singulärer Gottesname und bedeutet wohl

hohen und erhabenen Throne sitzen. Da sprach er zu mir: ›Jischmaél, mein Sohn, segne mich!‹ Ich sprach zu ihm: ›Möge es dein Wille sein, daß deine Barmherzigkeit deinen Zorn bezwinge, daß deine Barmherzigkeit sich über deine Eigenschaften (des Rechtes) wälze, daß du mit deinen Kindern nach der Eigenschaft der Barmherzigkeit verfahrest und daß du ihretwegen innerhalb der Rechtslinie tretest.‹ Da nickte er mir (mit seinem Haupte) Beifall zu. Dies lehrt uns, daß der Segen eines Gemeinen nicht gering in deinen Augen sei.«[148]

Nicht weniger provokativ als die Aussage, daß *Gott betet*[149], ist der Inhalt seines Gebets, denn er zeugt von einer *Zerrissenheit* in Gott selbst. In ihm streiten zwei מדות miteinander. מדה ist das »Maß« des göttlichen Wirkens, das Maß seiner Zuwendung zur Welt; was wir in ontologischer Begrifflichkeit als »Eigenschaft« Gottes bezeichnen, läßt sich darum besser als »Beziehungsweise«[150] verstehen. Im Konflikt miteinander liegen die *Gerechtigkeit* und die *Barmherzigkeit* Gottes, die beiden göttlichen Wirkweisen, auf die sich – nach dem Urteil H. Cohens – alle anderen beziehen lassen.[151]

Mit dieser Vorstellung eines innergöttlichen »Grundwertestreits« versucht rabbinische Theologie, die spannungsvollen und widersprüchlichen Erfahrungen, die Israel in seiner Geschichte mit dem erbarmenden und dem richtenden Gott gemacht hat, auf eine Auseinandersetzung in Gott selbst zurückzuführen. Nach dem Midrasch Bereschit rabba zu Gen 2, 4b geschieht schon die Erschaffung der Welt nach beiden »Maßen« – wie das folgende Selbstgespräch des Schöpfers zeigt: »Erschaffe ich die Welt mit dem Maße der Barmherzigkeit, so werden ihre Sünden sich häufen, erschaffe ich sie dagegen mit dem Maße des strengen Rechts, wie soll die Welt bestehen? Ich werde sie mit beidem erschaffen, o daß sie doch bestände!« Und zu Gen 8, 1 (»*Und Gott gedachte Noahs ...*«) heißt es: »Wehe den Frevlern, welche das Maß der göttlichen Barmherzigkeit in das Maß der Gerechtigkeit verwandeln, Heil aber den Frommen, welche die Eigenschaft der Gerechtigkeit in Barmherzigkeit verwandeln.« Und anschließend werden diese beiden מדות mit den Gottesnamen »Jhwh« und »Elohim« identifiziert: »Überall, wo in der Schrift יהוה steht, da bezeichnet es die Eigenschaft der göttlichen Barmherzigkeit, wo aber das Wort אלהים steht, bezeichnet es die Eigenschaft der Gerechtigkeit.«[152]

Gottes Gebet zielt auf eine Lösung des Konflikts, auf eine *Einung* seiner Beziehungsweisen, und zwar dergestalt, daß seine Gerechtigkeit in seine Barmherzigkeit aufgehoben werde; m. a. W.: daß die Spannung zwischen strafender und

---

»der sich die Krone aufsetzende Gott« und bezeichnet Gott in seiner Funktion als König der Welt.
148. Übersetzung im Anschluß an L. Goldschmidt.
149. Nach bRosch Haschschana 17b zählt – im Zusammenhang einer Auslegung von Ex 34, 5-7 – das Beten Gottes zu jenen Motiven, von denen man nicht sprechen dürfte, stünden sie nicht in der Bibel.
150. *F.-W. Marquardt*, Eschatologie 3, 198: מדות sind eigentlich »›Fußstapfen‹, in denen Gott uns vorangeht und in die wir treten können, um ihm-selbst nachzufolgen«.
151. *H. Cohen*, Religion der Vernunft, 109 (anstelle der Barmherzigkeit nennt Cohen die Liebe, die als Synonym zur Barmherzigkeit zu verstehen ist).
152. Vgl. *B. Jacob*, Genesis, 77 f.; *F.-W. Marquardt*, Eschatologie 3, 198-212.

zurechtbringender Gerechtigkeit zugunsten der letzeren aufgelöst werde. Seine aufrichtende Gerechtigkeit steht nicht länger im Widerspruch zur Barmherzigkeit Gottes. Bezogen auf die beiden Gottesbezeichnungen bittet der Heilige demnach darum, daß er ganz und gar zu »יהוה« werde. Sein Gebet läßt »ein eschatologisches Aus-Sein-Gottes-auf-Sich-Selbst erkennen (…). Er sucht seine Maß-Einheit, und in der Liebe wird er sie finden.«[153] Offenbar versteht sich der Austrag des Konflikts zwischen Gerechtigkeit und Barmherzigkeit in Gott aber nicht von selbst. Gott muß es sich betend zu Herzen nehmen, muß seinen eigenen Willen dazu bestimmen, daß sich seine Gerechtigkeit über seine Barmherzigkeit lege, damit Erlösung geschehe. In kriegerischer Terminologie, in Eroberungssprache erhofft er einen Sieg der Barmherzigkeit über die Gerechtigkeit – um seiner Kinder, um seines Volkes Israel willen. Doch diese ausdrückliche Selbstvergewisserung darüber, daß er den Sieg der Barmherzigkeit über die (strafende) Gerechtigkeit will, genügt Gott offenbar nicht. Er ist – wie die Fortsetzung der Erzählung zeigt – auf die Anerkennung und Bejahung seines Willens von seiten der Menschen aus:

Den im Allerheiligsten des Tempels amtierenden R. Jischmaél b. Elischa fordert er auf: »Jischmaél, mein Sohn, segne mich!« Und dann spricht R. Jischmaél gerade nicht die übliche B^{e}racha: »Gesegnet bist du, Adonaj, unser Gott, König der Welt, …!« Vielmehr wiederholt er nun wortwörtlich das Gebet Gottes (mit dem einzigen Unterschied, daß an die Stelle der Selbstaufforderung die Anrede in zweiter Person tritt). Das vermeintliche Selbstgespräch Gottes wird zur Vorlage der B^{e}racha Jischmaéls. Mit seinem Segensspruch vergegenwärtigt er dem Gott Israels dessen eigenen Entschluß, ja bestärkt ihn in seinem Willen. Was Gott sich selbst vorgenommen hat, wird ihm noch einmal von menschlicher Seite zugesprochen, damit aber auch zugetraut und zugemutet. Das Gottsegnen Jischmaéls entspricht der Selbstbestimmung Gottes, seinen Töchtern und Söhnen Barmherzigkeit (und nur noch Barmherzigkeit) zu erweisen.

Menschen sollen mit ihrem Segenshandeln beteiligt sein am Austrag des innergöttlichen Konflikts zwischen Gerechtigkeit und Barmherzigkeit zugunsten der Barmherzigkeit. Gott segnend, wirken sie an der *Einung* Gottes und seines Namens mit und beschleunigen so das Kommen der Erlösung. Offenbar – davon spricht dieser Talmud-Text – will Gott nicht ohne menschliche Mitarbeit von seiner eigenen Zerrissenheit befreit sein; er will *nicht allein* der ganz und gar barmherzige Gott werden, obwohl er es *könnte*! Denn die B^{e}racha gilt zwar einem Gott, der mit sich selbst im Streit liegt, der darum kämpft, daß er nur noch Jhwh und nicht länger Elohim sein möge; aber sie gilt damit nicht einem ohnmächtigen Gott: R. Jischmaél schaut im Allerheiligsten des Tempels Gott als den inthronisierten Weltenkönig, als Jhwh Zebaoth. Es ist keineswegs das

---

153. *F.-W. Marquardt*, a.a.O., 205. Für Marquardt bezeugt dieses rabbinische Hineinhören »ins innere Leben Gottes«, das dem trinitarischen Denken der ChristInnen analog ist (ebd.), daß »Israel (…) auf einen Tag (hofft), an dem Gott es aus der Spannung zwischen Gerechtigkeit und Liebe befreit« (a.a.O., 201), weil er sich selbst von dieser Spannung erlöst hat.

menschliche Segnen, das den Gott Israels allererst auf den Thron bringt und krönt, das ihn hoch und erhaben sein läßt. Es ist vielmehr gerade der machtvolle, der herrschende Gott, der sich von Menschen segnen lassen will, der die menschliche Zustimmung und Einstimmung in seinen Willen einholt. Wenn die B^{e}racha Jischmaéls Gottes Macht nicht mehr steigern kann, welche Bedeutung kommt ihr dann zu?

Grundsätzlich drückt sich auch hier aus, daß Gott, »Beziehungswesen schlechthin«, »sein Gottsein gerade darin betätigt, daß er sich bedingen läßt von allen denen, mit denen er sich auf ewig verbündet hat«[154]. Er will seine Herrschaft nicht ohne menschliche Anerkennung ausüben. Seine Selbstbestimmung soll nicht nur Gegenstand eines (inneren) Monologs sein; sie soll gehört und ihr soll entsprochen werden. Sein Selbstgespräch will in eine *Gesprächspartnerschaft* mit den Menschen einmünden, in der sich seine innere Lebendigkeit Ausdruck verschafft. Trinitätstheologisch gedeutet, geht es hier also um die Öffnung der immanenten zur ökonomischen Trinität. Doch damit ist eine christliche Rezeption des Talmud-Abschnitts noch nicht ausgeschöpft. Besondere Bedeutung kommt dem Ort des Geschehens zu: Es ist das Allerheiligste des Tempels, in dem Jischmaél der Königsherrschaft Jhwhs ansichtig wird. Sie ist also noch nicht öffentlich manifest. Erst wenn in Gott selbst der Konflikt zwischen Barmherzigkeit und Gerechtigkeit gelöst ist, wird sie universal offenbar sein. Zielt das Gottsegnen Jischmaéls auf die Durchsetzung der göttlichen Barmherzigkeit, dann auch darauf, daß immer mehr Menschen den Gott Israels so sehen können, wie er ihn schon sieht: als den Herrn der Welt; daß immer mehr Menschen ihn so hören können, wie er ihn schon hört: als den, der ihn um seinen Segen und seine Anerkennung bittet; und daß Jhwh sich nicht nur im Allerheiligsten so sehen und hören läßt, sondern vor *aller* Augen und in *aller* Ohren. So verstanden wirkt das menschliche Gottsegnen daran mit, daß nicht nur der Tempel als Gottes »Bethaus« der Ort ist, wo ihn Menschen segnen, daß vielmehr *überall* B^{e}rachot laut werden und *jeder Ort* dieser Erde zu seinem »Bethaus« wird. Gott zu segnen, ist demnach menschliche Mitarbeit an der universalen Offenbarung der Herrschaft des Gottes Israels, der Herrschaft eines Gottes, dessen Gerechtigkeit nicht länger im Widerspruch zu seiner Barmherzigkeit steht, sondern sich *als* Barmherzigkeit vollzieht. Diese Mitarbeit läßt sich bewegen von der Einsicht in das Allerinnerste Gottes, vom Hören auf die Selbstfestlegung seines Willens zur Barmherzigkeit.

Was rabbinische Theologie hier als gegenwärtige Zerrissenheit in Gott selbst wahrnimmt, ist nach christlichem Bekenntnis bereits einmal ausgetragen worden, nämlich in der *Selbstrechtfertigung* Gottes in der Geschichte Jesu von Nazareth. Mit der Auferweckung des Gekreuzigten bekennen sich ChristInnen dazu, daß der eschatologische Sieg der Barmherzigkeit über die (strafende) Gerechtigkeit sich an diesem einen (und in ihm für alle) vorwegereignet hat. Gleichwohl macht dieses – allein trinitätstheologisch zu denkende – Ge-

---

154. F.-W. *Marquardt*, Eschatologie 1, 264.

schehen¹⁵⁵ das menschliche Gottsegnen nicht obsolet: Ist auch der Vorhang aufgerissen (Mk 15,38 par), der den Blick auf das Allerheiligste versperrte, ist damit Gottes Aussein auf Barmherzigkeit für alle sichtbar geworden, so steht doch die Einung Gottes und seines Namens nach wie vor aus. Ereignis wird sie erst, wenn – so Paulus – auch Christus seine Herrschaft an Gott abgegeben haben wird (1 Kor 15,28), wenn ganz Israel und die Völker in den Lobpreis des Erlösers einstimmen werden, der aus Zion kommt (Röm 11,26). *Geschaut* wird sie bis dahin allein von denen, die sich auf die Texte derer verlassen und einlassen, die von ihr erzählen. Bis der in Sach 14,9 angesagte Tag anbricht, an dem Gott mit sich *eins* sein wird und alle Menschen ihn mit *einem*, nämlich seinem *Eigennamen* nennen werden, läßt Gott sich vom menschlichen Segnen bedingen und nimmt es als Bestärkung dafür in Anspruch, nurmehr barmherzig sein zu wollen.

Diesen Überlegungen, die dem Gottsegnen ein kaum zu überschätzendes eschatologisches Gewicht geben, fällt der letzte Satz des Talmud-Abschnitts ins Wort. Die *Lehre*, die er aus Gottes Aufforderung an Jischmaél, ihn zu segnen, zieht, ist unvergleichlich bescheidener: »Dies lehrt uns, daß der *Segen* eines Gemeinen nicht gering in deinen Augen sei.« Nach dem bisher Gesagten klingt dieses schlichte Fazit enttäuschend, scheint es doch weit hinter der Qualifizierung des Gottsegnens als einer menschlichen Mitarbeit an der Einung Gottes und seines Namens zurückzubleiben.

Historisch mag hinter diesem Schlußvers die Auseinandersetzung zwischen Rabbinen und Priestern stehen. Der Sache nach ist es in jedem Fall eine Kritik an der Segensregel von Hebr 7,7: »Ohne alle Widerrede wird das Geringere vom Höheren *gesegnet*.« ¹⁵⁶ Diese Regel ist von Gott selbst außer Kraft gesetzt, wo Menschen Gott segnen dürfen und sollen und dafür seinen Beifall, seine Zustimmung finden. So bescheiden sich dieser Schlußsatz auch ausnimmt, für alle diejenigen, die davon ausgehen, daß Menschen Gott nicht segnen, sondern »nur« loben können und dürfen, bleibt er eine Provokation.

Wie läßt sich beides zusammenhalten: die große theologische und anthropologische Bedeutung, die den menschlichen Bᵉrachot für die Erlösung der Welt und die Selbsterlösung Gottes¹⁵⁷ vom Konflikt zwischen Barmherzigkeit und Gerechtigkeit zukommt, und die ernüchternde Quintessenz, die der Talmud selbst zieht, nämlich daß Gott die Segenssprüche, die Menschen an ihn richten, nicht geringschätzt? Zunächst lese ich darin eine Ermahnung der Dogmatik zur Selbstbescheidung: Diese rabbinischen Einsichten wären mißverstanden, würden sie ihres konkreten Kontextes beraubt und zu allgemeingültigen Aussagen über die Segensbedürftigkeit Gottes in einem dogmatischen Traktat »de Deo« erhoben. Auf die Frage, ob Gott das Gesegnetwerden durch Menschen denn nötig habe, hat I. Baldermann in einer Bibelarbeit zu Ps 103 geantwortet: »Ob

---

155. Vgl. F.-W. *Marquardt*, Eschatologie 3, 212-235.
156. Vgl. oben Teil B, II.3.1.1.
157. Vgl. F. *Rosenzweig*, Stern der Erlösung, 303.

er es nötig hat, weiß ich nicht, aber daß er darauf wartet, das zeigt uns die Bibel fast auf jeder Seite. Und: meine Seele hat es nötig, sich so in Liebe und Güte zu Gott zu öffnen. (...) Liebe kann nur erfahren werden, wo sie hin und her strömt. Lassen wir sie nicht zurückströmen, verlieren wir auch die Wahrnehmung für die Liebe, die uns erreichen will.«[158] In diesem Sinn spricht für Baldermann das Segnen mehr noch als das Loben die Sprache der Liebe.[159]

Daß *Menschen* des Gottsegnens als Ausdruck ihrer Lebendigkeit bedürfen, wie oben (2.1) gezeigt, läßt sich auch in diesem Talmud-Abschnitt erkennen: Mit dem Satz »Ich sah (...) Jhwh Zebaoth auf einem hohen und erhabenen Thron sitzen« klingt die Theophanieschilderung bei der Berufung Jesajas in Jes 6,1 ff. an.[160] In einer Konfiguration beider Texte läßt sich nicht nur das Trishagion der Seraphim in Jes 6,3 (*»Heilig, heilig, heilig ist Jhwh Zebaoth! Erfüllt ist die ganze Erde von seiner Herrlichkeit (*כבוד*).«*) als eine B^eracha verstehen, die daran mitwirkt, daß dies auch außerhalb des Tempelinnersten – im doppelten Sinne des Wortes – *bekannt* wird. Mehr noch wird der Auftrag zur Verstockung in V. 9 f. zum *Kontrastmotiv* der göttlichen Bitte an Jischmaél: »Mein Sohn, segne mich!« Jesaja wird zum Volk mit den Worten geschickt: »*Geh und sprich zu diesem Volk:* ›*Höret, höret, aber versteht nicht! Und seht, seht, aber erkennt nicht! Verfette das Herz dieses Volkes, und seine Ohren mache schwer und seine Augen verklebe, damit es nicht sehe mit seinen Augen und mit seinen Ohren nicht höre, und damit sein Herz nicht verstehe und umkehre und ihm heil werde!*‹«

Wer dagegen Gott segnet, ist alles andere als verstockt: Er *hört* mit eigenen Ohren *und* versteht; sie *sieht* mit eigenen Augen *und* erkennt. Wer Gott segnet, *hört* auf die Selbstbekundung seines Willens und *versteht* sie als Aufforderung, sie zu bestätigen, ihr zu entsprechen. Wer Gott segnet, *sieht* ihn als König der Welt auf dem Thron sitzen und *erkennt* ihn darin gerade als barmherzigen Gott.

==Die eschatologische Bedeutung des Gottsegnens erschließt sich nicht am Ort des dogmatischen Redens *über* Gott. Sie ist gebunden an den *Sprechakt des Gebets*.== Im Gebet kommt beides zusammen: Einerseits spricht aus ihm die ungeheure Freiheit des Menschen, Gott angehen, ihn bedrängen und anklagen, ihn herausfordern, ja versuchen zu dürfen. Im Gebet – so hat es F. Rosenzweig formuliert – ist die Freiheit des Menschen Gott gegenüber grenzenlos.[161] Zugleich aber gesteht, wer zu Gott betet, seine eigenen Grenzen ein, bekennt sein Angewiesensein auf die größeren Möglichkeiten Gottes, die ihre Grenze allein in dessen freier Selbstbestimmung, ein barmherziger Gott sein zu wollen, haben. Wer betet, weiß, daß er selbst weder *eigen*mächtig noch *all*mächtig ist, und anerkennt darin die Macht Gottes. Nur wo das Gottsegnen Gebet bleibt und als solches in Gottes eigenes Gebet einstimmt[162], wird es vor der Gefahr bewahrt,

---

158. Psalmen, 137.
159. Vgl. *I. Baldermann*, a.a.O., 117-119.
160. Darauf hat mich Frank Köhler, Bochum, aufmerksam gemacht.
161. Vgl. *F. Rosenzweig*, Stern der Erlösung, 295-297; auch *F.-W. Marquardt*, Jüdische Freiheit.
162. Zur Rolle Gottes als Vorbeter in Ex 34,5-7 vgl. bRosch Haschschana 17b; dazu *J. Ebach*, Gerechtigkeit, 28-33.

sich selbst zu überschätzen und zu einer Bemächtigung Gottes zu werden. Es ist »nur« menschliche *Mit*arbeit an der Erlösung, deren Heraufführung Gott selbst überlassen bleibt. Während Gott mit seinem Segen seine Geschöpfe allererst dazu *ermächtigt*, Lebewesen mit eigener Geschichte sein zu können, trägt das menschliche Gottsegnen *nicht* – wie S. Mowinckel meinte[163] – zur *Steigerung der Macht Gottes* bei. Es setzt die göttliche Machtfülle ebenso voraus wie Gottes freie Entscheidung, nur in Koexistenz mit seiner Schöpfung der *ein*deutig barmherzige Gott zu werden. Die eschatologische *Wirkmächtigkeit* des Gottsegnens gründet darin, daß es mit Gottes Selbstbestimmung übereinstimmt. Indem es Gottes eigenes Gebet wiederholt, anerkennt es die Macht Gottes, bestätigt und bestärkt ihn darin, sie als *Allmacht der Liebe* zu realisieren. *Allmächtig* wird Gottes Barmherzigkeit dann sein, wenn seine anderen Beziehungsweisen (מדות) in ihr aufgehoben sind. So verstanden kann Gottes Macht per definitionem keine *absolute* Macht sein. Denn allmächtig ist sie gerade in ihrer Freiheit, sich in der Beziehung begrenzen zu lassen, dem anderen Raum zu geben. Ihrem Wesen entspricht darum gerade die *Ermächtigung* und *nicht* die *Entmachtung* der BeziehungspartnerInnen. Gott wird dann alles in allem sein, seine Allmacht wird dann auf Erden wie im Himmel realisiert sein, wenn ihn alle Geschöpfe segnen und damit ihrer Lebendigkeit den machtvollsten Ausdruck geben.[164]

Nun gibt es aber gleichwohl biblische Texte, die im Zusammenhang mit dem Segnen Gottes (Gen.obj.) davon sprechen, daß Menschen Gott Macht, Stärke und Gewicht verleihen. Widersprechen diese nicht der hier entfalteten These, nach der es im menschlichen Gottsegnen *nicht* um Steigerung und Mehrung der göttlichen Macht, sondern um die Anerkennung der Machtfülle Gottes geht – mit der Absicht, daß Gott sie *endlich* weltweit offenbare?

In den Psalmen läßt sich mehrfach ein *wechselseitiges Bestärken* mit Lebenskraft, ein *Austausch von Macht* zwischen Gott und den Menschen entdecken. Wie, um nur wenige Beispiele anzuführen, Gott sein Volk mit Macht und Leben zur Genüge begabt: »Jhwh wird seinem Volk Macht geben, Jhwh wird sein Volk *segnen* mit Frieden« (Ps 29,11), so empfängt er im gottesdienstlichen Lobpreis der Gemeinde diese Kraft zurück:

»In den Versammlungen *segnet* Gott, Jhwh, (ihr) aus der Quelle Israels!
Gebt Gott Macht – über Israel seine Erhabenheit und seine Macht in den Wolken.
Furchtbar (bist du), Gott, aus deinen Heiligtümern, Gott Israels,
der dem Volk Macht und Kräfte gibt. *Segnet* Gott!« (Ps 68,27.35f.).

163. Vgl. oben Teil A, I.2 (Exkurs).
164. Dieser Zusammenhang von Segen, geschöpflicher Macht und göttlicher Allmacht in Beziehung, den ich hier im Anschluß an bBer 7a entfaltet habe, läßt sich biblisch – wie ich an anderer Stelle ausführlich – u.a. im Gespräch mit Hans Jonas' »Gottesbegriff nach Auschwitz« und im Anschluß an F. Rosenzweigs Verständnis der Erlösung – dargelegt habe (vgl. *M. L. Frettlöh*, Gott segnen; dies., Macht des Segens) – an einer Reihe von Psalmen, insbesondere an Ps 115, aufzeigen. Es handelt sich also bei der wechselseitigen Segensbeziehung zwischen Gott und Mensch keineswegs nur um eine rabbinische Vorstellung.

Auch die Aufforderung zum weltweiten Gotteslob in Ps 96 verbindet sich mit der Überzeugung, dem Gott Israels und seinem Namen damit Gewicht zu geben:

»Singt Jhwh ein neues Lied, sing Jhwh, (du) ganze Erde!
Singt Jhwh, *segnet* seinen Namen, erzählt von Tag zu Tag sein Befreien!
Erzählt unter den Völkern seine Herrlichkeit; unter den Völkern seine Wunder!
Denn groß ist Jhwh und sehr zu loben, zu fürchten ist er über alle Götter.
Denn alle Götter der Völker sind Nichtse, aber Jhwh hat den Himmel gemacht.
Schmuck und Glanz ist vor seinem Angesicht, Macht und Ruhm in seinem Heiligtum.
Bringt Jhwh, ihr Sippen der Völker, bringt Jhwh Herrlichkeit und Macht!
Bringt Jhwh die Herrlichkeit seines Namens!« (V. 1-8a).

Ebenso empfängt Gott in den apokalyptischen Lobliedern Segen und Macht:

»Amen, der *Segen* und die Herrlichkeit und die Weisheit und der Dank und die Ehre und die Macht und die Stärke sei unserem Gott in alle Ewigkeit! Amen« (Apk 7,12; vgl. 5,12f.).

Kommen Menschen also doch mit ihren B^erachot einem *ohnmächtigen* Gott zu Hilfe, um ihm und seinem Namen (wieder) Macht, Kraft, Stärke, Gewicht, Ansehen, Ehre, Glanz und Herrlichkeit zu verleihen? Unzweideutig bezeugen diese Texte, daß es menschen*möglich* und *geboten* ist, Gott Macht zu geben. Dennoch: einen machtlosen Gott, der ohne den Segen der Menschen nichts tun könnte, setzen sie allesamt nicht voraus. Die Aufmerksamkeit und Beachtung, die Menschen Gott mit dem Segen schenken, richtet sich auf einen Gott, der als der Schöpfer des Himmels und der Erde und als der Befreier seines Volkes allen anderen Mächten und Gewalten überlegen ist und der im Himmel bereits die Herrschaft über die Welt angetreten hat. Seine Machtfülle kann von menschlicher Seite nicht mehr gesteigert werden – und zwar aus dem einen Grund nicht: niemand kann Gott etwas geben, was diesem nicht bereits gehört. Wenn Menschen Gott segnen, geben sie ihm die Macht *zurück*, die sie zuvor von ihm empfangen haben.

Das bringt eindrücklich die B^eracha zum Ausdruck, die David auf Jhwh angesichts der Freigebigkeit für den Tempelbau anstimmt (1 Chr 29,10ff.):
»(10) Und David *segnete* Jhwh vor den Augen der ganzen Gemeinde, indem er sprach: ›Gesegnet (bist/seist) du, Jhwh, Gott Israels, unseres Vater, von Ewigkeit zu Ewigkeit! (11) Dir, Jhwh, gehört die Größe und die Stärke und die Herrlichkeit und der Ruhm und die Hoheit, ja alles, was im Himmel und auf der Erde (ist); dir gehört die Königsherrschaft, und du erhebst dich für alle zum Haupt. (12) Der Reichtum und das Ansehen kommen von dir, und du herrschst über alles, in deiner Hand sind Kraft und Stärke, und in deiner Hand (steht es), groß und klein zu machen einen jeden. (13) Und nun, unser Gott, danken wir dir und loben deinen herrlichen Namen. (14) Denn wer bin ich und wer ist mein Volk, daß wir die Kraft haben, uns zu diesem willig zu erweisen, kommt doch alles von dir und gaben wir dir aus deiner Hand! (...) (16) Jhwh, unser Gott, diese ganze Menge, die wir gesammelt haben, um deinem heiligen Namen ein Haus zu bauen – aus deiner Hand (stammt) sie, und dir gehört das alles.‹«

Eben diese paradoxe Formulierung trifft den Sachverhalt: Menschen können Gott nur etwas geben, indem sie es ihm *aus seiner Hand* geben. Bittet Gott seine Geschöpfe darum, ihn zu segnen, so bittet er sie um *seinen* Segen. Auch im Gottsegnen der Menschen bleibt Gott Quelle des Segens und damit letztlich auch Subjekt der Segenshandlung. Die Voraussetzung dafür, daß Gott selbst Segen und Stärke von Menschen zurückgewinnen kann, ist seine *Selbstentäußerung*. Weil Gott seine Geschöpfe aus seiner Segensfülle begabt und aus seiner Allmacht ermächtigt hat, können sie ihm ihrerseits Macht und Segen mitteilen. Je größer der Machtverzicht Gottes zugunsten seiner Schöpfung ist, desto mehr sind die Menschen dazu befähigt, Gott segnend Gewicht zu geben.

Nach christlicher Überzeugung erreicht die Selbstentäußerung Gottes ihren tiefsten Ausdruck im Kreuzestod Jesu Christi. Darum begründet S. Quinzio das Gottsegnen der Menschen mit Recht *kreuzestheologisch*: »Wenn der Geist Gottes selbst in Erwartung der eschatologischen Erfüllung mit uns seufzt (vgl. Röm 8, 22-26), dann darf unsere (...) Frage durchaus bejaht werden, die Frage nämlich, ob wir den Segen, wenn er vom Menschen an Gott gerichtet ist, dann noch in seiner ursprünglichen Bedeutung auffassen können, das heißt als Geste, die ihrem Empfänger Leben und Kraft spendet. Die Kenosis des gekreuzigten Gottes ist so weit getrieben, daß der Herr selbst seine Gläubigen um Hilfe bittet, um die Hilfe ihres Segens.«[165] Indem Gott seine Allmacht zurückgenommen hat – schon mit der Schöpfung, vollends aber, als er im Juden Jesus von Nazareth Mensch wurde, das Leben seiner Geschöpfe teilte, wie sie litt und starb – begabte er Menschen dazu, ihn zu segnen. Darum, daß seine Macht dennoch nicht mit dem Gottsegnen der Menschen steht und fällt, weiß das Bekenntnis zur Auferweckung des Gekreuzigten. Der Gott, der »*Tote lebendig macht und das, was nicht ist, ins Dasein ruft*« (Röm 4, 17), ist der Gott, den wir mit seinem Segen ermächtigen dürfen und sollen. Wer darum bestreitet, daß Menschen Gott segnen können, nimmt weder die Kenosis Gottes im Kreuestod Jesu noch seine schöpferische Macht ernst. Wer verneint, daß Menschen Gott Gewicht verleihen können, wahrt nicht die Größe Gottes, sondern macht im Gegenteil Gott kleiner, gehört es doch zu seiner Allmacht als Beziehungsmacht der Barmherzigkeit, sich ihrer zu entäußern, sie den Menschen mitzuteilen, um sie von ihnen zurückzuempfangen. Damit ist aber auch deutlich, daß die *Ermächtigung*, die wir durch den Segen Gottes erfahren, eine – im wahrsten Sinne des Wortes – *grundlegend* andere ist als die, die wir Gott mit unserem Segen geben können: Gott ist, um der lebendige und in Liebe allmächtige Gott sein zu können, nicht auf unser Segnen angewiesen, während geschöpfliches Leben ohne seinen Segen nicht gedeihen kann. So sehr darum auch das menschliche Gottsegnen in Entsprechung zu Gottes eigenem Segenshandeln zu verstehen ist, es bleibt Ausdruck einer *asymmetrischen Reziprozität* zwischen Gott und

---

165. Wurzeln der Moderne, 38. Ist es Zufall, daß E. Rosenstock-Huessy auf das menschliche Gottsegnen als Geheimnis des Alten Testamentes gerade im Zusammenhang des *Karsamstags* zu sprechen kommt (vgl. Sprache des Menschengeschlechts, 435-440)?

Mensch; eben darin achtet es die Heiligkeit Gottes und fördert die Menschlichkeit des Menschen.

Gott ist nicht abhängig von den B^{e}rachot seiner Geschöpfe, doch solange er und sein Name nicht *einer* sind, solange Gott noch zwischen Barmherzigkeit und (strafender) Gerechtigkeit hin- und hergerissen ist, sucht er selbst ihren segnenden Lobpreis, in dem seine eschatologische Einheit und Allmacht *vorweggenommen* ist. Denn in der intensivsten Form des Gotteslobs gilt schon jetzt, was noch für *alle* wahr werden muß: daß Gott einer und ganz und gar barmherzig ist, daß sein Name einer und allen bekannt ist und von allen genannt wird. Das heißt aber zugleich, daß diejenigen, die Gott segnen, sich nicht abfinden mit den bestehenden Verhältnissen und sich nicht in die alltäglichen Beschädigungen und Zerstörungen geschöpflichen Lebens wie in ein unabwendbares und unentrinnbares Verhängnis schicken. Mehr noch als jedes zwischenmenschliche Segnen eignet dem Gottsegnen eine *kritische* Kraft: Wer Gott segnet, widerspricht jedem *Absegnen* der Wirklichkeit, wie sie vor Augen liegt, als einer gottgewollten. Im Wissen um die Differenz zwischen der gegenwärtigen Situation und dem Ursprung und Ziel der Schöpfung wird das Gottsegnen zur »Kampfansage gegen die Mängel des Lebens«[166]. Gerade im Gottsegnen erweist sich der Segen als »eine Gegenkraft gegen die Fluchwirklichkeit dieser Welt«[167]. Wer Gott segnet, nimmt die Differenz zwischen der im Handeln Gottes an Jesus Christus Ereignis gewordenen *Versöhnung* der Welt, den Beginn einer neuen Schöpfung markiert, und ihrer noch ausstehenden *Erlösung* ernst und bestärkt Gott in seiner Macht, die Schöpfung in das Reich seiner Herrlichkeit zu vollenden. Darum kann, bis sich Gott mit seinem Eigennamen universal offenbart, die B^{e}racha die *Klage* vor Gott und die *Anklage* gegen ihn weder ersetzen, noch in Konkurrenz oder Widerspruch zu ihr treten.[168] Beide, B^{e}racha und Klage, gründen im Bekenntnis zur Allmacht Gottes als der Macht seiner Liebe und erwachsen aus dem Leiden an der unerlösten Welt. Die Klage nennt die bitteren Erfahrungen von Schmerz, Unrecht, Gewalt und Tod beim Namen und schreit sie Gott ins Angesicht, damit er ihnen ein Ende bereite. Nicht weniger als das Klagen *beansprucht* das Segnen den Gott, der allein mächtig ist, die Welt zu erlösen. Doch anders als in der Klage ergeht im Gottsegnen dieser *Anspruch* als *Zuspruch*, als Bejahung und *Anerkennung* seiner Macht. Eben das, worum die Klage Gott angeht, traut ihm die B^{e}racha zu, indem sie Gott lobend die Erfahrungen des Gesegnetseins mit ihm teilt.

D. Bonhoeffer war der Überzeugung, daß »nur aus dem Unmöglichen (...) die Welt erneuert werden«[169] könne, nämlich aus dem Segen Gottes. Vom

---

166. R. *Stuhlmann*, Trauung und Segnung, 490.
167. A.a.O., 489.
168. Auch dafür steht Hiob ein: Der Hiob, der den Namen Jhwhs segnet (Hi 1, 21), ist derselbe, der vor und gegen Gott klagt und mit ihm im Streit liegt (Hi 3 ff.). Durch beides, seine B^{e}racha wie seine Klage, unterstreicht er Jhwhs Zuständigkeit für das, was ihm widerfahren ist, und zieht ihn zur Ver-antwort-ung.
169. GS 4, 596; vgl. oben Teil B, III.3.

menschlichen Gottsegnen her findet diese Einsicht eine zusätzliche Bestätigung und Vertiefung. Denn erneuert wird die Welt nicht nur durch Gottes eigenes Segenshandeln, erneuert wird sie auch durch den Segen, den Menschen, Gott segnend, an ihn zurückgeben. Denn von diesem Segen will Gott sich dazu bewegen lassen, seine Einung und damit die Erlösung der Welt heraufzuführen. Gott zu segnen, ist die menschen(un)mögliche Mitarbeit an der Selbsterlösung Gottes und an der Erlösung der Welt. Sie *ist* menschen*un*möglich, weil es nicht ihr eigener, sondern allein Gottes Segen ist, den Menschen Gott zusprechen können, weil auch in ihren B^{e}rachot Gott der Geber des Segens bleibt. Sie *wird* je und je menschen*möglich* nur dadurch, daß Gott uns – wie R. Jischmaél in bBer 7a – darum bittet, ihm *seinen* Segen als *unseren* Segen zu geben und so in seine Selbstbestimmung einzuwilligen, ein allein barmherziger Gott zu werden, den alle bei seinem Namen nennen können. Weil Gott die B^{e}racha als das Menschenunmögliche möglich macht, ist es uns nicht nur erlaubt, sondern *geboten*, ihn zu segnen. Dazu fordern sich die jüdischen BeterInnen des 115. Psalms gegenseitig auf: »*Wir aber, wir wollen Jah segnen – von nun an und für immer: Hallelu-Jah!*« (V. 18). Sie laden damit zugleich die Menschen aus der Völkerwelt ein, in ihre B^{e}rachot einzustimmen. Mit ihrem Aufruf zum Gotteslob »*Hallelu-Jah!*« geben sie dem Namen Gottes Gewicht (vgl. V. 1) und lassen ihm – in der Gestalt des »Gott-Schrei(s)«[170] Jah – das letzte Wort.

---

170. *F. Rosenzweig*, Gottesname, 814.

Literatur

Die Literatur wird in den Anmerkungen unter Angabe des Autors/der Autorin, eines Kurztitels oder Kürzels (im Literaturverzeichnis kursiv) und der Seitenzahl(en) zitiert. Die Abkürzungen folgen – mit wenigen Änderungen – dem Abkürzungsverzeichnis der Theologischen Realenzyklopädie (TRE), hg. v. Siegfried Schwertner, 2. Aufl., Berlin/New York 1994.

Änderungen gegenüber dem TRE-Verzeichnis:
Hg.   Herausgeber
ZDTh   Zeitschrift für Dialektische Theologie

Albertz, Rainer, *Religionsgeschichte Israels* in alttestamentlicher Zeit. Teil 1: Von den Anfängen bis zum Ende der Königszeit (ATD Ergänzungsreihe 8/1), Göttingen 1992.
ders., *Segen Gottes*. Wo ist er erfahrbar? Wie gehen wir damit um?, in: ders., Zorn über das Unrecht: Vom Glauben, der verändern will, Neukirchen-Vluyn 1996, 85-113.
Altner, Günter (Hg.), *Ökologische Theologie*. Perspektiven zur Orientierung, Stuttgart 1989.
Amery, Carl, Das *Ende der Vorsehung*. Die gnadenlosen Folgen des Christentums, Reinbek bei Hamburg 1972.
Arndt, Timotheus, Tora, Liturgie und Wohltätigkeit. Untersuchungen zu den Bibelzitaten in den *Morgenbenediktionen* der jüdischen Liturgie, Diss. Leipzig (Unveröffentlichtes Computerskript) 1991.
ders., Überlegungen zur hebräischen *Wurzel* ברך, in: Mitteilungen und Beiträge (der Forschungsstelle Judentum Theologische Fakultät Leipzig) 9, Leipzig 1995, 49-54.
Artmann, H. C., Der *Schlüssel* des heiligen Patrick. Religiöse Dichtungen der Kelten. Mit einem Nachwort von Paul Wilhelm Wenger, Salzburg 1959.
Assmann, Jan, *Schöner Tag*. Sinnlichkeit und Vergänglichkeit im altägyptischen Fest, in: Poetik und Hermeneutik, Bd. XIV: Das Fest, hg. v. Walter Haug/Rainer Warning, München 1989, 3-28.
Audet, Jean-Paul, Esquisse historique du genre littéraire de la »*bénédiction*« juive et de l'»eucharistie« chrétienne, in: RB 65 (1958), 371-399.

Baldermann, Ingo, *Didaktischer* und »kanonischer« *Zugang*. Der Unterricht vor dem Problem des biblischen Kanons, in: JBTh 3 (1988), 97-111.
ders., *Einführung in die Bibel*, 3., neube. Auflage von »Die Bibel – Buch des Lernens«, Göttingen 1988.
ders., Ich werde nicht sterben, sondern leben. *Psalmen* als Gebrauchstexte (WdL 7), Neukirchen-Vluyn 1990.
ders., Wer hört mein *Weinen*? Kinder entdecken sich selbst in den Psalmen (WdL 4), 2. Aufl., Neukirchen-Vluyn 1989.
ders., Zum *Verhältnis* von problemorientiertem und biblischem Unterricht, in: ders./Kittel, Gisela, Die Sache des Religionsunterrichts. Zwischen Curriculum und Biblizismus, Göttingen 1975, 138-150.
Balz, Horst/Schrage, Wolfgang, Die »Katholischen« Briefe. Die Briefe des Jakobus, Petrus, Johannes und Judas (NTD 10), Göttingen 1973.
Barben-Müller, Christoph, *Segen und Fluch*. Überlegungen zu theologisch wenig beachteten Weisen religiöser Interaktion, in: EvTh 55 (1995), 351-373.

Barth, Karl, *Das christliche Leben*. Die Kirchliche Dogmatik IV,4. Fragmente aus dem Nachlaß, Vorlesungen 1959-1961, hg. v. Hans-Anton Drewes und Eberhard Jüngel, 2. Aufl., Zürich 1979.
ders., Der *Römerbrief (1922)*, 12. Aufl., Zürich 1978.
ders., Der *Römerbrief*, Bern 1919.
ders., Die Kirchliche Dogmatik (= KD) I/1-IV/4, Zollikon-Zürich 1932-1970.
ders., Die *Theologie Calvins* 1922. Vorlesung Göttingen Sommersemester 1922 (GA II/23), in Verbindung mit Achim Reinstädtler hg. v. Hans Scholl, Zürich 1993.
ders., Erklärung des *Philipperbriefes*, 4. Aufl., Zollikon-Zürich 1943.
ders., *Ethik I*. Vorlesung Münster Sommersemester 1928, wiederholt in Bonn, Sommersemester 1930 (GA II/2), hg. v. Dietrich Braun, Zürich 1973.
ders., *Evangelium und Gesetz* (TEH 32), München 1935.
ders., *Gott erkennen, Gott ehren, Gott vertrauen* nach Calvins Katechismus (TEH 27), München 1935.
ders., *Predigten 1954-1967* (GA I/12), hg. v. Hinrich Stoevesandt, Zürich 1979.
Bauer, Walter, Griechisch-deutsches Wörterbuch zu den Schriften des Neues Testament und der übrigen urchristlichen Literatur, 5. Aufl., Berlin/New York 1971.
Baumgartner, Jakob (Hg.), *Gläubiger Umgang* mit der Welt. Die Segnungen der Kirche, Einsiedeln u. a. 1976.
ders., Liturgische Gestaltung der Segnungen, in: ders. (Hg.), Gläubiger Umgang, 111-132.
Bayer, Oswald, *Promissio*. Geschichte der reformatorischen Wende in Luthers Theologie (FKDG 24), Göttingen 1971.
Becker, Hansjakob/Gerhards, Albert, Den Abend segnen? Von der *Zeitlichkeit* des Gebetes, in: A. Heinz/H. Rennings (Hg.), Heute segnen, 322-333.
Benediktionale. Studienausgabe für die katholischen Bistümer des deutschen Sprachgebietes. Erarbeitet von der internationalen Arbeitsgemeinschaft der liturgischen Kommissionen im deutschen Sprachgebiet, hg. von den Liturgischen Instituten Salzburg, Trier, Zürich, Freiburg u. a. 1991.
Benjamin, Walter, Über den Begriff der Geschichte, in: ders., Gesammelte Schriften (= GS) Bd. I/2, hg. v. Rolf Tiedemann und Hermann Schweppenhäuser, Frankfurt a. M. 1980, 691-704.
Berge, Kåre, *Rettung und Segen*. Beurteilung eines heilsgeschichtlichen Strukturelementes der Theologie Claus Westermanns, in: Text and Theology. FS für Magne Sæbø, hg. v. Arvid Tångberg, Oslo 1994, 49-66.
Bethge, Eberhard, Dietrich Bonhoeffer und die *Juden*, in: H. Kremers (Hg.), Juden, 211-248.
ders., Dietrich Bonhoeffer. Eine Biographie (= DB), 4. Aufl., München 1978.
Betz, Hans Dieter, Der *Galaterbrief*. Ein Kommentar zum Brief des Apostels Paulus an die Gemeinden in Galatien. Aus dem Amerikanischen übersetzt und für die deutsche Ausgabe redaktionell bearbeitet von Sybille Ann, München 1988.
Beyer, Hermann Wolfgang, »εὐλογέω, εὐλογητός, εὐλογία, ἐνευλογέω«, in: ThWNT 2, Tübingen 1935, 751-763.
Biblia Hebraica Stuttgartensia, ediderunt Karl Elliger/Wilhelm Rudolph, Stuttgart 1967/77.
Bickerman, E. J., *Bénédiction et Prière*, in: RB 69 (1962), 524-532.
Bienert, Walther, Martin Luther und die Juden. Ein *Quellenbuch* mit zeitgenössischen Illustrationen, mit Einführungen und Erläuterungen, Frankfurt a. M. 1982.
Bischöfliches Seelsorgeamt Regensburg (Hg.), *Segnungen – Weihen*, Abensberg 1974.
Blass, Friedrich/Debrunner, Albert, Grammatik des neutestamentlichen Griechisch (= Bl-D), bearbeitet von Friedrich Rehkopf, 15. Aufl., Göttingen 1979.
Blum, Erhard, Die Komposition der *Vätergeschichte* (WMANT 57), Neukirchen-Vluyn 1984.
ders./Macholz, Christian/Stegemann, Ekkehard W. (Hg.), Die hebräische Bibel und ihre *zweifache Nachgeschichte* (FS für Rolf Rendtorff zum 65. Geburtstag), Neukirchen-Vluyn 1990.
Bobert-Stützel, Sabine, Liebt ein *Freund* mehr als ein Bruder? Zur Problematik der Verhältnis-

bestimmung von Bruderschaft und Freundschaft bei Dietrich Bonhoeffer unter pastoraltheologischem Aspekt, in: C. Gremmels/W. Huber (Hg.), Freundschaft, 89-109.
Bonhoeffer, Dietrich, *Ethik* (DBW 6), hg. v. Ilse Tödt, Heinz-Eduard Tödt, Ernst Feil und Clifford Green, München 1992.
ders., Gemeinsames Leben. Das Gebetbuch der Bibel (= *GL*), hg. v. Gerhard Ludwig Müller und Albrecht Schönherr (DBW 5), München 1987.
ders., Gesammelte Schriften (= *GS*), hg. v. Eberhard Bethge, München; Bd. 1: Ökumene. Briefe – Aufsätze – Dokumente 1928-1942, 3. Aufl., 1978; Bd. 2: Kirchenkampf und Finkenwalde. Resolutionen – Aufsätze – Rundbriefe 1933-1943, 2. Aufl., 1965; Bd. 4: Auslegungen – Predigten 1931-1944, 3. Aufl., 1975; Bd. 5: Seminare – Vorlesungen – Predigten 1924-1941, 1972; Bd. 6: Tagebücher – Briefe – Dokumente 1923-1945, 1974.
ders., *Nachfolge*, 11. Aufl., München 1976.
ders., Schöpfung und Fall. Theologische Auslegung von Genesis 1 bis 3 (= *SF*), hg. v. Martin Rüter und Ilse Tödt (DBW 3), München 1989.
ders., Widerstand und Ergebung. Briefe und Aufzeichnungen aus der Haft, hg. v. Eberhard Bethge, Neuausgabe (= *WEN*), 2. Aufl., München 1977.
ders./Barth, Karl, Ein Briefwechsel, in: Die mündige Welt I, 106-122.
Braulik, Georg, »Durch dich sollen alle Geschlechter der Erde *Segen* erlangen«. Vom Segen nach dem Alten Testament, in: BiLi 52 (1979), 172-176.
Brautbriefe Zelle 92: Dietrich Bonhoeffer – Maria von Wedemeyer 1943-1945, hg. v. Ruth-Alice von Bismarck und Ulrich Kabitz. Mit einem Nachwort von Eberhard Bethge, 2. Aufl., München 1993.
Brox, Norbert, Der erste *Petrusbrief* (EKK XXI), Zürich u. a. 1979.
Brun, Lyder, *Segen und Fluch* im Urchristentum, Oslo 1932.
Brunner, Peter, Der *Segen* als dogmatisches und liturgisches Problem, in: ders., Pro Ecclesia. Gesammelte Aufsätze zur dogmatischen Theologie, Bd. 2, Berlin/Hamburg 1966, 339-351.
Bultmann, Rudolf, Das Evangelium des Johannes (KEK II), 20. Aufl., Göttingen 1978.

Calvin, Johannes, *Abraham-Predigten*, übersetzt von Ernst Bizer, München 1937.
ders., Institutio Christianae Religionis 1559 (= *Inst*), in: Joannis Calvini Opera Selecta (= *OS*) II-V, hg. v. Peter Barth/Wilhelm Niesel, München 1928-1936.
ders., Opera quae supersunt omnia (= *CO*), hg. v. Wilhelm Baum/Eduard Cunitz/Eduard Reuss (Corpus Reformatorum (= *CR*) 29 ff.), Braunschweig 1863 ff. (Reprint 1964 ff.).
Carmichael, Alexander, Das *Kreuz* in der Sonne. Altkeltische Sprüche und Gebete (KT 37), München 1978.
Celan, Paul/Sachs, Nelly, *Briefwechsel*, hg. v. Barbara Wiedemann (st 2489), Frankfurt a. M. 1996.
Childs, Brevard S., *Biblical Theology* of the Old and New Testaments. Theological Reflections on the Christian Bible, London 1992 (dt.: Die Theologie der einen Bibel, Bd. 1: Grundstrukturen; Bd. 2: Hauptthemen, Freiburg u. a. 1994/95).
ders., *Biblische Theologie* und christlicher Kanon, in: JBTh 3 (1988), 13-27.
ders., *Introduction* to the Old Testament as Scripture, London 1979.
Clausert, Dieter, Theologischer *Zeitbegriff* und politisches Zeitbewußtsein in Karl Barths Dogmatik dargestellt am Beispiel der Prolegomena (BEvTh 90), München 1982.
Cohen, Hermann, Die *Religion der Vernunft* aus den Quellen des Judentums, Leipzig 1919.
Collins, Mary, *Macht der Segnung* – Segnung der Macht, in: Conc(D) 21 (1985), 77-80.
Cranfield, Charles E. B., »The *Works* of the Law« in the Epistle to the Romans, in: JSNT 43 (1991), 89-101.
Crüsemann, Frank, *Autonomie* und Sünde. Gen 4, 7 und die »jahwistische« Urgeschichte, in: Willy Schottroff/Wolfgang Stegemann (Hg.), Traditionen der Befreiung. Sozialgeschichtliche Bibelauslegungen, Bd. 1: Methodische Zugänge, München u. a. 1980, 60-77.

ders., Der *Exodus* als Heiligung. Zur rechtsgeschichtlichen Bedeutung des Heiligkeitsgesetzes, in: E. Blum/C. Macholz/E. W. Stegemann (Hg.), Zweifache Nachgeschichte, 117-129.
ders., Die *Eigenständigkeit* der Urgeschichte. Ein Beitrag zur Diskussion um den »Jahwisten«, in: Die Botschaft und die Boten (FS für Hans-Walter Wolff zum 70. Geburtstag), hg. v. Jörg Jeremias und Lothar Perlitt, Neukirchen-Vluyn 1981, 11-29.
ders., Die *Tora*. Theologie und Sozialgeschichte des alttestamentlichen Gesetzes, München 1992.
ders., *Herrschaft*, Schuld und Versöhnung. Der Beitrag der Jakobsgeschichte der Genesis zur politischen Ethik, in: JK 54 (1993), 614-620.
ders., »Ihnen gehören ... die *Bundesschlüsse*« (Röm 9,4). Die alttestamentliche Bundestheologie und der christlich-jüdische Dialog, in: KuI 9 (1994), 21-38.
ders., Wie alttestamentlich muß *evangelische Theologie* sein?, in: EvTh 57 (1997), 10-18.
ders./Thyen, Hartwig, Als *Mann und Frau* geschaffen. Exegetische Studien zur Rolle der Frau (Kennzeichen 2), Gelnhausen u. a. 1978.

Das Buch der Preisungen. Verdeutscht von Martin Buber, 9. Aufl., Heidelberg 1982.
Delitzsch, Franz, Der mosaische *Priestersegen* Num. VI, 22-27, in: ZKWL 3 (1882), 113-116.
ders., Neuer Commentar über die *Genesis*, 5. Aufl., Leipzig 1887.
Der Babylonische Talmud. Bd. I-XII, neu übertragen von Lazarus Goldschmidt, Berlin 1964-1967.
Der Jerusalemer Talmud in deutscher Übersetzung. Bd. I: Berakhoth, übersetzt von Charles Horowitz, Tübingen 1975.
Der Rat der Evangelischen Kirche in Deutschland, Mit Spannungen leben – eine Orientierungshilfe zum Thema »*Homosexualität und Kirche*« (epd-Dokumentation 13/96), Frankfurt a. M. 1996.
Die Bekenntnisschriften der Evangelisch-lutherischen Kirche, 8. Aufl., Göttingen 1979.
Die Bibel nach der Übersetzung Martin Luthers revidiert 1956/64, Stuttgart 1970.
Die Bibel. *Einheitsübersetzung* der Heiligen Schrift. Altes und Neues Testament, hg. im Auftrag der Bischöfe Deutschlands u. a., Stuttgart 1980.
Die Erde bewahren. Versöhnung von Arbeit und Leben. Impulse vom Düsseldorfer Kirchentag. Im Auftrag des deutschen Evangelischen Kirchentages hg. v. Ingrid Ueberschär, Stuttgart 1985.
Die fünf Bücher der Weisung. Verdeutscht von Martin Buber gemeinsam mit Franz Rosenzweig, Köln/Olten 1954.
Die Heilige Schrift des Alten und Neuen Testaments (= *Zürcher Bibel*), Zürich 1942/Stuttgart 1977.
Die mündige Welt. Dem Andenken Dietrich Bonhoeffers. Vorträge und Briefe, München 1955.
Die Tosefta. Bd. 1: Seder Seraim. Text/Übersetzung/Erklärung, 1. Heft: Berakot, hg. v. Eduard Lohse und Günther Schlichting, Stuttgart 1956.
Die Tosefta. Text. Bd. I: Seder Zeraim, hg. v. Karl Heinrich Rengstorf, Stuttgart u. a. 1983.
Diebner, Bernd Jørg, Der sog. »Aaronitische *Segen*« (Num 6,24-26) – biblischer Text und liturgische Praxis, in: Freude am Gottesdienst (FS für Frieder Schulz), hg. v. Heinrich Riehm, Heidelberg 1988, 201-218.
ders., Ein übersehener *Iterativ*: Die gängige Übersetzung von וְשָׂמוּ wesamu (Num 6,27a) als Beispiel inadäquater TNK-Interpretation, in: DBAT 25 (1988), 138-143.
Dietrich, Walter/Link, Christian, *Die dunklen Seiten Gottes*. Willkür und Gewalt, Neukirchen-Vluyn 1995.
Dohmen, Christoph/Söding, Thomas (Hg.), *Eine Bibel – zwei Testamente*. Positionen Biblischer Theologie (UTB 1893), Paderborn u. a. 1995.
Dokumentation der 3. *Werkstatt Feministische Liturgie* Gelnhausen »Ich will dich segnen. Du sollst ein Segen sein. Gesegnet können wir einander zum Segen werden«, Gelnhausen 1994.

Duchrow, Ulrich, *Christenheit* und Weltverantwortung. Traditionsgeschichte und systematische Struktur der Zweireichelehre, (FBESG 25) 2. Aufl., Stuttgart 1983.
ders., Dem Rad in die Speichen fallen – aber wo und wie? Luthers und Bonhoeffers *Ethik der Institutionen* im Kontext des heutigen Weltwirtschaftssystems, in: Christian Gremmels (Hg.), Bonhoeffer und Luther. Zur Sozialgestalt des Luthertums in der Moderne (IBF 6), München 1983, 16-58.
Dunn, James D. G., *Works* of the Law and the Curse of the Law (Galatians 3:10-14), in: NTS 31 (1985), 523-542.
ders., Yet Once More – ›The Works of the Law‹: A *Response*, in: JSNT 46 (1992), 99-117.

Ebach, Jürgen, ... und *Prediger 3 auslegen* hat seine Zeit. Über Zusammenhänge von Exegese und Zeit, beobachtet beim Auslegen von Koh 3, 1-15, in: Einwürfe 6 (Die Bibel gehört nicht uns), München 1990, 95-123.
ders., *Arbeit und Ruhe*. Eine utopische Erinnerung, in: ders., Ursprung und Ziel, 90-110.
ders., »Auf dem Pfade der *Gerechtigkeit* ist Leben«. Biblisch-theologische Betrachtungen, in: »Auf dem Pfad der Gerechtigkeit ist Leben ...«. 56. Hauptversammlung des Reformierten Bundes. Bonn, 10.-12. Oktober 1996. Dokumentation, hg. im Auftrag des Moderamens des Reformierten Bundes v. Hermann Schäfer, Wuppertal 1997, 23-46.
ders., *Bild Gottes* und Schrecken der Tiere. Zur Anthropologie der priesterlichen Urgeschichte, in: ders., Ursprung und Ziel, 16-47.
ders., *Gottes Geist* und Gottes Volk in der Vielfalt der Völker und Kulturen. Alttestamentliche biblisch-theologische Reflexion, in: Rudolf Weth (Hg.), Gottes Geist und Gottes Volk im Umbruch Europas, Gütersloh 1994, 30-50.
ders., *Hiobs Post*. Gesammelte Aufsätze zum Hiobbuch, zu Themen biblischer Theologie und zur Methodik der Exegese, Neukirchen-Vluyn 1995.
ders., *Hiobs Töchter*. Zur Lektüre von Hiob 42, 13-15 (auch eine Art Brief an Luise Schottroff), in: Für Gerechtigkeit streiten. Theologie im Alltag einer bedrohten Welt. FS für Luise Schottroff zum 60. Geburtstag, hg. v. Dorothee Sölle, Gütersloh 1994, 35-40, wiederabgedruckt in: ders., Hiobs Post, 67-72.
ders., *Interesse und Treue*. Anmerkungen zu Exegese und Hermeneutik, in: ders., Biblische Erinnerungen. Theologische Reden zur Zeit, Bochum 1993, 27-51.
ders., »Ist es ›umsonst‹, daß Hiob gottesfürchtig ist?« Lexikographische und methodologische *Marginalien* zu חנם in Hi 1, 9, in: E. Blum/C. Macholz/E. W. Stegemann (Hg.), Zweifache Nachgeschichte, 319-335, wiederabgedruckt in: ders., Hiobs Post, 15-31.
ders., *Schöpfung* in der hebräischen Bibel, in: G. Altner (Hg.), Ökologische Theologie, 98-129.
ders., *Schöpfung und Umweltzerstörung*. »... gen Himmel aufgerichtet steht der Mensch, ein Mann und König der Natur«, in: ders., Theologische Reden, mit denen man keinen Staat machen kann, Bochum 1989, 143-159.
ders., *Streiten mit Gott. Hiob*. Teil 1: Hiob 1-20, Neukirchen-Vluyn 1995.
ders., *Ursprung und Ziel*. Erinnerte Zukunft und erhoffte Vergangenheit. Biblische Exegesen und Reflexionen, Neukirchen-Vluyn 1986.
Ebeling, Gerhard, Die *Wahrheit* des christlichen Glaubens. Eine Lesehilfe zum Galaterbrief, Tübingen 1981.
ders., *Dogmatik* des christlichen Glaubens, Bd. II, 2. Aufl., Tübingen 1982.
ders., *Dogmatik und Exegese*, in: ZThK 77 (1980), 269-286.
ders., *Luther*. Einführung in sein Denken (UTB 1090), 4. Aufl., Tübingen 1981.
Ehrlich, Ernst Ludwig, *Luther* und die Juden, in: Jud. 39 (1983), 131-149, wiederabgedruckt in: H. Kremers (Hg.), Juden, 131-149.
ders./Klappert, Bertold (Hg.), »Wie gut sind deine *Zelte*, Jaakow ...« (FS für Reinhold Mayer zum 60. Geburtstag), 2. Aufl., Gerlingen 1989.
Elbogen, Ismar, Der jüdische *Gottesdienst* in seiner geschichtlichen Entwicklung, 3. Aufl., Frankfurt a. M. 1931.

Etzelmüller, Gregor, Die *Tora des Mose* und die christliche Gemeinde. Die Theologie der Tora bei Paulus, Heidelberg 1993 (unveröffentlichte Hauptseminararbeit bei Hartwig Thyen).
Evangelische Kirche im Rheinland (Hg.), *Landessynode 1993*. Eröffnungspredigt/Bericht des Präses/Bibelarbeiten/Beschlüsse, Düsseldorf 1993.
Evangelisches Gesangbuch (= *eg*). Ausgabe für die Evangelische Kirche im Rheinland, die Evangelische Kirche von Westfalen, die Lippische Landeskirche in Gemeinschaft mit der Evangelisch-reformierten Kirche (Synode evangelisch-reformierter Kirchen in Bayern und Nordwestdeutschland) in Gebrauch auch in den evangelischen Kirchen im Großherzogtum Luxemburg, Gütersloh u. a. 1996.
Even-Shoshan, Abraham (Hg.), A New Concordance of the Old Testament. Using the Hebraic and Aramaic Text, 2. Aufl., Jerusalem 1990.
Eyselein, Christian, Segnet Gott, was Menschen schaffen? Kirchliche *Einweihungshandlungen* im Bereich des öffentlichen Lebens (CThM Reihe C 20), Stuttgart 1993.

Fabry, Heinz-Josef, Erst die *Erstgeburt*, dann der Segen. Eine Nachfrage zu Gen 27,1-45, in: Frank Lothar Hoßfeld (Hg.), Vom Sinai zum Horeb. Stationen alttestamentlicher Glaubensgeschichte, Würzburg 1989, 51-72.
Falk, Marcia, Notes on Composing *New Blessings*. Toward a Feminist-Jewish Reconstruction of Prayer, in: JFSR 3 (1987), 39-53.
Fangmeier, Jürgen, Keine falsche *Demut*. Anmerkungen zum gottesdienstlichen Segen, in: RKZ 138 (1997), 51-53.
ders., *Segen* und Segnungen, in: RKZ 136 (1995), 421-426.
Feil, Ernst, Die *Theologie* Dietrich Bonhoeffers. Hermeneutik – Christologie – Weltverständnis, 3. Aufl., München/Mainz 1971.
Feministisch gelesen. Bd. 2: Ausgewählte Bibeltexte für Gruppen und Gemeinden, Gebete für den Gottesdienst, hg. v. Eva Renate Schmidt/Mieke Korenhof/Renate Jost unter Mitarbeit von Heidi Rosenstock, Stuttgart 1989.
Fiebig, D., Der Sinn der *Berakha*, in: MGKK 34 (1929), 201-203.
Fischer, Johannes, Wie wird Geschichte als *Handeln Gottes* offenbar? Zur Bedeutung der Anwesenheit Gottes im Offenbarungsgeschehen, in: ZThK 88 (1991), 211-231.
Fischer-Wollpert, Rudolf, Der Herr sei mit uns: *Segnungen* innerhalb der Familie, Regensburg 1983.
Frank, Manfred, Was ist ein literarischer *Text*, und was heißt es, ihn zu verstehen?, in: ders., Das Sagbare und das Unsagbare. Studien zur deutsch-französischen Hermeneutik und Texttheorie. Erweiterte Neuausgabe (stw 317), 3. Aufl., Frankfurt a. M. 1993, 121-195.
Frettlöh, Magdalene L., *Gott segnen*. Systematisch-theologische Überlegungen zur Mitarbeit des Menschen an der Erlösung im Anschluß an Psalm 115, in: EvTh 56 (1996), 482-510.
dies., Von der *Macht des Segens*. Sozialgeschichtliche Auslegung zu Psalm 115, in: JK 56 (1995), 638-641.
dies., *Wider die Halbierung* des Wortes vom Kreuz. Feministisch-theologische Kritik und Revision der Kreuzestheologie kritisch ins Bild gesetzt, in: GlLern 11 (1996), 107-112.
Fritsch, Sybille, *Was mich beseelt*. Für und aus dem Gottesdienst, Düsseldorf 1991.
Fritzsche, Hans-Georg, *Lehrbuch* der Dogmatik, Göttingen, Teil *I*: Prinzipienlehre. Grundlagen und Wesen des christlichen Glaubens, 1964; Teil *III*: Christologie, 1976; Teil *IV*: Ekklesiologie – Ethik – Eschatologie, 1988.
Frör, Kurt, *Salutationen*, Benediktionen, Amen, in: Leiturgia. Handbuch des Evangelischen Gottesdienstes, Bd. II, Kassel 1955, 588-592.

Gaston, Lloyd, *Paul* and the Torah, Vancouver 1987.
Geiger, Max, *Calvin*, Calvinismus, Kapitalismus, in: Gottesreich und Menschenreich (FS für Ernst Staehelin zum 80. Geburtstag), hg. v. Max Geiger, Basel 1969, 229-286.

Genfer Katechismus (1542) (Le Catéchisme de l'Eglise de Genève), in: Bekenntnisschriften der nach Gottes Wort reformierten Kirche (Heft 1), München o. J., 1-41.
Gerhards, Albert/Becker, Hansjakob, *Mit allem Segen seines Geistes gesegnet*, in: A. Heinz/ H. Rennings (Hg.), Heute segnen, 15-32.
Gerleman, Gillis, Art. »שלם slm genug haben«, in: THAT II, 3. Aufl., München 1984, 919-935.
Gesenius, Wilhelm, Hebräische Grammatik (= *Ges-K*), völlig umgearbeitet von Ernst Kautzsch, 25. Aufl., Leipzig 1889.
ders., Hebräisches und aramäisches Handwörterbuch über das Alte Testament, bearbeitet von Frants Buhl, 17. Aufl., Berlin u. a. 1915 (Unveränderter Neudruck 1962).
Glade, Winfried, Die *Segnung von Tieren*, in: A. Heinz/H. Rennings (Hg.), Heute segnen, 341-347.
Goppelt, Leonhard, Der Erste *Petrusbrief* (KEK XII/1), hg. v. Ferdinand Hahn, 8. Aufl., Göttingen 1978.
Gottes Segen und die Segenshandlungen der Kirche. Ein Votum des Theologischen Ausschusses der Arnoldshainer Konferenz, Neukirchen-Vluyn 1995.
Gottfriedsen, Christine, *Beobachtungen* zum alttestamentlichen Segensverständnis, in: BZ. NF 34 (1990), 1-15.
Gräb, Wilhelm, *Rechtfertigung* von Lebensgeschichten. Erwägungen zu einer theologischen Theorie der kirchlichen Amtshandlungen, in: PastTheol 76 (1987), 21-38.
Gradwohl, Roland, *Bibelauslegungen* aus jüdischen Quellen, Bd. 3: Die alttestamentlichen Predigttexte des 5. Jahrgangs, Stuttgart 1988.
Gräßer, Erich, An die *Hebräer*, Teilbd. 1: Hebr 1-6 (EKK XVII/1), Zürich u. a. 1990.
Gremmels, Christian/Huber, Wolfgang (Hg.), Theologie und *Freundschaft*. Wechselwirkungen: Eberhard Bethge und Dietrich Bonhoeffer (FS für Eberhard Bethge zum 85. Geburtstag), Gütersloh 1994.
ders./Pfeifer, Hans, *Theologie und Biographie*. Zum Beispiel Dietrich Bonhoeffer, München 1983.
Griesbeck, Josef, Viel Glück und viel Segen. *Glückwünsche* und Segensgesten. Unter Mitarbeit von Rita-Anna Gastinger und Oswin Rutz, München 1992.
Groß, Walter, *Israel und die Völker*. Die Krise des YHWH-Volk-Konzepts im Jesajabuch, in: Erich Zenger (Hg.), Der Neue Bund, 149-167.
Gunkel, Hermann, *Genesis* (HAT I/1), 3. Aufl., Göttingen 1910.

Halbwachs, Maurice, Das *Gedächtnis* und seine sozialen Bedingungen, Frankfurt a. M. 1985.
ders., *Das kollektive Gedächtnis*, Frankfurt a. M. 1985.
Hansen, Siegfried, Die Bedeutung des Leidens für das *Christusbild* Sören Kierkegaards, in: KuD 2 (1956), 1-28.
Hardmeier, Christof, »Denn im Tod ist *kein Gedenken* an dich ...« (Psalm 6,6). Der Tod des Menschen – Gottes Tod?, in: EvTh 48 (1988), 292-311.
ders., *Erzählen*-Erzählung-Erzählgemeinschaft. Zur Rezeption von Abrahamserzählungen in der Exilsprophetie, in: WuD (NF) 16 (1981), 27-47.
Härle, Wilfried, *Dogmatik*, Berlin/New York 1995.
Haußecker, Otto (Hg.), Der Herr segne dich. *Segenswünsche* für Lebenssituationen, 3. Aufl., Stuttgart 1990.
Heck, Erich Johannes, *Segen* des dreieinigen Gottes. Grundgebete der Christen, Stuttgart 1990.
Hegel, Gottfried W. F., Wissenschaft und *Logik*. Erster Teil: Die objektive Logik. Erster Bd. : Die Lehre vom Sein (1832), hg. v. Friedrich Hogemann/Walter Jaeschke (GW 21), Hamburg 1985.
Heinemann, Joseph, *Prayer* in the Talmud: Forms and Patterns, Berlin/New York 1977.
Heinz, Andreas/Rennings, Heinrich (Hg.), *Heute segnen*. Werkbuch zum Benediktionale, Freiburg u. a. 1987.
Helfmeyer, Franz Josef, *Segen und Erwählung*, in: BZ. NF 18 (1974), 208-223.

Hempel, Johannes, Die israelitischen Anschauungen von *Segen und Fluch* im Lichte altorientalischer Parallelen, in: ZDMG NF 4 (1925), 20-110, wiederabgedruckt in: ders., Apoxsysmata (BZAW 81), Berlin 1961, 30-113.
ders./Michel,Otto, Art. »*Segen und Fluch*«, in: RGG 5, 2. Aufl., Tübingen 1931, 388-394.
Hennig, John, *Benedictio*. Begriff und Gebrauch im jüdischen und christlichen Frömmigkeitsleben, in: HlD 20/21 (1966/67), 157-166.
ders., Die *Heiligung* der Welt im Judentum und Christentum, in: ALW X/2 (1968), 355-374.
ders., *Segnungen* für unsere Welt, in: HlD 29 (1975), 72-77.
Heyward, Carter, Und sie rührte sein Kleid an. Eine feministische *Theologie der Beziehung*. Mit einer Einleitung von Dorothee Sölle, Stuttgart 1986.
Hoffman, Lawrence A., Die rabbinische bᵉrakah und die *jüdische Spiritualität*, in: Conc(D) 26 (1990), 196-206.
ders., *Blessings* and Their Translation in Current Jewish Liturgies, in: Worship 60 (1986), 134-161.
Hollerweger, Hans, Das *Buch der Segnungen*, in: A. Heinz/H. Rennings (Hg.), Heute segnen, 33-42.
ders., Das neue deutsche *Benediktionale*, in: Not. 15 (1979), 349-362.
ders., »Ein *Segen* sollst du sein«. Begriff und pastoralliturgische Bedeutung der Segnungen, in: ThPQ 126 (1978), 250-259.
Hooker, Morna D., ΠΙΣΤΙΣ ΧΡΙΣΤΟΥ, in: NTS 35 (1989), 321-342.
Horst, Friedrich, *Hiob*. 1. Teilbd. (BK AT XVI/1), Neukirchen-Vluyn 1968.
ders., *Segen* und Segenshandlungen in der Bibel, in: ders., Gottes Recht. Studien zum Recht im Alten Testament (ThB 12), München 1961, 188-202.
Hübener, Wolfgang, Zu *Spinozas* Satz »Omnis determinatio est negatio«, in: Poetik und Hermeneutik, Bd. IV: Positionen der Negativität, hg. v. Harald Weinrich, München 1975, 499-503.
Huntemann, Georg, Der andere Bonhoeffer. Die *Herausforderung* des Modernismus, Wuppertal/Zürich 1989.

Issendorf, Bernhard von, *Segen* – Wiederentdeckung eines alten Zeichens, in: ZGDP 4 (1986), 17-19.
Jacob, Benno, Das erste Buch der Tora. *Genesis*, Berlin 1934.
Janowski, J. Christine, *Eschatologischer Dualismus*? Erwägungen zum »doppelten Ausgang« des jüngsten Gerichts, in: JBTh 9 (1994), 175-218.
dies., Zur paradigmatischen Bedeutung der *Geschlechterdifferenz* in K. Barths »Kirchlicher Dogmatik«, in: Helga Kuhlmann (Hg.), Und drinnen waltet die züchtige Hausfrau. Zur Ethik der Geschlechterdifferenz, Gütersloh 1995, 140-186.
dies., Feministische Theologie – ein *Synkretismusphänomen*? Versuch einer systematisch-theologischen Klärung, in: Drehsen, Volker/Sparn, Walter (Hg.), Im Schmelztiegel der Religionen. Konturen des modernen Synkretismus, Gütersloh 1996, 143-192.
Jarchow, Rainer, »*Segen befreit*«, in: JK 57 (1996), 615 f.
Jasch, Susanne (Hg.), Gesegnet wirst du sein. *Geschichten vom Segen* und Segensworte aus der Bibel, Stuttgart 1992.
Jonas, Hans, Der *Gottesbegriff* nach Auschwitz (st 1516), Frankfurt a. M. 1987.
Jörns, Klaus Peter, *Segen* – und kein Fluch? Überlegungen zur Einheit Gottes im Vorfeld der Praktischen Theologie, in: ders., Der Lebensbezug des Gottesdienstes. Studien zu seinem kirchlichen und kulturellen Kontext, München 1988, 259-279.
Jost, Renate, Der Fluch der Mutter. Feministisch-sozialgeschichtliche Überlegungen zu Ri 17,1-6, in: Ulrike Bail/dies. (Hg.), Gott an den Rändern. Sozialgeschichtliche Perspektiven auf die Bibel (FS für Willy Schottroff zum 65. Geburtstag), Gütersloh 1996, 17-23.
Josuttis, Manfred, Der *Weg* in das Leben. Eine Einführung in den Gottesdienst auf verhaltenswissenschaftlicher Grundlage, München 1991.

ders., *Petrus,* die Kirche und die verdammte Macht, Stuttgart 1993.
ders., Über alle *Engel.* Politische Predigten zum Hebräerbrief, München 1990.
Jung, Herbert, *Gottes sanfte Hände* über dir. Segensgebete für Gemeinde und Familie, Freiburg u.a. 1992.
Jüngel, Eberhard, *Barth-Studien* (ÖTh 9), Zürich u.a. 1982.
ders., Gott als *Geheimnis* der Welt. Zur Begründung der Theologie des Gekreuzigten zwischen Theismus und Atheismus, 3. Aufl., Tübingen 1978.
ders., *Karl Barths Lehre* von der Taufe. Ein Hinweis auf ihre Probleme (ThSt 98) 1968, wiederabgedruckt in: ders., Barth-Studien, 246-290.
ders., *Thesen* zu Karl Barths Lehre von der Taufe (1971), in: ders., Barth-Studien, 291-294.
ders., Zur *Freiheit* eines Christenmenschen. Eine Erinnerung an Luthers Schrift (KT 30), 2. Aufl., München 1978.
ders., Zur *Kritik* des sakramentalen Verständnisses der Taufe (1971), in: ders., Barth-Studien, 295-314.
Junker, Hubert, *Segen* als heilsgeschichtliches Motivwort im Alten Testament, in: Sacra Pagina. Miscellanea Biblica Congressus Internationalis Catholoci de Re Biblica Vol. I (BEThL XII), hg. v. J. Coppens/A. Descamps/E. Maussaux, Gembloux 1959, 548-558.

Kaczynski, Reiner, Die *Benediktionen,* in: Gottesdienst der Kirche (HLW 8/2: Sakramentliche Feiern), Regensburg 1984, 233-274.
Kamprad, Elke, Gesegnete Meerschweinchen. Der zweite *Tiergottesdienst* in Basel, in: Reformiertes Forum 43 (27. Oktober 1995), 3 f.
Keller, Carl A./Wehmeier, Gerhard, Art. ברך brk pi. segnen«, in: THAT I, 4. Aufl., München/Zürich 1984, 353-376.
Kessler, Hans, Der *Begriff des Handelns* Gottes. Überlegungen zu einer unverzichtbaren theologischen Kategorie, in: Brachel, Hans-Ulrich von/Mette, Norbert (Hg.), Kommunikation und Solidarität. Beiträge zur Diskussion des handlungstheoretischen Ansatzes von Helmut Peukert in Theologie und Sozialwissenschaft, Fribourg/Münster 1985, 117-130.
Kessler, Rainer, Die *Rolle des Armen* für die Gerechtigkeit und Sünde des Reichen, in: Was ist der Mensch ...? Beiträge zur Anthropologie des Alten Testaments (FS für Hans Walter Wolff zum 80. Geburtstag), hg. v. Frank Crüsemann/Christof Hardmeier/Rainer Kessler, München 1992, 153-163.
Keukens, Karlheinz H., Der irreguläre *Sterbesegen* Isaaks. Bemerkungen zur Interpretation von Genesis 27,1-45, in: BN 19 (1982), 43-56.
Kiefel, Ingeborg (Hg.), Segen ist wie *Sonne und Wind,* Wuppertal/Gütersloh 1992.
Kierkegaard, Sören, *Christliche Reden* (1848), unter Mitarbeit von Rose Hirsch übersetzt von Emanuel Hirsch (GW 20. Abt.), hg. v. Emanuel Hirsch und Hayo Gerdes, Düsseldorf/Köln 1959.
ders., *Erbauliche Reden* in verschiedenem Geist (1847), übersetzt von Hayo Gerdes (GW 18. Abt.), hg. v. Emanuel Hirsch und Hayo Gerdes, Düsseldorf/Köln o.J.
ders., *Furcht und Zittern,* übersetzt von Emanuel Hirsch (GW 4. Abt.), hg. v. Emanuel Hirsch und Hayo Gerdes, Düselforf/Köln o.J.
Kippenberg, Hans G., Einleitung: Zur *Kontroverse* über das Verstehen fremden Denkens, in: ders./Luchesi, Brigitte (Hg.), Magie, 9-51.
ders.,/Luchesi, Brigitte (Hg.), *Magie.* Die sozialwissenschaftliche Kontroverse über das Verstehen fremden Denkens (stw 674), Frankfurt a.M. 1987.
Kirchberg, Julie, *Theo-logie in der Anrede* als Weg zur Verständigung zwischen Juden und Christen (IThS 31), Innsbruck/Wien 1991.
Klappert, Bertold, Daß Jesus ein geborener Jude ist. *Das Judesein Jesu* und die Israelwerdung Gottes nach Karl Barth, in: E. L. Ehrlich/ders. (Hg.), Zelte, 221-255.
ders., Es ist vollbracht, aber noch nicht vollendet (*Predigtmeditation* zu Joh 19,16-30), in: Pre-

digten in Israels Gegenwart. Predigtmeditationen im Horizont des christlich-jüdischen Gesprächs, Gütersloh 1986, 73-87.
ders., *Israel und die Kirche*. Erwägungen zur Israellehre Karl Barths (TEH 207), München 1980.
ders., *Jesus als König*, Priester und Prophet. Eine Wiederholung der Wege und des Berufs Israels. Versuch einer Würdigung der Christologie F.-W. Marquardts, in: BThZ 11 (1994), 25-41.
ders., *Weg und Wende* Dietrich Bonhoeffers in der Israelfrage – Bonhoeffer und die theologischen Grundentscheidungen des Rheinischen Synodalbeschlusses 1980, in: Wolfgang Huber/Ilse Tödt (Hg.), Ethik im Ernstfall. Dietrich Bonhoeffers Stellung zu den Juden und ihre Aktualität (IBF 4), München 1982, 77-135.
Kleßmann, Ernst, Was heißt *Segen* nach der Hl. Schrift?, in: MPTh 48 (1959), 26-39.
Kluge, Otto, Die hebräische *Sprachwissenschaft* in Deutschland im Zeitalter des Humanismus, in: ZGJD 3 (1931), 81-97.180-193; ZGJD 4 (1932), 100-129.
Koch, Klaus, *Gestaltet die Erde*, aber heget das Leben! Einige Klarstellungen zum *dominium terrae* in Genesis 1, in: »Wenn nicht jetzt, wann dann?« Aufsätze für Hans-Joachim Kraus zum 65. Geburtstag, hg. v. Hans-Georg Geyer u. a., Neukirchen-Vluyn 1983, 23-36.
Köckert, Matthias, Die *Erwählung* Israels und das Ziel der Wege Gottes im Jesajabuch, in: »Wer ist wie du, Herr, unter den Göttern?«: Studien zur Theologie und Religionsgeschichte Israels (FS für Otto Kaiser zum 70. Geburtstag), hg. v. Ingo Kottsieper u. a., Göttingen 1994, 277-300.
ders., *Vätergott* und Väterverheißungen. Eine Auseinandersetzung mit Albrecht Alt und seinen Erben (FRLANT 142), Göttingen 1988.
Kodalle, Klaus-M., Die *Eroberung* des Nutzlosen, Paderborn u. a. 1988.
ders., Dietrich Bonhoeffer. Zur *Kritik* seiner Theologie, Gütersloh 1991.
Kollwitz, Käthe, »*Ich will wirken* in dieser Zeit«. Auswahl aus den Tagebüchern und Briefen, aus Graphik, Zeichnungen und Plastik. Einführung v. Friedrich Ahlers-Hestermann, hg. von Hans Kollwitz, 5. Aufl., Berlin 1981.
Kommission für Gottesdienstgestaltung der Evangelisch-reformierten Landeskirche des Kantons Zürich (Hg.), *Werkstatt Gottesdienst*: Gottesdienst mit Salbung und Segnung in evangelisch-reformierten Gemeinden. Erlebnisse – Fragen – Rundmodelle – Materialien, Zürich 1993.
Korpel, Marjo C. A., The Poetic Structure of the *Priestly Blessing*, in: JSOT 45 (1989), 3-13.
Körtner, Ulrich H. J., *Der handelnde Gott*. Zum Verständnis der absoluten Metapher vom Handeln Gottes bei Karl Barth, in: NZSTh 31 (1989), 18-40.
ders., Die *Totensegnung* als Problem der Beerdigung. Ein Beitrag zum evangelischen Verständnis von Segen und Tod, in: WuD (NF) 17 (1983), 175-198.
Kraus, Hans-Joachim, »*Israel*« in der Theologie Calvins (1989), in: ders., Rückkehr zu Israel. Beiträge zum christlich-jüdischen Dialog, Neukirchen-Vluyn 1991, 189-199.
ders., *Systematische Theologie* im Kontext biblischer Geschichte und Eschatologie, Neukirchen-Vluyn 1983.
ders., *Theologie der Psalmen* (BK AT XV/3), Neukirchen-Vluyn 1979.
Kraus, Karl, Worte in Versen I (1916), *Werke* Bd. 7, hg. v. Heinrich Fischer, München 1959.
Kremers, Helmut (Hg.), Die *Juden* und Martin Luther. Martin Luther und die Juden. Geschichte – Wirkungsgeschichte – Herausforderung, Neukirchen-Vluyn 1985.
Krolzik, Udo, Die *Wirkungsgeschichte* von Genesis 1,28, in: G. Altner (Hg.), Ökologische Theologie, 149-163.
ders., *Umweltkrise* – Folge des Christentums?, 2. Aufl., Stuttgart/Berlin 1980.
Krötke, Wolf, *Gott und Mensch* als »Partner«. Zur Bedeutung einer zentralen Kategorie in Karl Barths Kirchlicher Dogmatik, in: ZThK Beiheft 6 (1986), 158-175.
ders., Gottes *Fürsorge* für die Welt. Überlegungen zur Bedeutung der Vorsehungslehre (1981),

in: ders., Die Universalität des offenbaren Gottes. Gesammelte Aufsätze (BEvTh 94), München 1985, 82-94.
ders., *Sünde* und Nichtiges bei Karl Barth (NBST 3), 2. Aufl., Neukirchen-Vluyn 1983.
ders., Zu Karl Barths Lehre von der »*Licht- und Schattenseite*« der Schöpfung, in: ZDTh 3 (1987), 215-220.
Krumwiede, Hans-Walter, *Geschichte* des Christentums, Bd. 3: Neuzeit (ThW 8), Stuttgart u. a. 1977.
Kuhlmann, Helga (Hg.), Und drinnen waltet die züchtige Hausfrau. Zur Ethik der *Geschlechterdifferenz*, Gütersloh 1995.
dies., *Ethik der Geschlechterdifferenz* als Herausforderung theologischer Anthropologie, in: dies. (Hg.), Geschlechterdifferenz, 206-221.
Kuske, Martin, Das Alte Testament als *Buch von Christus*. Dietrich Bonhoeffers Wertung und Auslegung des Alten Testaments, Göttingen 1971.

Landessynode der Evangelischen Kirche im Rheinland, Zur *Erneuerung* des Verhältnisses von Christen und Juden (Handreichung Nr. 39), 2. Aufl., Düsseldorf 1985.
Landsberger, Benno, Das »gute *Wort*«, in: Altorientalische Studien (FS für Bruno Meissner zum 60. Geburtstag), Leipzig 1928/29, 294-321.
Lange, Ernst, Nicht an den Tod glauben. Praktische *Konsequenzen* aus Ostern (Stundenbücher 125), hg. v. Rüdiger Schloz, Bielefeld 1975.
Langenhorst, Georg, *Hiob* unser Zeitgenosse. Die literarische Hiobrezeption im 20. Jahrhundert als theologische Herausforderung (Theologie und Literatur 1), Mainz 1994.
Langgärtner, Georg, Die *Sakramentalien*. Ein Werkbuch mit Anleitungen und Modellen für die Segnungen der Kirche, Würzburg 1974.
ders., *Magie oder Gottesdienst?* Segnungen und Weihen in der erneuerten Liturgie, in: HlD 29 (1975), 97-110.
Lapide, Pinchas, *Bonhoeffer* und das Judentum, in: Ernst Feil (Hg.), Verspieltes Erbe? Dietrich Bonhoeffer und der deutsche Nachkriegsprotestantismus (IBF 2), München 1979, 116-130.
ders., Ich will dich segnen, und du sollst ein Segen sein. Der *Segen im Judentum*, in: Deutscher Evangelischer Kirchentag Düsseldorf 1985. Dokumente, hg. im Auftrag des Deutschen Evangelischen Kirchentages von Konrad von Bonin, Stuttgart 1985, 174-182.
Läpple, Alfred (Hg.), *Volksrituale II*. Weihungen und Segnungen im Kirchenjahr. Handreichung für Gemeindeliturgie und Familienfeier, Aschaffenburg 1974.
Liedke, Gerhard, *Gott segnet* und rettet. Einige Problemanzeigen, in: Schöpferische Nachfolge (FS für Heinz Eduard Tödt), hg. v. Christofer Frey/Wolfgang Huber, Heidelberg 1978, 519-532.
Lienemann, Wolfgang, *Hören*, Bekennen, Kämpfen. Hinweise auf Bekenntnis und Lehre in der Theologie Karl Barths, in: EvTh 40 (1980), 537-558.
Lilienfeld, Fairy von, *ΕΥΛΟΓΙΑ* und ΕΥΛΟΓΕΙΝ im gottesdienstlichen Handeln der orthodoxen Kirchen. Der Segen in der Ostkirche und sein Bezug auf Schöpfungswirklichkeit und Heil, in: ALW XX/XXI (1978/79), 9-27.
Linafelt, Tod, The *Undecidability* of ברך in the Prologue to Job and Beyond, in: Biblical Interpretation IV/2 (1996), 154-172.
Link, Christian, Die *Erfahrung* der Welt als Schöpfung, in: Michael von Rad (Hg.), Anthropologie als Thema psychosomatischer Medizin und Theologie, Stuttgart u. a. 1974, 73-121.
ders., Die *Spur* des Namens. Zur Funktion und Bedeutung des biblischen Gottesnamens, in: EvTh 55 (1995), 416-438.
ders., Die *Theologie Calvins*. Unveröffentlichtes Vorlesungsmanuskript, Bern (Sommersemester) 1993.
ders., Die *Transparenz der Natur* für das Geheimnis der Schöpfung, in: G. Altner (Hg.), Ökologische Theologie, 166-195.
ders., Ein *biblischer Weltentwurf*. Möglichkeiten einer theologischen Antwort auf ökologische

Fragen, in: Humanökologie und Frieden, hg. v. Constanze Eisenbart, Stuttgart 1979, 373-417.
ders., Gottes *Vollendung der Welt* – des Menschen Dienst an der Welt, in: Ref. 29 (1980), 589-600.
ders., *Schöpfung* (HST 7), Bd. 1: Schöpfungstheologie in reformatorischer Tradition; Bd. 2: Schöpfungstheologie angesichts der Herausforderungen des 20. Jahrhunderts, Gütersloh 1991.
ders., *Theologische Aussage* und geschichtlicher Ort der Schöpfungslehre Barths, in: ZDTh 3 (1987), 171-190.
ders., *Vita passiva*. Rechtfertigung als Lebensvorgang, in: EvTh 44 (1984), 315-351.
Link, Hans-Georg, Art. »Segen«, in: Theologisches Begriffslexikon zum Neuen Testament, Bd. II/2, Wuppertal 1971, 1119-1127.
Liturgische Kommission der Diözese Rottenburg (Hg.), *Segnungen*, Gebete, Gottesdienste, Stuttgart 1974.
Locher, Gottfried W., *Calvin* spricht zu den Juden, in: ThZ 23 (1967), 180-196.
Lohfink, Norbert, Der neue *Bund* und die Völker, in: KuI 6 (1991), 115-133.
ders., »Macht euch die *Erde* untertan«?, in: ders., Studien zum Pentateuch, Stuttgart 1988, 11-28.
ders./Zenger, Erich, Der *Gott Israels* und die Völker. Untersuchungen zum Jesajabuch und zu den Psalmen (SBS 154), Stuttgart 1994.
Loretz, Oswald, *Altorientalischer Hintergrund* sowie inner- und nachbiblische Entwicklung des aaronitischen Segens (Num 6, 24-26), in: UF 10 (1978), 115-119.
Luhmann, Niklas, Die *Unterscheidung* Gottes, in: ders., Soziologische Aufklärung, Bd. 4, Opladen 1987, 236-253.
Lukken, Gerard, Was bedeutet »*benedicere*«?, in: LJ 27 (1977), 5-27.
Luther, Henning, Leben als *Fragment*. Der Mythos von der Ganzheit, in: WzM 43 (1991), 262-273.
Luther, Martin, Werke. Kritische Gesamtausgabe *(= WA)*, Weimar 1883 ff.
ders., Werke. Kritische Gesamtausgabe. Die Deutsche Bibel *(= WA. DB)* 7, Weimar 1931.
ders., Werke. Kritische Gesamtausgabe. Tischreden *(= WA. TR)* 1, Weimar 1912.
Luz, Ulrich, Das Evangelium nach *Matthäus* (Mt 1-7), (EKK I/1), Zürich u. a. 1985.
ders., *Wirkungsgeschichtliche Exegese*. Ein programmatischer Arbeitsbericht mit Beispielen aus der Bergpredigtexegese, in: BThZ 2 (1985), 18-32.

Maas-Ewerd, Theodor, Benediktionen als *Feiern der Gemeinde*, in: A. Heinz/H. Rennings (Hg.), Heute segnen, 43-58.
ders., *Muttersprachliches Benediktionale* ohne lateinisches Modell. Zur Eigenart eines neuen liturgischen Buches, in: AnzKG 88 (1979), 218-224.
Macht der Segnung – Segnung der Macht. Themenheft Conc(D) 21 (1985), 77-161.
Manecke, Jutta (Hg.), »Gesegnet bist du unter den *Frauen*«. Frauen als Segnende und Gesegnete. Dokumentation des 3. Tages feministische Theologie am 20. Mai 1995 in Heimerzheim (Kirchenkreis Bad Godesberg), Bonn 1995.
Mann, Ulrich, Das Wunderbare: *Wunder*, Segen und Engel (HST 17), Gütersloh 1979.
Manzke, Karl Hinrich, *Ewigkeit* und Zeitlichkeit. Aspekte für eine theologische Deutung der Zeit (FSÖTh 63), Göttingen 1992.
Marcus, Marcel u. a. (Hg.), *Israel und Kirche* heute. Beiträge zum christlich-jüdischen Dialog (FS für Ernst Ludwig Ehrlich), Freiburg u. a. 1991.
Marquard, Reiner, Karl Barth und der *Isenheimer Altar* (AzTh 80), Stuttgart 1995.
Marquardt, Friedrich-Wilhelm, Das christliche Bekenntnis zu Jesus, dem Juden. Eine Christologie. Bd. 1-2, München 1990/1991.
ders., Die *Entdeckung* des Judentums für die christliche Theologie. Israel im Denken Karl Barths (ACJD 1), München 1967.

ders., *Jüdische Freiheit* – christlich bedacht, in: E. L. Ehrlich/B. Klappert (Hg.), Zelte, 208-220.
ders., Von Elend und Heimsuchung der Theologie. *Prolegomena* zur Dogmatik, München 1988.
ders., Was dürfen wir hoffen, wenn wir hoffen dürften? Eine *Eschatologie*. Bd. 1-3, Gütersloh 1993/1994/1996.
May, Dorothea G., *Segen* bei unseren jüdischen und muslimischen Schwestern – oder: Meine Segensreise, in: J. Manecke (Hg.), Frauen, 42-50.
Mayer, Reinhold, *Luther* und die Juden, in: ders., Zeit ist's. Zur Erneuerung des Christseins durch Israel-Erfahrung, Gerlingen 1996, 200-210.
Meine Seele sieht das Land der Freiheit. *Feministische Liturgien* – Modelle für die Praxis, hg. v. Christine Hojenski/Birgit Hübner/Reinhild Hundrup/Martina Meyer. Mit einem Vorwort von Hedwig Meyer-Wilmes, Münster 1990.
Michel, Otto, Der Brief an die *Hebräer* (KEK XIII), Göttingen 1949.
Midrasch *Bereschit Rabba*. Das ist die haggadische Auslegung der Genesis. Zum ersten Male ins Deutsche übertragen von August Wünsche, Leipzig 1881.
Mildenberger, Friedrich, *Biblische Dogmatik*. Eine Biblische Theologie in dogmatischer Perspektive, Stuttgart u. a., Bd. *1*: Prolegomena: Verstehen und Geltung der Bibel, 1991; Bd. 2: Ökonomie als Theologie, 1992; Bd. 3: Theologie als Ökonomie, 1993.
ders., *Biblische Theologie* versus Dogmatik?, in: JBTh 6 (1991), 269-281.
Miller, Patrick D., The *Blessing of God*. An Interpretation of Numbers 6:22-27, in: Interp. 29 (1975), 240-251.
Miskotte, Kornelis Heiko, Wenn die *Götter* schweigen. Vom Sinn des Alten Testaments, München 1964.
Moltmann, Jürgen, Der *Geist des Lebens*. Eine ganzheitliche Pneumatologie, München 1991.
ders., Gott in der *Schöpfung*. Ökologische Schöpfungslehre, München 1985.
ders., Jesus zwischen *Juden und Christen*, in: EvTh 55 (1995), 49-63.
ders., *Prädestination* und Perseveranz. Geschichte und Bedeutung der reformierten Lehre »de perseverantia sanctorum«, Neukirchen Kreis Moers 1961.
ders., Schöpfung, Bund und Herrlichkeit. Zur Diskussion über *Karl Barths Schöpfungslehre*, in: ZDTh 3 (1987), 191-214.
Moltmann-Wendel, Elisabeth, *Mein Körper* bin ich. Neue Wege zur Leiblichkeit, Gütersloh 1994.
dies., Wenn *Gott und Körper* sich begegnen. Feministische Perspektiven zur Leiblichkeit, Gütersloh 1989.
Morenz, Siegfried/Horst, Friedrich/Köster, Helmut, Art.»*Segen und Fluch*«, in: RGG 5, 3. Aufl., Tübingen 1961, 1648-1652.
Mowinckel, Sigmund, Psalmenstudien V. *Segen und Fluch* in Israels Kult und Psalmendichtung, Kristiania 1924.
Müller, Birgit (Hg.), *Segensworte* und Segensgesten. Gestaltungsvorschläge für Segenshandlungen in Gottesdiensten und anderen (Gemeinde-) Ereignissen (Materialheft 72 der Beratungsstelle für Gestaltung von Gottesdiensten und anderen Gemeindeveranstaltungen), Frankfurt a. M. 1994.
Müller, Hans-Peter, *Segen* im Alten Testament. Theologische Implikationen eines halb vergessenen Themas, in: ZThK 87 (1990), 1-32.
ders., *Ursprünge* und Strukturen der alttestamentlichen Eschatologie (BZAW 109), Berlin/New York 1969.
Müller, Theophil, Evangelischer *Gottesdienst*. Liturgische Vielfalt im religiösen und gesellschaftlichen Umfeld, Stuttgart u. a. 1993.
Müller-Fahrenholz, Geiko, *Erwecke die Welt*. Unser Glaube an Gottes Geist in dieser bedrohten Zeit, Gütersloh 1993.
Multhaupt, Hermann, Möge der *Strohsack* im Himmel für dich bereitet sein. Alte irische Segenswünsche II, 12. Aufl., Aachen 1996.

ders., Möge der *Wind* immer in deinem Rücken sein. Alte irische Segenswünsche, 16. Aufl., Aachen 1995.
Munk, Elie, Die *Welt der Gebete* עולם התפלות. Kommentar zu den Werktags-, Sabbat-, u. Festtagsgebeten nebst Übersetzung, Basel, Bd. *I*: Die Werktagsgebete, 1985; Bd. *II*: Die Sabbat- und Festtagsgebete. Anhang: Die Fasttagsgebete, 1985.
Mußner, Franz, Der *Galaterbrief* (HThK IX), 4. Aufl., Freiburg u. a. 1981.

Naumann, Thomas, *Ismael*. Theologische und erzählanalytische Studien zu einem biblischen Konzept der Selbstwahrnehmung Israels im Kreis der Völker aus der Nachkommenschaft Abrahams, Bern 1996 (noch unveröffentlichte Habilitationsschrift).
Niesel, Wilhelm, Die *Theologie* Calvins (Einführung in die evangelische Theologie VI), München 1938.
Noth, Martin, Die *Gesetze* im Pentateuch. Ihre Voraussetzungen und ihr Sinn, Halle 1940.
Novum Testamentum Graece, post Eberhard Nestle et Erwin Nestle communiter ediderunt Kurt Aland/Matthew Black/Carlo M. Martini/Bruce M. Metzger/Allen Wikgren, 26. Aufl., Stuttgart 1979.

Oberman, Heiko A., Wurzeln des *Antisemitismus*. Christenangst und Judenplage im Zeitalter von Humanismus und Reformation, 2. Aufl., Berlin 1982.
Oblau, Gotthard, *Gotteszeit* und Menschenzeit. Eschatologie in der Kirchlichen Dogmatik von Karl Barth (NBST 6), Neukirchen-Vluyn 1988.
Oeming, Manfred, Ist Genesis 15, 6 ein Beleg für die *Anrechnung* des Glaubens zur Gerechtigkeit?, in: ZAW 95 (1983), 182-197.
Offenbarung als Geschichte, in Verbindung mit Rolf Rendtorff, Ulrich Wilckens, Trutz Rendtorff hg. v. Wolfhart Pannenberg, 5. Aufl., Göttingen 1982.
Opitz, Peter, Calvins theologische *Hermeneutik*, Neukirchen-Vluyn 1994.
Ott, Heinrich, *Wirklichkeit* und Glaube. Erster Bd.: Zum theologischen Erbe Dietrich Bonhoeffers, Zürich 1966.
Otten, Heinz, Calvins theologische Anschauung von der *Prädestination*, München 1938.

Pannenberg, Wolfhart, *Kerygma und Geschichte*, in: R. Rendtorff/K. Koch (Hg.), Überlieferungen, 129-140.
ders., *Systematische Theologie*. Bd. 2-3, Göttingen 1991/1993.
Patsch, Hermann, Art. »εὐλογέω«, in: EWNT 2, Stuttgart u. a. 1981, 197-201.
Pedersen, Johannes, *Israel*. Its Life and Culture, Vol. 1-2, London/Copenhagen 1926.
Peikert-Flaspöhler, Christa, Schenke *Neubeginn*. Segensworte, Limburg 1996.
Plaskow, Judith, Und wieder stehen wir am *Sinai*. Eine jüdisch-feministische Theologie, Luzern 1992.
Plathow, Michael, Das Problem des concursus divinus. Das *Zusammenwirken* von göttlichem Schöpferwirken und geschöpflichem Eigenwirken in K. Barths »Kirchlicher Dogmatik« (FSÖTh 32), Göttingen 1976.
Plöger, Josef G., Vom *Segen des Herrn* (Num 6, 22-27), in: ders. (Hg.), Gott feiern. Theologische Anregung und geistliche Vertiefung zur Feier von Messe und Studengebet, 2. Aufl., Freiburg 1980, 275-293.
Poeplau, Wolfgang (Hg.), Stille hinter dem Wind. *Keltische Segenssprüche* (Edition Eine neue Erde 6), Wuppertal 1989.
ders. (Hg.), Wir träumen die Lieder. *Irische Segenssprüche* (Edition Eine neue Erde 1), Wuppertal/Lünen 1987.
Pohier, Jacques/Dolto, Françoise, Der *Machteinfluß des Segens* auf die psychische Identität, in: Conc(D) 21 (1985), 130-139.
Preul, Reiner, Problemskizze zur Rede vom *Handeln Gottes*, in: MJTh 1 (1987), 3-11.

Preuß, Horst Dietrich, *Theologie* des Alten Testaments. Bd. 1: JHWHs erwählendes und verpflichtendes Handeln, Stuttgart u. a. 1991.
Procksch, Otto, Die *Genesis* (KAT I), 2. und 3. Aufl., Leipzig 1924.

Quinzio, Sergio, Die jüdischen *Wurzeln der Moderne*. Aus dem Italienischen von Martina Kempter, Frankfurt a. M. u. a. 1995.

Rad, Gerhard von, Das erste Buch Mose. *Genesis* Kap. 1-12,9 (ATD 2), 4. Aufl., Göttingen 1956.
ders., Das formgeschichtliche Problem des *Hexateuch* (1938), in: ders., Gesammelte Studien, 9-86.
ders., Das theologische Problem des alttestamentlichen *Schöpfungsglaubens* (1936), in: ders., Gesammelte Studien, 136-147.
ders., Die Stadt auf dem Berge (1948/49), in: ders., Gesammelte Studien, 214-224.
ders., Es ist noch eine *Ruhe* vorhanden dem Volke Gottes (1933), in: ders., Gesammelte Studien, 101-108.
ders., *Gesammelte Studien* zum Alten Testament (ThB 8), 4. Aufl., München 1971.
ders., *Theologie* des Alten Testaments. Bd I: Die Theologie der geschichtlichen Überlieferungen Israels, 8. Aufl., München 1982.
ders., *Weisheit* in Israel, 2. Aufl., Neukirchen-Vluyn 1982.
Radford Ruether, Rosemary, Unsere Wunden heilen, unsere Befreiung feiern. Rituale in der *Frauenkirche*, Stuttgart 1988.
Rendtorff, Rolf, Das Alte Testament. Eine *Einführung*, Neukirchen-Vluyn 1983.
ders., Die »*Bundesformel*«. Eine exegetisch-theologische Untersuchung (SBS 160), Stuttgart 1995.
ders., Die *jüdische Bibel* und ihre antijüdische Auslegung, in: ders./Ekkehard W. Stegemann (Hg.), Auschwitz – Krise der Theologie, München 1980, 99-116.
ders., Ein gemeinsamer »*Bund*« für Juden und Christen? Auf der Suche nach einer neuen Bestimmung der christlichen Identität, in: KuI 9 (1994), 3-8.
ders., Genesis 8, 21 und die *Urgeschichte* des Jahwisten, in: KuD 7 (1961), 69-78.
ders., *Geschichte und Überlieferung*, in: ders./K. Koch (Hg.), Überlieferungen, 81-94.
ders., *Israel*, die Völker und die Kirche, in: KuI 9 (1994), 126-137.
ders., *Offenbarung und Geschichte*. Partikularismus und Universalismus im Offenbarungsverständnis Israels, in: Jakob J. Petuchowski/Walter Strolz (Hg.), Offenbarung im jüdischen und christlichen Glaubensverständnis, Freiburg u. a. 1981, 37-49.
ders./Koch, Klaus (Hg.), Studien zur Theologie der alttestamentlichen *Überlieferungen* (FS für Gerhard von Rad zum 60. Geburtstag), Neukirche Kreis Moers 1961, 81-94.
ders., »Wo warst du, als ich die Erde gründete?« *Schöpfung* und Heilsgeschichte, in: ders., Kanon und Theologie. Vorarbeiten zu einer Theologie des Alten Testaments, Neukirchen-Vluyn 1991, 94-112.
Ritschl, Dietrich, Sinn und Grenzen der theologischen Kategorie der *Vorsehung*, in: ZDTh 10 (1994), 117-133.
ders., Zur *Logik der Theologie*. Kurze Darstellung der Zusammenhänge theologischer Grundgedanken (KT 38), 2. Aufl., München 1988.
Robinson, Jack Hughes, *John Calvin* and the Jews (American University Studies, Series VII: Theology and Religion 123), New York u. a. 1992.
Rosenstock-Huessy, Eugen, Die *Sprache des Menschengeschlechts*. Eine leibhafte Grammatik in vier Teilen. Zweiter Bd. : Dritter und vierter Teil, Heidelberg 1964.
Rosenstock, Heide/Köhler, Hanne (Hg.), Du Gott, *Freundin* der Menschen. Neue Texte und Lieder für Andacht und Gottesdienst, Stuttgart 1991.
Rosenzweig, Franz, *Briefe und Tagebücher*, Bd. 2.: 1918-1929 (GS I/2), hg. v. Rachel Rosenzweig/Edith Rosenzweig-Scheinmann unter Mitwirkung von Bernhard Casper, Haag 1979.

ders., »Der Ewige«. Mendelssohn und der *Gottesname*, in: ders., Zweistromland. Kleinere Schriften zu Glauben und Denken (GS III), hg. v. Reinhold und Annemarie Mayer, Dordrecht u. a. 1984, 801-815.
ders., Der *Stern der Erlösung*. Mit einer Einführung von Reinhold Mayer und einer Gedenkrede von Gershom Scholem, 3. Aufl., Frankfurt a. M. 1990.
Rüdlin, Ingedore, *Segen* war in ihrem Teig. Eine Studie zur Religiösität frommer Jüdinnen, in: Schlangenbrut 49 (1995), 39-42.
Ruprecht, Eberhard, Der traditionsgeschichtliche *Hintergrund* der einzelnen Elemente von Genesis XII 2-3, in: VT XXIX (1979), 444-464.
ders., Vorgegebene *Tradition* und theologische Gestaltung in Genesis XII 1-3, in: VT XXIX (1979), 171-188.
Rüterswörden, Udo, *Dominium terrae*. Studien zur Genese einer alttestamentlichen Vorstellung (BZAW 215), Berlin/New York 1993.

Sachs, Nelly, Fahrt ins Staublose. *Gedichte* (st 1485), Frankfurt a. M. 1988.
Sauter, Gerhard, *Trinitatis* – Num 6, 22-27, in: Neue Calwer Predigthilfen 5. Jg. Bd. B, Stuttgart 1983, 35-42.
Saxer, Ernst, *Vorsehung* und Verheißung Gottes. Vier theologische Modelle (Calvin, Schleiermacher, Barth, Sölle) und ein systematischer Versuch, Zürich 1980.
Schäfer, Peter/Deichgräber, Reinhard/Davies, John Gordon, Art. »*Benediktionen*«, in: TRE 5, Berlin/New York 1980, 560-573.
Scharbert, Josef, Art. »*Segen*«, in: Bibeltheologisches Wörterbuch, hg. v. Johannes B. Bauer, 3. Aufl., Graz/Wien/Köln 1967, 1240-1249.
ders., Art. »ברך/ברכה«, in: ThWAT 1, Stuttgart u. a. 1973, 808-841.
ders., Die Geschichte der *bârûk-Formel*, in: BZ. NF 17 (1973), 1-28.
ders., »*Fluchen*« und »*Segnen*« im Alten Testament, in: Bib. 39 (1958), 1-26.
ders., *Solidarität* in Segen und Fluch im Alten Testament und in seiner Umwelt (BBB 14), Bonn 1958.
Schaumberger, Christine/Schottroff, Luise, *Schuld und Macht*. Studien zu einer feministischen Befreiungstheologie, München 1988.
Schelkle, Karl Hermann, Die *Petrusbriefe* – Der Judasbrief (HThK XIII), 3. Aufl., Freiburg u. a. 1970.
Schenk, Wolfgang, Der *Segen* im Neuen Testament. Eine begriffsanalytische Studie (Theologische Arbeiten XXV), Berlin 1966.
Scherzberg, Lucia, *Sünde und Gnade* in der Feministischen Theologie, in: JBTh 9 (1994), 235-283.
Schindler, Regine, *Verhaftet* und verlobt. Zum Briefwechsel zwischen Dietrich Bonhoeffer und Maria von Wedemeyer, 1943-1945, in: C. Gremmels/W. Huber (Hg.), Freundschaft, 154-169.
Schleiermacher, Friedrich, *Der christliche Glaube* nach den Grundsätzen der evangelischen Kirche im Zusammenhange dargestellt, 2. Bd. Auf Grund der zweiten Auflage und kritischer Prüfung des Textes hg. und mit Einleitung, Erläuterungen und Register versehen v. Martin Redeker, 7. Aufl., Berlin 1960.
Schlink, Edmund, *Ökumenische Dogmatik*. Grundzüge. Mit Geleitworten von Heinrich Fries und Nikos A. Nissiotis, 2. Aufl., Göttingen 1985.
Schlüter, Margarete, Zum *Formular der Berakha*, in: FJB 11 (1983), 47-56.
Schmeisser, Martin (Hg.), Deine *Güte* umsorgt uns. Segen empfangen und weitergeben 1. Gedanken, Segenswünsche und Gebete, Eschbach/Markgräflerland 1989.
ders./Fichtl, Friedemann (Hg.), Segne uns mit deinem *Licht*. Segen empfangen und weitergeben 2. Gedanken zum Segen und Gebete für die Zeiten des Tages, Eschbach/Markgräflerland 1991.

ders./Pfeffer, Monika und Andreas (Hg.), Laß meine *Seele* aufatmen. Segen empfangen und weitergeben 3, Eschbach/Markgräflerland 1992.

Schmidt, Jörg, Segnung bei einer gleichgeschlechtlichen *Partnerschaft*. Hinweise zur Entstehung eines strittigen Textabschnitts in einem »Votum des Theologischen Ausschusses der Arnoldshainer Konferenz« zum Thema »Segen«, in: RKZ 136 (1995), 136-141.

Schmidt, Ludwig, *Israel* ein Segen für die Völker? (Das Ziel des jahwistischen Werkes – eine Auseinandersetzung mit H. W. Wolff), in: TheolViat XII (1973/74), 135-151.

ders., *Jakob* erschleicht sich den väterlichen Segen. Literarkritik und Redaktion von Genesis 27,1-45, in: ZAW 100 (1988), 159-183.

Schmidt, Werner H., Die *Schöpfungsgeschichte* der Priesterschrift. Zur Überlieferungsgeschichte von Genesis 1,1-2,4a und 2,4b-3,24 (WMANT 17), Neukirchen-Vluyn 1967.

Schmidt-Lauber, Hans-Christoph, *Segnungsfeiern* als ökumenischer Gottesdienst, in: A. Heinz/H. Rennings (Hg.), Heute segnen, 84-93.

Schmoller, Alfred, Handkonkordanz zum Griechischen Neuen Testament, 15. Aufl., Stuttgart 1973.

Schnackenburg, Rudolf, Das *Johannesevangelium*, II. Teil: Kommentar zu Kap. 5-12 (HThK IV/II), 4. Aufl., Freiburg u.a. 1985.

Schneider, Gunda, *Frauensünde*? Überlegungen zu Geschlechterdifferenz und Sünde, in: H. Kuhlmann (Hg.), Geschlechterdifferenz, 189-205.

Schönborn, Christoph, »Damit ihr ein Segen seid ...« (Sach 8,13). Vom *Sinn des Segens*, in: WuA(M) 26 (1985), 161-168.

Schottroff, Willy, Der altisraelitische *Fluchspruch* (WMANT 30), Neukirchen-Vluyn 1969.

Schreiner, Josef, *Segen* für die Völker in der Verheißung an die Väter, in: BZ. NF 6 (1962), 1-31.

Schreiner, Stefan, Was *Luther* vom Judentum wissen konnte, in: H. Kremers (Hg.), Juden, 58-71.

Schulz, Frieder, Die *Hausgebete* Luthers, in: PTh 72 (1983), 478-490.

ders., Die jüdischen *Wurzeln* des christlichen Gottesdienstes, in: JLH 28 (1984), 39-54.

ders., *Segnungen* in evangelischer Sicht, in: A. Heinz/H. Rennings (Hg.), Heute segnen, 72-83.

Schwarzenberger, Rudolf, Das neue *Segensbuch* der Kirche. Einführung und pastorale Praxis, in: LS 29 (1978), 328-337.

Schwöbel, Christoph, God: *Action and Revelation*, Kampen 1992.

ders., Die Rede vom *Handeln Gottes* im christlichen Glauben. Beiträge zu einem systematisch-theologischen Rekonstruktionsversuch, in: MJTh 1 (1987), 56-81.

Seidel, Uwe, *Erfahrungen* mit Segen und Segnen. Eine Anleitung zum Gottesdienst mit allen Sinnen, in: Sybille Fritsch-Oppermann/Henning Schröer (Hg.), Lebendige Liturgie: Texte. Experimente. Perspektiven, Gütersloh 1990, 44-57.

Septuaginta (= *LXX*). Id est vetus Testamentum graece iuxta LXX interpretes edidit Alfred Rahlfs. Editio minor, Stuttgart 1979.

Seters, John Van, *Abraham* in History and Tradition, New Haven/London 1975.

»*Sexualität und Lebensformen*« sowie »Trauung und Segnung«. Diskussionspapier für die Gemeinden und Kirchenkreise der Evangelischen Kirche im Rheinland, hg.v. der Kirchenleitung der EKiR, 2. Aufl., Düsseldorf 1996.

Seybold, Klaus, Der aaronitische *Segen*. Studien zu Numeri 6,22-27, Neukirchen-Vluyn 1977.

Sidur Sefat Emet (סדור שפת אמת). Mit deutscher Übersetzung von Rabbiner Dr. S. Bamberger, Basel 1982.

Söderblom, Kerstin, *Kirchlicher Segen* – auch für Lesben und Schwule, in: RKZ 137 (1996), 170-178.

Sölle, Dorothee, *Lieben und arbeiten*. Eine Theologie der Schöpfung, Stuttgart 1985.

dies., Stellvertretung. Ein Kapitel Theologie nach dem »Tode Gottes«, 2. Aufl., Stuttgart 1982.

Spinoza, Baruch, *Opera IV*, hg.v. Carl Gebhardt, 2. Aufl., Heidelberg 1972.

Steck, Odil Hannes, Der *Schöpfungsbericht* der Priesterschrift. Studien zur literarkritischen und überlieferungsgeschichtlichen Problematik von Genesis 1,1-2,4a (FRLANT 115), Göttingen 1975.

ders., Genesis 12,1-3 und die *Urgeschichte* des Jahwisten, in: Probleme biblischer Theologie (FS für Gerhard von Rad zum 70. Geburtstag), hg.v. Hans Walter Wolff, München 1971, 525-554.

Steffensky, Fulbert, Der *Name* – Schlüssel zur Freiheit. Über die Angst der Menschen, keinen Namen zu haben, in: PTh 81 (1992), 210-223.

ders., *Segnen*. Gedanken zu einer Geste, in: PTh 82 (1993), 2-11.

Stegemann, Ekkehard W., Die *umgekehrte Tora*. Zum Gesetzesverständnis des Paulus, in: Jud. 43 (1987), 4-20.

Stock, Konrad, *Anthropologie* der Verheißung. Karl Barths Lehre vom Menschen als theologisches Problem (BEvTh 86), München 1980.

Stöhr, Martin, *Martin Luther* und die Juden (1961), in: H. Kremers (Hg.), Juden, 89-108.

Stollberg, Dietrich, *Liturgische Praxis*. Kleines evangelisches Zeremoniale, Göttingen 1993.

ders., Umgang mit der *Sinnlichkeit*. Über den Segen und das Segnen, in: EK 12 (1979), 208-210.

Strack, Hanna (Hg.), Den *Schatz* heben. Gottesdienste nach biblischen Texten, München 1992.

dies., Segen. *Herberge* in unwirtlicher Zeit. Texte und Schreibwerkstatt. Scherenschnitte von Adelheid Strack-Richter, Zorneding 1993.

dies./Freking, Christiane (Hg.), *Segen* ist nicht nur ein Wort. Tänze, Gesten, Meditationen, Rituale, Ikebana, Zorneding 1996.

Strecker, Christian, *Paulus* aus einer »neuen Perspektive«. Der Paradigmenwechsel in der jüngeren Paulusforschung, in: KuI 11 (1996), 3-18.

Stuhlmann, Rainer, *Trauung und Segnung*. Biblisch-theologische Gesichtspunkte für die Diskussion aktueller Fragen, in: PTh 84 (1995), 487-503.

Swieten, Gottfried van, Joseph Haydn. Die Schöpfung. Textheft mit Noten-Incipits, in: Ravizza Victor, Joseph Haydn. Die Schöpfung (Meisterwerke der Musik. Werkmonographien zur Musikgeschichte, Heft 24), hg.v. S. Kunze, München 1981.

Talley, Thomas J., Von der *Berakah* zur Eucharistia. Das eucharistische Hochgebet der alten Kirche in neuerer Forschung. Ergebnisse und Fragen, in: LJ 26 (1976), 93-115.

Thyen, Hartwig, »... nicht mehr männlich und weiblich...« Eine *Studie* zu Galater 3,28, in: F. Crüsemann/H. Thyen, Mann und Frau, 107-201.

Tödt, Heinz Eduard, Der Kampf um die *Auslegung* von Dietrich Bonhoeffers Werk. Eberhard Bethges Erkenntnisse und Entscheidungen in den ersten Nachkriegsjahrzehnten, in: Ernst Albert Scharffenorth/Ilse Tödt (Hg.), Lebendige Freundschaft (Beiträge zum 80. Geburtstag von Eberhard Bethge), Heidelberg 1992, 39-47.

ders., Zum *Verhältnis* von Dogmatik und theologischer Ethik, in: ZEE 26 (1982), 29-39.

Towner, W. Sibley, »Blessed be YHWH« and »Blessed Art Thou, YHWH«: The *Modulation* of a Biblical Formula, in: CBQ 30 (1968), 386-399.

Tracy, Thomas F., God, *Action and Embodiment*, Grand Rapids 1984.

Uehlinger, Christoph, *Weltreich* und »eine Rede«. Eine neue Deutung der sogenannten Turmbauerzählung (Gen 11,1-9), (OBO 101), Fribourg/Göttingen 1990.

Vetter, Dieter, *Jahwes Mit-Sein* – ein Ausdruck des Segens (AzTh 45), Stuttgart 1971.

ders., *Seherspruch* und Segensschilderung. Ausdrucksabsichten und sprachliche Verwirklichungen in den Bileamssprüchen von Numeri 23 und 24 (CThM 4), Stuttgart 1974.

Volp, Reiner, *Liturgik*. Die Kunst, Gott zu feiern. Bd. 1: Einführung und Geschichte, Gütersloh 1992.

Waal, Esther de, God under my Roof. *Celtic Songs* and Blessings, Oxford 1984.

Walton, Janèt, *Segnen* auf kirchliche und feministische Weise. Frauen als Objekte und Subjekte der Vollmacht zu segnen, in: Conc(D) 21 (1985), 124-129.

Weber, Max, Die *protestantische Ethik* und der Geist des Kapitalismus (1904/05), in: ders., Gesammelte Aufsätze zur Religionssoziologie I (UTB 1488), 9. Aufl., Tübingen 1988, 17-206.

Weder, Hans, *Exegese und Dogmatik*. Überlegungen zur Bedeutung der Dogmatik für die Arbeit des Exegeten, in: ders., Einblicke ins Evangelium: exegetische Beiträge zur neutestamentlichen Hermeneutik. Gesammelte Aufsätze aus den Jahren 1980-1991, Göttingen 1992, 109-136.

Wehmeier, Gerhard, Der *Segen* im Alten Testament. Eine semasiologische Untersuchung der Wurzel brk, Basel 1970.

Weinrich, Michael, Der Katze die Schelle umhängen. Konflikte theologischer *Zeitgenossenschaft*, in: Einwürfe 3 (Karl Barth: Der Störenfried?), München 1986, 140-214.

Welker, Michael, *Erbarmen* und soziale Identität, in: EK 19 (1986), 39-42.

ders., *Erwartungssicherheit* und Freiheit. Zur Neuformulierung der Lehre von Gesetz und Evangelium, in: EK 18 (1985), 680-683.

ders., *Gottes Geist*. Theologie des Heiligen Geistes, Neukirchen-Vluyn 1992.

Wellhausen, Julius, Israelitische und jüdische *Geschichte* (1878), 9. Aufl., Berlin 1958.

Wester, Manfred, *Einübung ins Glück* – in Irland entdeckt. Anstiftung zum einfachen Leben, Offenbach a. M. 1986.

ders., *Leben weitergeben*. Erfahrungen mit alten irischen Segenswünschen, Offenbach a. M. 1984.

Westermann, Claus, Das *Loben Gottes* in den Psalmen, 2. Aufl., Göttingen 1961.

ders., Der *Psalter*, Stuttgart 1967.

ders., Der *Segen in der Bibel* und im Handeln der Kirche (KT 122), München (1968), 2. Aufl., 1992.

ders., *Frage* nach dem Segen, in: ZdZ 11 (1957), 245-253.

ders., *Genesis*, I. Teilbd.: Genesis 1-11 (BK AT I/1), Neukirchen-Vluyn 1974.

ders., *Genesis*, II. Teilbd.: Genesis 12-36 (BK AT I/2), Neukirchen-Vluyn 1981.

ders., *Predigten*, Göttingen 1975.

ders., *Segen*, in: Der Gottesdienst. Grundlagen und Predigthilfen zu den liturgischen Stücken, hg. v. Hans-Christoph Schmidt-Lauber und Manfred Seitz, Stuttgart 1992, 243-255.

ders., *Tausend Jahre* und ein Tag. Unsere Zeit im Alten Testament, Stuttgart 1957.

ders., *Theologie* des Alten Testaments in Grundzügen (ATD Ergänzungsreihe Bd. 6), Göttingen 1978.

ders., Theologie. VI x 12 *Hauptbegriffe* 1967.

ders./Luck, Ulrich/Brodde, Otto, Art. »*Segen und Fluch*«, in: EKL 3, Göttingen 1959, 916-921.

Wiederkehr, Dietrich, Der theologische Ort der *Segnungen*, in: J. Baumgartner (Hg.), Gläubiger Umgang, 30-49.

Wildberger, Hans, *Jesaja* 13-27 (BK AT X/II), Neukirchen-Vluyn 1978.

Willi, Thomas, *Segen und Segnung* aus biblischer Sicht (Unveröffentlichtes Manuskript eines Referates im Schaffhauser Pfarrkonvent am 12.11.1992), 1-5.

Willi-Plein, Ina, Genesis 27 als *Rebekkageschichte*. Zu einem historiographischen Kunstgriff der biblischen Vätergeschichten, in: ThZ 45 (1989), 315-334.

Wolf, Hans-Heinrich, Die *Einheit* des Bundes. Das Verhältnis von Altem und Neuem Testament bei Calvin, Bethel bei Bielefeld 1942.

Wolff, Hans Walter, Das *Kerygma* des Jahwisten (1964), in: ders., Gesammelte Studien zum Alten Testament (ThB 22), München 1964, 345-373.

Wollmann, Paul, Buch der *Segnungen*, München/Luzern 1974.

ders., Das neue *Benediktionale* I/II. Grundsätzliche und pastorale Gedanken, in: AnzKG 87 (1978), 360-364.415-418.

Wonneberger, Reinhard, Der *Segen* als liturgischer Sprechakt. Ein Beitrag zur Pragmatik der Institution Gottesdienst, in: Zeichen und Realität: Akten des 3. Semiotischen Kolloquiums

der Deutschen Gesellschaft für Semiotik e. V., Bd. 3, hg. v. Klaus Oehler, Tübingen 1984, 1069-1079.
Wright, Nicholas Thomas, The *Climax* of the Covenant. Christ and the Law in Pauline Theology, Edinburgh 1991.
Wyss, Stephan, *Fluchen*. Ohnmächtige und mächtige Rede der Ohnmacht. Ein philosophisch-theologischer Essay zu einer Blütenlese, Fribourg 1984.

Zenger, Erich, *Der Neue Bund* im Alten. Zur Bundestheologie der beiden Testamente (QD 146), Freiburg i. Br. 1993.
ders., Die *Bundestheologie* – ein derzeit vernachlässigtes Thema der Bibelwissenschaft und ein wichtiges Thema für das Verhältnis Israel-Kirche, in: ders. (Hg.), Der Neue Bund, 13-49.
ders., *Gottes Bogen* in den Wolken. Untersuchungen zur Komposition und Theologie der priesterlichen Urgeschichte (SBS 112), Stuttgart 1983.
ders., Ich will die *Morgenröte* wecken. Psalmenauslegungen, Freiburg u. a. 1991.
ders., *Israel und Kirche* im einen Gottesbund? Auf der Suche nach einer für beide akzeptablen Verhältnisbestimmung, in: KuI 6 (1991), 99-114.
ders., Israel und Kirche im gemeinsamen *Gottesbund*: Beobachtungen zum theologischen Programm des 4. Psalmenbuches (Ps 90-106), in: M. Marcus u. a. (Hg.), Israel und Kirche, 236-254.
ders., *Jahwe*, Abraham und das Heil der Völker – Ein Paradigma zum Thema Exklusivität und Universalismus des Heils, in: Walter Kasper (Hg.), Absolutheit des Christentums (QD 79), Freiburg u. a. 1977, 39-62.
ders., *Juden und Christen* doch nicht im gemeinsamen Gottesbund? Antwort auf Frank Crüsemann, in: KuI 9 (1994), 39-52.
ders., Mit meinem Gott überspringe ich *Mauern*. Einführung in das Psalmenbuch, 2. Aufl., Freiburg u. a. 1989.
Zimmerli, Walther, 1. Mose 1-11. Die *Urgeschichte* (ZBK. AT), 3. Aufl., Zürich 1967.
Zink, Jörg, *Leben* unter Gottes Segen. Segenswünsche, Gebete und Bilder im Zeichen des Regenbogens, Eschbach/Markgräflerland 1986.
ders., Sei gesegnet jeden Tag. *Lieder und Segensworte* aus dem alten Irland, Eschbach/Markgräflerland 1992.
ders., *Sinn und Gestalt* des Segens, in: Deutscher Evangelischer Kirchentag Düsseldorf 1985. Dokumente, hg. im Auftrag des Deutschen Evangelischen Kirchentages v. Konrad v. Bonin, Stuttgart 1985, 183-196.

Bibelstellenregister

Genesis		2,3	58, 227, 290, 367, 369
1-11	275, 288, 290	2,4	290, 394
1-3	195	2,7	195, 291
1,1-2,4	216 f., 353, 355, 367	3	116, 289, 291, 312, 366
1	38, 76, 107, 243, 361, 365 f.	3,10	95
1,1	290	3,12 ff.	140
1,3-5	274, 289	3,14-19	196
1,3	112, 274	3,14 f.	290
1,4	356	3,14	289
1,5	371	3,15	92
1,7	354	3,17 ff.	291
1,8	371	3,17-19	290
1,9	354	3,17	289
1,10	107, 356	3,18	333
1,11 f.	357	3,19	291
1,11	354	4	291
1,12	107, 356	4,11 f.	291
1,13	371	4,11	289
1,15	356	5,1 f.	364, 366
1,18	107, 356	5,2	291, 301, 364
1,19	371	5,29	289 f.
1,20-23	220	6,5	291
1,20-22	354, 355	6,12	357
1,20	354-356	6,18	366
1,21	354, 356	8,1	394
1,22	43 f., 58, 66, 107, 160, 176, 217-219, 221-224, 226, 290, 298, 355, 358, 363, 369, 371	8,21 f.	291
		8,21	291
		9	366
1,23	371	9,1 ff.	365 f., 390
1,24-31	220, 255	9,1-7	365
1,24	354	9,1	186, 291 f., 365
1,25	356	9,4	365
1,26-28	78, 358, 365-367	9,5	366
1,26 f.	362	9,6	366
1,27	366	9,7	292
1,28	43 f., 58, 66, 86, 107 f., 120, 186, 195, 198, 217-219, 221-223, 226, 229, 234, 247, 271, 290-292, 298 f., 355 f., 358-366, 369, 371, 381, 387, 390	9,18	274, 291
		9,25-27	55
		9,25	289, 291
		9,26	64, 384
		10	274, 277, 291 f.
1,29 f.	361 f.	10,5	293
1,30	354	10,20	293
1,31	356, 371	10,31 f.	293
2-4	364	11,1-9	274, 277, 279, 291-293, 301
2,1-3	227	11,4	292 f.
2,2 f.	78, 353, 367, 372	11,7.8.9	292
2,2	368	12	350

12, 1-4	273-275, 280f., 284, 288-290, 297, 299, 302f., 320, 338, 341, 346, 382	22, 18	91-105, 111f., 127f., 133, 188, 273, 280, 296, 302, 321, 346
12, 1-3	36, 39, 56, 224, 273-279, 281f., 290, 296, 298, 300, 335	24, 1	384
		24, 27	384
		24, 31	384
12, 1	274, 283, 301, 382	24, 35	384
12, 2ff.	85	24, 48	384
12, 2f.	79, 83, 85, 109, 128, 147f., 156, 175, 232, 274f., 281-283, 286, 288f., 293, 300, 328	24, 60	55, 63, 67, 186
		25, 23	114, 177
		26, 3	374
12, 2	86f., 95, 99, 110, 179, 187, 273-278, 281-284, 286, 288, 293, 300-302, 308, 316, 320	26, 4	188, 273, 280, 296
		26, 12f.	160
		27	55, 58f., 63, 110f., 113, 125, 130f., 148, 151, 153, 175f., 252
12, 3	76, 86f., 93-97, 99-104, 109f., 115, 128, 147, 149f., 183, 188, 234, 252, 261, 273-278, 280-284, 288f., 293f., 296f., 299f., 302, 318, 320-322, 331, 341	27, 1	180
		27, 7	59
		27, 22f.	131
		27, 27-29	59
		27, 27	165
12, 4-6	108	27, 28f.	110
12, 4	283, 301	27, 28	110
14	175	27, 29	62, 110, 115
14, 17-20	333	27, 30ff.	153
14, 18ff.	98	27, 35f.	120
14, 18-20	106, 110, 182	27, 36ff.	177
14, 18f.	178, 184	27, 39f.	131
14, 19f.	63, 252	27, 39	154
14, 19	63, 176	28, 1	63, 177
14, 20	64, 384	28, 3f.	147
15	317f.	28, 6	63
15, 6	103, 305, 307, 315f., 330, 342f.	28, 14	179, 188, 273, 280, 296
16	153	30, 27ff.	169
16, 10	157, 365	30, 27	296, 302
16, 11	153f.	32, 1	63
17	153	32, 23-32	36, 364
17, 2	148	32, 26-29	301
17, 4ff.	365	32, 27	63, 175
17, 7	152	32, 30	63
17, 9ff.	154	32, 31	391
17, 16	365	35, 9f.	365
17, 17	94	35, 9	63
17, 19	153, 365	39, 5	296, 302
17, 20	153	47, 7	63, 70, 186
18, 17-19	302	47, 10	70, 186
18, 18	188, 280, 296	48	176, 252
19	153	48, 3f.	365
21	153	48, 3	63, 159, 166
21, 10f.	153	48, 9	63
21, 11	153f.	48, 15f.	109, 179
22	93, 205	48, 15	63
22, 15-18	157	48, 16	109, 180, 187
22, 16f.	335	48, 20	188, 277, 280f.
22, 17	67, 252		

49	55, 99, 164, 171, 176	11	341
49, 7	117	22-24	56, 295
49, 28	63	22, 6.12	295
		23, 8.20	295
Exodus		24, 19	359
3	391	32, 22.29	359 f.
3, 4-6	391		
16	78	*Deuteronomium*	
18, 10	384	2, 7	326
20, 11	367	4, 20	288
20, 12	234	4, 32	232
20, 24	63, 285, 382 f.	6, 13-15.17 ff.	81
23, 12	369	7, 12 ff.	155, 157, 264, 328
26, 15-25	28	7, 13 f.	326
33	391	8, 10	330, 384
33, 20	391	9, 26.29	288
34, 5-7	394, 398	10, 8	284
34, 21	369	10, 16	319
		11, 11	333
Leviticus		11, 26 ff.29 f.	328
9, 22 f.	63, 176	14, 27 ff.	327
9, 22	183 f.	14, 29	36, 155, 157, 326
9, 23	184	15, 4-6	155
12	366	15, 4	157
18, 5	102, 307 f., 319, 343	15, 7 ff.	327
19, 32	234	15, 9	328
22, 32 f.	80	15, 10	36, 155, 157, 326
24, 16	312 f.	15, 12 ff.	327
25, 43.46.53	359	15, 18	36, 155, 157, 326
26	80, 100	16, 10	158, 326
26, 3-45	79	16, 15	36, 326
26, 6 ff.	67	16, 17	326
26, 17	359	18, 15	92
27	102	21, 5	284
		21, 23	100, 307, 343
Numeri		23, 6	321
6	57, 91, 109	23, 20 f.	36, 155, 326 f.
6, 22-27	21, 57, 59, 63, 119, 176 f., 180, 183 f., 284 f., 376	24, 12 f.	156
		24, 13	156, 328
6, 22 f.	183, 234, 272, 377	24, 15	328
6, 23	183, 185, 271	24, 19-21	327
6, 24 ff.	91, 119, 124 f.	24, 19	36, 155, 158, 326
6, 24-27	91, 121 f.	27-30	317 f.
6, 24-26	36, 119, 183-186, 233, 254 f., 271, 284, 376	27, 11 ff.	328
		27, 13	117
6, 24 f.	122	27, 26	102, 306, 325, 343
6, 24	109, 120, 122, 376	28-30	102
6, 25 f.	109	28	82, 100
6, 25	120, 122, 251, 376	28, 1 ff.	155, 328
6, 26	122, 376	28, 1 f.	328
6, 27	57, 120, 182, 184-186, 251, 271 f., 285, 377	28, 3 ff.	328, 374
		28, 3-6	62, 326

28, 3 f.	385
28, 4	322
28, 7	67
28, 8.12	326
28, 15 ff.	328
28, 15	117
28, 58	325
28, 64 ff.	318
30, 1 ff.	328
30, 3 ff.	318
30, 10	325
30, 15 ff.	81
32, 7 f.	232
32, 8 f.	288
33	55, 63
33, 20	67, 330, 384

Josua

8, 33 f.	328
22, 33	384

Richter

5, 2.9	384
5, 24	322
17, 1-6	295, 367
17, 2	295

1 Samuel

2, 20	63
13, 10	63
15, 13	63
23, 21	63
25, 14.32 f.	63
25, 32	64, 384
25, 39	384
26, 25	63, 67

2 Samuel

2, 5	63
3, 29	117
6, 18	63, 284
6, 20	63
7, 12	95
7, 29	67
8, 10	63
8, 11	359
13, 25	63
14, 22	63
18, 28	384
19, 40	63
22, 47	384

1 Könige

1, 47 f.	384
1, 48	384
5, 4	359
5, 21	384
5, 30	359
8, 15.56	384
9, 32	359
10, 9	384
21, 1-4	309
21, 10.13	309, 384

2 Könige

2, 24	117
4, 29	63
10, 15	63
22, 19	281

Jesaja

2, 1-4	106
6, 1 ff.	398
6, 3.9 f.	398
7, 14	95
13-23	150
14, 2.6	359
18, 1	359
19, 16.18.19	288
19, 23-25	150
19, 23	150, 282
19, 24 f.	150, 286-288, 302
19, 24	150, 281, 288
19, 25	288
38, 18 f.	388
41, 2	359
42, 6	274, 322
44, 1-5	337 f., 343
44, 1 f.	338
44, 3	252
44, 4	338
44, 5	337 f.
45, 21 f.	232
46, 9	232
49, 5 f.	274
49, 6	322
51, 1 f.	273
53	78
58, 7	211
60	106
61, 1 f.	181
61, 9	294
65, 8	357
65, 23	321

Jeremia
4, 2	280, 302
4, 4	319
6, 16	232
9, 26	319
14, 21 f.	53
17, 5-8	62
24, 9	281
25, 18	281
29, 22	281
34, 11.16	359

Ezechiel
3, 12	384
29, 15	359
34, 4	359

Joel
3, 1 ff.	336
4, 13	359

Micha
4, 1 ff.	106
7, 19	359

Habakuk
2, 4	102, 307, 319, 342

Haggai
2, 6-9	106

Sacharja
8, 6.11 f.	272
8, 13	150, 271 f., 281, 302, 321
9, 15	359
11, 5	384
14, 9	393, 397

Maleachi
2, 2	321

Psalmen
6, 6	388
10, 3	309
16, 7	28, 384
18, 47	28, 36, 384
19, 1	389
21, 4	281
21, 7	188, 281
24, 1	390, 392
26, 12	28, 384
28, 6	28, 36, 384
28, 9	384
29, 1 f.	66
29, 11	159, 375, 399
30, 10	388
31, 6	213
31, 22	28, 36, 384
33, 9	112
34, 2	28, 384
34, 13-17	332
34, 20	189, 199
41, 14	28, 36, 384
44, 2 f.	232
45	78
45, 3	281
49, 15	359
63, 5	28, 384
66, 8.20	28, 384
67, 7 f.	119
68, 20	28, 384
68, 27	28, 384, 399
68, 28	359
68, 35 f.	399
68, 36	28, 384
72, 8	359
72, 15-17	281
72, 17	188, 280
72, 18 f.	384
72, 18	28
77, 6 f.	232
78, 2 f.	232
82, 8	288
88, 11-13	388
89, 53	28, 384
90, 1 f.	232
96	400
96, 1-8	400
96, 2	28, 285, 384
96, 7	66
96, 12	389
98, 8	389
100, 4	28, 285, 384
103	397
103, 1 f.	387
103, 1	28, 285, 384
103, 2	28, 384
103, 3-5	388
103, 20-22	28, 384
103, 22	389
104, 1.35	28, 384
106, 48	28, 384
109	117
110	98

110, 2	359	1, 3	308
110, 4	98, 182, 334	1, 5	308-310, 313, 384
113-118	323	1, 9	310 f.
113, 2	28, 285, 384	1, 10	308
115	356, 399, 403	1, 11	308-313, 384
115, 1	403	1, 13-19.20	311
115, 4-8	356	1, 21	285, 308, 311-314, 384, 402
115, 12-15	63, 356	2, 3	312
115, 12 f.15	384	2, 5.9	308-310, 312 f., 384
115, 16	390	2, 9 f.	312
115, 17 f.	388	2, 10	314
115, 18	28, 384, 403	3 ff.	402
118	323	8, 8	232
118, 1-4	323	19, 26	295
118, 5-18	323	29, 13	308, 314
118, 19-29	323	31, 20	308, 314
118, 22.25	323	42, 12 ff.	309
118, 26	63, 67, 251, 284, 323, 382, 385	42, 12	308
118, 27	251		
119	83	*Proverbien*	
119, 12	28, 384	10, 22	326
120-134	382	30, 11	70
121	374		
121, 7 f.	233	*Ruth*	
124, 6	28, 384	2, 4	63
125, 5	294	2, 19 f.	367
127	161, 326	3, 10	63
128	161	4, 11 ff.	280
128, 5 f.	63	4, 14 f.	64
128, 5	163, 382	4, 14	384
128, 6	294		
129	286	*Threni*	
129, 8	286	1, 13	359
132, 15	159, 167		
133, 1	209 f.	*Esther*	
133, 2	209	7, 8	359 f.
133, 3	209, 382		
134, 1-3	384	*Esra*	
134, 1 f.	28, 384	7, 27	384
134, 3	163, 176, 184, 323, 382		
135, 19-21	28, 384	*Nehemia*	
143, 2	317	5, 5	359
143, 5	232	8, 6	384
144	109	9, 5	285, 384
144, 1	28, 384	9, 28	359
144, 12-15	109		
145, 1	28, 285, 384	*1 Chronik*	
145, 2.10.21	28, 384	16, 2	63
148, 5	112	16, 36	384
		16, 43	63
Hiob		18, 10	63
1, 1	309	22, 18	359

23, 13	284
29, 10 ff.	400
29, 10-14.16	400
29, 10.20	384

2 Chronik

2, 11	384
6, 4	384
8, 10	359
20, 26	384
28, 10	359
30, 27	63
31, 8	384

Sirach

17, 27 f.	388

Judith

13, 18	322

Matthäus

5, 13	22
5, 14	106
5, 44	117, 123, 199, 237, 250
14, 19	251
21, 9	237, 352, 323
21, 19	117
23, 39	251, 323
25, 31-40	85
25, 34 ff.	157
25, 34	85, 331, 339
26, 26	251

Markus

6, 41	251
8, 7	251
10, 13-16	36
10, 16	175, 237, 251
11, 9	251, 323
12, 10 f.	323
14, 61	384
15, 38	397

Lukas

1, 1	385
1, 28	322
1, 42	237, 251, 322, 385
1, 64.68	252, 384
2, 25-32	87
2, 25	322
2, 28	384
2, 30-32	322
2, 34	175, 252
4, 17-19	181
6, 20	85
6, 27	199
6, 28	22
9, 16	251
13, 35	251, 323
14, 27	205
19, 38	251, 323, 385
24, 13-35	211
24, 30	251
24, 50-53	384
24, 50 f.	183, 251, 338, 384
24, 50	184, 237
24, 51	206
24, 53	252, 384 f.

Johannes

4, 22	342
7, 38	93
8, 56	94, 106
12, 13	251, 323

Apostelgeschichte

2, 33	252
3, 25 f.	304, 338
3, 25	86, 252
3, 26	237, 251
4, 11 f.	323
8, 20	117

Römer

1, 18-3, 20	318
1, 25	252, 384
2, 13	315
2, 14 f.	318
2, 29	319
3, 21	342
3, 22	304, 308, 318
3, 23-26	146
3, 27	325
3, 28	308
3, 31	320
4, 17	401
6, 4	319
6, 23	315
7, 12	102
8, 2 ff.	325
8, 2	325
8, 21	174

8, 22-26	401	*Galater*	
8, 22	249	1, 6 ff.	305
9-11	133, 137, 143	1, 6	305
9, 1-5	151	2, 11-21	305, 317
9, 4	151, 187	2, 15 f.	317
9, 5	252, 384	2, 16	304, 308, 318
9, 6 ff.	151, 154	2, 18	306
9, 8	152	2, 20	97, 318
9, 15	140	2, 21	305
10, 4	102, 306, 330	3	92, 96, 303, 308, 318, 320, 350
11, 18	36, 107, 149	3, 1 ff.	305
11, 26	397	3, 1-14	23, 39
11, 29	151	3, 1-13	148
11, 32	138	3, 1-5	317
12-15	250	3, 1	305
12, 2.3-16	250	3, 2 ff.	305
12, 14	22, 117 f., 123, 237, 250 f.	3, 2	304, 336
15, 8-13	87	3, 4	304
15, 8	76	3, 6 ff.	304, 315 f., 320, 335, 338, 340, 342, 344
15, 29	237, 251, 304, 338 f.	3, 6-14	75, 85 f., 100, 102, 303 f., 317, 320, 330, 341 f., 346
1 Korinther		3, 6-9	103, 149
3, 7	170	3, 6 f.	305
3, 11	225	3, 6	307, 315 f., 342
4, 6	336	3, 7	317 f.
4, 12	22, 237, 251, 324	3, 8-14	338 f.
4, 13	324	3, 8 f.	339
7, 29-31	214	3, 8	74, 92, 252
10, 16	189, 251	3, 9 ff.	183
11, 30	189	3, 9	91, 103, 125, 252, 317
12, 8 ff.	121	3, 10 ff.	102
13, 13	118	3, 10-14	317 f., 320
14, 16	384	3, 10-12	103
15, 20	324	3, 10	102, 304, 306, 325
15, 28	383, 393, 397	3, 11-14	307
16, 22	117	3, 11	102, 342
		3, 12	102
2 Korinther		3, 13 f.	36, 61, 79, 100, 251, 317, 321
1, 3 ff.	87	3, 13	62, 86, 115, 308
1, 3	252, 384	3, 14	76, 86, 127, 147 f., 155, 252-254, 256, 303, 318, 320 f., 335-341, 343
1, 20	236		
3, 18	337		
5, 17	318, 337		
8 f.	332	3, 16	92 f., 96, 104, 303, 346
8, 7 ff.		3, 24	165
11 f.13 ff.	332	3, 26	305, 318
8, 13	332	3, 27	319
9, 5 f.7 f.8 ff.	332	3, 29	305, 318
9, 12	332, 345, 392	4, 4.5	325, 336
9, 15	332	5, 1	305
11, 31	252, 384	5, 3	156, 306
12, 7	336	5, 4	305

5, 6	118, 331	6, 13-15	335
5, 7.8	305	6, 14	252
5, 12	117	6, 15	335
5, 13 f.	331	6, 18	334
5, 13	305, 320	6, 20	324, 333
5, 14	320	7, 1-10, 18	334
5, 16 ff.	305	7	98, 106, 175, 182
5, 22	331	7, 1-9	182, 338
5, 25	305, 320	7, 1.6	176, 252
6, 1	305	7, 7	70, 175, 180, 183, 187, 188, 264, 397
6, 2	320		
		7, 20-22.28	334
Epheser		8-10	166
1, 3 ff.	87, 135, 340	8, 5	166
1, 3-14	135, 143, 146	10, 1	166
1, 3	135, 144-146, 186, 237, 251 f., 254, 304, 338 f., 384	10, 18	333
		11, 1	114, 167
1, 4	144 f.	11, 20 f.	252
1, 5 ff.	145	12, 16 f.	333
1, 5-10	145 f.	12, 17	252, 339
1, 11 f.	145-147		
1, 13	145 f., 252, 254	*Jakobus*	
1, 14	145	3, 9	384
2, 19-22	323		
4, 13	165	*1 Petrus*	
5, 26 f.	336	1, 3 ff.	87
		1, 3	252, 384
Philipper		2, 7 f.	323
1, 23	213	3, 8	331
2, 4	39	3, 9	22, 117, 123, 189, 199 f., 202, 237, 250, 331, 339
Kolosser		3, 10 ff.	332
1, 15	324	3, 15	93
2, 11 f.	319		
2, 17	166	*2 Petrus*	
		3, 9	138
1 Timotheus			
2, 4	138, 143	*1 Johannes*	
4, 8	144, 161	1, 1-4	245
Hebräer		*Apokalypse*	
2, 14 ff.	333	4, 11	324
5, 11	334	5, 6 ff.	324
6, 6-8	333	5, 12 f.	324, 384, 400
6, 7-14	339	5, 12	252
6, 13-20	334	5, 13	252, 324
6, 13-17	334	7, 12	252, 324, 384, 400

Personenregister

Wegen des vollständigen Bibelstellenregisters werden die Namen biblischer Personen nicht berücksichtigt.

Albertz, R. 18, 44 f., 51, 59, 63, 326, 329
Althaus, P. 37
Altner, G. 18
Amery, C. 359, 363
Anselm 181
Aristoteles 139, 145
Arndt, T. 28 f., 44, 71 f., 363
Artmann, H. C. 15
Assmann, A. 232
Assmann, J. 209, 232
Audet, J.-P. 28, 64
Augustin 137, 139, 230, 312

Bäumlin, K. 17
Bail, U. 37
Baldermann, I. 35, 386, 388, 397 f.
Balthasar, H. U. v. 181
Balz, H. 332
Barben-Müller, C. 17 f., 20 f., 23 f., 61, 63
Barth, K. 18, 37-39, 52, 54, 61, 78, 80 f., 102, 118, 137 f., 141-143, 154, 176, 179, 190, 192, 207, 215-267, 295, 304, 315, 325, 346-348, 350 f., 357, 364, 370, 379
Barth, M. 258
Baumgartner, J. 22, 25 f., 29
Bayer, O. 91
Becker, H. 350, 368, 379, 391
Benjamin, W. 353
Berge, K. 45
Bethge, E. 189, 191-194, 198, 200 f., 203, 210, 214
Bethge, R. 189, 198
Betz, H. D. 336, 341
Bickerman, E. J. 28, 44
Bienert, W. 129, 133
Blum, E. 275 f., 279-284, 296
Bobert-Stützel, S. 210
Bonhoeffer, D. 19, 37-39, 112, 189-215, 226, 242, 251, 346, 348 f., 356, 358, 362, 374, 389, 402
Brodde, O. 61
Brox, N. 332
Brun, L. 43, 61, 63, 68, 336, 386
Buber, M. 251, 309, 376, 384

Bultmann, R. 53, 94
Burgos, P. v. 129

Calvin, J. 37-39, 81, 134-188, 216, 242, 257, 315, 346 f.
Carmichael, A. 15
Celan, P. 296
Childs, B. S. 35
Claudius, M. 123
Clausert, D. 230
Cohen, H. 394
Collins, M. 20
Cranfield, C. E. B. 306
Crüsemann, F. 59, 80, 140, 155, 192, 273, 275, 281, 285, 289, 291, 297, 301, 325, 327, 343

Davies, J. G. 123
Darwin, C. 195
Deichgräber, R. 123
Delitzsch, F. 119, 368, 376
Diebner, B. J. 19, 21, 285, 376, 378, 383
Dietrich, W. 22
Dilthey, W. 201, 207
Dohmen, C. 32
Dolto, F. 20
Douglas, M. 306
Duchrow, U. 110, 198
Dunn, J. D. G. 303-306

Ebach, J. 36, 52, 55, 293, 299, 309 f., 312-314, 353, 361 f., 365 f., 372, 389, 398
Ebeling, G. 35, 75, 91, 105, 319
Ehrlich, E. L. 130, 132
Elbogen, I. 28, 285, 376
Elert, W. 37
Enzner-Probst, B. 16
Etzelmüller, G. 304, 306
Eyselein, C. 17 f., 25, 27, 45, 61, 91, 379

Fabry, H.-J. 55
Falk, M. 30
Fangmeier, J. 45, 376, 383, 385
Feil, E. 201, 203, 206, 207

Feuerbach, L. 195
Fichtl, F. 15
Fischer, J. 54, 352 f.
Fischer-Wollpert, R. 25
Fra Angelico 322
Frank, M. 23
Freking, C. 16, 19
Fritsch, S. 16
Fritzsche, H.-G. 192, 205
Frör, K. 19, 63, 119

Gaston, L. 303 f., 317 f.
Geiger, M. 134
Gerhards, A. 350, 368, 379, 391
Gerleman, G. 375
Glade, W. 17
Goldner, M. 377
Goldschmidt, L. 394
Goppelt, L. 332
Gottfriedsen, C. 55
Gradwohl, R. 285, 376
Gräb, W. 17
Gräßer, E. 334
Gremmels, C. 191 f., 204
Griesbeck, J. 25
Groß, W. 287 f.
Grünewald, M. 245
Gunkel, H. 282

Härle, W. 73 f., 353
Halbwachs, M. 232
Hansen, S. 205
Hardmeier, C. 281, 388
Haußecker, O. 15
Haydn, J. 388 f.
Heck, E. J. 25
Hegel, G. W. f. 139
Heidegger, M. 230
Heinemann, J. 28
Heinz, A. 26, 379
Helfmeyer, F. J. 45
Hempel, J. 61, 68
Hennig, J. 27, 29
Herrenbrück, W. 190
Heyward, C. 351
Hoffman, L. A. 27-29, 391
Hollerweger, H. 26
Hooker, M. D. 304
Horst, F. 43, 309
Huber, W. 192
Hübener, W. 139
Huntemann, G. 190

Issendorf, B. v. 16, 19

Jacob, B. 274, 283, 292 f., 296, 298, 301, 355 f., 364 f., 368 f., 394
Janowski, J. C. 29, 139-141, 223
Jarchow, R. 17
Jasch, S. 15
Jörns, K.-P. 22, 61
Jonas, H. 205, 351, 399
Jost, R. 367
Josuttis, M. 19-21, 335, 383
Jüngel, E. 101, 117, 258 f.
Jung, H. 25
Junker, H. 295

Kaczynski, R. 45, 123
Kamprad, E. 17
Keller, C. A. 43
Kessler, H. 353
Kessler, R. 156, 328
Keukens, K. H. 55
Kiefel, I. 15
Kierkegaard, S. 189 f., 204 f.
Kippenberg, H. G. 20
Kirchberg, J. 29, 386
Klappert, B. 181, 193, 260-262, 265, 315
Klepper, J. 374
Klessmann, E. 61
Kluge, O. 126
Koch, K. 360 f.
Kodalle, K.-M. 190, 203, 205, 214
Köckert, M. 273, 275, 279, 281, 283, 287 f., 295
Köhler, F. 398
Köhler, H. 16
Körtner, U. H. J. 17, 45, 63, 243, 247, 353
Köster, H. 61
Kollwitz, K. 385
Korpel, M. C. A. 376
Kraus, H.-J. 75 f., 148 f., 176
Kraus, K. 353
Krötke, W. 102, 217, 226, 247, 353
Krolzik, U. 359
Krumwiede, H.-W. 134
Kuhlmann, H. 248
Kuske, M. 193

Läpple, A. 25
Landsberger, B. 43
Lange, E. 201
Langenhorst, G. 295
Langgärtner, G. 25 f.

Lapide, P. 16, 191, 200
Liedke, G. 45
Lienemann, W. 244
Lilienfeld, F. v. 27, 84
Linafelt, T. 309-313
Link, C. 18, 22, 52, 110, 115, 119, 161-163, 175, 179, 217, 226, 285, 351-353, 360, 363, 371f., 379, 393
Link, H.-G. 43, 45, 336
Locher, G. W. 149
Lohfink, N. 273, 360
Loretz, O. 376
Luchesi, B. 20
Luck, U. 61
Luhmann, N. 139
Luther, H. 214
Luther, M. 27, 37-39, 78, 91-135, 151, 159-162, 169, 176, 183, 191, 198, 206, 209, 214, 216, 238, 242, 250f., 271, 346f., 357, 377, 391
Luz, U. 36, 106
Lyra, N. v. 129

Maas-Ewerd, T. 26
Magritte, R. 322
Manecke, J. 16
Mann, U. 15, 37, 73, 91, 119, 124f., 134, 216
Manzke, K. H. 230
Marquard, R. 245
Marquardt, F.-W. 15, 29, 68, 84-88, 181, 236, 260, 262-264, 315f., 380, 386, 393-398
May, D. G. 29
Mayer, R. 94
Melanchthon, P. 37, 134
Michel, O. 61, 333
Mildenberger, F. 32, 34f., 45, 77-81
Miller, P. D. 376
Miskotte, K. H. 255
Mol, H. 306
Moltmann, J. 18, 47, 78, 152, 217, 301, 368, 370f., 375
Moltmann-Wendel, E. 19, 195
Morenz, S. 61
Mowinckel, S. 43f., 61, 64-66, 68, 71, 76, 385, 399
Müller, B. 15
Müller, H.-P. 17, 68, 298f., 328f., 346
Müller, T. 45
Müller-Fahrenholz, G. 18, 322, 338
Multhaupt, H. 15
Munk, E. 28, 285
Mußner, F. 336

Naumann, T. 153
Niesel, W. 168, 175
Nissiotis, N. A. 84
Noth, M. 82f.

Oberman, H. A. 126, 132
Oblau, G. 230, 236
Oeming, M. 316
Oetinger, F. C. 210
Opitz, P. 178
Osiander, A. 127
Ott, H. 190
Otten, H. 163

Pannenberg, W. 53, 74
Patsch, H. 43
Pedersen, J. 43f., 61, 63, 65, 68
Peikert-Flaspöhler, C. 16
Pfeffer, A. 15
Pfeffer, M. 15
Pfeifer, H. 191
Plaskow, J. 29
Plathow, M. 226
Plöger, J. G. 376
Poeplau, W. 15
Pohier, J. 20
Preul, R. 353
Preuß, H. D. 45, 59
Procksch, O. 277, 293

Quinzio, S. 63, 314, 386, 401

Rad, G. v. 47-54, 58, 106, 274-279, 282f., 291, 326, 372, 388
Radford Ruether, R. 16, 29
Raschi 129
Rembrandt, R. v. 296
Rendtorff, R. 49, 51, 53, 82, 273, 291
Rendtorff, T. 53
Rennings, H. 26, 379
Reuchlin, J. 126
Ritschl, D. 341, 352f., 375
Robinson, J. H. 137, 149
Rößler, H. 210
Rosenstock, H. 16
Rosenstock-Huessy, E. 384-386, 388, 401
Rosenzweig, F. 318, 376f., 379, 397-399, 403
Rüdlin, I. 29
Rütersworden, U. 359-361
Ruprecht, E. 281

Sachs, N. 295f.

Sauter, G. 285
Saxer, E. 226
Schäfer, P. 28, 123
Scharbert, J. 43-45, 61 f., 64, 66-72
Schaumberger, C. 248
Schelkle, K. H. 332
Schenk, W. 43, 61, 215, 336, 338-340, 385 f.
Schenker, A. 368
Scherzberg, L. 248
Schindler, R. 213
Schleiermacher, F. 315
Schlink, E. 81-83
Schlüter, M. 28
Schmeisser, M. 15
Schmidt, J. 16
Schmidt, L. 55, 275, 280, 296, 300
Schmidt, W. H. 355 f., 359
Schmidt-Lauber, H.-C. 25
Schnackenburg, R. 94
Schneider, G. 248
Schönborn, C. 386
Schrage, W. 332
Schreiner, J. 276, 287, 299, 302
Schreiner, S. 97, 126
Schottroff, L. 248
Schottroff, W. 44 f., 61-64, 66-68, 71 f., 281
Schürer v. Witzleben, E. 19
Schulz, F. 25, 29, 124
Schwarzenberger, R. 26
Schwöbel, C. 353
Seidel, U. 15
Seters, J. v. 275, 281, 301
Seybold, K. 119, 376
Söderblom, K. 17
Söding, T. 32
Sölle, D. 18, 351
Spinoza, B. 139
Steck, O. H. 275, 289, 354 f., 358, 368 f.
Steffensky, F. 15, 19, 285
Stegemann, E. W. 304 f., 318, 330
Stock, K. 230
Stöhr, M. 132
Stollberg, D. 19
Strack, H. 16, 19, 271 f.
Strecker, C. 303 f., 306
Stuhlmann, R. 17, 29, 390 f., 402
Swieten, G. v. 388

Talley, T. J. 29
Thyen, H. 303 f., 319
Tillich, P. 80
Tödt, H. E. 190 f.
Tödt, I. 204
Towner, W. S. 28
Tracy, T. F. 353

Uehlinger, C. 277, 291 f.

Vetter, D. 45, 56, 375
Volp, R. 123

Waal, E. de 15
Walton, J. 16, 20
Weber, M. 134
Weber, O. 37, 216
Wedemeyer, Maria v. 213
Wedemeyer, Max v. 212 f.
Wedemeyer, R. v. 197, 212 f.
Weder, H. 33 f.
Wehmeier, G. 43, 55 f., 309
Weinrich, M. 31
Welker, M. 140, 338
Wellhausen, J. 82 f.
Wester, M. 15
Westermann, C. 16-19, 23, 37, 45-61, 63, 67, 74, 78, 188, 215, 276, 283, 329, 336, 338-340, 355, 358, 361, 368 f., 388
Wiederkehr, D. 22, 26
Wilckens, U. 53
Wildberger, H. 150, 288
Willi, T. 356, 381
Willi-Plein, I. 55
Wolf, H.-H. 135
Wolff, H. W. 275, 279 f., 282, 287, 296, 301
Wollmann, P. 26
Wonneberger, R. 21, 376
Wright, N. T. 304, 317 f., 320, 336
Wyss, S. 22 f., 61, 118, 380

Zenger, E. 209, 251, 273, 275, 286 f., 302, 323, 354, 356, 360 f., 369, 382, 388
Zimmerli, W. 181, 366
Zink, J. 15 f., 379